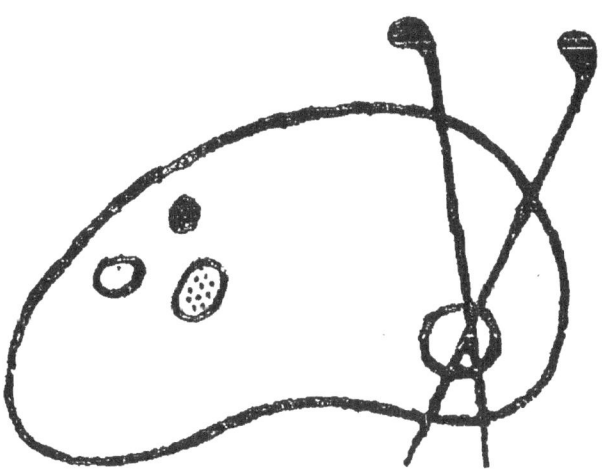

Début d'une série de documents en couleur

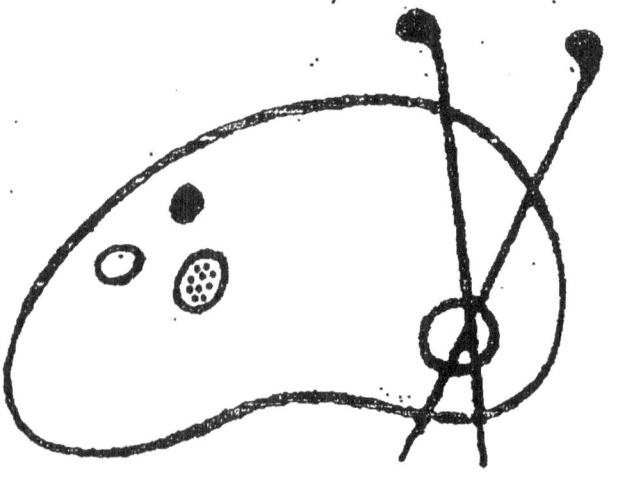

Fin d'une série de documents en couleur

HISTOIRE
UNIVERSELLE

PUBLIÉE

par une société de professeurs et de savants

SOUS LA DIRECTION

DE M. V. DURUY

HISTOIRE DU MOYEN AGE

DU MÊME AUTEUR :

Histoire des Grecs, depuis les temps les plus reculés jusqu'à la réduction de la Grèce en province romaine. Nouvelle édition très augmentée, illustrée de gravures dessinées d'après l'antique et contenant des cartes et des chromolithographies; 3 volumes grand in-8° brochés, se vendent séparément, chacun 25 fr.

Histoire des Grecs, depuis les temps les plus reculés jusqu'à la réduction de la Grèce en province romaine. Ouvrage couronné par l'Académie française. 2 volumes in-8, brochés, 12 fr.

Histoire des Romains, depuis les temps les plus reculés jusqu'à l'invasion des barbares. Nouvelle édition très augmentée, illustrée de gravures dessinées d'après l'antique, et contenant des cartes et des chromo-lithographies. 7 volumes grand in-8, brochés, se vendent séparément, chacun 25 fr.

Histoire des Romains, depuis les temps les plus reculés jusqu'à Dioclétien. 7 vol. in-8, brochés, 52 fr. 50

Introduction générale à l'histoire de France. 1 volume in-18 jésus, broché, 3 fr. 50

Cours d'histoire, contenant les matières indiquées par les programmes de 1890, à l'usage des lycées et collèges. 6 volumes in-16, cartonnés, avec gravures et cartes :

Histoire de l'Orient. (Classe de Sixième.) 1 vol. 3 fr.
Histoire grecque (Classe de Cinquième.) 1 vol. 3 fr.
Histoire romaine. (Classe de Quatrième.) 1 vol. 3 fr. 50
Histoire de l'Europe, et de la France, jusqu'en 1270. (Classe de Troisième.) 1 vol. 4 fr.
Histoire de l'Europe et de la France, de 1270 à 1610. (Classe de Seconde.) 1 vol. 4 fr. 50
Histoire de l'Europe, et de la France, de 1610 à 1789. (Classe de Rhétorique.) 1 vol. 4 fr. 50

Petit cours d'histoire universelle. 8 volumes in-16, cartonnés, avec gravures et cartes :

Petite histoire ancienne. 1 vol.
Petite histoire grecque. 1 vol. in-16. 1 fr.
Petite histoire romaine. 1 vol. in-16. 1 fr.
Petite histoire du moyen âge. 1 vol. in-16. 1 fr.
Petite histoire des temps modernes. 1 vol. in-16. 1 fr.
Petite histoire de France. 1 vol. in-16. 1 fr.
Petite histoire générale. 1 vol. in-16. 1 fr.
Petite histoire sainte. 1 vol. in-18. 80 c.

Pour ceux des ouvrages de M. Duruy qui font partie de l'histoire universelle, voir l'annonce placée sur la couverture.

païenne et chrétienne. Étudier le monde romain et en sonder les plaies mortelles; montrer cet empire qui avait tant de lois et pas une institution; tant de sujets et pas un citoyen; une administration si habile qui finit par être une charge si écrasante; faire voir enfin ce colosse formé de grains de sable, sans ciment, qui s'écroula sous le choc d'ennemis misérables, parce que, s'il y avait en lui une vie religieuse, ardente pour les choses du ciel, il n'y avait pas la forte vie politique qui fait gagner la terre : voilà le préambule nécessaire.

En face sont les barbares. Ils se précipitent sur cette riche proie qui se livre elle-même, et forment deux courants d'invasion. Les Germains emportent les provinces du Nord; les Arabes celles du Midi. Entre ces deux puissants fleuves qui s'écoulent de l'Est à l'Ouest, Constantinople, fille décrépite de la vieille Rome et qui porta au front, dès sa naissance, les rides de sa mère, reste seule debout, comme un roc insulaire, et brave, pendant dix siècles, l'assaut des vagues.

Les Arabes atteignent d'un bond les Pyrénées, de l'autre l'Hymalaya, et le croissant brille sur deux mille lieues de pays : ligne immense, mais étroite, impossible à défendre, facile à couper et qui le fut en mille points. Les Khalifes avaient contre eux la géographie, la plus grande force pour ou contre les États naissants : elle fit crouler leur empire, entraînant dans cette ruine leur civilisation, comme lui brillante et fragile.

Parmi les Germains, bien des chefs aussi élèvent des dominations éphémères, parce qu'ils se jettent tout au milieu de cette société romaine incapable de se défendre, mais assez forte pour communiquer à ceux qui la touchent la mort qui est dans son sein. Ainsi furent Genséric, Théodoric et Astolphe ; ainsi tombèrent les Vandales, les Hérules et les Goths de l'Est et de l'Ouest.

Un peuple se porte l'héritier des envahisseurs entrés dans l'Empire par le Rhin et le Danube : les Francs. Restés en communication avec la Germanie, ils y prennent une séve barbare qui renouvelle incessamment leur force épuisée, comme un grand chêne dont les racines plongent profondément dans le sol qui le porte et le nourrit.

Menacés d'une première décadence sous les derniers Mérovingiens, ils se relèvent avec les chefs de la seconde race, et Charlemagne prétend mettre l'ordre dans le chaos, la lumière dans les ténèbres, en organisant et reliant, autour du trône relevé des empereurs d'Occident, la société germanique et chrétienne : effort immense qui a valu à son nom d'être placé à côté des trois ou quatre autres noms devant lesquels le monde s'incline, mais tentative qui ne pouvait réussir, non plus seulement parce que la géographie était contre elle, comme elle avait été contre l'empire arabe, mais parce que toutes les forces morales du temps, les instincts et les intérêts des peuples s'opposaient à son succès. Charlemagne a créé l'Allemagne moderne, c'est une grande chose ; mais le jour où il alla ceindre à Rome la couronne des empereurs et celle des rois lombards a été un jour funèbre pour l'Italie. La belle contrée eut dès lors un maître étranger qui résidait au loin et ne venait la visiter que pour lui faire violence, avec des hordes avides et barbares. Que de sang a coulé, durant des siècles, pour maintenir l'œuvre impossible et mauvaise de Charlemagne! Que de ruines ont été faites dans ce pays des cités innombrables et des monuments splendides, sans compter la plus triste de toutes, celle qui sembla si longtemps irréparable, la ruine du peuple même et du patriotisme italiens.

Dès le neuvième siècle, l'empire carlovingien chancelle et s'écroule par la faute de ses chefs, l'aversion des peuples et les coups d'une invasion nouvelle que les Northmans, les Hongrois et les Sarrasins conduisent. Il se dissout en royaumes et les royaumes en seigneuries. Les grandes masses politiques tombent en poussière. L'État se réduit aux proportions d'un fief. L'esprit n'a pas un horizon plus large; la nuit est sur le monde : c'est la féodalité.

Cependant de grands noms survivaient : France, Allemagne, Italie, et de grands titres étaient encore portés par ceux qu'on appelait les rois de ce pays : rois de parade, non de réalité; purs symboles de l'unité territoriale qui avait disparu, et non chefs de nation, sérieux, actifs et puissants. Aussi avait-on repris pour eux la vieille coutume germanique et romaine de l'élection.

De ces trois royautés, une disparut de bonne heure, celle d'Italie; une autre tomba très-bas, celle de France; la troisième, la couronne de Germanie, jeta, durant deux siècles, un vif éclat, lorsque Otton Ier eut renouvelé l'empire de Charlemagne, avec moins de grandeur, assurément, car la copie se rapetisse, à mesure qu'elle s'éloigne du modèle. Comme le fils de Pépin avait régné sur moins de peuples que Constantin et Théodose, les Otton, les Henri et les Frédéric régnèrent sur moins de pays que Charlemagne, et leur autorité y fut plus contestée.

A côté et au-dessus des royaumes et des empires nés de l'invasion, une puissance toute différente s'était élevée qui ne s'enfermait dans aucune limite de la terre ni de la loi. L'Église, sortie mutilée, mais radieuse, des catacombes et des amphithéâtres romains, était allée au-devant des barbares, et, sous sa parole, le Sicambre adouci avait baissé la tête. Elle ne cherchait que le royaume des cieux, elle eut celui de la terre. La force lui vint irrésistiblement, comme à tout ce qui est juste et aide la société humaine à marcher vers un avenir meilleur. Après avoir fondé l'unité de son dogme et de sa hiérarchie, elle avait fait monter ses chefs au sommet du monde catholique : de là ils surveillaient, dirigeaient et contenaient tous les mouvements de l'âme qu'ils lui avaient donnée.

A une société violente, elle s'efforça d'enseigner la douceur ; à la hiérarchie féodale, elle opposa l'égalité de tous les hommes ; à la turbulence, la discipline ; à la servitude, la liberté ; à la force, le droit. Contre ces maîtres superbes, elle protégeait l'esclave ; contre ces époux faciles, que le divorce et la polygamie n'effrayaient guère, elle défendit les droits de la femme, des enfants, de la famille. Les États ne connaissaient plus pour les fonctions publiques que la succession selon la chair ; elle leur montra la succession selon l'esprit, par la libre élection des abbés, des évêques, des pontifes mêmes ; et des serfs vinrent s'asseoir dans la chaire de saint Pierre, au-dessus des rois. Les nations barbares avaient fait litière de la civilisation antique ; elle en recueillit, au fond de ses monastères, les débris mutilés. Elle fut la mère des croyances, elle fut aussi celle de la pensée, de l'art, de la science. Ces grands docteurs qui rapprennent au monde à penser, ces *maîtres ès pierres vives*, qui donnent à la chrétienté ses plus admirables monuments sont de l'Église.

Les princes et seigneurs féodaux affranchis de la servitude féodale se croyaient au-dessus de toute loi, parce qu'ils s'étaient mis au-dessus de toute résistance, les papes firent gronder sur leur tête les foudres de l'Église : ils excommunièrent en Norvége un roi usurpateur ; en Aragon, un roi faux-monnayeur ; en Angleterre, le parjure et traître Jean ; en France, Philippe Auguste, qui avait répudié sa femme au lendemain des noces. Alors que la force seule régnait, les papes s'étaient faits les gardiens des lois morales ; et à ceux des princes qui oubliaient ces lois ils les rappelaient en déliant les peuples de leur serment de fidélité. Le pontificat parlait au nom et place du droit populaire.

Cette grande force morale n'avait pas toujours été maîtresse d'elle-même. Jusqu'à l'année 726, les souverains pontifes étaient restés les sujets des empereurs de Rome et de Byzance[1]. Charlemagne avait exercé sur eux les mêmes droits[2]. Les empereurs allemands, ses successeurs, voulurent faire comme lui. Henri III fit déposer trois papes, et le concile de Sutri, en 1046, reconnut, une fois de plus, qu'il ne pouvait être élu de souverain pontife sans le consentement de l'empereur.

Mais depuis Charlemagne, l'Église n'avait cessé de croître en puissance. Elle avait la force matérielle, car

---

1. Même en 727 le pape Grégoire II écrivait au duc impérial de Venise : « Nous voulons, avec le secours du Seigneur, demeurer inviolablement attaché au service de nos maîtres Léon et Constantin, grands empereurs, *imperiali servitio firmi persistere, Domino cooperante, volumus.* » Dans la même lettre il appelle l'exarque de Ravenne « Notre excellent maître. » Baronius, *Annales ecclesiastici*, t. XII, p. 343, édit. de 1742. Grégoire II a été canonisé.

2. Ordinatio deinde Romanæ urbis et Apostolici, totiusque Italiæ, non tantum publicis, sed etiam ecclesiasticis et privatis rebus.... Roma profectus est. *Annales Francorum* ap. Dom Bouquet, t. V, p. 68, ad ann. 800.

elle possédait une partie considérable du sol de l'Europe chrétienne ; elle avait la force morale, puisque tous, grands et petits, acceptaient avec docilité ses commandements ; enfin ces deux forces étaient décuplées par une troisième, l'unité de pouvoir et de direction. Au temps des Iconoclastes et des derniers Carlovingiens, l'Église n'avait aspiré qu'à sortir de l'État qui l'enveloppait, pour vivre librement de sa vie propre. Devenue plus forte et nécessairement plus ambitieuse elle eut la prétention, commune à tous les clergés victorieux, de dominer à son tour la société laïque et les pouvoirs civils.

Il se trouva donc en présence, au milieu du onzième siècle, deux puissances, le pape romain et l'empereur allemand, l'autorité spirituelle et l'autorité temporelle, toutes deux ambitieuses, et, dans l'état des mœurs, des institutions et des croyances de l'époque, ne pouvant point ne pas l'être. Alors la plus grande question du moyen âge fut posée. Qui de l'héritier de saint Pierre ou de celui d'Auguste restera le maître du monde ? Ce fut la querelle du sacerdoce et de l'empire.

Cette querelle est un drame en trois actes. Dans le premier, le pape et l'empereur se disputent la suprématie sur l'Europe chrétienne : le concordat de Worms (1122) les oblige à de mutuelles concessions et à un partage que la société moderne a consacré ; dans le second, il s'agit surtout de la liberté de l'Italie, que les papes défendent pour se sauver eux-mêmes ; dans le troisième, l'existence du saint-siége est en péril, la mort de Frédéric II le sauve.

Quel est le résultat de cette grande lutte et de cette immense ambition ? L'abaissement et presque la ruine des deux adversaires. La papauté retombe épuisée à Avignon et la *captivité de Babylone* commence, tandis que l'empire allemand, frappé à mort, est sur le point de disparaître durant *le grand interrègne*, et n'échappe à la destruction que pour traîner une vie misérable.

Durant le combat, les peuples, d'abord frappés de stupeur, avaient tourné les yeux et couru à d'autres aventures. Le sentiment le plus vif du moyen âge, la croyance religieuse, avait eu ses conséquences naturelles : il avait provoqué la croisade et jeté des millions d'hommes sur la route de Jérusalem.

Si la croisade réussit en Europe contre les païens de la Prusse, les mécréants de l'Espagne, et, avec d'abominables cruautés, contre les Albigeois de France, le but principal poursuivi en Orient fut manqué; le saint sépulcre resta aux mains des infidèles, et l'Europe sembla s'être vainement épuisée de sang et d'or à conquérir un tombeau qu'elle n'avait pu garder. Elle s'était rajeunie au contraire ; elle avait secoué une torpeur mortelle pour se remettre à vivre, et la voilà qui couvre les routes de ses marchands, la terre de ses cultures, les villes de ses monuments. Elle crée un grand art, une littérature, des écoles savantes, et la France conduit le mouvement. C'est le moyen âge qui finit, puisque les successeurs de Charlemagne et de Grégoire VII sont sans pouvoir, que la féodalité chancelle, que les opprimés se relèvent ; ce sont aussi les temps modernes qui approchent, puisque de nouvelles idées et des besoins nouveaux surgissent.

Ces besoins nouveaux ont deux représentants, les deux pays qui leur ont, chacun à sa manière, donné la plus complète satisfaction, la France et l'Angleterre. L'Angleterre d'aujourd'hui date de la grande charte du roi

Jean, comme la royauté de Louis XIV est venue directement de celle de Philippe Auguste et de saint Louis. Dans les deux pays, trois éléments semblables : le roi, les seigneurs, le peuple, mais qui se combinent diversement ; de cette combinaison différente est résulté le caractère si différent de leur histoire.

En Angleterre, la conquête avait fait le roi si fort que les nobles furent obligés de s'allier aux bourgeois pour défendre contre lui leur honneur, leurs biens et leur tête. Cette noblesse favorisa les franchises populaires dont elle avait besoin, comme les bourgeois aimèrent cette féodalité qui combattait pour eux. La liberté anglaise, fille de l'aristocratie, n'a point levé la main contre sa mère ; elle la respecte, au contraire, elle l'honore, et l'on a le curieux spectacle du pays qui soit le plus libre au monde, avec les plus grandes inégalités sociales.

En France, c'étaient le roi et le peuple qui étaient les opprimés ; ce furent eux qui s'unirent pour renverser la féodalité, leur ennemi commun ; mais le prix de la victoire resta naturellement au chef qui avait conduit la bataille. Dès le quatorzième siècle ce double caractère est évident. Au commencement, Philippe le Bel rase les châteaux, appelle les manants dans ses conseils, et soumet tous, grands et petits, à la loi d'une égale obéissance ; à la fin, le parlement de Londres renverse son roi et dispose de la couronne.

Si les deux pays ne s'étaient heurtés l'un contre l'autre dans cette mêlée furieuse qu'on appelle la guerre de cent ans, c'est du quatorzième siècle qu'aurait pleinement commencé pour eux leur vie moderne.

L'Allemagne et la France ont, pour leur histoire, un point de départ commun : toutes deux sortent de dessous les décombres du grand empire carlovingien, et toutes deux sont couvertes à l'origine d'une féodalité puissante; elles pouvaient donc courir la même carrière. Pourtant dans l'une la royauté arrive à son apogée; dans l'autre elle décline, s'efface et disparaît. Quelle est la cause de cette étrange différence? Aucun mystère; un simple fait physiologique dont rien ne peut rendre raison. Les Capétiens ont duré : après neuf siècles ils vivent encore; par cette durée même, ils ont empêché, en France, l'élection de se conserver, en ne lui donnant pas l'occasion de se produire. Les dynasties d'outre-Rhin, au contraire, d'abord plus brillantes et plus fortes, semblent frappées de stérilité. Au bout de deux ou trois générations, elles s'éteignent : en cinq siècles, je compte dix-huit maisons royales; c'est-à-dire que dix-huit fois le peuple allemand vit la couronne tomber à terre, et qu'il fut appelé à la ramasser lui-même pour la poser sur une tête nouvelle. L'élection qui avait été dans les mœurs de la Germanie et qui était restée dans celles de l'Église, devint un système régulier. Les chefs féodaux comprirent bien vite quels en seraient pour eux les avantages : à chaque élection, selon une expression du temps, ils arrachèrent une plume à l'aigle impériale, et l'Allemagne arriva à posséder mille princes, quand de l'autre côté de son grand fleuve, l'héritier de Hugues Capet pouvait dire avec vérité : l'État c'est moi.

Voilà donc les trois grandes nations modernes constituées, dès le quatorzième siècle, avec leur esprit de liberté publique et de noblesse héréditaire en Grande-Bretagne; avec la tendance vers l'égalité civile et une royauté absolue en France; avec l'indépendance princière et l'anarchie publique en Allemagne. Aujourd'hui, l'une est à vrai dire une république aristocratique, l'autre un État démocratique pour le moment sans nom, la troisième était naguère encore une confédération d'États souverains : le moyen âge avait préparé ces différences

En Espagne, les Goths réfugiés dans les Asturies y avaient fondé un royaume chrétien; Charlemagne en avait préparé deux autres, en forçant par deux points, Navarre et Catalogne, le passage des Pyrénées. Les trois États, fortement adossés aux montagne, avaient marché en ligne vers le Sud contre les Maures; mais les temps modernes étaient déjà commencés au nord des Pyrénées, que les Espagnols n'avaient pas fini, dans la péninsule, leur croisade huit fois séculaire. Rien n'annonçait donc encore quelle serait leur fortune dernière.

L'autre peuple néo-latin, l'Italie, n'avait pu trouver au moyen âge l'utilité politique qui seule constitue les grandes individualités nationales. Trois choses l'en avaient empêché : sa configuration qui ne lui donnait pas de centre géographique; les mille cités que la civilisation ancienne avait semées à sa surface et qui n'avaient pas appris par assez de malheurs à aliéner une part de leur indépendance municipale pour sauver la liberté commune; enfin la papauté qui, ne voulant pas de maître, même dans les choses temporelles, posa ce principe, très juste à son point de vue et, au moyen âge très-légitime[1], qu'il n'y aurait jamais, des Alpes au détroit de Messine, une seule domination, parce que cette domination voudrait certainement avoir Rome pour centre. Cette

---

1. Très-légitime, parce qu'il ne fallait pas qu'à une époque où la force seule régnait, le saint-siége se trouvât à la merci d'un de ces petits seigneurs qui, dans les monarchies féodales, étaient bien plus maîtres que le roi et qui auraient renouvelé les scandales du temps de Marozia. Mais le grand poëte

politique a duré treize siècles. C'est elle qui, dès le sixième, empêcha la consolidation du royaume italien des Goths; et au huitième la formation de celui des Lombards; qui appela Pépin contre Astolphe, Charlemagne contre Didier, Charles d'Anjou contre Manfred, comme elle appela plus tard les Espagnols, les Suisses et les Impériaux contre les Français; les Français contre les Espagnols; qui finalement pactisa avec tous les maîtres étrangers de la péninsule, pour assurer, par l'équilibre des influences et des forces, l'indépendance de son petit domaine et de son autorité.

N'ayant point de pouvoir central, l'Italie s'était couverte de républiques, qui, après un temps plus ou moins long, étaient pour la plupart devenues des principautés. La vie y était brillante mais corrompue, les vertus civiques oubliées. L'anarchie habitait dans son sein, signe infaillible que l'étranger allait redevenir son maître.

Au Nord, complète obscurité : La Prusse et la Russie sont d'hier. Mais à l'Est paraissait un peuple, les Turcs, qui était redoutable parce qu'il avait ce que l'Europe chrétienne n'avait plus, le prosélytisme religieux et conquérant qui avait été l'esprit des croisades, ou ce qu'elle ne possédait pas encore, une forte organisation militaire.

Aussi, cette poignée de pâtres nomades qui était devenue si vite un peuple, ou plutôt une armée, accomplit sans peine la dernière invasion : Constantinople succomba.

---

catholique du moyen âge, Dante, n'en voyait pas moins les désastreuses conséquences de cette politique :

> Ahi Costantin di quanto mal fu matre
> Non la tua conversion, ma quella dote
> Che da te prese il primo rico patre !
> *Inferno*, XIX, 115-117.

Mais au moment où le dernier débris survivant de l'empire romain disparaît, voilà que du milieu des ruines s'échappe le génie de la civilisation ancienne, un flambeau à la main. Les Portugais sont sur la route du cap de Bonne-Espérance, comme les artistes et les écrivains sur celle de la Renaissance, et déjà Wiclef et Jean Huss ont préparé les voies à Luther et à Calvin. Aux changements qui s'opèrent dans l'État répondent donc des changements dans la pensée et dans la croyance. On demande à l'Église ébranlée par le schisme une réforme : elle la refuse; dans un siècle elle aura une révolution.

Ainsi :

L'empire romain qui s'écroule et deux invasions qui s'opèrent; la civilisation arabe qui brille un instant et s'éteint;

Un nouvel empire que Charlemagne veut organiser et qui se dissout;

La féodalité qui s'élève et qui règne;

Les croisades qui s'accomplissent;

Le pape et l'empereur qui se disputent la terre;

Voilà le vrai moyen âge, simple dans ses lignes générales, et qui arrive à son plus complet épanouissement au treizième siècle.

Mais avant même cette époque, un autre moyen âge a commencé en Angleterre et en France : celui qui pousse ces deux pays vers une nouvelle organisation sociale et qui bientôt entend des voix hardies raisonner l'obéissance, même la foi, et réclamer pour ceux dont jusqu'alors on n'avait tenu nul compte, les manants et les serfs.

Voyageur éternel, l'humanité marche sans cesse, à travers vallées et montagnes, aujourd'hui sur la hauteur, en pleine lumière, demain dans les bas-fonds, les ténèbres et les périls, mais avançant toujours et gagnant de loin en loin, avec bien des fatigues, quelque large plateau où elle s'arrête un instant, respire et se repose.

Ces temps d'arrêt durant lesquels la société a trouvé une forme qui pour le moment lui convient, sont les périodes organiques. J'appellerai l'intervalle qui les sépare les temps inorganiques ou de transformation. A ce compte on pourrait partager les dix siècles du moyen âge en trois sections : du cinquième au dixième, la destruction du passé et la transition à la forme nouvelle; du dixième au quatorzième, la société féodale avec ses mœurs, ses institutions, ses arts, sa littérature. C'est une période organique de la vie du monde. Puis le voyageur infatigable se remet en route; il descend cette fois encore dans un abîme de misère pour gagner, au delà, une terre moins couverte de ronces et d'épines. Le quatorzième et le quinzième siècle sont franchis, et déjà on aperçoit de loin les grandes figures de Raphaël, de Copernic et de Christophe Colomb, dans l'aurore du monde nouveau.

CARTES ET GRAVURES

CONTENUS DANS L'HISTOIRE DU MOYEN AGE.

CARTES.

	Pages.
Empire romain et monde barbare avant l'invasion	17
Italie sous les Lombards (568 à 750)	55
Empire des Arabes (750)	106
Empire de Charlemagne	144
Europe au temps des croisades (1095 à 1270)	287
Les Iles Britanniques	870

GRAVURES.

La Caaba de la Mecque	99
Mosquée de Cordoue	127
La Cour des Lions	127
La Tour de Londres	207
L'Église Saint-Marc	490
La Tour penchée	491
Campo-Santo	492
Cathédrale de Milan	493
Couvent de Batalha	518

HISTOIRE DU MOYEN AGE.

LIVRE PREMIER.

L'INVASION GERMANIQUE (395-687).

CHAPITRE PREMIER.

LE MONDE ROMAIN ET LE MONDE BARBARE A LA FIN DU QUATRIÈME SIÈCLE.

Fin des temps anciens. — Nouvelle forme de l'empire romain. — Hiérarchie civile et militaire. — Régime municipal; curiales. — Impôts. — État des personnes. — L'armée. — État moral et intellectuel. — L'Église chrétienne. — Les barbares. — Peuples germaniques. — Slaves et Huns.

Fin des temps anciens.

Les temps anciens finissent avec l'empire romain, qui, ayant absorbé tous les peuples de l'antiquité, les enveloppa tous dans sa ruine. L'Asie, l'Egypte, la Grèce, Carthage, l'Espagne et la Gaule avaient été attirées dans le vaste sein de cette Rome qui donna à ses sujets l'unité de gouvernement et, à ses provinces occidentales, l'unité de langue.

Cette unité, œuvre de la conquête, fut d'abord maintenue par une politique libérale qui finit par devenir oppressive. Alors le froid de la mort envahit cette grande société romaine; les liens se relâchèrent et, au premier choc des barbares, le colosse se brisa.

Nouvelle forme de l'empire romain.

L'unité de gouvernement, imposée dès le temps de la république par la conquête, fut régularisée sous l'empire par le travail organique d'une administration savante. Elle se personnifia dans un homme, d'abord chef militaire plutôt que souverain, mais depuis Dioclétien et Constantin, vrai monarque, chef d'une vaste hiérarchie. Ces deux empereurs essayèrent de donner à l'autorité impériale plus de stabilité, par un changement considérable dans le caractère du gouvernement. Tandis que le sort de l'empire dépendait auparavant des volontés rivales et capricieuses des légions ou des prétoriens, on vit l'empereur porté tout à coup à une hauteur mystérieuse, abriter son pouvoir sous la doctrine du droit divin et sa personne derrière une pompe tout orientale que n'avaient point connue les premiers Césars.

Au-dessous de lui se développa, comme pour le tenir mieux à distance des citoyens et des soldats, une interminable série de fonctionnaires civils et militaires, les premiers plus honorés que les seconds. A la tête de cette hiérarchie se plaçaient, si l'on considère l'influence, les sept grands officiers qui formaient le ministère de l'empereur dans son palais de Constantinople, cette capitale nouvelle de l'empire, qui étalait sur les rives du Bosphore sa splendeur née d'hier et sa corruption précoce.

Hiérarchie civile et militaire.

Les sept grands officiers de la cour (nous passons les consuls, les préteurs, le sénat qui existaient encore, mais dont le rôle n'était que de parade), les sept grands officiers, considérés bien moins comme des magistrats publics que comme des serviteurs de l'empereur, étaient :

Le comte de la chambre sacrée (*comes sacri cubiculi*) ou

Original en couleur

NF Z 43-120-8

grand chambellan, souvent fort influent parce qu'il ne quittait jamais le prince ;

Le maître des offices (*magister officiorum*), sorte de ministre d'État, de qui relevaient toute la maison de l'empereur, toute la police de l'empire avec ses 10 000 agents (*curiosi*), les postes, les arsenaux, les fabriques et dépôts d'armes : administration immense qui comprenait quatre bureaux avec des chefs et sous-chefs et cent quarante-huit commis ;

Le questeur du palais (*quæstor palatii*), sorte de chancelier qui portait la parole pour l'empereur et rédigeait ses décrets ;

Le comte des largesses sacrées (*comes sacrarum largitionum*), ministre des finances, de qui relevaient les comtes des largesses des diocèses et tous les agents financiers de l'empire, qui réglait la recette et la dépense, qui jugeait les procès en matière fiscale ;

Le comte du domaine privé (*comes rei privatæ*) qui administrait les domaines particuliers de l'empereur par des agents appelés *rationales* et *cæsariani* ;

Le comte de la cavalerie domestique (*comes domesticorum equitum*) ;

Enfin le comte de l'infanterie domestique (*domesticorum peditum*).

Tous deux avaient sous leurs ordres 3500 hommes, distribués en sept *écoles*, beaux soldats, principalement Arméniens, qu'il était imposant de voir se développer en ligne sous les portiques du palais.

Pour se bien représenter cette cour de Constantinople, il faut ajouter à ces officiers la tourbe innombrable des huissiers, des pages (*pædagogia*), des espions, des domestiques de toutes sortes, des eunuques, plus nombreux, dit Libanius, que les mouches qui volent en été.

Quittons le centre et passons aux provinces.

Nous y trouvons, à la tête de la hiérarchie, les quatre préfets du prétoire d'Orient, d'Illyrie, d'Italie et de Gaule. C'était la tétrarchie de Dioclétien, mais sans préjudice pour l'unité, et sans danger pour l'empereur. Ce n'étaient plus là, en effet, ces anciens préfets du prétoire qui renversaient leurs maîtres :

on leur avait retiré griffes et dents en leur ôtant toutes attributions militaires. Leur part était encore belle et leur autorité assez étendue pour que leur administration ne souffrît pas de sa diminution. Publier les décrets de l'empereur, rédiger le cadastre, surveiller la perception de l'impôt, sans pouvoir, il est vrai, y rien ajouter; juger, en appel des chefs de diocèse, les procès civils et criminels, révoquer et punir à leur gré les gouverneurs de province, telles étaient leurs attributions. Leurs riches appointements, le personnel nombreux de leurs bureaux, le luxe de leur existence en faisaient comme quatre rois de second ordre.

Chaque préfecture se divisait en diocèses gouvernés par des vice-préfets; il y en avait quinze : six dans la préfecture d'Orient (Orient, Égypte, vicariat d'Asie, proconsulat d'Asie, Pont, Thrace) ;

Deux dans celle d'Illyrie (Dacie et Macédoine);

Trois dans celle d'Italie (Italie, Illyrie occidentale, Afrique occidentale);

Trois dans celle des Gaules (Espagne, Gaule, Bretagne),

Rome, dont le territoire s'étendait jusqu'à cent milles de ses murs, formait un diocèse particulier;

De même Constantinople.

Enfin les quatre préfectures et les seize diocèses se divisaient en cent vingt provinces, gouvernées par des consulaires, des correcteurs, des présidents, trois degrés d'autorité peu différents.

A côté de cette hiérarchie civile se dessinait la hiérarchie militaire, qui commençait par le maître de la cavalerie (*magister equitum*), et celui de l'infanterie (*magister peditum*), qui furent doublés après le partage de l'empire. Sous leurs ordres venaient dans les provinces et sur les frontières les comtes militaires (*comites*) et les ducs qui seuls disposaient des troupes des provinces, chacun dans son département.

Voilà, vue par ses deux faces, la hiérarchie impériale, et tout le gouvernement central, le tronc et les branches.

Régime municipal; curiales.

Le despotisme était d'assez récente origine, car il n'avait que deux siècles, et des institutions libres l'avaient précédé, institutions qui vivaient encore dans le régime municipal. Rome avait semé partout des images d'elle-même. Il n'était point de ville de l'empire qui n'eût son petit sénat, la *curie*, composée de propriétaires ou curiales possédant au moins vingt-cinq arpents de terre, qui délibérait sur les affaires du municipe et élisait dans son sein des magistrats pour les administrer. Les *duumvirs* rappelaient les consuls par leur nom et par leurs attributions : présidence de la curie, administration générale des affaires de la cité, juridiction dans les affaires de peu de valeur. Un *édile*, un *curateur* (économe de la cité), un *percepteur*, des *irénarques* (commissaires de police), des *scribes*, des *tabellions* complétaient l'administration municipale.

Le régime municipal semblait donc prospérer : il s'était même enrichi récemment d'un magistrat nouveau, le *défenseur*, sorte de tribun régulier élu par tout le municipe pour le défendre auprès de l'empereur. Lorsque le clergé fut autorisé par Honorius à prendre part à l'élection pour la nouvelle magistrature, celle-ci tomba dans la dépendance de l'évêque.

Mais cette prospérité du régime municipal était plus apparente que réelle, parce que les libertés locales manquaient des garanties que donnent les seules libertés publiques. Le gouvernement, dont l'avidité égalait les besoins infinis, s'était adressé, pour l'impôt, à ces magistrats municipaux, à ces propriétaires dont on pouvait saisir la terre, et les avait chargés, non-seulement de percevoir eux-mêmes, mais encore de garantir le tribut. Cette charge devint de plus en plus onéreuse, la prospérité déclinant; les curiales n'y tinrent plus, ils s'enfuirent dans des corps privilégiés, le clergé, l'armée. On les arrêta, on les ramena, l'État ne pouvant se résoudre à perdre ainsi ses contribuables et les garants de ses revenus. Alors une lutte s'engage où l'individu est aisément vaincu par l'État. Le curiale est enchaîné à sa condition. Il faut qu'on l'ait sous la main : il n'ira point habiter la campagne; la mort même n'en prive pas l'État, ses enfants sont voués dès leur naissance à la même condition. L'exemption de la torture et de quelques peines infamantes n'empêchait pas la ruine, la misère, qui sont aussi des tortures. Le désespoir jeta beaucoup de ces malheureux dans la vie sauvage des bois, et jusque chez les barbares. Le nombre des curiales diminua prodigieusement dans toutes les cités.

Impôts.

Ainsi les derniers débris des institutions libres étaient devenus des instruments d'oppression dans la main d'un gouvernement qui réclamait rigoureusement ses impôts sans souci du bonheur ou du malheur des sujets. Et de quel poids ces impôts ne pesaient-ils pas! C'était d'abord l'*indiction*, taxe foncière qui n'atteignait pas les biens du domaine impérial et dont l'empereur fixait le taux chaque année pour chaque diocèse par un édit signé de sa main en encre de pourpre, qu'on affichait au mois de juillet dans les chefs-lieux des diocèses. Les sommes exigées se répartissaient d'après la fortune reconnue à chacun dans le cadastre qui se dressait tous les quinze ans. Cette période quindécennale, établie en 312 par Constantin est le *cycle des indictions*. Des superindictions venaient souvent aggraver l'indiction.

Les autres branches du revenu public étaient : la *capitatio humana* payée par la plèbe rustique, le *follis senatorius* dû par tous les sénateurs, l'or coronaire versé par les villes en certaines circonstances, le *chrysargyre* levé sur l'industrie et le commerce, enfin les impôts indirects, droit sur les ventes et revenus des péages, mines, carrières, salines, manufactures impériales.

C'était un moment de désolation que celui où s'abattait sur tout l'empire la nuée des agents fiscaux. Pour avoir une idée de cette tyrannique oppression, il faut ajouter à ces impôts les fournitures de l'*annone*, l'obligation d'héberger les soldats, les magistrats à leur passage, d'entretenir les postes, les voies publiques, etc.

État des personnes.

Ces charges accablantes pesaient d'autant plus sur les basses et moyennes fortunes que l'empire avait formé, pour l'état des personnes, des catégories privilégiées dans lesquelles, nécessairement, la plupart des riches étaient compris. On avait établi une hiérarchie de titres qui se mêlait souvent avec celle des fonctions et qui comprenait des degrés nombreux; les *nobilissimi*, les *patricii*, les *illustres*, les *spectabiles*, les *clarissimi, perfectissimi, egregii, equites, ducenarii*, sans compter le titre de *comte* et ceux des magistratures exercées ou non exercées (*ex-consul, ex-préfet....*). C'est ainsi que l'empire avait cherché à former une première classe ou noblesse. Mais ces titres mêmes, dispensés par le caprice du despotisme, n'étaient que des cachets de servitude.

La seconde classe était celle des curiales; on a vu combien elle était misérable.

La troisième, celle des simples *hommes libres*, comprenait tous ceux qui possédaient moins de vingt-cinq arpents, et les marchands, les artisans. A ceux-là appartenait le travail libre, qui cessait déjà d'être libre. A peine avait-il pu exister dans l'antiquité; les esclaves presque seuls travaillaient. Des circonstances différentes l'avaient développé davantage, puis une vicissitude nouvelle le replongea dans une condition fâcheuse. Les artisans s'étaient formés, surtout depuis Alexandre Sévère, en corporations afin de se soutenir et de supporter mieux et le poids du chrysargyre et la concurrence des manufactures impériales; mais l'empire les traita bientôt comme les curiales. Effrayé de la diminution de la production, il crut y obvier en obligeant les membres des corporations à n'en plus sortir et même à y faire entrer leurs enfants. Alors les corporations ne furent plus un bienfait, mais une servitude très nuisible à l'industrie. Dans les campagnes, la classe inférieure des hommes libres ne fut pas plus heureuse. Dépouillés de leur petite propriété par les violences ou les ruses des grands propriétaires, ou bien par les invasions des barbares, ils étaient réduits à se faire *colons* du riche, condition qui les attachait à une terre déterminée en les privant, sinon du titre du moins de la plupart des droits de l'homme libre. Cet abaissement et cette *immobilisation*, pour ainsi dire, de l'homme libre tuaient toute vie morale.

La dernière classe, il est vrai, celle des esclaves, gagn beaucoup. La philosophie stoïcienne, et, après elle, le christianisme, avaient répandu des idées nouvelles sur l'esclavage et modifié profondément l'esprit de la loi à l'égard de l'esclave. Il fut considéré enfin comme un homme; on l'autorisa à disposer plus librement de son *pécule*. On traita son meurtrier comme un homicide; on l'*immobilisa* enfin, lui aussi, et ce qui était une déchéance pour l'homme libre était un avantage pour l'esclave qui, attaché à la culture, ne put être vendu au loin, ni séparé de sa famille.

Ainsi, les hommes libres abaissés, les esclaves relevés, se trouvaient rapprochés dans une condition à peu près commune, qu'on peut regarder comme l'origine principale du servage, qui fut la condition générale des habitants des campagnes pendant tout le moyen âge.

Il y avait là du bien, mais aussi beaucoup de mal. L'homme libre n'eut plus de cœur, ni pour travailler, ni pour combattre. Les bras manquaient partout. La population diminuait. La vie devenant de plus en plus misérable, on renonçait à avoir une famille. Le gouvernement recourut aux barbares, et beaucoup d'empereurs en établirent des colonies considérables dans les provinces dépeuplées, ce qui était un commencement d'invasion.

L'armée.

Il en fut de même pour l'armée. Comme l'empire y avait introduit aussi ce régime de servitude et de privilége qui prévalait partout, nul homme de quelque valeur n'y voulait plus entrer. On a vu que d'autres, les curiales, ne le pouvaient pas. Alors on recruta l'armée, d'une part parmi des ramas d'hommes sans emploi, sans fortune et sans travail, de l'autre parmi les barbares, qui entrèrent en foule dans les légions. Probus avait dit qu'il fallait *qu'on les sentît, mais qu'on ne les vît pas*. On ne tarda pas et à les sentir et à les voir. Les 40 000 Goths de Théodose furent moins ses serviteurs que ses maîtres ; le Franc Arbogast avait déjà fait un empereur ; un mercenaire barbare, Odoacre, mettra bientôt fin à l'empire même.

Dégradés d'ailleurs par la marque qu'on imprimait sur leur corps, découragés par la distribution déraisonnable des récompenses et des avantages prodigués à l'oisiveté des gardes du prince, aux *palatins*, aux *comitatenses*, et non aux soldats des frontières, les légions romaines n'avaient plus rien qui les excitât à la défense de la patrie. Elles étaient même désarmées en quelque sorte ; on les avait autorisées à déposer le bouclier, le *pilum*, la courte épée, ces fortes armes de la vieille Rome, pour prendre l'arc, le bouclier léger, en même temps qu'on avait réduit leur effectif au quart, à 1 500 hommes. Aussi l'empire allait-il succomber, malgré ses cent trente-trois légions, ses arsenaux, ses magasins et son enceinte de fortifications le long du Rhin, du Mein, du Danube, de l'Euphrate et du désert d'Arabie.

État moral et intellectuel.

L'état moral et intellectuel de cette vieille société était tombé très bas. Sans doute il était beau de voir relever tout ce qui avait été autrefois abaissé, esclaves, femmes, enfants ; mais, en revanche, tout ce qui autrefois avait été ort et fier, l'homme libre, le citoyen, était humilié. Il n'y vait pas plus de courage et de génie qu'il n'y avait de liberté. Comme on manquait de soldats, on manquait d'écrivains et d'artistes. En vain les écoles s'étaient régularisées et perfectionnées, en vain Valentinien avait déterminé le nombre des professeurs, leurs appointements, leurs fonctions, et placé les élèves sous une surveillance exacte ; la discipline règle, mais ne féconde pas ; dirige, mais n'imprime pas l'essor. On eut, pour littérateurs, des sophistes et des rhéteurs comme Libanius, des poètes comme Claudien ; et ceux-ci encore sont de beaucoup les meilleurs : ils ont de l'harmonie, quelques grandes idées; mais tous les autres, et avec eux ces riches Romains à qui la culture des lettres servait de passe-temps, se réduisaient à écrire de petits vers, des épithalames, littérature impuissante des époques de décadence. D'artistes, on n'en vit plus, et Constantin fut obligé, pour décorer Constantinople, de piller les villes de l'empire riches en anciens monuments.

En effet, la littérature et l'art, étroitement liés dans l'antiquité au paganisme, n'avaient point encore été affranchis de cette dépendance. Et le paganisme, religion déchue, ruiné par la philosophie et par le christianisme, chassé du trône, abandonné de presque tous, excepté des gens de campagne que l'habitude enchaîne plus longtemps, le paganisme n'inspirait plus de foi et ne pouvait plus être le germe d'aucune grande œuvre.

L'Église chrétienne.

Mais, si le vieux culte périssait, si la vieille société se glaçait dans tous ses membres, un nouveau culte et une société nouvelle prenaient naissance, dépositaires de cette vie qui ne s'éteint jamais entièrement dans les sociétés humaines.

Le christianisme s'était développé et constitué à travers les persécutions. Les beaux préceptes de sa morale et le courage de ses apôtres avaient fait d'innombrables conquêtes. Il était enfin monté sur le trône avec Constantin. Cet empereur combla l'Église de privilèges : il autorisa les évêques, ses chefs, à se constituer arbitres en matière civile, du consentement des deux parties; il exempta les clercs des charges municipales; il leur concéda des portions du domaine impérial, et les autorisa à recevoir des legs particuliers. De telle sorte que l'Église joignit l'influence des richesses à celle que lui donnaient déjà sa foi ardente et jeune, son esprit de prosélytisme, et le génie de ses chefs. L'hérésie même qui, sous plus d'une forme, avait déjà déchiré son sein, n'avait été qu'un aliment à sa vigueur, une lutte salutaire qui entretenait sa force. Tandis que la littérature dérivée du paganisme respirait à peine, celle qui sortait du christianisme était passionnée, active, pratique, partait de l'âme et se mêlait aux faits. Il suffit de rappeler Tertullien, saint Athanase, saint Ambroise, saint Augustin, saint Grégoire de Nazianze, Lactance, Salvien et bien d'autres. Les nombreux conciles tenus au quatrième siècle attestent l'activité de l'Église, les communications qu'elle établissait entre les provinces de l'empire et la part que tous ses membres prenaient à ses affaires. De la nécessité même, et c'est la meilleure origine pour ce qui doit durer, était sortie l'organisation hiérarchique qui avait élevé les évêques au-dessus des clercs, les métropolitains au-dessus des évêques, et en vertu de laquelle le siège de Rome revendiquait une suprématie due à la vieille capitale du monde romain et à celui qu'on appelait l'héritier de saint Pierre.

C'est donc dans cette nouvelle société, ou mieux encore dans la société religieuse proprement dite, dans l'Église, que se trouvent la vie, la foi, l'avenir. En vain tout tombera autour d'elle, même cet édifice impérial sous lequel elle est abritée momentanément; elle survivra à ces ruines, elle ne sera point ébranlée de ces secousses; bien plus, elle n'en sera point affligée, car elle n'est ni exclusive, ni patriotique; elle n'a point d'amour pour l'empire romain et s'intéresse peu à son salut ou à sa ruine. C'est le salut des âmes qui l'occupe, c'est l'ambition d'amener dans ses voies les peuples campés autour de l'empire, qui la tente. Elle ne hait point les barbares, elle les aime comme sa conquête et son futur troupeau, comme des enfants qui recevront avec plus de docilité sa parole. Déjà elle les attire, elle va au-devant d'eux, elle les convertit; les Goths de la Dacie ont un évêque arien, Ulphilas, qui traduit la Bible dans leur idiome, et les Burgundes sont convertis comme eux.

Eh bien donc, que les barbares arrivent, qu'ils renversent les barrières vermoulues, qu'ils réduisent en poudre tout l'édifice de l'empire, la seule institution douée de vie, l'Église, ne leur fera point obstacle, et, au milieu des ruines, se trouvera seule, forte et jeune.

Les barbares.

Quand Rome s'appelait la maîtresse du monde, elle savait bien qu'elle faisait une hyperbole et que ses limites n'étaient pas celles de la terre. D'assez cruelles expériences lui avaient appris qu'il n'était pas une de ses frontières qui ne fût menacée par des populations cachées dans les profondeurs du nord, du sud ou de l'orient.

Au nord s'étendaient trois bans de peuples échelonnés dans l'ordre suivant : Germains, Slaves, peuples asiatiques. A l'est habitaient les Perses, empire ancien qui avait fait souvent la guerre aux Romains, et devait la faire longtemps encore pour quelques villes frontières, mais qui ne songeait pas à l'envahir, n'ayant nulle envie de changer de demeure. Au sud erraient dans les déserts de leur grande péninsule les Arabes qu'on ne redoutait pas encore, et dans ceux de l'Afrique les populations maures, qui étaient assez nombreuses pour inquiéter les officiers romains et aider à la dissolution de l'empire, pas assez pour faire elles-mêmes une invasion.

Peuples germaniques: mœurs, gouvernement et religion.

A la mort de Théodose (395), le danger sérieux ne venait que du nord. Poussés par les Slaves, qui l'étaient eux-mêmes par les hordes asiatiques des bords du Volga, les Germains se pressaient tout le long de la frontière romaine. Suèves ou Souabes, Alamans, Bavarois occupaient le midi, entre le Mein et le lac de Constance. Marcomans, Quades, Hermundures, Hérules, et, à l'extrémité de la zone germanique, la grande nation des Goths s'étendaient au bord du Danube. A l'ouest, le long du Rhin inférieur, se trouvait la confédération des Francs (Saliens, Ripuaires, Sicambres, Bructères, Cattes, Chamaves, etc.) qui s'était formée au milieu du troisième siècle pour résister aux Romains. Au Nord les Frisons, restes des Bataves, habitaient entre le lac Flévo et l'embouchure de l'Ems; plus à l'est les Vandales, les Burgundes, les Rugiens, les Longobards ou Lombards, et, entre l'Elbe et l'Eider, les Angles et les Saxons; enfin, derrière tous ces peuples, les Jutes, les Danes et les Scandinaves, qui occupaient le Danemark et la Suède, et feront la seconde invasion, celle du neuvième siècle.

Les mœurs, le gouvernement, le caractère de ces peuples formaient avec ceux du monde romain un contraste dont la pensée a, dit-on, inspiré à Tacite son livre de la *Germanie*. La discipline et la servitude, principes du gouvernement de l'empire, étaient en horreur aux Germains. L'amour de l'indépendance individuelle, le dévoûment volontaire étaient le fond de leur caractère. La guerre, non pas disciplinée et savante comme chez les Romains, mais aventureuse, faite au loin, pour la gloire et le butin, était leur plus doux plaisir. Dès que le jeune homme avait été présenté à l'assemblée publique, et qu'il avait reçu des mains de son père ou de celles d'un chef fameux le bouclier et la *framée*, il était guerrier et citoyen; aussitôt il s'attachait à quelque chef de grande renommée qu'il suivait dans la paix et à la guerre parmi d'autres guerriers recrutés de la même façon. Le chef avait en eux ses *leudes* ou *fidèles*, toujours prêts à mourir pour sauver sa vie, toujours liés à lui dans les dangers, mais liés par une obligation toute volontaire, par les seules chaînes de l'honneur.

Sur de tels hommes ne saurait s'établir le despotisme d'un seul. Aussi le gouvernement des Germains était formé par une assemblée (*mall*) à laquelle tous prenaient part, institution sacrée, fondée, disaient-ils, par les dieux mêmes. Elle se tenait dans des lieux et à des jours consacrés, à la nouvelle et à la pleine lune, dans une enceinte de saules et de noisetiers où s'ouvrait vers l'orient un demi-cercle de 24 grandes pierres blanches. Là se réunissaient les guerriers avec leurs boucliers, symbole de la souveraineté militaire. Le choc des boucliers marquait l'applaudissement de l'assemblée; un murmure violent, sa désapprobation. Les mêmes assemblées exerçaient le pouvoir judiciaire, quelquefois par une réunion de tous les hommes libres, quelquefois par une délégation (*rachimburgi*, *ahrimanni*). C'est l'origine de l'institution du jury.

Chaque canton avait son magistrat, le *graf*, et toute la nation un roi, *koning*, élu parmi les membres d'une même famille qui avait la possession héréditaire de ce titre. Pour les combats, les guerriers choisissaient eux-mêmes celui qu'ils voulaient suivre, *herzog*. De là le mot de Tacite : *Reges ex nobilitate, duces ex virtute sumunt.*

L'Olympe de ces peuples répondait à leur génie plein de fierté et d'héroïsme, de passion sanguinaire et d'amour de la gloire, mais la grâce se mêlait parfois à leurs imaginations terribles. A côté d'Odin qui donne la victoire et qui descend chaque nuit de son palais céleste dont la fenêtre s'ouvre vers l'orient, pour chevaucher dans les airs avec les guerriers morts; à côté de Donar, l'Hercule des Germains, à qui sont dédiés les arbres que la foudre a frappés; à côté des joies féroces du Walhalla, étrange paradis, où sans cesse les guerriers se battaient et buvaient, apparaissent gracieusement les déesses voyageuses qui portent partout la paix et les arts, et Fréa, la Vénus du nord ou collier magique, et Holda, belle et chaste comme Diane, qui vole dans les airs pendant les nuits d'hiver, toute vêtue de blanc, en semant la neige sur ses pas. Sous cette mythologie, on retrouve l'adoration des astres : Hertha, la terre, est la première déesse des Germains; ils adorèrent aussi Sunna, le soleil, et son frère Mani, la lune, que deux loups poursuivent. Ce n'était plus là l'imagination de la Grèce; mais c'était aussi de la poésie, et parfois très-élevée. Le poëme des Niebelungen en garde un dernier reflet [1].

Les *bardes* étaient en grand honneur parmi eux : « Tout meurt, disaient les Germains, une seule chose ne meurt pas, c'est le jugement qu'on porte des morts. » Une maxime si belle rendait la mort facile. Aussi comme ils la bravaient! avec quelle hardiesse téméraire ils se lançaient sur les flots! Qui ne sait l'histoire de ces Francs (de *frech*, hardi, courageux) que Probus avait transportés sur les bords du Pont,

---

1. Ce poëme, qui raconte la lutte des Burgundes contre Attila, et où se rencontrent les traditions et les grands noms restés dans le souvenir des Allemands du moyen âge, a été rédigé dans sa forme actuelle au treizième siècle, mais est bien antérieur à cette époque.

Euxin, et qui, un jour, prirent quelques barques, s'y jetèrent, traversèrent toute la Méditerranée en pillant les rivages de la Grèce, de l'Italie et de l'Afrique et revinrent par l'Océan, ayant joué avec la tempête et avec l'empire romain! Ils se faisaient gloire de mourir en riant.

Les Germains cultivaient peu la terre ; ils ne possédaient point de domaine en propre, et tous les ans les magistrats distribuaient à chaque bourgade, à chaque famille le lot qu'elle devait cultiver, afin, dit César, de ne pas détourner les hommes du goût des combats et de maintenir l'égalité des fortunes. De là le peu de progrès de leur civilisation. Point de villes non plus chez eux, peut-être par suite de cette disposition même; mais des cabanes de terre disséminées, éloignées, les unes des autres, entourées chacune du champ que cultivait le propriétaire. Les vêtements collants contrastaient aussi avec l'ampleur de la robe grecque ou romaine.

Il paraît que les mœurs étaient assez pures chez les Germains : la polygamie n'y était autorisée que pour les rois et les grands. Mais la sobriété n'était pas leur vertu : ils buvaient beaucoup dans leurs festins homériques; leur coupe d'honneur était un crâne d'ennemi vaincu, et souvent le festin lui-même se terminait par des rixes sanglantes et la mort de quelque convive. Ils avaient aussi la passion du jeu, et jouaient tout, jusqu'à leur personne. Celui qui s'était perdu lui-même au jeu devenait esclave du gagnant; c'était pour lui une dette d'honneur, et jamais il n'eût violé sa parole. Comme la civilisation a ses vices, la barbarie a les siens, mais qui sont peut-être préférables, parce qu'ils viennent de la grossièreté qui peut se polir, non de la corruption et de l'épuisement moral, pour lesquels il n'est guère de remède.

Slaves et Huns.

Telle était la physionomie de cette grande famille germanique qui allait envahir et, pour quelque temps occuper la meilleure partie de l'empire. Derrière elle deux autres races barbares la poussaient, bien plus différentes du monde romain que ne l'étaient les Germains. C'étaient les Slaves et les Huns.

Les Slaves, qui forment aujourd'hui dans la famille des peuples européens une race de 80 millions d'hommes, étaient encore épars sous le nom de Vendes et de Slaves, près du Danube, du Borysthène et de la mer Noire, aux sources du Volga et du Niémen, le long de la Baltique jusqu'à l'Elbe, où ils s'étaient mêlés à quelques tribus germaniques. De ce mélange étaient sorties des peuplades mixtes, comme les Vandales, qui jouèrent un rôle dans l'invasion du cinquième siècle. Les autres ne paraîtront que plus tard, divisées en trois rameaux.

Les Slaves méridionaux (Bosniens, Serbes, Croates, Esclavons, Dalmates modernes), entre le Danube et la mer Adriatique;

Les Slaves occidentaux (Leckques ou Polonais, Tchèques ou Bohêmes, Moraves, Poméraniens, Wiltzes, Obotrites, Lusaciens, Sorabes ou Serbes du nord), entre l'Elbe et la Vistule, la Baltique et les Carpathes;

Enfin les Slaves septentrionaux ou sédentaires, qui, réunis aux Finnois ou Tchoudes de la Baltique orientale, composeront la nation russe primitive, et dans lesquels on peut comprendre les Livoniens, les Esthoniens, les Lithuaniens et les Prussiens.

Les Huns (Hiong-Nou), qui appartiennent à la race tartaro-finnoise, furent un sujet d'effroi et d'horreur pour tous les peuples occidentaux, germains ou romains; leur vie errante passée dans des chariots énormes ou sur la selle de leurs chevaux, leur visage osseux et percé de deux petits yeux, leur nez plat et large, leurs oreilles énormes et écartées, leur peau brune et tatouée, étaient des traits de mœurs et de physionomie étrangers à l'Europe. Ammien Marcellin les appelle *bêtes à deux pieds* et les compare à ces figures grotesques dont on ornait les parapets des ponts. Les Germains les accusaient d'être un produit des génies infernaux et des sorcières de la Scythie, de ces steppes incommensurables qui se perdaient dans le nord et dans l'orient, région inconnue et redoutée, bien propre à recevoir de pareils hôtes.

Cette famille tartaro-finnoise jettera encore sur l'Europe, après les Huns, les Avars au sixième siècle, les Bulgares et les Khazars au septième, les Madgyars ou Hongrois au neuvième, les Mongols ou Tartares au treizième, les Turcs au quatorzième. Ceux-ci termineront l'invasion.

CHAPITRE II.

PREMIÈRE PÉRIODE DE L'INVASION (375-476). ALARIC, RADAGAISE, GENSÉRIC ET ATTILA.

Premier ébranlement des barbares avant la mort de Théodose. — Division de l'empire à la mort de Théodose (395). — Alaric et les Visigoths (395-419); la grande invasion de 406. — Fondation du royaume des Burgundes (413), des Visigoths et des Suèves (419). — Conquête de l'Afrique par les Vandales (431). — Invasion d'Attila (451-453). — Prise de Rome par Genséric (455); fin de l'empire d'Occident (476).

Premier ébranlement des barbares avant la mort de Théodose.

Du fond des steppes qui s'étendent sur les confins de l'Europe et de l'Asie partit, à la fin du quatrième siècle, l'impulsion qui ébranla le monde barbare tout entier et provoqua le grand mouvement de peuples qui renversa l'empire d'occident. Établis, depuis le troisième siècle avant J. C., dans les grandes plaines de l'Asie centrale, derrière la mer Caspienne, les Huns s'étaient avancés peu à peu vers l'Occident. Par suite de discordes intestines, la nation se divisa; une partie alla former, sur l'Oxus, la nation des Huns blancs ou *Nephtalites*, qui furent si redoutables à la Perse, tandis que le reste poussa vers l'Europe et traversa le Volga, attiré par le bruit des richesses de Rome qui était venu jusque dans leurs déserts (374). Ils entraînèrent dans leur course les Alains établis entre le Pont-Euxin et la mer Caspienne, franchirent le Tanaïs et vinrent heurter le grand empire gothique dans lequel Hermanrich avait réuni les trois branches de sa nation : *Ostrogoths*, ou Goths orientaux, à l'est du Dniéper; *Wisigoths*, ou occidentaux, à l'ouest; *Gépides*, ou traîneurs, au nord, les deux autres tribus les ayant laissés derrière elles, vers la Baltique.

L'empire gothique tomba; les Ostrogoths se soumirent, les Wisigoths accoururent au bord du Danube, implorant de l'empereur Valens un asile sur les terres de l'empire (376). Ils y furent admis; mais bientôt, maltraités par les officiers romains, ils payèrent l'hospitalité par la révolte, et marchèrent contre Valens, qu'ils tuèrent à la bataille d'Andrinople (378). Théodose arrêta leurs succès, et, par des traités habiles, incorpora les uns dans l'armée, dissémina les autres dans la Thrace, la Mœsie et l'Asie Mineure. Ceux de la Thrace demeurèrent fidèles et défendirent la frontière contre les Huns [1].

L'empire avait paru admettre les Goths par faveur sur son territoire; la vérité est qu'il n'avait pas osé repousser des suppliants si terribles. Naguère il colonisait les barbares après les avoir vaincus; maintenant il les reçoit en apparence par générosité, en réalité par crainte : bientôt, leur audace et sa faiblesse croissant, ils forceront violemment les barrières et s'établiront en maîtres sur le sol romain.

Division de l'empire à la mort de Théodose (395).

L'invasion en était là quand Théodose laissa à ses deux fils l'empire, qui fut partagé entre eux pour n'être plus jamais reconstruit (395). La limite était en Europe le Drinus, affluent de la Save, les mers Adriatique et Ionienne; en Afrique, le fond de la grande Syrte. Honorius eut l'Occident; Arcadius, l'Orient. L'empire d'Orient dura 1058 ans après cette séparation, celui d'Occident ne survécut que 81 années. Pendant ces quatre cinquièmes de siècle, les deux États, quoique distincts, ne laissèrent pas d'associer quelquefois leurs efforts pour la défense commune. Mais l'empire d'Orient fut sauvé par la double barrière du Danube et des monts Balkans, par la direction générale de l'invasion barbare que l'impulsion première tourna plutôt vers l'ouest que vers le sud, peut-être

---

1. Voyez pour ces événements l'*Histoire romaine*.

aussi par sa vigueur plus grande, étant plus jeune, et par le soin plus attentif qu'on prit de protéger Constantinople, devenue la vivante et réelle capitale du monde romain, tandis que Rome n'en était plus que l'ombre. Au contraire, l'empire d'Occident fut le but de toutes les grandes attaques et reçut en un demi-siècle quatre assauts terribles : Alaric avec les Wisigoths; Radagaise avec les Suèves, les Vandales, les Alains et les Burgundes; Genséric avec les Vandales; Attila avec les Huns. Il eût fallu bien plus de force qu'il n'en avait pour résister à de tels chocs se suivant de si près.

Alaric et les Wisigoths (395-419) ; la grande invasion de 406.

Les Wisigoths, ayant mis à leur tête Alaric, chef de leur plus illustre famille, celle des Balti, se révoltèrent de nouveau, à l'instigation du perfide ministre d'Arcadius, le Goth Rufin, qui avait négligé de leur payer la solde que la cour de Constantinople leur fournissait annuellement (395). Ils ravagèrent la Thrace et la Macédoine, passèrent les Thermopyles, sans y trouver de Léonidas, respectèrent Athènes, mais non l'Attique, non le Péloponnèse, qui furent dévastés. Cependant l'empire avait un protecteur dans le Vandale Stilicon, au génie duquel Théodose mourant avait confié ses deux fils. Stilicon accourut et cerna les Wisigoths sur le mont Pholoë en Arcadie; mais il les laissa échapper par le détroit de Naupacte, soit faute, soit politique, et Arcadius n'eut d'autre ressource, pour prévenir de nouveaux ravages, que de nommer Alaric maître de la milice dans l'Illyrie.

Ce tranquille honneur ne pouvait suffire à un chef barbare. Élevé sur le pavois, c'est-à-dire fait roi par ses compatriotes, Alaric les mène à la conquête de l'Italie, et assiége dans Asti l'empereur, qui s'est enfui de Milan, sa capitale. Heureusement Stilicon accourt de la Rhétie, d'où il repoussait les Alamans, délivre Honorius et bat les Wisigoths à Pollentia (Polenza sur le Tanaro, 403). Mais, après sa défaite d'Italie comme après celle de Grèce, Alaric reçoit des honneurs : Honorius le nomme son général et lui donne la mission secrète de conquérir l'Illyrie pour l'empire d'Occident. Après cette bassesse et cette trahison, l'empereur alla célébrer dans Rome un triomphe où l'on vit, pour la dernière fois, les jeux sanglants du cirque, et courut ensuite se cacher à Ravenne, derrière les marais de l'embouchure du Pô, dédaignant Rome et n'osant plus résider à Milan, où Alaric avait failli le surprendre.

L'empire romain n'eut pas un long répit. Les Suèves, partis des bords de la Baltique, sous la conduite de Radagaise, prirent leur course vers le sud, entraînant avec eux les peuples qu'ils rencontraient, Burgundes, Alains, Vandales. Ils allaient tous d'autant plus volontiers au pillage de l'empire, qu'ils voyaient s'amasser derrière eux la masse menaçante des hordes hunniques. Au bord du Rhin, deux cent mille d'entre eux, laissant là le gros de leurs compagnons, franchirent les Alpes et descendirent en Italie, où ils pénétrèrent jusqu'à Florence. Stilicon sauva encore Rome et l'empire, en faisant périr de faim ces barbares qu'il cerna sur les rochers de Fésules. Radagaise eut la tête tranchée. Effrayés par la nouvelle de ce désastre, ceux qui étaient restés en Germanie changèrent de route et assaillirent la Gaule. Malgré la résistance des Francs ripuaires, à qui Rome avait confié la défense du Rhin, ce fleuve fut franchi le dernier jour de l'année 406. A partir de ce moment, et pendant deux années, la Gaule fut en proie à d'affreux ravages, qui ne cessèrent que quand les Suèves, les Alains et les Vandales allèrent chercher, au sud des Pyrénées, un butin qui commençait à leur manquer au nord de ces montagnes.

Alaric, dans sa retraite, s'était arrêté sur l'Isonzo, qui débouche au fond de l'Adriatique; cette position, presque limitrophe entre les deux empires, lui permettait de se jeter, à son gré, et selon l'occasion, sur l'un ou sur l'autre. Ce fut encore vers celui d'Occident qu'il fut attiré. Stilicon, tout en battant les Goths, n'avait pas laissé d'entretenir des relations d'amitié avec leur chef et même de protéger en Italie un corps de 30 000 barbares à la solde de l'empire, soit qu'il aimât leur valeur, soit que véritablement il voulût s'appuyer sur eux pour faire son fils empereur. Honorius, alarmé, le fit assassiner (408), et porta un arrêt de mort contre les barbares qui se trouvaient en Italie. Ceux-ci s'enfuirent auprès d'Alaric; il revint avec eux pour les venger (409).

C'est la plus fameuse invasion du roi des Goths; il franchit les Alpes, pilla Aquilée, Crémone, traversa le Pô, l'Apennin et parut sous les murs de la cité qui se disait la ville éternelle. Des députés vinrent dans son camp lui porter des paroles de paix. Ils lui représentèrent la grandeur de Rome et sa nombreuse population : « Plus l'herbe est serrée, leur répondit-il, plus la faux y mord. » Néanmoins, il consentit à un traité qui rachetait la vieille capitale du monde moyennant une rançon de 5000 livres pesant d'or et de 30 000 livres pesant d'argent, puis se retira en Toscane pour y prendre ses quartiers d'hiver. Mais il s'aperçut qu'on le jouait; plein de colère, il retourna contre Rome, accueillant dans son chemin les esclaves fugitifs qui accouraient de toutes parts. La ville, cernée, privée des arrivages de Sicile et d'Afrique, désolée par une famine terrible, ouvrit ses portes. Le sénat, docile envers les vainqueurs, donna la pourpre au préfet Attale, et nomma Alaric lui-même maître général de la milice. Les Goths prenaient les dignités romaines. Ce même instinct leur fit d'abord respecter Rome; mais Honorius, qui n'usait guère de l'épée et beaucoup de la ruse, fit attaquer à l'improviste le camp des Goths par leur compatriote Sarus, dont il avait préparé la défection. Alaric revint pour la troisième fois sur Rome, et « cette nouvelle Babylone, comme dit Bossuet, imitatrice de l'ancienne, comme elle enflée de ses victoires, triomphante dans ses délices et dans ses richesses, tombe aussi comme elle d'une grande chute; » elle subit la honte que les Gaulois lui avaient infligée huit siècles plus tôt; elle fut pendant trois jours livrée à toutes les horreurs du pillage; les barbares ne respectèrent que les temples chrétiens, qui furent un asile assuré pour les fugitifs (409).

Alaric ne survécut guère à ce triomphe, qui avait été refusé à Annibal et à Pyrrhus; il était descendu dans l'Italie méridionale, comptant s'emparer de la Sicile et de l'Afrique; il mourut l'année suivante à Cosenza dans le Bruttium. Les Wisigoths honorèrent d'une sépulture extraordinaire les restes de leur grand chef. Pour que son corps ne fût pas profané par les Romains, des prisonniers détournèrent le cours du Busentin qui arrose Cosenza, creusèrent un tombeau dans le lit du fleuve et y ensevelirent Alaric avec de riches dépouilles. Les eaux furent rendues à leur cours naturel, quand les prisonniers qui avaient fait ce travail eurent été égorgés sur la tombe, afin que nul ne trahît le secret (410).

Ataulf, frère et successeur d'Alaric, avait une grande admiration pour l'empire et le désir de le rétablir par les mains et au profit de sa nation. Il commença par se mettre au service d'Honorius, épousa en 413 sa sœur Placidie, que les Goths retenaient dans leur camp en captivité ou comme otage, et promit de chasser de Gaule et d'Espagne les usurpateurs qui s'y disputaient la pourpre.

Comme si, en effet, ce n'était pas assez des attaques extérieures, on avait vu, à l'intérieur de l'empire, trois usurpateurs prendre la pourpre en Gaule et en Espagne : Constantin, Maxime et Géronce. Ils furent facilement renversés, mais d'autres les remplacèrent : Jovin et Sébastien d'abord, puis Héraclien en Afrique. Ataulf les vainquit, passa ensuite en Espagne, pour en chasser les barbares qui y étaient entrés, et mourut assassiné à Barcelone, le premier de ces rois wisigoths qui, en si grand nombre, périrent de mort violente. Ses enfants furent mis à mort par le Goth Sigerich, qui fut chef sept jours et périt aussi égorgé (415).

Wallia, de la famille des Balti, lui succéda. Il voulait passer en Afrique, mais ne put triompher des courants du détroit de Cadix, ce qui prouve que les Goths avaient peu d'expérience de la mer. Rentré au cœur de l'Espagne, Wallia la disputa, pour le compte de l'empereur d'Occident, aux Alains, aux Suèves et aux Vandales, extermina en partie les premiers, refoula les seconds dans les montagnes du nord-ouest, et les derniers dans la Bétique qui prit leur nom (Andalousie).

Fondation du royaume des Burgundes (413), des Visigoths et des Suèves (419).

Le chef des Suèves, Hermanrich, tout vaincu qu'il était, se retrancha dans les montagnes des Asturies et de la Galice, où il fonda (419) un royaume qui, sous ses rois Rechila et Rechiaire, de 438 à 455, conquit la Lusitanie, et eût soumis l'Espagne entière, s'il n'avait été arrêté dans son essor par les Goths. Ce dernier peuple avait reçu de l'empereur Honorius, en 419, comme récompense de ses services, la seconde Aquitaine avec Toulouse pour capitale. Peu à peu ils s'étendirent dans la Gaule jusqu'à la Loire et jusqu'au Rhône, et retournèrent en Espagne, mais pour leur compte. Théodoric II y vainquit les Suèves en 456 ; Léovigilde, en 585, les soumit. L'Espagne entière appartint alors aux Goths ; en 507, les Francs les avaient chassés de toute la Gaule.

Le royaume des Burgundes s'éleva plus tôt, car, dès l'année 413, Honorius avait concédé à Gondicaire, chef de ce peuple, les deux revers du Jura (Suisse et Franche-Comté).

Ainsi, dans les vingt premières années du cinquième siècle, prirent naissance trois royaumes barbares, qui eurent une durée inégale, mais qui disparurent assez promptement : celui des Suèves en 585 sous les coups des Wisigoths, celui des Burgundes en 534, et celui des Wisigoths en 507, au nord des Pyrénées, par la main des Francs, en 711 dans l'Espagne par celle des Arabes.

Conquête de l'Afrique par les Vandales (431).

Honorius était mort en 423, sans avoir su défendre l'empire, et sans laisser d'autre gloire que celle d'avoir, comme son père, protégé l'Église et l'orthodoxie : beaucoup de ses édits ordonnent la destruction des idoles et des temples, et interdisent les emplois publics aux païens et aux hérétiques. Son neveu Valentinien III, fils de Placidie et du comte Constance, qu'elle avait épousé après Ataulf, lui succéda. Il n'avait que six ans et resta sous la tutelle de sa mère ; dans le même temps Pulchérie gouvernait l'empire d'Orient pour son frère Théodose II, qui avait succédé à leur père Arcadius en 408. De nouvelles calamités assaillirent les deux empires sous le règne de ces faibles empereurs, dirigés par des femmes, et l'on vit les ministres et les généraux prendre les peuples barbares au service de leurs rivalités et de leurs intrigues de cour.

ALARIC, RADAGAISE, GENSÉRIC ET ATTILA. 41

Le comte Boniface, qui gouvernait l'Afrique, jaloux de la faveur dont jouissait le Hun Aétius auprès de l'impératrice Placidie, appela en Afrique les Vandales et leur roi Genséric. Il se repentit ensuite, et voulut, mais trop tard, résister à l'invasion, une des plus destructives qui aient passé sur les provinces romaines. Genséric fit alliance avec les tribus nomades des Maures, vainquit Boniface dans une sanglante bataille, et le tint assiégé dans Hippone (Bone) pendant quatorze mois. Saint Augustin, qui était évêque de cette ville, refusa de la quitter, et par ses exhortations et sa piété, soutint le courage des habitants. Sa mort, en 430, l'empêcha de voir une nouvelle défaite de Boniface et la prise d'Hippone. Les Romains durent abandonner l'Afrique (431) ; quatre ans après, Valentinien reconnut par un traité l'établissement du royaume des Vandales, quatrième État fondé par les barbares et destiné à durer aussi peu que les trois autres. Pourtant le fondateur avait des idées remarquables et saisit avec génie les avantages de la position qu'il venait d'occuper. Carthage prise (439), il songea à relever la puissance maritime dont ces lieux avaient été le siége autrefois. Il fit construire des vaisseaux, eut une marine, quand l'empire n'en avait plus, s'empara de la Sicile, de la Corse, de la Sardaigne, des îles Baléares ; inquiéta les côtes de la mer Tyrrhénienne et de l'Archipel, brava Constantinople, en un mot, comme Rome, et fut le maître de la Méditerranée. En même temps, il négociait activement avec les barbares demeurés dans le Nord, afin que l'empire, où Aétius essayait de remettre un peu d'ordre et d'obéissance, fût étreint à la fois de tous les côtés.

Invasion d'Attila (451-453).

Ceux qu'il appela furent les Huns ; ils arrivèrent enfin, ces barbares plus terribles que les autres, que nous avons vus mettre en mouvement l'univers et qui ont fait halte pendant un demi-siècle au centre de l'Europe, tenant sous leur joug les Ostrogoths, les Gépides, les Marcomans, les Slaves méridionaux. Attila, fils de Mundzuk, régnait sur eux. Une épée plantée en terre était de toute antiquité le symbole religieux des peuples scythiques. Un pâtre en trouva une toute rouillée dans les champs où paissaient ses troupeaux et la porta à Attila. On crut que c'était l'épée du dieu de la guerre et que cette trouvaille présageait au roi des Huns la conquête du monde. Revêtu, dès lors, aux yeux de son peuple, d'un caractère divin, il voulut régner seul et fit périr son frère Bléda. Il s'appela le *fléau de Dieu*, ajoutant que *l'herbe ne devait plus pousser là où son cheval avait passé*.

Il est pourtant remarquable que ce grand conquérant négocia beaucoup, et qu'on ne connaît point de victoire gagnée par lui, quoique son empire fût immense et que lui-même eût été en personne l'affermir et l'étendre du côté de la Chine. Il en revenait, quand Genséric l'attira sur l'empire romain. Il fit d'abord une diversion puissante contre Théodose II, pour le forcer de rappeler les troupes qu'il venait d'envoyer contre Genséric. Le Danube fut franchi près de Margus, soixante-dix villes détruites, et l'empereur obligé non-seulement de payer un tribut plus lourd que celui qu'il avait déjà subi, mais encore de céder aux Huns la rive droite du Danube. Théodose II essaya de le faire assassiner et crut avoir corrompu son ministre Edécon. Attila, instruit de cette perfidie, pardonna avec mépris aux ambassadeurs romains qui étaient venus le trouver dans son palais de bois, en Pannonie. Il se contenta d'humilier Théodose en lui reprochant « de conspirer comme un esclave perfide, contre la vie de son maître. » Mais après Théodose II (450), il trouva un ennemi plus fier dans Marcien : ce prince lui déclara qu'il avait « de l'or pour ses amis, du fer pour ses ennemis. »

Attila n'était pas homme à s'arrêter devant des paroles menaçantes, mais Constantinople passait pour imprenable, il se décida à porter ailleurs la colère du ciel. Il demanda à l'empereur d'Occident la moitié de ses États, et, poussant sur la Gaule 600 000 barbares, il passa le Rhin, ravagea la Belgique par le fer et la flamme, traversa la Moselle et la Seine, et marcha sur Orléans. Les populations fuyaient devant lui dans une indicible épouvante, car le *fléau de Dieu* ne laissait pas pierre sur pierre là où il passait. Metz et vingt cités avaient été détruites; Troyes seule avait été sauvée par son évêque, saint Loup. Attila voulut avoir Orléans, la clef des provinces méridionales, et l'innombrable armée enveloppa la ville. L'évêque, saint Aignan, soutint le courage des habitants. Tandis qu'il était en prière, on aperçut à l'horizon un nuage de poussière : « C'est le secours de Dieu ! » s'écria-t-il ; et, en effet, c'était Aétius qui avait réuni aux troupes romaines celles des barbares de race germanique qui déjà occupaient la Gaule, et aux dépens de qui la nouvelle invasion se faisait, les Wisigoths, sous Théodoric, les Saxons, les Burgundes, les Francs ripuaires, et les Saliens sous Mérovée. Pour la première fois Attila recula, mais afin de choisir un champ de bataille favorable à sa cavalerie ; il s'arrêta près de Méry-sur-Seine, dans une vaste plaine où se livra la fameuse bataille qui sauva l'Occident de la domination des Huns. Ce fut un choc effroyable de toutes les nations du monde ; 160,000 hommes jonchèrent ce champ de carnage. Attila était vaincu, il s'enferma dans un camp entouré par une enceinte de chariots, et « au matin, dit le Goth Jornandès, l'historien de cette guerre, les vainqueurs virent au milieu de ce camp un immense bûcher formé de selles de chevaux, Attila au sommet, des Huns au pied, la torche à la main, prêts à y mettre le feu si l'enceinte était forcée ; tel un lion poursuivi par les chasseurs jusqu'à l'entrée de sa tanière, se retourne, les arrête et les épouvante encore de ses rugissements. » Les alliés n'osèrent affronter le désespoir des Huns et laissèrent Attila rentrer en Germanie (451).

L'année suivante, il se dédommagea par une invasion dans la haute Italie. Il détruisit Aquilée, dont les habitants s'enfuirent dans les lagunes où leurs descendants fondèrent Venise. Vicence, Padoue, Vérone furent réduites en cendres. Pavie et Milan se soumirent. A Milan, il vit dans le palais un tableau représentant l'empereur assis sur son trône et les chefs des Huns prosternés devant lui. Il ordonna au peintre de mettre le roi des Huns sur le trône et l'empereur à ses pieds. Le tableau était ainsi plus vrai. Cependant les Italiens n'avaient pas de soldats pour les défendre. Le pape Léon le Grand exposa sa vie pour les sauver. Il vint dans le camp d'Attila avec les députés de l'empereur. On accorda au barbare tout ce qu'il voulut, de riches présents, la promesse d'un tribut. Les maladies qui décimaient son armée et l'approche d'Aétius le décidèrent à rentrer dans ses forêts. Telle était l'épouvante de l'Italie, qu'elle crut n'avoir pu être sauvée que par un miracle que le génie de Raphaël a consacré.

Quelques mois après, le *fléau de Dieu* mourait dans son village royal près du Danube (453); les peuples qu'il avait domptés s'affranchirent; les chefs des Huns se disputèrent sa couronne dans des combats terribles qui diminuèrent leur nombre; et leur puissance se dissipa, comme ces tempêtes rapides qui disparaissent, en ne laissant que les traces de leurs ravages.

Prise de Rome par Gensérie (455); fin de l'empire d'Occident (476).

Attila n'avait point vu Rome. Mais Genséric, son allié, la visita avec le fer et la flamme (455). L'empereur était alors le sénateur Pétrone Maxime qui avait assassiné Valentinien III. Sa lâcheté indigna le peuple, qui l'égorgea. Léon le Grand eut moins de succès auprès du roi des Vandales qu'auprès du roi des Huns. Pendant quatorze jours, Rome fut livrée au pillage avec une barbarie telle que désormais on donna le nom de vandalisme à toute dévastation qui détruit pour détruire. Pendant vingt années encore, Genséric régna sur la Méditerranée et brava l'impuissante colère des deux empires. Il survécut même d'une année à celui d'Occident; mais il sembla emporter dans le tombeau la grandeur de son peuple (477). Son royaume, déchiré par les discordes religieuses et les révoltes des Maures, tomba, cinquante-sept ans après lui, sous les coups de Bélisaire.

Après la mort du lâche Maxime, le roi des Wisigoths donna, en Gaule, la pourpre au rhéteur Avitus. Le Suève Ricimer la transporta au sénateur Majorien : les barbares disposaient à leur gré de l'empire, mais une certaine pudeur les empêchait encore de prendre eux-mêmes le sceptre. Majorien montra un beau caractère au milieu de la corruption générale; il voulut ruiner la puissance des Vandales et rassembla une flotte à Carthagène, mais ses généraux le trahirent et laissèrent détruire ses préparatifs. Il revint désespéré en Italie, et y tomba sous le glaive de Ricimer (461). Le meurtrier fit successivement (471-472) trois empereurs, ombres rapides qui passèrent sur le trône : Sévère, Antémius, Olybrius, et laissa même quelque temps le trône vide. Glycérius, Julius Népos régnèrent deux ans à peine (472-475). Enfin le Pannonien Oreste donna la pourpre à son propre fils, Romulus Augustule, enfant de six ans, qui, dérision amère, réunissait les noms du fondateur de Rome et du fondateur de l'empire. Odoacre, qui commandait les barbares *fédérés* (Hérules, Rugiens, Scyrrhes, Turcilinges, etc.), prit Ravenne et Rome, et relégua dans la maison de campagne de Lucullus (San-Séverino) le dernier héritier des Césars d'Occident. Les ornements impériaux renvoyés à Constantinople par le sénat de Rome furent comme le symbole de la chute de l'empire. Odoacre, proclamé roi d'Italie par ses Hérules, leur donna le tiers des terres de ce pays et demanda le titre de patrice à l'empereur d'Orient, Zénon, reconnaissant encore en ceci la supériorité de la dignité impériale et la majesté du nom romain.

Ainsi finit l'empire d'Occident (476), événement plus important aux yeux de la postérité qu'à ceux des contemporains, habitués depuis plus d'un demi-siècle à voir les barbares disposer en maîtres de toutes choses.

CHAPITRE III.

SECONDE PÉRIODE DE L'INVASION; LES FRANCS, LES OSTROGOTHS, LES LOMBARDS ET LES ANGLO-SAXONS (455-569).

Second ban des barbares germains qui réussissent à fonder des États. — Clovis (481-511). — Les fils de Clovis (511-561); conquête de la Burgundie (534) et de la Thuringe (530). — Théodoric et le royaume des Ostrogoths en Italie (493-526). — Lombards (568-774). — Fondation des royaumes anglo-saxons (455-584).

Second ban des barbares germains qui réussissent à fonder des États.

On vient d'assister à une première période de l'invasion des barbares germains, période pendant laquelle ils détruisent plus qu'ils ne fondent. Les uns, comme Alaric, Radagaise, Attila, n'ont fait que des ruines; les autres, comme Gondicaire, Hermanrich, Wallia, Genséric, ont établi des royaumes qui ne subsisteront pas. Voici maintenant une seconde période, un nouveau ban de barbares qui fonderont des États plus durables sur les ruines de l'empire qui vient de s'écrouler.

Clovis (481-511).

On croit que les Francs saliens étaient gouvernés entre 420 et 428, par un roi nommé Pharamond; mais Grégoire de Tours ne le connaît pas, ce qui rend son existence fort douteuse. Vers 428, ils élevèrent sur le pavois Clodion le Chevelu, qui les mena jusqu'à la Somme, d'où il fut repoussé par Aétius. Après lui (448), ils choisirent Mérovée, qui combattit avec honneur à la grande bataille de Châlons, et de qui sortit la dynastie Mérovingienne. Pourtant son fils, Childéric Ier (456), fut chassé quelque temps à cause de ses désordres, et remplacé par le comte Ægidius, qui, avec le titre de maître de la milice romaine, commandait aux Gallo-Romains entre la Somme et la Loire. Mais les Francs mécontents d'Ægidius, rappelèrent leur chef national. Il s'associa aux pirates saxons qui avaient débarqué à l'embouchure de la Loire, et conduisit ses bandes guerrières jusqu'aux rives de ce fleuve dont leurs descendants devaient rester maîtres à jamais. En 481, il mourut, et son fils Hlodovigh ou Clovis lui succéda.

Clovis fut le fondateur de la première monarchie barbare qui sut traverser victorieusement les derniers ébranlements de l'invasion et durer pendant de longs siècles. Il ne régnait d'abord que sur le pays de Tournai et ne commandait qu'à environ trois ou quatre mille guerriers. Mais l'état de division dans lequel il trouva la Gaule lui facilita une conquête qui lui eût été impossible cinquante ans auparavant quand l'empire d'Occident existait encore. Tout le pays au sud de la Loire était aux Wisigoths; les Burgundes dominaient depuis Langres jusqu'à la Durance, et depuis la Loire jusqu'à la chaîne des Alpes; l'Alsace et le pays entre le Rhin et les Vosges appartenaient aux Alamans; l'Armorique, qui allait recevoir des émigrés bretons le nom de Bretagne, était indépendante et renouvelait l'antique fédération des cités armoricaines; enfin des Alains campaient sur la Vilaine; des Saxons occupaient Bayeux; des rois francs régnaient à Cambrai, à Térouanne, à Cologne. Ainsi les barbares se partageaient déjà presque toute la Gaule : il n'y restait de la puissance romaine qu'un faible débris en Champagne et en Picardie, où Syagrius, fils d'Ægidius, appelé par les barbares *roi des Romains*, occupait Beauvais, Soissons, Troyes et Reims.

Clovis attaqua Syagrius et le vainquit près de Soissons (486) : dès lors il ne resta plus rien de l'empire d'Occident, et les barbares furent enfin franchement maîtres du pays. Trois peuples dominèrent alors en Gaule : Wisigoths, Burgundes et Francs. Alaric II, roi des Wisigoths, rechercha l'alliance de Clovis, qui s'empressa de l'accepter, et Gondebaud, roi des Burgundes, qui venait de faire périr deux de ses frères pour n'avoir à partager qu'avec le quatrième, lui accorda, sur sa demande, la main de sa nièce Clotilde ; elle était catholique.

Clovis entendait bien ne pas borner ses conquêtes à ce qu'il possédait déjà. Il était résolu à ne point partager avec de nouveaux envahisseurs, c'est-à-dire à transformer les Francs en défenseurs du sol qu'ils venaient d'occuper ; et il se proposait de soumettre les barbares qui s'étaient établis avant lui en Gaule. En 496, il vainquit les Alamans sur la rive gauche du Rhin et les poursuivit jusqu'en Souabe ; il repoussa aussi dans leurs forêts les Thuringiens qui ravageaient la rive droite du fleuve.

Au plus fort de la bataille contre les Alamans, il avait invoqué le Dieu de Clotilde et fait vœu de se convertir à lui s'il lui donnait la victoire. Peu de temps après, il fut baptisé par saint Remi, archevêque de Reims : 3 000 Francs l'imitèrent ; les autres restèrent païens. Cette conversion eut d'immenses résultats : devenu non-seulement chrétien, mais catholique, ainsi que l'étaient les évêques de la Gaule et toute la population gallo-romaine, il fut considéré comme un protecteur par tout le pays, tandis que les Wisigoths et les Burgundes n'étaient que d'odieux ariens. Cette circonstance facilita ses victoires sur ces deux peuples.

Une querelle ayant éclaté entre Gondebaud et son dernier frère Godegisèle, qui naguère étaient complices, Clotilde poussa son époux à venger le meurtre de son père ; les évêques d'ailleurs appelaient de tous leurs vœux l'orthodoxe roi des Francs. Il entra chez les Burgundes, vainquit Gondebaud près de Dijon (500), l'obligea à livrer Vienne et Genève à Godegisèle, et les rendit tous deux ses tributaires : ce qui était à la fois diviser et appauvrir le royaume de Burgundie. A peine fut-il éloigné que Gondebaud dépouilla et tua Godegisèle. Clovis ne retourna pas contre lui mais le fit attaquer, au sud, par le roi des Ostrogoths d'Italie, Théodoric, qu'il avait attiré à son alliance en lui donnant sa sœur. Cet usage de fortifier les alliances politiques par les liens du ang ne s'était guère vu dans l'antiquité et peut être considéré comme d'importation barbare. Théodoric occupa les passages des Alpes et s'empara de la province de Marseille. Gondebaud lui en fit l'abandon, et par cette concession, comme par son habile douceur à l'égard du clergé catholique, conserva le reste de ses États.

Ariens comme les Burgundes, et menacés comme eux par ambition de Clovis, les Wisigoths s'étaient alliés avec eux. Clovis, attiré par les riches et belles contrées du midi, leur en fit un reproche; il mit aussi en avant l'intérêt religieux et dit à ses guerriers : « Il me déplaît beaucoup que ces Wisigoths, qui sont ariens, possèdent une partie de la Gaule. Allons avec l'aide de Dieu, et quand nous les aurons vaincus, nous mettrons leur terre sous notre domination, car elle est très-bonne. » Il marcha donc contre les Wisigoths, les vainquit dans la plaine de Voulon, près de Poitiers (507), et acheva la soumission de tout le pays jusqu'aux Pyrénées, en exceptant pourtant la Septimanie, qu'ils conservèrent trois siècles encore.

Ainsi toute la Gaule était soumise à Clovis ou lui payait tribut. Il faut excepter les Armoricains qui, d'abord alliés avec lui, combattirent ensuite ses prétentions ambitieuses et restèrent indépendants sous leur roi Budic. Les autres tribus de la nation franque conservaient aussi leurs chefs particuliers : Clovis y mit ordre par des moyens où se montre l'esprit astucieux et cruel des barbares. Il fit assassiner Sigebert, roi des Francs ripuaires, par le propre fils de ce chef qu'il fit ensuite périr, et se présentant aux guerriers de cette tribu : « Je ne suis nullement complice de ces choses, dit-il; je ne puis répandre le sang de mes parents, car cela est défendu. Mais, puisque cela est arrivé, je vous donne un conseil; s'il vous est agréable, suivez-le : ayez recours à moi, mettez-vous sous ma protection. » Les Ripuaires l'élevèrent sur le pavois et le proclamèrent roi. Les autres chefs établis à Tournai, à Cambrai, au Mans, eurent le sort de Sigebert. « Alors, dit Grégoire de Tours, Clovis, ayant rassemblé les siens, parla ainsi de ses proches qu'il avait tués : « Malheur à moi qui « suis resté comme un voyageur au milieu des étrangers ! Je

« n'ai pas de parents qui puissent me secourir si l'adversité
« vient ! » Mais il disait cela par ruse et non par douleur de
leur mort, pour voir si par hasard il pourrait encore trouver
quelqu'un des siens, afin de le tuer. Ces choses étant faites,
il mourut (511). »

Clovis avait réuni le premier tous les éléments dont l'ordre
social nouveau allait se former: les barbares, qu'il établit, la
civilisation romaine, à laquelle il rendit hommage en recevant de l'empereur Anastase les insignes de patrice et de
consul, enfin l'Église catholique, avec laquelle il noua cette
alliance féconde que ses successeurs continuèrent. Le concile
d'Orléans (511) avait sanctionné cette alliance en reconnaissant Clovis pour le protecteur de l'Église, dont il confirma,
dans ce concile même, les immunités. Déjà le pape lui avait
écrit : « Le Seigneur a pourvu aux besoins de l'Église en lui
donnant pour défenseur un prince armé du casque du salut ;
sois à jamais pour elle une couronne de fer, et elle te donnera
la victoire sur tes ennemis. »

Les fils de Clovis (511-561); conquête de la Burgundie (534) et de la Thuringe (530).

Les fils de Clovis se partagèrent ses États, suivant la coutume germanique. Théodoric ou Thierry, l'aîné, fut roi de
Metz ; Clotaire, de Soissons; Childebert, de Paris et Clodomir, d'Orléans. Chacun d'eux eut aussi une portion de
l'Aquitaine.

A partir de ce moment, pendant un demi-siècle, l'histoire
des Francs manque de suite et d'unité. Maîtres de la Gaule
presque tout entière, ils satisfont leur esprit aventureux par
des expéditions dirigées de divers côtés, contre les Burgundes, les Thuringiens, les Wisigoths, les Ostrogoths. Ils
agissent rarement ensemble, d'où résulte entre les *Austrasiens* ou Francs orientaux (Ripuaires) et les *Neustriens* ou
Francs occidentaux (Saliens) une séparation qui ira toujours
croissant.

En 523, les fils de Clovis attaquèrent Sigismond, fils de
Gondebaud, le vainquirent et le jetèrent dans un puits avec

toute sa famille. Mais Clodomir tomba peu après dans une embuscade et y périt. Il laissa trois fils; ses frères Childebert et Clotaire en poignardèrent deux et se partagèrent ses États; le troisième, Clodoald, qui devint saint Cloud, n'échappa qu'en se cachant au fond d'un monastère. Dix ans après, ils attaquèrent de nouveau les Burgundes, qui furent vaincus, privés de leurs rois nationaux, et obligés de se convertir au catholicisme (534); ce qui compléta l'œuvre de Clovis.

Une guerre contre les Wisigoths eut lieu entre les deux expéditions de Burgundie. Leur roi Amalaric avait épousé Clotilde, sœur des rois francs; comme il était arien et elle catholique, il la maltraita. Childebert et Clotaire, indignés, entrèrent sur les terres des Wisigoths, défirent Amalaric près de Narbonne (531), franchirent les Pyrénées et ramenèrent Clotilde. Ils reparurent encore dans ce pays en 542, et pénétrèrent jusqu'à Saragosse; mais le nouveau roi wisigoth, Theudis, les repoussa.

Thierry, pendant ce temps, avait fait la guerre ailleurs. Il soumit les Thuringiens (530), ce qui étendit jusqu'aux montagnes de la Bohême la puissance des Francs. Quand ses frères partirent pour la Burgundie, ses guerriers lui dirent: « Si tu ne veux pas aller contre les Burgundes avec tes frères, nous te quitterons et nous les suivrons à ta place. » Il leur répondit: « Suivez-moi et je vous mènerai dans le pays d'Auvergne, où vous prendrez de l'or et de l'argent à votre désir; d'où vous enlèverez des esclaves, des troupeaux, des habits. » L'Auvergne, très-hostile aux Francs, s'était révoltée contre eux; elle fut pillée et dévastée. Les Austrasiens en ramenèrent des files de chariots et de prisonniers enchaînés qu'ils vendirent à l'encan tout le long de la route.

Sous Théodebert, fils de Thierry, les Austrasiens descendirent en Italie, séduisante contrée que se disputaient les Grecs et les Ostrogoths (539); ils promirent leur alliance aux deux partis, tombèrent alternativement sur l'un et sur l'autre, et firent un riche butin. Mais ils ne revinrent pas tous; les excès et les maladies en firent périr un grand nombre. Ils firent encore deux expéditions en Italie sous les généraux Leutharis et Bucelin. Celui-ci pénétra une première fois, en

546, jusqu'en Sicile; mais, descendu de nouveau en Italie, en 554, il fut vaincu par Narsès, près de Capoue, et les Francs quittèrent la péninsule pour n'y plus reparaître de deux siècles.

Cependant Théodebald, fils de Théodebert, étant mort, Clotaire Ier prit son royaume d'Austrasie. Il ne s'en trouva pas plus fort, car il fut vaincu par les Saxons, que ses guerriers l'avaient forcé d'aller combattre malgré lui. Il recueillit encore l'héritage de Childebert, roi de Paris, et se trouva par là seul roi de tous les Francs (558). Mais à sa mort (561), cette unité passagère fut de nouveau brisée.

Théodoric et le royaume des Ostrogoths en Italie (493-526).

Voici encore un remarquable fondateur d'empire, plus remarquable assurément que Clovis. Au reste, si les Goths se sont distingués entre tous les barbares par une singulière aptitude à adopter la civilisation romaine, il ne faut pas s'en étonner, puisqu'ils avaient été longtemps en contact immédiat avec l'empire. Et si Théodoric semble tout à fait étranger aux barbares par son génie civilisateur et par sa politique, il faut s'en étonner moins encore, puisqu'il fut élevé à Constantinople, où il vint à l'âge de huit ans comme otage.

Toutes les nations soumises par les Huns s'étant affranchies à la mort d'Attila, les Ostrogoths, qui étaient du nombre, furent libres. Trois princes de la famille des Amales leur commandaient: Valamir, Vidimir et Théodmir. Théodmir eut pour fils Théodoric, qui naquit en 455, et succéda à son père en 475. Son séjour à la cour d'Orient l'attacha à l'empereur Zénon, qu'il défendit contre un compétiteur. Obligé, par la turbulence de ses sujets, de tenter quelque entreprise de guerre, il les détourna de marcher sur Constantinople, qu'ils voulaient attaquer; Zénon l'autorisa à descendre en Italie, où régnait Odoacre. Qu'importait le royaume des Hérules à l'empereur de Constantinople?

Théodoric entraîna toute sa nation avec lui. Les vieillards, les femmes, les enfants, suivaient les guerriers sur des chariots, avec le bétail et toutes les richesses de la horde. Ils étaient 200 000. Le mouvement commença dans l'automne de 488. Au mois de février suivant, il écrasa d'abord dans les Alpes Juliennes une armée de Gépides et de Sarmates chargés de lui disputer le passage, puis battit Odoacre à Aquilée et à Vérone (489). Malgré ces trois victoires, il fut enveloppé du côté de Pavie et mis dans une situation critique, d'où le tira un secours que les Goths de Toulouse lui envoyèrent. Grâce à cette assistance, il conquit toute la Cisalpine, et Odoacre s'enfuit dans Ravenne. Pendant le blocus de cette ville, qui dura deux ans, l'Italie entière se soumit, et les Ostrogoths firent la précieuse acquisition de la Sicile, que leur céda Thrasimond, roi des Vandales d'Afrique. Odoacre se rendit à condition de partager la royauté : Théodoric le fit tuer dans un repas et régna seul (493). Le nouvel empereur Anastase le reconnut roi d'Italie.

A l'Italie, Théodoric ajouta l'Illyrie, la Pannonie, le Norique et la Rhétie, sans faire de guerre. Il y ajouta encore la province de Marseille, à la suite d'hostilités avec les Burgundes. Les Bavarois lui payèrent tribut; les Alamans l'invoquèrent contre Clovis; enfin, à la mort d'Alaric II, il fut reconnu pour roi durant la minorité de son petit-fils Amalaric, par les Wisigoths, et battit une armée franque près d'Arles, lorsqu'il rendit, en 508, aux Goths d'Aquitaine, vaincus par les Francs, le secours qu'il en avait reçu pour vaincre Odoacre. Les deux branches de la nation gothique, depuis si longtemps séparées et dont les possessions se touchaient vers le Rhône, se trouvèrent donc réunies, et la domination de Théodoric, s'étendit du fond de l'Espagne, à travers la Gaule et l'Italie, jusqu'à Sirmium sur la Save Des alliances de famille l'unirent à presque tous les rois barbares : il épousa la sœur de Clovis, maria sa sœur au roi des Vandales, sa nièce au roi de Thuringe, une de ses filles au roi des Wisigoths, l'autre à celui des Burgundes. Il semblait le chef des barbares établis dans l'empire d'Occident. La Germanie même montrait de la déférence pour son glorieux représentant devenu l'héritier des Césars. Théodoric n'était pourtant rien moins qu'un barbare dans ses idées politiques. Il avait pour l'empereur de Constantinople des égards qui prouvaient son respect pour ce vieil empire, si imposant encore dans sa ruine, et il ne fit de guerre qu'autant qu'il y fut forcé. Ce chef des Goths fut donc un roi pacifique ; on peut ajouter qu'il fit de la paix le plus bel usage. « Que les autres rois, disait-il, se plaisent à ravager les cités ; qu'ils se chargent d'un immense butin ; pour moi, je veux que mon empire soit tel que les nations vaincues regrettent de n'y avoir pas été soumises plus tôt. »

Aux nouveaux venus, il fallait des terres. Chaque cité italienne avait déjà abandonné le tiers de son territoire pour être distribué aux Hérules d'Odoacre ; les Goths de Théodoric se substituèrent aux Hérules. Ce prélèvement fait, et il ne fut point douloureux, car il y avait nombre de terres abandonnées, une loi commune fut établie pour les deux peuples, sauf quelques coutumes particulières que les Goths conservèrent. Les barbares payèrent l'impôt pour leurs terres comme les Romains, et, dans les contestations entre hommes des deux races, un tribunal mi-parti prononça. Théodoric ne voulait pas que ses Goths fussent privilégiés devant la loi, il aurait même désiré qu'ils se mêlassent aux vaincus ; mais, malgré ses efforts, les barbares se réservant les armes, interdirent à leurs enfants l'étude des lettres et des arts ; les Romains continuèrent à fréquenter seuls leurs écoles et ne remplirent que des fonctions civiles. Toutefois Théodoric organisa son royaume en maître ; on ne remarque pas, en effet, chez les Ostrogoths, des assemblées comme en avaient les autres barbares. Le roi gouvernait seul avec un conseil.

Théodoric professait une grande vénération pour la civilisation romaine. Il avait demandé et obtenu de l'empereur Anastase les insignes impériaux qu'Odoacre avait dédaigneusement renvoyés à Constantinople, et il avait quitté l'habit des barbares pour revêtir la pourpre romaine. Quoiqu'il résidât à Ravenne, il consultait le sénat de Rome et lui écrivait : « Nous désirons, Pères conscrits, que le génie de la liberté regarde votre assemblée d'un œil de bienveillance. » Il établit un consul d'Occident, trois préfets du prétoire, trois diocèses : de la haute Italie, de Rome et de la Gaule. Il maintint le régime municipal, mais nomma lui-même les décurions ; il diminua les rigueurs du fisc et son palais fut toujours ouvert pour ceux qui réclamaient contre l'iniquité des juges. Faustin, préfet du prétoire ; Théodat, neveu du prince, furent ainsi contraints à restitution. Une femme pauvre sollicitait depuis plusieurs années la fin d'un procès ; Théodoric appela les juges, qui en quelques jours expédièrent l'affaire. Il les envoya au supplice pour n'avoir pas fait en trois ans ce qu'ils avaient pu faire en trois jours. Des envoyés royaux munis de ses pleins pouvoirs parcoururent les provinces pour rendre partout présente la justice du roi et établir une police vigilante.

Un barbare rendit à l'Italie une prospérité qu'elle avait perdue sous ses empereurs. Les édifices publics, aqueducs, théâtres, bains, furent réparés ; des palais et des églises bâtis. Les terres incultes furent défrichées, des compagnies se formèrent pour dessécher les marais Pontins et ceux de Spolète. Les mines de fer de Dalmatie et une mine d'or dans le Bruttium furent exploitées. Les côtes furent protégées contre les pirates par de nombreuses flottilles. La population s'accrut considérablement. Théodoric, qui ne savait pas écrire, attira autour de lui les plus beaux génies littéraires du temps. Boèce, l'évêque Ennodius, Cassiodore, dont il fit son ministre et qui nous a laissé douze livres de lettres. Ce Goth est comme une première ébauche de Charlemagne.

Arien, il respecta d'abord les catholiques, confirma les immunités des églises, laissa généralement au peuple et au clergé de Rome la libre élection de leur évêque. Il protégea de même les Juifs et écrivait à leurs rabbins : « Nous ne pouvons imposer la religion, parce que personne n'est forcé de croire malgré lui. » Cependant lorsque l'empereur Justin Ier persécuta les ariens dans l'Orient (524), il menaça d'user de représailles, et, une grande fermentation se montrant parmi ses sujets italiens, il crut qu'une conspiration se formait contre lui. Il défendit aux catholiques le port de toute espèce d'armes, et accusa de relations criminelles avec la cour de Constantinople plusieurs consulaires ; le préfet Symmaque, son gendre Boèce[1] furent impliqués dans les poursuites. Il les

---

1. Boèce n'était pas chrétien. Les œuvres chrétiennes qu'on trouve jointes

fit enfermer dans la tour de Pavie, où le second écrivit son beau livre *De la consolation de la philosophie*. Ils furent tous deux exécutés (525). Théodoric reconnut cependant leur innocence et en eut de si vifs regrets, que sa raison se troubla, dit-on, et que ses remords hâtèrent sa fin (526). On trouve encore à Ravenne son tombeau, dont la coupole est formée d'une seule pierre de douze mètres de largeur et d'un mètre et demi d'épaisseur. C'est le seul monument que nous possédions, élevé de la main des Goths. On voit que cette construction n'a rien de commun avec l'architecture si improprement appelée gothique.

Après la mort de Théodoric, la suprématie que sa nation avait exercée sur le monde barbare s'évanouit. Les Ostrogoths et les Wisigoths furent de nouveau séparés : les premiers reconnurent Athalaric, fils de la belle et savante Amalasonthe, et par elle petit-fils de Théodoric, et les seconds un fils d'Alaric II. L'empire des Ostrogoths dégénéra rapidement et survécut peu de temps à son fondateur, qui cependant eut à un trop haut degré le génie de la civilisation, pour être rangé parmi les barbares qui n'ont rien laissé de durable (voy. p. 49).

Lombards (568-774).

Si les Ostrogoths laissèrent peu de chose, malgré leur grand roi Théodoric, sur le sol de l'Italie, un peuple qui, après quelques années de domination grecque, remplaça les Goths dans le Péninsule, y implanta les institutions germaniques. Les Lombards, ou Longobards, peuple originaire des bords de l'Oder, avaient erré longtemps sur la rive gauche du Danube entre la Theiss et la Morava, et s'étaient enfin établis, sur l'invitation de Justinien, dans la Pannonie et la Norique. Renforcés par une armée d'Avars venus de l'Asie, ils anéantirent sous la conduite d'Alboin, le royaume des Gépides, t la belle Rosamunde, fille du roi Cunimond, tué dans la

---

à ses ouvrages sont d'un évêque africain nommé Boethus. Voir la traduction de la *Consolation philosophique* par L. Judicis, et un mémoire de M. Jourdain sur cette question.

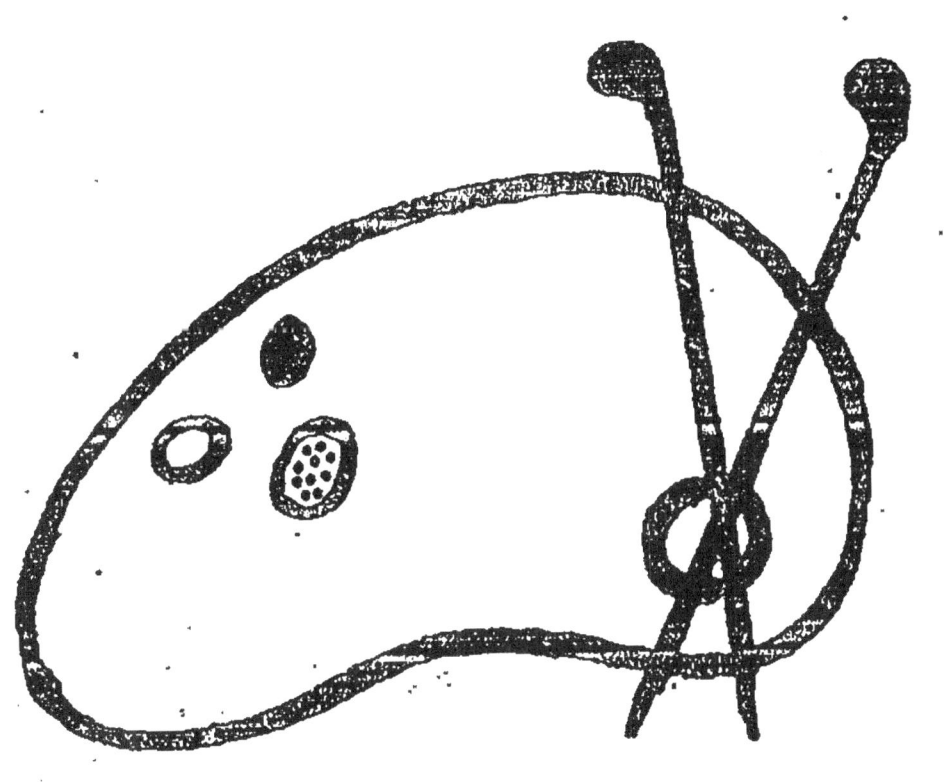

Original en couleur

NF Z 43-120-8

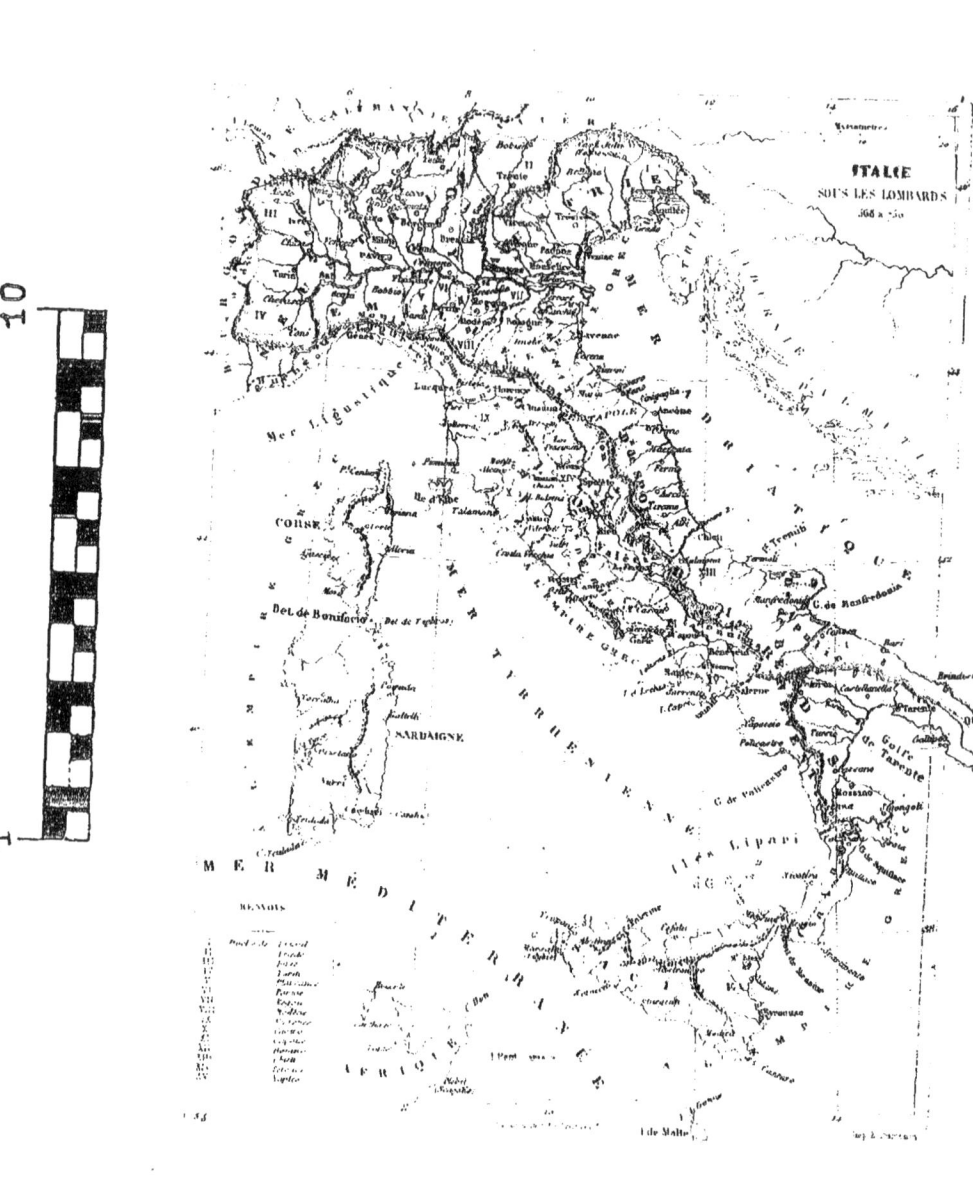

bataille, fut forcée d'épouser le vainqueur (566). Deux ans après, appelé par Narsès, Alboin franchit les Alpes Juliennes, conquit sans combat toute la vallée du Pô, et se fit proclamer roi d'Italie dans Milan. Pavie devint sa capitale, quand il l'eut prise, après un long siége. Il pénétra dans l'Ombrie et établit un duc lombard dans Spolète ; mais Ravenne et Rome lui échappèrent, ainsi que les côtes de la Ligurie et de la Vénétie, tout le sud de la Péninsule et les îles. L'empire grec les garda et les fit gouverner par un *exarque*, qui, de Ravenne, surveilla les ducs établis dans Rome, Gaëte, Naples, Tarente, Syracuse et Cagliari.

Alboin mourut en 573 assassiné par Helmichis, son porte-bouclier, à l'instigation de Rosamunde, qu'il avait contrainte, dans un festin, à boire dans le crâne de son père. Kleph, son successeur, porta la domination lombarde dans le midi de la Péninsule; il prit Bénévent, mais ne prit pas Naples, Gaëte, Amalfi, ni la Calabre, ni le Bruttium, qui restèrent aux Grecs, et il tomba en 575 sous les coups d'un de ses leudes. Alboin avait partagé le pays entre trente-six *ducs* qui commandaient chacun dans une grande cité et dans son territoire. Au-dessous des ducs étaient les *gastalds* ou comtes, plus bas les *scultètes* ou juges de districts. Suivant la coutume germanique, la nation se réunissait en assemblée générale et le roi même était alors soumis à ses décisions. Ainsi les Lombards avaient développé plus vite, ou du moins plus régulièrement que les autres barbares établis dans l'empire, les éléments de féodalité que toute tribu germaine portait avec elle.

Après la mort de Kleph, les trente-six ducs laissèrent le trône vacant, et chacun régna sur ses terres. Ces divisions encouragèrent les ennemis des Lombards, qui, attaqués par les Grecs, par les Francs, rétablirent en 584 la royauté. Autharis, fils de Kleph, reprit les provinces perdues, soumit Bénévent, qui devint le siége d'un puissant duché, et affermit la conquête lombarde en la régularisant ; il fixa les conditions de la propriété, les droits des vainqueurs et des vaincus : ceux-ci descendirent à la condition de non libres, et durent fournir à leurs nouveaux maîtres le tiers du produit des champs qu'ils avaient gardés. Il astreignit les ducs à livrer au roi la moitié de leurs revenus, mais s'engagea à ne point les priver de leur bénéfice, à moins de félonie.

Les Lombards étaient païens au début de la conquête ; convertis ensuite à l'arianisme, ils ne devinrent catholiques que sous Agilulfe, grâce aux efforts du pape saint Grégoire et de la reine Théodelinde (602).

Ils n'avaient pas de lois écrites, Rotharis leur en donna. Dans une diète tenue à Pavie, en 643, par « le peuple fidèle et l'armée fortunée » des Lombards, fut publiée la loi qui porte son nom, et qui, à la différence des autres lois barbares, fut territoriale et non personnelle. Les seuls de ses successeurs qui méritent d'être tirés de l'oubli sont Grimoald (662), un des rois lombards les plus énergiques, et Luitprand (712), qui fut sur le point de réunir la Péninsule entière sous ses lois. C'est alors que le pape Grégoire III envoya à Charles Martel une lettre suppliante et commença cette politique du saint-siége, qui, pour sauver son indépendance, lutta si souvent contre les maîtres de l'Italie et si souvent appela contre eux le secours de l'étranger. Quand Charlemagne prit en 774 la couronne des Lombards, leur race, maîtresse depuis 206 années d'une partie considérable de l'Italie, y avait fait prévaloir les coutumes d'où sortit la féodalité italienne. La Cisalpine a même gardé leur nom : c'est encore aujourd'hui la Lombardie.

Fondation des royaumes anglo-saxons (455-584).

Dans la même période qui vit régner Clovis et Théodoric, la Grande-Bretagne, séparée du continent par la mer, eut son invasion particulière, qui n'est qu'une série d'invasions successives faites par deux peuples partis des bords de l'Elbe inférieur, les Saxons et les Angles, durant l'espace d'un siècle. L'heptarchie anglo-saxonne en fut le résultat.

La Grande-Bretagne, conquise en partie par les Romains, avait conservé, sous leur domination, ses trois populations bien distinctes : les Calédoniens (Pictes et Scots) au nord, dans l'Écosse actuelle, chez qui les Romains n'avaient jamais pénétré ; à l'est et au sud, les Logriens, qui avaient subi l'influence de la civilisation romaine; à l'ouest, derrière la Severn, les Cambriens ou Gallois, peuple indomptable dans ses montagnes.

Les Pictes ne cessaient pas de descendre des hautes terres de l'Écosse, pour faire au sud des excursions désastreuses. Tant que les Romains avaient gardé l'île, ils les avaient arrêtés; mais lorsque Honorius, menacé par Alaric et Radagaise eut rappelé ses légions, le mur de Sévère et le *vallum* d'Adrien n'eurent plus d'utilité; les Logriens et les Cambriens, désolés par ces attaques, décimés par la famine, et n'ayant pu obtenir « par leurs gémissements » le secours d'Aétius, furent réduits à se défendre eux-mêmes. Ils élurent un *penteyrn* ou *pendragon*, chef commun qui devait diriger la défense de tout le pays et résider à Londres. Ce ne fut souvent qu'une occasion de discorde, parce que Logriens et Cambriens se disputèrent à qui donnerait le penteyrn. Wortigern remplissait cette dignité, lorsqu'on n'imagina plus d'autre moyen de salut que d'appeler contre les Pictes des barbares d'outre-mer, les Saxons, les Jutes et les Angles; c'étaient d'audacieux pirates qui, trouvant la route barrée du côté du Rhin par les Francs, avaient pris la mer pour leur domaine et partaient sans cesse de leurs rivages de l'Allemagne et de la péninsule cimbrique pour écumer l'Océan du Nord et la Manche. Deux chefs saxons, Henghist et Horsa, battirent les Pictes et reçurent en récompense l'île de Thanet sur la côte de Kent avec la promesse d'un tribut. De tels protecteurs deviennent bien vite des maîtres : le *dragon blanc* des étrangers dévora le *dragon rouge* des Bretons. C'étaient les drapeaux des deux peuples. En 455, Henghist prit possession du pays entre la Tamise et la Manche, et se donna le titre de *roi de Kent*; Cantorbéry fut sa capitale.

Ce fut dès lors l'ambition de tous les chefs de pirates saxons de conquérir un établissement dans la Grande-Bretagne, comme les chefs des tribus franques en avaient pris en Gaule. En 491, malgré les efforts du penteyrn Ambrosius, Ella fonda à Chichester le royaume de *Sussex* (Saxons méridionaux). En 516, Cerdic établit à Winchester celui de *Wessex* (Saxons occidentaux). Là, les Saxons se trouvèrent en contact avec les Cambriens qui furent pour eux de rudes adversaires. Arthur, prince de Caerléon, le héros des légendes gaéliques et l'Achille des bardes cambriens, les vainquit, dit-on, en douze batailles, dont la plus célèbre est celle de Badon-Hill (520); la tradition voulait qu'il eût tué de sa main en un seul jour 400 ennemis. Blessé, il fut transporté dans une île formée par deux fleuves, et y mourut, on ne sait à quelle époque; on ne put jamais trouver son tombeau. Les Cambriens, qu'il avait si longtemps défendus, refusèrent de croire à la mort du héros national, et attendirent pendant des siècles sa venue, comme leur délivrance. Il avait, pour le moment, sauvé l'indépendance des Cambriens. Arrêtée à l'ouest, l'invasion saxonne fonda encore à l'est, en 526, un royaume, *Essex* (Saxons orientaux) qui eut pour capitale Londres (Lon-din, la ville aux vaisseaux) sur la Tamise, ce qui fit quatre royaumes saxons.

En 547 arrivèrent les Angles. Idda, ou *l'homme de feu*, occupa York et la région qui prit le nom de *Northumberland* (pays au nord de l'Humber). En 571, Offa, chef d'une troupe d'Angles établis sur la côte orientale de la Grande-Bretagne, prit le titre de roi d'*Estanglie*, avec Norwik pour capitale, et en 584, Crida fonda entre les Estangles et les Cambriens le royaume de *Mercie* (frontière, marche), capitale Lincoln ou Leicester.

Alors, ces trois royaumes angles étant ajoutés aux quatre saxons, l'*heptarchie* fut complète, et le pays autrefois occupé par les Romains fut divisé en sept petites monarchies barbares, qui plus tard n'en formèrent qu'une seule. Les nouveaux venus devinrent un élément considérable de la population anglaise, dont le fond est encore considéré aujourd'hui comme saxon.

Mais l'invasion n'atteignit pas l'Écosse, qui resta aux anciens Pictes et Scots, que Rome n'avait pu vaincre, ni l'Irlande, qui, sauf quelques points des côtes, occupés par les Danois, échappa à la domination germanique, comme elle avait échappé aussi à la domination romaine. Sa population celtique, divisée en un grand nombre de clans et de petits États, ne perdra qu'au douzième siècle son indépendance.

Saint Patrick lui avait apporté, dès le quatrième, la religion catholique. L'Église d'Irlande jeta de bonne heure un vif éclat : saint Columban, que nous retrouverons chez les Francs, en sortit.

CHAPITRE IV.

L'EMPIRE GREC DE 408 A 705; RÉACTION ÉPHÉMÈRE DES EMPEREURS DE CONSTANTINOPLE CONTRE LES ENVAHISSEURS GERMAINS.

Théodose II, Marcien, Léon Ier, Zénon, Anastase, Justin Ier (408-527). — Justinien Ier (527-565). — Guerres contre les Perses (528-533 et 540-562). — Conquête de l'Afrique sur les Vandales (534); de l'Italie sur les Ostrogoths (535-553); acquisitions en Espagne (552). — Administration intérieure de Justinien; Code et digeste. — Justinien II, Tibère II, Maurice et Phocas (565-610); Héraclius (610-641); décadence profonde de l'empire grec.

Théodose II, Marcien, Léon Ier, Zénon, Anastase, Justin Ier (408-527).

Tandis que le débordement des nations barbares couvrait presque toute l'Europe, l'empire grec demeurait intact; il continua de vivre d'une vie généralement misérable; cependant, à quelques moments, plus glorieuse qu'on ne l'aurait attendu d'une société aussi corrompue. Il put même, sous Justinien et sous Héraclius, reprendre l'offensive sur les envahisseurs, reconquérir l'Italie sur les Ostrogoths, l'Afrique sur les Vandales, une partie de l'Espagne sur les Wisigoths, en même temps repousser les Bulgares et les Avars derrière le Danube, les Perses derrière l'Euphrate et étendre son protectorat sur tous les chrétiens de l'Asie. Mais, épuisé par ce dernier effort, il fut incapable de défendre et de sauver ses provinces méridionales quand arrivèrent les envahisseurs barbares du midi, les Arabes.

Le plus souvent cet empire fut gouverné par des femmes et des eunuques qui dirigeaient à leur gré des empereurs abâtardis. Ainsi Théodose II, successeur d'Arcadius (408-450) se laissa conduire pendant tout son règne par sa sœur Pulchérie, qui s'attacha à le tenir dans une longue enfance Quand l'empire fut attaqué sous cet empereur, il paya tribut; à l'Orient, il eut le bonheur de ne pas l'être et gagna même la moitié de l'Arménie que le roi Arsace partagea avec lui, mais en prenant la part du lion. Sous Théodose, une nouvelle hérésie se montra, celle de Nestorius, qu'il avait nommé évêque de Constantinople; l'empire en fut longtemps troublé. Il faut aussi rappeler le *code Théodosien*, qui suppléa à l'insuffisance des codes Grégorien et Hermogénien, et où furent recueillis les décrets des empereurs chrétiens. Ce code, rédigé par le jurisconsulte Antiochus en 438, fut le premier corps de lois revêtu de la confirmation impériale qu'ait eu l'empire; il jouit d'une grande popularité, surtout dans l'Occident, chez les Goths d'Italie et d'Espagne.

Marcien (450-457), que Pulchérie épousa pour son courage, montra plus de fermeté que son prédécesseur en face d'Attila; mais après lui éclatèrent toutes les misères de Constantinople. Le Thrace Léon Ier (457) reçut la pourpre de la main d'un barbare; Zénon (474) la dut à la révolte de la garde isaurienne, qui, à l'image des anciennes gardes prétoriennes, asservissait tout à ses caprices violents. Un compétiteur, Basiliscus, troubla l'empire, et les querelles religieuses, maladie chronique à Constantinople, mirent aux prises les catholiques et les partisans d'Eutychès avec une violence que Zénon s'efforça sans succès de calmer par son *Henoticon* ou *édit d'union* (481). Anastase (491) allait prendre possession du siège patriarcal d'Antioche quand une intrigue de femme le fit empereur. Pour protéger Constantinople, il éleva du Pont-Euxin à la Propontide un mur de 70 kilomètres fortifié de tours et qui porta son nom; il se mêla aux querelles religieuses et ne fit que les envenimer : le sang coula dans les émeutes. Pourtant il débarrassa Constantinople des Isauriens, abolit encore le chrysargyre, impôt détesté, et défendit rigoureusement les combats d'hommes et de bêtes féroces dans le cirque. Ces empereurs ne manquèrent généralement pas de connaissances, d'humanité, même de bonnes intentions; mais ils étaient faibles et petits. La dignité et la force du caractère, l'élévation de l'âme et de l'esprit leur faisaient défaut, comme à toute la nation, bien plus que l'intelligence.

Anastase fit contre la Perse (502-505) une guerre malheureuse qui coûta à l'empire la Colchide. A sa mort (518), une dynastie commença dans la personne du Thrace Justin Ier. qui avait acheté la pourpre aux gardes impériales. C'était un préfet du prétoire, qui avait été d'abord berger et soldat. Il ne savait pas lire et signait ses édits au moyen d'une tablette de bois où étaient gravées à jour les quatre premières lettres de son nom. Pourtant il ne fut pas sans mérite et régna jusqu'en 527.

Justinien Ier (527-565 Guerres contre les Perses (528-562).

A cette époque monta sur le trône son neveu Justinien, qui s'en était frayé le chemin, en flattant tous les vices dont l'empire de Constantinople était travaillé, corrompant les soldats, prodiguant l'or pour les jeux du cirque qui passionnaient ce peuple dégénéré, à l'égal des plus graves intérêts. Si son règne fut grand, ce ne fut point par la moralité, mais par les guerres, par les travaux législatifs, par les monuments.

Justinien fit la guerre de quatre côtés : à l'est, avec les Perses; au sud-ouest, avec les Vandales; à l'ouest, avec les Ostrogoths; au nord, avec les Bulgares.

La guerre contre les Perses plusieurs fois suspendue, commença la première, dès 528, et finit la dernière, en 562. Elle n'avait pas le même caractère que les autres : ce n'étaient point des pays conquis par les barbares à recouvrer sur eux, comme l'Italie et l'Afrique, ni une invasion présente à repousser, comme sur le Danube; c'était une lutte égale et séculaire à soutenir, une frontière à défendre contre les attaques régulières d'un peuple établi, mûr comme l'empire lui-même, qui ne se précipitait pas en masse, mais qui envoyait des armées, ce qui constitue la différence entre les invasions des barbares et les guerres ordinaires.

Après cent ans de bonne intelligence, les vieilles hostilités entre l'empire romain et la Perse s'étaient rallumées sous Anastase et Justin. Le roi Cobad avait enlevé plusieurs villes romaines et soumis toute l'Arménie, cet éternel objet de la convoitise des deux empires. Il y avait eu aussi quelques démêlés sous Justin à l'occasion de la conversion des Lazes, qui, devenus chrétiens, avaient renoncé à la protection des Perses pour se mettre sous celle de l'empereur grec. Justinien régnait depuis un an (528), lorsque Cobad engagea enfin des hostilités ouvertes en dispersant les ouvriers qui fortifiaient en Mésopotamie la ville de Dara. La défense des provinces d'Asie fut confiée à Bélisaire, dont le nom est devenu inséparable de celui de Justinien, et immortel par ses grandes actions comme par ses malheurs. Un fait qui peint bien l'empire grec, c'est qu'ils furent associés par la débauche avant de l'être par la gloire. D'abord vainqueur dans deux combats, puis vaincu à Callinique, Bélisaire sauva pourtant, par ses habiles manœuvres, les provinces asiatiques de l'empire grec; et le successeur de Cobad, Khosroès Nouschirwan, qui voulait s'affermir par la paix avant d'entreprendre les vastes desseins dont sa tête était pleine, consentit à traiter. Justinien paya 11 000 livres d'or, et abandonna les villes laziques (533). A ce prix, on se jura une amitié perpétuelle; elle ne dura pas huit ans.

En 540, Khosroès, inquiet des agrandissements de Justinien et excité par le roi des Ostrogoths Vitigès, envahit la Syrie, la ravagea, prit Antioche et ne fut arrêté que par Bélisaire, rappelé en toute hâte de l'Italie par Justinien. Le grand général empêcha par ses manœuvres de nouvelles conquêtes des Perses, mais ne put ni reconquérir l'Arménie ni ramener sous la protection romaine les Lazes qui avaient eu tellement à souffrir des exacteurs romains, qu'ils ne voulaient plus être séparés de la Perse. En 544, une trêve fut signée après le siége inutile d'Édesse par Khosroès. Dix ans plus tard, les Lazes firent défection et la guerre recommença dans la Colchide, dont la population était en grande partie chrétienne. Le traité de 562 assura cette province à l'empire. Justinien obtint en même temps la liberté de conscience pour les chrétiens de la Perse, mais consentit à payer un tribut de 3000 pièces d'or, de sorte qu'à l'Orient son règne était marqué à la fois par une humiliation matérielle et par l'honneur d'exercer, dans l'empire même de son ennemi, un protectorat et une influence morale.

Des trois autres côtés, sa gloire militaire était moins contestable.

Conquête de l'Afrique sur les Vandales (534); de l'Italie sur les Ostrogoths (533-553); acquisitions en Espagne (552).

La victoire avait été fatale aux barbares. Ces hommes du Nord, transportés soudainement des forêts humides et sombres de la Germanie dans les plaines brûlantes de l'Italie, de l'Espagne et de l'Afrique, avaient deux ennemis qui les tuaient sûrement, le soleil et l'orgie. Il leur arrivait ce qui arrive aux soldats anglais dans l'Inde. Le climat les énervait, et les habitudes d'intempérance, inoffensives aux bords de l'Elbe, devenaient meurtrières au pied de l'Atlas[1]. Ajoutez leur petit nombre, leurs guerres intestines, la haine des populations pour des maîtres sauvages et hérétiques; enfin ce contact soudain de la civilisation qui est si souvent mortel aux barbares[2], et vous comprendrez qu'au bout de deux ou trois générations, il ne restât plus rien d'une puissance qui semblait d'abord irrésistible. Ainsi en fut-il plus tard des croisés établis en Palestine. En voyant cette prompte décadence, la pensée vint naturellement d'en profiter. Justinien commença par les Vandales.

Ce fut après la première guerre de Perse qu'eut lieu l'expédition contre les Vandales. Gélimer venait d'assassiner le prince Hildéric, parent de l'empereur Théodose Ier par sa mère. Sous le prétexte de le venger, Justinien résolut d'attaquer ce peuple énervé, que déchiraient encore des discordes religieuses. Bélisaire partit pour l'Afrique avec une

---

[1]. L'homme du Nord a besoin d'une nourriture abondante, l'Arabe vit d'un peu de farine délayée dans l'eau. Une erreur de régime a plus tué de nos soldats en Afrique que les balles des Arabes.

[2]. Les Indiens de l'Amérique du Nord n'y résistent pas : ils disparaissent peu à peu. Dans l'immense étendue des États-Unis, les anciens maîtres du pays ne sont pas aujourd'hui 420 000. Il y a des tribus qui, en un demi-siècle, ont diminué de moitié.

flotte de 600 vaisseaux montés par 20 000 matelots et 15 000 hommes de débarquement. Ce départ fut d'une grande solennité à Constantinople ; les succès de Bélisaire répondirent à l'importance des préparatifs. Trois mois après son débarquement, il gagna la bataille décisive de Tricaméron et prit possession de l'Afrique, de la Sardaigne et des îles Baléares (534). Gélimer, prisonnier, fit demander à Bélisaire du pain, parce qu'il n'en avait pas vu depuis trois mois, une éponge pour laver ses yeux malades, un luth pour chanter ses malheurs. Amené devant lui, il éclata de rire ; et quand on le présenta à l'empereur : « Vanité des vanités ! s'écria-t-il avec l'Ecclésiaste, tout n'est que vanité. » On lui donna dans la Galatie des domaines où il acheva tranquillement sa vie.

A peine Bélisaire avait-il triomphé à Constantinople, pour la conquête de l'Afrique, qu'il fut envoyé en Italie.

En Italie, les Ostrogoths conservaient plus de force, parce qu'ils y étaient en plus grand nombre et depuis moins longtemps. Théodoric les avait tenus séparés des Italiens. Sa fille Amalasonte, qui régnait pour Atalaric, voulut les polir. Les Goths, qui tenaient à leur rudesse barbare, la forcèrent à nommer roi son cousin Théodat, et bientôt après, Théodat l'assassina. Justinien se porta le vengeur d'Amalasonte en Italie, comme de Hildéric en Afrique. Bélisaire soumit la Sicile (535), prit Naples et Rome (536). En vain Vitigès, nouveau roi des Goths, réunit toutes les forces de la nation ranimée par son courage, saisit un instant l'offensive et enferma Bélisaire dans Rome ; il ne put l'y prendre et fut réduit à se réfugier dans Ravenne, où il eut le même sort que Gélimer (540). Cependant l'envie et la guerre de Perse firent rappeler Bélisaire ; les Goths, sous Totila, reprirent alors l'avantage et remportèrent à Faënza une grande victoire qui leur donna Rome (546). Bélisaire revint, mais avec des forces insuffisantes, et ne put que rentrer dans l'ancienne capitale du monde.

Ce que la cour lui refusait, elle le donna à l'eunuque Narsès. Il amena une armée, où dominaient les barbares, Huns, Perses, Hérules, Lombards, Slaves, et battit à Lentagio, dans l'Apennin, le roi Totila, qui mourut de ses blessures (552).

Téïas eut après Totila un sort semblable ; en lui finit la monarchie ostrogothique. Les bandes de Francs appelés à la fois par les Goths et les Grecs ne serviront aucun des deux partis. Ce qui restait de guerriers ostrogoths en Italie obtint la permission de se retirer avec ses richesses, en promettant par serment de ne plus revenir.

Ainsi l'empire grec semblait avoir vengé l'empire d'Occident. Lorsqu'il eut encore occupé en Espagne Valence et la Bétique orientale (552), qu'Athanagilde céda à Justinien pour obtenir ses secours contre Agila, son compétiteur, il parut avoir recouvré la domination des deux bassins de la Méditerranée. Mais cette extension de puissance, excessive pour sa faiblesse, dura peu de temps.

Au nord, une invasion nouvelle était repoussée dans le même temps. Les Bulgares, qu'on croit être des Tartares, tirent leur nom du Volga, d'où ils partirent vers cette époque. Ils s'établirent dans la Dacie, et, tandis que les armées impériales combattaient en Asie, en Italie, en Espagne, ils franchirent le Danube sur la glace et vinrent se montrer jusque sous Constantinople. La capitale de l'empire fut sauvée par Bélisaire, qui, avec les gardes du palais et les habitants de la ville, les repoussa et les rejeta au delà du Danube (559). Un autre peuple tartare, les Avars, débris d'une grande nation détruite en Asie par les Turcs et les Chinois, s'approcha en 558 du Danube. Justinien les engagea à s'arrêter dans la Dacie. Il espérait en faire des défenseurs de l'empire : ils en seront les plus terribles ennemis.

Administration intérieure de Justinien; Code et Digeste.

Le principal titre de Justinien au souvenir de la postérité est cependant moins dans ces victoires éphémères que dans les travaux législatifs auxquels son nom est attaché. Ils furent dirigés par le jurisconsulte Tribonien, homme d'une science universelle, mais vénale, sans conscience, si l'on en croit Procope : « Il trafiqua des lois, qu'il fit et défit selon qu'on le lui demandait. » Associé à neuf autres jurisconsultes, Tribonien rédigea en quatorze mois (527-528) un recueil des constitutions et édits impériaux distribués en douze livres ; c'est le *Code*. Justinien en fit faire quelque temps après une nouvelle édition, où entrèrent deux cents lois et cinquante décisions rendues par lui-même. En l'année 533 parurent les *Institutes*, résumé des principes de la jurisprudence romaine, qui était destiné aux écoles de Constantinople, de Béryte et de Rome, et le *Digeste*, dont le nom grec est *Pandectes* (recueil général) : c'est une immense compilation faite en trois ans par dix-sept jurisconsultes, quoique Justinien leur eût accordé dix ans pour ce travail. Tous les codes antérieurs et deux mille traités de jurisprudence furent dépouillés, et trois millions de sentences réduites à cent cinquante mille. Il fut défendu d'y faire des commentaires, pour éviter une confusion nouvelle, et même d'interpréter ou de citer les lois anciennes ; on devait, en cas de doute, demander une interprétation à l'empereur lui-même. Enfin le quatrième monument comprend, sous le nom de *Novelles* ou *Authentiques*, les lois rendues par Justinien depuis la publication du Code (534-565). Toute cette législation fut comme le testament de la jurisprudence romaine, mais animée des principes nouveaux d'humanité dans la loi civile, de despotisme dans le gouvernement.

Pour la défense de l'empire, Justinien construisit ou restaura 80 forteresses le long du Danube et 600 dans la Dacie, l'Épire, la Thessalie, la Macédoine, la Thrace ; il releva la muraille d'Anastase, qui, renversée par un tremblement de terre, avait laissé passer les Bulgares ; il fortifia de même tous les isthmes de l'empire, et hérissa de forts la frontière de l'Euphrate comme celle du Danube. Les autres constructions eurent pour effet l'ornement de la capitale, comme cette magnifique basilique de Sainte-Sophie qui est aujourd'hui une mosquée. Il faut encore mentionner sous son règne l'importation des vers à soie par deux moines nestoriens venus de la Chine.

Sous tous les aspects que nous venons de présenter, le règne de Justinien est digne d'éloges. Il est méprisable, si nous considérons les factions intérieures, les querelles sanglantes des *verts* et des *bleus* (couleurs des cochers du cirque), et cette sédition *Nika* qui livra pendant cinq jours Constantinople aux ravages, aux meurtres et à l'incendie. Le danger fut tel, pour l'Empereur lui-même, qu'il fut sur le point de partir sur un vaisseau qu'on lui tenait tout prêt, quand Théodora, sa femme, l'arrêta : « Je reste, dit-elle, et j'adopte cette pensée des anciens que le trône est un glorieux tombeau ! » Bélisaire, avec 3000 vétérans, cerna les séditieux dans le cirque et en tua, dit-on, 30 000. Cette courageuse Théodora n'était pourtant qu'une ancienne comédienne, fille du gardien des ours de l'amphithéâtre, fameuse par toute sorte de désordres, avant que Justinien l'eût épousée. On ne voyait plus nulle part la vertu, sans laquelle la force est faible, et qui seule donne aux États comme aux individus une salutaire confiance en eux-mêmes. Ces forteresses innombrables n'attestaient même pas autre chose chez les Romains du Bas-Empire, que le sentiment de leur propre impuissance et la vive appréhension d'une ruine qu'ils se sentaient incapables de conjurer.

Justinien mourut en 565, après avoir disgracié Bélisaire [1].

Justin II, Tibère II, Maurice et Phocas (565-610); Héraclius (610-741); décadence irrémédiable.

Trois empereurs, les deux derniers d'un beau caractère, lui succédèrent et firent exception à la dégradation générale : d'abord son neveu Justin II (565), puis Tibère II (578) et Maurice (582). L'adoption porta ces deux derniers sur le trône et mérita alors presque aussi bien de l'empire que lorsqu'elle lui avait donné les Antonins. L'éclat du règne de Justinien se prolongea sous ces trois empereurs. Si l'Italie fut conquise par les Lombards (568), les Avars furent détournés de l'Orient par la courageuse attitude de Justin. La guerre de Perse se fit avec succès sous Tibère II, et, sous Maurice,

---

[1]. La tradition de Bélisaire rendu aveugle par l'ordre de Justinien e mendiant son pain, tradition rendue populaire par le roman de Marmontel e le tableau de David, ne remonte pas plus haut que Tzetzès, auteur peu digne de foi du douzième siècle. On peut voir les portraits de Justinien et de Théodora dans une mosaïque de l'abside de Saint-Vital, à Ravenne, qui renferme encore tant de choses du Bas-Empire.

l'empire grec devint le protecteur de Khosroès II, chassé de ses États par la révolte de Bahram (591). Malheureusement, à la fin de ce règne, les Avars, commandés par leur khan, le terrible Baïam, portèrent à 100 000 pièces d'or le tribut annuel, prirent Sirmium et Singidunum, et ravagèrent tout, depuis Belgrade jusqu'à la mer Noire. A ces bandes redoutables, Maurice n'avait à opposer qu'une armée dégénérée, sensible seulement à l'appât de l'or, et des généraux de la force de ce Commentiolus, qui tombait toujours malade quand les barbares arrivaient, et qui ne perdit jamais de sang que par la lancette de son chirurgien. Maurice voulut réformer la discipline, tentative qui lui coûta la vie. La révolte éclata dans les camps d'Europe et d'Asie, et Phocas, proclamé empereur, le fit égorger avec tous ses enfants (602). Heureusement l'horrible tyrannie de Phocas s'abrégea elle-même par ses excès : on appela pour le renverser Héraclius, fils de l'exarque d'Afrique (610).

Le règne d'Héraclius fut une lutte admirable de courage et de génie contre les Perses et contre les Avars. On n'avait pas vu depuis longtemps la guerre faite avec autant de grandeur qu'il la fit en Asie. La détresse extrême à laquelle l'empire fut d'abord réduit, ne fit que rendre plus merveilleux les succès qui suivirent. Les Avars envahissaient le Nord et poursuivirent l'Empereur jusque dans les faubourgs de Constantinople (616). Les Perses, sous le satrape Saïn, envahissaient la Syrie (611), la Palestine, l'Égypte, même la Cyrénaïque dont ils détruisirent les villes grecques, et, revenant en Asie Mineure (613), poussèrent tout à coup jusqu'à Chalcédoine, où ils s'installèrent pour dix ans, en face de Constantinople, affamée par la perte de l'Égypte. L'empire était donc réduit à peu près aux murs de sa capitale, et déjà Héraclius songeait à en transporter le siége à Carthage, lorsque le patriarche Sergius le retint et mit à sa disposition les richesses de l'Église de Constantinople. C'était presque une guerre religieuse qui se faisait : Khosroès avait égorgé les prêtres chrétiens dans Jérusalem et juré de ne point accorder la paix à Héraclius tant qu'il ne « renoncerait pas à son Dieu crucifié, pour embrasser le culte du Soleil. »

Héraclius renvoya la guerre chez ses ennemis. Il attaqua d'abord l'Asie Mineure par le sud (622), débarqua en Cilicie, et gagna une bataille à Issus. Il l'attaqua ensuite par le nord (623), débarqua à Trébizonde, accrut son armée de nombreux auxiliaires, recueillis parmi les tribus du Caucase, entraîna l'Arménie dans son alliance, pénétra dans l'Adorbaïdjan et détruisit la ville d'Ourmiagh, regardée comme la patrie de Zoroastre, le législateur religieux des Perses. Cette audacieuse entreprise délivra l'Asie Mineure et l'Égypte, comme autrefois celle de Scipion, en Afrique, avait délivré l'Italie. Les armées persanes furent rappelées derrière l'Euphrate. Les Perses s'alliant avec les Avars, Héraclius s'allia avec les Turcs khasars du Volga, qui étaient pour la Perse ce que les barbares du Danube étaient pour l'empire grec. Tandis que les Avars échouaient dans une grande attaque contre Constantinople (626), Héraclius soutenu de 40 000 Turcs, alla si loin que le roi de Perse trembla à son tour pour sa capitale (627). L'empereur, vainqueur à Mossoul, sur les ruines de Ninive, pilla les villes et les palais de la Perse, et pénétra jusqu'à Ctésiphon, dont il n'osa pourtant faire le siége, et reconquit 300 drapeaux romains. Khosroès fut détrôné et mis à mort par son propre fils Siroès, et le traité qui fut alors conclu rendit aux deux empires leurs anciennes limites et aux chrétiens le bois de la vraie croix qu'Héraclius rapporta en triomphe à Jérusalem (628).

Ici se termine la période heureuse du règne d'Héraclius et la prospérité passagère de l'empire grec, épuisé par les attaques des Perses et par ses victoires mêmes, accablé d'impôts, ruiné dans son commerce et son industrie. Cet empire, qui eût eu besoin de repos après de tels désastres et de tels efforts, vit tout à coup s'élancer du fond de l'Arabie un peuple bien autrement redoutable que les Perses, un véritable torrent qui renversa tout devant lui. Dix ans étaient à peine écoulés, qu'Héraclius, après de nouveaux et inutiles efforts, déliait du serment de fidélité ses sujets syriens et s'embarquait en s'écriant : « Adieu, Syrie, adieu pour toujours! » (638). Il vit encore avant de mourir la perte de l'Égypte et la prise d'Alexandrie (640).

Sa dynastie régna 70 ans pour le malheur de l'empire. Du sang, de la démence, un raffinement inouï de basse cruauté donnent à cette période un caractère hideux : Constant II (641) fait périr son frère et croit le voir dans ses rêves lui offrir une coupe de sang et lui dire : « Bois, mon frère, bois. » Constantin III Pogonat (668) fait couper le nez à ses deux frères que les troupes d'Anatolie (Asie Mineure) voulaient le forcer d'associer à l'empire, parce que, disaient-elles, « de même qu'il y avait trois personnes égales dans le ciel, il était raisonnable qu'il y eût trois personnes égales sur la terre. » Justinien II (685) a pour favoris un eunuque et un moine, dont le premier donnait des coups de fouet à la mère de l'empereur, et le second faisait pendre la tête en bas et brûler à petit feu les débiteurs insolvables. Tibère III, souillé de sang, fut heureusement le dernier de cette affreuse lignée : il fut d'abord mutilé, puis décapité (705).

C'est alors que les Grecs du Bas-Empire tombèrent dans ces ténèbres de corruption, de folie et de bassesse sanglante, qui les font citer comme un des types de peuple les plus déplorables que l'histoire puisse présenter.

CHAPITRE V.

L'INVASION GERMANIQUE RÉSUMÉE DANS LES FRANCS; GRANDEUR, PUIS DÉCADENCE DES MÉROVINGIENS (561-687).

Puissance des Francs mérovingiens; caractère nouveau de leur histoire. — Clotaire Ier, Frédégonde, Brunehaut. — Clotaire II seul roi (613-628). — Dagobert Ier (628-638). — Prépondérance des Francs dans l'Europe occidentale. — Mœurs et institutions apportées par les Germains au milieu des populations vaincues. Lois des barbares. — Affaiblissement de la royauté; rois fainéants; maires du palais. — Le maire Ebroïn (660) et saint Léger; bataille de Testry (687). — Hérédité des bénéfices.

Puissance des Francs mérovingiens; caractère nouveau de leur histoire.

La réaction de l'empire grec contre les barbares s'était arrêtée en Italie et en Afrique; dans ces deux pays elle avait fait justice de deux peuples barbares trop vite amollis. Elle n'atteignit point la Gaule, où elle en eût rencontré un qui avait mieux conservé la sève germanique. On a vu les Francs, sous les fils de Clovis, disperser leur activité belliqueuse dans une foule d'entreprises divergentes qui n'ont pas laissé pourtant d'affermir et d'étendre leur empire. On les a vus se réunir encore autour de leurs chefs selon la coutume germanique et leur demander des aventures et du butin, moins soumis pourtant déjà et moins dévoués à ces chefs, moins dignes de ce nom de *fidèles* qui leur était donné. Tantôt ils menacent Théodoric de le quitter s'il ne les mène pas en Burgondie, tantôt ils maltraitent brutalement Clotaire Ier qui ne veut pas les conduire contre les Saxons. Le dévouement fait place à l'antagonisme; les leudes deviennent une aristocratie hostile au roi, une classe d'hommes puissants qui s'unissent par des intérêts communs, dont l'influence vient à la fois du glaive, toujours terrible dans leurs mains vigoureuses, et de la possession du sol qu'ils tiennent de la conquête ou de la générosité du roi.

Cette aristocratie des leudes se développe surtout dans l'Austrasie, demeurée plus barbare que la Neustrie, et où moins d'éléments romains viennent prêter au roi leur appui et tempérer les mœurs violentes des leudes. Ces deux portions distinctes de l'empire franc se séparent de plus en plus par cette différence de caractère, et l'on a pu remarquer déjà qu'elles agirent rarement de concert sous les fils de Clovis. Bientôt elles seront ennemies, représentant chacun un principe opposé. C'est cette lutte de la royauté et de l'aristocratie, de la Neustrie et de l'Austrasie, qui va se dérouler pendant un siècle et demi sous nos yeux et ramener à l'intérieur, vers la guerre civile, toute l'activité des Francs.

Clotaire Ier, Frédégonde, Brunehaut.

Après trois ans d'unité sous Clotaire 1er (558-561), l'empire des Francs redevint une tétrarchie. Les quatre fils de Clotaire se le partagèrent. Caribert fut roi de Paris; Gontran, roi d'Orléans et de Burgondie; Sigebert, roi d'Austrasie; Chilpéric, roi de Soissons; et chacun d'eux eut une part dans le midi, comme au partage de 511. Caribert étant mort en 567, sans enfants mâles, ses États furent partagés et Paris resta indivis, défense faite à aucun des rois francs d'y entrer sans le consentement des deux autres.

Tandis que le roi neustrien, Chilpéric, faisait des vers latins et recevait une teinture d'éducation romaine qui ne fit que raffiner la cruauté de son caractère au lieu de l'adoucir, Sigebert, le roi austrasien, étranger à cette demi-culture plus pernicieuse qu'utile, repoussait avec ses guerriers les derniers flots d'invasion barbare qui venaient encore se briser contre la digue austrasienne, et entretenait ainsi la vigueur de son peuple. Il battit, près de Ratisbonne (562), les Avars et les Thuringiens. Quatre ans après, il tomba au pouvoir des Avars; mais il paya rançon, et ces barbares s'éloignèrent vers le sud.

Chilpéric profita lâchement de son absence pour lui enlever la ville de Reims. Sigebert, redevenu libre, le vainquit et lui pardonna. A ce premier acte de rivalité s'ajoutèrent peu de temps après des causes de haines plus terribles. Sigebert avait épousé Brunehaut, fille d'Athanagild, roi des Visigoths, belle, savante, ambitieuse, amie de la civilisation. Chilpéric voulut avoir aussi une épouse de race royale et obtint la main de Galswinthe, sœur de Brunehaut. Ce caprice passager céda bientôt à l'influence de Frédégonde, belle et impérieuse concubine, qui domina entièrement le roi. Un jour, Galswinthe fut trouvée étouffée dans son lit et Frédégonde prit sa place (567). Brunehaut jura de venger sa sœur, et la guerre éclata entre la Neustrie et l'Austrasie. Gontran prit alors une attitude de médiateur qu'il conserva pendant tout son règne; il mit fin à la première querelle en faisant livrer à Brunehaut les villes que Galswinthe avait reçues en douaire.

Une seconde guerre, rallumée par la perfidie de Chilpéric, se termina par une médiation semblable. Enfin, une troisième éclata, et cette fois Sigebert, moins porté à la clémence envers un frère perfide, envahit tous ses États et se fit proclamer roi par les Neustriens. Mais, au moment même où ils allaient l'élever sur le pavois, deux serviteurs de Frédégonde, *ensorcelés par elle*, le frappèrent à la fois dans les deux flancs avec des couteaux empoisonnés (575). Brunehaut se trouva prisonnière, dans Paris, avec son fils, Childebert II, qu'un leude austrasien parvint pourtant à enlever. Comme il était mineur, les Austrasiens furent gouvernés par un *maire du palais*. C'est alors que paraît cette dignité qui allait grandir dans les guerres civiles et jouer un rôle si important dans le siècle suivant. L'origine en est douteuse : ou ce fut un intendant de la maison du roi (*major domus*), dont l'influence s'accrut comme il arrive bien souvent; ou ce fut d'abord un juge criminel (*mord*, meurtre; *dom*, jugement), dont les attributions finirent par s'étendre beaucoup. Toujours est-il que le maire du palais devint un personnage de première importance, choisi parmi les leudes et par les leudes, par conséquent dévoué à leurs intérêts et fort de leur appui. Il domina la royauté, surtout sous les rois mineurs ou fainéants, et accrut tellement son autorité, qu'il finit par pouvoir supplanter le roi lui-même.

Nous ne ferons qu'indiquer ici la confusion des événements de cette époque, les alliances tour à tour conclues et brisées, et au milieu de tout cela le meurtre de Chilpéric, peut-être par Frédégonde (584).

Ce qui mérite plus d'attention, ce sont d'abord les vaines incursions des Lombards dans la Provence, qui furent repoussés par le patrice Mummolus (572-576). On voit que les Francs vainqueurs, au sud aussi bien qu'à l'est, des envahisseurs nouveaux qui voulaient leur disputer le prix de la victoire, s'affermissaient de plus en plus sur le sol de leur conquête. Nous remarquerons surtout l'usurpation de Gondowald dans le midi de la Gaule, parce qu'elle est un des premiers symptômes de la longue hostilité de ce pays, resté romain, contre le nord devenu germanique et contre les Francs. Ce fils adultérin de Clotaire Ier, qui s'était retiré à Constantinople, en fut rappelé par plusieurs seigneurs du midi, par le duc Gontran-Bozon, par Mummolus, le vainqueur des Lombards, par Didier, duc de Toulouse, qui le proclamèrent roi. Il succomba par la trahison des seigneurs qui retournèrent à l'autorité de Gontran (585). Mais à peine était-il vaincu que la royauté eut à lutter contre une autre coalition plus redoutable. Comme les seigneurs du midi venaient de s'unir contre elle, les leudes et les évêques du nord conspirèrent pour arrêter ses progrès.

La royauté en effet se fortifiait, recueillait les traditions du gouvernement impérial, encore vivantes chez les Gallo-Romains, et s'efforçait de se modeler sur ce type du despotisme. Chilpéric, par exemple, avait établi des impôts, malgré les murmures des Francs; et mécontent de l'esprit d'indépendance des évêques qui, devenus puissants par la foi profonde du peuple, par les riches dotations faites à leurs églises, et souvent pris parmi les barbares, se trouvaient associés d'intérêts avec les leudes, il les avait persécutés. Chez les Austrasiens mêmes (et là c'était plus difficile), Brunehaut, cette fille d'un roi wisigoth, s'appliquait à faire prévaloir les principes romains qui dominaient à la cour de son père. Leudes, évêques, en Austrasie, en Neustrie, formèrent un complot pour s'emparer du pouvoir dans les deux royaumes et même en Bourgogne. Le complot fut déjoué au moment de s'accomplir. Les principaux d'entre les conjurés furent mis à mort; l'évêque de Reims, Ægidius, jugé par un concile d'évêques, fut exilé.

Gontran et Childebert effrayés se hâtèrent de mettre un terme à leurs différends, et par le traité d'Andelot (dans la Haute-Marne, à 20 kilomètres N. E. de Chaumont) ils resserrèrent leur alliance. Childebert fut institué héritier de son oncle qui n'avait pas d'enfants ; mais telle était déjà la puissance des leudes, qu'au moment même où la royauté victorieuse essayait de se fortifier par cette alliance, ils obtinrent la jouissance et la transmission héréditaire des terres qui leur avaient été concédées. Ils s'engagèrent, en retour, à ne plus porter d'un roi à l'autre, selon leur caprice, leur fidélité (587).

Gontran mourut en 593 ; ses États furent réunis à ceux de Childebert, mais pour peu de temps, ce prince étant mort en 596. Son fils aîné Théodebert II eut l'Austrasie ; le second, Thierry II, eut la Burgondie.

Brunehaut dirigea ses deux petits-fils. Elle les poussa contre le fils de Frédégonde, le roi de Neustrie, qui, d'abord vainqueur à Leucofao, entre Soissons et Laon (596), fut vaincu ensuite à Dormeille en Gâtinais (600), et de nouveau près d'Étampes en 604. C'en était fait de Clotaire II, si le roi d'Austrasie ne l'eût sauvé en traitant avec lui. Brunehaut, furieuse de voir lui échapper une vengeance poursuivie pendant trente années, excita Thierry à attaquer son frère, qui fut vaincu et mis à mort avec tous ses enfants (612). Elle gouverna alors les deux tiers de la Gaule, protégea les arts, fit construire des routes, bâtir des monastères, détruire ce qui restait du culte des idoles ; elle aida les missionnaires qui allaient prêcher le christianisme chez les Anglo-Saxons, et le pape Grégoire le Grand lui écrivit pour l'en féliciter. Mais toutes ces œuvres de civilisation ne plaisaient point aux leudes qu'elle traitait avec une rigueur croissante. Le clergé aussi s'indigna de la persécution subie par saint Colomban, qu'elle chassa du monastère de Luxeuil, lorsque cet apôtre hardi du christianisme lui eut reproché sans ménagement les désordres où elle précipitait son petit-fils pour être mieux maîtresse de lui. Quand Thierry mourut en 613, les leudes d'Austrasie et de Burgondie se tournèrent secrètement vers Clotaire II et lui offrirent de le reconnaître, s'il voulait les débarrasser de Brunehaut. Il marcha contre elle : abandonnée sur les bords de l'Aisne par son armée, elle tomba dans les mains du fils de sa rivale avec les quatre fils de Thierry. Clotaire les fit égorger et Brunehaut fut attachée à la queue d'un cheval fougueux qui, dans sa course, mit son corps en lambeaux (613).

Clotaire II seul roi (613-628).

Sous le nom de *concile de Paris*, on voit, en 615, une assemblée à laquelle prirent part 79 évêques et un grand nombre de laïques ; cette assemblée semble marquer le moment où l'aristocratie ecclésiastique, mêlée de plus en plus à l'aristocratie laïque, fut admise avec elle aux grandes assemblées politiques. La *constitution perpétuelle* rendue par cette assemblée consacre la victoire de cette double aristocratie dont Clotaire II n'avait été que l'instrument : abolition des impôts établis par les quatre fils de Clotaire Ier ; restitution aux leudes et aux églises des biens qui leur ont été enlevés ; simple droit de confirmer les évêques laissé au roi, leur élection étant réservée au clergé et au peuple des cités ; extension de la juridiction ecclésiastique, à laquelle seule les clercs pourront être soumis ; les juges des comtés seront pris parmi les grands propriétaires du pays ; enfin, peine de mort contre quiconque troublera la paix publique. En livrant Brunehaut, les maires du palais avaient fait jurer à Clotaire II qu'il ne les dépouillerait pas de leurs fonctions, et qu'il n'interviendrait pas dans l'élection à cette charge, faite par les leudes.

La *constitution perpétuelle*, qui rétablissait et complétait les effets du traité d'Andelot en partie détruits par Brunehaut, est à peu près le seul fait important du règne de Clotaire II. En 622, les Austrasiens, las d'avoir le même souverain que les Neustriens, lui demandèrent un roi particulier; il leur envoya son fils Dagobert, qui réunit de nouveau toute la monarchie en 628.

Dagobert Ier (628-638).
Prépondérance des Francs dans l'Europe occidentale.

Le règne de Dagobert fut le moment le plus brillant des Mérovingiens, et donna aux Francs une prépondérance marquée dans l'Europe occidentale.

Au dehors, Dagobert arrêta les incursions des Vénèdes, peuplade slave, dont un marchand franc, Samon, qui trafiquait chez eux, était devenu roi, en 639, après les avoir délivrés des Avars. Il opposa aux incursions des Esclavons, qui ravageaient la Thuringe, les tribus saxonnes auxquelles il remit l'impôt de 500 bœufs qu'elles payaient (632). Il délivra la Bavière d'une peuplade de Bulgares qui lui demandaient asile et qu'il fit égorger, ne sachant qu'en faire : c'était la politique du temps (631).

Au dedans, il fut à peu près maître de toute la Gaule. A la mort de Caribert, son frère, auquel il avait cédé l'Aquitaine, il laissa à ses neveux le duché de Toulouse, mais reçut la soumission des Vascons. Les Bretons étaient redevenus tout à fait indépendants et ravageaient fréquemment la frontière. Leur duc Judicaël avait pris le titre de roi. Dagobert lui envoya en ambassade saint Éloi, et l'engagea à venir à sa cour, où le duc des Bretons fut reçu avec honneur et comblé de présents (636).

L'administration fut confiée par Dagobert à d'habiles ministres, Pépin le Vieux, maire du palais d'Austrasie; Cunibert, évêque de Cologne; Arnoulf, évêque de Metz. Lui-même parcourut l'Austrasie, la Burgondie, donnant audience aux petits comme aux grands, contenant les leudes et essayant de faire cesser les abus et les violences. Il s'occupa d'améliorer les lois et fit corriger celles des Saliens, des Ripuaires, des Alamans et des Bavarois. Le commerce prospéra, favorisé par des relations étendues : Dagobert fut allié des Lombards d'Italie et des Wisigoths d'Espagne; il envoya deux ambassadeurs à Héraclius. L'industrie eut ses représentants illustres dans l'orfévre saint Éloi, qui devint évêque de Noyon, et dans ses élèves. Dagobert fit bâtir l'abbaye de Saint-Denis, à laquelle il donna en une seule fois vingt-sept villes ou villages. Lui-même résidait à peu de distance, à Clichy, où il étalait le luxe de sa cour, et où il cachait faiblement ses débauches. Sa renommée était répandue dans toute l'Europe.

Il mourut en 638, emportant avec lui la grandeur des Mérovingiens, qui s'abandonnèrent à une mollesse et à une inertie fatales à leur dynastie.

Mœurs et institutions apportées par les Germains au milieu des populations vaincues. Lois des barbares.

C'est surtout par les lois des barbares que l'on connaît l'état de société nouveau qui résulta de l'introduction de leurs mœurs et de leurs institutions au milieu des populations vaincues. Nous possédons celles de presque tous les peuples qui envahirent l'empire et qui sentirent promptement la nécessité de mettre en écrit, en les adaptant aux besoins nouveaux, les coutumes anciennes. Toutes furent rédigées dès le principe en latin, excepté la loi salique ou des Francs saliens, qui fut rédigée d'abord en langue germanique au delà du Rhin; plus tard elle fut mise en latin et amendée successivement par Clovis, Thierry Ier, Childebert Ier, Clotaire Ier, Dagobert Ier et Charlemagne. Ces deux dernières éditions sont les seules que nous possédions. La loi des Ripuaires, à peu près semblable à celle des Saliens, fut publiée par Thierry Ier, ainsi que celles des Alamans et des Bavarois. La loi des Burgondes, publiée par Gondebaud en 502, achevée par son fils Sigismond en 517, est connue sous le nom de *loi Gombette*. Celle des Wisigoths, commencée par Euric, continuée par la plupart de ses successeurs, ne fut achevée qu'au septième siècle et publiée définitivement, dans le concile de Tolède de 668, sous le nom de *Forum judicum*, le *fuero juzgo* des Espagnols.

Ces lois sont d'autant plus barbares que le peuple qui les a écrites était plus éloigné des pays méridionaux et du foyer de la civilisation romaine. Ainsi le grand Théodoric, par son édit, soumit ses sujets à la loi romaine presque pure. La loi des Wisigoths est ensuite celle qui a fait le plus d'emprunts à la législation romaine, qu'on y retrouve à chaque page; puis vient celle des Burgondes, etc. La moins romaine est celle des Anglo-Saxons, qui ont été aussi les plus durs envers les vaincus.

Ces lois ne sont point des constitutions politiques, dont les barbares n'avaient guère l'idée, mais des codes civils et surtout criminels, s'attachant principalement, ce qui peint bien cette société, à punir les violences contre les personnes, les vols d'animaux domestiques, etc. Sur les 412 articles de la loi salique, 359 ont trait à la pénalité.

Les barbares qui occupaient l'Italie (les Hérules et les Ostrogoths) ne prirent que le tiers des terres. Les Burgondes qui occupèrent l'est de la Gaule, et les Wisigoths qui en occupèrent le midi avec l'Espagne, prirent les deux tiers du pays. Les Anglo-Saxons prirent tout. On ne sait ce que firent à cet égard les Francs, les Vandales et les Suèves. Il est probable qu'ils occupèrent les domaines vacants et ceux qui leur plurent, sans règle certaine, n'ayant pas fait la conquête du pays pour avoir des scrupules quand ils voyaient un beau domaine à leur convenance. Il est vraisemblable qu'entre eux ils tiraient ces domaines au sort.

Toutes les donations faites par les rois mérovingiens jusqu'au huitième siècle paraissent avoir été des concessions de terre en pleine propriété et avoir constitué ce qu'on appelait des *alleux* (*all od*, terre pleinement possédée). Ce n'est qu'au huitième siècle que les rois accordèrent des concessions temporaires, limitées soit à un nombre fixe d'années, soit plus fréquemment à la vie du donataire ou du donateur. Ces concessions, faites à l'imitation des précaires ecclésiastiques (usufruits de cinq années au plus), auxquelles étaient parfois attachées certaines conditions et redevances pécuniaires, furent appelées *bénéfices*, et l'usage s'en étendit des rois aux particuliers ainsi qu'aux églises.

Les *terres tributaires*, soumises à un tribut en argent ou en nature, avaient été d'ordinaire concédées à des hommes d'une condition inférieure avoisinant la servitude.

Pour les personnes, on distinguait :

1° Les *hommes libres*, qui ne devaient rien à personne, mais étaient obligés, vis-à-vis du roi, à quelques dons et au service militaire dans les guerres nationales ; on les appelait aussi *leudes*[1] lorsqu'ils accompagnaient le roi, et ce nom fut peu à peu employé pour désigner les plus riches et les plus nobles parmi les hommes libres. Le roi choisissait parmi eux les ducs et les comtes qu'il envoyait commander les armées, les provinces ou les villes. Ces leudes royaux, qui, vivant dans l'intimité du roi, en obtenaient des domaines considérables, et les chefs qui avaient eu assez de terres pour en distribuer à leurs fidèles, formaient une aristocratie dont les prétentions iront chaque jour en croissant ;

2° Le *lite*, qui, de même que le colon romain, ne pouvait être capricieusement arraché du domaine qu'il cultivait comme fermier, et pour lequel il payait au propriétaire une redevance fixe ;

3° L'*esclave*, à qui l'on ne reconnaissait plus la liberté personnelle, que le lite et le colon gardaient encore.

Les tarifs ou wehrgeld pour le meurtre, en ne les prenant pas trop à la lettre, peuvent donner une idée approximative de l'estime que la loi barbare faisait des personnes : or, on voit généralement le meurtre du barbare payé double de celui du Romain ; le meurtre du leude, double de celui du simple homme libre ; le meurtre du Romain propriétaire, double de celui du Romain colon, etc.

Comme l'état social, l'état politique des Germains resta pour le fond, après la conquête, ce qu'il était avant, en se modifiant suivant les circonstances nouvelles. La royauté subsista, et les rois continuèrent d'être pris dans une famille plus noble que toutes les autres : *reges ex nobilitate sumunt*,

---

[1] Les *leudes* s'appelaient aussi *antrustions*, *convives du roi*, et plus tard *vassaux* en France ; *masnadieri* chez les Lombards ; *thanes royaux* en Angleterre ; en latin, *fideles*, *seniores*, *optimates*. Les simples hommes libres étaient dits *hérimans*, *thanes inférieurs* chez les Saxons, en latin *liberi*, *boni homines*.

disait Tacite. Mais à ce principe d'hérédité se joignit parfois une sorte de confirmation populaire dans la cérémonie du pavois, où le roi était élevé sur un bouclier au milieu de ses guerriers.

L'assemblée (*mallum, placitum*) qui dans l'origine se réunissait pour décider des questions importantes et dont un souvenir se retrouva en France, dans le *champ de mars* ou *de mai*, en Angleterre dans le *wittenagemot* (réunion des sages), en Espagne dans *le concile de Tolède*, peu à peu tomba en désuétude. Les leudes et les évêques vinrent seuls à la convocation royale.

Pour l'administration locale, les barbares, tout en laissant subsister les provinces et les cités, établirent des divisions en *comtés, centenies* (cent familles, d'où *canton*) et *dizainies*, dont tous les habitants étaient responsables des délits commis sur leur territoire. Les comtes tenaient dans leur comté des *plaids inférieurs* (*placita minora*), où devaient se réunir les hommes libres pour juger les délits; plus tard, il n'y eut qu'une commission d'hommes libres, origine du jury.

On dit que les lois barbares étaient personnelles et non territoriales, c'est-à-dire que chaque barbare portait sa loi partout avec lui, et que, par exemple, le Franc salien qui se trouvait chez les Wisigoths était jugé d'après la loi salique et non d'après le *forum judicum*. Cela était important, car il y avait des différences graves dans la procédure et dans la pénalité des diverses lois : par exemple, dans les moins barbares, on recourait d'abord aux preuves écrites, tandis que dans celles qui l'étaient davantage ce genre de preuves ne venait qu'après tous les autres.

Ces autres genres de preuves étaient les témoins qui avaient quelque notion sur les faits, les *conjurateurs* qui affirmaient par serment, non pas l'innocence de l'accusé, mais la confiance qu'on devait mettre dans ses paroles. Enfin les *épreuves* judiciaires ou *ordalies*, et parmi celles-ci l'épreuve du feu, de l'eau et de la croix, et le combat judiciaire qui, du reste, n'est pas dans la loi salique, mais dont l'emploi devint général. Les peines étaient la mort, dont il n'y a point non plus de mention dans la loi salique, la *composition* (*wehrgeld*, argent de la défense) payée à l'offensé ou à sa famille[1], et le *fred* (*friede*), amende pour avoir troublé la paix publique.

L'armée resta à peu près sur le même pied que dans la Germanie. Quand le pays était attaqué, quand on était obligé à la *landwher* (défense du pays), le roi publiait son *ban* ou appel, et tous les hommes libres devaient venir, sous la conduite de leurs comtes respectifs, pour lui rendre gratuitement le service militaire.

Ce mode d'organisation épargnait au trésor du roi l'unique dépense possible, alors que l'administration civile ne coûtait à peu près rien au pouvoir central ; aussi les revenus des domaines royaux et les présents des hommes libres étaient, avec les impôts des cités romaines, les seules ressources du roi et lui suffisaient. Pourtant, quand les besoins d'un gouverne-

---

[1]. Voici quelques exemples de cette curieuse hiérarchie sociale, marquée par le prix du sang.

Pour le meurtre du barbare libre, compagnon ou leude du roi, tué dans sa maison par une bande armée, chez les Saliens.....	1800 sols.
Le duc, chez les Bavarois, l'évêque, chez les Alamans......	960
L'évêque, chez les Ripuaires, le Romain, leude du roi chez les Saliens	900
Les parents du duc, chez les Bavarois...............	640
Tout leude du roi, un comte, un prêtre né libre, un juge libre..	600
Un diacre, chez les Ripuaires, 500, chez les Alamans et les Saliens..	400
Le Salien ou le Ripuaire libre.......................	200
Le barbare libre des autres tribus..................	160
L'esclave bon ouvrier en or........................	150
L'homme de condition moyenne, le colon, l'esclave ouvrier en argent......................................	100
L'affranchi.....................................	50
L'esclave barbare.................................	55
L'esclave forgeron................................	50
Le serf de l'église du roi..........................	45
Le gardien de porcs...............................	30
L'esclave chez les Bavarois........................	20

Une constitution de Childebert, publiée en 595 sous l'inspiration de Brunehaut, bouleversa toute cette pénalité et remplaça, suivant la loi romaine, ce *wehrgeld* par la punition corporelle. Ainsi tout meurtrier volontaire devait être puni de mort sans pouvoir se racheter. Mais cet édit tomba avec l'influence qui l'avait fait rendre. M. Guérard évalue le sou d'or à 9 fr. 35 c. valeur réelle, et à 99 fr. 35 c. valeur actuelle.

ment plus compliqué et le luxe d'une cour primitive augmentèrent les dépenses, on vit les rois, comme Chilpéric et Dagobert, essayer d'établir des impôts.

Ces impôts étaient peut-être ce qui blessait le plus la fierté barbare. Ces leudes et ces hérimans, habitués à mener dans les forêts, dont ils affectionnaient le voisinage, une vie libre et irresponsable, à ne s'obliger que par les liens d'un dévouement tout volontaire, à considérer leur chef comme un homme et non comme un pouvoir, ne parvenaient pas à comprendre que cet homme, qui avait les plus grands, les plus beaux, les plus nombreux domaines, vînt encore prélever quelque chose sur les leurs; ils ne pouvaient se résoudre à subir des exigences non consenties par eux et à payer des impôts qui leur paraissaient ressembler fort aux tributs qu'on levait sur les vaincus; en un mot, ils ne concevaient pas l'État, cette chose abstraite qu'ils faisaient si petite et que les sociétés modernes ont faite si grande. Il fallut du temps avant que les premières notions de métaphysique politique eussent pénétré dans leurs cerveaux rétifs, c'est-à-dire avant que la société eût été transformée jusque dans ses fondements, travail qui n'était autre alors que celui de l'initiation des barbares aux idées romaines.

Affaiblissement de la royauté; rois fainéants; maires du palais.

Après Dagobert, la race mérovingienne tombe en décadence. Ce n'est plus par les noms des rois qu'il faut désigner les moments de l'histoire confuse des Francs, mais par ceux des *maires du palais*, anciens juges des querelles qui s'élevaient dans la demeure royale, et qui maintenant dirigent les affaires publiques. Les princes à la longue chevelure ne sont plus dans leurs mains que des instruments dont ils se servent pour sanctionner leurs actes. Les maires éloignent des affaires ces enfants rois et les relèguent à la campagne, au fond de quelque domaine d'où ils les tirent une fois chaque année pour les montrer, vains fantômes, aux assemblées publiques. Ils hésitent cependant à dépouiller cette famille mérovingienne que protégent à la fois un prestige populaire et des rivalités jalouses. Malheur, en effet, au maire du palais qui oserait déjà toucher à cette couronne qu'un vieux respect protége !

Les deux fils de Dagobert, Sigebert et Clovis II, régnaient, le premier sur l'Austrasie, le second sur la Neustrie et la Burgondie, chacun de ces trois royaumes ayant un maire du palais. Lorsque Sigebert mourut, en 656, Grimoald, maire d'Austrasie, tenta de placer sur le trône son propre fils. Les leudes d'Austrasie, ne voulant point se donner des rois nouveaux plus puissants que les anciens, s'unirent avec ceux de Neustrie, et mirent à mort l'usurpateur et son père. Cette leçon fut entendue des maires qui succédèrent à Grimoald, et, avant de renouveler sa tentative, ils laissèrent s'écouler un siècle, pendant lequel ils rendirent de grands services, remportèrent d'éclatantes victoires et produisirent une série d'hommes éminents que les Francs s'habituèrent à voir de père en fils à la tête des affaires. En attendant, ils demeurèrent les chefs de l'aristocatie austrasienne dans sa lutte contre la royauté neustrienne.

Le maire Ébroïn (660) et saint Léger; bataille de Testry (687).

Cette royauté trouva un défenseur habile et énergique dans Ébroïn, qui succéda à Erkinoald (660) dans la mairie de Neustrie et de Burgondie. Dans ces deux pays, Ébroïn tint les leudes sous une dure autorité, et, quand mourut le roi Clotaire III, il ne les consulta pas pour lui donner un successeur : de sa propre autorité il installa sur le trône un fils de Clovis II, Thierry III. Comme il avait toujours appartenu à la nation de confirmer l'hérédité par un simulacre d'élection, les leudes virent dans l'acte d'Ébroïn une atteinte portée à leurs droits traditionnels. Ils s'unirent dans les trois royaumes sous la direction de Wulfoald, maire d'Austrasie, et de saint Léger, évêque d'Autun, renversèrent le maire audacieux et l'emprisonnèrent dans l'abbaye de Luxeuil.

Childéric II, roi d'Austrasie, fut reconnu dans les trois

royaumes, avec Wulfoald et Léger pour maires du palais. Il ne se résigna pas aussi facilement que les autres rois fainéants à la diminution de son autorité, et, mécontent des entreprises de Léger en faveur des leudes, il l'envoya rejoindre Ébroïn dans la prison de Luxeuil. Il osa même faire battre de verges le leude Bodilon comme un simple esclave. Cet outrage lui coûta la vie : Bodilon l'assassina dans la forêt de Chelles (673).

Ébroïn et saint Léger sortirent aussitôt de la captivité commune qui les avait rapprochés et reprirent leur place à la tête des deux partis opposés. Ébroïn avait perdu son roi, Thierry III, auquel s'étaient ralliés les leudes neustriens ; il en fit un autre, un prétendu fils de Clotaire III. Il avait une armée soudoyée avec laquelle il battit Thierry, qui perdit, en fuyant, le trésor royal, ce qui fut d'un grand secours au vainqueur. Cette armée, étrangère au régime militaire des Francs, dépendant de celui qui la payait, assura le triomphe d'Ébroïn sur les leudes : il devint maître absolu de la monarchie sous Thierry III, qu'il avait repris pour roi. Sous le prétexte de punir les meurtriers de Childéric II, il fit périr un grand nombre de ses adversaires, et avec eux saint Léger. Il donna leurs biens, ainsi que les nombreux domaines dont il dépouilla les églises, à ses soldats. Jamais, même sous Brunehaut, les leudes n'avaient été poursuivis avec autant d'acharnement. Beaucoup quittèrent la Neustrie et s'enfuirent chez les Austrasiens ; quelques-uns allèrent jusque chez les Vascons.

Persécutés au nom de l'autorité royale, qui agissait tantôt par elle-même comme sous Childéric II, tantôt par son défenseur Ébroïn, les leudes austrasiens protestèrent audacieusement en abolissant cette dignité chez eux. Leur roi Dagobert II fut déposé et non remplacé (679). Le gouvernement fut confié à Martin et à Pépin d'Héristal, qu'ils appelèrent *princes* ou *ducs* des Francs. Ces deux personnages descendaient de Pépin le Vieux et d'Arnoulf, peut-être aussi du maire Wulfoald, ce qui les rattachait à toutes les grandes familles austrasiennes : d'immenses domaines situés sur les bords du Rhin ajoutaient à l'influence qu'ils devaient à leur origine.

L'habileté d'Ébroïn triompha pourtant encore à Leucofao,

dans le Laonnais; mais quand il eut péri assassiné en 681, le triomphe de l'Austrasie et de son chef fut assuré. La bataille de Testry, gagnée par Pépin d'Héristal en 687, proclama ce triomphe.

Hérédité des terres.

Cette lutte opiniâtre contre les leudes avait pour cause principale la question de l'hérédité des terres, question fondamentale, de laquelle dépendait celle de l'état politique et social des Francs dans l'avenir. Selon que l'hérédité perdrait ou gagnerait sa cause, l'état présent serait maintenu ou transformé. Car il faut déjà reconnaître ici ce principe d'appropriation des concessions royales et d'usurpation sur le pouvoir monarchique, qui, en s'étendant plus tard à d'autres objets, devait donner naissance au régime féodal. La solution se fit attendre et ne vint qu'au bout de deux siècles, après des luttes intérieures dont la longueur même se mesura à l'importance du procès qui se débattait.

Quand le chef barbare, avant la conquête, distribuait à ses compagnons d'armes le cheval ou la *framée sanglante et victorieuse*, comme dit Tacite, ce don, ainsi que tout objet mobilier de cette nature, était certainement fait sans aucune réserve, et celui qui le recevait le gardait tant qu'il pouvait durer, même s'il quittait son chef, et le laissait, à sa mort, à qui bon lui semblait. Lorsque, après la conquête, le chef donna des terres, la nature du don étant toute différente, des difficultés imprévues s'élevèrent. Une provision de chevaux et de framées épuisée, on en retrouvait d'autres dans une expédition nouvelle. Mais les terres dont le chef disposait, une fois cédées, on n'en retrouvait point aussi aisément. Les rois comprirent de bonne heure la nécessité de limiter leurs dons de terres, s'ils voulaient conserver les moyens de récompenser et de retenir autour d'eux leurs sujets. Ils mirent donc pour condition à leurs concessions la fidélité du concessionnaire, et pour borne généralement la durée de sa vie. De cette condition et de cette limite, les tenanciers tendirent tout naturellement à s'affranchir: infidèles, ils s'efforçaient de retenir leur terre; mourants, de la transmettre à leurs héritiers.

Souvent ils y réussirent dans le désordre des temps qui suivirent l'invasion ; mais souvent aussi les rois s'y opposèrent. On les a vus établir des impôts pour suppléer à l'insuffisance des ressources fournies par leur domaine amoindri. Mais si les Francs acceptaient l'obligation du service militaire, conforme aux mœurs barbares, ils rejetaient bien loin celle des impôts, tout à fait étrangère à ces mœurs. Ainsi d'une part la cupidité et le désir d'assurer une position durable à eux-mêmes et à leur famille stimulaient les tenanciers ; de l'autre, des besoins qui croissaient avec les progrès du gouvernement obligeaient la royauté à résister, sous peine de voir détruire toute sa puissance : motifs impérieux des deux côtés, qui expliquent l'âpreté de la lutte. Dans le traité d'Andelot, les tenanciers l'emportèrent ; mais Brunehaut vint aussitôt après regagner tout le terrain que Gontran et Childebert avaient abandonné. Dans la constitution perpétuelle, les tenanciers remportèrent une seconde et plus importante victoire ; mais Dagobert, mais Ébroïn les repoussèrent rudement, combattirent leurs empiétements avec une opiniâtreté terrible, et s'efforcèrent de rétablir les anciens principes du régime territorial. On lit dans le diplôme d'une concession faite par Thierry III, en 676, c'est-à-dire sous le gouvernement d'Ébroïn : « Ceux-là paraissent perdre à bon droit (*merito*) leurs terres, qui sont convaincus d'infidélité envers ceux dont ils les tiennent. »

Le débat en était là à l'époque où nous sommes arrivés. L'hérédité, combattue avec vigueur, tantôt gagnait, tantôt perdait du terrain, et s'introduisait en définitive insensiblement. Ce n'est que deux siècles après que sa victoire fut complète [1].

---

[1]. Voyez la note de la page 82.

LIVRE II.

L'INVASION ARABE (622-1058).

CHAPITRE VI.

MAHOMET ET L'EMPIRE DES ARABES (622-732).

L'Arabie et les Arabes. — Mahomet. — L'hégire (622); lutte contre les Coréischites (624); conversion de l'Arabie. — Le Coran. — Les premiers khalifes de la Perse et de l'Égypte; conquête de la Syrie (632-640). — Révolution dans le khalifat. Dynastie héréditaire des Ommiades (661-750). Conquête de la haute Asie (707) et de l'Espagne (711).

L'Arabie et les Arabes.

Il faut passer des forêts et des fleuves du nord de l'Europe aux sables et aux déserts du sud de l'Asie; du pays des nuages, des pluies, des végétations humides, à celui du soleil brûlant, du simoun qui consume et asphyxie, des plantes sèches et aromatiques. Les hommes aussi sont différents. Un peuple sobre de corps et d'esprit, d'un tempérament sec et ardent, ne voyant que le but et y courant tout droit, habitué à sillonner le désert avec la rapidité de la flèche, parce qu'on ne s'arrête pas impunément dans le désert, et qu'entre le point de départ et le point d'arrivée, rien ne s'y offre dont l'attrait puisse retenir le voyageur; un peuple fait pour l'action prompte ou pour le repos absolu : c'est le peuple arabe, et dans son histoire on reconnaîtra ces traits de son caractère.

L'empire romain avait les Germains au nord, les Arabes au sud. Les premiers avaient attaqué surtout l'empire d'Occident, et l'avaient renversé par une invasion préparée et même commencée dès longtemps; les seconds, sortis soudainement de leurs déserts, attaquèrent surtout l'empire d'Orient, et, sans le renverser, en emportèrent, pour ainsi dire, d'un seul coup de cimeterre, une large pièce. L'empire de Constantinople survécut donc par un bonheur étonnant à ces deux attaques en sens opposé, comme une île au milieu d'une inondation.

L'Arabie, qui parut alors pour la première fois sur la scène de l'histoire, est une vaste presqu'île, encore mal connue dans quelques-unes de ses parties, et dont l'étendue, d'après les plus récents calculs, est de 126 000 lieues carrées. Elle s'ouvre au nord, sur l'Asie, par de larges déserts, et se rattache, au nord-ouest, à l'Afrique par l'isthme de Suez, où elle projette vers le sud la petite presqu'île du Sinaï, entre les golfes de Suez et d'Aïlath. Elle forme un rectangle imparfait dont le plus grand côté regarde l'Égypte et l'Abyssinie, par delà le canal de la mer Rouge et le détroit d'El-Mandeb; le plus petit fait face à la Perse, dont il n'est séparé que par le golfe Persique. Sa largeur est très-considérable, surtout dans la partie inférieure. Le long de la mer Rouge, des montagnes, qui sont le prolongement du Liban, s'étendent jusqu'au Bab-el-Mandeb, la Porte des Larmes; le long du golfe Persique, une autre chaîne vient expirer au détroit d'Ormus; et ces deux systèmes de hauteurs sont reliés entre eux par une ligne de terrains élevés qui courent d'un détroit à l'autre. Ces montagnes enveloppent par leurs versants intérieurs une vallée basse et aride qui est le centre de l'Arabie; par leurs versants extérieurs, elles font face de tous côtés à la mer et forment une ceinture de pays maritimes, quelquefois riches et fertiles, où la chaleur du climat est atténuée par les brises de la mer, les pluies, les cours d'eau et les nombreux accidents du terrain.

Aussi, tandis qu'à l'intérieur l'impossibilité de s'établir et de rien fonder a maintenu de tout temps la vie nomade, les avantages que présentent les côtes y ont de bonne heure fait naître des établissements fixes et une civilisation quelquefois assez brillante.

Les anciens n'avaient connu l'Arabie que par quelques rares expéditions romaines. Ils la divisaient en trois parties : l'*Arabie pétrée* (presqu'île du Sinaï); l'*Arabie déserte* (les déserts qui s'étendent de la mer Rouge à l'Euphrate); l'*Arabie heureuse* (Arabie méridionale).

Les géographes arabes, au contraire, ne comprennent dans leur pays ni la presqu'île du Sinaï, ni les déserts de Suez à l'Euphrate, qu'ils considéraient comme extérieurs à l'Arabie. Le reste de la péninsule, ils le divisaient en huit contrées : 1° l'*Hedjaz* au sud-est de la presqu'île du Sinaï, le long de la mer Rouge ; 2° l'*Yémen*, au sud de l'Hedjaz ; 3° l'*Hadramaut*, sur la mer des Indes, à l'est de l'Yémen ; 4° le *Mahrah*, à l'est de l'Hadramaut ; 5° l'*Oman*, entre le Mahrah, la mer des Indes et le golfe Persique ; 6° l'*Haça* ou *Bahreïn*, le long du golfe Persique, depuis l'Oman jusqu'à l'Euphrate ; 7° le *Nedjed*, au sud des déserts de Syrie, entre l'Hedjaz et le Bahreïn ; 8°, au sud du Nedjed, l'*Ahkaf :* les deux dernières provinces comprenant la grande vallée intérieure de la péninsule.

De ces provinces, la plus fertile est l'Yémen, bien placée d'ailleurs pour le commerce, à l'angle sud-ouest de l'Arabie, entre la mer Rouge et la mer des Indes ; c'est le pays d'Aden, de Saanâ, de l'antique et merveilleuse Saba, de Moka, fameuse pour son café. La plus célèbre, sinon la plus fertile, est l'Hedjaz, pays de la Mecque et de Médine, ces deux villes qui dominèrent par l'influence religieuse tout le reste de l'Arabie, tandis que leur situation, dans la zone sablonneuse, assez loin de la mer, les oblige à avoir sur le golfe arabique deux ports (Yambo pour Médine, Djedda pour la Mecque afin de tirer du dehors leur subsistance.

Les Arabes font sortir leur population d'une double origine : les *Ariba*, race primitive, issue de Sem, selon les uns, de Cham, selon les autres, et les descendants d'Abraham, qui, selon leurs traditions, vint fonder à la Mecque le temple de la Caaba pour obéir aux ordres de Dieu. Abraham, disent-ils, demeura de longues années dans l'Hedjaz, et fut aidé dans sa mission divine par son fils Ismaël, qui fut la souche des *Ismaélites* ou *Moutarriba*; tandis que son autre fils Kahtan ou Jectan devenait le père des *Jectanides* ou *Moustarriba*. Les Ismaélites restèrent dans l'Hedjaz, les Jectanides s'établirent pour la plupart dans l'Yémen. Il faut ajouter encore les Arabes Nabatéens qui occupaient le nord de l'Arabie et que l'on croit d'origine syrienne ou araméenne.

Les populations arabes du nord et du sud fondèrent des puissances considérables et furent souvent en rapports, soit hostiles, soit pacifiques, avec des puissances étrangères, voisines ou éloignées. Les Nabatéens eurent les royaumes d'Hira, d'Anbar, de Ghassan, qui furent très-fréquemment mêlés aux affaires de l'empire romain et de la Perse. Les Arabes d'Hira, sous la dynastie des princes Moundhir ou Mondar, au sixième siècle, furent des adversaires redoutables de l'empire grec, tandis que ceux de Ghassan, sous les princes de Djafna, soutenaient la cause de Constantinople. Mais, au commencement du septième siècle, ces puissances étaient fort diminuées et resserrées entre les Grecs et les Perses. — Les Jectanides jetèrent aussi de l'éclat dans l'Yémen, où une de leurs branches, les Homérites, avaient su stimuler la fertilité du sol par des travaux d'irrigation remarquables. La dynastie des Tobbas y joua un grand rôle, et des traditions, évidemment fausses, lui attribuaient la conquête de l'Inde, de l'Asie et de l'Afrique jusqu'à l'Atlantique. Sous cette dynastie idolâtre, le christianisme fut prêché par un envoyé de Constantin, mais elle persécuta ce culte nouveau au commencement du sixième siècle, et l'empereur grec, Justin Ier, engagea le négusch ou roi d'Abyssinie, qui était chrétien, à venger la croix. Les Abyssins envahirent alors l'Yémen (525), et, sous le vice-roi Abraha-el-Djadan, établirent dans ce pays leur domination et la religion chrétienne. Ils y firent rédiger un code de lois par l'évêque Grégentius, et bâtirent à Saanâ une église qu'ils s'efforcèrent d'opposer à la Caaba de la Mecque. De tout temps, d'ailleurs, une rivalité avait existé entre l'Yémen et l'Hedjaz, entre les Moutarriba et les Moustarriba. En 575 les Abyssins furent chassés, mais avec le secours d'une armée persane, envoyée par Khosroès Parviz, qui ne fit que substituer sa domination à celle des Africains.

Ainsi la prospérité des deux régions extrêmes de l'Arabie avait succombé avec leur indépendance. La région du centre, au contraire, qui n'avait jamais eu une aussi grande puissance, avait du moins conservé cette liberté sans laquelle on n'eût pu rien faire de l'Arabie. Elle avait joui d'une tranquillité qui est toujours assurée, dans une grande contrée divisée en plusieurs États, à ceux du milieu : on n'y saurait arriver qu'après avoir soumis les extrémités qui leur servent comme de bouclier. L'Hedjaz en effet n'avait point vu pénétrer jusqu'à lui les armées étrangères qui avaient paru dans le nord et dans le sud. Là aussi s'étaient conservées plus intactes les traces du régime patriarcal : des tribus composées d'un certain nombre de familles; un *scheik* (seigneur) à la tête de chaque famille ; un cheik suprême ou *émir* (commandant) à la tête de toute la tribu qu'il gouverne en prenant l'avis des scheiks des familles. Anciennement, quand un chef occupait un pâturage, il se contentait de faire aboyer sa meute . aussi loin allait le bruit, aussi loin s'étendait la prise de possession. Telle était, dans l'origine, la simplicité de mœurs de ces peuples.

Cependant la population de l'Hedjaz, tout en s'éloignant peu, quant aux institutions, de son état primitif, voyait s'opérer dans son sein un concours et un mélange d'idées religieuses de toute sorte, qui lui préparaient une destinée très-brillante en dédommagement de son obscurité passée. Car c'est encore un avantage des États du centre, d'être le lieu de rencontre de toutes les autres, le point où convergent les relations, les marchandises et les idées. Sans parler de l'idolâtrie avec tous ses dieux, trois des grands cultes de l'Asie et de l'Europe s'y rencontraient : le christianisme apporté au nord par les Grecs, au sud par les Abyssins; le sabéisme apporté du nord et au sud par les Perses; le judaïsme enfin introduit partout par cette habileté des juifs à s'insinuer en tous lieux. Trois cent soixante idoles étaient réunies dans la Caaba : quand Mahomet les en chassa, on trouva dans le nombre une vierge byzantine, peinte sur une colonne, tenant le Christ entre ses bras. L'idolâtrie était dominante; non point cette idolâtrie ingénieuse du paganisme grec, qui personnifie les abstractions de l'intelligence et revêt les dieux de formes humaines; mais l'idolâtrie égyptienne, l'adoration des animaux, des plantes, de la gazelle, du cheval, du chameau, des palmiers, des rochers. Quelques-uns adoraient les astres. Mais tous reconnaissaient un Dieu suprême, *Allah*, et cette notion d'une divinité unique était soutenue par l'influence des religions juive et chrétienne, qui répandaient aussi les idées de révélation, de vie future, de paradis, d'enfer, etc., éléments qui se retrouvèrent dans le Coran.

Si l'on considère la forme du culte, elle était arrêtée depuis longtemps : toutes les pratiques étaient réglées, les tournées processionnelles dans la Caaba, le pèlerinage, les sacrifices dans la vallée de Mina, etc. Dès longtemps aussi la garde du temple était confiée à une famille choisie, comme cela avait lieu chez les Juifs; en 440, Cossaï, chef de la famille ismaélite des Coréischites, s'en était emparé, avait reconstruit le temple, fondé en quelque sorte la Mecque et établi les principales institutions religieuses et civiles des Arabes. C'était une tendance à l'organisation, à l'unité.

Un mouvement semblable se faisait dans sa langue. L'unité d'idiome, si nécessaire pour opérer une grande révolution d'idées dans un vaste pays, s'était produite peu à peu par l'influence des poëtes. Guerriers, marchands, les Arabes étaient poëtes aussi : du moins ils avaient leurs bardes, comme les hommes du Nord et leurs fêtes, leurs combats de poésie, comme aux jeux olympiques des Grecs.

Ces poëtes, qui n'étaient pas de purs littérateurs, mais qui savaient aussi bien manier le sabre et échanger les marchandises que chanter les sentiments doux ou terribles de l'âme humaine, l'hospitalité, la vengeance, l'honneur ou bien les solennels et gracieux spectacles de la nature, le désert immense, la fraîche oasis, la gazelle légère, ces poëtes accouraient aux grands tournois poétiques qui formaient, avec l'objet religieux, le but des pèlerinages. Alors avait lieu ce qu'ils appelaient les *luttes de gloire*. Celui qui avait su le mieux remuer les âmes et en éveiller les échos voyait son œuvre écrite en lettres d'or sur des toiles précieuses qu'on suspendait dans la Caaba. Ainsi nous sont parvenus sept poëmes, dont l'un eut pour auteur le fameux Antar, mort en 615, du vivant même de Mahomet, et qui fut la vive expression de l'esprit arabe de son temps; Antar qui s'écriait un jour au début d'un de ses poëmes : « Quel sujet les poëtes n'ont-ils pas chanté? » comme s'il eût senti que l'Arabie achevait d'épuiser une phase de son existence et avait besoin de commencer une vie nouvelle.

On se représente généralement les Arabes comme un peuple jeune : c'était plutôt un peuple vieux, qui avait parcouru toute la sphère, étroite sans doute, de son existence politique. Comment en eût-il été autrement au milieu de cet étrange pêle-mêle de toutes les divinités dans l'enceinte de la Caaba. Comment le sentiment général n'eût-il pas été l'indifférence et le scepticisme lorsqu'il y avait à choisir entre tant d'autels ? Je n'en veux pour preuve que le petit nombre de ceux qui prirent part à la lutte religieuse au temps des premières prédications de Mahomet : d'une part, autour du prophète, quelques centaines de disciples dévoués ; de l'autre un millier de Coréischites, que leur titre même de gardiens de la Caaba, ou temple de la Mecque, devait constituer défenseurs des vieux cultes, quoique fort incrédules eux-mêmes, beaux esprits, fins et brillants, railleurs, sans attachement véritable aux croyances qu'ils défendaient par intérêt et par habitude bien plus que par conviction.

Certains esprits étaient vivement frappés de cette lassitude générale, de cette absence de foi, et réfléchissaient aux moyens d'en sortir. Un jour que les Coréischites célébraient la fête d'une de leurs idoles, peu d'années avant la prédication de Mahomet, quatre hommes plus éclairés que le reste de la nation se réunirent à l'écart, et, se disant les uns aux autres que leurs compatriotes étaient égarés dans l'erreur, résolurent de chercher la vérité et de la demander aux pays étrangers. L'un alla recevoir le baptême à Constantinople, l'autre, persécuté, s'enfuit en Syrie; le troisième se fit chrétien comme le premier; le quatrième entrevit Mahomet et mourut en annonçant qu'il était véritablement le prophète.

Mahomet.

Mahomet naquit en 570. Il était fils du Coréischite Abdallah, fils d'Abd-el-Motalleb, qui avait défendu la Mecque contre les Abyssins et qui était lui-même fils de Haschem, fameux par ses distributions de soupes dans une disette. Privé de son père à l'âge de deux mois, et de sa mère à six ans, il fut recueilli par son aïeul et soumis ensuite à la tutelle de son oncle Abou-Taleb. Sans fortune, il se fit conducteur de chameaux, voyagea beaucoup, notamment en Syrie, où il se lia avec un moine de Bostra et un rabbin juif, qui lui firent connaître leurs livres sacrés, l'Ancien et le Nouveau Testament, combattit avec valeur dans une guerre de tribus, et mérita par ses qualités aimables l'affection de tous, par sa probité le surnom de *Al-Almin* (l'homme sûr). Une riche et noble veuve, Khadidjah, le prit à son service pour diriger ses affaires de commerce, et il servit si bien ses intérêts que par reconnaissance elle l'épousa. Dès lors il fut à la tête d'une grande fortune qui lui permit de se livrer à des méditations et d'exercer l'influence que donne la richesse. Jusqu'à quarante ans, on ne lui voit rien faire de vraiment considérable ; seulement, il se retirait tous les ans avec sa famille sur la montagne de Hirâ, et y passait des nuits entières plongé dans une méditation profonde.

En 611, il s'ouvrit de ses projets à Khadidjah, à son cousin Ali, à son affranchi Zeid, à son ami Abou-Bekre, et leur déclara la nécessité de rendre au culte d'Abraham sa pureté primitive. Il leur dit qu'il recevait des ordres de Dieu par Gabriel, et il désigna sa religion nouvelle sous le nom d'*Islam*, qui indique un entier abandon à la volonté de Dieu. Ils crurent en lui.

Quand le nombre croissant des prosélytes eut fait transpirer son entreprise, il les rassembla et leur dit : « Qui de vous veut être mon frère, mon lieutenant, mon vicaire? » On se taisait. Ali s'écria avec la force d'un ardent disciple et la férocité d'un Arabe du désert : « C'est moi qui serai cet homme; apôtre de Dieu, je te seconderai, et si quelqu'un te résiste, je lui briserai les dents, je lui arracherai les yeux, je lui fendrai le ventre et je lui casserai les jambes. » On engageait une lutte bien dangereuse. Abou-Taleb trembla pour son neveu et le supplia d'abandonner son dessein. « Quand on viendrait à moi, répondit Mahomet, le soleil dans un main et la lune dans l'autre, je ne reculerais pas. »

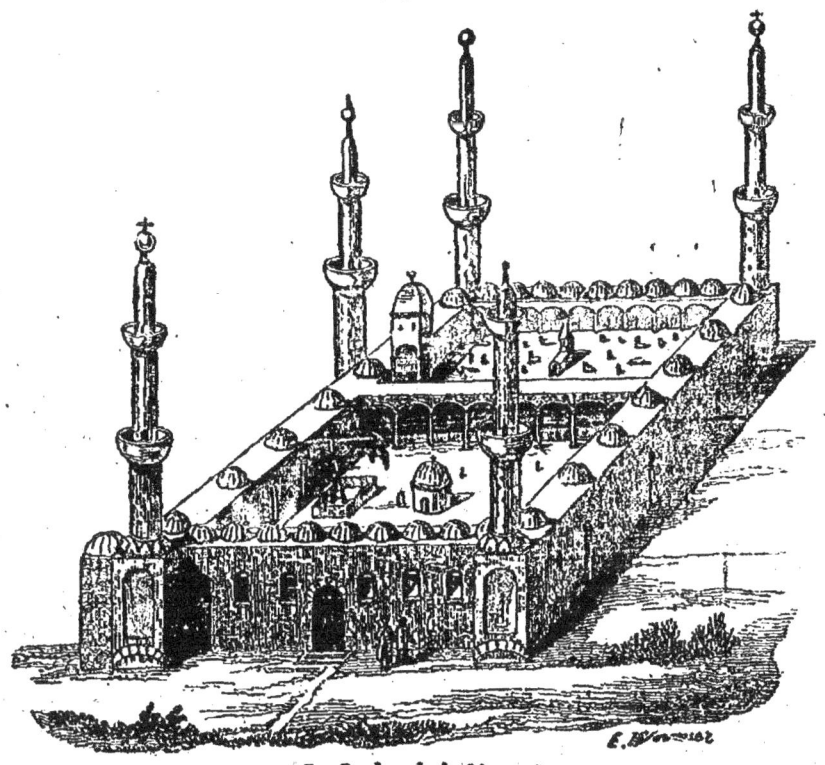

La Caaba de la Mecque.

Les Coréischites le persécutèrent, et il ne pouvait venir prier dans la Caaba sans être accablé d'outrages. Un soir il rentra chez lui après avoir prêché tout le jour, au milieu des affronts : abattu, il s'enveloppa dans son manteau et se jeta sur sa natte ; mais bientôt le courage de son entreprise rentra en lui et il dicta cette belle surate où l'ange Gabriel est censé lui dire : « O toi qui est enveloppé d'un manteau, lève-toi et prêche.... » Ses partisans effrayés fuyaient en Abyssinie ; lui-même, de 616 à 619, se retira dans les montagnes voisines de la Mecque.

Ces surates ou chapitres du Coran (al-Coran, le livre) qu'il dictait selon les impressions et les besoins du moment, et que son secrétaire écrivait sur des feuilles de palmier et des os de mouton, n'étaient assurément que des impostures en ce qui concerne la prétendue inspiration de l'ange Gabriel ; mais, pleines de pensées élevées, écrites dans une langue forte, pure, harmonieuse, elles ravissaient les Arabes, habitués par les *luttes de gloire* à bien sentir un pareil mérite, et qui, las peut-être d'une poésie qui avait traité tous les vieux sujets, trouvèrent un attrait puissant dans cette éloquence vive, pénétrante, pratique et pourtant riche encore du coloris de la poésie, quoiqu'elle en eût dépouillé le rhythme. Omar était un de ces guerriers farouches, un de ces hommes du glaive, qui ne souffrent point qu'on croie autrement qu'eux-mêmes. Il courait l'épée à la main pour tuer Mahomet ; un de ses parents l'arrête et lui dit qu'il ferait mieux d'abord de purger sa maison, car sa sœur Fatime lit les versets du prétendu prophète : il retourne chez elle, la surprend lisant avec son beau-frère : « Que cachez-vous sous vos vêtements ? » s'écrie-t-il, et il la blesse de son épée. Toutefois, à la vue du sang de sa sœur, il s'arrête, prend les versets, y jette les yeux, admire, se récrie et vole chez le prophète pour se déclarer son disciple. Il porta dès lors dans les conseils de l'islamisme son esprit décisif et violent, et peut-être faut-il attribuer en partie à son influence ce caractère de propagande guerrière et de conquête par le glaive que prit la religion de Mahomet, d'abord plus pacifique et plus douce.

L'hégire (622) ; lutte contre les Coréischites (624) ; conversion de l'Arabie.

Mahomet avait perdu, en 619, son protecteur Abou-Taleb ; il avait perdu aussi Khadidjah, à laquelle il conserva toujours un fidèle et reconnaissant souvenir. Privé de ces appuis, il en chercha au dehors. Les habitants de Yatreb, depuis longtemps rivaux de ceux de la Mecque, lui offrirent un asile ; il se rendit dans cette ville, en 622, pour échapper aux persécutions des Coréischites. Cette année est fameuse, parce qu'elle est la première de l'ère des musulmans; on l'appelle l'année de l'*hégire* ou de la fuite. Quant à Yatreb, elle prit dès lors le nom de Ville du prophète, *Médinat-al-Nabi*.

Mahomet, qui avait tant pratiqué les hommes dans sa jeunesse, se conduisit avec une grande habileté pour se créer un parti dans sa nouvelle cité et se mettre en état de soutenir une lutte ouverte. Lui-même l'engagea, sans doute pour ne pas laisser s'endormir dans l'inaction la foi de ses nouveaux prosélytes. Avec 314 hommes, il partit pour surprendre une caravane de la Mecque. 1000 Coréischites vinrent à sa rencontre. On combattit à Béder (624). Les musulmans fléchissaient: de son trône de bois, d'où il contemplait l'action, Mahomet s'élança sur un cheval et jetant dans les airs une poignée de sable: « Que la face de nos ennemis, s'écrie-t-il, soit couverte de confusion! » Ses troupes se raniment et remportent une victoire qui fut d'un grand effet pour sa cause.

Il fut cependant vaincu quelque temps après au mont Ohud (626), et la guerre prit alors un caractère plus atroce. Il se tourna contre les tribus juives du voisinage, pour les forcer à entrer dans son parti. Elles se coalisèrent, et, avec l'assistance des Coréischites, vinrent l'assiéger dans Médine: c'est la *guerre des Nations* ou *du Fossé* (627). Mahomet avait fait creuser un fossé devant la ville; lui-même un jour saisit la pioche, et comme le fer faisait jaillir du roc des étincelles: « La première de ces étincelles, dit-il, m'apprend la soumission de l'Yémen; la seconde, la conquête de la Syrie et de l'Occident; la troisième, la conquête de l'Orient. » Il réussit à éloigner les assiégeants en jetant la division parmi eux, et cet avantage fut assez notable pour qu'il pût obtenir des Coréischites une trêve de dix ans et tourner ses armes contre les juifs de Khaïbar, à cinq lieues de Médine, dont il détruisit la puissance (628).

L'année suivante (629) il va en pèlerinage à la Mecque et y fait de nombreuses conversions; en 630, cette ville ayant rompu la trêve, il y entre avec 10 000 hommes, marche vers le temple et détruit toutes les idoles en disant: « La vérité est venue, que le mensonge disparaisse. » Dès lors il fut redouté comme le grand chef religieux de l'Arabie, et déjà il entrait en relations avec les États du dehors; Khosroès déchira ses lettres : « Qu'ainsi son royaume soit déchiré! » s'écria le prophète. Héraclius reçut mieux son message; pourtant la guerre éclata avec les Grecs de Syrie qui avaient égorgé l'envoyé du prophète; elle dura peu, mais on y vit déjà cette valeur fanatique des musulmans : Djafar, fils d'Abou-Taleb, ayant eu les deux mains coupées, serra encore entre ses bras mutilés l'étendard de l'islamisme et reçut par devant cinquante-deux blessures. Mahomet crut un instant qu'il allait avoir à soutenir une guerre générale : vêtu de sa robe verte dont la couleur est restée celle de ses descendants, et monté sur sa mule blanche, il partit à la tête de 10 000 cavaliers, 20 000 fantassins, 12 000 chameaux. Mais l'ennemi ne se présenta pas.

La réunion de l'Arabie s'opérait cependant par l'adhésion des chefs de l'Yémen et du Mahrah, des princes de l'Hadramaut, de l'Oman, de Bareïn, etc. Le caractère de ces adhésions fut sans doute en général plutôt politique que religieux, et ces tribus lointaines n'avaient guère eu le temps de s'enquérir en détail des nouvelles doctrines. La religion de Mahomet n'avait pas, comme la religion chrétienne, de prédicateurs portant au loin l'enseignement de son dogme et de sa morale. Mais, dans l'indifférence religieuse où presque toute l'Arabie était plongée, ces Arabes éloignés ouïrent parler d'un chef puissant qui s'élevait dans l'Hedjaz et qui paraissait promettre à l'Arabie un brillant avenir, et ils accoururent au partage de ces destinées. Ces conversions se firent à peu près aussi sommairement que celle des Francs de Clovis, et il est certain que, dans les premières armées conquérantes qui sortirent de l'Arabie, beaucoup de soldats connaissaient à peine le Coran. Au reste, s'il y eut des adhésions, il y eut aussi des contradictions, des antagonismes, des apparitions de faux prophètes qui attristèrent les derniers moments de Mahomet. Malade depuis quelques mois, il se rendit dans les lieux saints, suivi de 114 000 musulmans, pour y accomplir le grand pèlerinage *El-Haddj*. De retour à Médine, quand il sentit venir sa fin, il se transporta à la mosquée, récita la prière publique et demanda à haute voix devant la foule s'il avait outragé quelqu'un, s'il devait quelque chose. Une vieille femme réclama trois drachmes; il les lui fit donner et la remercia de lui avoir rappelé sa dette plutôt ici-bas que dans le ciel. Il mourut le 8 juin 632.

Le Coran.

Le Coran est la réunion de tous les versets tombés, selon l'occasion, de la bouche du prophète, et recueillis dans une première édition par les ordres du khalife Abou-Bekre, et dans une seconde par ceux du khalife Othman. L'incohérence et les contradictions nombreuses indiquent le mode de sa formation. Il se compose de 714 chapitres ou *surates*, subdivisés en versets. Ces versets, qui contiennent tous les préceptes de la morale islamite, sont inscrits par les musulmans sur les murs de leurs mosquées, sur leurs bannières, leurs monuments.

Ce qui caractérise le Coran, c'est une simplicité générale et même une certaine stérilité d'imagination. On y retrouve bien la chaude hyperbole et l'image forte de l'Orient, mais par traits rares et rapides, sans aucune trace de l'exubérance indienne ni de l'abondance d'imagination des races européennes. Cela se voit dans le fond même du dogme qui est tout dans ces mots : « Dieu seul est Dieu, et Mahomet est son prophète. » A côté d'*Allah*, Dieu unique, tout-puissant créateur, le Coran n'admet aucune divinité inférieure ; dans Allah, il n'admet point la pluralité des personnes, et il rejette toute idée d'un Dieu fait homme. Il enseigne seulement que Dieu s'est révélé aux hommes par une série de prophètes dont Mahomet est le dernier et le plus complet : ceux qui l'ont précédé sont Adam, Noé, Abraham, Moïse et le Christ. Il admet aussi les anges, messagers de Dieu auprès des prophètes. Mahomet reconnaissait que le Christ avait eu le don des miracles, mais lui-même avouait qu'il ne l'avait point reçu. Les infidèles disent : « Nous ne te croirons pas, à moins que tu ne fasses jaillir de la terre une source d'eau vive, qu'un fragment du ciel ne tombe sur nous ou que tu n'amènes Dieu et les anges comme garants de ta parole…. Réponds-leur : Louanges à Dieu, suis-je donc autre chose qu'un homme et un apôtre ! »

Le Coran admet l'immortalité de l'âme sans oser décider quelle est sa nature : « L'âme est une chose dont la connaissance est réservée à Dieu. Il n'est accordé à l'homme de posséder qu'une bien faible part de science. » Il admet aussi la résurrection des corps et la participation de cette portion de notre être aux joies et aux souffrances d'une vie future. Mounkir et Nebir, anges noirs aux yeux bleus, interrogent les morts ; Gabriel pèse leurs actions dans une balance assez vaste pour contenir le ciel et la terre. Les ressuscités sont conduits vers le pont *Al-Sirat*, plus étroit qu'un cheveu, plus effilé que le tranchant d'une épée. Les coupables ne le peuvent franchir ; ils tombent dans l'enfer qui s'étend au-dessous, et où les moins criminels ont aux pieds des souliers de feu, qui font bouillir leurs crânes comme des chaudières. Pour les vrais croyants, ils traversent l'abîme aussi vite que l'éclair et vont habiter les jardins du septième ciel ou le paradis. Là ils trouvent des bosquets éternellement verts et pleins de fraîcheur, des pavillons de nacre, de rubis, d'hyacinthe, des eaux limpides coulant dans l'ambre jaune, les diamants et les émeraudes, de riches tapis de soie, des fleurs, des parfums, des repas exquis, des nymphes immortelles, aux yeux noirs. Tel est le paradis sensuel que Mahomet proposait à la masse des fidèles musulmans : mais il mettait bien au-dessus les joies spirituelles : « Le plus favorisé de Dieu sera celui qui verra sa face soir et matin, félicité qui surpassera tous les plaisirs des sens, comme l'Océan l'emporte sur une perle de rosée. »

Cette doctrine des peines et des récompenses dans la vie future suppose la liberté morale de l'homme, puisque Dieu ne peut récompenser ou punir que ceux qui ont été libres de choisir entre le bien et le mal. Mahomet cependant enseigna le dogme contraire de la prédestination, qui anéantit cette liberté, en déclarant l'homme prédestiné de toute éternité au bien ou au mal. Mais cette croyance lui était un puissant auxiliaire. Pourquoi éviter les périls ou la mort, si tout est écrit d'avance, si le sort de chacun est réglé par une volonté immuable ? Alors le musulman, poussé par sa passion qu'il appelait l'esprit de Dieu, courait à l'ennemi, à la victoire, à la conquête du monde, comme aujourd'hui, qu'il a perdu son enthousiasme guerrier, il s'assoit calme et résigné, en face de l'incendie qui dévore ses villes, de la peste qui décime son peuple, et de la civilisation chrétienne qui ébranle et ferait crouler son empire, si elle n'avait intérêt à le conserver.

La loi religieuse des Arabes, comme celle des Juifs, est aussi une loi civile, et le Coran est en même temps le livre sacré et le code des musulmans. Mahomet modifia l'état de la famille arabe. Il releva la condition de la femme. Les filles n'héritaient pas : il leur assigna la moitié de la part de leur frère. Tout en maintenant l'autorité de l'époux, il lui ordonna d'être pour la femme un protecteur plein d'égards. S'il laissa subsister la polygamie, pour ne pas trop heurter les mœurs de l'Orient, il conseilla, comme un acte louable, de se borner à une seule épouse. La femme est encore relevée comme mère : « Un fils gagne le paradis aux pieds de sa mère. » L'enfant est protégé, et le Coran proscrit l'affreuse coutume qui permettait aux parents d'enterrer leurs filles vivantes. S'il ne prononce pas l'abolition de l'esclavage, du moins, il règle les obligations des maîtres à l'égard de leurs esclaves, et leur présente l'affranchissement comme un acte agréable à Dieu.

Le Coran porte des peines sévères contre le vol, l'usure, la fraude, le faux témoignage, et prescrit les aumônes.

Il règle avec sévérité les pratiques du culte : le jeûne du Rhamadan ; l'observation des quatre mois sacrés, coutume ancienne qui suspendait, par une sorte de trêve de Dieu, les hostilités des fidèles entre eux ; le grand pèlerinage annuel à la Mecque, où Mahomet avait installé le siége du nouveau culte, afin de ne point faire une révolution dans les habitudes des Arabes et de les tourner au contraire au profit de l'islamisme ; les cinq prières par jour, obligation assez pénible pour que le faux prophète Moseilama ait pu s'attirer beaucoup de sectateurs par l'exemption d'une de ces prières. Les ablutions, soit avec l'eau, soit avec le sable fin du désert si l'eau manquait, la circoncision, la privation du vin, de la chair de porc, mesure d'hygiène, sont aussi des prescriptions du Coran.

« Les croyants sont tous frères, » dit-il encore. Mais aussi tous ceux qui ne croient pas sont ennemis. Il y a cependant une distinction capitale établie entre les chrétiens, les juifs, tous les infidèles enfin qui croient en un seul Dieu et au jugement dernier, et les idolâtres, les apostats, les schismatiques. Les premiers, il suffit de ne point s'allier avec eux par le sang, et l'on ne doit les combattre que s'ils provoquent. Quant aux autres, c'est le devoir de tout bon musulman de les attaquer, de les poursuivre, de les tuer s'ils n'embrassent pas la religion du prophète. « O croyants ! ne vous liez point avec les chrétiens et les juifs. — Malheur au musulman qui reste à son foyer plutôt que d'aller combattre ! il n'évitera pas la mort, car le terme de sa vie est fixé. » Redouterait-il la chaleur brûlante dans les combats ? « L'enfer est plus brûlant que les feux de l'été. » Songerait-il à fuir ? « Le paradis est devant vous, et derrière vous les flammes de l'enfer. »

Ces préceptes, ces espérances, ces menaces furent des ressorts puissants qui lancèrent les Arabes, le sabre à la main, dans toutes les directions.

Les premiers khalifes électifs ; conquête de la Syrie, de la Perse et de l'Égypte (632-640).

Mahomet n'avait réglé ni la forme du pouvoir, ni l'ordre de succession. Le khalife était à la fois le chef religieux, civil et militaire. Abou-Bekre, que Mahomet avait chargé de dire la prière à sa place, fut reconnu (632), et ensuite désigna Omar (634), qui à son tour chargea de ce choix une commission de six personnages importants ; elle nomma Othman (644), dont la faiblesse amena des désordres, au milieu desquels Ali monta sur le trône (656). Ali, époux de Fatime, fille de Mahomet, avait été, dès la mort de son beau-père, un des prétendants et le chef du parti des Fatimites. Ces rivalités se perpétuèrent dans deux sectes musulmanes : celle des *schiites* ou

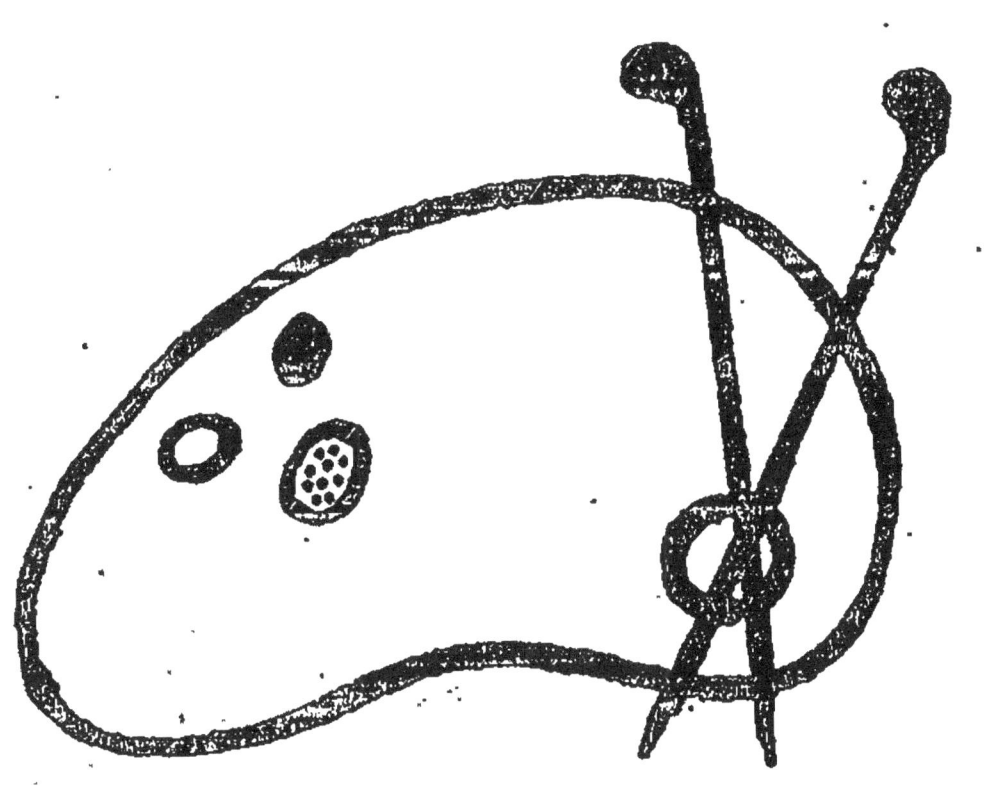

Original en couleur

NF Z 43-120-8

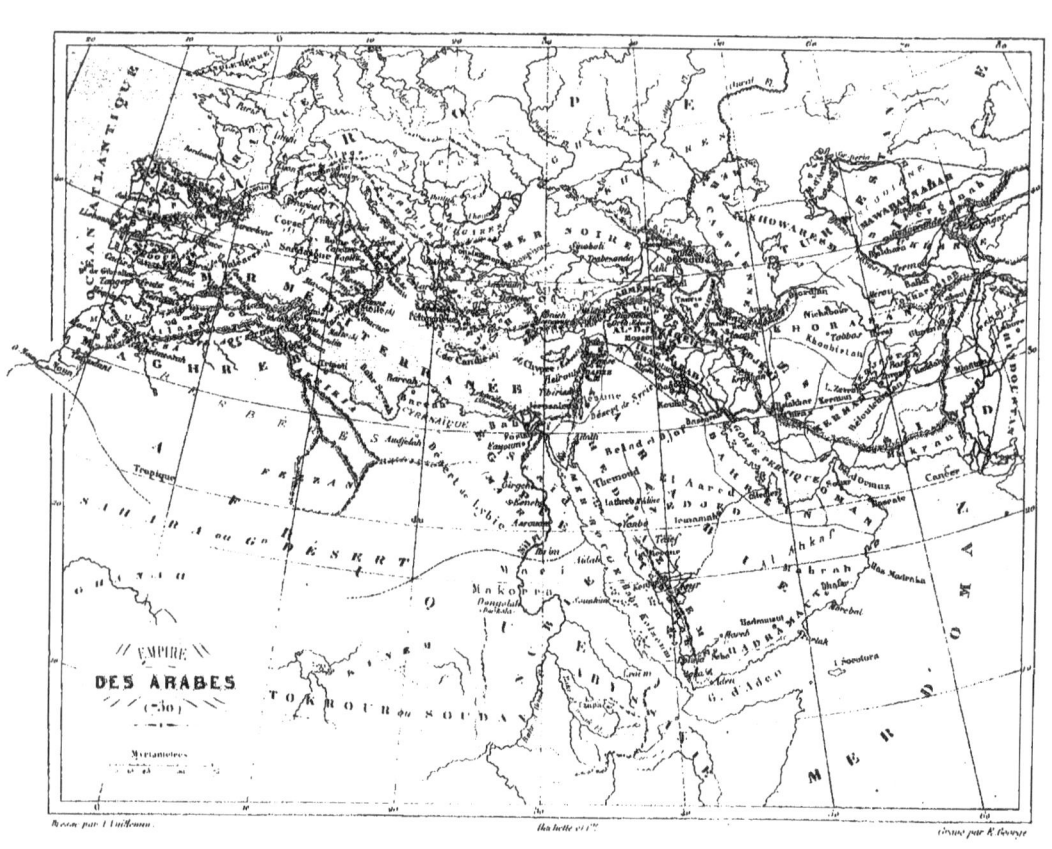

séparatistes, qui regardent Ali et sa postérité comme injustement dépossédés, et celle des *sonnites* ou partisans de la tradition, qui reconnaissent comme légitimes Abou-Bekre, Omar et Othman. De longues et sanglantes guerres sortirent de là. Aujourd'hui encore les Persans sont schiites, les Turcs sont sonnites. Après Ali, (661), le régime héréditaire commence avec les Ommïades.

Cette période (632-661) est celle des plus rapides et des plus étonnantes conquêtes des Arabes.

« Allez, dit Abou-Bekre aux guerriers arabes, combattez bravement et loyalement; ne mutilez pas les vaincus; ne tuez ni les vieillards, ni les enfants, ni les femmes; ne détruisez pas les palmiers, ne brûlez pas les moissons, ne coupez pas les arbres fruitiers.... » Les uns allèrent soumettre au cœur de l'Arabie les faux prophètes et les peuplades qui refusaient de reconnaître l'islamisme. Les autres marchèrent sur la Syrie, d'autres vers l'Euphrate et la Perse.

Les premiers, en soumettant l'intérieur de la péninsule, donnèrent l'unité à toute la nation arabe.

Les seconds firent en six ans la conquête de la Syrie sur les Grecs byzantins. Ils prirent d'abord Bostra qui en était la clef du côté du désert; puis mirent le siége devant Damas. Il fut interrompu par la bataille d'Aïznadin, dans laquelle fut détruite une armée de 70 000 hommes, envoyée par l'empereur Héraclius. Damas se rendit par capitulation au général Abou-Obéidah; mais le fougueux Khaleb, qui, dans le même temps, entrait vainqueur par une autre porte, partit au bout de trois jours de trêve, de toute la vitesse de ses chevaux arabes, atteignit les fugitifs, les extermina et revint avec leurs dépouilles (634). Une seconde victoire remportée sur les bords de l'Yermouk, dans la Palestine, acheva cette conquête (636). Une armée grecque considérable était venue au-devant des musulmans; trois fois ils plièrent, et trois fois leurs femmes qui se tenaient à cheval l'arc à la main, au dernier rang de l'armée, les ramenèrent au combat. Les historiens arabes parlent avec exagération de 150 000 ennemis tués et de 40 000 prisonniers. Jérusalem ouvrit ses portes au khalife Omar, qui vint en personne en prendre possession; il était monté simplement sur un chameau de poil roux, portant, sur le devant de la selle, un sac de blé, un sac de dattes et une bouteille de cuir pleine d'eau, et il offrait de son frugal repas à ceux qu'il rencontrait. Il resta dix jours à Jérusalem pour y régler les affaires du pays, et y fit bâtir une mosquée, tout en accordant aux chrétiens le libre exercice de leur culte. Après Jérusalem, Alep, Antioche enfin, cette puissante capitale de la Syrie, se rendirent et Héraclius abandonna pour jamais cette contrée (638).

L'armée envoyée vers l'Euphrate n'avait pas fait moins de merveilles[1]. Khaled, qui la commanda d'abord, prit Hanbar et Hira. Son passage en Syrie ne ralentit point les succès. La Perse, en décadence, opposa en vain 150 000 de ses soldats à 30 000 Arabes. Elle fut vaincue dans la grande bataille de Cadésiah qui dura trois jours (636). Le fameux étendard des Sassanides, le tablier de cuir qui rappelait leur origine, tomba au pouvoir des musulmans. Les vainqueurs, laissant sur les bords du Chat-el-Arabe les colonies de Bassorah et de Koufah, coururent sur Ctésiphon, qu'ils prirent. La victoire de Jalula, celle de Néhavend ou *victoire des victoires*, au sud d'Ecbatane (624), leur soumirent la Perse : Ispahan fut conquis, Persépolis saccagée, et le roi de Perse, Yezdegerd, faillit être pris au milieu de son palais croulant. En vain il alla chercher des secours jusqu'en Chine, il périt assassiné sur les bords de l'Oxus (652), et le Khorassan fut soumis aux Arabes.

Pendant que le trône du grand roi était brisé, l'Égypte était soumise. Là, comme en Syrie, c'est l'empire grec qu'ils attaquaient. Amrou, leur chef, profita habilement de la haine que les Coptes ou indigènes portaient aux Grecs qu'ils regardaient comme des étrangers et des hérétiques. Il ne fut arrêté que devant Alexandrie, qui résista quatorze mois. Il n'est pas prouvé qu'Omar ait ordonné de brûler la précieuse bibliothèque de cette riche et savante cité. On voit, au contraire,

1. Aux rois parthes ou Arsacides, qui avaient remplacé les rois grecs ou Séleucides, avaient succédé en 226 les Sassanides, qui avaient fondé le second empire persan et dominant encore, entre l'Euphrate et l'Indus, à l'arrivée des Arabes.

Amrou organiser sagement le gouvernement de ce pays, substituer à la capitation des impôts plus justes, en réserver le tiers pour l'entretien des digues et des canaux, et reprendre l'ancien projet des Pharaons, des Ptolémées et des Césars, pour faire communiquer le Nil et la mer Rouge, projet qu'on abandonna pourtant, par la crainte d'ouvrir aux infidèles le chemin des villes saintes.

Révolution dans le khalifat. Dynastie héréditaire des Ommiades (682-750). Conquête de la haute Asie (707) et de l'Espagne (715).

Les discordes intestines qui remplirent et suivirent le khalifat d'Ali causèrent une halte dans les conquêtes des Arabes. Ali, représentant principal des Haschémites et de Mahomet, vit se produire contre lui une réaction coréischite qui avait déjà percé par l'élection d'Othman. Moawiah en était le chef : il gouvernait la Syrie, où ce parti avait le plus de force, tandis qu'Ali s'était établi à Koufah dans l'Irak-Arabi (la Babylonie), pays dévoué à sa cause. Après des luttes sanglantes, Moawiah fit assassiner le khalife par trois fanatiques, et commença la dynastie héréditaire des *Ommiades* qui régna 90 ans (661-750). Avec lui, Damas devint la capitale de l'empire ; dès lors le caractère du gouvernement changea et devint plus despotique, ayant d'ailleurs affaire à des peuples bien différents des Arabes de l'Hedjaz. Une décomposition s'opéra dans les institutions et la foi des mahométans ; les uns s'abandonnèrent au luxe et violèrent les préceptes ; les autres, par une réaction ordinaire, formèrent ces sectes fanatiques et sombres des kharégites, des motazélites, des cadoniens, etc., puritains de l'islamisme, qui luttèrent avec une indomptable énergie contre les Ommiades. Ce n'est que par des flots de sang versé que ceux-ci s'affermirent, surtout par les victoires du vaillant Hégiage (691); Abd-el-Mélek régnait alors. Sous lui une seconde et dernière période de conquêtes commença.

Dans l'Orient, la conquête de la Transoxiane, de l'ancienne Sogdiane et des bords de l'Indus (707) porta la domination musulmane jusqu'aux limites de l'empire d'Alexandre. Les Arabes trouvèrent, à cette extrémité de leur empire, à Bochara, à Samarcande (707), les fruits des germes de civilisation que le conquérant grec y avait déposés, et ils ne laissèrent pas dépérir cette prospérité, qui s'accrut encore.

Du côté de l'Asie Mineure et de Constantinople, ils firent aussi des progrès. Ils n'avaient jusqu'ici combattu que sur terre. La dynastie quasi-syrienne des Ommiades leur donna une puissance maritime, dont ils trouvaient les éléments dans la Phénicie et la Cilicie conquises par eux. Dès 672 ils commencèrent une série d'attaques contre Constantinople elle-même, et les poursuivirent pendant sept années, mais ils furent chassés par le feu grégeois, qu'un Syrien venait d'inventer et qui avait la terrible propriété de brûler dans l'eau. Cette audacieuse tentative, qui menaçait de détruire ce qui restait encore de l'empire romain, fut renouvelée en 717 sous le khalife Soliman. Une armée de 120 000 hommes traversa l'Asie Mineure et l'Hellespont, et vint se placer en face de Constantinople, qu'une flotte de 1800 voiles assiégeait. Cette fois encore le feu grégeois fit échouer l'entreprise, et l'invasion arabe s'arrêta de ce côté ; cette retraite décida que l'empire grec vivrait encore des siècles.

En Afrique, les indigènes, accablés de tributs par les Grecs, appelèrent les Arabes : Akbah courut jusqu'à l'Atlantique et poussa son cheval dans les flots de cet océan. Il fonda (670) Kairoan au sud de Tunis, à 12 milles de la côte : les Arabes redoutaient les flottes grecques, ils ne redoutaient pas le désert, leur domaine. Akbah succomba sous les attaques des Maures. Mais Hassan, sous le khalife Abd-el-Mélek (692-698) assit la domination arabe tout le long du littoral africain par la conquête de Carthage, qui fut livrée aux flammes et ne s'est pas relevée de cette ruine. Une dernière insurrection des Maures, conduits par leur reine Kahina, fut comprimée (709), et les Arabes jetèrent leurs regards au delà du détroit des colonnes d'Hercule.

Tarik le franchit en 711 et lui donna son nom de Gibraltar (*Djebel-Tarik*, montagne de Tarik). Les Arabes se trouvaient pour la première fois en présence des barbares du Nord. Ils rencontraient en Espagne la monarchie wisigothique fort affaiblie, déchirée par les discordes, laissant tomber en ruine les murs de ses places fortes[1]. Ils étaient appelés par le puissant comte Julien, gouverneur de Ceuta, et par l'archevêque de Séville, qui voulaient renverser le roi Rodéric ; ils furent vainqueurs à Xérès, sur les bords du Guad-al-Lété, et Rodéric périt, dit-on, en fuyant dans les eaux du Guadalquivir (711). Cette bataille de trois jours mit par terre le royaume des Wisigoths, mais il fallut huit années aux Arabes pour soumettre la péninsule jusqu'aux montagnes des Asturies, où un chef des Wisigoths, Pélage, se maintint indépendant. En 720, ils occupèrent la Septimanie, comme dépendance du royaume gothique. Ils avaient donc franchi les Pyrénées, encore une grande barrière. La Gaule s'ouvrait devant eux. Allaient-ils la conquérir, comme l'Asie, l'Afrique, l'Espagne, et détruire du même coup les États germaniques et la religion chrétienne ? Déjà ils lançaient leur cavalerie jusqu'à Sens; déjà le Berbère Munuza s'établissait en Septimanie et épousait la fille du duc d'Aquitaine. Ce fut un moment solennel dans l'histoire du monde. La question se décida dans ces plaines fameuses entre Tours et Poitiers, où Charles Martel opposa sa puissante infanterie austrasienne, comme une muraille de fer, aux cavaliers impétueux de l'Arabie, de la Syrie et du Magreb (732).

Ainsi l'invasion arabe trouvait son terme aux bords de l'Indus, à l'entrée de l'Asie Mineure et aux Pyrénées. Comme

---

1. *Monarchie des Wisigoths.* — Le royaume des Wisigoths a duré 292 ans, de 410 à 711. Ils dominèrent d'abord dans la Gaule, jusqu'à la Loire, et dans une partie de l'Espagne. La bataille de Voulon (507) les refoula au sud des Pyrénées, au nord desquelles il conservèrent pourtant la Septimanie ; la péninsule hispanique ne leur fut entièrement soumise qu'après l'absorption du royaume de Suèves (585) et l'expulsion des Grecs du littoral méridional (623). L'époque la plus brillante de cette monarchie fut celle de Léovigild (569-586), et de Récarède (586-601), qui fit passer les Wisigoths de l'arianisme au christianisme. — Le clergé avait une très-large part dans le gouvernement des Visigoths, et le concile de Tolède tenait lieu chez eux des assemblées nationales des autres peuples barbares. Une autre cause d'affaiblissement fut le système de l'élection appliqué à la monarchie dans un État aristocratique : les nobles rendaient le trône vacant le plus souvent possible dans l'espoir d'y monter; il n'est point de pays où l'on compte en proportion plus de rois assassinés.

l'invasion germanique, elle allait désormais s'asseoir dans les pays conquis, et donner naissance à une civilisation orientale et musulmane en face de la civilisation occidentale et chrétienne. Échappé aux deux torrents qui grondaient sur chacun de ses flancs, l'empire byzantin, grâce à sa position et aux murailles de sa capitale, représentait entre ces deux mondes nouveaux, comme une pâle image de l'ancien monde romain.

CHAPITRE VII.

DÉMEMBREMENT, DÉCADENCE ET CHUTE DE L'EMPIRE DES ARABES (754-1058).

Avénement des Abbassides (750) et fondation du khalifat de Cordoue (755.) — Khalifat de Bagdad (750-1058). Almanzor, Haroun-al-Raschild, Al-Mamoun. — Création de la garde turque. Décadence et démembrement du khalifat de Bagdad. — Afrique; khalifes fatimites (968). — Espagne; khalifat de Cordoue. — Civilisation des Arabes.

Avénement des Abbassides (750) et fondation du khalifat de Cordoue (755).

En 732, quand Charles Martel fit rebrousser chemin à l'invasion arabe, il y avait juste un siècle que Mahomet n'était plus; en cent ans les Arabes s'étaient étendus, comme un géant qui ouvre les bras, de l'Indus aux Pyrénées. Pour fixer des limites plus exactes, leur empire atteignait, à l'est, l'Indus et la vallée de Caschmir; — au nord, les steppes du Turkestan, la Caspienne, le Caucase, que l'islamisme franchissait même déjà, puis une ligne oblique tirée de la pointe orientale de la mer Noire jusqu'à Tarse, et au delà de laquelle étaient tributaires le Pont et la Cappadoce; la Méditerranée où ils occupaient Rhodes, Chypre et les Baléares: enfin les Cévennes méridionales et les Pyrénées, sauf le petit royaume de Pélage; — à l'ouest, l'océan Atlantique; — au sud, les déserts de l'Afrique, l'Éthiopie et la mer des Indes jusqu'aux bouches de l'Indus.

Dix-sept à dix-huit cents lieues de long! aucun empire de l'antiquité n'avait atteint une si grande étendue. Aussi cette zone immense fut bientôt coupée en trois parties par les Abbassides en Asie, les Ommiades en Espagne, les Fatimites en Afrique, et, tandis que l'invasion germanique, multiple et successive, faite sans plan, ni unité de direction, avait passé sous Charlemagne de la diversité à l'unité, l'invasion arabe, issue tout entière d'une seule et même pensée, faite d'un seul coup et sous une même impulsion, passa de l'unité à la diversité.

Non-seulement l'empire des Arabes fut très-fragile, à considérer le territoire, il fut très-fragile aussi à considérer les institutions et les dynasties. On avait vu une période purement arabe sous les quatre premiers successeurs de Mahomet, et une période syrienne sous les Ommïades : on vit une période persane sous les Abbassides et après eux une période turque, chacun des peuples soumis réclamant son tour de prépondérance, ce qui arrive toujours dans les grands empires formés par la conquête, et ce qui s'était passé dans l'empire romain.

Les Ommïades de Damas avaient commencé à réveiller une certaine civilisation dans cette Syrie imprégnée de toutes les civilisations antiques, témoin la mosquée célèbre, une des merveilles du monde, que Valid Ier avait fait construire à Damas, et que Tamerlan renversa ; cependant la conquête avait été le caractère principal de leur période. Au contraire les travaux pacifiques, l'industrie, la culture des sciences caractérisèrent celle qui suivit.

Les Ommïades, musulmans pervertis, qui buvaient du vin, n'étaient bien vus ni des Arabes demeurés dans la péninsule natale, ni de ceux qui s'étaient établis en grand nombre dans l'Irak (ancienne Babylonie). Cette contrée était une petite Arabie : là se perpétuaient plus purs le culte de l'islamisme et l'attachement à la famille du prophète. Les descendants d'Ali y conservaient, avec leurs prétentions, un grand ascendant sur les tribus. Mais les Alides, avec des vertus et de beaux caractères, n'eurent pas généralement les talents nécessaires pour faire valoir leurs droits. Une famille de leur parti et qui prétendait se rattacher à eux par le sang, l'entreprit pour son propre compte : c'était celle d'Abbas. Les Abbassides, à la faveur des troubles au milieu desquels Merwan II monta sur le trône (746), soulevèrent le Khorassan, où régnait leur influence, et l'Irak, où les Alides, quoique leurs rivaux, les accueillirent par haine contre les Ommiades. Ils prirent la couleur noire, parce que le blanc était celle des Ommiades, et l'on désigna par ces couleurs contraires les deux partis opposés. Merwan fut vaincu sur les bords du Zab, affluent du Tigre, et eut la tête coupée (750). D'horribles vengeances signalèrent le triomphe des Abbassides. Les Ommiades et leurs adhérents furent poignardés par milliers. Quatre-vingt-dix de leurs chefs furent invités à un festin, sous couleur de réconciliation. Au milieu des joies de la table, le poëte paraît, non plus un Antar chantant les combats, l'amour, l'hospitalité, la gloire, mais un poëte sombre et terrible : « Abdallah, dit-il à l'oncle d'Abbas qui présidait le festin, souviens-toi d'Al-Husein, souviens-toi de Zaïdi. Husein fut assassiné, et son cadavre, traîné dans les places de Damas, fut foulé aux pieds des chevaux. Zaïdi, fils d'Husen, vaincu par l'Ommiade Hescham, fut égorgé sous ses yeux, et son corps resta exposé comme celui d'un vil scélérat. Souviens-toi de tes amis, souviens-toi de tes frères. Hâte-toi : voici le moment des justes vengeances ! » Il finissait de parler, un bourreau paraît derrière chacun des Ommiades : ils tombent assommés ; puis on recouvre de planches et de tapis leurs corps palpitants et, sur cette estrade sanglante, le festin continue (750). Les tombeaux des khalifes de Damas furent ouverts, les ossements qu'ils renfermaient furent brûlés et les cendres jetées aux vents. Aboul-Abbas en fut surnommé *el Saffah*, le sanguinaire.

Un Ommiade pourtant s'échappa ; le jeune Abd-er-Rhaman se cacha successivement en Égypte, chez les Bédouins de Barcah et chez les Zénètes jusqu'aux jours où les Arabes d'Espagne l'appelèrent.

Les armées de l'islamisme étaient composées d'éléments fort divers : dans celle qui envahit l'Espagne, il y avait sans doute beaucoup d'Arabes purs, mais il y avait aussi des Syriens, des Égyptiens, des Berbères, et ces troupes distinctes s'étaient fixées séparément sur le territoire conquis : ce qui explique, disons-le tout de suite, la fin du khalifat de Cordoue. A Cordoue, s'était établie la légion royale de Damas.

Ce sont ces Arabes syriens, fidèles à la famille syrienne des Ommiades, qui livrèrent l'Espagne à Abd-er-Rhaman (755). Il prit le titre d'émir-al-moumenin (chef de croyants), et fonda le khalifat d'Occident.

Khalifat de Bagdad (750-1058). Almanzor, Haroun-al-Raschid, Al-Mamoun.

Privés, par ce démembrement, de l'extrémité occidentale de leur empire, les Abbassides régnèrent encore sur l'Asie et sur l'Afrique qui devait, au reste, cinquante ans après, suivre l'exemple de l'Espagne.

Le premier des Abbassides, le sanguinaire Aboul-Abbas, ne règne que quatre ans. Son frère, Abou-Giaffar Almanzor, ou le Victorieux, lui succéda (754-775). Il eut à combattre son oncle Abdallah, un des principaux auteurs de la fortune de leur maison ; il le fit prisonnier, et, comme il lui avait juré de ne le faire périr ni par le fer, ni par le poison, il l'écrasa sous la chute d'un plancher. Après cette cruelle perfidie, qui le rendit seul maître, il régna sagement. C'est lui qui donna à l'empire des Arabes sa troisième et célèbre capitale, Bagdad (762), aux bords du Tigre, près de l'ancienne Séleucie, autour d'une colline qui dominait le pavillon des khalifes ; une enceinte en briques, défendue par 163 tours, la protégeait contre les attaques du dehors. Des sommes immenses furent consacrées à ces embellissements. Dans ces lieux qui ont vu toujours le despotisme, et où semblait errer l'ombre des rois de Perse, des *grands rois*, les khalifes d'Orient acquirent une autorité de plus en plus absolue, et commencèrent à se faire considérer comme l'image de la Divinité sur la terre, suivant la coutume orientale de l'adoration du souverain. Une cour pompeuse, des officiers de toutes sortes, un premier ministre appelé *visir* (porteur de fardeau), déchargèrent le souverain du souci de gouverner et de rendre la justice, mais aussi le séparèrent de ses sujets. Il s'éloigna de la simplicité primitive par un luxe que lui enseignaient les magnifiques palais de la Perse. Il amassa des trésors immenses, toujours à la manière des rois persans : celui d'Almanzor s'élevait, dit-on, à 750 millions de notre monnaie. Son fils Mahadi dépensa 6 millions de dinars (le dinar valait environ 10 francs) dans un seul pèlerinage à la Mecque. Qu'était devenu Omar avec son sac de dattes et son outre de cuir pleine d'eau ?

Le plus célèbre des khalifes de Bagdad est Haroun-al-Raschild (le Juste) surnommé encore le Victorieux (786-809). Il est populaire, même dans nos pays en quelque sorte, ainsi que son fidèle vizir, Giaffar. On verra plus loin ses relations avec Charlemagne. Du côté de l'empire grec, il fit huit invasions, vainquit successivement Irène et l'usurpateur Nicéphore, défendit aux Grecs de jamais relever la ville d'Héraclée du Pont, qu'il avait détruite, et leur imposa un tribut qu'il les obligea de payer avec une monnaie marquée à son effigie. Mais tout en leur faisant la guerre, il empruntait leurs sciences, leurs livres, et les popularisait chez les Arabes par la protection accordée aux savants.

Ce genre de mérite appartient plus spécialement encore à son fils Al-Mamoun (813-833), qui fonda des écoles nombreuses, une académie, et fit de prodigieuses dépenses en faveur des sciences et des lettres.

Création de la garde turque. Décadence et démembrement du khalifat de Bagdad.

Almanzor, Haroun-al-Raschild, Al-Mamoun sont les trois grands noms du khalifat d'Orient. Après eux, Motassem (833-842), tout en conservant l'avantage dans les guerres qu'il eut à soutenir contre l'empire grec, prépara la décadence des Abbassides par la formation d'une garde de 50 000 esclaves turcs, achetés en Tartarie[1]. C'était acheter des maîtres et des

---

[1]. Les *Turcs*, qui sont peut-être les descendants modernes des anciens Massagètes, paraissent s'être trouvés à l'origine en rapport avec les Finnois et les Madgyares, d'une part, avec les Mongols de l'autre, sur les pentes de l'Altaï, leur premier séjour. La physiologie et la philologie tendent à en faire un rameau scythique de la race blanche, et l'histoire les montre établis dans la vaste région qui de leur nom a été appelée Turkestan, entre la mer Caspienne et la Chine. Les *Quïgours*, qui, sous le nom de *Hoei* jouent un si

maîtres violents. Cette soldatesque disposa du trône, renversa à son gré les khalifes, qui, toujours entourés de complots et de menaces, devinrent singulièrement cruels. Motawakkel (847) en est le type ; il fit brûler vif dans un fourneau garni de pointes de fer un vizir qui l'avait offensé, invita à un festin tous les officiers de sa cour et les fit massacrer pour prévenir un complot de leur part, laissa librement circuler dans son palais des bêtes féroces et venimeuses dont les courtisans n'eurent pas le droit d'éviter l'atteinte et mourut assassiné par son fils Mostanser (861). Son successeur fut empoisonné. Un autre fut assommé. Le palais des khalifes devint le théâtre de tragédies sanglantes que ne releva aucun sentiment généreux. C'est l'éternelle histoire des despotes qui s'entourent d'une milice spéciale et permanente chargée de les garder ; cette milice bientôt fait la loi avec le glaive : prétoriens à Rome, isauriens à Constantinople, strélitz à Moscou, etc.

Au milieu de cette anarchie, le khalifat de Bagdad tomba en lambeaux. Dès le temps d'Haroun-al-Raschild, l'Afrique s'en était détachée. Dans l'Asie même, des dynasties indépendantes, la plupart fondées par les Turcs devenus gouverneurs de provinces, s'élevèrent de tous côtés : dans l'Égypte et la Syrie, les *Thoulonides* et les *Ikchides*, qui durèrent peu (868-905) ; dans le Khorassan, les *Tahérites* (814-873), auxquels succédèrent les *Soffarides* (873-902), remplacés eux-mêmes par les *Samanides*, hordes tartares nouvellement converties au Coran. Dans la Mésopotamie, les *Hamanides* (892-1001) ; dans la Perse, les *Bouides* (933-1055), peuplade tartare qui s'étendit de la Caspienne à la mer des Indes, et domina dans Bagdad même.

C'est ainsi que les Turcs s'introduisaient peu à peu dans l'Asie, galvanisée plutôt que ressuscitée par le courant électrique de l'invasion arabe. On a vu à la fin de l'empire romain les barbares le gouverner véritablement, tout en paraissant

grand rôle dans les annales chinoises, étaient probablement de race turque, ainsi que les *Uzbeks*, qui forment la population dominante du Torkestan moderne, où ils ont possédé le Khanat de Boukara avec la sultanie du Kharizm, et plus au nord, les *Kirghiz* et les *Nogaïs* de l'empire russe ; plus au sud, les *Turcomans* qui ont envahi la Perse, et les *Osmanlis*, qui règnent encore à Constantinople.

être à son service, puis, renonçant à ces apparences mensongères, s'en emparer ouvertement par l'invasion, et s'en déclarer les maîtres ; de même on vit les Turcs prendre pied d'abord dans le khalifat en se faisant les soldats des khalifes, et, quand ils les eurent dominés au point de disposer de leur trône et de leur vie, les dégrader et se substituer à eux définitivement.

C'est de la province de Gazna que sortit la dynastie des *Gaznévides* (997). Le fils de son fondateur, Mahmoud, prit le titre nouveau de *sultan*, soumit le Khorassan, le Kowaresm, imposa un tribut aux peuples de la Géorgie, fit douze expéditions terribles entre l'Indus et le Gange, conquit Delhi, Lahore, et chez tous les peuples de l'Hindoustan, devenus ses tributaires, porta avec ses armes la religion du Coran. Cette vaste domination fut recueillie après lui par une nouvelle horde venue du nord. Il avait introduit, à l'orient de la Perse, les Turcomans. Ceux-ci, à sa mort, se révoltèrent sous la conduite de l'esclave Seldjouk, qui vainquit son fils Masoula et établit la dynastie *seldjoukide* au milieu même de l'empire des khalifes. Togrul-Beg, petit-fils de Sedjouk, consomma la révolution par laquelle la race arabe fut dépouillée de la domination de l'Orient (1058). Menacé par lui, le khalife Caïem, qui régnait à Bagdad, se mit sous sa protection et lui délégua la puissance temporelle sur tous les États de l'islamisme, ne gardant pour lui-même que l'autorité spirituelle. Il plaça sur sa tête deux couronnes, emblème du pouvoir dont il l'investissait sur l'Arabie et la Perse, et lui ceignit une épée magnifique. On revêtit successivement le prince de sept robes d'honneur et le khalife lui donna sept esclaves nés dans les sept contrées de l'empire, pendant que les héros proclamaient le Seldjoukide souverain de l'Orient et de l'Occident.

Afrique; Khalifes fatimites (909).

L'Afrique, avons-nous dit, s'était détachée d'assez bonne heure du khalifat de Bagdag. Les *Aglabites* de Kaïrouan (800-909) dominèrent la Méditerranée au neuvième et au dixième siècle, s'établirent en Corse, en Sardaigne, en Sicile, et attaquèrent plusieurs fois l'Italie. Ce fut contre eux que le pape Léon IV entoura d'un rempart le faubourg du Vatican (cité Léonine). A l'ouest des Aglabites, les *Edrissites* se rendirent indépendants à Fez (789-919).

Mais la plus considérable des dynasties musulmanes en Afrique fut celle des *Fatimites*, qui absorba les deux autres. Depuis que les Alides avaient vu les Abassides enlever le khalifat à leurs prétentions légitimes, ils avaient cherché à les faire valoir ailleurs qu'en Asie. Une famille qui prétendait descendre d'Ali et de Fatime se substitua aux Aglabites, en 909 à Kaïroan, et, sous son chef, Moez Ledinillah, s'installa en Égypte (968). « De quelle branche de la famille d'Ali êtes-vous ? lui demandait-on. — Voici mes ancêtres, répondit-il en montrant son cimeterre, et voici mes enfants, » ajouta-t-il en jetant de l'or à ses soldats. Ce n'était pas seulement un schisme politique, c'était aussi un schisme religieux, qu'opéraient les Fatimites. Ils prirent le titre de khalifes, et établirent leur résidence au Caire qu'ils bâtirent, d'où leur domination s'étendit sur toute l'Afrique septentrionale, sur la Syrie, et même un instant sur Bagdad, vers le temps de l'invasion de Togrul-Beg. Dans tous ces pays prévalut le fanatisme; les noms d'Ali et des successeurs de Moez furent seuls invoqués dans les mosquées d'Afrique. Le schisme fut même poussé à tel point que le khalife fatimite Hakem, cruel tyran, dénaturant la religion mahométane, se fit adorer comme une incarnation de Dieu. Chassé du Caire, il alla porter sa divinité en Syrie, où sa doctrine, une religion unitaire, est encore pratiquée aujourd'hui par les Druses. Les Fatimites firent prospérer l'Égypte, qui leur donnait de grandes richesses; ils construisirent de superbes mosquées et firent du Caire un centre littéraire et scientifique, comme l'étaient Bagdad à l'Orient, Cordoue à l'Occident.

Espagne; khalifat de Cordoue.

Le troisième fragment de la domination arabe, le khalifat de Cordoue, brilla d'un éclat aussi grand, mais aussi éphémère.

La conquête de l'Espagne avait été faite avec beaucoup de

DÉMEMBREMENT DE L'EMPIRE DES ARABES. 121

modération. Les chrétiens avaient partout conservé la liberté de culte, même leurs lois et leurs juges. Des conciles furent tenus par eux avec l'autorisation des khalifes de Cordoue. Le tribut exigé n'avait rien d'accablant. Les juifs surtout, traités avec une rigueur extrême par les Wisigoths, respirèrent et furent en faveur. Aussi, à part quelques révoltes, dont les plus redoutables furent celles de Tolède, qui regrettait son titre de capitale et de centre du gouvernement, les vaincus se fondirent généralement avec les vainqueurs et formèrent une population mixte, les *Mozarabes*. Les khalifes de Cordoue eurent donc rarement à lutter pour leur domination sur les peuples de l'Espagne centrale et méridionale, et de bonne heure purent déployer en paix les brillantes qualités dont ils furent doués pour la plupart. Abd-er-Rhaman Ier (755). Hescham Ier (787), Abd-er-Rhaman II (822), Al-Haken II (961), furent des souverains habiles, préoccupés du bonheur de leurs peuples, protecteurs des lettres, riches des trésors que leur prodiguait le sol fertile et bien cultivé de l'Espagne. Abd-er-Rhaman Ier pleurait à la vue d'un palmier de Syrie qu'il avait fait transporter en Espagne et qui lui rappelait le pays natal d'où il avait été forcé de fuir. Un autre s'imposait l'obligation de travailler tous les jours de ses mains pendant une heure.

Cependant sous ces règnes, l'empire arabe fut resserré au nord par les chrétiens. Pépin le Bref lui enleva la Septimanie (759); Charlemagne établit, au sud des Pyrénées jusqu'à l'Èbre, sa domination (812), d'où sortirent ensuite les petits États chrétiens de Barcelone et de Navarre, tandis que les chrétiens des Asturies se maintenaient et s'agrandissaient insensiblement : de sorte que, dans tout le nord de la péninsule, comme on le verra plus loin, s'étendit une zone de peuples chrétiens indépendants, qui devaient un jour chasser les musulmans.

Déjà, d'ailleurs, sous Mohamed Ier (852), les Walis, ou gouverneurs de province, cherchaient à se rendre indépendants et y réussirent quelque temps; tandis que les *Béni-Hafsoun*, bandits berbères et juifs, cachés dans les montagnes de l'Aragon, commençaient une insurrection qui ne fut apaisée qu'au bout de quatre-vingts ans. Abd-er-Rhaman III (912-

961), qui eut le règne le plus brillant du khalifat de Cordoue, rétablit la prépondérance des Arabes par la répression des Béni-Hafsoun et par d'éclatantes victoires sur les chrétiens des Asturies. Cette puissance se soutint jusque sous Escham II par le génie de l'*hadjeb* ou principal ministre Almanzor, qui refoula les chrétiens au delà du Douro et de l'Èbre, qu'ils avaient franchis. Mais Almanzor entraîna dans sa tombe la puissance des khalifes de Cordoue (998).

Au onzième siècle, le khalifat d'Occident est en proie à une anarchie confuse, où la garde africaine des khalifes, comme la garde turque à Bagdad, joue un grand rôle, et où les Walis s'affranchissent. En 1010 Murcie, Badajoz, Grenade, Saragosse, Valence, Séville, Tolède, Carmona, Algéziras, sont autant de principautés indépendantes. En 1031, Hescham, dernier descendant des Ommiades, est déposé et se retire avec joie dans l'obscurité; en 1060, le titre même de khalife disparaît.

Tel fut le sort de l'empire des Arabes dans les trois parties du monde, Asie, Afrique, Europe : une soudaine et irrésistible expansion, puis un morcellement et un affaiblissement général au bout de peu de siècles. L'édifice avait été élevé trop vite pour être de ceux qui durent longtemps. Comme leurs poëtes improvisaient des poésies brillantes, ils improvisèrent une domination gigantesque. Périt-elle entièrement ? qui pourrait le prétendre en voyant la religion, la langue, les lois du Coran régner encore sur la plupart des pays qu'elle comprit ? En outre, elle transmit à l'Europe du moyen âge des découvertes, des industries, des sciences, empruntées sans doute pour la plupart à d'autres peuples, mais dont il est glorieux pour les Arabes d'avoir été du moins les propagateurs.

Civilisation des Arabes.

En effet, tandis que l'Europe était plongée dans les ténèbres de barbarie que perçaient à peine quelques faibles lueurs, une vive lumière de littérature, de philosophie, de science, d'arts, d'industrie inondait toutes les capitales de l'islamisme. Bagdad, Bassorah, Samarcande, Damas, le Caire, Kaïroan, Fez, Grenade, Cordoue étaient autant de grands centres intellectuels.

Avant que les Arabes fussent sortis de leur péninsule, ils avaient déjà, comme on l'a vu, une littérature poétique, qui s'exprimait en deux dialectes distincts, l'homérite ou himyarite dans l'Yémen, le coreisch dans l'Hedjaz. Ce dernier, fixé par Mahomet, devint prépondérant, et il s'est conservé dans sa pureté jusqu'à nos jours, comme langue savante et religieuse, ou *arabe littéral*, au milieu des altérations nombreuses qu'il a subies, comme langue vulgaire, par l'influence des peuples divers soumis à l'islamisme et des siècles écoulés. La richesse de cette langue était déjà prodigieuse à certains égards. Pour exprimer, sous tous leurs aspects, dans toutes leurs situations diverses, les objets que la vie du désert offrait sans cesse à leurs yeux ou à leur usage, une inépuisable synonymie ouvrait ses trésors aux poëtes arabes. Ils se vantent d'avoir 80 termes différents pour exprimer le miel, 200 pour le serpent, 500 pour le lion, 1000 pour le chameau, autant pour le glaive, et jusqu'à 4000 pour rendre l'idée du malheur. Une prodigieuse mémoire pouvait seule leur permettre de tirer parti de cette multitude de mots. Aussi était-elle grande chez les *rawia* ou rapsodes arabes : un d'eux, Hammad, offrit un jour au khalife Walid de lui réciter de suite 100 *cassidé* (poëmes de 20 à 100 vers) sur chaque rime formée par une lettre de l'alphabet, et l'illustre auditeur fut plus vite lassé que le récitateur infatigable.

Bornés d'abord à cette littérature lyrique, les Arabes agrandirent l'horizon de leur esprit après leurs conquêtes, lorsqu'ils se furent mêlés aux peuples qui les avaient précédés dans la civilisation. C'était au contact des Persans, des Égyptiens grécisés, des Grecs même de Constantinople, qu'ils acquirent ce riche développement intellectuel où toutefois ils jouèrent un rôle plutôt exégétique que créateur.

Des dernières ramifications de l'école d'Alexandrie, devenue, vers la fin, péripatéticienne, ils reçurent Aristote, et se mirent, avec une ardeur merveilleuse, à commenter ses grands ouvrages philosophiques. Al-Kindi, qu'on regarde comme le père de la philosophie chez les Arabes, et qui enseigna à Bagdad au neuvième siècle, professa les théories du philosophe de Stagire. Al-Farabi, qui vint ensuite, et qui était aussi de l'école de Bagdad, écrivit, sur les ouvrages d'Aristote, soixante traités particuliers. Malheureusement, ils ne lurent pas les écrits du philosophe grec dans le texte même, mais seulement dans des versions syriennes qu'ils traduisirent. Aussi, lorsqu'ils les transmirent à l'Europe chrétienne du moyen âge, qui ne les connut que par eux, et qui en tira sa scolastique, elle les reçut d'autant plus altérés qu'elle fut obligée de les traduire à son tour.

A propos d'Aristote, les Arabes agitèrent les éternels débats de l'esprit humain sur les grands problèmes philosophiques. Avicenne (mort en 1037) représenta Dieu comme un être immobile au centre de la nature et agissant à peine sur elle; selon d'autres, ce docteur était panthéiste. Gazali, au contraire, après avoir parcouru tous les systèmes, aboutissait au scepticisme, puis au mysticisme des *soufis*, danseurs de l'Inde, et écrivait son livre de la *Destruction des philosophes*.

L'effervescence que ces disputes avaient provoquée suscita dans l'islamisme une multitude de sectes. Celle qui s'inspira le plus de l'esprit philosophique, fut la secte des motazélites, sorte de protestants de l'islamisme, qui donnaient une large place à la raison humaine, et que protégèrent quelques-uns des khalifes abbassides. Al-Mamoun surtout, élevé par la famille persane des Barmékides, les encouragea; mais d'autres, qui entrèrent dans le même courant d'idées que Gazali, formèrent les sectes incrédules et pourtant fanatiques des Karmathes, des Fatimites, des Ismaéliens, des Druses, des Haschischins, qui jouèrent un si sombre rôle dans l'histoire.

Tandis que cette confusion d'idées et de croyances s'opérait au sein du khalifat d'Orient, l'étude de la philosophie se relevait dans celui d'Occident avec Ibn-Badja et Ibn-Tofaïl, qui écrivit ce singulier roman psychologique de l'*Autodidacte*, où il suppose un enfant jeté à sa naissance dans une île déserte, y devenant homme, et arrivant tout seul à la connaissance non-seulement de la nature physique, mais même de la nature métaphysique et de Dieu. Elle s'y relevait surtout, mais plus tard, au douzième siècle, sous les Almohades, avec Averroès, si célèbre au moyen âge parce que c'est de lui que les peuples chrétiens reçurent directement la connaissance de la plupart des livres d'Aristote.

Les Arabes réussirent mieux dans les sciences exactes, grâce aux savants que les khalifes, et surtout le second abbasside Almanzor, attirèrent de Constantinople. Dès la première moitié du neuvième siècle, deux astronomes de Bagdad mesuraient, dans la plaine de Sennaar, un degré du méridien. Bientôt, Euclide commenté, les tables de Ptolémée corrigées, l'obliquité de l'écliptique calculée plus exactement, la précession des équinoxes, la différence de l'année solaire et de l'année résidale mieux déterminée, de nouveaux instruments de précision inventés, attestèrent l'aptitude des Arabes pour les sciences exactes, et Samarcande eut, bien avant l'Europe, un admirable observatoire. Toutefois, c'est par erreur qu'on lui attribue vulgairement l'invention de l'algèbre et des chiffres, dits arabes, dont nous faisons usage : pour ces deux instruments puissants de nos mathématiques, comme pour la philosophie d'Aristote, ils ne firent que transmettre à l'Europe ce qu'ils trouvèrent dans la savante école d'Alexandrie. Peut-être tenons-nous d'eux au même titre, la boussole et la poudre à canon qu'ils empruntèrent aux Chinois. L'Europe leur doit aussi le papier de linge, invention qui fit d'abord baisser le prix des manuscrits et qui rendit plus sensibles et plus prompts les bienfaits de l'imprimerie, quand cette admirable découverte eut été faite.

Ils excellèrent dans la médecine : là encore ils étudiaient les Grecs, témoin les nombreux traités d'Averroès sur Galien. Plusieurs de leurs grands philosophes furent en même temps de grands médecins, comme Avicenne (mort en 1037) et celui que nous venons de citer, Averroès. La réputation des médecins arabes était telle, qu'un roi de Castille, atteint d'hydropisie, désira se faire soigner à Cordoue, et obtint de la courtoisie du khalife la permission de venir recouvrer la santé chez ses ennemis. Ils nous enseignèrent la distillation, l'usage de la rhubarbe, trouvèrent l'alcool, plusieurs remèdes et médicaments nouveaux, l'usage de la manne, du séné, du camphre, du mercure, des sirops, etc.

Une des sciences qui doivent le plus aux Arabes est la géographie : leurs vastes conquêtes, leur goût pour les voyages aventureux, la nécessité des pèlerinages leur procurèrent la connaissance exacte de bien des pays lointains que les Européens n'avaient jamais visités ou qu'ils avaient oubliés. En première ligne se distinguent Aboulféda, Masoudi, Édrisi surtout, qui, appelé à la cour de Roger, roi de Sicile, y composa son curieux ouvrage intitulé : *Délassements de l'homme désireux de connaître à fond les diverses contrées du monde*.

Dans le genre historique, on cite les annales de Masoudi, de Makrisi et d'Aboulféda ; mais peu portés à la critique et à l'analyse, les historiens arabes s'éloignèrent rarement de la sécheresse des chroniques.

Dans les arts, ils ne cultivèrent que l'architecture, leur loi religieuse leur interdisant la représentation de la forme humaine, c'est-à-dire la sculpture et la peinture. De cette interdiction même résulta pour leur architecture un caractère particulier, quoiqu'ils n'y aient pas montré beaucoup d'invention, puisque leur cintre plus qu'hémicirculaire et porté par des colonnes, qui en est l'élément principal, est un emprunt fait à l'architecture byzantine. Ce qui leur est propre, ce sont leurs arabesques par lesquelles ils suppléaient, pour l'ornementation, à l'absence de figures peintes ou sculptées. C'étaient, dans l'origine, des inscriptions ayant un sens ; plus tard, le sens disparut et ce furent de simples combinaisons de lignes empruntées aux lettres arabes, qui se prêtaient merveilleusement à former ces riches dessins que nous admirons sur les tapis et les étoffes de l'Orient. Quant à la prétendue origine arabe de l'architecture ogivale, on sait aujourd'hui que rien n'est plus faux. Ce qui caractérisait l'architecture arabe, c'était la magnificence et le luxe intérieur des édifices, cette profusion de bassins, de fontaines, d'or et de pierres précieuses, qu'ils tiraient de l'Orient ou des mines de l'Espagne méridionale. Un des plus magnifiques monuments en ce genre était la fameuse mosquée bâtie à Cordoue par Abd-er-Rhaman Ier, avec ses 1093 colonnes de marbre et ses 4700 lam-

Mosquée de Cordoue.

pes : un autre, non moins splendide, était le palais Al-Zehra

Alhambra. — La cour des Lions.

Fleur) ou'Abd-er-Rhaman III fit construire sur les rives

du Guadalquivir pour une de ses favorites, et où jaillissait une gerbe de mercure qui retombait dans une conque de porphyre. On peut admirer encore à Grenade l'Alhambra, à la fois palais et forteresse dont plusieurs parties, surtout la cour dite des Lions, sont des modèles d'élégance et de richesse architecturale. Les Arabes ont dans tous les temps fait volontiers le commerce. Quand leur domination s'étendit des Pyrénées à l'Himalaya, ils se trouvèrent naturellement les plus grands négociants du monde. Nul ne sait comme ces habitants du désert, ménager l'eau dans la culture, sous leur brillant soleil. Le système d'irrigation qu'ils pratiquèrent et que l'on suit encore dans la plaine de Valence, ce jardin de l'Espagne, pourrait servir de leçon à nos agriculteurs. Enfin, transportés dans les grandes villes romaines, ils s'y initièrent aux travaux de l'industrie et devinrent les plus habiles des artisans. La réputation des armes de Tolède, des soies de Grenade, des draps bleus et verts de Cuença, des harnais, des selles et des cuirs de Cordoue, était répandue dans toute l'Europe, qui achetait au plus haut prix ces produits de l'industrie des infidèles. C'est surtout l'Espagne, moins agitée que l'Orient, dans les premiers siècles du khalifat, qui prospéra avec cet éclat. Sa population était considérable. Cordoue seule comptait 200 000 maisons, 600 mosquées, 50 hospices, 80 écoles publiques, 900 bains publics et un million d'habitants.

Voilà un court tableau de la civilisation que les Arabes répandirent des bords du Tage à ceux de l'Indus, civilisation éblouissante, mais fragile, tandis que celle de l'Europe, plus lente à se développer, a eu, après bien des bouleversements et bien des éclipses, la longue durée qui est réservée à toute croissance laborieuse.

LIVRE III.

L'EMPIRE CARLOVINGIEN OU TENTATIVE POUR ORGANISER L'EUROPE GERMANIQUE ET CHRÉTIENNE (687-814).

CHAPITRE VIII.

LES MAIRES D'AUSTRASIE ET LA PAPAUTÉ, OU EFFORTS POUR METTRE L'UNITÉ DANS L'ÉTAT ET DANS L'ÉGLISE (687-768).

Pépin d'Héristal (687-714). — Charles Martel (714-741); la famille carlovingienne reconstitue l'État et le pouvoir. — Formation de la société ecclésiastique; élections; hiérarchie; puissance de l'épiscopat. — Moines; monastères; règle de saint Benoît. — Le pape : saint Léon; Grégoire le Grand. — La papauté s'affranchit de la souveraineté de Constantinople (726), mais invoque l'appui de Charles Martel. — Pépin le Bref (741-768).

Pépin d'Héristal (687-714).

Nous avons laissé l'histoire des Francs en 681, quand l'effort tenté par Ébroïn pour rendre la prépondérance à la royauté et à la Neustrie avait été brisé par sa mort. Les maires qui le remplacèrent, Waraton, Gislemar et Bertaire, ne furent pas de force à soutenir la grande lutte qu'il avait commencée. Ils continuèrent à grossir par leurs persécutions les rangs de l'armée austrasienne. Cette armée arriva enfin, en mesure de vaincre, car elle avait entretenu sur les bords du Rhin, dans le voisinage des peuples barbares, cette sève de courage qui avait abandonné la Neustrie et qui eût donné bien plus tôt la victoire aux Austrasiens sans le génie d'Ébroïn. Pépin d'Héristal, vainqueur dans la décisive bataille de Testry (687), devint le maître des trois royaumes tout en laissant régner Thierry III. De même qu'Ébroïn avait réagi contre les leudes et l'Austrasie, en faveur de l'autorité royale et de la *France romaine*, comme on appelait la Neustrie, Pépin d'Héristal réagit contre cette tentative, et refit en quelque sorte la conquête de Clovis au profit des anciens Ripuaires et, comme on put le croire, d'abord également au profit des vieilles mœurs germaniques.

Ce qui montre bien que cet événement fut considéré, dans le temps même, comme une révolution grave, c'est que tous les peuples environnants sur lesquels s'étendait la domination franque, Bretons, Aquitains, Vascons, Frisons, Alamans, crurent cette domination ébranlée et le moment venu pour eux de s'affranchir. Mais Pépin leur fit voir que, loin d'être affaiblie, elle s'était fortifiée. « Il fit beaucoup de guerres, disent les chroniques, contre Radbod, duc des Frisons, et d'autres princes, contre les Flamands et plusieurs autres nations. Dans ces guerres il fut toujours vainqueur. »

Pépin, sans relever le trône en Austrasie, le conserva dans la Neustrie qu'il voulait ménager, et y fit passer successivement trois fantômes de rois. A sa mort (714), on voit l'hérédité de la mairie du palais dans sa famille admise déjà comme une chose naturelle, car il en laisse le titre à son petit-fils, enfant de six ans, sous la tutelle de sa veuve Plectrude.

Charles Martel (714-741) ; la famille carlovingienne reconstitue l'État et le pouvoir.

Les Neustriens voulurent profiter de cette minorité pour s'affranchir de la puissance austrasienne. Ils battirent les Austrasiens et se donnèrent pour roi Chilpéric II, pour maire Raginfred. Les Austrasiens, mécontents d'obéir à un enfant et à une femme, reconnurent pour chef un autre fils de Pépin, Karl ou Charles, que ceux qui regardaient de près à la loi appelaient un bâtard. Les Neustriens s'étaient alliés avec les Frisons, afin de mettre l'Austrasie entre deux ennemis, Charles fut d'abord vaincu, en 716. Mais l'an d'après, il surprit les vainqueurs et les défit à Vincy, près de Cambrai (717). Au lieu de s'arrêter pour fêter sa victoire, selon les usages barbares, il poursuivit les Neustriens jusque sous les murs de Paris; leur armée fut presque anéantie. La ligue avec les Frisons ayant mal réussi, les Neustriens s'adressèrent aux Aquitains, gouvernés par le duc Eudes, et qui, dans leur haine pour la domination barbare, saisirent avec joie l'occasion de repousser le nouveau ban des envahisseurs francs. Mais cette seconde ligue fut déjouée comme la première : Charles, le nouveau vainqueur près de Soissons (718), poursuivit ses ennemis jusqu'à Orléans et força Eudes à lui livrer le roi Childéric II et ses trésors.

Ce fut le complément de la bataille de Testry, la victoire définitive de l'Austrasie et le commencement d'une ère nouvelle dans l'histoire des Francs. Jusque-là tout s'était désorganisé, et rien de nouveau ne s'était organisé. Le territoire était mal formé et mal uni, ses extrémités flottaient entre la soumission et l'indépendance. Saxons, Thuringiens, Bavarois, Alamans, Aquitains étaient placés dans une condition équivoque, et l'on ne savait où fixer au juste les limites de l'empire des Francs. Au dedans la Neustrie et l'Austrasie étaient divisées par un antagonisme qui n'était autre que celui de l'esprit romain et de l'esprit barbare, les hommes libres, étant, d'un côté, abaissés de plus en plus, et l'aristocratie des leudes devenant, de l'autre, de plus en plus puissante. La royauté existait sans force; la mairie était forte sans droit; tous les éléments s'agitaient avec confusion.

La famille carlovingienne, illustre par son origine et ses victoires, puissante par ses richesses, se trouva seule avoir une position assez haute et des talents assez grands pour mettre de l'ordre dans le monde barbare. Ses trois grands hommes, Charles Martel, Pépin le Bref et Charlemagne furent les ouvriers d'une même œuvre et suivirent la même politique, soit dans les guerres, soit dans leurs relations pacifiques; le premier commença ce que continua le second, ce qu'acheva le troisième.

Comme plus tard, dans les guerres de Charlemagne, on voit déjà, dans celles de Charles Martel, ces coups rapides qui atteignent toutes les extrémités de l'empire, ces expéditions qui alternent entre le nord et le midi. C'est d'abord une série de campagnes contre les Bavarois ; puis une autre contre les Frisons ; une autre encore contre les Saxons. Ces différents peuples, moins le dernier, sont domptés, sinon à jamais, au moins pour un temps (720-729). Dans le midi aussi nous rencontrons de ces guerres redoublées : tout le cours du Rhône, où les seigneurs burgondes s'étaient rendus indépendants, rentre dans l'obéissance, ainsi que la Provence et Marseille d'où est chassé le gouverneur Mauronte (739). Eudes, duc d'Aquitaine, est également forcé de se soumettre, et, quand il meurt, Charles ne donne le duché à son fils Hunald qu'à la condition qu'il prête hommage à lui-même et à ses fils Pépin et Carloman.

Mais, de ce côté, le fait militaire le plus illustre, celui qui a donné à Charles son nom populaire de *Martel*, c'est sa grande victoire sur les Sarrasins en 732. Il y avait un siècle à peine que le mahométisme avait pris naissance dans les déserts d'Arabie, et déjà ses sectateurs atteignaient aux dernières limites de l'Occident : depuis 711, l'Espagne était envahie, depuis 719, les Pyrénées franchies et Narbonne conquise. En 732, l'émir Abdérame envahit l'Aquitaine, prit Bordeaux et marcha sur Tours dont la riche abbaye l'attirait. Charles, invoqué par Eudes, vint à la rencontre des infidèles et remporta, entre Tours et Poitiers, une grande victoire qui arrêta le mouvement de l'invasion musulmane.

C'est ainsi qu'il consolida, partout, le territoire, en prévint le morcellement et en mit les frontières à l'abri d'invasions nouvelles. La même épée qui fit cette grande chose eut en même temps la gloire de sauver la chrétienté.

Le moyen âge a reconnu deux chefs : le pape et l'empereur, et ces deux puissances sont sorties l'une de Rome, l'autre de la France austrasienne. Nous venons de voir les maires d'Austrasie, Pépin d'Héristal et Charles Martel, reconstituer la monarchie franque et préparer l'empire de Charlemagne ; voyons les pontifes romains serrer autour d'eux toutes les églises d'Occident, et se placer à la tête de la grande société catholique que Grégoire VII et Innocent III prétendront gouverner seuls.

Formation de la société ecclésiastique ; élections ; hiérarchie ; puissance de l'épiscopat.

L'empire romain avait péri ; les barbares élevaient sur ses ruines des édifices fragiles et bientôt renversés. Ceux mêmes, les Francs par exemple, qui étaient appelés à se perpétuer comme nation, ne réussissaient pas encore à fonder un état social de quelque solidité, et conduisaient leur inexpérience de tentatives en tentatives, aussi vaines les unes que les autres ; celle de Charlemagne ne réussira pas mieux. Au milieu de ces chutes successives, une seule institution traversait les siècles, se développant lentement et régulièrement, suivant l'esprit de son principe, croissant et gagnant sans cesse en puissance, en étendue et en unité.

Les prédications des apôtres et de leurs disciples avaient semé l'Évangile par tout le monde romain, et, dès le troisième siècle, les chrétiens formaient, au sein de l'empire, comme une immense société particulière. De la Bretagne aux rives de l'Euphrate, un chrétien voyageant avec une lettre de son évêque trouvait sur toute la route aide et protection. Secouru s'il était pauvre, soigné s'il était malade, il rencontrait partout des frères ; un signe lui servait de paroles, et, sans se comprendre, les chrétiens s'entendaient ; car malgré la diversité des langues et des pays, ils ne formaient tous qu'une seule famille. Cette société s'était d'elle-même organisée sous le coup des persécutions ; elle avait une forte discipline et une hiérarchie sévèrement ordonnée. Les cités des provinces romaines étaient devenues des diocèses gouvernés par les surveillants ou évêques (*episcopi*), ayant au-dessous d'eux les anciens ou prêtres (*presbyteri*). D'abord désigné par les apôtres et consacré par l'imposition des mains, l'évêque, quand les conversions eurent formé dans chaque cité une église, fut élu par les fidèles, institué par les autres évêques de la province, confirmé dans ses pouvoirs par le métropolitain (xiv° canon du concile de Nicée). Les lettres de Sidoine Apollinaire nous montrent encore, au cinquième siècle, à Châlons et à Bourges, des élections d'évêques toutes populaires. Dans la suite, le clergé prit une plus large part dans les élections ecclésiastiques et tendit à en exclure les laïques ; mais, ce qu'elle perdait de ce côté, la société laïque le regagnait d'un autre, par les empiétements de la royauté, qui donna souvent des évêchés aux leudes. Le clergé lutta contre cette usurpation et réussit à établir le principe de l'élection par le clergé et le peuple, en subordonnant toutefois cette élection au consentement du roi : telle est la transaction qu'établirent les canons des conciles d'Orléans, en 549, et la constitution perpétuelle de 615.

Le système de l'élection ne prévalait que pour un degré des dignités ecclésiastiques, l'épiscopat. Les dignitaires inférieurs étaient du choix de l'évêque. Ils se divisaient en deux catégories d'ordres, les ordres majeurs et les ordres mineurs. Il y avait trois ordres majeurs, qui comprenaient les prêtres, les diacres et les sous-diacres, et quatre ordres mineurs : les acolytes, les portiers, les exorcistes et les lecteurs. Ces derniers ordres n'étaient pas regardés comme une partie intégrante du clergé, dont leurs membres étaient les serviteurs. Tel était le personnel.

Si l'on considère les circonscriptions territoriales, l'évêque gouvernait le *diocèse*, qui se divisa assez tard en *paroisses*, gouvernées au spirituel par le prêtre paroissial ou *curé* (*curio*). Comme la réunion des paroisses formait le diocèse, celle des diocèses ou évêchés *suffragants* formait la province ecclésiastique, dont le métropolitain ou *archevêque* était le chef. Quand un concile provincial avait lieu, c'est dans la métropole et sous la présidence du métropolitain qu'il se réunissait. Au-dessus des métropolitains s'élevaient, sous les noms de *patriarches*, en Orient, et de *primats*, en Occident, les évêques qui occupaient les grandes capitales ou les siéges apostoliques : Constantinople, Alexandrie, Antioche, Rome, Jérusalem, Césarée en Cappadoce, Carthage en Afrique, Héraclée en Thrace; parmi ceux-ci, Rome s'était encore élevée d'un degré et placée à ce rang suprême d'où elle exerça une suprématie reconnue de toute l'Église.

Telle devint la hiérarchie; non point subitement, mais par un long travail qui en sépara et en précisa les éléments confondus ensemble, dans l'origine, et qui distingua les différents pouvoirs par des lignes plus déterminées, des distances plus grandes. L'autorité à laquelle s'associait d'abord, pour une plus large part, la masse des fidèles, base de tout l'édifice religieux, monta de degré en degré, se retirant des parties inférieures, et finit par se réfugier presque tout entière dans le sommet, le pape. Cette ascension de l'autorité résume toute l'histoire de l'Église jusqu'à Boniface VIII; elle était à peu près à moitié de son cours au moment où nous sommes parvenus.

Au cinquième et au sixième siècle, les évêques conservèrent et accrurent, sous les rois barbares, l'influence qu'ils possédaient déjà, sous l'empire romain, dans les cités que souvent ils préservèrent pendant l'invasion, par leur intercession auprès des chefs germains. Chilpéric s'en plaignit : « Les évêques seuls, disait-il, règnent dans les cités. » Ils gouvernaient souverainement, chacun son diocèse, et tous ensemble les affaires de la province au moyen des conciles. C'était le roi qui convoquait le concile, mais d'après leur avis. Ils n'étaient pas non plus seuls admis; des prêtres, des abbés y entraient, mais en petit nombre. Ces assemblées furent, pour la Gaule, au nombre de vingt-cinq au cinquième siècle, et de cinquante-quatre au sixième. Ce fut le moment où l'épiscopat eut le plus d'influence, l'action de l'autorité laïque étant encore très-faible, à cause des désordres du temps, et l'instruction des évêques leur donnant un grand poids auprès des souverains barbares. Au contraire, elle déclina au septième siècle, et l'on ne vit que vingt conciles, et, au huitième, il n'y en eut plus que sept en cinquante ans. En effet, l'introduction des leudes et de barbares grossiers dans les évêchés avait répandu dans le clergé une ignorance, des vices, des goûts mondains et une ambition temporelle, qui ne s'accordaient guère avec les soins du gouvernement ecclésiastique.

CHAPITRE VIII.

Moines; monastères; règle de saint Benoît.

Une vie plus pure et plus ascétique que celle non-seulement des fidèles, mais même des ecclésiastiques, avait été le but primitif du régime monastique. Les moines, dans l'origine, n'étaient pas des membres du clergé, et ne voulaient point en être : c'étaient de simples laïques qui prétendaient pousser la vertu aux dernières limites; c'étaient les stoïciens du christianisme, mais des stoïciens exagérés. La Syrie et l'Égypte en virent dans leurs déserts se livrer à des rigueurs de jeûne et de pénitence qui finissaient, au témoignage de saint Jérôme, « par altérer leur cerveau, de telle sorte qu'ils ne savaient plus ce qu'ils faisaient ni ce qu'ils disaient. » Siméon d'Antioche passa sa vie debout sur une colonne, d'où le surnom de *Stylite*. Dans cet état d'isolement absolu, on les appelait *ermites* (habitants du désert) et *anachorètes* (qui vivent dans la retraite); ceux qui se rapprochaient les uns des autres, sans pourtant cesser de vivre seuls, étaient appelés *moines* (solitaires), et ce nom est demeuré le plus général. Le nom de *cénobites* (qui vivent en commun) désigna un troisième mode, celui de la réunion et de la vie commune, qui prévalut dans l'Occident.

Ce n'est pas qu'on n'ait vu aussi dans nos pays ces exagérations anachorétiques, résultat de la fougue des caractères barbares. Il y eut même dans les Vosges un stylite, qui s'était mis sur une colonne, à la place d'une statue de Diane qu'il avait renversée, et qui s'y laissa geler les ongles des pieds et des mains; mais, en général, les moines d'Occident firent mieux que de se livrer à ces macérations inutiles. Au milieu du tumulte de l'invasion, ils ouvrirent des asiles où ils se réunissaient et trouvaient un repos banni de tout autre lieu. Tels furent, au cinquième siècle, sans parler de ceux de Milan, de Vérone, d'Aquilée, de Marmoutiers, près de Tours, qui sont antérieurs, les monastères de Saint-Victor à Marseille, et de Lérins dans une des îles d'Hyères, où l'on vit, au lieu de l'oisiveté extatique des anachorètes, une grande activité d'esprit, et d'où sortirent la plupart des fameuses controverses sur le libre arbitre, la prédestination, la grâce, le péché originel. La rigueur de l'ascétisme y était tempérée par les besoins naturels du climat, selon cette judicieuse observation de Sulpice Sévère, que « beaucoup manger est gourmandise chez les Grecs, mais nécessité chez les Gaulois. »

Au commencement du sixième siècle, saint Benoît de Nursia, que son ardente piété avait jeté de bonne heure dans la retraite, et qui avait vu accourir autour de lui une foule de moines attirés par ses vertus, publia, pour le monastère du mont Cassin, qu'il avait fondé, sa fameuse *Règle de la vie monastique*, qui donna sa forme définitive à l'institution en Occident. Cette sage règle partageait le temps des moines, heure par heure, entre le travail manuel et le travail intellectuel : l'agriculture, la lecture, la copie des manuscrits devaient employer leur temps. Cette dernière occupation, si utile à la civilisation, était considérée comme une œuvre très-religieuse. Cassiodore, qui se retira, vers 540, dans un monastère, et y passa la fin de sa vie, avait coutume de copier des manuscrits ; il répétait souvent « qu'on perçait d'autant de coups le diable qu'on traçait de lettres sur le papier. »

Saint Benoît d'Aniane, en Aquitaine, au temps de Charlemagne, marqua une nouvelle époque de réformation dans la vie monastique.

Une question avait été agitée de bonne heure, celle de savoir quelle place serait assignée aux moines dans la société religieuse. Ils eussent voulu ne relever que de leurs abbés. Les tendances à l'organisation qui se produisaient partout, les obligèrent à se soumettre aux évêques. Cela était nécessaire pour le bon ordre et afin de pouvoir réprimer les mauvais ou les faux moines qui se répandaient partout. Dès 451, le concile œcuménique de Chalcédoine prescrivait la subordination des moines aux évêques, et les conciles d'Agde (506), d'Orléans (511 et 553) confirmèrent cette prescription. En 787, un canon du second concile de Nicée donna aux abbés le droit de conférer aux moines de leurs maisons les ordres inférieurs, et il n'y eut bientôt plus de religieux qui ne fût prêtre.

CHAPITRE VIII.

Le pape : saint Léon ; Grégoire le Grand.

Au-dessus de l'aristocratie épiscopale s'élevait insensiblement la monarchie pontificale. Dès l'origine, la parole du successeur de saint Pierre et de l'évêque de la ville éternelle avait eu une autorité supérieure ; on le consultait souvent sur les questions douteuses, et il fut de bonne heure considéré comme le représentant de l'unité catholique. Le second concile général, convoqué par Théodose à Constantinople en 381, reconnut solennellement cette suprématie en ne donnant que le second rang à l'évêque de Constantinople. Le nom de *pape*, attribué dans le principe à tous les évêques, finit par lui être réservé : changement déjà manifeste sous Léon le Grand, quoiqu'il n'ait été complet que sous Grégoire VII.

L'évêque de Rome avait, dès l'empire romain, de grands biens dans la capitale et dans toute l'Italie. Il en acquit même au delà des Alpes, par exemple dans la province d'Arles, où il chargea l'évêque de cette ville de les administrer. Il occupait, en outre, dans Rome même, c'est-à-dire dans la plus fameuse ville de l'univers, cette large place qui avait été attribuée aux évêques, dans le régime municipal, à la fin de l'empire.

Saint Léon (440-461) donna beaucoup d'ascendant à sa dignité par le grand rôle qu'il joua dans les affaires publiques et par son heureuse intercession auprès d'Attila. Il obtint de Valentinien III un rescrit où cet empereur engageait « toute l'Église à reconnaître son directeur, afin que la paix fût partout conservée, » et dans le même temps on le vit réintégrer sur son siége un évêque de Gaule qui en avait été chassé, et transporter d'Arles à Vienne la dignité métropolitaine.

Sous les Ostrogoths, l'Église de Rome, traitée d'ailleurs avec douceur, ne put faire de progrès. Mais, quand leur domination fut tombée (553) et que Rome fut replacée sous l'autorité de l'empereur de Constantinople, l'éloignement de ce nouveau maître lui ouvrit un meilleur avenir. L'invasion des Lombards fit refluer sur son territoire un grand nombre de réfugiés, et la population romaine retrouva quelque énergie dans sa double haine contre ces barbares et contre ces ariens. Quant à l'exarque que l'empereur d'Orient avait chargé du gouvernement de ses provinces d'Italie, et investi du commandement immédiat sur les ducs et les comtes militaires de Naples, de Rome, de Gênes, etc., il ne pouvait guère désormais faire sentir son autorité sur la rive occidentale de l'Italie, relégué qu'il était à Ravenne, et séparé de Rome par la domination lombarde qui avait gagné Spolète.

C'est dans cette situation favorable, quoique dangereuse à certains égards, que parut Grégoire le Grand (590-604). Descendant de la noble famille Anicia, Grégoire ajoutait à la distinction de sa naissance les avantages du corps et de l'esprit. A moins de trente ans il était préfet de Rome, mais, au bout de quelques mois, il abandonnait les honneurs et le soin des choses mondaines pour se retirer dans un cloître. Sa réputation ne lui permit pas de garder cette obscurité. Envoyé à Constantinople, vers 579, comme secrétaire, puis comme apocrisiaire (sorte de grand aumônier) par le pape Pélage II, il rendit de grands services au saint-siége dans ses rapports avec l'empire et dans ses luttes contre les Lombards. En 590, le clergé, le sénat et le peuple l'élevèrent d'une commune voix au souverain pontificat, en remplacement de Pélage. Comme toute élection devait encore être confirmée par l'empereur de Constantinople, Grégoire lui écrivit pour le supplier de ne pas sanctionner la sienne; mais on intercepta sa lettre, et bientôt arrivèrent les ordres de Maurice qui ratifiaient l'élection. Grégoire se cacha : on le découvrit, et on le ramena à Rome.

Devenu pape malgré lui, il se servit de son pouvoir pour fortifier la papauté, propager le christianisme, améliorer la discipline et l'organisation de l'Église. Quoiqu'il se plaignît que l'épiscopat, et surtout le sien, fût moins « l'office d'un pasteur des âmes que celui d'un prince temporel, » il ne négligea pas la puissance temporelle du saint-siége. Il le fallait bien, puisque l'empereur protégeait si mal l'Italie que les soldats chargés de la défense de Rome contre les Lombards n'avaient pas de solde. Grégoire les paya, prit part lui-même aux travaux de la défense, et arma les clercs. Quand Agilulf, dont l'agression avait provoqué ces préparatifs, se fut retiré, Grégoire traita avec lui, au nom de Rome, malgré les réclamations de l'exarque.

Ainsi affermi par lui-même, il entreprit de propager le christianisme et l'orthodoxie, soit dans les limites, soit hors des limites de l'ancien empire romain. Dans ces limites, il y avait encore des païens, en Sicile, en Sardaigne, même aux portes de Rome, à Terracine, et sans doute aussi dans la Gaule, puisqu'on a une constitution de Childebert, datée de 554, qui porte en titre : « Pour l'abolition des restes de l'idolâtrie. » Il y avait des ariens tout près de Rome, les Lombards; par l'intermédiaire de la reine Théodelinde, Grégoire obtint que l'héritier du trône, Adelwald, fût élevé dans le catholicisme; dès 587, les Wisigoths d'Espagne, sous Récarède, s'étaient convertis.

Quant à la Grande-Bretagne, elle était encore tout entière païenne; Grégoire y envoya le moine Augustin avec quarante missionnaires romains (596). Ils débarquèrent dans l'île de Thanet et passèrent de là chez le roi de Kent, Éthelbert, qui leur permit de prêcher leur doctrine à Cantorbéry. De là, le christianisme se répandit rapidement vers le nord et l'ouest, et, en 627, il fut solennellement reconnu dans le Northumberland. Saint Augustin, archevêque de Cantorbéry, avait été nommé primat de la Grande-Bretagne par Grégoire le Grand, avec lequel il entretint une correspondance active que nous possédons.

Déjà était convertie l'Irlande, *l'île des Saints*, d'où partaient maintenant des moines pour aller à la conquête des barbares. A cette époque, saint Columban, ce moine qui gourmanda avec tant d'audace les crimes de Brunehaut, alla prêcher l'Évangile aux montagnards de l'Helvétie et fonder au milieu d'eux des abbayes entourées de cultures. Après lui, saint Rupert pénétra en Bavière et institua en ce pays l'évêché de Salzbourg.

Ainsi le christianisme reprenait son esprit de prosélytisme, et saint Grégoire y contribuait heureusement par les préceptes de douceur qu'il traçait à ses missionnaires, et par l'habileté avec laquelle il savait faciliter aux païens le passage au catholicisme; il écrit à Augustin : « Il faut se garder de détruire les temples des païens, il ne faut détruire que leurs idoles, puis faire de l'eau bénite, en arroser l'édifice, y construire des autels et y placer des reliques. Si ces temples sont bien bâtis, c'est une chose bonne et utile qu'ils passent du culte des démons au culte du vrai Dieu ; car, tant que la nation verra subsister ses anciens lieux de dévotion, elle sera plus disposée à s'y rendre, par un penchant d'habitude, pour adorer le vrai Dieu. »

A l'intérieur, Grégoire travailla avec succès, à coordonner les pouvoirs de l'Église, en faisant reconnaître au-dessus de tous celui du saint-siége. Nous le voyons accorder à l'évêque d'Arles le titre de vicaire des Gaules, correspondre avec Augustin, archevêque de Cantorbéry, pour la Grande-Bretagne, avec l'archevêque de Séville pour l'Espagne, avec celui de Thessalonique pour la Grèce, envoyer enfin des légats *a latere* à Constantinople. Dans son *Pastoral*, qu'il écrivait à l'occasion de son élection, et qui devint règle générale en Occident, il prescrivait aux évêques leurs devoirs, d'après les décisions de plusieurs conciles. Pour affermir la hiérarchie, il veillait à empêcher les empiétements des évêques les uns sur les autres : « Je vous ai donné la Bretagne à diriger spirituellement, écrit-il à l'ambitieux Augustin, et non les Gaules. » Il favorisa les monastères, s'occupa avec vigilance de la discipline, réforma le chant d'église et substitua au chant ambrosien, « qui ressemblait, selon un contemporain, au bruit lointain d'un chariot roulant parmi les cailloux, » celui qui porte son nom.

Rome, redevenue conquérante avec Grégoire le Grand, continua, après lui, de pousser plus loin ses conquêtes. Deux moines anglo-saxons, saint Wilfrid, évêque de Northumberland, et saint Willibrod, entreprirent à la fin du septième et au commencement du huitième siècle de convertir les pêcheurs sauvages de la Frise et de la Hollande ; puis vint, d'Angleterre encore, le plus illustre de tous ces missionnaires, Winfrid, que le pape surnomma Boniface pour indiquer son actif et bienfaisant apostolat. Grégoire II l'ayant nommé évêque de la Germanie (723), il parcourut la Bavière et y établit les diocèses de Frisingen, de Passau et de Ratisbonne. Lorsqu'en 746 le pape Zacharie rendit à l'église de Mayence la dignité de métropole, il en confia la direction à saint Boniface, qui fut dès lors, sous l'autorité du saint-siége, comme le primat de toute la Germanie. Saint Boniface périt assassiné par les païens de la Frise en 755.

La papauté s'affranchit de la souveraineté de Constantinople (726), mais invoque l'appui de Charles Martel.

Le pape devenait donc réellement le chef de la chrétienté. Cependant il était encore le sujet de l'empereur grec; mais d'une part son autorité croissant tous les jours, celle de l'empereur, au contraire, baissant, une rupture était inévitable. Déjà, vers la fin du septième siècle, comme le pape Sergius II refusait de reconnaître les canons du concile *in Trullo*, l'empereur Justinien II voulut le faire enlever de Rome; les soldats refusèrent d'obéir, Rome se souleva, tout l'exarchat fut en insurrection; les Vénitiens se créèrent un duc indépendant. C'était un commencement. En 726, l'empereur Léon l'Isaurien donna raison aux *Iconoclastes* (briseurs d'images), qui traitaient d'idolâtrie le culte rendu aux images, et rendit en leur faveur un édit qu'il voulut faire exécuter dans ses provinces d'Italie. Mais les images des saints étaient déjà très-chères aux Italiens. Rome se révolta encore. Grégoire II (713-731), ainsi soutenu par l'esprit public, et qui d'ailleurs devait à ses richesses et à ses bienfaits une grande popularité, écrivit à Léon l'Isaurien une lettre où l'on sent déjà quelque chose de Grégoire VII : « La puissance civile et la puissance ecclésiastique sont distinctes; le corps est assujetti à la première et l'âme à la seconde; le glaive de la justice est entre les mains du magistrat; mais un glaive plus formidable, celui de l'excommunication, appartient au clergé.... O tyran! vous nous attaquez à main armée; nus comme nous le sommes, nous ne pouvons qu'invoquer Jésus-Christ, le prince de l'armée céleste, et le supplier de vous envoyer un diable pour la destruction de votre corps et le salut de votre âme.... Les barbares se sont soumis au joug de l'Évangile, et seul vous êtes sourd à la voix du pasteur. Ces pieux barbares sont pleins de fureur; ils brûlent de venger la persécution que souffre l'Église en Orient. Renoncez à votre audacieuse et funeste entreprise, faites vos réflexions, tremblez et repentez-vous. »

Grégoire II fit suivre ces lettres d'un appel aux Vénitiens, aux Italiens de l'Exarchat, même aux Lombards. Les Romains chassèrent leur préfet impérial. En même temps Luitprand, roi des Lombards, envahissait l'Exarchat et mettait fin à la domination de l'empire grec dans le nord de l'Italie.

Mais le pape n'entendait pas que cette révolution fût pour l'Église de Rome un simple changement de maître. Grégoire II arrêta Luitprand en se rapprochant de la cour de Byzance, et, quand le roi lombard vint assiéger Rome, il réussit à l'éloigner. Le même danger reparut cependant sous son successeur Grégoire III (731-741), qui fit appel à ces pieux barbares dont Grégoire II avait menacé l'empire grec. C'étaient les Francs.

Les Carlovingiens et les papes s'étaient rencontrés en pays ennemi, chez des peuples à conquérir, sur un champ de bataille où les premiers combattaient avec l'épée, les seconds avec la croix. Les missionnaires qui partaient sous les auspices de Rome pour aller convertir les païens de Germanie se faisaient protéger par les armes de Charles Martel dont ils aidaient à leur tour le succès. Par là commença l'alliance des deux puissances suprêmes de l'Occident. En 741, deux nonces du pape Grégoire III apportèrent à Charles les clefs du sépulcre de saint Pierre avec d'autres présents et les titres de consul et de patrice : Grégoire le conjurait de venir le délivrer du roi des Lombards, Luitprand, qui menaçait vivement Rome. Charles n'eut pas le temps de faire cette expédition lointaine, mais son successeur l'accomplit.

Pépin le Bref (741-768).

A Charles Martel succédèrent (741) ses fils Carloman et Pépin. Son troisième fils, Grippon, qu'il avait d'abord exclu du partage, et à qui ensuite, au lit de mort, il avait fait une part, en fut dépouillé par ses frères, qui le poursuivirent partout où il alla chercher des armes pour soutenir ses prétentions, chez les Bavarois, chez les Saxons, chez les Aquitains, jusqu'à ce qu'il périt enfin, au bout de dix ans, en fuyant chez les Lombards.

Carloman avait l'Austrasie, Pépin la Neustrie. Comme leur père, ils firent de fréquentes expéditions au nord, à l'est et au sud : contre les Bavarois, les Alamans, les Saxons, dont plusieurs furent contraints de recevoir le baptême; contre les Aquitains, auxquels commandait Waïfre, depuis que son père Hunald s'était retiré dans un monastère, d'où nous le verrons bientôt sortir.

Carloman et Pépin essayèrent de réformer quelques-uns des abus qui s'étaient glissés dans l'Église. Deux conciles, réunis par Carloman, l'un en Germanie (742), l'autre, l'année suivante, à Leptines (près de Charleroi, en Belgique), rendirent des décrets pour l'abolition des pratiques superstitieuses et de quelques cérémonies païennes qui se perpétuaient; autorisèrent les concessions de biens ecclésiastiques par le *prince* aux gens de guerre, moyennant une redevance annuelle payée à l'Église; réformèrent les mœurs ecclésiastiques, interdirent aux prêtres de chasser et de courir les bois avec des chiens, des faucons, des éperviers; soumirent enfin tous les prêtres à l'évêque diocésain, avec l'obligation de lui rendre compte chaque année de leur foi et de leur ministère : dispositions propres à constituer la hiérarchie ecclésiastique et à donner au gouvernement de l'Église plus de régularité. Le concile de Soissons, convoqué par Pépin (744), prit à peu près les mêmes mesures.

Carloman quitta le siècle, en 747, et se retira au célèbre monastère italien du Mont-Cassin. Il avait recommandé en partant ses enfants à Pépin, leur oncle, qui les dépouilla et se fit seul maître de tout l'empire des Francs.

C'est alors que Pépin médita de prendre la couronne. Charles Martel avait laissé le trône vacant à la mort de Thierry IV (737), peut-être afin d'accoutumer les Francs à se passer des rois mérovingiens. En 742, Pépin, qui sans doute ne se sen-

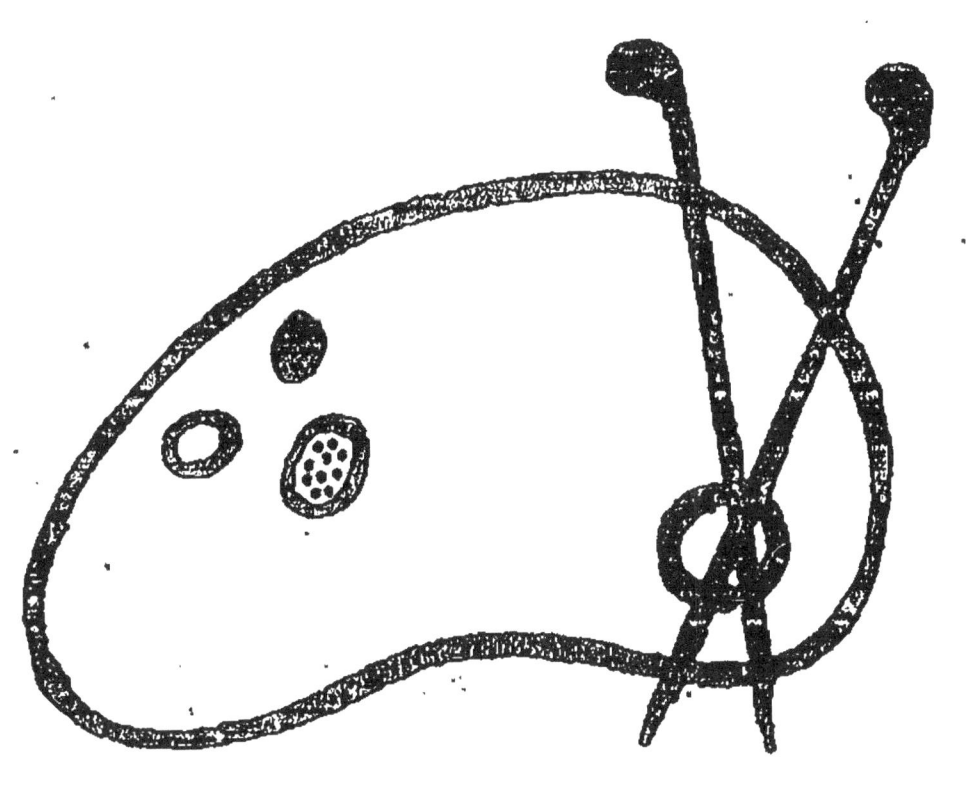

Original en couleur
NF Z 43-120-8

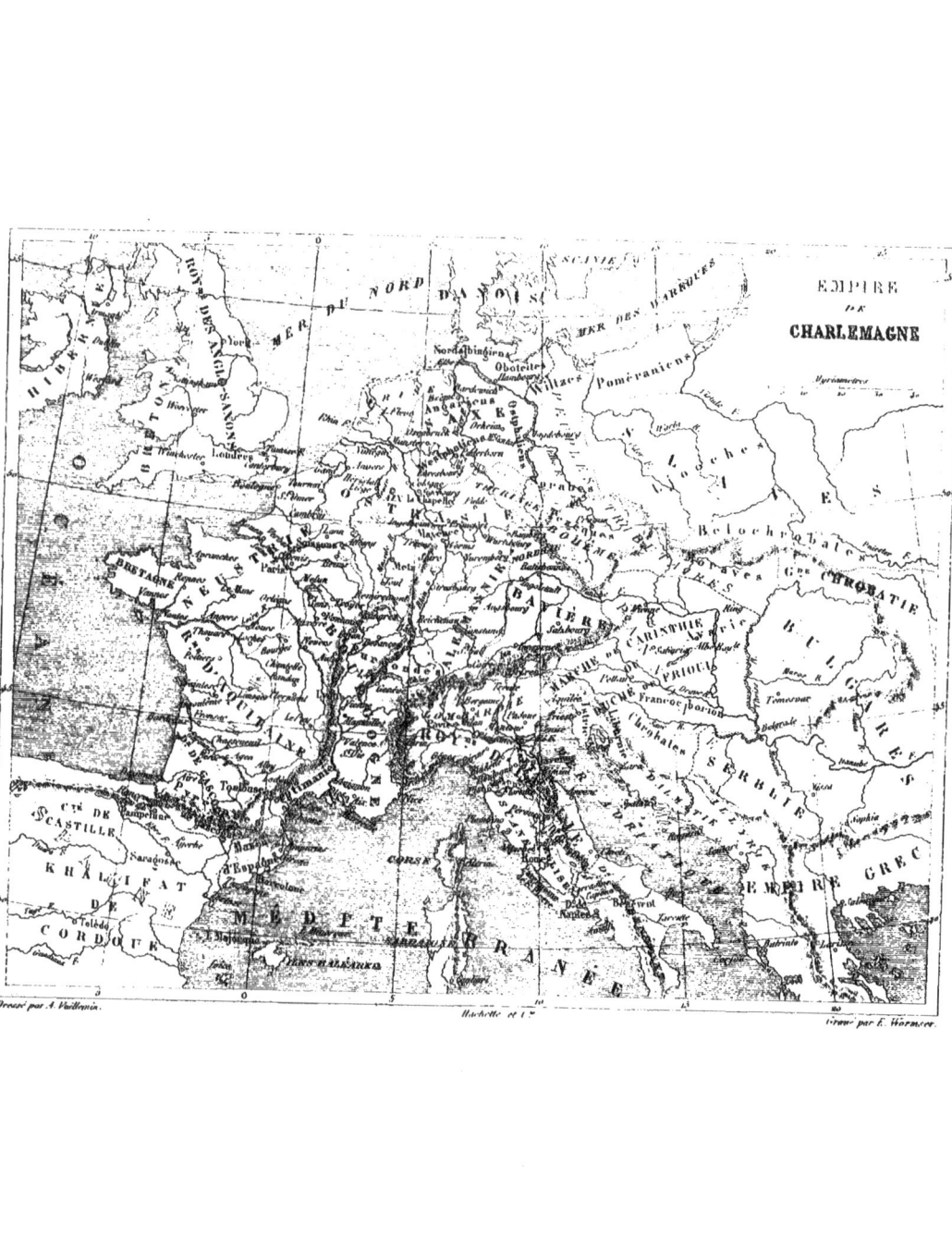

tait pas aussi affermi que son père, avait fait roi Childéric III. Le contraste de cette royauté imbécile et du génie des Carlovingiens dut saisir tous les esprits et y faire naître cette question que Pépin lui-même posa au pape Zacharie : « Qui doit être appelé roi, celui qui a le nom ou celui qui a la puissance? » Lorsque, à la sollicitation de ses envoyés, ce titre de roi lui fut offert par les grands de la nation, il sembla prêt à le refuser et feignit de ne vouloir s'en rapporter là-dessus qu'au souverain pontife. En conséquence, Burchard, évêque de Wurtzbourg, et Fulrad, abbé de Saint-Denis, furent députés à Rome pour consulter l'oracle, dont la réponse fut telle que Pépin la désirait. Au mois de mars de l'an 752, une assemblée réunie à Soissons le proclama roi. Childéric, en même temps, fut déposé, rasé et enfermé dans le monastère de Sithieu, où il mourut, l'an 755. Il laissa un fils, nommé Thierry, qui fut envoyé au monastère de Fontenelle, et élevé dans l'obscurité. Cette fin de la première dynastie de nos rois n'excita pas un regret ni une protestation.

Pépin fut sacré, une première fois, par Boniface, archevêque de Mayence, et une seconde fois, deux ans plus tard, par le pape Étienne II lui-même, qui vint en France et l'oignit de l'huile sainte, ainsi que ses deux fils, en prononçant l'excommunication contre quiconque, par la suite, élirait un roi des Francs issus d'une autre race.

Pépin recueillait le fruit de l'alliance des Carlovingiens avec les pontifes par cette sanction que l'autorité spirituelle donnait à son autorité temporelle. Il paya bientôt sa dette au pape, que le roi des Lombards, Astolphe, pressait vivement. Étienne II, pour le décider à franchir les Alpes, lui avait apporté le titre de patrice de Rome, titre qui était la plus haute dignité de l'empire, mais ne donnait aucun pouvoir. Il fit deux expéditions contre les Lombards, leur enleva la Pentapole avec l'Exarchat de Ravenne, et, malgré les réclamations de l'empereur d'Orient, en fit don à saint Pierre, ce qui devint l'occasion de la puissance temporelle des pontifes romains (754-6).

Pépin était le premier souverain de l'Occident. L'empereur de Constantinople, Copronyme, lui envoya des ambassadeurs qui lui portèrent les premières orgues à plusieurs jeux qu'on vit en France et lui demandèrent la main de sa fille Gisèle pour le fils de l'empereur : ils offrirent en dot l'Exarchat de Ravenne, ce qui était un moyen de le recouvrer sur le pape, et sans doute c'était là, au fond, le véritable but de l'ambassade. Pépin refusa.

Cependant il ne cessait pas ses travaux militaires : il vainquit de nouveau les Saxons, qu'une lutte demi-séculaire devait seule abattre tout à fait. Du côté de l'Aquitaine, ses coups furent tellement redoublés qu'ils furent décisifs. Il reprit d'abord la Septimanie sur les Arabes; puis, pendant huit années consécutives, il fit des invasions désastreuses dans le pays au sud de la Loire, où Waïfre se défendait avec un courage indomptable. Enfin ce brave chef fut assassiné (768) et l'Aquitaine soumise.

La même année, Pépin mourut d'hydropisie, laissant à ses deux fils, Charles et Carloman, l'empire des Francs reconstitué, le pouvoir royal rajeuni, raffermi, et doublement appuyé sur la force matérielle et sur l'autorité spirituelle.

Le partage de sa succession entre ses deux fils menaçait l'empire naissant. Mais Carloman mourut au bout de trois ans, ce qui rétablit l'unité et permit à son frère Charles de devenir Charlemagne.

CHAPITRE IX.

CHARLEMAGNE; UNITÉ DU MONDE GERMANIQUE, L'ÉGLISE DANS L'ÉTAT 768-814

Réunion et tentative d'organisation de tout le monde germanique par Charlemagne. — Guerres contre les Lombards (771-776). — Guerres contre les Saxons (771-804). — Guerres contre les Bavarois (788), contre les Avars (788-796) et contre les Arabes d'Espagne (778-812); étendue de l'empire. — Charlemagne empereur (800). Résultats de ses guerres. — Gouvernement. — Réveil littéraire : Alcuin.

Réunion et tentative d'organisation de tout le monde germanique par Charlemagne.

L'œuvre seulement ébauchée par Charles Martel et Pépin, Charlemagne l'agrandit et l'acheva. Non-seulement il eut plus de génie que son père et son aïeul, mais les circonstances lui furent bien plus favorables. Né sur le trône, tandis qu'ils n'en avaient d'abord occupé que les marches, héritier d'un pouvoir accepté depuis seize ans par la nation, et dégagé soit des soucis qui précèdent, soit des dangers qui suivent une usurpation, il régna presque un demi-siècle et eut le temps de poursuivre ses plans jusqu'au bout. Ces plans consistèrent, d'une part, dans la réunion en un seul empire de tout le monde germanique, par l'absorption ou l'anéantissement des nationalités demeurées distinctes ; de l'autre, dans l'organisation intérieure de cet empire, dans des efforts faits pour lui donner une vie régulière, et une vie intelligente et civilisée, en quoi surtout Charlemagne dépassa de beaucoup tous les souverains barbares qui l'avaient précédé, sans excepter même Théodoric.

Sur tous les points où ses deux prédécesseurs avaient fait

la guerre, Charlemagne la fit aussi et l'épuisa. Il mesura à l'opiniâtreté de la résistance l'opiniâtreté de ses attaques. La frontière orientale était la plus menacée par les Saxons, les Danois, les Slaves, les Bavarois, les Avars : il fit dix-huit expéditions contre les Saxons, trois contre les Danois, une contre les Bavarois, quatre contre les Slaves, quatre contre les Avars. Il en fit sept contre les Sarrasins d'Espagne, cinq contre les Sarrasins d'Italie, cinq contre les Lombards, deux contre les Grecs. Si l'on y ajoute celles qu'il dirigea contre quelques peuples déjà compris dans l'empire franc, mais mal soumis, savoir une contre les Thuringiens, une contre les Aquitains, deux contre les Bretons, on arrive à un total de cinquante-trois expéditions que Charlemagne conduisit pour la plupart en personne et qui dénotent sa prodigieuse activité. L'État de Pépin se trouva doublé. On n'en a pas moins voulu faire de Charlemagne un sage couronné, un prince pacifique qui ne s'était armé que pour se défendre. Rendons-lui sa vraie et rude figure. Il n'avait nulle invasion à craindre. Les Arabes étaient divisés, les Avares affaiblis, et les Saxons impuissants à faire une guerre sérieuse hors de leurs forêts et de leurs marécages. S'il a conduit des Francs au delà de leurs frontières, c'est qu'il a eu, comme tant d'autres, l'ambition de commander à plus de peuples et de laisser un nom retentissant dans la mémoire des hommes.

Guerres contre les Lombards (771-776).

Le royaume des Lombards était habituellement le refuge des princes francs déshérités, et de quiconque faisait résistance aux Carlovingiens. Mais si les Francs avaient un ennemi redoutable en Italie, ils y avaient aussi un bien précieux allié : le pape, uni avec eux d'intérêt, connaissait soit par lui-même, soit par ses nombreux subordonnés des églises d'Italie, tous les moindres mouvements qui se faisaient dans la péninsule, et avertissait le roi franc, dès que quelque danger visible ou caché y menaçait leur cause commune. Demeuré seul maître en 771 par la mort de son frère Carloman, Charlemagne avait pris possession du royaume vacant d'Austrasie, au préjudice de ses neveux, qui s'étaient réfugiés à la cour de Didier, roi des Lombards. Le vieil Hunald, ancien duc d'Aquitaine, et sorti de son couvent après l'assassinat de Waïfre pour le venger, s'y était aussi rendu. Tandis que Charles battait une première fois les Saxons, des lettres d'Adrien Ier et de l'archevêque de Ravenne lui apprirent aux bords du Wéser que Didier, sur le refus du pape de couronner les fils de Carloman roi d'Austrasie, venait d'envahir l'Exarchat. Charlemagne, ayant sommé vainement le roi lombard de rendre au saint-siége les domaines de saint Pierre, passa les Alpes (773), battit l'ennemi et occupa toute la Lombardie. Hunald fut tué, Didier se fit moine, les fils de Carloman furent jetés dans un monastère, et le vainqueur entra triomphalement à Rome, où il confirma au pape la donation de Pépin. Lui-même prit le titre de *roi des Lombards*, ce qui lui donnait toute la haute Italie, en même temps que celui de *patrice* lui assurait la souveraineté sur Rome et sur tous les domaines cédés au saint-siége (774). Deux ans après, Adelgise, fils de Didier, soutenu par la cour de Constantinople, et ligué avec les ducs de Bénévent, de Frioul et de Spolète, ayant essayé de soulever l'Italie, Charlemagne, de nouveau vainqueur, en prit occasion pour substituer partout des officiers francs aux ducs lombards, excepté à Bénévent, dont le duc resta indépendant, à la condition de payer un tribut, qu'il ne paya que quand une armée vint le lui demander. Toutefois il laissa leurs lois aux Lombards, comme il fit, en général, à l'égard de tous les peuples qu'il soumit (776).

Guerres contre les Saxons (771-804).

Charles fit dans le même temps la guerre de Saxe. Commencée en 771, cette guerre ne se termina qu'en 804 : c'est trente-trois ans de durée. Les Lombards étaient un peuple déjà usé; les Saxons, un peuple tout jeune. Si les Austrasiens se distinguaient des Neustriens par la rude barbarie qu'ils avaient conservée sur les bords du Rhin, les Saxons l'avaient entretenue bien plus vivace encore sur les rives du Wéser et de l'Elbe. Ils occupaient par tribus le pays que baignent vers leur embouchure ces deux fleuves germaniques : Westphaliens à l'ouest, Ostphaliens à l'est, Angariens au sud, et Nordalbingiens sur la rive droite de l'Elbe. En plein huitième siècle, ils étaient encore ce qu'étaient les Germains d'Hermann ; et Hermann, le héros de l'indépendance teutonique, était, en effet, l'objet de leur adoration dans l'idole appelée Irminsul (Hermann Saüle).

Cette religion de l'indépendance les rendait difficiles à convertir. Saint Libuin, qui leur prêchait l'Évangile, sans avoir assez de patience pour les y gagner lentement, pensa donner plus de poids à sa parole en les menaçant de l'épée de Charlemagne ; ils s'indignèrent et détruisirent l'église de Deventer dont ils égorgèrent les néophytes. Charlemagne entra aussitôt en campagne pour les venger, prit Ehresbourg et fit briser l'Irminsul. De ses débris sortit Witikind, l'Hermann d'un autre âge. Charlemagne ne s'éloigna plus une seule fois du pays des Saxons sans qu'il y éclatât une révolte, signalée par la destruction des églises.

Aux campagnes de 774 et de 776 en Italie succéda une série d'expéditions contre les Saxons ; la première fois, il les vainquit sur le Wéser, la seconde près des sources de la Lippe, et cette fois il ne négligea rien pour les enchaîner à l'obéissance. Des forteresses et des garnisons dans le pays conquis, l'obligation de recevoir le baptême, le serment exigé de tous dans une grande assemblée à Paderborn (777), de le reconnaître pour souverain, de lui payer un tribut et de n'opposer aucun obstacle à la propagation du christianisme, étaient autant d'entraves matérielles et morales. Elles furent pourtant impuissantes. Witikind n'avait rien juré ; au lieu de paraître à Paderborn, il s'était dérobé dans les profondeurs de la Germanie et ne se remontra que pour pousser le cri de guerre (778). Déjà il atteignait les bords du Rhin et Coblentz ; les Austrasiens et les Alamans l'arrêtèrent, tandis que Charlemagne accourait. Vainqueur à Buckholz (779), Charlemagne reçut la soumission des tribus établies à l'ouest de l'Elbe (780), et augmenta la rigueur de ses mesures. Dix mille familles saxonnes furent transportées en Belgique et en Helvétie.

Privés de leurs assemblées, de leurs juges, les Saxons furent soumis à des comtes francs, et leur territoire « fut partagé entre les évêques, les abbés et les prêtres, à condition d'y prêcher et d'y baptiser. » En installant, pour ainsi dire, des garnisons religieuses parmi ce peuple, Charlemagne espérait en devenir bien plus maître que par la présence des garnisons militaires. Alors furent établis les évêchés de Minden, Halberstadt, Verden et Brême. Plus tard Charlemagne fonda encore ceux de Munster, d'Hildesheim, d'Osnabrück et de Paderborn, de sorte qu'il y eut dès son règne huit évêchés en Saxe.

Cependant la guerre n'était pas finie. Witikind, réfugié chez les Danois, rapporta à ses compatriotes le feu du patriotisme et de la vengeance ; il battit encore les généraux francs. Cette fois, Charlemagne terrifia la Saxe ; il se fit livrer 4000 des guerriers qui avaient combattu, et dépassant toutes ses sévérités antérieures, les fit égorger à Verden. Ce terrible massacre excita une insurrection désespérée. Il fallut deux victoires de Charlemagne, à Detmold et à Osnabrück, une autre de son fils Charles, et un hiver passé en armes dans les neiges de la Saxe, pour triompher de l'opiniâtreté de Witikind, qui enfin, resserré et n'espérant plus rien, consentit à se soumettre et à recevoir le baptême (784). Il disparaît alors de la scène.

Son peuple eut plus de persévérance. En 792, les Saxons se révoltent encore et surprennent dans une embuscade un corps de soldats francs. Charlemagne, allié aux Obotrites, placés derrière eux sur l'autre rive de l'Elbe, les fait attaquer par deux côtés à la fois, ravage leur pays, et passe l'hiver au milieu d'eux, sur le Wéser. En 798, ses commissaires chargés de lever le tribut, sont égorgés ; il retourne sur leur territoire, l'inonde de sang ; ce n'est qu'en 804 que leur soumission paraît assurée.

Toutefois, malgré leur affaiblissement, Charles n'osa faire peser sur eux de lourds tributs ; il ne maintint que la dîme, leur laissa leurs coutumes, en leur donnant des juges francs ; mais conserva les lois qu'il leur avait imposées en 780, et qui punissaient de mort toute infraction aux devoirs religieux, même un simple jeûne négligé. Aussi les plus opiniâtres préférèrent s'enfuir chez les Slaves et les Danois plutôt que de se résoudre à ce mensonge, et l'on peut regarder comme un prolongement de la guerre de Saxe les incursions que les Slaves tchèques et les Wiltzes, de 806 à 812, et les Danois, sous leur roi Godfried (808-811), firent sur le territoire de l'empire. Les lieutenants de Charlemagne les repoussèrent, mais il leur fallut aller jusqu'à l'Oder pour arrêter les Slaves et jusqu'à l'Eyder pour fermer aux Danois l'entrée de l'Allemagne, ce qui n'empêcha pas les hommes du nord, les Northmans, de faire, sous son successeur, une autre et plus terrible guerre.

Guerres contre les Bavarois (788), contre les Avars (789-796) et contre les Arabes d'Espagne (778-812); étendue de l'empire.

Avant les Saxons, les Bavarois avaient été soumis. C'était le plus puissant et le plus inquiet des peuples tributaires, celui qui, par sa position, servait de lien aux coalitions des peuples du nord et du midi. Tassillon, leur duc, appartenait aux Agilolfinges, une de ces vieilles et illustres familles souveraines, comme il s'en trouvait chez la plupart des peuples germains, et qui voyaient avec dépit l'élévation récente des Héristals. En 787, année où Charlemagne eut à combattre non pas chaque peuple isolément, mais une ligue de presque toute l'Europe, le duc lombard de Bénévent et la cour de Byzance entraînèrent Tassillon, qui lui-même entraîna les Avars et excita les Saxons, tandis que dans le midi les Arabes étaient également engagés à prendre les armes. Cette fois encore, ce fut le pape Adrien qui instruisit Charles de ce vaste complot. Charlemagne, après avoir fait rentrer les Lombards dans l'obéissance, marcha contre les Bavarois qui n'osèrent résister, s'avança jusqu'au Lech, et envoya au monastère de Jumiéges le descendant des Agilolfinges, qui s'était déjà antérieurement rendu coupable d'*hérisliss*, c'est-à-dire d'avoir abandonné l'armée des Francs dans une expédition contre les Aquitains (788). Quant à la Bavière, elle fut divisée en comtés.

Puisque les Avars s'étaient alliés avec Tassillon, il fallait qu'ils fussent châtiés comme lui. Cette nation, sœur des Huns, avait paru vers le milieu du sixième siècle en Europe, sur les bords du Don, et, peu de temps après, sur ceux du Danube. Ils s'étaient emparés de la Dacie, avec la Pannonie, et sous leur chef Baïan avaient menacé Constantinople, qu'Héraclius sauva (626). Leur capitale, simple camp retranché, immense, rempli des dépouilles du monde, le *Ring*, était située dans les marécages, entre le Danube et la Theiss, non loin des lieux où s'était élevé le village royal d'Attila. Charlemagne voulut faire disparaître des frontières de son empire cette menace perpétuelle d'une invasion hunnique. Il attaqua les Avars avec trois armées et sans succès (788). Ce ne fut qu'en 796, après de sanglants combats qui dévastèrent la Pannonie, que les discordes intérieures des Avars donnèrent la victoire aux Francs, et que Pépin, fils de Charlemagne, prit possession du *Ring*. Les débris de ce peuple demeurèrent dans les mêmes lieux, sous des chagans indigènes, qui s'engagèrent à payer tribut et à recevoir le baptême. « Les Francs, dit Éginhard, rapportèrent de là des trésors si grands que jusqu'alors on pouvait les regarder comme pauvres, mais qu'après cette guerre ils purent se dire riches. »

Charlemagne fit au sud ce qu'il faisait à l'est; il marcha en avant, au delà même des limites qu'il eût été prudent de conserver. Charles Martel s'était borné à repousser l'invasion des Arabes, Charlemagne la leur rendit. En 778, les émirs de Saragosse et d'Aragon, qui refusaient de reconnaître Abdérame et le khalifat de Cordoue, l'appelèrent à leur secours. Il entra en Espagne, par Saint-Jean-Pied-de-Port, tandis qu'une autre armée y pénétrait par la Catalogne. Pampelune et Saragosse furent prises, les deux armées se joignirent; mais l'esprit hostile qui animait les Vascons des Pyrénées rappela le conquérant. Il repassa ces montagnes, et c'est alors que son arrière-garde, surprise dans la vallée de Roncevaux par les Vascons unis aux musulmans, fut massacrée avec Roland, comte de la frontière de Bretagne, ce fameux héros d'épopée plutôt que d'histoire. Charlemagne vengea son neveu et fit pendre Lupus, duc des Vascons. Mais les armes des Francs avaient éprouvé là un échec qui ne fut réparé que plus tard.

En 793, les Arabes envahirent même la Septimanie, et il fallut près de vingt ans de guerre soutenue par Louis, fils de Charlemagne qu'il avait fait roi d'Aquitaine, pour établir les Francs de l'autre côté des Pyrénées. Barcelonne et Tortose ayant été prises, une partie du bassin de l'Èbre leur fut enfin soumise en 812. Dans le même temps, les vaisseaux francs défendaient contre les Sarrasins les îles Baléares, qui avaient invoqué la protection de Charlemagne, et prenaient momentanément possession de la Sardaigne et de la Corse, exposées aux attaques des pirates de la même nation.

Par ces guerres, la puissance des Francs s'était répandue dans tous les sens. Toute la race germanique, sauf les Anglo-Saxons et les Northmans de la Péninsule Cimbrique, était réunie en un seul faisceau, depuis que les Saxons et les Lombards y avaient été rattachés. Toutes les races étrangères et hostiles, slaves, avares et arabes, étaient ou détruites ou refoulées. La confusion du monde barbare était coordonnée; la multiplicité des dominations était simplifiée, et le théâtre de l'histoire présentait un aspect plus facile à saisir. On n'y trouvait plus en effet que quatre grands empires : celui de Charlemagne, celui de Constantinople, celui de Bagdad et celui de Cordoue, qui se partageaient les trois parties du monde alors connu. L'empire de Charlemagne avait pour frontières au nord et à l'ouest l'Océan, depuis l'embouchure de l'Elbe jusqu'à la rive espagnole du golfe de Gascogne; au sud les Pyrénées, et, en Espagne, une partie du cours de l'Elbe; en Italie, le Garigliano et la Pescara, moins Gaëte, qui appartenait aux Grecs, et Venise, qui tenait à ne reconnaître que la suzeraineté nominale de Constantinople; enfin, en Illyrie, la Cettina ou la Narenta, moins les villes de Trau, Zara et Spalatro, que le traité de 804, après une guerre maritime de quelques années, laissa à l'empire grec. A l'est la frontière était marquée : en Illyrie, par le cours de la Bosna et par celui de la Save jusqu'à son confluent avec le Danube; en Germanie, par la Theiss, depuis son confluent avec le Danube jusque vers le point où elle reçoit l'Hermath. De là, la frontière tournait à l'ouest, en suivant, à travers la Moravie, une ligne à peu près à égale distance du Danube et des monts

Krapaks, jusqu'aux montagnes de Bohême, qu'elle laissait à l'est pour regagner au nord la Saale, puis le cours de l'Elbe, gardé par huit forteresses, et celui de l'Eyder.

Tout ce qui était dans ces limites reconnaissait la souveraineté directe de Charlemagne. Les Thuringiens, qui se révoltèrent une fois, les Aquitains, que Charlemagne avait trouvés en révolte à son avénement, avaient été décidément soumis. Mais, hors de l'enceinte que nous venons de décrire, d'autres peuples, seulement tributaires, formaient autour de l'empire carlovingien une zone protectrice. Tels étaient les Navarrais, les Bénéventins, les Saxons nordalbingiens, les Obotrites, les Wiltzes, les Sorabes, tous surveillés avec soin par les comtes des frontières. La Bretagne et la Bohême avaient été ravagées, non conquises.

Charlemagne, empereur (800). Résultats de ses guerres.

Le maître de ce vaste empire n'avait pas voulu se contenter du titre barbare de roi. Depuis l'an 800, il était empereur. Comme il était à Rome cette année-là, pendant les fêtes de Noël, et qu'il priait dans l'église où le pape Léon III disait la messe, en présence d'une grande foule, il sentit se poser sur sa tête une couronne : c'était celle de l'empire que le pape lui donnait. Sans doute cela était convenu d'avance, et ces deux grands personnages n'avaient pas manqué d'agiter, dans leurs longues conférences, cette question de la restauration de l'empire d'Occident, si grave pour l'avenir de l'Europe. Toutefois Charles feignit la surprise pour donner le change à ses Austrasiens, qui ne pouvaient voir favorablement un retour si complet aux souvenirs romains. C'était la conclusion dernière de cette alliance qui unissait depuis si longtemps les Carlovingiens et les pontifes de Rome. Charlemagne méritait bien cette récompense, lui qui avait non-seulement un grand empire germanique, mais encore un grand empire orthodoxe; qui avait vaincu les Lombards ennemis de Rome, les Avars païens, les Arabes musulmans, les Saxons idolâtres, et toujours associé le triomphe du catholicisme à celui de sa propre cause ; qui enfin, dans ce moment même, n'était venu à Rome que pour protéger de son autorité de patrice le pontife récemment victime d'un complot dans sa ville même. Ce rôle de bienfaiteur, et la puissance sans égale dont il disposait, ne permettaient pas que le pontife, qui lui donnait une couronne, tirât de cette circonstance aucun droit de suprématie. Charlemagne succéda simplement à toutes les prérogatives des empereurs, et à ce titre domina dès lors l'Italie et l'Église.

On vit de nouveau à Rome un préfet impérial, des juges impériaux. Charles y fit des lois, rendit la justice, confirma, comme l'empereur de Constantinople le faisait auparavant, l'élection du pape, et rien au temporel ne distingua l'Église de Rome des autres églises de la catholicité, si ce n'est que le saint-siége avait l'administration et les revenus de plus grands domaines. L'Église était donc rentrée dans l'État, comme au temps des empereurs romains et grecs.

Toutefois, il y avait à ce don de la couronne impériale par le pape un danger pour l'avenir. En effet, quand l'unité politique eut péri, et que l'unité religieuse subsista seule, non-seulement les papes se mirent en dehors de l'État, ils prétendirent le dominer et disposer toujours de ce qu'ils avaient donné une première fois. Alors on vit éclater cette grande querelle des papes et des empereurs qui remplit le moyen âge.

Quant à l'Italie, elle perdit par la conquête de Charlemagne sa nationalité. Les Césars allemands ayant hérité de ce titre d'empereur, regardèrent toujours la péninsule comme une de leurs provinces.

Dans les conquêtes de Charlemagne, il y en a de durables, il y en a d'éphémères ; les unes sont utiles, les autres ne le sont pas. Tout ce qu'il tenta au delà des Pyrénées avorta. Le comté de Barcelone, qu'il rattacha à la France, ne nous est pas resté, et, de la marche de Gascogne, il ne nous est revenu que ce que la nature elle-même nous donnait sur le versant septentrional des Pyrénées. Mieux eût valu qu'il eût dompté les Bretons, de manière à les faire entrer plus tôt dans la vie et dans la nationalité françaises, au lieu de se contenter d'une soumission précaire. La conquête du royaume des Lombards ne profita ni à la France, ni à l'Italie, mais au pape, dont elle releva la position politique et dont elle assura, pour l'avenir, le pouvoir temporel. Le pays pour qui ces longues guerres eurent le plus heureux résultat, fut celui qui en souffrit le plus, l'Allemagne. Avant Charlemagne, l'Allemagne était encore la Germanie, c'est-à-dire un chaos informe de tribus païennes ou chrétiennes, mais toutes barbares, ennemies les unes des autres, sans lien qui les unît. Il y avait des Francs, des Saxons, des Thuringiens, des Bavarois. Après lui, il y eut un peuple allemand, et il y aura un royaume d'Allemagne. C'est une grande gloire que d'avoir créé un peuple ; cette gloire, peu de conquérants l'ont su trouver, car ils détruisent bien plus qu'ils ne fondent.

Le nom de Charlemagne remplissait le monde. Ce n'était pas un vain titre qu'il avait pris à Rome : il était bien l'empereur de l'Occident. Éginhard nous le montre dans son palais d'Aix-la-Chapelle, sans cesse entouré de rois ou d'ambassadeurs arrivés des plus lointains pays. Egbert, roi des Anglo-Saxons de Sussex, Éardulf, roi du Northumberland, venaient à sa cour. Le roi des Asturies, celui d'Écosse ne s'appelaient jamais, en lui écrivant, que ses fidèles, et le premier lui rendait compte de toutes ses guerres et lui offrait une part du butin. Suivant ce proverbe grec qui subsiste encore, dit Éginhard : « Ayez le Franc pour ami, non pour voisin, » les empereurs de Constantinople traitèrent avec lui, et en lui reconnaissant le titre de *Basileus*, consentirent à voir en lui un empereur, un souverain égal à celui de Byzance. Il eut aussi des rapports d'amitié avec le khalife de Bagdad : le grand Haroun-al-Raschid était fait pour le comprendre, et d'ailleurs avait intérêt à s'allier avec l'ennemi des khalifes de Cordoue. Haroun lui envoya les clefs du Saint-Sépulcre, où déjà se rendaient les pèlerins. Une horloge à roue, d'un travail merveilleux, des tentes de soie, des parfums d'Arabie, des singes du Bengale, étonnèrent les barbares d'Occident : « Le Perses, les Mèdes, les Indiens, les Élamites, tous les Orientaux, dirent à Charlemagne les ambassadeurs musulmans, vous redoutent plus que notre maître Haroun. »

Gouvernement.

Cette grandeur de l'empire carlovingien n'était pas due seulement aux victoires, mais à la sagesse d'un gouvernement habile. Charlemagne avait reconnu de bonne heure que la vaste étendue de ses domaines et l'esprit particulier des diverses populations exigeaient le partage de l'autorité. Tandis qu'il demeurait le chef suprême de la race germanique et surtout de la victorieuse nation des Austrasiens, dont il continua de parler la langue, de porter les vêtements et d'habiter le pays, d'ailleurs le plus central de son empire (Aix-la-Chapelle fut sa résidence de prédilection), il fit sacrer ses fils, Pépin et Louis, roi d'Italie et d'Aquitaine, en 781. L'an 806, il arrêta dans la diète de Thionville, sous forme de testament, un partage entre ses trois fils, Charles, Pépin et Louis; les deux premiers l'ayant précédé au tombeau, il fit un partage nouveau en 813, par lequel Bernard, fils de Pépin, fut roi d'Italie; Louis eut le reste avec le titre d'empereur. Mais ses fils, même rois, ne furent jamais que ses lieutenants.

Les assemblées nationales ne furent plus aussi que le conseil du souverain, et, comme elles n'étaient auparavant que des réunions militaires, violentes et sans instruction, c'était un bien de leur avoir retiré le gouvernement en leur laissant le conseil. Les évêques, les leudes, les hommes libres, les agents impériaux s'y rendaient de toutes les extrémités de l'empire et venaient instruire l'empereur de ce qui se passait dans leurs provinces. C'était l'usage de convoquer chaque année deux de ces assemblées, quoiqu'on n'en trouve que trente-cinq expressément indiquées par les chroniqueurs. Le lieu de la réunion n'était point fixe, mais on venait trouver l'empereur là où l'appelaient les affaires du moment. Tandis qu'il se mêlait à la foule accourue, dont il recevait les présents, l'assemblée, composée des ducs, des évêques, des abbés et des comtes, avec douze hommes des plus importants de leur comté, en un mot, des grands de l'État, examinait, en son absence, les projets de loi qu'il avait préparés depuis la dernière réunion; et lui, ensuite, d'après les avis qu'il recueillait et qu'il était libre de suivre ou de rejeter, rendait ces Capitulaires que nous possédons, au nombre de 65, et qui contiennent 1125 articles. Toutes les matières du gouvernement civil et ecclésiastique y sont comprises. Non-seulement l'administration des provinces, mais la gestion des domaines de l'empereur, et même des bénéfices concédés, en sont fréquemment l'objet. Qui ne connaît, au moins par Montesquieu, ce capitulaire *De villis*, où il s'occupe de la vente des œufs et des légumes de ses domaines? Il ordonne, quelque part, de prendre garde qu'aucun de ses esclaves ne meure de faim, « autant que cela peut se faire avec l'aide de Dieu; » tous les propriétaires n'avaient pas la même sollicitude.

Quant aux affaires ecclésiastiques, il les traita souverainement, comme toutes les autres. A propos de la question du culte des images, il écrivit à son clergé : « J'ai pris place parmi les évêques comme arbitre; nous avons vu, et, par la grâce de Dieu, nous avons arrêté ce qu'il fallait croire. » Il avait décidé, il est vrai, comme l'orthodoxie, et plus tard le pape Adrien annula sa décision.

Un autre ressort du gouvernement central, par lequel l'empereur faisait partout sentir sa présence, c'était l'institution des *missi dominici*, envoyés impériaux qui se rendaient dans les provinces, et revenaient sans cesse auprès du trône. Ils allaient toujours deux par deux : un comte et un évêque, afin de se contrôler l'un par l'autre, de pourvoir aux besoins de la société laïque et de la société religieuse, et aussi pour associer les lumières à la force. Charlemagne donna une grande place aux évêques et aux clercs à tous les degrés de son gouvernement, parce que seuls alors ils avaient la science; mais sans jamais se laisser dominer par eux, comme fit son faible successeur. Les *missi dominici* devaient parcourir quatre fois par an leurs *légations*, qui comprenaient plusieurs comtés, le plus souvent douze, y présider les assemblées locales, y publier les Capitulaires et étendre sur toute chose et sur tout individu leur inspection.

Charlemagne laissa subsister presque en entier le mode d'administration des provinces établi sous les Mérovingiens : les *ducs*, les *comtes*, les *viguiers* ou *centeniers*, avec la charge de lever des troupes, de rendre la justice, de percevoir tout ce qui revenait au fisc. Les circonscriptions s'appelaient *comitatus* (comtés), *pagi* (pays) ou *centeni* (canton), district primitivement de cent feux.

Le service militaire continua d'être gratuit. Tout possesseur d'au moins douze arpents le devait; les possesseurs de biens meubles valant cinq sous d'or devaient se réunir six pour fournir un homme. Les évêques et les abbés furent exemptés, par le capitulaire de 803, du service militaire, mais à condition d'envoyer leurs hommes à l'armée.

La justice se rendait dans les assemblées provinciales, mais non plus par tous les hommes libres qui avaient cessé d'y paraître : un certain nombre de *scabini* (échevins), au moins sept, formaient un jury sous la présidence du comte ou du centenier. Les *missi dominici* recevaient appel de ces jugements, quand ils venaient tenir leurs assises dans le comté.

Il n'y avait plus, depuis le commencement du septième siècle, d'impôts publics; le roi ne recevait que ce qui lui était dû, comme propriétaire, par ses nombreux colons, les fruits et revenus de ses domaines, les services personnels et réels des comtes et des bénéficiers royaux, les dons gratuits des grands et les tributs des pays conquis. Les propriétaires étaient obligés de fournir les moyens de transport au prince, lorsqu'il passait, ou à ses agents; ils étaient chargés, en outre, de l'entretien des routes, des ponts, etc. L'armée s'équipait elle-même et vivait à ses frais, sans solde; la terre que le soldat avait reçue en tenait lieu.

Réveil littéraire : Alcuin.

Charlemagne a une autre gloire, c'est d'avoir relevé les lettres de leur abaissement, et cherché à faire disparaître de son empire l'ignorance que les barbares avaient partout répandue. Il écrivait difficilement, mais n'en était pas moins un des esprits les plus cultivés de son temps. Toutes les nations soumises à son pouvoir n'avaient point eu jusqu'alors de loi écrite; il ordonna de rédiger leurs coutumes. Il fit de même pour les poëmes barbares qui célébraient les exploits des anciens chefs. Il fit aussi commencer une grammaire de sa langue nationale et corriger, par des Grecs et des Syriens, les quatre Évangiles; il composa un traité sur les éclipses, sur les aurores boréales, et des poésies latines. On lit dans un de ses Capitulaires : « Ayant à cœur que l'état de nos églises s'améliore de plus en plus, et voulant relever par un soin assidu la culture des lettres, qui a presque entièrement péri par l'inertie de nos ancêtres, nous excitons, par notre exemple même, à l'étude des arts libéraux, tous ceux que nous pouvons y attirer. Aussi avons-nous déjà, avec le constant secours de Dieu, exactement corrigé les livres de l'ancienne et de la nouvelle alliance, corrompus par l'ignorance des copistes. » Il avait formé une espèce de petite académie appelée *École du palais*, dont il faisait partie, ainsi que ses trois fils, sa sœur, sa fille, et les principaux personnages de sa cour. Il y était surnommé David; Alcuin avait pris le nom de Flaccus; Angilbert celui d'Homère.

Alcuin, l'homme le plus remarquable de l'époque dans la littérature, fut son principal instrument pour cette grande tentative de restaurer les lettres. C'était un moine saxon que Charlemagne avait attiré à sa cour. Alcuin reçut de lui, en 796, la riche abbaye de Saint-Martin de Tours, dont les domaines renfermaient plus de 20 000 colons ou serfs, et où il se retira en l'année 800. Il nous reste de lui deux volumes in-folio qui renferment des ouvrages de théologie dont un réfutait les opinions de Félix d'Urgel sur la distinction des deux natures en Jésus-Christ, un traité de philosophie sur la nature de l'âme, des livres d'histoire et de poésie : le tout sans beaucoup d'originalité, car ce ne sont guère qu'emprunts faits à Boëce et aux Pères, mais avec un style supérieur par la précision aux écrivains de cet âge. Alcuin était vraiment un lettré, il connaissait Pythagore; il cite souvent Aristote, Platon, Homère, Virgile, Pline, et est un des plus notables représentants de la difficile alliance entre la littérature ancienne et l'esprit chrétien. Le monument le plus intéressant peut-être qu'il nous ait laissé, ce sont ses lettres, dont trente, adressées par ce faible Aristote à l'égal d'Alexandre, roulent sur des sujets de toutes sortes, la théologie, la grammaire, l'étymologie, l'astronomie, la chronologie, les écoles qu'ils s'efforçaient tous deux de restaurer et qui prospérèrent, en certains lieux, surtout à Tours, à Fulde, à Ferrières, à Fontenelle, sous la direction des élèves d'Alcuin. Dans le nombre de ces élèves fut Raban Maur, archevêque de Mayence.

Il faut encore nommer Leidrade, évêque de Lyon, Théodulf, évêque d'Orléans, Smaragde, abbé de Saint-Michel, Angilbert, abbé de Saint-Riquier, saint Benoît d'Aniane, qui fut en Aquitaine le second réformateur des ordres monastiques; Eginhard enfin, qui fut le secrétaire de Charlemagne, et qui écrivit son histoire et des annales de l'époque. Sa *Vie de Charlemagne* se signale par un art de composition et une manière d'envisager les choses qui est tout à fait remarquable pour le temps. Il y avait donc un progrès réel sur les deux siècles précédents qui n'avaient produit que des chroniques arides et des légendes grossières. C'est un premier réveil littéraire.

Mais ce brillant empire, cette vaste et sage organisation, cette civilisation renaissante allaient disparaître avec l'homme à l'existence duquel tout cela était attaché. En vain Charlemagne ranimait les lumières : ce n'étaient que des lueurs passagères au milieu d'une nuit profonde où tout allait rentrer. En vain il voulait créer le commerce et traçait de sa main le plan d'un canal qui devait faire communiquer le Danube et le Rhin : les âges de commerce et d'industrie étaient encore éloignés. En vain il luttait, dans ses capitulaires, contre la tendance des bénéficiers à transformer leurs bénéfices en alleux et à usurper sur tout : ces usurpations allaient se multiplier par la force des choses et produire la féodalité. En vain il avait réuni dans un seul empire tout le monde germanique : il sentait déjà se briser dans ses mains cet empire. En vain même il avait combattu à outrance les barbares demeurés en dehors : ils avaient des retraites dont son bras n'avait pu atteindre les profondeurs, et d'où ils sortirent avant sa mort pour attrister sa vieillesse par des présages douloureux. Il put voir les Northmans rôder autour de ses rivages, et fut contraint de prendre des mesures de défense contre ces ennemis qui ont tant aidé à renverser son empire.

LIVRE IV.

CHUTE DE L'EMPIRE CARLOVINGIEN; NOUVEAUX BARBARES
(814-887).

CHAPITRE X.

LOUIS LE DÉBONNAIRE ET LE TRAITÉ DE VERDUN
(814-843).

Fragilité de l'œuvre de Charlemagne. — Louis le Débonnaire (814-840);
sa faiblesse; partage de l'empire. — Révolte des fils de Louis le Débonnaire. — Bataille de Fontanet (841); traité de Verdun (843).

Fragilité de l'œuvre de Charlemagne.

Si, au contraire de la race arabe, la race germanique avait passé de la dispersion à l'unité, ce ne fut pas pour s'y arrêter longtemps. La réunion de l'Europe occidentale sous un seul maître ne fut qu'éphémère et disparut presque avec celui qui l'avait produite. Dans l'espace d'un siècle, l'empire carlovingien fut soumis au morcellement le plus complet, et n'eut rien à envier sous ce rapport à l'empire de l'Islam; si bien qu'à la place des grands blocs qui couvraient le sol de l'Europe, de l'Asie et de l'Afrique, à la fin du huitième siècle, on ne vit plus guère, cent ou cent cinquante ans après, que des grains de sable.

Des deux empires, celui qui avait le plus d'unité, réserve faite de l'étendue exagérée du territoire, était encore l'empire arabe. En effet, pendant un temps, cette unité fut à la fois politique, de religion, de lois et de langue. Le Coran portait tout cela en lui. L'empire de Charlemagne ne possédait que l'unité de religion et de gouvernement, et point l'unité de langue et de lois. Les Gallo-Romains et les Italiens parlaient la langue romane avec des nuances; les Germains parlaient la langue teutonique. Charlemagne laissa aux Lombards, aux Saxons, leurs lois particulières; les Francs saliens, les Ripuaires, les Alamans, les Bavarois avaient gardé les leurs.

Avec les lois particulières, Charlemagne avait laissé subsister les nationalités, ou du moins, si ce mot dit trop pour l'époque, il n'avait pas détruit l'esprit particulier et le goût d'indépendance de chacun des peuples groupés dans son empire. Ces peuples n'étaient pas mélangés et fondus ensemble; ils étaient seulement réunis en un faisceau dont le lien était la volonté de Charlemagne et sa forte administration : là résidait toute l'unité. Ce lien une fois coupé par la mort, et le faible successeur de Charlemagne s'étant trouvé incapable de le renouer, le faisceau se brisa, et chaque peuple s'isola. Mais cette révolution ne se fit pas sans luttes, car l'unité avait des partisans; et d'ailleurs ceux qui démolissaient le grand édifice de Charlemagne ne savaient trop ce qu'ils allaient faire des matériaux et sur quel plan serait bâtie l'Europe future. De là la confusion, les hésitations, les partages.

Les ambitions privées des princes de la famille impériale aidèrent au grand démembrement, tandis que celles des grands propriétaires et des gouverneurs impériaux favorisèrent le menu morcellement.

Dans ce conflit, l'Église soutint généralement la cause de l'unité; pourtant, comme l'aristocratie ecclésiastique avait à beaucoup d'égards, les mêmes intérêts que l'aristocratie laïque, on vit aussi des évêques dans le parti qui voulait la division.

Quant aux peuples, un seul réclamait l'unité : c'était celui qui avait triomphé avec les Carlovingiens, et qui avait porté, par la main de Charlemagne, le sceptre impérial, devenu le symbole de sa domination, les Austrasiens. Les autres, Welches ou Gallo-Romains à l'ouest, Teutons à l'est, réclamèrent leur indépendance et l'abolition de l'unité impériale qui consacrait leur défaite. « La supériorité de gloire dont brillait Charles, dit le moine de Saint-Gall, avait amené les Gaulois, les Aquitains, les Bourguignons, les Alamans, les Bavarois, à se glorifier, comme d'une grande distinction, de porter le noms de sujets des Francs. » Quand Charlemagne eut disparu avec sa gloire, tout ce qui colorait d'une apparence d'honneur leur asservissement, fut effacé.

Louis le Débonnaire (814-840) ; sa faiblesse ; partage de l'empire.

Le successeur de Charlemagne, Louis le Débonnaire, ne remplaça le prestige évanoui par aucun autre. On peut louer sa bonté, ses vertus, la pureté de ses mœurs, les efforts qu'il fit dès le début de son règne pour chasser de la cour les mœurs dissolues que Charlemagne avait laissées s'y introduire, pour rétablir la discipline parmi les moines et le clergé séculier; mais il n'avait pas la fermeté nécessaire pour maintenir son autorité. Il montra, dès le commencement, à l'égard du pape, une déférence que Charlemagne eût trouvée excessive. Il laissa Étienne IV (816) se faire élire et prendre possession du pontificat sans attendre son consentement, et se contenta d'excuses tardives; lorsque Étienne vint le sacrer en France, il lui permit de prononcer ces paroles qui décelaient la tendance du saint-siége à s'approprier la couronne impériale pour en disposer librement : « Pierre se glorifie de te faire ce présent, parce que tu lui assures la jouissance de ses justes droits. » La papauté travaillait déjà à sa seconde délivrance; elle voulait repousser l'autorité des empereurs d'Occident comme elle avait repoussé celle des empereurs d'Orient. Si Charlemagne avait jugé nécessaire de partager l'autorité avec ses fils à cause de l'étendue de l'empire, la même nécessité existait à plus forte raison pour Louis le Débonnaire.

Mais le partage qu'il fit de ses États (817) ne différait en rien de ceux qu'avait faits Charlemagne lui-même et ne paraissait mettre ni en doute ni en péril l'unité impériale. Deux royaumes subalternes, l'un d'Aquitaine, l'autre de Bavière, étaient créés pour Pépin et Louis, second et troisième fils de l'empereur; l'aîné, Lothaire, était associé à l'empire; Pépin et Louis ne pouvaient, sans son autorisation, ni faire la guerre, ni conclure un traité, ni céder une ville. Le roi d'Italie, Bernard, neveu de l'empereur, se révolta contre ce partage, mais fut réduit à se livrer lui-même, eut les yeux crevés et mourut de ce supplice. Son royaume fut donné à Lothaire.

Révoltes des fils de Louis le Débonnaire.

Ce partage était un acte de résistance aux besoins de démembrement, tout en leur donnant une demi-satisfaction. Dans le même temps, Louis combattait la tendance vers le morcellement intérieur, en s'efforçant de rattacher directement à l'empereur et de rappeler à la vie politique les simples hommes libres, dominés de plus en plus par les grands propriétaires et les gouverneurs de province. C'est ainsi qu'il exigea de tous le serment direct et qu'il ordonna que tous fussent consultés sur les dispositions nouvelles ajoutées à la loi.

Mais ces premiers efforts furent ensuite mal soutenus, et déjà, aux mouvements qui agitaient les extrémités de l'empire, on reconnaissait que Charlemagne n'était plus là mettant à tout sa forte main. Les Northmans redoublaient de ravages; les Slaves franchissaient l'Elbe; les Avares se soulevaient; les Croates devenaient indépendants; le duc de Bénévent refusait les tributs; les Sarrasins d'Afrique pillaient la Corse et la Sardaigne; ceux d'Espagne envahissaient la Septimanie et soutenaient une revolte de Vascons; les Bretons prenaient pour roi Morvan et envahissaient la Neustrie. Les Francs, il est vrai, ressaisirent presque partout l'avantage; Morvan en particulier fut tué, et Louis donna Noménoé pour duc aux Bretons.

Mais bientôt on connut la désolante faiblesse de l'empereur. « En 822, il convoqua une assemblée générale à Attigny et devant les évêques, les abbés, les grands de son royaume, il fit une confession publique de ses fautes et subit de son gré une pénitence pour tout ce qu'il avait fait, tant envers son neveu Bernard qu'envers les autres. » Quand Théodose s'humiliait à Milan devant saint Ambroise, il donnait au monde un grand spectacle, et se relevait plus fort après ce public aveu de sa faute. Louis sortit d'Attigny amoindri, dégradé, parce que c'était d'un corps politique, d'une autorité rivale de la sienne qu'il avait reçu son absolution. Chacun sut dès lors tout ce qu'on pouvait oser avec un tel homme.

Il avait épousé en secondes noces (819) la belle et savante Judith, fille d'un chef bavarois; il en eut un fils qu'il nomma Charles (823). Judith exerçait sur l'empereur et l'empire une influence qu'elle partageait avec son favori Bernard, duc de Septimanie, habile et intrigant. En 829, elle exigea de son époux qu'il fît une part à l'enfant qu'elle lui avait donné, et, en effet, dans la diète de Worms (829), Louis érigea pour son fils Charles un royaume composé de l'Alamannie, de la Rhétie, d'une partie de la Bourgogne, de la Provence et de la Gothie (Septimanie et marche d'Espagne).

Ce partage indisposa vivement les fils aînés de Louis, qui se trouvaient lésés, et les partisans de l'unité, qui voyaient compromises les bases de 817; les grands se joignirent à tous ces mécontents dans l'espoir de renverser l'influence de Judith et celle de Bernard qui s'appliquait à diminuer leur crédit. Dans une expédition contre les Bretons, à qui Noménoé venait de rendre l'indépendance, la révolte éclata. Lothaire, Pépin d'Aquitaine, Louis de Bavière, prirent les armes contre leur père, le firent prisonnier et l'enfermèrent, à Compiègne, avec des moines, pour que ceux-ci l'amenassent à embrasser de lui-même la vie monastique, en même temps qu'ils envoyèrent dans un couvent l'impératrice et son fils Charles (830). La constitution de 817 fut rétablie. Cependant Louis le Débonnaire obtint que l'assemblée générale de la nation qui devait statuer sur le nouvel état de choses, fût convoquée à Nimègue, au milieu des Germains en qui il se confiait. Sa confiance fut justifiée. Les Germains, venus à l'assemblée en plus grand nombre que les Francs Romains (830), le soutinrent ; un moine habile sema la discorde entre les trois frères, et le Débonnaire, redevenu le maître, confirma la donation qu'il avait faite à son quatrième fils. Il fit même plus en 833 ; mécontent des intrigues continuelles de Pépin, il lui enleva l'Aquitaine pour la donner encore à Charles.

Ce fut le signal d'une nouvelle révolte. Les fils de l'empereur marchèrent contre lui, emmenant avec eux le pape Grégoire IV, qui venait en France comme défenseur du partage de 817. Grégoire était-il pour l'unité ? Oui, mais pour celle qui résultait de l'acte de 817, c'est-à-dire pour un empereur faible en face duquel l'unité religieuse aurait bien plus de force. L'armée de Louis et celle de ses fils se rencontrèrent dans la plaine de Rothfeld, près de Colmar en Alsace (833) ; ses soldats l'abandonnèrent sans combattre ; trahison qui fit donner à l'endroit le nom de Lügenfeld, le *Champ de Mensonge*.

Les vainqueurs insultèrent à la vieillesse et à la dignité de leur père en le soumettant à une dégradation publique. On lui fit lire publiquement, dans l'église de Saint-Médard de Soissons, un long récit de ses fautes où il s'accusait d'avoir exposé le peuple à des parjures et l'État aux meurtres et aux pillages, en faisant, dans l'empire, des divisions nouvelles et en provoquant la guerre civile ; après quoi les évêques vinrent solennellement lui enlever son baudrier militaire et lui donner l'habit de pénitent.

Cette humiliation de l'empire, dans la personne de l'empereur, rendit à Louis des partisans. Sa pieuse résignation, la révoltante dureté de ses fils excitèrent la compassion des peuples. Les frères ne purent pas d'ailleurs s'entendre mieux que la première fois. Si Louis et Pépin ne voulaient pas être dépouillés au profit de Charles, ils ne consentaient pas à obéir à Lothaire, qui se proposait de maintenir l'unité du commandement impérial ; et ils trouvaient dans la répugnance de leurs peuples à rester enfermés dans l'empire un appui sûr et des forces dévouées. Ils vinrent donc tirer Louis du monastère où Lothaire le retenait, et lui rendirent le pouvoir (835); mais il ne voulut en reprendre les insignes qu'après en avoir reçu la permission des évêques.

L'empereur sorti du cloître, pour lequel il était fait, retomba dans les mêmes fautes. Sa prédilection aveugle pour son dernier né, lui fit oublier que la cause de tous ses malheurs était le partage qu'il avait fait de son vivant entre ses fils. En 837, il donna à Charles la Bourgogne, la Provence et la Septimanie. Le roi d'Aquitaine, Pépin, étant mort l'année suivante, les enfants qu'il laissait furent dépouillés et Charles eut encore cet royaume. Alors Louis le Germanique et Lothaire, qui étaient réduits, l'un à la Bavière, l'autre à l'Italie, reprirent les armes. L'empereur, pour n'avoir pas à les combattre tous deux, traita avec Lothaire (839). Il lui abandonna toutes les provinces à l'orient de la Meuse, du Jura et du Rhône avec le titre d'empereur; les provinces occidentales devant être le lot du fils de Judith, la Bavière celui de Louis le Germanique. Le dernier, soutenu de toute l'Allemagne, réclama contre ce partage injuste; et le vieil empereur consuma ses derniers jours dans cette guerre impie. Il mourut sur le Rhin, près de Mayence: « Je lui pardonne, disait-il aux évêques qui l'imploraient pour le rebelle, mais qu'il sache qu'il me fait mourir. » Le moyen âge, plus touché des vertus de l'homme que des défauts du prince, a été plein d'indulgence pour la mémoire du pieux et du débonnaire.

Bataille de Fontanet (841); traité de Verdun (843).

Lothaire succéda comme empereur à Louis le Débonnaire. Il réclama, dès son avénement, les droits de l'autorité impériale, et voulut, dans les États mêmes de ses deux frères, exiger le serment direct des hommes libres. Charles II (le Chauve) s'unit à Louis le Germanique pour repousser cette prétention et même la combattre par les armes, tandis que Lothaire trouvait un allié en Pépin II, dont l'ambition était de reprendre l'Aquitaine sur Charles le Chauve. Après de vaines tentatives d'accommodement, une grande bataille se livra à Fontanet, près d'Auxerre (841). Excepté les Vascons, les Goths de Septimanie et les Bretons, tous les peuples de l'empire prirent part à cette grande mêlée. Lothaire avait amené des Italiens, des Aquitains, des Austrasiens ; Louis, des Germains ; Charles des Neustriens et des Bourguignons. On dit que 40 000 hommes périrent du côté de Lothaire, qui fut vaincu, et que ce grand carnage d'hommes libres se fit sentir dans tous les pays des Francs, qu'il priva de ses défenseurs, au moment des invasions normandes. Quelques jours après, le concile de Tauriacum, à peu de distance du champ de bataille, décida que le jugement de Dieu avait été prononcé dans les plaines de Fontanet. Mais, Lothaire refusant encore d'accepter ce jugement, les deux frères s'unirent pour l'y contraindre. Ils se rencontrèrent entre Bâle et Strasbourg, et se prêtèrent, en présence de leurs armées, un serment d'alliance que Louis le Germanique prononça en langue romane devant les soldats de Charles le Chauve, et Charles en langue tudesque devant ceux de Louis (842). Le serment de Louis est le plus ancien monument que nous ayons de la langue française.

Enfin Lothaire céda et se contenta du tiers de l'empire, « avec quelque chose en sus, à cause du nom d'empereur. » Le traité de Verdun (843) sanctionna cette acceptation en réglant un partage de l'empire carlovingien en trois parties.

Lothaire eut, avec le titre d'empereur, l'Italie jusqu'au duché de Bénévent exclusivement, et depuis les Alpes jusqu'à la mer du Nord, une longue bande de terre séparant les États de ses deux frères. Ce royaume avait des limites compliquées : à l'ouest une ligne qui suivait le Rhône depuis son embouchure jusqu'à l'Ardèche, puis les Cévennes jusqu'à la hauteur de Mâcon, puis la Saône, puis les monts de l'Argonne, passant à gauche des Ardennes, enfin l'Escaut qu'elle suivait jusqu'à son embouchure ; à l'est, une ligne qui partant de l'Istrie, longeait les Alpes orientales, suivait le Rhin en laissant toutefois à droite les villes et les territoires de Worms, Spire et Mayence, pour laisser des vignobles au roi de Germanie, par contre, en franchissant le fleuve un peu plus bas, de manière à rejoindre à peu près l'embouchure du Wéser.

Tout ce qui était à l'ouest fut attribué à Charles le Chauve. La France perdait ainsi pour la première fois sa limite naturelle du Rhin et des Alpes qu'elle n'a pas encore recouvrée tout entière.

Tout ce qui était à l'est, fut la part de Louis le Germanique.

Dans ce partage, bien différent des partages mérovingiens, nous voyons apparaître les premières démarcations des deux nationalités modernes de la France et de l'Allemagne. La part de Lothaire était seule éphémère : les deux autres États allaient bientôt s'en disputer les lambeaux. Toutefois on conçoit très-bien que, parmi les contemporains, beaucoup d'hommes d'intelligence aient gémi sur ce grand empire de Charlemagne, tombé à terre et brisé dans les champs de Fontanet. « Un bel empire, dit le diacre Florus, poëte latin du temps, un bel empire florissait sous un brillant diadème ; il n'y avait qu'un prince et qu'un peuple.... La nation franque brillait aux yeux du monde entier. Les royaumes étrangers, les Grecs, les barbares et le sénat du Latium, lui adressaient des ambassades. La race de Romulus, Rome elle-même, la mère des royaumes, s'était soumise à cette nation ; c'était là que son chef, soutenu de l'appui du Christ, avait reçu le diadème par le don apostolique. Heureux s'il eût connu son bonheur, l'empire qui avait Rome pour citadelle et le porte-clef du ciel pour fondateur ! Déchue maintenant, cette grande puissance a perdu à la fois son éclat et le nom d'empire ; le royaume, naguère bien uni, est divisé en trois lots ; il n'y a plus personne qu'on puisse regarder comme empereur ; au lieu de roi, on voit un roitelet, et au lieu de royaume, un morceau de royaume. »

CHAPITRE XI.

RUINE DÉFINITIVE DE L'EMPIRE CARLOVINGIEN
(843-887).

Déchirements intérieurs; vains efforts des fils du Débonnaire pour reconstituer l'empire. — Démembrement de la royauté; hérédité des bénéfices et des offices. — Louis le Bègue (877). Louis III et Carloman (879), Charles le Gros (884).

Déchirements intérieurs; vains efforts des fils du Débonnaire pour reconstruire l'empire.

Ce drame du démembrement de l'empire carlovingien n'est, en 843, qu'à la fin du premier acte. Sans doute les conclusions du traité de Verdun seront consacrées par l'avenir, mais après avoir été contestées pendant les quarante-quatre années (843-887) que passera encore seule sur le trône la famille carlovingienne; jusque-là, malgré sa faiblesse, elle conservera toujours ses prétentions à tenir réunie en un empire l'Europe occidentale, et ne saura se résoudre à sacrifier le beau rêve de Charlemagne. Ce n'est qu'avec la déchéance de cette maison que sera consommé le démembrement.

Au milieu du déchirement général qui s'achève, les tiraillements intérieurs redoublent : c'est bien moins désormais entre les groupes de peuples qu'entre le souverain et les grands de chaque pays, que la lutte existe. L'aristocratie laïque et l'aristocratie ecclésiastique agissent de concert et reprennent le cours de leurs envahissements arrêtés par la main de fer des trois premiers Carlovingiens. Les laïques usurpent à double titre. Comme bénéficiers, ils recommencent à disputer avec les rois pour l'hérédité des bénéfices ; comme officiers du pouvoir souverain, ils élèvent une prétention nouvelle, celle de rendre également héréditaires les offices qui leur ont été confiés dans les provinces et de s'approprier tout à fait les portions de l'autorité royale qui leur ont été déléguées. De leur côté, les évêques profitent de la piété humble et soumise de la famille du Débonnaire pour s'ériger en juges de la conduite des rois et pour les tenir par là dans une dépendance qui, s'ils eussent prévalu, eût donné naissance en France à un régime presque théocratique, comme celui des Wisigoths d'Espagne.

Au milieu de cette lutte que révèlent tous les événements et la législation du temps, les royaumes nés de l'empire deviennent de plus en plus incapables de se défendre contre les attaques extérieures : les Northmans au nord et à l'ouest, les Sarrasins au sud, en Italie, dans la Provence et les Alpes, et bientôt les Hongrois à l'est, viendront impunément ravager le pays d'où Charlemagne sortait pour frapper les barbares de coups si terribles; d'où Louis le Débonnaire réussissait encore à les repousser, et que désormais des rois impuissants laissent envahir.

Il semblait que le partage de Verdun, en renfermant dans une moindre étendue de territoire l'autorité de chaque souverain, eût dû au moins rendre cette autorité plus présente et plus forte dans toutes les parties du pays où elle s'exerçait. Il n'en fut rien.

En France, Charles le Chauve ne régna réellement ni sur la Bretagne, ni sur l'Aquitaine, ni sur la Septimanie. Noménoé, puis son fils, Hérispoé, le forcèrent à les reconnaître rois des Bretons. Guillaume, fils de Bernard, battit son armée, qui avait attaqué la Septimanie. L'inconstante Aquitaine, à qui il voulait donner pour roi son fils, reconnut d'abord Pépin II, puis appela un fils de Louis le Germanique, accepta le fils de Charles et revint encore à Pépin. Celui-ci, pour mieux résister, s'allia aux Northmans, embrassa leur religion et s'associa à leurs dévastations jusqu'au moment où il fut fait prisonnier et condamné à mort dans le concile de Pistes, en 864. Charles réussit alors à faire reconnaître son autorité et accepter son fils; mais ce fut en le plaçant sous la tutelle des véritables maîtres du pays, les trois

Bernards, marquis de Toulouse, de Gothie (Septimanie) et d'Auvergne.

En Allemagne, Louis le Germanique eut le sort qu'il avait infligé à son père ; il passa sa vie à combattre les rébellions de ses fils. Cependant il compta aussi quelques victoires sur les barbares qui se pressaient le long de ses frontières, et commença l'organisation militaire de l'Allemagne.

En Italie, Lothaire lutta vainement contre les ducs de Naples et de Bénévent, qui appelaient à leur aide les Maures d'Afrique et d'Espagne, et au centre même de la Péninsule, il avait à résister aux prétentions du saint-siége et de l'aristocratie romaine. Dégoûté du monde, il se retira dans l'abbaye de Pruym, au milieu des Ardennes, et y mourut. C'est mauvais signe pour la royauté, quand le roi s'enferme au cloître. Lothaire avait divisé ses États entre ses trois fils : Louis II, qui eut l'Italie et le titre d'empereur ; Charles, qui eut le pays entre les Alpes et le Rhône sous le nom de royaume de Provence ; Lothaire II, qui eut sous le nom de *Lotharingie* (part de Lothaire, *Lorraine*), le pays entre la Meuse et le Rhin. Le roi de Provence mourut en 863, et ses frères se partagèrent ses États. Charles le Chauve essaya de s'en emparer ; mais les trois Bernards refusèrent de lui amener leurs troupes, et il ne put prendre que Vienne et Lyon avec le pays environnant, qu'il donna à son beau-frère, le duc Boson.

Quelques années plus tard, Lothaire II étant mort (870), après la scandaleuse affaire de son double mariage, où le pape Nicolas I*er* intervint avec tant de hauteur, Charles accourut encore à Metz pour saisir la Lotharingie. Mais Louis le Germanique survint avec des forces supérieures, et l'obligea à abandonner cette proie.

Ces princes, comme les derniers mérovingiens, ne vivaient guère : en 875, l'empereur Louis II disparut à son tour. Il avait chassé les Sarrasins de Bari, mais il s'était vu retenu captif par les Bénéventins. Cette mort laissait libres deux couronnes : celle d'empereur et celle de roi d'Italie. Deux vieillards, qui avaient chacun un pied dans la tombe, se les disputèrent. Charles le Chauve gagna Louis le Germanique de vitesse et les eut.

L'année suivante, Louis le Germanique mourut. Charles le Chauve essaya de dépouiller ses neveux, Carloman, Louis et Charles le Gros, de leurs trois royaumes de Bavière, de Saxe et de Souabe, et par conséquent de reconstituer l'empire de Charlemagne, quoiqu'il ne fût pas même en état de défendre Rouen contre les Northmans. Il fut vaincu par Louis de Saxe, et Carloman envahit l'Italie. Comme il se préparait à l'en chasser, il appela tous les seigneurs sous ses drapeaux ; ni les trois Bernards, ni le duc de Boson, ni Eudes de France, ne voulurent y venir. Aussi fut-il obligé de fuir devant Carloman, et c'est en se retirant qu'il mourut au mont Cenis (877). Carloman de Bavière fut couronné empereur.

Ainsi le roi de France était désarmé ; il y a un contraste affligeant entre la grandeur des souvenirs et les rêves de cet héritier de Charlemagne, d'une part, et de l'autre, son impuissance complète à se faire obéir des seigneurs, qui, en toute sécurité, lui refusent même le service militaire, cette première et essentielle obligation des bénéficiers à l'égard du souverain.

Démembrement de la royauté ; hérédité des bénéfices et des offices.

C'était là en effet le résultat de la révolution qui s'opérait, et par laquelle le seigneur, devenu de fait indépendant du roi, s'interposait entre lui et les simples hommes libres et interceptait leur obéissance. Depuis longtemps s'était réveillé chez les petits propriétaires, trop faibles pour se défendre contre la violence, l'usage germain de se *recommander* à un chef puissant. Cette coutume devint générale. Charlemagne contribua à la rendre telle, par l'autorisation qu'il accorda à tout homme libre de se choisir un seigneur en y joignant l'obligation de lui rester fidèle. Il voulait ainsi rendre plus stable l'existence de ceux qui avaient conservé des goûts d'indépendance barbare, et prévenir le retour de ces violences que des bandes errantes n'avaient pas cessé de promener par toute la Gaule au temps des rois mérovingiens ! Mais il arriva qu'en travaillant pour l'ordre, il travaillait contre son propre pouvoir, ou plutôt contre le pouvoir de ses successeurs, car pour lui, il était inattaquable. Afin de combattre les inconvénients de la recommandation et de n'en recueillir que les bons effets, il avait exigé le serment direct des hommes libres; Louis le Débonnaire prit la même mesure au commencement de son règne, et elle fut renouvelée par Charles le Chauve; mais ce n'était plus qu'un souvenir d'une autorité disparue. L'édit de Mersen, en 847, régularisa cet état de choses : « Tout homme libre, y était-il dit, pourra se choisir un seigneur, soit le roi ou un de ses vassaux; aucun vassal du roi ne sera obligé de le suivre à la guerre, si ce n'est contre l'ennemi étranger. »

Alors les hommes libres n'eurent plus affaire qu'au seigneur dont ils dépendaient, et ne connurent plus que de nom l'autorité royale qu'ils ne sentaient jamais. Comme c'étaient pour la plupart les propriétaires qui se recommandaient entre eux, on considéra bientôt la terre, qui reste toujours, plutôt que l'homme, qui passe et meurt. Et non-seulement l'homme faible se recommanda au grand seigneur, mais encore le petit champ au grand domaine; certaines formalités symbolisèrent cette relation nouvelle : la terre venait elle-même se placer dans la main de l'homme puissant sous la forme d'une motte de gazon ou d'un rameau d'arbre que le petit propriétaire y déposait. C'est là le germe de la relation féodale.

Un jour Charlemagne écrivit à son fils Louis, roi d'Aquitaine, pour lui reprocher de ne point assez songer à s'attacher ses sujets par des présents, des concessions de terre : « Vous ne donnez, ajoutait-il, raillant finement la dévotion de son fils, vous ne donnez que votre bénédiction, encore si on vous la demande; ce n'est point assez. » Le roi d'Aquitaine lui répondit qu'il n'avait plus rien à donner, parce que les leudes refusaient de rendre les bénéfices qu'ils avaient une fois reçus et les transmettaient à leurs héritiers. Charlemagne répliqua qu'il ne fallait pas laisser ainsi usurper les domaines royaux, mais les reprendre aux usurpateurs; toutefois, en souverain prudent et en bon père de famille, il ne voulut pas compromettre la popularité de son fils et se chargea lui-même d'une tâche dangereuse pour tout autre : des agents envoyés en son nom firent sortir les bénéficiers des domaines qu'ils détenaient illégalement. Toute l'explication de la révolution de cette époque est là. Les obstacles que Charlemagne pouvait briser étaient insurmontables pour ses faibles successeurs. Sous eux, l'hérédité des bénéfices acquit la force d'une coutume.

Il en fut de même de l'hérédité des offices et des titres de duc, comte, etc., auxquels était attaché l'exercice d'une autorité déléguée par la couronne et d'autant plus étendue que les rois, Charlemagne tout le premier, avaient pensé fortifier leur propre pouvoir en donnant à leurs agents des pouvoirs plus larges. Mais, pour les offices, comme pour les bénéfices, Charlemagne avait l'œil ouvert sur les empiétements, sur les allures trop libres de ses comtes : on le voit à chaque instant, dans les Capitulaires, arrêter leurs tentatives artificieuses pour conserver leurs dignités, gourmander leur négligence et les empêcher d'oublier jamais que le maître, c'est lui. Pour les mieux tenir, il évitait de les rendre trop puissants et ne confiait jamais qu'un comté au même individu. Ses successeurs se départirent de cette sage et vigilante conduite. Les abus passèrent dans la coutume, puis dans la loi, suivant la marche ordinaire des choses, et, dans le fameux Capitulaire de Kiersy-sur-Oise (877), que Charles le Chauve accorda pour décider ses fidèles à le suivre au delà des monts, il reconnut implicitement, au moins comme un usage établi, que le fils du bénéficier devait recueillir le bénéfice, et le fils du comte le comté, lorsque le père venait à mourir.

Les grands avaient des auxiliaires puissants dans les évêques, qui, partant du droit d'intervenir dans la conduite de tout homme coupable de péché, pour le redresser ou pour le punir, arrivaient logiquement au droit de déposer les rois et de disposer des couronnes.

En 858, les grands et les évêques, ayant à leur tête Wénilon, archevêque de Sens, après avoir sommé Charles de respecter les Capitulaires souscrits en leur faveur, résolurent de le déposer et appelèrent à sa place Louis le Germanique. Charles s'enfuit et demanda au pape sa protection. Quelque temps après, à la vérité, un mouvement en sa faveur lui permit de rentrer dans ses États, et il se plaignit à l'assemblée publique de l'audace de Wénilon et des évêques; mais voici en quels termes : « D'après sa propre élection, dit-il, et celle des autres évêques et fidèles du royaume, Wénilon m'a consacré roi, selon la tradition ecclésiastique. Après cela je ne pouvais être renversé du trône par personne, du moins sans avoir été entendu par les évêques qui m'ont consacré roi, et qui sont les trônes de la Divinité. Dans tous les temps, j'ai été prompt à me soumettre à leurs corrections paternelles, et je le suis encore à présent. » Hincmar, ce grand évêque de Reims, défenseur de la royauté, et qui fut mêlé à toutes les principales affaires du temps, écrivait que « les rois ne sont soumis au jugement de personne, s'ils se gouvernent selon la volonté de Dieu ; mais que s'ils sont adultères, homicides, ravisseurs, ils doivent être jugés par les évêques. » Il était bon, en effet, que les rois eussent à supporter un contrôle et à rendre compte devant une puissance morale ici-bas; mais cette responsabilité du pouvoir royal devenait de l'asservissement. L'institution monarchique était ruinée jusqu'aux fondements.

Louis le Bègue (877), Louis III et Carloman (879), Charles le Gros (884).

C'est dans ce déplorable état que Charles le Chauve laissa le royaume de France à son fils Louis II, dit le Bègue (877). Son règne et celui de ses deux successeurs, ses fils, Louis III et Carloman (877), sont vides de faits. Ceux-ci montrèrent, il est vrai, quelque activité contre les Northmans, qu'ils vainquirent plusieurs fois, notamment à Saucourt en Vimeu; mais ces vainqueurs ne trouvèrent d'autre moyen d'arrêter Hastings que de lui céder le comté de Chartres (882), et ils ne purent empêcher Boson, qui avait pris le titre de roi d'Arles et de Provence, de se faire couronner dans une assemblée d'évêques; d'ailleurs, leur règne fut court : l'un mourut en 882, l'autre en 884.

Ils ne laissaient pas d'enfants; la couronne fut offerte à Charles le Gros, le dernier survivant des fils de Louis le

Germanique, et qui par la mort de ses frères (882) avait réuni toute l'Allemagne et l'Italie, avec le titre d'empereur. La France y ayant été jointe (884), l'empire de Charlemagne, moins le royaume de Provence, fut reconstitué un instant pour la dernière fois. Mais le maître de ce vaste empire ne se trouva même pas en état de repousser les Northmans qui assiégeaient Paris : cette ville fut défendue par le fils de Robert le Fort, Eudes, comte de Paris, et par l'évêque Gozlin. Pour Charles le Gros, il ne sut que payer aux Northmans une somme de 700 livres d'argent, à condition qu'ils iraient ravager une autre partie de ses États, la vallée de l'Yonne, au lieu des bords de la Seine.

Indignés de tant de lâcheté, les grands le déposèrent à la diète de Tribur (887).

Sept royaumes se formèrent du démembrement définitif et désormais incontesté de l'empire : Italie, Germanie, Lorraine, France, Navarre, Bourgogne cisjurane ou Provence, et Bourgogne transjurane ; on en compte même neuf, si l'on ajoute ceux de Bretagne et d'Aquitaine, qui existaient de fait, sinon de droit. La couronne impériale tomba en Italie, où de petits souverains se la disputèrent ; personne ailleurs ne s'en souciait plus, car nul pouvoir réel n'y était attaché. Des souverains nationaux furent partout élus : Arnulf en Germanie, Eudes, duc de France, en France. De ce moment date l'existence distincte de chaque nation. L'isolement commence et une époque toute nouvelle s'ouvre pour l'Europe.

CHAPITRE XII.

LA TROISIÈME INVASION, AUX NEUVIÈME ET DIXIÈME SIÈCLES.

Les Northmans en France. — Les Northmans-Danois en Angleterre. — Les Northmans dans les régions polaires et en Russie. — Les Sarrasins. — Les Hongrois. — Différence entre l'invasion du neuvième siècle et les précédentes.

Les Northmans en France.

On a déjà rencontré souvent dans les récits qui précèdent les noms des Northmans et des Sarrasins; il faut revenir un moment en arrière pour saisir dans son ensemble l'invasion nouvelle qui assaillit le second empire d'Occident et aida tant à le précipiter, comme l'invasion germanique avait, quatre siècles plus tôt, assailli et ruiné l'empire romain d'Occident; comme la seconde, l'invasion arabe avait, au septième siècle, dépouillé l'empire d'Orient de la moitié de ses provinces.

Le mouvement partit de trois points : du nord, du sud et de l'est, et se prolongea à l'ouest, de manière à envelopper l'empire entier. Les Northmans parurent les premiers.

Depuis que Charlemagne avait pacifié l'Allemagne, l'invasion qui, durant tant de siècles, s'était portée vers le Rhin, avait été forcée de changer son cours. Au lieu de se faire par terre, elle se fit par mer et prit le caractère de la piraterie. Accumulés dans la péninsule cimbrique, les hommes du Nord, *Northmans*, en sortirent sur leurs barques et se lancèrent par petites flottes sur la *route des cygnes*, comme disent les vieilles poésies nationales. « Tantôt ils côtoyaient la terre, et guettaient leurs ennemis dans les détroits, les baies et les petits mouillages, ce qui leur fit donner le nom de *Vikings* ou *enfants des anses :* tantôt ils se lançaient à leur poursuite à travers l'Océan. Les violents orages des mers du Nord dispersaient et brisaient leurs frêles navires, tous ne rejoignaient point le vaisseau du chef, au signal du ralliement; mais ceux qui survivaient à leurs compagnons naufragés n'en avaient ni moins de confiance ni plus de souci; ils se riaient des vents et des flots, qui n'avaient pu leur nuire : « La force de la tempête, chantaient-ils, aide le « bras de nos rameurs, l'ouragan est à notre service, il nous jette où nous voulions aller. » (Augustin Thierry.)

Ce sont ces hommes qui dès le septième siècle avaient conquis une partie de l'Irlande, et sous le nom de Danois et de Norvégiens, avaient, à diverses reprises, dominé ou ravagé l'Angleterre. Charlemagne les avait vus apparaître sur les côtes de son empire. Devenus plus audacieux après lui, ils faisaient voltiger leurs légers navires tout autour des rivages de la France, entraient dans les embouchures des fleuves, en remontaient fort loin le cours, s'y établissaient par bandes de 500 ou de 600, et, de ces stations navales, se répandaient dans le pays voisin, pillant villes et campagnes, dont ils emportaient ensuite les richesses sur l'Océan. Ils occupèrent ainsi les îles de Walcheren, à l'embouchure de l'Escaut; de Betau, entre le Rhin, le Wahal et le Leck; d'Ossel, près de Rouen; de Her ou Noirmoutier, en face des bouches de la Loire. En 840, ils brûlent Rouen; en 843, ils pillent Nantes, Saintes et Bordeaux, d'où leur chef, le redoutable Hastings, va, en tournant l'Espagne dont il ravage les côtes, en remontant les fleuves dont il désole les rives, attaquer l'Italie et piller Luna, qu'il prend pour Rome. En 845, ils pillent l'abbaye de Saint-Germain des Prés, aux portes du Paris d'alors. Les années suivantes, ils saccagent de nouveau, et à plusieurs reprises, Saintes et Bordeaux; en 851, ils remontent le Rhin et la Meuse et en dévastent les bords; en 853, ils prennent Tours, où ils brûlent l'abbaye de Saint-Martin; et trois ans après ils sont à Orléans. En 857, ils brûlent les églises de Paris, et emmènent captif l'abbé de Saint-Denis.

Bientôt Meaux et la Brie sont ravagés. En 864, on les voit à Toulouse. Ils s'attaquaient généralement aux églises et aux abbayes, où tout se réfugiait, et où l'on cachait les riches trésors ; d'ailleurs, comme idolâtres, ils croyaient faire acte de piété. Au milieu de l'inertie générale, un homme combattit vaillamment ces ravageurs : c'était Robert le Fort, à qui Charles le Chauve avait donné (861) le pays entre Seine et Loire, sous le nom de duché de France. Ce Robert, ancêtre des Capétiens, vainquit plusieurs fois les envahisseurs et périt en les combattant à Brissarthe, près du Mans (866). Il ne resta plus à Charles d'autre ressource que d'acheter la retraite des Northmans. Ils acceptaient volontiers son or et s'en allaient ravager quelque province voisine, tandis qu'une autre bande venait prendre leur place dans celle qu'ils quittaient.

Ces dévastations continuèrent jusqu'en l'année 911 sous le règne de Charles le Simple. Elles cessèrent alors, mais par la victoire et l'établissement des envahisseurs, de la même manière qu'avaient autrefois cessé celles des Burgondes, des Goths et des Francs. Les Northmans se lassèrent de ravager toujours, et d'ailleurs ils avaient tant détruit, qu'il ne leur restait plus rien à prendre. A force de revenir dans les mêmes lieux, ils finissaient par y séjourner. Enfin, leur présence, comme ennemis, était devenue si désastreuse, que les grands conseillèrent à Charles de leur abandonner une portion de territoire, qu'ils auraient intérêt à cultiver dès qu'ils n'y verraient plus une terre étrangère, mais leur propre domaine. Charles fit en effet porter des propositions de ce genre à Roll ou Rollon, un de leurs plus terribles chefs. On lui offrait le pays entre l'Andelle et l'Océan, avec la main de la fille du roi, à condition qu'il s'y fixerait avec le titre de duc, rendrait hommage à Charles et se ferait chrétien. Rollon accepta, et, le traité de Saint-Clair-sur-Epte consacra l'établissement des Northmans dans la contrée qui a pris leur nom (911). L'année suivante, Rollon reçut le baptême, et dès ce moment la Neustrie, repeuplée non-seulement par les Northmans, peu nombreux, sans doute, mais encore par une foule d'aventuriers qui vinrent s'associer à cet établissement nouveau, fut poussée par ses ducs dans une voie de prospérité et de puissance. Il est difficile de croire que les Northmans aient traité avec une grande douceur les vaincus, lorsqu'on voit dans un chroniqueur qu'ils partagèrent la terre au cordeau; mais il est certain que le servage disparut de bonne heure du sol de la Normandie, que le sort des cultivateurs y devint assez heureux, que l'agriculture prospéra, que le régime féodal s'y constitua avec plus de régularité que partout ailleurs, et que par un singulier privilége, ce sont ces ducs normands qui, les premiers, parlèrent la meilleure langue française.

Les Northmans-Danois en Angleterre.

Les Northmans ravirent à la France et aux Pays-Bas leur sécurité avec une partie de leurs richesses, mais à l'Angleterre ils prirent de plus son indépendance.

Nous n'avons jusqu'à présent parlé de ce pays que pour marquer comment il souffrit de la première invasion, celle du cinquième siècle, parce que l'Angleterre, qui bientôt se mêlera si souvent aux affaires du continent, était restée dans l'isolement dont sa position insulaire lui fit longtemps une loi. Depuis que le lien de la domination romaine avait été rompu, jusqu'au moment où Guillaume le Conquérant rattacha l'île de Bretagne à une domination continentale, elle n'eut avec le reste de l'Europe que des relations très-rares. Son histoire intérieure est même vide de faits intéressants. Nous mentionnerons seulement la conversion au christianisme d'Ételbert, roi de Kent (596-616), exemple qui fut suivi peu à peu dans les autres États de l'heptarchie saxonne.

En 827, après une existence fort agitée, ces États furent réunis sous un seul souverain, le roi de Wessex, Egbert le Grand, qui avait servi trois ans dans les armées de Charlemagne et avait appris à régner à l'école de ce grand maître. Mais déjà l'Angleterre était assaillie, comme la France et une partie de l'Allemagne, par ce dernier ban d'envahisseurs qui sortit alors des deux péninsules Cimbriques, les pirates northmans ou danois et scandinaves. Trois jours suffisaient à ces hardis rois de mer pour traverser, sur leurs barques à deux voiles, la mer du Nord, et pour arriver sur les côtes de la grande île qui faisait face à leur propre pays.

Egbert les repoussa pendant tout son règne. Mais, sous ses successeurs (836-871), les Danois renouvelant sans cesse leurs descentes accompagnées de ravages sanglants, réussirent à s'établir dans le nord de l'heptarchie et occupèrent successivement le Northumberland, l'Estanglie, la Mercie.

En 871, ils rencontrèrent un obstacle inattendu. Alfred le Grand monta alors sur le trône. Il réussit, pendant sept années, à éloigner de ses États, qui ne comprenaient plus que le sud et l'ouest de l'île, le terrible Gothrun, chef des Danois. Mais au bout de ce temps il ne trouva plus dans ses sujets l'ardeur et le dévouement nécessaires pour soutenir cette lutte difficile. Ses connaissances étendues, acquises par l'étude et les voyages, lui inspiraient pour son peuple grossier un dédain qu'il ne savait pas cacher; ses tendances au despotisme, empruntées, comme sur le continent, aux traditions romaines, blessaient l'esprit d'indépendance de la race saxonne. Cette race, il faut le dire aussi, paraît s'être amollie, comme il est arrivé à presque tous les peuples qui ont fait la première invasion dans l'empire romain. Le clergé lui-même abandonna Alfred pour ne pas partager son impopularité. Après un vain appel aux armes, il s'enfuit au fond du Somersetshire et demanda asile, sans se faire connaître, à un pauvre bûcheron. Il demeura là plusieurs mois : un jour la femme du bûcheron, mécontente d'avoir une bouche de plus à nourrir, le gronda rudement pour avoir laissé brûler le pain qu'elle l'avait chargé de faire cuire.

Cependant Alfred suivait attentivement les affaires du pays, les violences de l'étranger, la haine croissante des Saxons, et il épiait une occasion favorable. Il avait révélé le lieu de sa retraite à quelques-uns de ses anciens compagnons. Il leur donna rendez-vous, la septième semaine après Pâques, à la pierre d'Egberg. Tout près de là, à Éthandun, campaient Gothrun et ses Danois. Alfred pénétra sous l'habit d'un joueur de harpe dans le camp des ennemis, il étudia leur position, puis les attaqua et remporta une victoire complète. Gothrun consentit à recevoir le baptême et à se retirer dans le nord;

une limite fut tracée entre le royaume danois et le royaume anglo-saxon : cette limite suivait la Waitling-Street, grande voie construite par les Bretons et refaite par les Romains, qui allait de Douvres à Chester.

Alfred gouverna avec une grande sagesse. La division administrative de l'Angleterre en comtés et centuries, que l'on a vue aussi sur le continent, existait sans doute avant lui et était un résultat des coutumes germaniques ; mais, comme on la lui a souvent attribuée, il est probable qu'il la détermina d'une manière plus précise. Le comté (*county*, *shire*) se divisait en centuries ou cantons (*hundreds*), divisés eux-mêmes en dizaines (*tithings*), communautés de 10 familles ; les 10 chefs de famille étaient solidaires des délits commis dans leur circonscription. Tout homme devait être enregistré dans une dizaine. La communauté jugeait elle-même les procès survenus entre ses membres ; ceux des communautés entre elles étaient jugés par une réunion de 12 francs tenanciers (*free holders*) élus par le canton, qui est l'origine du jury anglais et une institution de liberté qu'Alfred s'attacha à maintenir : « Les Anglais, disait-il, doivent être libres comme leur pensée. » Au-dessus de l'assemblée du canton était celle du comté, qui siégeait deux fois l'an, et était présidée par l'*ealderman* ou comte, assisté de l'évêque. Un shérif, nommé par le roi, y défendait les intérêts de la couronne et percevait les amendes. Cette organisation hiérarchique se terminait au sommet par l'assemblée générale, *wittenagemot* (assemblée des sages), à laquelle venaient d'abord tous les hommes libres, et plus tard, quand ils s'en lassèrent, seulement les *thanes* les plus considérables ; enfin, au-dessus de tout, le roi, en partie héréditaire et en partie électif, à peu près comme chez les Francs, et dont le pouvoir était tempéré par le wittenagemot.

Alfred ayant rétabli l'ordre par la vigueur rendue à ces institutions, se montra sévère justicier. Il réunit en un seul code les ordonnances des rois Éthelbert, Ina et Offa, et imposa des peines très-sévères aux magistrats prévaricateurs. On put alors, disent les chroniques, suspendre un bracelet d'or sur la route sans que personne osât y toucher. Il s'occupa beaucoup aussi de la défense du pays, bâtit de nombreuses forteresses, construisit des vaisseaux plus longs et plus élevés de bord que ceux des Danois, et réussit à éloigner le redoutable Hastings en lui faisant promettre de ne plus revenir. Enfin il chercha à répandre l'instruction parmi son peuple, et fonda des écoles, entre autres celle d'Oxford. Lui-même traduisit en saxon l'*Histoire ecclésiastique* de Bède le Vénérable, l'*Epitome* de Paul Orose, le *Traité de la consolation* de Boèce, et corrigea une traduction des *Dialogues* de Grégoire le Grand. Il mourut en 901; son nom est presque aussi célèbre chez les Anglais que celui de Charlemagne chez les Francs.

Cette restauration de la monarchie anglo-saxonne se poursuivit sous les successeurs d'Alfred. Édouard l'Ancien, son fils (901-924) conquit la Mercie et l'Estanglie, couvrit le pays de forteresses, favorisa les bourgeois des villes enfin fonda l'école de Cambridge.

Athelstan (924-941) défit à Brunanburgh, au *jour du grand combat*, une coalition formidable de Danois, de Gallois, d'Écossais et d'habitants des îles Orkney, armés de leur terrible *claymore* (937). Cette victoire ramena sous un seul sceptre toute l'ancienne heptarchie. La renommée d'Athelstan alla au loin; ses sœurs, Ogive et Édithe, épousèrent les rois de France et de Germanie, et Louis d'Outremer, son neveu, trouva un asile à sa cour. On croit qu'il fut le premier à porter le titre de *roi d'Angleterre*.

Mais, après lui, cette prospérité déclina. Des discordes, des crimes dans la famille royale l'accélérèrent. On remarque, dans cette période, l'influence des évêques, surtout de leur chef saint Dunstan, et les tentatives des gouverneurs de province pour s'affranchir de l'autorité royale. Alors les Danois revinrent à l'assaut de l'Angleterre affaiblie. Éthelred II crut les renvoyer en leur payant par le conseil des évêques 10 000 livres d'argent : c'était le meilleur moyen de les attirer. Olaf, roi de Norvége, et Svein ou Suénon, roi de Danemark, ne cessèrent pas leurs attaques jusqu'à la fin du siècle. Une seconde, une troisième rançon ne réussirent pas à les éloigner; Éthelred trama alors contre eux un vaste complot : tous ceux qui s'étaient établis en Angleterre furent massacrés le jour de la Saint-Brice (1002). Les saxons vengèrent avec fureur leurs défaites, les femmes saxonnes leur déshonneur. Ce n'était là qu'une délivrance passagère ; Suénon refit invasion sur invasion, et enfin, en 1013, prit le titre de roi d'Angleterre. Éthelred s'enfuit auprès du duc de Normandie, dont il avait épousé la fille Emma. En vain son fils Edmond II, *Côte de Fer*, lutta avec un admirable héroïsme contre Kanut, fils et successeur de Suénon, et l'obligea à partager avec lui l'Angleterre, comme avait fait autrefois Alfred : Edmond mourut en 1017, et Kanut le Grand établit sur tout le pays la domination danoise.

Les débuts de ce règne furent cruels. Kanut mit à se débarrasser des obstacles une férocité toute barbare. Mais lorsqu'il fut bien établi, il s'adoucit et se montra grand roi. Il devint le représentant et le chef de l'invasion scandinave, comme Charlemagne avait été celui de l'invasion germanique. En épousant Emma la veuve d'Éthelred, il prépara l'union des vainqueurs et des vaincus. Il eut même le loisir d'étendre sa domination sur la Suède et la Norvége, sa suprématie sur l'Écosse. Il fit de sages lois, ou remit en vigueur celles d'Alfred le Grand ; veilla à ce que les Danois n'opprimassent pas les Anglais ; envoya en Scandinavie des missionaires saxons, chargés d'y hâter la chute du paganisme expirant et d'adoucir les mœurs de populations encore sauvages. Enfin il s'efforçait de se réformer lui-même. Ayant tué un soldat dans un accès de colère, il rassembla les hommes de sa thigmannalith, reconnut son crime et en demanda le châtiment. Tous gardaient le silence. Il promit alors l'impunité à qui ferait connaître son sentiment. Ses gardes remirent la décision à sa propre sagesse. Il se condamna lui-même à payer 360 sous d'or, neuf fois la valeur de l'amende ordinaire. Un autre jour ses courtisans l'exaltaient comme le plus grand des monarques, lui dont la volonté était une loi pour six nations puissantes, les Anglais, les Écossais, les Gallois, les Danois, les Suédois et les Norvégiens ; il se trouvait à Southampton ; il s'assit sur la plage. La mer montait, il lui commanda de s'arrêter et de respecter le souverain de six royaumes ; le flux montait toujours et l'obligea à se retirer : « Vous voyez, dit-il aux flatteurs, la faiblesse des rois de la terre ; il n'y a de fort que l'Être suprême qui gouverne les éléments. » Et à son retour à Winchester, il ôta la couronne de dessus sa tête, la plaça sur le grand crucifix de la cathédrale, et ne la porta plus depuis ce jour même dans les cérémonies publiques.

En 1027, il fit un pèlerinage à Rome et visita, dans sa route, les églises les plus célèbres. Il était si prodigue dans ses dons que, suivant un chroniqueur allemand, tous ceux qui demeuraient sur les chemins où il passait s'écriaient avec raison : » Que la bénédiction du Seigneur soit sur Kanut, roi des Anglais ! « La réputation d'opulence, que mérite si bien l'Angleterre, date de loin ; car la Knythlinga saga, parlant des pays où Kanut puisait ses richesses, indique l'île de la Bretagne comme *la plus riche de toutes les contrées du nord*. Après un assez long séjour dans la ville sainte, où il se trouva en même temps que l'empereur Conrad II, le monarque scandinave se rendit directement en Danemark, d'où il écrivit à ses sujets d'Angleterre une lettre dans laquelle il leur rendait compte de son voyage, et qu'il terminait par une recommandation de payer bien exactement, chaque année, le denier de Saint-Pierre. C'était un impôt d'un denier qu'il avait établi sur chaque *feu* en Angleterre, au profit du saint-siége. Kanut termina le 12 novembre 1036, à Shaftesbury, son glorieux règne.

Les Northmans dans les régions polaires et en Russie.

Nous venons de voir les Northmans prendre pied en France et en Angleterre ; il faut les suivre dans des expéditions moins connues, mais plus extraordinaires, et les voir, d'une part, découvrir l'Amérique, de l'autre fonder ce qui deviendra l'empire de Russie.

Le roi anglo-saxon Alfred le Grand nous a conservé les itinéraires de deux aventuriers normands, l'un, Wulfstan, qui pénétra vers le fond de la Baltique, ce qui était alors un grand voyage ; l'autre, Othor, qui doubla le cap Nord et arriva en Biarmie, c'est-à-dire dans les régions situées sur la mer

Blanche et vers l'embouchure de la Dwina. On voit que la longueur du chemin ni même les dangers des mers polaires n'arrêtaient pas ces hardis marins. Il n'y a donc point à s'étonner qu'ils fussent arrivés, en 861, aux îles Feroë, vers 870 dans l'Islande, qui leur dut trois ou quatre siècles de prospérité; et que de là les courants, la tempête ou l'esprit d'aventure leur ait fait trouver, en 985, à 270 kilomètres dans l'Ouest, la Terre-Verte ou le Groënland. C'est en longeant ces rivages qu'ils découvrirent le Labrador, puis une terre où la vigne poussait et qu'ils appelèrent Vinland : ils étaient en Amérique. Vers le même temps ils trouvèrent les Shetland, que les Romains ne connaissaient pas; ils occupèrent les Orcades, qu'Agricola avait seulement entrevues, et fondèrent à la pointe septentrionale de l'Écosse le royaume de Caithness qu'ils gardèrent jusqu'à la fin du douzième siècle, un autre dans les Hébrides et la presqu'île de Kantyre qui leur resta jusqu'en 1266.

Ils se répandirent à l'est comme à l'ouest, en moindre nombre, parce que cette région, que la civilisation romaine n'avait point visitée, était plus pauvre. Ils fondèrent au neuvième siècle, dans l'île d'Usedom, un État qui devint riche et puissant. Dans le milieu du siècle précédent quelques aventuriers northmans, que les écrivains russes appellent Warègues, du mot *warg* qui signifie banni, avaient pénétré au milieu des Slaves des environs du lac d'Ilmen, sur les bords duquel s'élevait la grande ville de Novgorod. Chassés d'abord, ils furent rappelés ensuite. En 862, trois frères nommés Rurik, Sinéus et Trouwor, accourus avec de nombreux et vaillants compagnons, furent reconnus comme chefs de guerre par trois cités puissantes. Rurik, qui hérita de ses frères, est regardé comme le fondateur de l'empire russe[1], dont la capitale fut d'abord Novgorod et plus tard Kiew.

Ainsi les Scandinaves étaient sortis, comme les Arabes, par

---

[1]. Un district de Suède s'appelait Roslagen et les *Annales de saint Bertin* racontent que des Russes vinrent prier Louis le Débonnaire de les renvoyer dans la Suède, leur patrie. D'autres tirent ce nom de Rôs ou Roxolans, du Kurisch-Haff appelé Rousna par les Prussiens, du mot Rosseie qui semble signifier peuple dispersé. Au fond rien de certain.

l'ouest et par l'est de leur stérile péninsule, et comme eux, s'étaient étendus sur une ligne immense depuis l'Amérique jusqu'au Volga, étroite aussi et sans profondeur, si ce n'est en Russie, et en restant partout dans les régions du nord, comme les Arabes étaient restés dans celle du sud. Quelques chefs northmans descendirent cependant au midi. On a vu que plusieurs pillèrent l'Espagne et se risquèrent par le détroit de Gibraltar dans la Méditerranée. Mais ici la place était prise par d'autres ravageurs, les Sarrasins.

Les Sarrasins.

Les Sarrasins furent pour l'Italie ce que les Northmans étaient pour la France ; comme eux ils pillèrent longtemps les côtes, comme eux encore ils s'établirent à demeure sur certains points. Ils venaient d'Afrique, de Kairoan, que les Arabes avaient fondé dans la province de Tunis, et dont les Aglabites avaient fait la capitale d'un florissant royaume. Sur cette terre punique, ils avaient trouvé des souvenirs de grandeur navale, et parmi les indigènes, des habitudes de vie maritime dont ils avaient profité. Ils avaient armé des navires, et, pour la troisième fois, après Carthage et Genséric, de cette pointe d'Afrique étaient sortis des dominateurs de la Méditerranée. D'abord pirates, ils désolèrent Malte, la Sicile, la Corse et la Sardaigne, et ne reculèrent qu'un moment devant les flottes de Charlemagne ; lui mort, leurs courses recommencèrent et les corsaires se firent conquérants. En 831 ils soumirent la Sicile, et de là passèrent sur la Grande Terre, comme ils appelaient l'Italie. Grâce aux rivalités des chefs grecs et lombards, ils prirent Brindes, Bari, Tarente et bâtirent une forteresse aux bouches du Garigliano. Ils brûlèrent Ostie, Civitta-Vecchia, les faubourgs de Rome et la riche abbaye du Mont-Cassin, mirent maintes fois en péril Naples, Salerne, Gaëte et Amalfi, qui finit par traiter avec eux, et menacèrent jusqu'à Venise. Malte, la Sardaigne, la Corse et les Baléares leur appartenaient. Toute la Méditerranée occidentale fut leur domaine et cette domination, renouvelée au seizième siècle par Kayreddin Barberousse, a duré jusqu'à nos jours.

Ils ne craignirent même point de s'aventurer au milieu des nations chrétiennes. Ils abordèrent aux côtes de Provence ; Arles et Marseille furent pillées, et, en 889, ils établirent une colonie militaire à Fraxinet, près de Saint-Tropez, en Provence, d'où, par des postes, ils commandaient les passages des Alpes, ce qui leur assura, pendant tout le dixième siècle, la sécurité du pillage de l'Italie et de la France. Telle était la terreur inspirée par ces mécréants, qu'un seul, dit Luitprand, faisait fuir mille personnes, et que deux en faisaient fuir dix mille. De là ils pénétrèrent dans le Dauphiné, le Valais et la Suisse, où ils se rencontrèrent avec les autres envahisseurs venus de l'est, les Hongrois.

Les Hongrois.

Du côté par où vinrent les Hongrois, l'invasion n'avait guère cessé depuis Attila. Les flots d'hommes s'y étaient pressés comme se poussent et se succèdent incessamment les vagues d'une mer fouettée par la tempête.

Après les *Huns* d'Attila, dont beaucoup restèrent sur les bords du Danube, aux environs des lieux où leur chef avait surtout vécu, vinrent les *Slaves*, « ceux qui ont la parole[1], » et qui, par la destruction de l'empire des Goths, puis par celle de la monarchie d'Attila, avaient recouvré l'indépendance; les *Bulgares*, « les Maudits de Dieu, » qui avaient donné leur nom au fleuve Athel, le Volga ; les *Avars*, autre horde hunnique, qui furent la terreur de Constantinople durant deux siècles, et tombèrent sous l'épée de Charlemagne ; enfin les *Khazares*, mélange de Huns et de Turcs, et dont le kha-kan résida dans la Crimée. Parmi les sujets des Khazares se trouvait, au neuvième siècle, un peuple Hun aussi par la race, que les Latins et les Grecs ont appelé Hungares et Hongrois, parce qu'ils voyaient en lui un mélange de tribus hunniques et ougriennes,

---

1. *Slava* signifie parole; les *Slaves* sont ceux qui parlent la même langue, comme l'étranger, *Niemetz*, est le muet, celui qui ne parle pas l'idiome national.

et qui, après avoir longtemps habité de l'Oural au Volga, s'était, au commencement du neuvième siècle, avancé entre le Don et le Dniéper. En 888, un nouveau flot d'hommes, les Petschenègues, se rua sur les serviteurs et les maîtres. Les Hongrois refoulés sur le Danube et la Transylvanie, allaient y périr avec leur chef Arpad, quand un débris de la nation Khazare, la tribu des *Mogers* ou *Magyars*, vint les rejoindre, relever leur force, leur courage, et mériter par les services qu'elle rendit, que son nom devînt celui de la nation entière. Ceux que nous nommons encore les Hongrois s'appellent eux-mêmes les Magyars.

Le roi de Germanie, Arnulf, leur offrait de l'or pour attaquer ses ennemis les Slaves moraves, qui dominaient des monts de Bohême à ceux de Transylvanie. Les Hongrois les battirent, mais prirent la plus grande partie du pays où ils trouvèrent un vieux fond de population hunnique et avare qu'ils s'assimilèrent aisément. Comme le vent, au désert, amasse en un instant le sable en montagnes, la victoire, au milieu des populations mal assises sur le sol, rallie au vainqueurs de nombreuses tribus, et leur donne une force irrésistible. Les Hongrois, à peine descendus des Carpathes, et comme emportés par l'élan, soumirent en quelques années les plaines de la Theiss et de la Pannonie. En 899, ils étaient déjà aux portes de l'Italie et ravageaient la Carinthie et le Frioul; en l'an 900 ils pénétraient dans la Bavière, et le nouveau roi de Germanie leur paya tribut. Leurs courses s'étendirent grâce à la facilité du butin. Leurs hardis cavaliers se lancèrent des deux côtés des Alpes dans les grandes plaines de la Lombardie et dans la vallée du Danube. Ils franchirent même le Rhin, et les provinces, comme l'Alsace, la Lorraine et la Bourgogne, qui jusqu'alors ne tournaient les yeux avec terreur que du côté du nord et de l'ouest, par où venaient les Norhtmans, apprirent par une cruelle expérience que l'est avait encore des barbares à vomir sur l'occident. Tel fut l'effroi que les Hongrois y répandirent, que leur nom y resta et devint populaire en France pour exprimer la plus abominable férocité. Les Ougres ou Ogres ont longtemps été l'épouvante des populations.

Les courses dévastatrices des Magyars eurent le même résultat que celles des Northmans. En Italie, les villes, pour leur résister, s'entourèrent de murailles, comme les campagnes en France s'étaient hérissées de châteaux, et réorganisèrent leurs milices, ce qui leur permit de reprendre leur indépendance municipale. En Allemagne, on érigea contre eux les forteresses dont les possesseurs défendirent d'abord le pays, et ensuite se l'approprièrent. Les deux plus grandes puissances allemandes, l'Autriche et la Prusse, sont deux margraviats organisés militairement pour couvrir l'Allemagne contre les envahisseurs de l'est.

Différence entre l'invasion du neuvième siècle et les précédentes

Si maintenant nous comparons l'invasion du neuvième siècle avec celles qui l'ont précédée, nous trouverons cette différence, que sans le double choc des barbares du nord et de ceux du sud, l'empire romain eût encore pu vivre longtemps, il est vrai, d'une vie misérable, mais dont rien ne rendait la fin nécessaire, ni même souhaitable, tandis que le nouvel empire carlovingien renfermait en lui-même des causes de dissolution que l'invasion aida, mais qui auraient suffi, sans elle, à le détruire.

Autre différence encore : les Northmans et les Sarrasins agirent par petites bandes ; l'invasion ne fut pas pour eux, comme pour les barbares du neuvième siècle, un déplacement en corps de nations ; ni comme pour les Arabes une conquête religieuse. Ils cherchaient du butin bien plus que des terres, et il résulta de leurs courses beaucoup de pillages, de ruines locales et de souffrances pour les peuples, mais non un bouleversement général et la substitution d'une société nouvelle à l'ancienne. Les Hongrois seuls firent dans le bassin de la Theiss et du Danube moyen un établissement à la façon de ceux des Francs, des Burgondes et des Goths, mais ne cherchèrent pas à l'étendre plus loin, à demeure fixe. L'invasion du neuvième siècle a donc pour principal caractère d'avoir favorisé la confusion, non de l'avoir fait naître ; d'avoir hâté la chute de l'empire carlovingien, c'est-à-dire la rupture de l'unité politique, sans avoir été seule à le précipiter, en un mot, elle fut une des forces qui poussaient la société de ce temps à revêtir la forme qu'elle prit : l'anarchie féodale, si l'on met sous le premier de ces deux mots l'idée que l'étymologie lui donne, l'absence d'un pouvoir suprême ; la féodalité, comme on va le voir, fut, en effet, la prépondérance des pouvoirs locaux sur l'autorité centrale.

LIVRE V.

LA FÉODALITÉ, OU HISTOIRE AU DIXIÈME ET AU ONZIÈME SIÈCLE DES ROYAUMES SORTIS DE L'EMPIRE CARLOVINGIEN.

CHAPITRE XIII.

FRANCE ET ANGLETERRE (888-1108); ABAISSEMENT DE LA ROYAUTÉ FRANÇAISE, MAIS GRANDEUR DE LA NATION; CONQUÊTE DE L'ANGLETERRE (1066).

Lutte d'un siècle entre les derniers Carlovingiens et les premiers Capétiens. — Avénement de Hugues Capet (987). — Faiblesse de la royauté capétienne; Robert (996); Henri Ier (1031); Philippe Ier (1060). — Activité de la nation française. — Chute en Angleterre de la dynastie danoise (1042) : Édouard le Confesseur. Harald (1066). — Invasion française en Angleterre. Bataille d'Hastings (1066). — Révoltes des Saxons avec l'aide des Gallois (1067) et des Norvégiens (1069). Camp de refuge (1072); Outlaws. — Spoliation des vaincus. Résultats de cette conquête.

Lutte d'un siècle entre les derniers Carlovingiens et les premiers Capétiens.

Avec l'unité politique des peuples de l'empire carlovingien disparaît l'unité de leur histoire. Le siècle qui suit est en effet plein de désordres; ce n'est plus la confusion, imposante en quelque sorte, des grandes mêlées de l'invasion barbare, mais une confusion dans laquelle paraissent surtout en jeu des intérêts individuels et des ambitions locales. Deux questions importantes cependant s'agitent au fond : la famille carlovingienne, opiniâtre à réclamer, non plus le trône impérial, mais le trône de France, en sera-t-elle décidément exclue ? La royauté, en quelques mains qu'elle reste, sera-t-elle maintenue dans son impuissance et méconnue dans ses droits ? A la première, et même, momentanément, à la seconde question les événements répondront affirmativement.

Le nouveau roi de France, Eudes, voulut se faire reconnaître de l'Aquitaine, qui naguère rejetait les Carlovingiens et qui maintenant affectait de défendre leur légitimité, parce qu'elle avait dessein de repousser la souveraineté du roi de France, quel qu'il fût. Tandis qu'il était dans le Midi, un fils posthume de Louis le Bègue, Charles III, dit le Simple, se fit proclamer roi dans une grande assemblée tenue à Reims. Le roi de Germanie, Arnulf, qui se rattachait indirectement aussi à la race carlovingienne, et en qui survivait encore l'ambition impériale, malgré la grande protestation de 887, accueillit dans la diète de Worms le prétendant, et, se déclarant son protecteur, ordonna aux comtes et aux évêques des bords de la Meuse de le soutenir. Eudes l'emporta, et termina cette querelle en accordant plusieurs domaines à son compétiteur. Ce prince actif et brave fut malheureusement enlevé par une mort prématurée (898). Son frère Robert hérita du duché de France, et Charles le Simple fut reconnu roi.

Le fait le plus mémorable qui se rattache au nom de ce prince fut la cession de la Neustrie aux Northmans ; il en a été question plus haut.

Sa vie et son règne se terminèrent tristement. Les seigneurs, jaloux du peu qui lui restait, se liguèrent contre lui. Robert, duc de France, se fit nommer et sacrer roi à Reims (922), et, lorsqu'il mourut l'année suivante, Raoul, duc de Bourgogne, prit sa place sur le trône. Ainsi France ou Bourgogne, c'était bien le centre de l'ancienne Gaule qui paraissait destiné à retenir la royauté. Aussi les extrémités, le nord aussi bien que le midi, étaient hostiles à ces seigneurs du centre. Le duc de Normandie et le comte de Vermandois appuyèrent Charles le Simple ; il est vrai qu'ils le trahirent quelque temps après, et le malheureux descendant de Charlemagne mourut emprisonné dans le château de Péronne (929). Raoul, reconnu par les plus puissants seigneurs, régna jusqu'en 936. Sous lui les Hongrois pénétrèrent en France jusqu'à Toulouse.

A sa mort, la couronne était à la disposition de Hugues le Grand, duc de France, maître des plus riches abbayes du royaume, et tout-puissant au nord de la Loire. Il aima mieux faire des rois que de se faire roi lui-même, et rappela d'Angleterre un fils de Charles le Simple, Louis IV, dit d'Outremer (936). Mais il se lassa bientôt de son œuvre, et forma contre Louis IV une ligue dans laquelle il fit entrer le roi de Germanie Otton Ier. Assiégé dans la ville de Laon, seule possession qui lui restât, Louis fut obligé de s'enfuir dans l'Aquitaine, dont les seigneurs réunirent une armée pour le défendre ; l'intervention du pape Étienne III le fit rétablir.

Bientôt après, tout change. La discorde ayant éclaté de nouveau entre Hugues et Louis IV, ce n'est plus contre le second que le prince allemand s'avance, c'est contre le premier, son ancien allié. Il ravage même le comté de Paris, mais il est battu ensuite et se retire au delà du Rhin, suivi du descendant de Charlemagne, qui se justifie humblement dans le concile d'Ingelheim des accusations portées contre lui, et qui demande à Otton de juger lui-même ou d'ordonner un combat singulier pour décider la question. Quoique le concile lui eût donné raison et eût excommunié Hugues le Grand, Louis n'en termina pas moins sa vie en mendiant de tous côtés des secours sans réussir à recouvrer une ombre d'autorité.

Cette dynastie carlovingienne n'était pourtant pas encore arrivée tout à fait à son terme. Lothaire succéda à Louis IV, grâce à l'appui de Hugues le Grand, son oncle. Son règne ne laissa pas d'avoir quelque vigueur : les prétentions de l'Allemand Otton à restaurer l'empire rallièrent autour du roi de France les grands vassaux de plusieurs pays dont toute la tactique visait alors à empêcher soit en France, soit en Germanie, le retour de l'ancienne puissance impériale, qui les eût obligés à reculer de tout le chemin qu'ils avaient fait dans la voie des usurpations depuis le temps de Charlemagne. Ainsi firent les seigneurs lorrains : ils appelèrent Lothaire pour l'opposer à Otton ; Hugues le Grand n'était plus, mais son fils, Hugues Capet, était dévoué à Lothaire, qui avait acheté assez chèrement cette fidélité de la maison de France en lui donnant la Bourgogne, qu'elle garda, et l'Aquitaine, qu'elle ne put prendre. Lothaire pénétra jusqu'à Aix-la-Chapelle et faillit enlever l'empereur. Otton, à son tour, vint jusqu'à Paris en ravageant le pays, mais sa retraite fut désastreuse et presque toute son armée périt sur les bords de l'Aisne. C'était beaucoup pour Lothaire d'avoir tenu tête à un aussi puissant monarque, et, contraint d'abandonner la haute Lorraine (980), il obtint du moins pour son frère Charles le duché de basse Lorraine ou de Brabant.

Cette dernière lueur de puissance que jeta la royauté carlovingienne était due aux circonstances momentanées qu'on vient de voir et surtout à l'appui que la maison de France lui avait prêté. Celle-ci avait, en effet, une puissance féodale bien assise : mais la royauté carlovingienne, après un siècle d'ébranlements, était véritablement déracinée. L'arbre ne tenait plus à rien : il suffisait de le pousser pour le renverser, ce qui ne tarda pas. Lothaire le sentit si bien à son lit de mort, qu'il supplia Hugues Capet de protéger son fils Louis V, et de permettre qu'il fût roi. Hugues le promit et tint parole. Louis V régna, mais seulement un an, car il mourut en 987, et sans laisser d'enfants.

Avénement de Hugues Capet (987).

Ce que les maires du palais avaient été auprès des derniers rois mérovingiens, les ducs de France l'étaient depuis un siècle auprès des derniers Carlovingiens ; avec des différences pourtant : moins d'éclat, moins d'autorité, un commandement moins étendu, mais en revanche une situation peut-être plus indépendante, une souveraineté territoriale leur appartenant en propre. Les maires étaient à la fois leudes, riches propriétaires et ministres de la royauté : aux deux premiers titres, ils étaient des personnages considérables et influents ; au dernier seul ils devaient leur puissance politique ; or, en droit, sinon en fait, ce titre avait en lui quelque chose d'essentiellement subalterne. Les premiers Capétiens, au contraire, n'ont nulle charge de cour, et n'exercent le pouvoir que dans une circonscription bornée, mais l'exercent par eux-mêmes. Avec Pépin le Bref, un homme s'éleva au-dessus de tous les hommes de sa nation ; avec Hugues Capet, un fief, c'est-à-dire une terre se gouvernant elle-même, s'éleva, en droit, au-dessus de tous les autres fiefs. C'est là le caractère de la révolution de 987, si fortement marquée par Montesquieu lorsqu'il dit : « Le titre de roi fut uni au plus grand fief. » Mais aussi le nouveau roi ne régna guère que sur ses terres, tandis que le maire du palais passé roi avait succédé aux prérogatives encore réelles du prince sur tout l'État.

Au reste, certaines analogies sont frappantes. Ce fut encore le pape qui donna le signal de la révolution, et par une parole toute semblable à la fameuse réponse du pape Zacharie : « Lothaire est roi seulement de nom, disait Sylvestre II ; Hugues n'en porte pas le titre, mais il est roi et par le fait et par les œuvres. » De la bouche du souverain pontife tombait pour la seconde fois l'arrêt d'une dynastie. L'homme qui possédait les abbayes de Saint-Denis, de Saint-Martin de Tours et de Saint-Germain savait de quelle efficacité était la sanction religieuse pour une révolution pareille. Il l'obtint du pape, il l'obtint des évêques, il l'obtint des saints. Comme il faisait bâtir un tombeau à saint Valery, ce bienheureux lui apparut et lui dit : « Toi et tes descendants vous serez rois jusqu'à la génération la plus reculée. »

Une autre sanction qui a une valeur suprême pour donner de la durée aux révolutions, c'est la nécessité, la force même des choses. Hugues Capet l'eut pour lui. Quand l'empire carlovingien existait, ses limites étaient les Pyrénées et l'Elbe ; le milieu de ce vaste espace était donc vers le Rhin ; là, d'ailleurs, résidait le peuple qui avait fondé cet empire ; là fut la capitale et le centre du gouvernement, Aix-la-Chapelle.

Après que l'empire eut été divisé, ce lieu ne put être le centre ni de la France ni de la Germanie; il était au contraire limitrophe entre elles. La France s'étendait des Pyrénées à la Meuse, ce fut vers le milieu de cet espace que se concentra la vie nationale; aussi a-t-on remarqué une tendance à fixer la royauté dans les duchés de France et de Bourgogne. Les souvenirs de l'ancienne Neustrie, la résidence de Clovis et de plusieurs Mérovingiens à Paris désignaient plus particulièrement le duché de France. Dans cette région, qu'étaient les Carlovingiens, maintenant que chaque groupe de peuples était revenu à ses instincts particuliers? des étrangers, des hommes du Rhin, parlant la langue tudesque et non le *roman* des bords de la Seine et de la Loire dont Hugues Capet faisait usage.

Voilà les caractères et la légitimité de son élévation.

Le 1er juillet 987, dans une assemblée tenue à Senlis, où n'étaient guère représentés que les évêques et les seigneurs du duché de France, il fut élu et proclamé roi. Quelques jours après, Adalbéron, archevêque de Reims, le sacra à Noyon.

Cependant la race carlovingienne n'était pas éteinte; le frère de Lothaire, Charles, duc de basse Lorraine, se présenta pour faire annuler l'élection de Hugues Capet. Le nord et le midi, la Flandre, le Vermandois, l'Aquitaine soutenaient sa cause. Livré à Hugues Capet par l'évêque de Laon, il fut enfermé dans la tour d'Orléans; ses fils succédèrent à ses prétentions, mais sans réussir à les faire valoir. L'un mourut sans postérité, les deux autres n'ont pas laissé de traces certaines de leurs destinées. Hugues, pour affermir sa maison sur le trône et pour empêcher cette succession alternative de rois carlovingiens et de rois de nouvelle race qu'on avait vue si fréquemment depuis 887, fit reconnaître son fils Robert pour l'héritier de sa couronne dans une assemblée des grands tenue à Orléans, usage que nos rois observèrent constamment jusqu'à Philippe Auguste.

Quant au midi, Hugues Capet ne put réussir à s'y faire reconnaître. Les Aquitains signaient leurs actes : « Dieu régnant, en attendant un roi. » Il fit la guerre au comte de Poitiers, et à ce comte de Périgord à qui il demandait un jour : « Qui t'a fait comte? » et qui lui répondit : « Qui t'a fait roi ? » La Bretagne conservait aussi toute son indépendance. Mais les pays voisins du duché de France étaient moins indociles : c'est là que s'établissait réellement l'ascendant de la royauté. Le comte d'Anjou, le duc de Normandie rendaient hommage à Hugues Capet.

Ce roi sut d'ailleurs s'assurer l'appui le plus solide et le plus considérable par une étroite alliance avec l'Église, moins pourtant avec le chef de toute l'Église, comme les premiers Carlovingiens (les relations n'avaient plus cette étendue), qu'avec le clergé local, qu'il favorisa de toutes manières, lui rendant la liberté de ses élections, et le comblant de donations. Ses successeurs suivirent la même voie.

Faiblesse de la royauté capétienne ; Robert (996); Henri I⁽ʳ⁾ (1034); Philippe I⁽ʳ⁾ (1060). Mais activité de la nation.

A la mort de Hugues (996), son fils Robert monta sur le trône sans difficulté. C'était un homme doux, pieux, docile, occupé à composer des hymnes, chantant au chœur, portant la chape en même temps que le sceptre et la couronne. Il nourrissait plus de mille pauvres par jour. Il était dominé par sa femme et par les prêtres. Pourtant il fut excommunié pour avoir voulu garder sa première femme, Berthe, qui lui était parente, car l'Église défendait les mariages entre parents jusqu'au septième degré. Il se résigna et prit pour seconde femme Constance, fille du comte de Toulouse. Alors « on vit, dit le chroniqueur Raoul Glaber, la France et la Bourgogne inondées d'une nouvelle espèce de gens les plus vains et les plus légers de tous les hommes. Leur façon de vivre, leur habillement, leurs armures, les harnais de leurs chevaux étaient également bizarres ; vrais histrions dont le menton rasé, les hauts-de-chausses, les bottines ridicules et tout l'extérieur mal composé annonçaient le déréglement de leur âme ; hommes sans foi, sans loi, sans pudeur, dont les contagieux exemples corrompirent la nation française, autrefois si décente, et la précipitèrent dans toutes sortes de débauches et de méchancetés. » Ce curieux passage montre quelle âpreté de haine, quelle antipathie profonde de caractères, de mœurs, de costumes mêmes, séparaient le nord du midi de la France.

Le paisible Robert, qui n'avait nulle ambition, se vit pourtant offrir une couronne. Les Italiens voulaient le reconnaître comme roi pour l'opposer à l'empereur Conrad. Il recula devant les dangers de cette entreprise et refusa. Cette politique était, après tout, la plus profitable à la dynastie nouvelle : les Carlovingiens s'étaient perdus pour avoir voulu trop embrasser, et dominer de nom l'Europe occidentale, au lieu de s'attacher fortement à quelque coin de terre et d'y jeter de profondes racines. Une acquisition moins brillante que celle de l'Italie, mais plus utile, fut celle de la Bourgogne, qui échut au roi Robert à la mort de son oncle Henri (1002). Il lui fallut pourtant douze ans d'une guerre faite avec l'assistance du duc de Normandie pour en prendre possession, parce qu'un fils de la femme de son oncle lui disputa ce pays. Telle était la faiblesse de la royauté. Lorsque Robert voulut intervenir dans les affaires du comte de Champagne, celui-ci dit : « Je suis, par la grâce de Dieu, comte héréditaire, voilà ma condition ; et quant à mon fief, il me vient par la succession de mes ancêtres, il ne regarde donc pas ton domaine. Ne me force pas à faire pour la défense de mon honneur des choses qui te déplairaient ; car Dieu m'est témoin que j'aimerais mieux mourir que de vivre sans honneur. »

Il faut remarquer ces mœurs de l'époque féodale. Le milieu du onzième siècle est le moment où l'autorité souveraine fut le plus méconnue et l'indépendance des seigneurs poussée le plus loin. Ils gouvernaient en maîtres leurs petits États ; ils cherchaient à en acquérir d'autres et faisaient des entreprises au dehors pour leur propre compte. Tel est, en première ligne, à cette époque, le comte de Blois et de Champagne, Eudes, qui s'empara de quelques points du royaume d'Arles, réuni à l'empire, à la mort de Rodolphe II (1033), et qui périt en essayant de conquérir la Lorraine dans l'espoir de restaurer l'ancien royaume de Lothaire Ier ; après, il comptait bien prendre la couronne royale que les Italiens lui offraient. Tel est encore son rival, ce fameux Foulques Nerra, comte d'Anjou, qui, ayant vaincu Geoffroy, son fils révolté, lui fit faire plusieurs milles, une selle sur le dos et rampant sur la terre : « Tu es vaincu, lui disait-il en le frappant du pied, enfin tu es vaincu. — Oui, répondit Geoffroy, mais, par mon père ; pour tout autre, je suis invincible. » Et cette réponse désarmait le dur vieillard. Bientôt après, il partait à pied pour la terre sainte et mourait, au retour, de fatigue et de macérations. Traits curieux de la bizarre et sauvage énergie de ces temps. Un autre voisin très entreprenant et très dangereux était le duc de Normandie : Guillaume II, le bâtard, monta en 1035 sur le trône ducal après avoir battu les seigneurs qui prétendaient l'en écarter : plus tard il conquit l'Angleterre, tandis que quelques-uns de ses vassaux soumettaient l'Italie méridionale.

Au milieu de ces rudes et remuants seigneurs, aussi puissants que lui et plus belliqueux, le roi, qui, depuis 1031, était Henri Ier, semblait comme étouffé. Il fut mêlé à presque toutes leurs querelles, comme auxiliaire de l'un ou de l'autre, et sans y être prépondérant ; mais il était le Roi et, à ce titre s'attachaient des droits que le temps fera valoir. Le fait le plus singulier du règne de Henri est son mariage avec la fille de Jaroslaw, duc de Russie ; il était allé si loin chercher une femme pour être sûr de ne pas épouser, comme son père, une parente.

Philippe Ier, qui succéda à Henri son père (1060), n'eut pas un règne moins obscur, quoique l'Europe, sortie à ce moment de son repos et de sa vie étroite, fût le théâtre des plus grands mouvements : la première croisade se fit, la quequelle du sacerdoce et de l'empire éclata entre Grégoire VII et l'empereur Henri IV, sans que Philippe y prît aucune part. Son règne se passa en guerres mesquines avec Guillaume le Conquérant, qui ravagea le Vexin français ; avec Robert le Frison, qu'il voulait empêcher de prendre possession de la Flandre ; avec Foulques le Réchin, qui lui avait cédé le Gâtinais, et dont, en récompense, il enleva la femme Bertrade. Excommunié pour ce crime par le pape Urbain II, en présence des peuples accourus pour la croisade au grand concile de Clermont (1095), il abandonna Bertrade, la reprit ensuite, abandonna encore et la reprit de nouveau, avec une telle opiniâtreté de passion que l'Église finit par fermer les yeux sur sa conduite.

Avec ses vices et sa nonchalance, avec ses ventes de bénéfices ecclésiastiques et ses altérations de monnaies, exemple si souvent imité par ses successeurs, Philippe Ier ne fit ni estimer ni redouter la puissance royale. Aussi, au moment de sa mort (1108), la royauté capétienne était-elle à son plus bas période.

Mais si le roi s'endormait indolent sur son trône, la nation était debout, active, passionnée, et sortait du pays par toutes les frontières à la fois. L'esprit d'aventure, si cher aux anciens Gaulois, sembla se réveiller avec une force accrue par dix siècles de repos forcé : cinq cent mille hommes passaient le Rhin et les Alpes pour aller à huit cents lieues de là délivrer un tombeau ; des chevaliers normands conquéraient des principautés en Italie ; un prince de la maison capétienne de Bourgogne fondait au delà des Pyrénées le royaume de Portugal ; enfin 60 000 Français franchissaient la Manche et soumettaient l'Angleterre. Ce dernier événement fut de la plus grande conséquence pour l'avenir et les destinées de notre pays.

Chute en Angleterre de la dynastie danoise (1042) : Édouard le Confesseur, Harald (1066).

L'empire scandinave (p. 188) s'écroula après Kanut le Grand comme l'empire franc après Charlemagne (1030). Kanut avait assigné trois royaumes à chacun de ses trois fils : la Norvége à Suénon, le Danemark à Harald, qu'il avait eu d'une première épouse ; l'Angleterre à Hard-Kanut que lui avait donné Emma. Mais le dernier se trouvant en Danemark à la mort de son père, les Danois d'Angleterre proclamèrent Harald. Il ne fut reconnu qu'au nord de la Tamise, le sud prit pour chef le fils d'Emma. C'était une question de parti ou de race, le premier représentant les Danois, le second les Saxons. La mort d'Harald laissa tout le pays à Hard-Kanut, dont le règne servit à préparer le retour de la dynastie saxonne,

Édouard III *le Confesseur*, fils d'Ethelred et d'Emma, monta sur le trône de ses pères en 1042.

Édouard était Saxon par son père, Normand par sa mère ; il préférait même les Normands, au milieu desquels l'exil avait jeté son enfance et qui étaient plus cultivés. Il en attira donc un grand nombre à sa cour, leur distribua les principaux évêchés et accorda un grand crédit à Eustache, comte de Boulogne, son beau-frère. Les Saxons furent jaloux. Ils étaient représentés à la cour par un homme puissant, le comte Godwin, Saxon d'origine, qui, bien que rallié quelque temps aux Danois, était toujours le protecteur de ses compatriotes. Par lui-même et par ses fils, Godwin gouvernait un grand nombre de comtés. A la suite d'une rixe entre les Saxons et les Normands, il se prononça pour les premiers et tomba en disgrâce. Il était éloigné de la cour quand un nouveau visiteur normand y parut : c'était le duc de Normandie lui-même Guillaume II, fils bâtard du duc Robert le Diable. Guillaume vit des Normands partout, à la tête des troupes, dans les forteresses, les évêchés, tous le reçurent en souverain ; il lui sembla que la conquête de l'Angleterre était à moitié faite, et il revint en songeant qu'une couronne royale valait mieux qu'une couronne de duc. Toutefois son voyage fit mauvais effet chez les Saxons, et Godwin rentra en faveur par la force de l'opinion publique ; les Normands furent chassés de la cour.

Godwin mourut (1053). Son fils aîné Harald succéda à ses dignités et à son influence. Il se rendit en Normandie, auprès de Guillaume, pour réclamer des otages que Godwin avait livrés à Édouard et Édouard au duc de Normandie. Guillaume l'accueillit avec honneur. Un jour qu'ils chevauchaient ensemble : « Quand Édouard et moi, dit le Normand, nous vivions comme deux frères, il me promit que, s'il devenait roi d'Angleterre, il me ferait son héritier ; Harald, si tu m'aidais à le devenir, je te comblerais de biens ; promets-moi de me livrer le château de Douvres, et, en attendant, laisse-moi un des otages. » Harald promit vaguement, n'osant refuser à l'homme qui le tenait en son pouvoir. Arrivé à Bayeux, en présence de sa cour, Guillaume l'invita à jurer.

sur deux petits reliquaires, qu'il exécuterait ses promesses. Harald jura : il lui sembla qu'un serment prêté sur deux petits reliquaires n'était pas un serment de grande conséquence, mais Guillaume l'avait trompé : il y avait dessous une grande cuve pleine d'ossements. Quand on la découvrit, Harald pâlit ; comment se parjurer sur les corps de tous les saints ?

Son retour fut suivi de la mort d'Édouard. Le wittenagemot lui donna la couronne. Aussitôt Guillaume lui envoya rappeler ses promesses « faites sur de bons et saints reliquaires. » Harald répondit qu'arrachées par la force, elles étaient sans valeur, et que d'ailleurs sa royauté appartenait au peuple saxon. Guillaume traita le Saxon d'usurpateur, de sacrilége, et en appela à la cour de Rome, alors dirigée par Hildebrand. Le pape, qui se plaignait que le denier de Saint-Pierre ne fût plus payé, excommunia Harald, investit Guillaume du royaume d'Angleterre et lui envoya une bannière bénite, symbole de l'investiture militaire, avec un anneau contenant un cheveu de saint Pierre enchâssé sous un diamant, emblème de l'investiture ecclésiastique. Le duc publia alors son ban de guerre par toute la France ; une foule d'aventuriers accoururent, et une armée de 60 000 hommes partit le 27 septembre 1066, de Saint-Valery-sur-Somme, montée sur 1400 navires.

Invasion française en Angleterre. Bataille d'Hastings (1066)

Elle débarqua à Pevensey (Sussex), tandis que la flotte saxonne qui gardait la Manche était rentrée dans ses ports pour se ravitailler. Harald combattait en ce moment dans le nord son frère Tostig, révolté et réuni aux Norvégiens. Vainqueur, il revint très-rapidement vers le sud, et quoique son armée ne fût que le quart de l'armée ennemie, il se mit en sa présence sur une hauteur voisine d'Hastings. Les Saxons s'y palissadèrent avec de forts pieux. Ils étaient gais et désordonnés ; la nuit qui précéda le combat fut pour eux une nuit de chants et de libations ; au contraire les Normands la passèrent à prier et à recevoir les sacrements. Le lendemain ceux-ci attaquèrent; mais les haches saxonnes brisaient tout ce qui approchait; en vain Guillaume ordonna-t-il aux archers de tirer en l'air pour éviter les palissades; Harald eut un œil crevé, mais le retranchement ne fut point enlevé; il fallut une fuite simulée pour attirer les Saxons hors de leurs retranchements; alors ils furent taillés en pièces. Harald périt, et la belle Édithe au cou de cygne put seule reconnaître le corps du dernier roi saxon (1066).

Guillaume marcha sur Londres, le cerna, et bientôt la *cor-*

La tour de Londres.

poration (conseil municipal) des bourgeois de la ville vint faire sa soumission. Il y entra et fit commencer aussitôt la construction de la fameuse *Tour*, « la bride de Londres, » comme les habitants eux-mêmes l'appelaient. Puis il se fit couronner sommairement au milieu d'un tumulte excité à dessein par des incendies, afin d'empêcher toute résistance systématique.

Guillaume avait pris sa part, la couronne, en y joignant le trésor des anciens rois et l'orfévrerie des églises. Ce fut ensuite le tour de ses compagnons : la récompense fut mesurée au grade et aux services. Des barons, des chevaliers eurent des châteaux, de vastes domaines, des bourgs, des villes même. Il y en eut qui épousèrent les veuves saxonnes, de gré ou de force, et s'installèrent dans la demeure dont ils avaient chassé ou tué le maître. Tel qui sur le continent était bouvier ou tisserand, se trouva homme d'armes et gentilhomme, ayant serfs et vassaux, château et seigneurie. Ils transmirent à leurs fiers descendants leurs noms grossiers, indice de leur origine : Front de Bœuf, Guillaume le Chartier, Hugues le Tailleur, etc.

Le clergé anglo-saxon fut également frappé avec rigueur. Une partie, entraînée par la bulle du pape, s'était ralliée aux vainqueurs, mais la majorité, d'origine saxonne, était chaudement dévouée à l'indépendance nationale. Parmi les cadavres du champ de bataille d'Hastings, on en avait trouvé treize revêtus d'habits de moines : c'était l'abbé de Hida et ses douze religieux. Le clergé saxon fut donc dépouillé et persécuté : le primat Stigand, chassé de son siége archiépiscopal de Cantorbéry, fut remplacé par le célèbre Lanfranc, qu'Alexandre II chargea de régénérer le clergé anglo-saxon ; car les Normands affectaient d'avoir reçu cette mission, et, si l'on en croit Mathieu Pâris, le clergé saxon aurait passé les nuits et les jours à manger et à boire. Par Lanfranc fut attribuée au siége de Cantorbéry, non plus une suprématie légère, comme auparavant, mais une lourde autorité sur tous les évêchés d'Angleterre, afin d'accomplir avec plus de vigueur l'occupation étrangère des bénéfices ecclésiastiques du pays. Normands, Français, Lorrains, pour peu qu'ils fussent clercs, en étaient pourvus. Les clercs saxons furent persécutés : un des nouveaux prélats interdit à ceux de son diocèse les aliments nourrissants et les livres instructifs, de crainte de donner trop de force à leur corps et à leur esprit. Les saints anglo-saxons eux-mêmes n'échappèrent pas à la haine des vainqueurs, et rien peut-être ne blessa autant les vaincus.

Révoltes des Saxons avec l'aide des Gallois (1067) et des Norvégiens (1069). Camp du refuge (1070) : Outlaws.

Aussi la résistance n'expira pas avec Harald dans les champs d'Hastings. Elle éclata encore pendant six années sur presque tous les points du pays. La première révolte eut lieu pendant un voyage de Guillaume sur le continent (1067); elle était soutenue par les Gallois et jeta quelque émotion dans Londres. Guillaume s'empressa de calmer la capitale en lui promettant, par une proclamation en langue saxonne, de lui rendre les lois nationales du temps du roi Édouard. Puis il frappa les rebelles par la ruine d'Exeter, la destruction de 300 maisons sur 700 à Oxford, la subversion complète de Leicester. Sur les ruines s'élevèrent des forteresses et s'établirent des garnisons. Devant cette occupation militaire, les plus braves des Saxons se réfugièrent en Écosse, en Irlande, où ils furent bien accueillis. De là ils adressèrent un appel aux Scandinaves, leurs anciens ennemis. Osbiorn, frère du roi de Danemark, débarqua à l'embouchure de l'Humber, au milieu des provinces occupées par l'ancienne population danoise (1069). Autour de lui accoururent les Saxons, à leur tête les comtes Edwin et Morkar, infatigables champions de l'indépendance. Mais Osbiorn se laissa gagner par les riches offres de Guillaume et partit. Livrés à eux-mêmes, les malheureux Saxons ne cédèrent que devant la dévastation et l'incendie promené par toute la Northumbrie.

Vaincue comme coalition, la résistance prit une autre forme. Entre les embouchures de la Nen et de l'Ouse, dans l'île d'Ély, les Saxons ouvrirent le *Camp du refuge* où accoururent tous les proscrits, Edwin, Morkar, le primat Stigand, et ce malheureux Edgar qu'ils appelaient roi. Le roi de Danemark, Suénon, y vint même avec une armée (1072); il avait banni son frère pour s'être laissé gagner, mais l'or normand ne le trouva pas plus invincible; le Camp du refuge fut cerné par les troupes de Guillaume : une chaussée construite exprès leur ouvrit les marais qui en formaient la défense, et il fut envahi malgré l'héroïque défense du Saxon Hereward. Celui-ci consentit même à se réconcilier avec le roi normand. Mais un jour qu'il se reposait en plein air après son dîner, il fut assailli par une bande d'étrangers; il en tua quinze de sa main avant de succomber (1072).

Dès lors plus de coalition, plus de camp, et pourtant les

Saxons résistent encore. Ils résistent individuellement, dans les bois, où, glorieux bandits, ils lancent la flèche de Guillaume Tell au seigneur normand qui passe, et se nourrissent du gibier du roi. En vain on les traque en les mettant hors la loi (*out laws*); cette race de braconniers patriotes se perpétue plus d'un siècle, et son héros populaire, Robin Hood, naîtra vers 1160. Guillaume porta cette loi : « Quand un *Français* sera tué ou trouvé mort dans quelque canton, les habitants du canton devront saisir et amener le meurtrier dans le délai de huit jours; sinon, ils payeront à frais communs 47 marcs d'argent. » Comme les hommes du canton eurent dès ors soin de faire disparaître du corps des victimes les signes extérieurs, les juges normands déclarèrent *Français* tout homme assassiné dont l'*anglaiserie*, disaient-ils, ne pourrait être prouvée.

Spoliation des vaincus. Résultats de cette conquête pour l'Angleterre et la France.

Tels furent, avec la révolte des Manceaux et une conspiration normande, les obstacles que Guillaume eut à vaincre. Tout en s'en débarrassant, il s'occupa de régulariser et d'organiser la conquête. De 1080 à 1086 fut dressé un cadastre de toutes les propriétés occupées par les conquérants; on y marquait le nombre des maisons prises par chacun, les ressources des habitants, les redevances payées avant l'invasion. C'est le *grand terrier* de l'Angleterre, appelé par les Saxons *livre du jugement dernier* (dooms-day-book), parce qu'il contenait leur sentence d'expropriation irrévocable. Sur cette terre, ainsi partagée et enregistrée, s'établit le corps féodal le plus régulier de l'Europe : 600 barons, et au-dessous d'eux 60 000 chevaliers. Au-dessus de tous le roi, mais non pas faible comme en France : c'était le chef de la conquête, le capitaine victorieux; tous les autres n'étaient que ses soldats et ses lieutenants. Aussi la royauté anglo-normande, qui se fit une large part territoriale, 1462 manoirs et les principales villes, et eut soin, en exigeant le serment direct des simples chevaliers, de se rattacher étroitement tous les vassaux, outelle d'abord une force contre laquelle bourgeois et nobles furent contraints plus tard de se coaliser pour n'en être pas accablés.

Il ne faut pas que ce nom de Normands nous abuse et fasse voir en eux des Scandinaves. C'étaient bien des Français qui venaient de vaincre; c'était leur civilisation, leurs coutumes, leur langue, leurs institutions féodales qui allaient s'implanter en Angleterre. Parmi les noms du baronnage anglais, on retrouve encore aujourd'hui des noms de France, et le français resta jusqu'à Édouard III, c'est-à-dire jusqu'au milieu du quatorzième siècle, la langue de la cour et des tribunaux.

Mais la France paya cher cette conquête faite par ses armes, ses mœurs et son idiome. Les ducs de Normandie, devenus rois d'Angleterre, eurent une puissance qui tint longtemps en échec celle de nos rois. Deux siècles de guerre, huit d'inimitié jalouse entre les deux peuples, tels furent pour nous les résultats de ce grand événement.

La nouvelle monarchie se trouva vouée elle-même par son origine à de longs troubles. Le détroit de la Manche n'était pas comblé : Normandie et Angleterre étaient toujours deux pays distincts : ce fut la cause de beaucoup de tiraillements dans le royaume anglo-normand et même dans la famille royale. C'étaient d'ailleurs des mœurs rudes et violentes que celles des compagnons de Guillaume le Conquérant et de Guillaume lui-même : ses fils en héritèrent; Robert le Diable avait mis dans leurs veines un mélange de sang barbare et de sang populaire. Ils eurent souvent d'âpres querelles, et, sans attendre la mort de leur père, ils commencèrent à vouloir *gaaigner* les uns sur les autres. Le Conquérant lui-même mourut en guerroyant contre son fils aîné, qui voulait lui enlever la Normandie et que le roi de France soutenait (1087).

CHAPITRE XIV.

L'ALLEMAGNE ET L'ITALIE (888-1039). RENOUVELLEMENT DE L'EMPIRE DE CHARLEMAGNE PAR LES ROIS ALLEMANDS.

Derniers Carlovingiens d'Allemagne. — Extinction de la famille carlovingienne en Allemagne (911). — Élections de Conrad Ier (911) et de Henri l'Oiseleur (918); grandeur de la maison de Saxe. — Otton Ier le Grand (936); sa puissance en Allemagne; il en chasse définitivement les Hongrois (955). — État de l'Italie au dixième siècle. Otton rétablit l'empire (962). — Otton II, Otton III, Henri II (973-1024) et Conrad II (1024-1039).

Derniers Carlovingiens d'Allemagne.

Par le traité de Verdun qui, en 843, avait divisé en trois parts la succession de Charlemagne, la couronne impériale avait été attribuée à Lothaire, avec l'Italie et cette longue zone de pays qui séparait la France de la Germanie. Lorsque cet empire éphémère eut été détruit, elle resta l'apanage de l'Italie en vertu des souvenirs de l'empire romain. Si un État puissant s'était formé dans la péninsule, sans doute la couronne impériale eût pu s'y fixer aussi, étant défendue par un bras puissant. Mais, comme l'Italie tomba dans la division, ce signe de la domination du monde et de l'unité politique de l'Europe ne pouvait rester dans les mains d'un roitelet commandant à quelques provinces de la Lombardie. Il paraissait devoir appartenir à bien plus juste titre à un des deux grands États formés du démembrement de l'empire carlovingien, la France ou la Germanie. Ce qu'on a vu de l'histoire de France au dixième et au onzième siècle a montré que le sceptre impérial n'était plus fait pour elle. Les ducs de France, qui n'avaient d'ailleurs aucun titre à revendiquer l'empire, comprirent que ce serait folie d'avoir cette ambition, et qu'ils y perdraient probablement leur royauté féodale. Les rois de Germanie, au contraire, étaient les vrais héritiers de Charlemagne, d'abord parce que les souvenirs carlovingiens étaient la gloire même de leurs peuples, ensuite parce que c'est à eux que les circonstances dévolurent la continuation de son rôle. Le pays où ils régnaient, Charlemagne l'avait créé; les peuples qui l'environnaient, Charlemagne les avait combattus, soumis à sa suzeraineté, comme ils allaient faire eux-mêmes. Partout dans leurs États, hors de leurs États, ils retrouvaient et suivaient ses traces.

La Germanie montra bien elle-même qu'elle n'avait que de l'amour pour sa famille. Tandis que la France nommait rois ses seigneurs indigènes, Eudes, Robert, Raoul et Hugues Capet, la Germanie, à la déposition de Charles le Gros (887), élisait un descendant de Charlemagne, Arnulf, bâtard de Carloman, de telle sorte qu'en ce pays la lignée carlovingienne ne cessa de régner que lorsqu'elle se fut éteinte en 911. Cet Arnulf était un habile et vaillant homme, dont l'activité contraste avec l'inertie des autres Carlovingiens. Il éleva très-haut ses prétentions et essaya de reconstituer cet empire qui venait de se briser, en réclamant la suzeraineté sur tous les souverains nouveaux qui s'élevaient dans l'Europe. Ainsi il se fit prêter hommage et par le roi de France, Eudes, et par le roi de Bourgogne transjurane, Rodolphe Welf, et par le roi d'Arles, Louis, fils de Boson, et par le roi d'Italie, Bérenger, ancien duc de Frioul, qui avait pris cette couronne après la déposition de Charles le Gros.

Bientôt il réclama sur plusieurs de ces pays une souveraineté plus directe. Il donna pour roi à la Bourgogne et à la Lorraine son fils Zwentibold, qui, à la vérité, n'y fut pas reconnu et même y périt. Appelé au delà des Alpes par Bérenger contre son compétiteur Guido, duc de Spolète, qui s'était proclamé roi d'Italie et empereur, Arnulf prit ces deux couronnes (896), ce qui ne lui donna guère qu'un titre, il est vrai, mais montra la route à ses successeurs. En Allemagne son pouvoir fut plus sérieusement établi.

Les peuples étrangers que Charlemagne avait combattus, furent aussi par lui retenus et repoussés. Les Northmans au nord, les Slaves à l'est, étaient toujours comme un double flot battant les frontières de l'Allemagne. Arnulf chassa des bords de la Dyle les pirates northmans qui s'y étaient cantonnés. Quant aux Slaves, depuis les victoires de Louis le Germanique, ils avaient envahi quatre fois la Germanie, de 844 à 874. A leur tête étaient les Moraves, sous leur redoutable chef Zwentibold. Arnulf essaya d'abord de les désarmer en leur cédant la Bohême; n'y ayant point réussi, il appela contre eux les Hongrois (896), qui firent disparaître le royaume de Moravie. La Bohême affranchie fut alors convertie au christianisme par les apôtres Méthodius et Cyrille. Mais les Hongrois, attirés sur l'Allemagne, ne devaient en être repoussés que par de longs efforts. Sous le règne de Louis l'Enfant, fils et successeur d'Arnulf (809-911), ils gagnèrent la bataille d'Augsbourg et exercèrent des ravages qui ne furent point vengés.

Extinction de la famille carlovingienne en Allemagne (911).

Avec Louis l'Enfant s'éteignit la branche allemande des Carlovingiens, et la Germanie eut à choisir un roi dans une autre famille.

L'Allemagne, comme la France, était alors une réunion de grands fiefs; mais il y faut remarquer deux parties distinctes par les mœurs et l'esprit : l'une comprenant les anciennes fédérations alamanique et austrasienne, où se trouvaient les grandes villes avec les principales souverainetés ecclésiastiques et où l'esprit municipal et les souvenirs de Rome avaient laissé des vestiges; l'autre, l'Allemagne saxonne, encore toute barbare et belliqueuse. De cette différence résultera plus tard un antagonisme. L'ancien territoire des Alamans et des Boïes formait deux duchés[1], *Souabe* et *Bavière;* dans la France austrasienne était la *Franconie.* A la *Saxe* se rattachaient la

---

[1]. Louis le Germanique était revenu au système des grands-duchés, que Charlemagne avait abolis.

Thuringe et une partie de la Frise. Ce sont les quatre grands-duchés primitifs de l'Allemagne.

En 911, l'élection, qui n'avait été que temporairement proscrite par la gloire des Carlovingiens, rentra dans les mœurs politiques de la Germanie, au moment même où elle allait sortir de celles de la France. De là résulta pour les deux pays un sort tout différent. Les grands vassaux de France virent la royauté si faible et si dénuée, quand eux-mêmes étaient si riches et si forts, qu'ils ne songèrent point à lui retirer ces deux nerfs puissants, l'hérédité du pouvoir et la propriété territoriale. Au contraire, ceux d'Allemagne, qui virent la royauté germanique encore très-forte, s'appliqueront à l'énerver en lui retirant ce double avantage. Aussi, par la suite, la première alla de la faiblesse à la puissance et la seconde de la puissance à la faiblesse; et, des deux pays, l'un arriva à une centralisation extrême, l'autre à une extrême division. Il faut ajouter que la famille de Hugues Capet dure encore depuis neuf siècles, et que, par un singulier hasard, les dynasties allemandes s'éteignirent très-rapidement dès la seconde ou la troisième génération; de sorte que l'Allemagne, sans cesse appelée à se donner une nouvelle race royale, prit et garda l'habitude de l'élection, tandis que la France, par la raison contraire, prit celle de l'hérédité.

Élections de Conrad Ier (911) et de Henri l'Oiseleur (919); grandeur de la maison de Saxe.

Conrad Ier, qui fut élu en 911, par les trois nations de Saxe, de Thuringe et de Franconie, descendait encore de Charlemagne par les femmes. Il commença la lutte, qui ne devait point cesser pendant tout le moyen âge, du roi contre ses grands feudataires. Ces ducs belliqueux, rudes représentants de l'esprit féodal, s'efforcèrent de secouer de leurs têtes indomptables le joug de la royauté, et cependant ils s'imposaient toujours à eux-mêmes cette royauté, afin, d'une part, de conserver à leur pays la gloire du titre impérial, et, de l'autre, de résister par l'union aux attaques extérieures.

Conrad était Franconien : il voulut affaiblir la Saxe et en

détacher la Thuringe ; il fut vaincu à Ehresbourg par le duc Henri. A l'ouest le duc de Lorraine refusait de le reconnaître et se donnait au roi de France : il lui enleva l'Alsace. Au sud, les administrateurs de Souabe refusaient également de lui donner le nom de roi et se liguaient avec Arnold le Mauvais, duc de Bavière. Il battit celui-ci, força ceux-là à comparaître devant une assembée nationale ; la diète d'Altheim les condamna comme félons et les fit décapiter. Conrad triomphait donc sur plusieurs points, lorsqu'il mourut dans un combat contre les Hongrois (918).

Après cet empereur franconien, la couronne entra dans la maison de Saxe, où elle resta plus de cent ans (918-1024). Conrad mourant avait désigné son ancien vainqueur, Henri, comme le plus capable de défendre l'Allemagne contre les Hongrois ; ce duc de Saxe fut élu. Les députés qui lui en portèrent la nouvelle le trouvèrent occupé à chasser les oiseaux : de là son surnom. Henri I*er* l'Oiseleur organisa l'Allemagne, où régnait le désordre et qui manquait de barrières. Il passe pour avoir établi, au profit de l'autorité royale, les comtes du palais ou palatins, placés dans les provinces à côté du duc, et chargés de l'inspection des biens de la couronne, image réduite des *missi dominici*. Il n'y avait plus ni heerban, ni champs de mai, ni réunions des états à époques fixes. En 926, Henri rétablit l'heerban et obligea quiconque avait passé sa treizième année à porter les armes : celui qui ne paraissait pas trois jours après la levée en masse encourait la peine de mort.

Il institua, pour arrêter les ennemis du dehors, tout un système de défense ; il fonda les marches du Sleswig contre les Danois, de la Saxe septentrionale ou marquisat de Brandebourg contre les Slaves et les Vendes, de la Misnie contre les Hongrois et les Polonais, et les places fortes de Quedlimbourg, Meissen, Mersebourg. Celle-ci devint comme le centre de toute la défense ; il y jeta une colonie de pillards et de vagabonds, chargés désormais de défendre le pays qu'ils désolaient auparavant. Ces forteresses étaient appelées *burgwarten*. Il ordonna que, sur neuf vassaux, un serait enlevé à son pays et placé dans la *burgwarte* la plus voisine, pendant que les autres cultiveraient son champ. Il fit construire des magasins, où devait être déposé le tiers des récoltes, et il enjoignit d'y tenir les réunions solennelles et les marchés, d'y célébrer les fêtes et les mariages.

Ces belles dispositions portèrent leurs fruits dès le règne de Henri. Sa grande victoire de Mersebourg sur la Saale (934) refoula les Hongrois, et la réunion formelle de la Lorraine couvrit le royaume à l'ouest, comme celle de la Bohême à l'est et celle de Sleswig au Nord.

Otton Ier le Grand (936); sa puissance en Allemagne; il en chasse définitivement les Hongrois (955).

Henri avait réuni une diète à Erfurth, quelque temps avant sa mort, et lui avait demandé de reconnaître pour roi son second fils Otton [1]. Celui-ci se rendit à Aix-la-Chapelle, où les ducs, les princes et tous les chefs du pays, assemblés dans le consistoire attenant à la basilique, le proclamèrent; après cette élection par les grands, l'archevêque de Mayence le présenta au peuple réuni dans l'église, en disant : « Voici celui qui a été choisi de Dieu, désigné par le défunt seigneur et roi Henri, et qui vient d'être élevé à la royauté par tous les princes, le noble seigneur Otton; si ce choix vous plaît, levez la main. » Tout le peuple leva la main. C'était un dernier reste de l'élection faite autrefois par la tribu tout entière et non point chez les chefs seulement.

Cet avénement d'un nouveau roi saxon provoqua, comme sous le règne précédent, une protestation de l'ouest et du midi. Les ducs de Bavière et de Franconie s'unirent contre Otton avec la Lorraine, et se firent appuyer par Louis IV, roi de France. Otton vainquit les rebelles et pénétra dans la Champagne, soutenu par le duc de France, son beau-frère, et par le comte de Vermandois, alors en armes contre Louis IV, qui se hâta de traiter (940). Par un heureux concours de circonstances, les grands-duchés qui lui étaient hostiles devin-

---

1. *Othon* est un nom latin, *Otton* un nom allemand. Ces deux noms n'ont rien de commun. Les Allemands écrivent toujours, Otton. Nous devons faire comme eux.

rent vacants, et il réussit à les faire passer à des membres de sa famille : la Bavière à son frère Henri, la Souabe à son fils Ludolphe, la Franconie et la Lorraine à son gendre Conrad le Sage, l'archevêché de Cologne à son autre frère, Brunon, celui de Mayence à son troisième fils Guillaume. Il affermit encore plus son autorité par l'extension qu'il donna au pouvoir des *comtes palatins*, placés dans plusieurs grands fiefs au-dessous des ducs pour y rendre la justice dans les cas royaux et administrer le domaine royal ; enfin par la faveur qu'il montra à la féodalité ecclésiastique. Il accorda aux évêques des comtés, même des duchés, avec toutes les prérogatives des princes séculiers, se contentant d'établir près d'eux, pour l'administration de ce riche temporel, des *avoués*, dont il se réserva la nomination. Plus tard les comtes palatins se rendirent indépendants ou les ducs se les assujettirent, et le clergé s'affranchit de la surveillance des avoués ; mais Otton n'avait pas dû faire entrer dans ses calculs que ses successeurs ne sauraient pas régner.

Un grand fait militaire honore le règne d'Otton Ier : la victoire décisive d'Augsbourg (955) sur les Hongrois, qui perdirent, dit-on, 100 000 hommes et cessèrent depuis ce désastre leurs excursions en Allemagne. L'Avarie qui leur fut enlevée forma le margraviat d'Autriche. Au dehors, il reprit à l'égard des Bohêmes, des Polonais et des Danois la politique de Charlemagne en Saxe, tâchant à la fois de les faire chrétiens et sujets de son empire. Ainsi en Bohême il força Boleslas Ier, persécuteur du christianisme, à lui payer un tribut annuel et à favoriser le culte qu'il avait persécuté (950). Le duc de Pologne, Miécislas, fut même contraint de lui faire hommage et de laisser s'élever l'évêché de Posen ; les Danois, poursuivis jusqu'au fond du Jutland, n'obtinrent la paix que sur la promesse que leur roi et son fils recevraient le baptême. Comme Charlemagne avait fondé les évêchés de la Saxe dans le bassin du Wéser, Otton érigea dans ceux de l'Elbe et de l'Oder, les évêchés de Magdebourg, Brandebourg, Havelberg, Meissen, Naumbourg, Mersebourg et Posen ; dans la péninsule cimbrique, ceux de Slesvig, Ripen et Aarhus ; en Bohême, celui de Prague. C'était la prise de possession de ces pays par le christianisme et par la civilisation; mais ce ne fut pas, au moins d'une manière durable et pour tous, leur prise de possession par l'empire.

État de l'Italie au dixième siècle. Otton rétablit l'empire (962).

Les prétentions de l'Allemagne sur l'Italie avaient sommeillé après Arnulf. Elles se réveillèrent sous Otton. L'Italie avait été plongée, depuis le commencement du dixième siècle, dans le plus affreux désordre; l'uniformité établie par la conquête romaine ayant disparu avec la domination impériale, elle avait perdu toute unité de caractère et de mœurs : germanique au nord, où les Lombards et les Francs ont séjourné; romaine au centre, où le saint-siége a protégé l'esprit romain; grecque et presque sarrasine au midi, où Constantinople régnait encore et où s'établissaient maintenant les Arabes.

Une foule de petites souverainetés indépendantes s'étaient élevées; les seigneurs laïques, le duc de Frioul à l'est de la Lombardie, le marquis d'Ivrée à l'ouest, le duc de Spolète au centre, les ducs de Bénévent, de Salerne et de Capoue au sud; des souverains ecclésiastiques, le pape, les archevêques de Milan et de Ravenne, les évêques de Pavie, de Vérone, de Turin : des villes libres, Venise, Gênes, Gaëte, Amalfi. Les plus puissants, les ducs de Frioul et de Spolète, le marquis d'Ivrée, s'étaient longtemps disputé la royauté entre eux et avec le roi de Provence [1]. Le poignard, le poison avaient joué un rôle dans ces intrigues sanglantes dont l'Italie sera trop souvent le théâtre. Une femme débauchée et souillée de meurtres, Marozia, avait disposé de la couronne d'Italie et de la tiare pontificale.

En 924, la couronne impériale était tombée de la tête de Bérenger Ier assassiné, et personne, au milieu du désordre, ne l'avait ramassée. Rodolphe, roi de Bourgogne, et Hugues,

---

[1]. Bérenger, duc de Frioul, roi en 888, empereur en 916; Guido, duc de Spolète, roi d'Italie en 889; son fils Lambert, en 892; Louis III, roi de Provence, en 900; Rodolphe, roi de Bourgogne transjurane, en 920; Hugues, duc de Provence, en 926; son fils Lothaire, en 931; Bérenger II, marquis d'Ivrée, en 950; son fils Adalbert, en 950.

comte de Provence, puis Lothaire, fils du dernier, prirent au moins celle du royaume d'Italie. En 951, Bérenger II, marquis d'Ivrée et petit-fils de l'empereur du même nom, empoisonna Lothaire, prit sa place, et pour assurer cette succession à son fils Adalbert, voulut lui faire épouser Adélaïde, veuve de Lothaire. Celle-ci se réfugia dans le château de Canossa et de là appela Otton à son secours.

Victorieux de tous ses ennemis, en possession, dans l'Allemagne, d'une autorité incontestée, et, hors de l'Allemagne, d'une suprématie fondée sur la victoire, il ne manquait à Otton, pour renouveler presque l'empire de Charlemagne, que la couronne de fer et la couronne impériale. Il les alla chercher. En 951 il passa les Alpes; tout le clergé lombard vint au-devant de lui : on était las dans la Péninsule d'un souverain présent; on s'imaginait que bien plus légère serait l'autorité d'un souverain absent, d'un roi de Germanie dont on serait séparé par les Alpes. Erreur plusieurs fois funeste à l'Italie : elle crut n'offrir aux rois d'Allemagne qu'un titre, et ceux-ci, maîtres du titre, prétendirent y joindre l'autorité.

Ce n'est pas à son premier voyage que le roi d'Allemagne prit les couronnes italiennes. Il se contenta d'épouser Adélaïde et de recevoir l'hommage de Bérenger II. Mais lorsqu'il revint, en 961, et que Bérenger tenta de lui résister, il se fit proclamer roi d'Italie à Milan, et couronner empereur à Rome (2 fév. 962). Il s'engagea à maintenir les donations faites au saint-siége par Charlemagne, et les Romains promirent de n'élire de pape qu'en la présence des envoyés de l'empereur et de son consentement.

Du même coup, Otton restaurait l'empire au profit des princes qui avaient été élus au nord des Alpes rois des Germains, et fondait la domination allemande en Italie. Ce ne fut pas tout à fait sans résistance. Lorsque les Romains le virent disposer de la tiare pontificale, ils s'indignèrent, chassèrent Jean XIII nommé par lui et élurent un préfet et douze tribuns. Otton les châtia rudement. Pour la troisième fois Rome et le pape avaient un maître.

Il manquait à Otton le sud de l'Italie. Il envoya en ambassade auprès de l'empereur d'Orient, Nicéphore, l'évêque Luitprand, chargé de lui demander la main de la princesse Théophanie pour son fils Otton. Nicéphore ayant refusé et accompagné son refus de procédés outrageants pour l'ambassadeur, Otton ravagea le territoire grec, si bien que Jean Zimiscès, nouvel empereur de Constantinople, accorda Théophanie. Le mariage eut lieu et apporta à la maison de Saxe des droits sur l'Italie méridionale.

La position d'Otton fut à certains égards celle de Charlemagne. Être à l'intérieur tout-puissant, vaincre et christianiser les peuples du nord et de l'est, relever l'empire d'Occident, dominer l'Italie et la papauté, négocier, en assez mauvais termes, une question de mariage avec l'empereur d'Orient, toujours aigre et dédaigneux pour le *basileus* barbare, voilà ce qu'ils eurent de commun. Il faut y ajouter la grande renommée d'Otton et les ambassades qu'il reçut, même des Sarrasins, après sa victoire sur les Hongrois. Il mourut en 973.

Otton II, Otton III, Henri II (973-1024) et Conrad II (1024-1039).

Les derniers empereurs de la maison de Saxe, Otton II (973), Otton III (983), et Henri II (1002), laissèrent tomber cet ascendant. Le premier, retenu par des soulèvements en Allemagne et par une expédition en France, qui le conduisit jusqu'à Paris, ne passa qu'au bout de sept ans en Italie, et la petite féodalité laïque et ecclésiastique profita de cette longue absence du souverain pour surgir de toutes parts et s'organiser dans l'indépendance. Du reste, Otton II s'occupa moins de faire reconnaître son autorité dans le nord ou le centre, que de s'emparer du midi en vertu de son mariage. Il s'y fit battre à Basentello, fut pris par des pirates grecs, se sauva à la nage et mourut quelques mois après (983).

Otton III, imbu de souvenirs romains et d'une ambition que sa mère Théophanie et sa grand'mère Adélaïde avaient nourrie, songea davantage à l'Italie, où sa longue minorité ne lui permit toutefois d'aller chercher la couronne impériale qu'en 996. Il donna la tiare à son parent Grégoire V, qui voulait voir dans l'Allemagne « le bras du christianisme, » ensuite à Sylvestre II, son ancien précepteur, qui rêvait de réunir toute la chrétienté sous les deux pouvoirs et de la lancer sur l'Asie à la conquête de Jérusalem. Contre cette domination allemande se leva dans Rome le tribun Crescentius, qui prit les titres de patrice et de consul, et qui, soutenu par la cour de Constantinople, voulait renouveler la république romaine. Otton III réprima cruellement cette sédition : Crescentius, fait prisonnier dans le château Saint-Ange, fut pendu à un gibet de 70 pieds de haut (998), mais sa femme le vengea, dit-on, en empoisonnant l'empereur (1002).

Ces cruelles expériences de la domination allemande semblaient conseiller à l'Italie de se donner un roi national. Arduin, marquis d'Ivrée, fut proclamé à Pavie. Henri de Bavière, petit-fils de Henri l'Oiseleur, venait de succéder à Otton. C'était un prince d'une piété si ardente, qu'il voulut un jour abdiquer pour se faire moine. Son règne n'en fut pas moins agité, et il eut à combattre en Allemagne plusieurs grands vassaux et le roi de Pologne, et il passa trois fois les Alpes. A la seconde (1013), il renversa Arduin, aidé par les rivalités intérieures qui perdirent toujours l'Italie. Milan jaloux de Pavie, s'était prononcé contre Arduin ; son archevêque entraîna dans le parti impérial la plupart des prélats, que blessait la prédominance d'un seigneur laïque. Aussi, à son troisième voyage (1014), Henri II les combla de faveurs, leur accorda tous les droits régaliens, et donna à l'aristocratie ecclésiastique une puissance prépondérante dans la Péninsule.

A la mort de Henri II, dit le Saint (1024), la couronne impériale sortit de la maison de Saxe et revint à celle de Franconie, qui l'avait déjà possédée une fois. Il y avait ainsi une sorte de balancement entre les deux parties de l'Allemagne. Mais la politique ne changeait pas avec les dynasties. La royauté germanique, représentée la plupart du temps par des hommes de talent et d'énergie, continuait de s'accroître et de s'étendre.

L'Allemagne était en quelque sorte obligée de roidir toujours le bras vers l'Orient pour tenir à distance les peuples étrangers. Henri II avait eu à combattre, pendant de longues années, les Polonais, auxquels il avait arraché la Bohême, mais qui l'avaient obligé à renoncer à tout droit de suzeraineté de l'empire sur leur pays. Conrad II le Salique reprit ce droit, céda au roi de Danemark, Kanut le Grand, la marche de Sleswig, mais fit cesser au nord de l'Elbe les mouvements des Lutizes qu'il rendit tributaires des chrétiens, et pour les contenir releva Hambourg qu'ils avaient détruit.

Depuis Otton Ier, l'indocilité des grands vassaux était à peu près calmée; cependant Conrad fit condamner, comme perturbateur de la paix publique, le duc de Souabe, qui voulait s'emparer de la Bourgogne helvétique. Conrad se réservait ce pays. En vertu du traité de Bâle qu'il réussit à faire signer au vieux roi d'Arles, Rodolphe III, toute la vallée du Rhône, la Franche-Comté et la Suisse furent réunies à l'empire germanique (1033).

La conduite de Conrad le Salique en Italie fut d'abord la même que celle de son prédécesseur : il s'appuya sur les évêques qui formaient l'âme du parti allemand, principalement sur Héribert, archevêque de Milan, qui le couronna, et il augmenta encore la puissance des principaux d'entre eux. Il croyait être sûr de les tenir dans sa dépendance, puisqu'ils recevaient de lui la crosse et l'anneau, insignes de leur pouvoir. Mais cette faveur excessive accordée à l'épiscopat tourna mal : les évêques, maîtres de l'Italie, se crurent en état, d'une part, de traiter légèrement la suzeraineté impériale; de l'autre, d'opprimer les petits vassaux et les bourgeois. Ceux-ci n'étaient pas à dédaigner dans les riches communes italiennes. Bourgeois et petits vassaux se coalisèrent; mais toujours avec cette malheureuse préoccupation de triompher dans le moment, sans songer à l'avenir, ils appelèrent l'empereur. Conrad arriva de nouveau, et cette fois dans de tout autres dispositions. Il fit saisir Héribert, avec les évêques de Verceil, de Plaisance et de Crémone, et pour poser à jamais une digue à cette puissance épiscopale, qui avait abusé de ses bienfaits, il rendit son fameux édit de 1037, qui déclara les fiefs des vassaux ou vavassaux d'Italie, irrévocables, *immédiats* et *héréditaires*.

C'était l'acte constitutif de la féodalité italienne; mais d'une féodalité particulière, dépourvue du développement hiérarchique qu'elle avait dans les autres pays, à cause de cette condition de l'*immédiateté* qui supprimait l'intermédiaire des grands vassaux entre l'empereur et les petits vassaux ou bourgeois.

Conrad II mourut en 1039 et eut pour successeur son fils Henri III, le plus puissant des Césars allemands, mais dont la puissance même amena la ruine du second empire germanique et la plus grande guerre du moyen âge, la lutte du sacerdoce et de l'empire.

CHAPITRE XV.

LA FÉODALITÉ.

Commencement du régime féodal. — Obligations réciproques du vassal et du suzerain. — Féodalité ecclésiastique. — Serfs et vilains. — Anarchie et violences; affreuse misère des manants; quelques résultats heureux. — Tableau géographique de l'Europe féodale.

Commencement du régime féodal.

Les vrais héritiers de Charlemagne ne furent d'abord ni les rois de France, ni ceux d'Allemagne ou d'Italie; mais les seigneurs féodaux. L'empire n'avait pas été seul démembré après la déposition de Charles le Gros, mais les royaumes et même les grands fiefs. Les ducs, les comtes avaient été tout aussi impuissants que les rois contre les Normands, les Sarrasins ou les Hongrois et tout aussi inhabiles à maintenir de vastes territoires sous leur gouvernement. Les populations que leurs chefs ne savaient plus amener à de communs efforts, avaient pris peu à peu l'habitude de ne compter que sur elles-mêmes. Après avoir fui longtemps à l'approche des païens, dans les bois, au milieu des bêtes fauves, quelques gens de cœur avaient tourné la tête et refusé d'abandonner tout leur avoir sans essayer de le défendre. Çà et là dans les gorges des montagnes, au gué des fleuves, sur la colline qui dominait la plaine, s'étaient élevés des retranchements, des murailles, où les braves et les forts se tenaient. Un édit de 853 ordonna aux comtes et aux vassaux du roi de réparer les anciens châteaux et d'en bâtir de nouveaux. Le pays en fut bientôt couvert, et les envahisseurs se heurtèrent souvent en vain contre eux. Quelques défaites donnèrent de la prudence à ces audacieux; ils n'osèrent plus s'aventurer si loin, au milieu de ces forteresses qui sortaient de terre de tous côtés, et la nouvelle nvasion, gênée alors et rendue difficile, au siècle suivant, s'arrêta. Les maîtres de ces châteaux furent plus tard la terreur des campagnes, mais ils les avaient d'abord sauvées. La féodalité, si oppressive dans son âge de décadence, avait donc eu son temps de légitimité. Toute puissance s'établit par ses services et tombe par ses abus.

Mais quel était ce régime nouveau? On a vu le mode de propriété devenir plus uniforme dans le monde barbare, par la consécration de l'hérédité des terres que les rois avaient concédées et la loi sanctionner une usurpation d'un autre ordre, l'hérédité des offices royaux. Ce furent généralement les propriétaires d'alleux ou propriétaires de terres royales qui devinrent aussi propriétaires de ces offices : d'où résulta la réunion de la souveraineté avec la propriété dans les mêmes mains : c'est ce qui constitue essentiellement la féodalité.

Dans la monarchie absolue de l'empire romain, les offices publics, à tous les degrés de la hiérarchie, étaient confiés directement par le monarque, et demeuraient toujours à sa disposition, de sorte qu'il pouvait les reprendre à son gré et quand il lui plaisait. De plus, l'officier public n'avait ni la propriété de la province qu'il gouvernait, ni le gouvernement des propriétés particulières qu'il pouvait posséder comme simple citoyen. Il relevait donc, comme propriétaire, de la loi civile appliquée à tout l'empire, et comme gouverneur, de la volonté arbitraire du souverain. Le régime féodal présenta le contraire. Le seigneur, qui *inféodait,* c'est-à-dire concédait, à titre de fief inférieur, quelque portion de son propre fief, en abandonnait à la fois au concessionnaire ou *vassal* la souveraineté et la propriété, qu'il ne pouvait lui retirer qu'autant que le vassal manquait aux devoirs contractés par lui au moment où il en recevait l'*investiture.*

Un seigneur veut obtenir d'un autre une terre et devenir son vassal. Il va le trouver, et alors, entre ces deux personnages, se passe la cérémonie de l'*hommage :* à genoux devant son futur seigneur, les mains dans ses mains, le futur vassal professe hautement qu'il sera désormais son *homme*, c'est-à-dire qu'il lui sera attaché et dévoué, qu'il le défendra, aux dépens de sa vie, à peu près comme les anciens leudes de la Germanie faisaient à l'égard de leurs chefs de guerre. Après cette profession, qui est l'hommage proprement dit, il prête au seigneur serment de fidélité ou de *foi* et jure d'accomplir tous les devoirs que lui impose son titre nouveau d'*homme* du seigneur. Quand il a contracté ce double lien, le seigneur ne craint plus de confier sa terre à un homme qui s'est lié à lui aussi fortement, et la lui concède par l'*investiture* ou *saisine*, souvent accompagnée d'un signe symbolique, une motte de gazon, une pierre, une baguette, une branche d'arbre, ou tout autre objet, selon l'usage du fief. « C'est la coutume, dit Otton de Freysingen, que les royaumes soient livrés par le glaive, les provinces par l'étendard [1]. »

Cette cérémonie de l'hommage en trois actes, une fois accomplie, les obligations réciproques commençaient.

Obligations réciproques du vassal et du suzerain.

Il y avait d'abord les obligations morales du vassal envers son seigneur, comme de garder ses secrets, de lui dévoiler les machinations de ses ennemis, de le défendre, de lui donner son cheval dans la bataille, s'il était démonté, ou de prendre sa place en captivité ; de respecter et faire respecter son honneur ; de l'assister de ses bons conseils, etc. Les obligations matérielles, les *services* dus par le vassal, étaient de plusieurs sortes :

[1]. Bouteiller, *Somme rurale*, livre I, titre LXXXI. — L'*hommage simple* ou *franc* se rendait debout, le vassal tenait la main sur l'Évangile et ayant son épée et ses éperons, qu'il ôtait pour la cérémonie de l'*hommage lige*. Dans cette dernière cérémonie, le vassal, tête nue, mettait un genou en terre et, plaçant ses mains dans celles de son seigneur, lui prêtait serment de fidélité et s'engageait à le servir de sa personne à l'armée, obligation que n'entraînait pas l'hommage simple. Un vassal devait quelquefois l'hommage lige pour un fief et l'hommage simple pour un autre. Ainsi le duc de Bretagne consentait au premier pour le comte de Monfort, mais prétendait ne devoir que le second pour son duché. Il y avait aussi l'hommage de foi et de service, par lequel le vassal s'obligeait à rendre service de son propre corps au seigneur, comme de lui servir de champion et de combattre pour lui en gage de bataille.

1° Le service militaire. C'était la base même de la relation féodale, et le principe de cette société, qui ne connaissait pas les armées permanentes et soldées. Le vassal, sur la réquisition de son seigneur, était tenu de le suivre, tantôt seul, tantôt avec tel ou tel nombre d'hommes, selon l'importance de son fief. La durée de ce service variait aussi en proportion du fief : elle était ici de 60 jours, là de 40, ailleurs de 20, régime qui ne permettait pas les expéditions lointaines et qui ne pouvait avoir d'utilité que pour les guerres du voisinage, les guerres privées. Il y avait des fiefs où le service militaire n'était dû que dans les limites du territoire féodal, ou bien pour la défense seulement.

2° La *fiance* ou obligation de servir le suzerain dans sa cour de justice. Comme, dans le régime féodal, le seigneur remplaçait l'État et était investi des fonctions du pouvoir public, il fallait bien que pour les exercer il appelât autour de lui les forces disséminées dans les mains de ses vassaux. La guerre était une de ses fonctions; la justice en était une autre.

Le seigneur *semonait* ses hommes pour qu'ils se rendissent à ses plaids, et ils devaient y venir, soit pour lui servir de conseil, soit pour prendre part au jugement des contestations portées devant lui. Ils s'engageaient ainsi à prêter leurs bras pour faire exécuter la sentence que leur bouche avait prononcée.

3° Les *aides*, les unes *légales* et obligatoires, les autres *gracieuses* et volontaires. Les aides légales étaient dues généralement dans trois cas : quand le seigneur était prisonnier et qu'il fallait payer sa rançon ; quand il armait chevalier son fils aîné ; quand il mariait sa fille aînée. Les aides tenaient lieu des impôts publics des États de l'antiquité et des États modernes, mais avec un caractère, comme on le voit, fort différent : elles n'étaient, en effet, ni périodiques, ni exigées d'une manière générale pour les besoins publics ; elles avaient une apparence de don volontaire, dans certaines circonstances toutes spéciales. Un impôt annuel eût semblé un affront aux vassaux.

A ces services il faut ajouter certains *droits féodaux* par lesquels le seigneur, en vertu de sa souveraineté, intervenait dans les changements importants que subissait le fief qu'il avait confié à un vassal. Quelques-uns étaient pour lui de nouvelles sources de revenus. Ces droits étaient : le *relief*, somme d'argent due par tout individu majeur qui entrait en possession d'un fief par succession, et plus particulièrement si cette succession n'avait pas lieu en ligne directe ; le droit d'aliénation que devait payer celui qui vendait ou aliénait d'une façon quelconque son fief, les droits de déshérence et de confiscation, par lesquels le fief faisait retour au suzerain, quand le vassal mourait sans héritiers ou qu'il avait *forfait* et mérité d'être dépouillé ; le droit de *garde*, en vertu duquel le seigneur, pendant la minorité de ses vassaux, prenait la tutelle, l'administration du fief et jouissait du revenu ; le droit de *mariage*, c'est-à-dire le droit d'offrir un mari à l'héritière du fief et de l'obliger à choisir entre les seigneurs qu'il lui présentait.

Le vassal qui s'acquittait exactement de ses obligations était à peu près maître de son fief. Il pouvait en inféoder tout ou partie et devenir à son tour le seigneur suzerain de vassaux d'un moindre rang ou *vavasseurs*, obligés envers lui aux mêmes devoirs qu'il avait contractés envers son propre suzerain. Ainsi se constituait la hiérarchie.

Si le vassal avait ses obligations, le suzerain avait aussi les siennes. Il ne pouvait retirer son fief arbitrairement et sans motif légitime à son vassal ; il devait le défendre s'il était attaqué ; lui rendre bonne justice, etc.

Remarquons que le système féodal, en se développant, fit de toute chose un fief. Toute concession : droit de chasse dans une forêt, de péage sur une rivière, de conduite, sur les routes, pour escorter les marchands, de four banal[1] dans une ville, toute propriété utile enfin, concédée à condition de foi et hommage, devenait un fief. Les seigneurs multiplièrent les concessions de ce genre afin de multiplier le nombre d'hommes

---

[1]. On donnait le nom de *banal* aux choses à l'usage desquelles le seigneur du fief était en possession d'assujettir ses vassaux, afin d'en retirer certaines redevances. Ainsi le four, le moulin, le pressoir où les vassaux étaient contraints de venir faire cuire leur pain, moudre leur blé et fouler leurs raisins, à charge de laisser au seigneur une portion de ce qu'ils apportaient, en payement du service rendu.

qui leur devaient le service militaire. Mais le fief lui-même, auquel des droits de justice étaient attachés, resta en général indivis et passa tout entier à l'aîné.

L'obligation des vassaux de se rendre aux plaids du seigneur, pour former sa cour de justice, a fait voir que le principe de la justice féodale était le jugement par les pairs, principe qui était tout à fait dans les mœurs et même dans les institutions germaniques, où l'on se souvient d'avoir vu les hommes libres jugés dans l'assemblée des hommes libres. On appelait *pairs (pares, égaux)* les vassaux d'un même suzerain, établis autour de lui, sur un même territoire, et investis de fiefs du même rang. Le roi lui-même avait ses pairs, ceux qui relevaient directement de lui, non pas comme duc de France, mais comme roi. Chacun avait le droit d'être jugé par ses pairs devant son seigneur. Si celui-ci refusait justice, ou si le vassal jugeait qu'il la lui avait mal rendue, il formait une plainte en *défaut de droit* et en appelait au suzerain de son seigneur. C'était aussi à ce degré supérieur qu'il fallait remonter toutes les fois qu'une contestation s'élevait entre un seigneur et son vassal.

Mais ce droit d'appel ne suffisait pas à cet esprit d'indépendance individuelle qui animait cette société guerrière. Les seigneurs conservaient avec un soin jaloux un autre droit d'appel, celui qui s'adresse aux armes; ils aimaient mieux se faire justice eux-mêmes que de l'attendre d'autrui. De là les *guerres privées*, qui avaient un nom particulier *(fehde)* chez les peuples germaniques, tant cette coutume était enracinée dans leurs mœurs. La loi réglait les formalités dont on devait faire précéder ces guerres, afin que la partie que l'on voulait attaquer fût avertie et se tînt sur ses gardes. Au fond, nos guerres internationales partent du même principe et ne sont pas meilleures. Les seigneurs se faisaient la guerre avec leurs petites armées, comme nous avec nos grandes. Seulement, les hostilités avaient un caractère plus individuel, parce que les États étaient moins considérables. C'était comme nos duels, ces combats d'un homme contre un homme, que l'antiquité n'avait pas connus. Le duel proprement dit lui-même était une des procédures de la justice de ce temps, et le *combat judiciaire* en champ clos, tradition barbare, fut en usage dans tout le moyen âge.

La justice n'appartenait pas à tous les seigneurs avec la même étendue. On en distinguait en France trois degrés : haute, basse et moyenne justice. La première seule donnait droit de vie et de mort. En général c'étaient les plus grands fiefs qui avaient la justice la plus étendue ; pourtant on voit aussi de simples vavasseurs avoir la haute justice, et, en quelques endroits, le seigneur qui n'avait que la justice basse pouvait punir de mort le voleur pris en flagrant délit. Dans ces limites diverses, le seigneur seul rendait la justice sur son fief ; quand plus tard la royauté usurpa ce droit, ce fut une révolution.

Pour achever l'énumération des droits essentiels de souveraineté échus aux seigneurs, il faut en nommer encore deux : celui de ne reconnaître, dans l'étendue de leurs fiefs, aucun pouvoir législatif supérieur : nous voyons, avec les derniers Capitulaires, rendus au commencement du neuvième siècle par Charles le Simple, la dernière manifestation du pouvoir public légiférant ; depuis lors, plus de lois générales, ni civiles, ni politiques, mais partout des coutumes locales, isolées, indépendantes et différentes les unes des autres, enfin tout à fait territoriales, au contraire des lois barbares qui étaient personnelles. Puis le droit de battre monnaie, qui fut toujours un indice de souveraineté : dès avant Charlemagne, il paraît que quelques personnes privées, des possesseurs d'alleux sans doute, battaient monnaie. Après lui, ce fut une des usurpations des seigneurs, et, à l'avénement de Hugues Capet, il n'y en avait pas moins en France de 150 qui exerçaient ce droit.

Tout régime politique pourrait se caractériser par le lieu où il a placé l'exercice du pouvoir. Les républiques anciennes avaient leur agora et leur forum ; la grande monarchie de Louis XIV eut son palais de Versailles : les seigneurs féodaux eurent leurs *châteaux*. C'étaient, en général, sur des hauteurs, d'énormes édifices ronds ou carrés, massifs, sans architecture, sans ornements, percés à peine de quelques meurtrières, d'où sortaient les flèches, s'ouvrant par une porte unique, sur de larges fossés qu'un pont-levis seul permettait de franchir, couronnés de créneaux et de mâchicoulis par où les quartiers de roches, la poix et le plomb fondus tombaient au pied du mur sur les assaillants trop hardis; aujourd'hui nids de corbeaux, masses gigantesques, grises, ébréchées, fendues, rongées par le temps, qui écrasent, vues de loin, nos petites et légères habitations modernes ; monuments à la fois de défense légitime et d'oppression. Il ne fallait rien moins que des asiles semblables pour être à l'abri des incursions des Normands, ou, plus tard, des guerres féodales. Aussi tous s'y réfugiaient. Ceux qui n'avaient pas droit d'habiter dans le château, qui n'étaient ni seigneurs, ni guerriers, s'établissaient au pied des grands murs, sous leur puissante tutelle. Ainsi se sont formées beaucoup de nos villes.

Féodalité ecclésiastique.

Le clergé était lui-même entré dans ce système. L'évêque, autrefois *défenseur de la cité*, en était bien souvent devenu le comte, par usurpation traditionnelle ou par expresse concession des rois qui avaient réuni le comté à l'évêché, l'autorité politique à l'autorité spirituelle : ce qui faisait de l'évêque le suzerain de tous les seigneurs de son diocèse. En outre de ses dîmes, l'Église possédait, par donation des fidèles, des biens immenses. Pour les mettre à l'abri des brigandages de ce temps, elle avait recours au bras séculier. Elle choisissait des laïques, hommes de courage et de tête, à qui elle confiait ses domaines pour qu'ils les défendissent au besoin par l'épée. Mais ces *avoués* des monastères et des églises firent comme les comtes du roi, ils rendirent leurs fonctions héréditaires, et prirent pour eux le bien dont on leur avait commis la garde. Ils consentirent pourtant à se reconnaître vassaux de ceux qu'ils dépouillaient, à leur rendre foi et hommage, aux conditions ordinaires de redevances en nature et de services personnels. Les abbés, les évêques, devinrent ainsi des suzerains, des seigneurs temporels, ayant de nombreux vassaux prêts à s'armer pour leur cause, une cour de justice, toutes les prérogatives enfin exercées par les grands propriétaires.

Alors on vit des évêques ducs, des évêques comtes, vassaux eux-mêmes d'autres seigneurs, surtout du roi, dont ils recevaient l'investiture des biens attachés à leur église, ou, comme on disait, de leur temporel. Cette féodalité ecclésiastique fut si nombreuse, si puissante, qu'en France et en Angleterre elle posséda, au moyen âge, plus du cinquième de toutes les terres, en Allemagne, près du tiers. Car il y avait cette différence entre l'Église et le roi, que celui-ci, la conquête achevée, ne reçût plus rien, tandis qu'il donnait toujours, de sorte qu'il arriva à ne plus posséder que la ville de Laon; et que l'Église, si elle perdait quelques domaines, chose difficile, parce qu'elle avait l'excommunication pour les défendre, acquérait tous les jours, vu que peu de fidèles mouraient sans lui laisser quelque bien, de sorte qu'elle recevait sans cesse et ne rendait jamais ou rendait peu, et seulement ce que la violence lui enlevait.

Serfs et vilains.

Ainsi au onzième siècle l'ancienne Europe carlovingienne était couverte d'une multitude de fiefs, qui formaient chacun un État ayant sa vie propre, ses lois, ses coutumes, et son chef laïque ou ecclésiastique à peu près indépendant.

Voilà la société des seigneurs, mais ce n'est pas toute la société féodale. Voilà la société guerrière et batailleuse, la société qui règne, juge, punit, opprime. Au-dessous est la société qui travaille, qui fait vivre l'autre, qui lui fabrique ses vêtements, ses armures, ses châteaux, son pain, la société des *serfs* ou mieux encore des *hommes de poeste* (*gens potestatis*). Qu'on ne cherche plus les hommes libres; ils ont disparu : les uns se sont élevés et sont devenus d'heureux seigneurs; les autres ont été repoussés dans les basses régions de la société et sont devenus serfs et vilains. Cette classe des simples hommes libres qui avait été comme détruite dans l'empire romain quand vint l'invasion, a été dévorée une seconde fois. Il n'y a plus de possesseurs d'alleux, ou si peu que ce n'est pas la peine d'en parler.

Mais les vilains étaient nombreux. Le chef, le noble, n'avait pas seulement des vassaux, il avait des sujets résidant sur la portion de son fief qu'il n'avait pas inféodé. Et d'abord les *serfs* proprement dits, les *hommes de la terre*, livrés à son entière discrétion. « Le sire, dit Beaumanoir, peut leur prendre tout ce qu'ils ont, et les tenir en prison toutes les fois qu'il lui plaît, soit à tort, soit à droit, et il n'est tenu à en répondre fors à Dieu. »

Malgré cela, la condition du serf était meilleure que celle de l'esclave dans l'antiquité. Le progrès que l'esclavage avait déjà fait à la fin de l'empire romain, ne s'était point perdu au milieu des catastrophes de l'invasion ; il se retrouvait dans la société féodale. L'homme libre, dans les temps anciens, avait été plus dur pour l'esclave que ne le fut le barbare, chez qui un certain instinct libéral fut cultivé par la morale du christianisme. Le serf était bien tenu pour un homme, ayant une famille, issu, comme le seigneur, du premier père des hommes, et, comme lui, fait à l'image de Dieu. Les serfs enfin entraient dans l'Église, et par elle arrivaient à monter quelquefois plus haut que les plus puissants seigneurs.

Au-dessus des serfs sont les *mainmortables*, « plus débonnairement traités, continue le vieux juriste du Beauvaisis ; car le seigneur ne leur peut rien demander si ils ne meffont, fors leur cens et leurs rentes et leurs redevances qu'ils ont accoustumé à payer pour leurs servitudes. » Mais le mainmortable ne peut se marier sans le consentement du seigneur, et s'il prend femme franche ou née hors de la seigneurie, il convient qu'il fine (finance) à la volonté du seigneur. C'est le droit de *formariage*. Les enfants seront également partagés entre les deux seigneurs. S'il n'y en a qu'un, il sera au seigneur de la mère. A la mort des mainmortables, tout ce qu'ils possèdent appartient au seigneur. Pour eux, nul moyen d'échapper à la rude main qui les courbe sur le sillon. Si loin qu'ils aillent, le droit de *suite* s'attache à leur personne et à leur pécule ; le sire hérite partout de son serf.

A un degré supérieur se trouvent les tenanciers libres appelés vilains, manants ou roturiers. Leur condition était moins précaire. Ils avaient sauvé leur liberté, que le serf ne possédait pas et ils tenaient, à condition d'une rente annuelle et de corvées, les terres censives que le propriétaire domanial leur avait concédées, et qu'ils pouvaient transmettre avec tous leurs biens à leurs enfants. Mais, tandis que les tenures bénéficiaires ou fiefs étaient sous la garantie d'un droit public et bien déterminé, les tenures censives étaient dans la juridiction absolue du propriétaire et garanties seulement par des conventions privées. C'est pourquoi les vilains, surtout ceux des campagnes, qu'il n'était pas nécessaire de ménager comme ceux des grandes villes, étaient-ils, eux aussi, soumis à un pouvoir le plus souvent illimité. On lit dans un ancien document, au sujet des seigneurs : « Ils sont seigneurs, du ciel à la terre, et ils ont juridiction sur et sous terre..., sur cou et tête, sur eau, vents et prairies. » Le vilain ne pouvait *fausser jugement*, car la loi féodale disait : « Entre toi, seigneur, et toi, vilain, il n'y a juge fors Dieu. » — « Nous reconnaissons à notre gracieux seigneur, dit une autre formule, le ban et la convocation; la haute forêt, l'oiseau dans l'air, le poisson dans l'eau qui coule, la bête au buisson, aussi loin que notre gracieux seigneur, ou le serviteur de sa grâce, pourra la forcer. Pour ce, notre gracieux seigneur prendra sous son appui et protection la veuve et l'orphelin, comme aussi l'homme du pays. » Ainsi abandon de tout droit au seigneur, mais en échange il devra défendre le faible. Tel est le principe de la société féodale à l'égard des sujets. La royauté ne remplissant plus l'office pour lequel elle est instituée, on demandait aux évêques, aux comtes, aux barons, à tous les puissants, la protection qu'on ne pouvait pas attendre du chef nominal de l'État.

Tout appartenait au seigneur ; mais comme il n'y avait ni industrie ni commerce, ni luxe qui permît à un seul de consommer en quelques instants le fruit du travail de beaucoup, les exigences du seigneur ne furent point d'abord oppressives, et, pour les vilains, elles étaient régulièrement déterminées, comme le sont aujourd'hui les droits du propriétaire à l'égard de ses fermiers. Seulement il faut toujours au moyen âge faire la part de l'arbitraire et des violences que la loi maintenant ne souffrirait plus. Les obligations des vilains étaient donc, soit des redevances en nature, comme des provisions, du blé, du bétail, de la volaille, les produits de la terre et de la ferme ; soit du travail, ou services de corps, comme les corvées sur les terres et dans les vignes du seigneur, pour la construction du château ou le curage des fossés, pour la réparation des routes et la confection des meubles et des ustensiles, fers de cheval, socs de charrues, voitures[1], etc. Dans les villes et partout où il avait un peu de fortune, le seigneur ne se faisait pas faute, bien entendu, d'exiger des redevances en argent et d'imposer des tailles arbitraires. Mais laissons faire au temps. Écoutons déjà ces paroles d'un clerc : « Le seigneur qui prend des droits injustes de son vilain les prend au péril de son âme. » Si la crainte du ciel ne suffit, voici les communes qui arrivent, et les gens du roi ne tarderont guère.

Il y avait aussi des redevances bizarres pour égayer cette vie si triste du seigneur féodal enfermé tout l'an entre les sombres murailles de son manoir. A Bologne, en Italie, le tenancier des bénédictins de Saint-Procule payait, à titre de redevance, la fumée d'un chapon bouilli. Chaque année il apportait son chapon à l'abbé, entre deux plats, le découvrait, et, la fumée partie, était quitte : il remportait son chapon. Ailleurs, les paysans amenaient solennellement au seigneur, sur une voiture traînée par quatre chevaux, un petit oiseau ; ou bien c'était un arbre de mai orné de rubans. Le porteur de singes est quitte, d'après une ordonnance de saint Louis, en faisant jouer son singe devant le péager du seigneur ; le jongleur ne doit qu'une chanson. Les seigneurs eux-mêmes ne se refusent pas quelquefois à jouer un rôle dans ces comédies populaires. Le margrave de Juliers, à son entrée solennelle, devait être monté sur un cheval borgne, avec une selle de bois et une bride d'écorce de tilleul, deux éperons d'aubépine et un bâton blanc. Quand l'abbé de Figeac faisait son

---

[1]. Il faut ajouter aux revenus du seigneur les droits de mutation sur les terres censives, ceux qu'il percevait sur les mainmortables ; le profit des amendes, confiscations, déshérences, épaves et droits d'aubaine ; les péages, les droits sur les foires et marchés, les droits de chasse et de pêche, les droits de banalité, payés pour l'usage du moulin, du four, du pressoir, du routoir, etc., du seigneur. Il y avait encore l'obligation de faire le guet ou la garde dans les châteaux. (Renauldon, *Dictionnaire des droits féodaux*.)

entrée dans la ville, le seigneur de Monbrun le recevait revêtu d'un costume grotesque et une jambe nue.

La féodalité, ennuyée d'elle-même, riait donc quelquefois avec le pauvre peuple, comme faisait aussi l'Église quand elle autorisait la célébration, dans ses basiliques, de la fête de l'Ane. Les puissants, les heureux, en ces temps si tristes et si durs, où la misère était partout, la sécurité nulle part, devaient bien à leurs vilains et manants quelques instants d'oubli et de gaieté

Anarchie et violences; affreuse misère des manants; quelques résultats heureux.

Ça été, en effet, un temps bien dur pour le pauvre peuple que ce moyen âge où, malgré toutes les formules et toutes les conventions, les nobles ne croyaient qu'au droit de l'épée. En théorie les principes de la relation féodale sont fort beaux, en réalité ils menaient à l'anarchie; car les institutions judiciaires étaient trop défectueuses pour que le lien vassalitique ne fût pas, à chaque instant, brisé. Là fut le principe de ces interminables guerres qui s'élevèrent sur tous les points de l'Europe féodale et qui furent la grande désolation de cette époque. Chacun pouvant en appeler à son épée d'un tort éprouvé ou d'une sentence qu'il estimait injuste, l'état de guerre fut l'état habituel de cette société. Toute colline devint une forteresse, toute plaine un champ de bataille. Cantonnés dans des châteaux forts, couverts d'armures de fer, entourés d'hommes d'armes, les seigneurs féodaux, les tyrans, comme un moine du onzième siècle les appelle [1], n'aimèrent que les combats et ne connurent d'autres moyens de s'enrichir que le pillage. Plus de commerce, les routes n'étaient pas sûres [2],

---

1. Richer, II, xxxiii, *tyranni*.
2. La diversité des monnaies était aussi pour le commerce un très-grand obstacle. Cent cinquante seigneurs battaient monnaie au onzième siècle, et souvent ne voulaient recevoir que la leur; de sorte que les marchands étaient obligés de changer d'espèces presque à chaque grand fief qu'ils traversaient. De là des pertes énormes. Il faut ajouter, comme autres entraves au commerce, le *droit d'aubaine*, en vertu duquel l'étranger, qui passait un an et un jour sur un fief, devenait comme le serf du seigneur. Sa succession lui était

plus d'industrie, car les seigneurs, maîtres aussi des vil'es, rançonnaient les bourgeois dès que ceux-ci laissaient paraître quelque peu d'opulence. Partout les coutumes les plus diverses, puisqu'il n'y avait plus de législation générale, chaque noble ayant seul pouvoir législatif sur son fief; partout aussi la plus profonde ignorance, si ce n'est au fond de quelques monastères; et le clergé, gardien des lois morales, réduit non à interdire la violence, mais à la régulariser en établissant la trêve de Dieu qui défendait de tuer et de voler du mercredi soir au lundi matin.

Sur qui retombait tout le poids de ces guerres féodales? Elles étaient fort peu meurtrières pour le noble bardé de fer; mais elles l'étaient beaucoup pour le manant, à peu près sans armure défensive. A Brenneville où combattent les deux rois de France et d'Angleterre, 900 chevaliers sont engagés, 3 seulement demeurent sur la place. A Bouvines, Philippe Auguste est renversé de son cheval et reste quelque temps sans défense aux mains des fantassins ennemis; ils cherchent vainement un défaut dans son armure pour y faire passer la lame d'un poignard, et ils le frappent de masses d'armes qui ne peuvent briser sa cuirasse. Les chevaliers ont tout loisir de venir le délivrer et le remettre en selle. Après quoi il se jette avec eux au milieu de cette ribaudaille, où les longues lances et les pesantes haches ne frappent pas un coup en vain. Le seigneur pris, autre calamité: il faut payer sa rançon. Mais qui payait la chaumière et la moisson brûlées du pauvre diable? qui pansait ses blessures? qui nourrissait tant de veuves et d'orphelins?

Deux auteurs contemporains, deux historiens des croisades, peignent ainsi ces temps désastreux: « Avant que les chrétiens partissent pour les contrées d'outre-mer, dit Guibert de Nogent, le royaume de France était en proie à des troubles et des hostilités perpétuels. On n'entendait parler que de brigandages commis sur les voies publiques. Les incendies

---

dévolue. Le seigneur avait encore le droit de *gîte* ou d'*hébergement* chez ses vassaux, et le droit de *pourvoirie*, ou droit de requérir chevaux, voitures, denrées, etc., quand il voyageait.

étaient innombrables, et la guerre sévissait de toutes parts sans autre cause qu'une insatiable cupidité. Bref, des hommes avides ne respectaient aucune propriété et se livraient au pillage avec une audace effrénée. » Et Guillaume, archevêque de Tyr: « Il n'y avait aucune sécurité pour les propriétés; quelqu'un était-il regardé comme riche, c'était un motif suffisant pour le jeter en prison, le retenir dans les fers et lui faire subir de cruelles tortures. Des brigands ceints du glaive assiégeaient les routes, dressaient des embûches et n'épargnaient ni les étrangers ni les hommes consacrés à Dieu. Les villes et les places fortes n'étaient pas même à l'abri de ces calamités : des sicaires en rendaient les rues et les places dangereuses pour les gens de bien. » Sur 70 années, de 970 à 1040, il y en eut 40 de famine ou d'épidémie.

Cependant la marche générale de la civilisation n'est jamais si complétement suspendue que trois siècles puissent être complétement stériles pour l'humanité. Dans l'Église la pensée renaissait, et dans la société laïque la poésie se montrait. Il y eut même progrès de moralité, du moins pour la classe dominante. Dans l'isolement où chacun vivait, exposé à tous les périls, l'âme se retrempa pour y faire face. Le sentiment de la dignité de l'homme, que le despotisme détruit, fut retrouvé; et cette société, qui versa le sang avec une si déplorable facilité, montra souvent une élévation morale qui n'est que de cet âge. Les vices bas, la lâcheté des Romains de la décadence ou des peuples asservis lui furent inconnus, et il a légué aux temps modernes le sentiment de l'honneur. La noblesse féodale savait mourir; c'est la première condition pour savoir bien vivre.

Une autre conséquence heureuse fut la réorganisation de la famille. Dans les cités antiques l'homme vivait hors de sa maison, aux champs, au forum; il connaissait à peine sa femme et ses enfants, et avait sur eux droit de vie et de mort. Sous la première race, l'habitude de la polygamie et la facilité des divorces empêchèrent la famille de se constituer sur des bases meilleures. Dans la société féodale, où l'homme vivait dans l'isolement, le père fut rapproché des siens. Quand les combats le laissaient oisif au fond de ce château perché sur la montagne comme un nid d'aigle, il ne trouva pour occuper sa vie et son cœur que la mère de ses enfants. L'Église qui avait courbé ces rudes soldats aux pied d'une vierge, qui leur faisait respecter dans la mère du Sauveur toutes les vertus de la femme, adoucit l'humeur farouche de ces batailleurs, et les prépara à tomber sous le charme de l'esprit plus fin, des sentiments plus délicats que la nature a départis à l'autre sexe. La femme reprit alors son rang dans la famille et dans la société, celui que déjà la loi mosaïque lui donnait. On alla même plus loin : elle devint l'objet d'un culte qui créa des sentiments nouveaux dont la poésie des troubadours et des trouvères s'empara et que la chevalerie mit en action. Ainsi dans la belle légende de Saint-Christophe, le fort est vaincu par le faible, le géant par l'enfant.

Cela se voit dans une institution de ce temps. Robert d'Arbrissel fonda près de Saumur, à Fontevrault, vers l'an 1100, une abbaye qui devint bientôt célèbre et qui réunissait des reclus des deux sexes. Les femmes étaient cloîtrées et priaient; les hommes travaillaient aux champs, desséchaient les marais, défrichaient les landes et restaient les serviteurs perpétuels des femmes. L'abbaye était gouvernée par une abbesse, « parce que, disait la bulle de confirmation, Jésus-Christ en mourant avait donné pour fils à sa mère le disciple bien-aimé. »

Hors de la famille, l'État sans doute est bien mal organisé. Il faut pourtant, faire attention, malgré tous les faits contraires, à la théorie politique que cette société représente. Si le serf n'y a pas de droits, le vassal en a, et de fort étendus. Le lien féodal n'était formé qu'à des conditions bien connues et acceptées d'avance par lui; des conditions nouvelles ne pouvaient lui être imposées que de son aveu. De là ces grandes et fortes maximes de droit public qui, à travers mille violations, sont arrivées jusqu'à nous : nulle taxe ne peut être exigée qu'après le consentement des contribuables; nulle loi n'est valable si elle n'est acceptée par ceux qui lui devront obéissance ; nulle sentence n'est légitime si elle n'est rendue par les pairs de l'accusé. Voilà les droits de la société féodale que les états généraux de 1789 retrouvèrent sous les débris de la monarchie absolue ; et, comme garantie de ces droits, le vassal a la faculté de rompre le lien vassalitique en rendant son fief ou de répondre par la guerre à un déni de justice de son suzerain. Ce droit de résistance armée, que saint Louis lui-même reconnut, conduisait, il est vrai, à l'anarchie ; il faisait la société faible, mais il faisait l'individu bien fort. Et c'est par là qu'il fallait commencer. Avant de songer à constituer savamment l'État, il était nécessaire de relever l'individu, la famille : cette double tâche fut l'œuvre du moyen âge.

L'Église y travailla énergiquement, en établissant la sainteté du mariage, même pour le serf ; en prêchant l'égalité de tous les hommes devant Dieu, ce qui était une menace contre les grandes inégalités de la terre ; en proclamant, par le principe de l'élection qu'elle conserva pour elle-même au sommet de sa hiérarchie, les droits de l'intelligence, en face d'un monde féodal qui ne reconnaissait que les droits du sang ; en couronnant enfin de la triple couronne, et en faisant asseoir dans la chaire de Saint-Pierre, d'où ils avaient le pied sur la tête des rois, un serf, comme Adrien IV, ou le fils d'un pauvre charpentier, comme Grégoire VII.

Tableau géographique de l'Europe féodale.

Telles sont les mœurs qui régnèrent dans tous les pays compris dans les limites de l'empire de Charlemagne, c'est-à-dire, dans la société germanique presque tout entière, France, Allemagne, Italie et nord de l'Espagne. La géographie politique de toutes ces contrées se forma d'après son organisation féodale. Comme l'axiome fondamental de la féodalité était dans ces mots : « Point de terre sans seigneur, » il n'exista pas, dans ce pays, de si mince domaine qui ne fût incorporé, à tel ou tel degré, dans la hiérarchie De toutes ces suzerainetés superposées, la suzeraineté royale était la seule dont les limites servissent à déterminer le rayon des nationalités déjà entrevues, mais très-vaguement dessinées.

C'est d'après cette suzeraineté, vain mot alors dans notre pays, mais qui contenait tout l'avenir de la royauté, que nous rangeons sous l'appellation de FRANCE des pays qui ne portaient pas encore ce nom, mais dont le duc de France, en sa qualité de roi, était suzerain. Ce duché était encore ce que le roi possédait de meilleur et de plus solide, quoique ce grand fief eût été lui-même bien diminué. Les anciens vassaux de Robert le Fort, les comtes d'Anjou, de Blois, de Chartres, étaient devenus de puissants feudataires; et Philippe Ier ne possédait plus, de tout le duché de France, que les comtés de *Paris*, de *Melun*, d'*Étampes*, d'*Orléans* et de *Sens*, encore n'avait-il pas la route libre de l'une de ces villes à l'autre. Entre Paris et Étampes, s'élevait le château du seigneur de *Montlhéry*; entre Paris et Melun, la ville de *Corbeil*, dont le comte espéra quelque temps pouvoir fonder une quatrième dynastie; enfin entre Paris et Orléans, le château du *Puiset*, dont la prise coûta trois années de guerre à Louis VI. Plus près encore de Paris se trouvaient les seigneurs de *Montmorency* et de *Dammartin*; et à l'ouest, les comtes de *Montfort*, de *Melun* et de *Mantes*, qui tous pillaient les marchands et les pèlerins, malgré le sauf-conduit du roi. C'étaient là les domaines propres du duc de France; il avait en outre de puissants vassaux dans les comtés de *Ponthieu*, entre la Canche et la Somme, d'*Amiens*, de *Vermandois* et de *Valois*, de *Soissons* et de *Clermont* en Beauvaisis.

Autour de ce duché de France, devenu *domaine royal*, entre la Loire, l'Océan, l'Escaut, la Meuse supérieure et la Saône, s'étendaient de vastes principautés féodales dont les possesseurs rivalisaient de richesses et de puissance avec le roi, leur suzerain. C'était le *comté de Flandre*, de l'Escaut à Térouanne, qui relevait à la fois des empereurs et des rois de France, à cause de quelques fiefs allemands achetés au dixième siècle par le comte de l'autre côté de l'Escaut; le *duché de Normandie*, qui s'étendait de la Bresle au Couesnon, et dont le possesseur, maitre depuis 1066 de l'Angleterre, prétendait tenir encore la *Bretagne* dans sa mouvance; le *comté d'Anjou*, auquel avaient été réunis la Saintonge et le Maine, et dont les propriétaires furent souvent, contre la Normandie, les alliés des rois capétiens, qui leur confièrent la dignité de grand sénéchal et s'unirent à eux par des mariages ; le *duché de Bourgogne*, possédé, depuis 1032, par une branche cadette de la maison de France ; le *comté de Champagne*, si puissant sous Eudes II (1019-1037).

Entre la Loire et les Pyrénées, l'ancien royaume d'Aquitaine était divisé en quatre *fiefs dominants* : au nord, le *duché d'Aquitaine*, qui appartenait aux puissants comtes de Poitiers depuis 845 ; au sud-ouest, le *duché de Gascogne*, entre la Garonne et les Pyrénées, dont le comte de Poitiers avait acheté le titre en 1052 ; le *comté de Toulouse*, auquel avait été joint le marquisat de Provence ; enfin le *comté de Barcelone*, au sud et au nord des Pyrénées orientales. A la faveur de l'éloignement de leur suzerain, la plupart de ces seigneurs s'intitulaient ducs et comtes *par la grâce de Dieu*.

Les grands feudataires, vassaux immédiats de la couronne, étaient appelés *pairs du roi*. Quand l'institution de la pairie fut régularisée, au douzième siècle, il y eut six pairs laïques et six ecclésiastiques. Les premiers étaient : les ducs de Bourgogne, de Normandie et d'Aquitaine, les comtes de Flandre, de Champagne et de Toulouse. Les seconds étaient : l'archevêque-duc de Reims, les deux évêques-ducs de Laon et de Langres, les trois évêques-comtes de Beauvais, de Châlons et de Noyon.

Parmi les arrière-fiefs on ne comptait pas moins de cent comtés, et un grand nombre de vicomtés, seigneuries, évêchés-comtés, abbayes seigneuriales, baronnies, etc.

Il ne faudrait pas, pour simplifier l'aspect de l'Europe, attribuer à la suzeraineté impériale une trop grande étendue. L'Empereur prétendit quelquefois traiter la France en vassale, et il avait pour lui le droit des souvenirs ; mais ce droit ne fut jamais reconnu. Le *saint-empire romain de la nation germanique*, reconstitué par Otton le Grand, en 962, ne comprenait réellement que les royaumes de Germanie, d'Italie et d'Arles. Le royaume de Germanie, devenu empire, était directement soumis à l'empereur, ainsi que le royaume d'Arles depuis la réunion (1033) ; le royaume d'Italie, qui s'étendait jusqu'à Bénévent inclusivement, était dans le même cas depuis 962, encore que, au centre, les papes et autres grands feudataires fussent à peu près indépendants. Les papes avaient reçu eux-mêmes l'hommage des Normands de l'Italie méridionale. Quant au royaume d'Arles, il devint bientôt de fait complétement étranger à l'Empire.

Le royaume de GERMANIE avait pour limites : à l'ouest, la Meuse et l'Escaut; au nord-ouest, la mer du Nord; au nord, l'Eyder, la Baltique et le petit royaume de Slavonie; à l'est, l'Oder, avec les royaumes de Pologne et de Hongrie; au sud, les Alpes. Il comprenait neuf grandes divisions territoriales :

Le vaste *duché de Saxe*, depuis le bas Oder jusqu'à quelque distance de la rive droite du Rhin, et depuis la Frise et le Danemark au nord, jusqu'à la Thuringe et la Bohême au sud;

La *Thuringe*, entre la Bohême, la Franconie et la Saxe dont elle était regardée comme une annexe;

La *Bohême* et la *Moravie*, soumises à un même duc héréditaire qui avait reconnu la suzeraineté de l'Empire et faisait souvent reconnaître la sienne au roi de Pologne;

Le duché de *Bavière*, entre les Alpes et les monts de Bohême, et comprenant à l'est la *Marche orientale* qui devint plus tard l'Autriche;

Le duché de *Carinthie*, sur le haut cours de la Drave et de la Save;

L'*Alamannie*, comprenant la *Souabe*, dont le nom commençait à prédominer, et s'étendant sur la Suisse allemande et l'Alsace;

La *Franconie*, entre la Souabe au sud, le Nordgau bavarois et la Thuringe à l'est, la Saxe au nord, le Rhin à l'ouest;

La *Lorraine* à l'ouest de la Franconie et de la Saxe jusqu'à l'Escaut et jusqu'au delà de la haute Meuse;

La *Frise* enfin, sur les rivages de la mer du Nord. C'étaient là les huit grands duchés allemands (la Thuringe, relevant de la Saxe, n'en portait pas le titre); il y avait en outre neuf ou dix margraviats, un grand nombre de comtés, plusieurs évêchés princiers et des abbayes seigneuriales. Cette féodalité allemande n'était pas encore bien constituée, mais allait devenir puissante; la royauté, au contraire, bien plus riche alors et plus forte qu'en France, perdra tous ses domaines et tout son pouvoir. On en verra plus loin les causes (*voyez* les chapitres XVIII, XIX et XXXV).

Le *royaume* d'ARLES, qui était situé entre la France méridionale à l'ouest, la Méditerranée au sud, les Alpes, la Reuss, le Rhin et l'extrémité méridionale des Vosges, à l'est et au nord, était à la fois en deçà et au delà des limites de la France actuelle et s'étendait en Languedoc, Provence, Dauphiné, Lyonnais, Franche-Comté, Savoie et Suisse. On y voyait, comme ailleurs, des principautés laïques et ecclésiastiques. Le comté de *Savoie* y était destiné à une lente mais brillante fortune. La royauté, au contraire, y disparut de bonne heure. Divisé en deux États (Bourgogne transjurane et Bourgogne cisjurane), de nouveau réunis en 933, ce royaume fut légué, un siècle plus tard, au roi de Germanie. Il fit dès lors nominalement partie de l'empire d'Allemagne, mais en réalité n'appartint qu'à ses chefs féodaux, évêques et comtes.

On a vu que, par son édit de 1037, Conrad avait empêché la formation en Italie d'une grande féodalité : par contre, on y trouvait beaucoup de villes qui devinrent de vraies républiques. Le *royaume* d'ITALIE comprenait : la *Lombardie*, où s'élevaient *Milan* et *Pavie*, autour desquelles se groupaient la plupart des villes lombardes; sur le littoral des deux mers, trois riches et puissantes cités : *Venise*, qui possédait déjà les côtes de la Dalmatie de l'autre côté de l'Adriatique, *Gênes*, maîtresse de la Corse, et *Pise*, maîtresse de la Sardaigne; en outre le *duché* ou *marquisat de Toscane*, le plus puissant des fiefs italiens; au centre de la Péninsule les domaines de l'Église, dans l'ancien *exarchat* que l'archevêque de Ravenne disputait au pape, et la république de *Rome* qui étendait sa juridiction sur toute la Campagne romaine, l'ancien Latium. Dans le sud les ducs lombards de *Bénévent* avaient d'abord mieux gardé leur duché que les successeurs de Charlemagne sa couronne, et les empereurs d'Orient conservaient différents points sur les côtes (la Pouille, les Calabres, Tarente, Misène, Reggio, etc.) autour desquelles les Arabes rôdaient. Dès l'année 827, ceux-ci avaient mis le pied en Sicile.

De nouveaux venus, les Normands, étaient occupés à mettre d'accord ces maîtres différents en les asservissant tous ; ils fondèrent au onzième siècle quatre États dans l'Italie méridionale : la principauté de *Capoue* et d'*Aversa*, le duché de *Pouille* et de *Calabre*, la principauté de *Tarente* et le grand comté de *Sicile*.

L'Espagne chrétienne luttait péniblement contre les Maures, mais allait avant la fin du siècle conquérir Oporto, Tolède et Valence; le royaume d'Oviédo devenait le royaume de Castille. La marche Carlovingienne de *Navarre*, aux sources de l'Èbre, était aussi devenue un royaume; celle de *Barcelone*, dans « la terre des Goths, » la Catalogne, était restée un comté relevant de la France, mais très-puissant. Depuis 1035, le comté de *Jacca* formait un quatrième royaume, celui d'Aragon. Je reviendrai plus tard sur l'histoire de ces royaumes espagnols pour la présenter avec suite et ensemble.

La féodalité avait été portée en Angleterre par les Normands, mais dans des conditions et avec des conséquences particulières que nous examinerons plus loin et qui poussèrent ce pays dans une voie différente de celle où l'Europe féodale marcha. Comme la féodalité résulta à la fois des institutions et des vicissitudes de l'empire carlovingien, elle n'exista pas dans les pays slaves et scandinaves. Un mot pourtant sur la géographie politique de ces pays au onzième siècle.

Le *royaume d'Angleterre*, conquis en 1066 par Guillaume le Bâtard, s'étendait depuis la Manche jusqu'à Carlisle et Bamborough au nord, qui lui servaient de boulevard contre l'Écosse; mais le pays de *Galles* était resté en dehors de la domination normande, et il avait fallu bâtir une ligne de châteaux forts confiés aux lords des *marches* pour arrêter les incursions galloises. L'*Écosse* avait perdu le Cumberland rattaché à l'Angleterre, et laissait occuper par le *roi des îles* plusieurs de ses péninsules de l'ouest et du nord. L'*Irlande* était encore indépendante et partagée entre plusieurs rois indigènes.

Le *Danemark* était composé du Jutland, des îles danoise

et de la Scanie sur la côte de Suède. La *Norvége* comprenait, avec le royaume des îles ou comté des Orcades, les Fœroer, etc. La *Suède* avait les îles d'Œland et de Gotland, une partie de la Laponie, et les côtes de la Finlande. — Dans les trois royaumes scandinaves, la piraterie avait cessé, et l'unité monarchique était rétablie; mais des ambitions de familles, des guerres intestines, et la position géographique de ces contrées qui les place comme en dehors des affaires générales de la chrétienté, empêcheront longtemps encore leurs habitants de jouer un rôle dans la politique européenne.

Les États Slaves étaient le royaume de *Slavonie*, sur les bords de la Baltique, le duché de *Pologne*, avec la Poméranie orientale et la Masovie; l'État des *Prussiens* et celui des *Lithuaniens*; le grand-duché de *Russie*, démembré en une foule de principautés rivales; le royaume de *Hongrie* que la Marche séparait du pays des Bohêmes. Par la Hongrie allaient passer les premières bandes des croisés.

L'*empire d'Orient* possédait en Europe la grande péninsule située au sud du Danube et de la Save, entre l'Adriatique, l'Archipel et la mer Noire, moins la Croatie, récemment soumise par les Hongrois, et dans l'Asie Mineure, quelques villes fortifiées sur le littoral. Menacé par les *Normands* d'Italie, qui veulent lui enlever la Grèce, par les *Arabes* d'Égypte et d'Afrique, qui infestent l'Archipel, par les *Turcs* de l'Asie Mineure, qui campent de l'autre côté du Bosphore, par les *Russes*, qui déjà ont assiégé quatre fois Constantinople, par les *Petschenègues*, qui, tout récemment encore, avaient occupé la Thrace; mal secondé d'ailleurs, au milieu de tant de périls, par les *barbares* de toutes races (Uzes, Comans, Bulgares, Petschenègues, Turcopoles, etc.) qui habitaient ses provinces ou étaient à sa solde, l'empereur Alexis allait être contraint d'appeler les peuples chrétiens de l'Occident au secours du dernier débris de l'empire romain.

CHAPITRE XVI.

LA CIVILISATION DU NEUVIÈME AU DOUZIÈME SIÈCLE.

Inutilité des efforts de Charlemagne en faveur des lettres. — Seconde renaissance après l'an 1000. — Langue latine. — Langues vulgaires. — Chevalerie, architecture.

Inutilité des efforts de Charlemagne en faveur des lettres.

On a vu comment la société, en tombant des mains de Charlemagne, se brisa. Il en fut de même de la civilisation, dont les éléments commençaient à se rassembler et à se coordonner par ses soins. Il ne lui avait point échappé que l'unité d'idées est le ciment indispensable de l'unité politique; et il avait eu d'ailleurs, comme tous les grands esprits, la passion de régner sur un empire civilisé plutôt que sur des barbares. De là ces lettres, ces capitulaires, où il ordonne de « former des écoles d'enfants et d'y appeler, non-seulement les fils des serfs, mais ceux des hommes libres, » c'est-à-dire, non-seulement les enfants des pauvres gens des campagnes, à qui les guerriers laissaient avec dédain l'humble et pacifique avenir de clerc ou de moine, mais encore ceux mêmes qui devaient un jour succéder à ces guerriers, et porter dans les batailles la grande épée de leurs pères. « Vous comptez, disait-il aux fils de ses grands, lorsque, les examinant lui-même, il les trouvait moins instruits que les enfants des pauvres, vous comptez sur les services de vos pères, mais sachez qu'ils en ont été récompensés, et que l'État ne doit rien qu'à celui qui mérite par lui-même. »

De pareils commandements faits par un tel homme ne tendaient à rien moins qu'à former une société laïque éclairée, ce qui eût changé tout le moyen âge. Déjà, par une lutte opiniâtre contre l'esprit récalcitrant de ses peuples grossiers, Charlemagne avait réussi à faire surgir, par tout l'Empire auprès de chaque monastère et de chaque évêché, de ces écoles publiques, où ses comtes et ses chevaliers n'envoyaient leurs enfants qu'avec une mauvaise humeur qu'ils n'osaient pas trop montrer. A sa mort sans doute, comme plus tard à celle de Louis XIV, ce fut une joie universelle. Toute cette noblesse à l'école jeta bien loin la grammaire latine et la grammaire tudesque; elle voyait avec joie s'ouvrir la carrière des guerres civiles, où chacun fait ce qu'il veut, et où la licence trouve autant de place que la valeur.

Tout espoir de fonder une société éclairée fut perdu. Du moins, la société ecclésiastique conserva quelque chose de l'impulsion donnée aux études par Charlemagne. Sous le grand édifice ébranlé en tous sens, mais non point encore renversé, le neuvième siècle abrita un développement intellectuel qui ne manqua pas d'une certaine grandeur. Hincmar remplaçait Alcuin, et Charles le Chauve s'efforçait d'imiter Charlemagne. En 855, la loi et un concile recommandèrent à l'envi l'enseignement des lettres divines et humaines; nouvelles tentatives en 859 pour restaurer les écoles carlovingiennes, « parce que cette interruption des études amène l'ignorance de la foi et la disette de toute science. » On trouve en 882 la première mention de l'école épiscopale de Paris, qui jeta plus tard tant d'éclat, et dans le catalogue de la bibliothèque de Saint-Riquier pour l'année 831, il est fait mention de 256 volumes, parmi lesquels les *Eglogues* de Virgile et la *Rhétorique* de Cicéron, Térence, Macrobe, et peut-être Trogue Pompée, que nous avons perdu.

Il y eut même vers ce temps un mouvement d'idées philosophiques et de disputes qui présageaient celles des grands siècles du moyen âge : le moine allemand Gotheschalk avait cru trouver dans les écrits de saint Augustin le dogme de la prédestination. Combattu par le savant évêque de Mayence, Raban Maur, disciple d'Alcuin, condamné par deux conciles, il fut enfermé au fond d'un cloître par Hincmar, jusqu'à la fin de ses jours, sans avoir voulu se rétracter. Le célèbre Jean Scot Érigène (l'Irlandais), chargé par Hincmar de lui répondre, appela à son tour la répression par ses raisonnements purement humains, philosophiques, comme il les nommait lui-même, et puisés en effet dans l'étude de la philosophie des anciens.

Mais la confusion politique augmente ; l'Empire achève de s'écrouler ; les seigneurs s'agitent, combattent, dépouillent, font le désordre à leur aise. Quelle place, au milieu de ces violences, pour les études ? Aussi ne les trouve-t-on plus qu'au fond de quelque monastère isolé, seul asile où se cachent, au dixième siècle, pour éviter le souffle des tempêtes, les derniers et pâles flambeaux de la science. Au dehors, nuit profonde : affreuse misère physique et morale ; des pestes, des famines, où l'on voit la chair humaine et la farine mêlée de craie payées au poids de l'or. Il semble que la mort physique va s'emparer du monde que la mort intellectuelle a déjà presque entièrement conquis : lui-même croit qu'il va périr. L'an 1000 approche, on ne bâtit plus, on ne répare plus, on n'amasse plus pour l'avenir, du moins pour l'avenir d'ici-bas ; on donne au clergé ses terres, ses maisons, *mundi fine appropinquante*, parce que la fin du monde approche.

Seconde renaissance après l'an 1000.

Mais cette heure d'angoisse et d'inexprimable terreur se passe comme toutes les autres. Le soleil se lève encore le premier jour de l'an 1001. La vie suspendue reprend son cours avec une impétuosité nouvelle. Le monde remercie le Dieu qui a laissé vivre, par une grande pensée d'unité chrétienne et d'héroïsme religieux que le chef des chrétiens exprime. « Soldats du Christ, s'écrie le premier pape français, Sylvestre II (999-1003), en montrant Jérusalem saccagée, soldats du Christ, levez-vous, il faut combattre pour lui ! » Le siècle ne sera pas écoulé que des millions d'hommes auront répondu à cet appel.

En attendant, tous les bras travaillent : la terre semble dépouiller sa vieillesse et se vêtir d'une blanche parure d'églises nouvelles. On reconstruit des basiliques, on fonde des monastères. En huit siècles, 1108 seulement avaient été bâtis en France; 326 s'élèvent au onzième siècle, 702 au douzième. Les fonctions pieuses ne sont pas moins nombreuses dans le reste de l'Europe chrétienne, car ces deux siècles sont l'époque principale de ces donations qui mirent un quart du sol dans les mains du clergé, richesses mauvaises plus tard, mais alors utiles. Le mouvement se remet en même temps dans les esprits. Sylvestre II en donne l'exemple; simple moine d'Aurillac, sous le nom de Gerbert, il était allé chez les musulmans d'Espagne étudier les lettres, l'algèbre, l'astronomie et ouvrir à l'Europe chrétienne une source nouvelle de connaissances, la science arabe; il réunit une bibliothèque considérable; il construit des sphères; il imagine l'horloge à balancier, merveille qui le fait passer aux yeux de la foule pour un magicien vendu au diable. En 1022, une hérésie paraît à Orléans : c'est un symptôme non d'affaiblissement, mais de recrudescence du sentiment religieux, c'est que l'esprit humain se préoccupe et veut se convaincre de ce qu'il croit. Treize hérétiques, condamnés par un concile, périssent par le feu.

Déjà la société se lasse des brigandages; son instinct la porte à sortir de la confusion, à s'asseoir sur les nouvelles bases qui se sont formées dans le chaos, à vivre d'une vie plus régulière dans l'édifice social qui s'élève et à développer avec quelque sécurité la civilisation nouvelle, dont les douleurs du dixième siècle indiquaient l'enfantement et dont elle sent s'agiter en elle-même les éléments. Interprète de ce besoin public, où elle puise l'autorité de ses commandements, l'Église ose tracer des limites aux violences des barons : elle établit la *trêve de Dieu* (1041) qui interdit toute guerre privée depuis le mercredi soir jusqu'au lundi matin, et menace les contrevenants des peines les plus sévères, temporelles et ecclésiastiques.

Langue latine.

Ces deux sociétés, ecclésiastique et laïque, l'une qui, obéissant à une direction unique, à une pensée mûre et suivie, entreprend de corriger et de refréner l'autre; celle-ci toute récente, qui se développe spontanément, suivant ses passions et ses instincts, ont désormais chacune leur langue. La première n'en a pas changé; dans ses églises, dans ses couvents, à l'abri des orages extérieurs, elle a conservé la langue de la domination universelle et de la science, la langue latine, non dans sa pureté antique, mais appropriée aux besoins présents, vivante et nationale, en quelque sorte, dans le domaine religieux. La seconde apporte avec elle, en sortant des langes, des idiomes nouveaux, encore imparfaits, rudes, mal fixés, variables, mais parlés de tous, vifs, pleins de vigueur, expression directe des choses et des sentiments qui l'animent. En Allemagne, c'est l'idiome *tudesque* (langue de *ia*), refoulé, depuis 987, au delà de la Meuse; en Italie, c'est l'*italien* (langue de *si*), qui ne produit rien encore, quoique destiné à atteindre, avant les autres, sa perfection, grâce à Dante et à Pétrarque; en France, c'est le *roman*, qui se distingue déjà en *roman du nord*, *welche* ou *wallon* (langue d'*oil*), et *roman du midi* ou *provençal* (langue d'*oc*), par suite des mœurs et de l'esprit différents de ces deux parties de la Gaule.

Le roman est le produit de la langue *gallo-romaine* qui se parlait dans les Gaules sous l'empire romain, et que les barbares de la Germanie et du nord ont modifiée suivant leur génie et leur ignorance. Le fond en est latin, les formes seules, ou peu s'en faut, sont changées. L'analyse remplace la synthèse. Les inflexions des désinences pour marquer les cas des substantifs et les personnes des verbes, trop subtiles pour les barbares, ont fait place aux articles, aux pronoms, aux verbes auxiliaires. La sonorité des langues du midi s'est assourdie dans les rauques gosiers des hommes du nord. Les Normands, qui, dès leur établissement, ont adopté la langue des vaincus, ont été les plus actifs dans ce travail de langue. Ce sont eux qui de *charitas* font *charité*, tandis que les méridionaux s'arrêtent à la première transformation que ce mot avait auparavant subie, *charitad*.

Voilà le double instrument de la littérature du moyen âge: d'une part, le latin dans son imposante unité; de l'autre, les idiomes vulgaires et nationaux dans leur diversité; l'un organe de la société spirituelle, les autres de la société temporelle.

Dans la langue latine s'agitent les débats religieux et philosophiques ou s'écrivent les chroniques, et ce n'est plus par la volonté d'un seul homme, comme au temps de Charlemagne, mais par le besoin de tous que cette renaissance a lieu. Les monastères en sont le théâtre pour les lettres savantes.

La seconde renaissance se produit surtout en France et plus particulièrement dans cette province de Normandie, où s'était déjà montré, dans sa plus haute expression, l'esprit guerrier de la société féodale. Là se trouvent la magnifique abbaye de Fontenelle ou de Saint-Vandrille, restaurée par le duc en 1035; celle de Jumiéges, dont on voit encore les imposantes ruines; celle du Bec, fondée en 1040, et qui s'illustra dès son origine par la présence de deux grands docteurs, Lanfranc et saint Anselme; sans parler des monastères de Saint-Étienne de Caen, de Rouen, d'Avranches, de Bayeux, de Fécamp et du Mont-Saint-Michel « au milieu des dangers de la mer (*in periculo maris*). » Guillaume le Bâtard était appelé le Conquérant, mais aussi le *grand bâtisseur*.

Si les seigneurs ne savent pas écrire, par droit de naissance et « en qualité de barons, » au fond des monastères, les moines ne se contentent plus de copier les rares manuscrits qui ont survécu au naufrage de la civilisation antique. Ils sont curieux des événements qui s'accomplissent autour d'eux et les écrivent ou s'inquiètent d'affirmer leur foi par des discussions théologiques qui redeviennent savantes. Richer, élève de Sylvestre II, et qui est médecin en même temps que moine, écrit, à l'abbaye de Saint-Remi, une histoire du dixième siècle dans laquelle il imite Salluste comme Éginhard imitait Suétone. Abbon, moine de Saint-Germain, chante en vers quelquefois boiteux les exploits du comte Eudes et des Parisiens contre les Northmans, dont un autre, Guillaume, compose l'histoire à l'abbaye de Jumiéges.

Pendant que ceux-là écrivent, d'autres enseignent et les écoliers accourent. A Saint-Étienne de Caen, l'Italien Lanfranc (1005-1089) avait plus de quatre mille auditeurs. En vain il voulut fuir dans la solitude du Bec une illustration qui le poursuivait : elle le porta, malgré lui, sur le siége archiépiscopal de Cantorbéry. Cette activité renaissante de l'esprit s'écartai parfois des sentiers battus. Nous avons parlé de l'hérésie qui conduisit treize malheureux au bûcher, en 1022. Une autre, suscitée par Bérenger de Tours, troubla plus de trente ans l'Église (1050-1080). Bérenger ne voyait, comme Scot Érigène, qu'un pur symbole dans l'eucharistie, et soumettait les choses de la foi à la raison. « Il faut pourtant bien se résigner à ne pas comprendre, lui disait l'évêque de Liége, son ami, car comprendras-tu jamais la grande énigme de Dieu ? » Mais Bérenger voulait se rendre compte de sa croyance et portait audacieusement sa raison au milieu des mystères. Il est un des précurseurs de Luther, quoique Luther n'ait rien connu de ses écrits. Lanfranc fut son principal adversaire.

Saint Anselme, Italien comme Lanfranc[1], son successeur à l'abbaye du Bec et sur le siége de Cantorbéry, recommença la théologie dogmatique, à peu près délaissée depuis saint Augustin, c'est-à-dire depuis six siècles. Il s'établit avec une foi absolue, au cœur du dogme chrétien, et employa toutes les forces de son puissant esprit et toutes les ressources de la dialectique, c'est-à-dire de l'art du raisonnement, à en démontrer la vérité. Il procède parfois avec la rigueur de Descartes, et la preuve fameuse de l'existence de Dieu donnée par le père de la philosophie moderne lorsqu'il s'élève du fait seul de la pensée à l'être absolu qui en renferme la raison et l'origine, n'est qu'un argument de saint Anselme.

Saint Anselme eut, comme Lanfranc, à faire tête à de hardis novateurs qui, s'aidant de la dialectique, cette dangereuse alliée de la théologie, ébranlait les dogmes en voulant les soumettre au raisonnement suivant les règles de la logique d'Aristote. Bérenger avait essayé d'interpréter le mystère de l'eucharistie, Roscelin attaqua, vers 1085, celui de la Trinité, et la scolastique naissante commença, avec les querelles des *réalistes* et des *nominalistes*, les subtiles discussions qui stérilisèrent tant de laborieux efforts.

[1]. Il était d'Aoste, en Piémont, mais il passa presque toute sa vie (1033-1109) et écrivit tous ses ouvrages en France. Lanfranc était de Pavie.

Langues vulgaires.

Tandis que l'esprit humain rentrait, par la scolastique, dans l'exercice de ses nobles fonctions spéculatives, tandis que les frais ombrages du Bec et le cloître Saint-Victor retentissaient des argumentations latines des philosophes chrétiens, d'autres voix, d'autres sujets, un autre langage faisaient résonner les échos des châteaux, où se mêlaient au cliquetis des armes, sur les champs de bataille.

Les guerriers barbares aimaient les chants des bardes. Ils y trouvaient un aliment à leur courage, et sans doute aussi une pâture à leur imagination dans les périodes inévitables du repos. Les guerriers féodaux, passionnés aussi pour les batailles et les aventures de guerre, mais condamnés quelquefois à s'enfermer de longues saisons dans leurs épais châteaux, aimaient à entendre raconter les faits d'armes. Ils eurent leurs bardes, appelés, dans le nord, *trouvères*, dans le midi *troubadours*, et les *jongleurs*. Le trouvère et le troubadour, comme le nom l'indique, inventaient et composaient le poëme, le jongleur (*joculator*) le récitait; quelquefois le même homme réunissait les deux attributs. On voit de bonne heure des jongleurs : il y en avait d'attachés à la cour de Charlemagne et de Louis le Débonnaire; un capitulaire de 789 défendait aux évêques, abbés et abbesses d'en avoir à leur service. Plus tard, ils se multiplièrent. Ils erraient de châteaux en châteaux, la vielle sur le dos ou à l'arçon de leur selle s'ils étaient assez riches pour avoir une monture. Baron, châtelaine, écuyers et damoiselles accueillaient avec joie le trouvère : il apportait la distraction, le roman, qui abrégeait la soirée, alors que les livres étaient bien rares. Aussi retournait-il pour l'ordinaire richement gratifié. Tel a été le premier emploi noble de notre langue vulgaire.

Les trouvères ont puisé leurs chants à plusieurs sources, et leurs longues épopées, ou *chansons de gestes*, de vingt, trente ou cinquante mille vers chacune, se classent en plusieurs cycles. Le premier fut le cycle carlovingien, empreint d'un caractère à la fois religieux et féodal. Charlemagne en est le principal héros, transfiguré par la légende. Ce n'est plus l'énergique et habile chef des Austrasiens, qui se fait empereur, bat les Saxons et signe des capitulaires, c'est un monarque fantastique, comme ces figures qui s'allongent, s'étendent, s'enflent dans les rêveries allemandes, et dont les contours se perdent dans le vague. Charlemagne est le type conçu par l'imagination populaire ; si d'autres rois antérieurs ou postérieurs sont nommés, c'est rarement ; et presque toujours leurs grandes actions lui sont imputées ; c'est lui qui a gagné la bataille de Tours. La haine des Sarrasins, dans ce onzième siècle qui enfanta la croisade, est le sentiment religieux qui domine. Aussi l'épopée populaire oublie les longs efforts de Charlemagne pour cantonner ses margraves sur les bords de l'Èbre ; mais elle le fait vainqueur des Sarrasins jusqu'en Asie, et le promène triomphant de Jérusalem à Constantinople. Pourtant ce colosse qui enjambe les mers est en même temps faible, presque nul, assez malmené ; ceux qui agissent, ce sont ses douze pairs. C'est ici une image de la société féodale rebelle du onzième siècle, une flatterie du trouvère au seigneur du donjon. Si la prolixité monotone de ces interminables poëmes fatigue, on y lit encore aujourd'hui avec saisissement des passages où l'héroïsme respire ; tel est celui de la *Chanson de Roland*, pour n'en citer qu'un seul, où ce héros, surpris dans la vallée de Roncevaux, et ne pouvant faire parvenir jusqu'à Charlemagne le son de son *olifant*, adresse ses adieux à sa bonne épée *Durandal*, et se couche la face vers l'Espagne pour mourir. De tels passages chantés avec feu enflammaient les guerriers : ainsi à la bataille d'Hastings (1066), le jongleur Taillefer précédait l'armée de Guillaume le Conquérant, et

> Sur un cheval ki tost alloit
> Devant li Ducs alloit cantant
> De Karlemaine et de Rollant
> Et d'Oliver e des vassals
> Qui moururent en Renchevals.

Un autre poëme du même cycle, le *Roman des Lohérains*, est curieux, parce qu'il exprime avec énergie la lutte des deux races féodales que nous avons, en effet, signalées dans l'histoire : l'une lorraine ou germanique, l'autre picarde ou française.

Le second cycle épique fut le cycle armoricain, dont le héros est Arthur, le fameux défenseur de l'indépendance bretonne. Bien des légendes erraient dans le peuple quand Robert Wace, en 1155, les réunit dans son *Roman de Brut*, où il introduisit les sentiments et les mœurs de son époque.

Un troisième cycle vint ensuite, qui prit pour héros Alexandre et, sous l'influence de l'étude renaissante des auteurs anciens, transporta le roman de chevalerie sur le terrain de l'antiquité, où il demeura jusqu'à Mlle de Scudéry.

Chevalerie.

C'est à la société chevaleresque que ces poètes épiques s'adressaient. Cette société, en effet, existait déjà et brillait de tout son éclat dès le temps de Philippe Ier et de la première croisade. La chevalerie est un de ces faits qu'on croit trouver dans le roman plutôt que dans l'histoire vraie. Elle a pourtant complétement existé. Son germe était dans les usages mêmes de la Germanie, dans cette cérémonie où le jeune homme recevait publiquement l'écu et la framée, et devenait par ces insignes guerrier et citoyen. Depuis lors, l'épée avait toujours été le symbole d'une sorte d'investiture : en 791, à Ratisbonne, Charlemagne ceignit solennellement l'épée à son fils Louis le Débonnaire ; en 838, celui-ci conféra le même honneur à Charles le Chauve en ajoutant : « Au nom du Père, du Fils et du Saint-Esprit. » Voilà déjà la consécration religieuse ajoutée au simple armement.

Or, il arriva que les seigneurs, isolés mais souverains dans leurs châteaux, prirent plaisir à se former de petites cours, attirèrent autour d'eux leurs vassaux, leur confièrent des services auprès de leurs personnes, services qui n'étaient pas considérés comme humiliants, mais au contraire comme des marques de distinction, et qui constituaient une hiérarchie : connétable, maréchal, sénéchal, chambrier, bouteiller, etc., services qui s'inféodèrent comme les terres. Mais le vassal ne venait pas seul à la cour du suzerain, il y amenait ses fils pour y recevoir l'éducation achevée du grand château et y remplir des services d'un certain ordre, comme page, écuyer, etc. Quand le jeune homme paraissait suffisamment instruit dans l'air de *tailler à table et servir*, et dans celui d'*armer et habiller chevalier*, il le devenait à son tour par une certaine consécration qu'il recevait de son seigneur dans une cérémonie solennelle.

Un bain était d'abord le symbole de la pureté que devait avoir le chevalier; une robe rouge, du sang qu'il devait verser; une robe noire, de la mort qui l'attendait. Un jeûne de vingt-quatre heures suivait, puis une nuit passée en prières dans l'église. Le lendemain, après confession, communion, sermon, une épée bénite était attachée au cou du récipiendaire, qui s'allait agenouiller devant le seigneur et sollicitait la chevalerie. Alors les chevaliers, ou même les dames, lui mettaient les éperons, le haubert ou la cotte de mailles, la cuirasse, les brassards et les gantelets, enfin l'épée. Après quoi, le seigneur donnait l'accolade en trois coups de plat d'épée sur l'épaule et disait : « Au nom de Dieu, de saint Michel et de saint Georges, je te fais chevalier. » Un instant après, le jeune chevalier bondissait sur son coursier, au milieu de la foule assemblée sur la place du château.

Quant aux devoirs du chevalier, prier, fuir le péché, défendre l'Église, la veuve, l'orphelin, protéger le peuple, voyager beaucoup, faire la guerre loyalement, combattre pour sa dame, aimer son seigneur, écouter les prud'hommes,

> Comme jadis fist le roi Alexandre,
> Ainsi se doit chevalier gouverner.

Cette société violente avait donc su se créer un idéal de perfection. L'homme du moyen âge avait pour modèle, dans la vie religieuse, le saint, son patron ; dans la vie civile et politique, le chevalier.

Architecture.

A côté de cette science nouvelle de la scolastique, de cette poésie nouvelle des chansons de gestes, de ce régime militaire nouveau de la chevalerie, allait prendre naissance une nouvelle architecture. « Près de trois ans après l'an 1000, dit Raoul Glaber, les églises furent renouvelées dans presque tout l'univers, surtout dans l'Italie et les Gaules, quoique la plupart fussent encore en assez bon état pour ne point exiger de réparations. » Les édifices publics, jusque-là bâtis avec ignorance et précipitation, sans préoccupation de durée, s'élevèrent avec plus de solidité et dans des proportions plus grandes. Des sociétés de contructeurs se formèrent vers cette époque ; des évêques, des abbés en faisaient partie : c'est dans l'église que se cultivait l'art architectural ; ce sont surtout les moines qui coopéraient à ces travaux : il s'y joignait pourtant aussi des artistes venus de l'Italie, où les arts n'avaient jamais été complétement délaissés, et d'où ils apportaient les procédés des artistes byzantins. Dans le midi surtout, l'architecture romaine, qui avait laissé là tant de monuments, exerça beaucoup d'influence sur les conceptions de l'époque. Le néo-grec, le romain et quelquefois le mélange des deux, tels sont donc les caractères de l'architecture romane, qu'on appelle aussi byzantine, lombarde, saxonne, etc. On y voit le plein cintre et la colonne, en y ajoutant les toits aigus à cause du climat, et les grandes tours pour la défense de l'église.

La plupart des églises du onzième et du douzième siècle conservèrent la disposition primitive de la basilique latine. Dès lors, cependant, une transformation s'opère et annonce une époque nouvelle : les changements se succèdent et se combinent ; au dehors, le clocher, si caractéristique des églises d'Occident, s'élève sur leur tête, d'abord large et bas, plus tard mince et élancé vers le ciel. A l'intérieur, le système général des voûtes est substitué aux plafonds et aux charpentes des anciennes basiliques chrétiennes ; le chœur et les galeries se prolongent au delà de la croix, la circulation s'ouvre autour de l'abside, et des chapelles accessoires viennent se grouper autour du sanctuaire. Ces modifications successives nous acheminent peu à peu vers la disposition des églises dites gothiques.

Que venons-nous de voir ? Une société véritablement complète et nouvelle, car elle ne manque d'aucune des manifestations essentielles de l'existence sociale, et dans chacune d'elles elle porte une physionomie originale. Église et féodalité, philosophie scolastique et chansons des trouvères, chevalerie et églises gothiques, tout cela n'appartient qu'à cette société, ne s'est jamais vu dans aucune autre et ne se reverra pas. Ce ne sont plus les tentatives avortées, même d'un Théodoric ou d'un Charlemagne : ces accouplements étranges de la barbarie et de la civilisation, ces fûts de colonnes antiques dérobés à Ravenne et mal ajustés dans le palais impérial d'Aix-la-Chapelle; c'est une société créatrice et une période organique de la vie de l'humanité.

LIVRE VI.

LUTTE DU SACERDOCE ET DE L'EMPIRE (1059-1250).

CHAPITRE XVII.

LA QUERELLE DES INVESTITURES (1059-1122).

Toute-puissance de l'empereur Henri III (1039-1056). — Efforts d'Hildebrand pour régénérer l'Église et affranchir la papauté; règlement de 1059. — Grégoire VII (1073). Ses vastes desseins. Hardiesse de ses premiers actes. — Humiliation de l'empereur (1077). — Mort de Grégoire VII (1085) et de Henri IV (1106). Henri V (1106). Le concordat de Worms (1122); fin de la querelle des investitures.

Toute-puissance de l'empereur Henri III (1039-1056).

Otton le Grand avait relevé l'empire de Charlemagne et ressaisi les droits attachés à sa couronne, ceux entre autres de tenir la vieille Rome pour la capitale de son jeune empire, de confirmer l'élection des souverains pontifes et d'exercer sur toute l'Église une haute influence. Henri III, fils et successeur de Conrad le Salique, en 1039, fut, de tous les césars allemands, celui qui usa le plus de ce pouvoir et qui fit le mieux respecter l'autorité impériale des deux côtés des Alpes. Il força le duc de Bohême à lui payer un tribut annuel de cinq cents marcs d'argent; il ramena dans Albe-Royale le roi de Hongrie, Pierre, qui avait été chassé, et reçut son hommage. Les deux duchés de Lorraine étaient réunis, il les sépara ; ceux de Bavière, de Souabe et de Carinthie étaient vacants, il se crut assez fort pour y rétablir la dignité ducale, afin de donner à ces provinces un gouvernement plus présent, plus capable de faire exécuter cette *trêve de Dieu* qui n'était encore qu'un mot.

Dans l'Italie méridionale, l'empereur se heurta pourtant contre un ennemi qui semblait bien faible et qui le brava. Des pèlerins normands venus à Rome, vers l'an 1016, furent employés par le pape contre les Grecs qui attaquaient Bénévent. D'autres, revenant de Jérusalem, aidèrent les habitants de Salerne à chasser les Sarrasins qui les assiégeaient. Le bruit de leurs succès, celui surtout du butin qu'ils avaient enlevé, firent accourir d'autres Normands. Il en vint tant qu'ils se trouvèrent assez forts pour rester les maîtres du pays. Guillaume Bras de Fer, l'aîné des douze fils de Tancrède de Hauteville, gentilhomme de Coutances, fut élu en 1043 chef du pays sous le titre de comte de Venouse et de Pouille. Ses frères Drogon (1046), Humphroy (1051) et Robert Guiscard (1057) lui succédèrent. Cependant la papauté n'avait pas tardé à se repentir de s'être donné de si vaillants voisins. Léon IX ramassa des troupes, en reçut de Henri III et combinant ses efforts avec ceux de l'empereur grec Constantin Monomaque, marcha avec une armée nombreuse contre les Normands, qui le battirent et le firent prisonnier. Mais ces gens avisés (c'est le sens du mot guiscard) se souvinrent de Pépin et de Charlemagne ; ils se dirent que le pontife pouvait donner le droit à celui qui n'avait que la force. Ils s'agenouillèrent devant leur prisonnier, se déclarèrent ses vassaux et reçurent de lui en fief tout ce qu'ils avaient conquis (1053). Le pape sortit de captivité suzerain d'un nouvel État. C'était le duché de Pouille, auquel les Normands ajoutèrent bientôt la Sicile, conquise par Roger, autre frère de Robert Guiscard ; le tout fut réuni, en 1130, sous le nom de royaume des Deux-Siciles, et une dynastie normande régna à Naples, où des comtes d'Anjou portèrent aussi la couronne, où la maison de Bourbon était naguère encore souveraine.

Henri III échoua donc de ce côté ; il n'avait pas, il est vrai, attaché une bien grande importance à cette guerre, et, après tout, elle avait semblé se terminer à son avantage, puisque cette suzeraineté que le pape avait gagnée retournait à l'empereur, de qui le pape dépendait.

Nul empereur, en effet, n'usa plus rigoureusement du droit d'intervenir dans les élections ecclésiastiques, soit de papes, soit d'évêques. Nul non plus n'en usa plus sagement. Il fit déposer trois papes qui se disputaient Rome en même temps, et disposa trois fois de la tiare en faveur de prélats allemands, mais bien choisis : Clément II, Damas II et Léon XI. Le concile de Sutri, en 1046, avait de nouveau reconnu qu'il ne pouvait être élu de souverain pontife sans le consentement de l'Empereur.

Mais, depuis Charlemagne, l'Église n'avait cessé de croître en puissance, en autorité morale. Elle avait la force matérielle, car elle possédait une partie considérable du sol de l'Europe chrétienne ; elle avait la force morale, car tous, grands et petits, acceptaient avec docilité ses commandements, et, par l'excommunication, elle pouvait contraindre les rois mêmes à lui obéir ; enfin elle avait l'unité, car l'Église entière, dans l'Occident, reconnaissait pour chef le pontife romain. Il se trouva donc en présence, au milieu du onzième siècle, deux puissances, le pape et l'empereur, le pouvoir spirituel et le pouvoir temporel, tous deux ambitieux et dans l'état des mœurs, des constitutions et des croyances de l'époque, ne pouvant point ne pas l'être. Alors la plus grande question du moyen âge fut posée. Qui, de l'héritier de saint Pierre ou de celui d'Auguste et de Charlemagne, restera le maître du monde ?

Efforts d'Hildebrand pour régénérer l'Église et affranchir la papauté ; règlements de 1059.

L'Église n'avait pas eu encore, au moins avec tant de netteté et de résolution, une ambition aussi haute. Au temps des Iconoclastes et sous les successeurs de Charlemagne, elle n'avait prétendu qu'à sortir de l'État qui l'enveloppait, pour vivre librement de sa vie propre ; maintenant elle va prétendre à dominer elle-même la société laïque et ses pouvoirs.

Celui qui fit entrer la papauté dans cette voie nouvelle fut un moine obscur, Hildebrand, fils d'un charpentier de Soana en Toscane, et longtemps moine à Cluny, que Léon IX, passant par ce monastère, pour aller prendre possession du saint-siége, avait emmené avec lui.

Ce ne fut pas la seule fois qu'on vit un simple moine acquérir par la force de son caractère et de son génie un ascendant suprême sur l'Église entière. Il régnait alors dans les couvents une réprobation vigoureuse de l'ambition d'un certain nombre d'évêques, de leurs brigues, de leurs vices, de leur existence toute semblable à celle de la société laïque, du trafic qu'ils faisaient des dignités ecclésiastiques, et que l'on appelait *simonie*, de leurs passions toutes mondaines. Aux fêtes de Noël de l'an 1063, l'abbé mitré de Fulde et l'évêque d'Hildesheim s'étaient disputé la préséance en pleine église à coups d'épée : l'empereur faillit être massacré, l'autel fut couvert de sang.

Des voix nombreuses s'élevaient contre ces désordres, entre autres la voix éloquente de Pierre Damien, cardinal-évêque d'Ostie, qui avait demandé une réforme sévère de l'Église, un retour à la simplicité, à la pauvreté primitive, et aux élections faites par les prêtres et le peuple. Hildebrand donnait dans cette juste réaction avec toute la fougue d'un caractère ardent, austère et entier. L'intérêt de la religion n'était pas le seul qui l'occupât : il songeait aussi à celui de la patrie italienne. Réformer l'Église, affranchir l'Italie, tel fut le double objet qu'il espérait atteindre par le moyen d'une papauté souveraine de l'Italie et de toute la chrétienté. Mais elle-même avait besoin d'être affranchie auparavant. La défaite de Léon IX à Civitella (1053) lui valut mieux, on vient de le voir, qu'un brillant succès. Les Normands s'étant déclarés vassaux du saint-siége et résolus à le défendre, le pape eut désormais près de lui de vaillantes épées à sa disposition.

Henri III mourut en 1056, laissant un fils, Henri IV, dont la minorité fut très-orageuse, ce qui facilita les projets de la cour de Rome. En 1059, un nouveau pape, Nicolas II, toujours sous l'influence d'Hildebrand, rendit un décret qui régla l'élection des pontifes d'une façon nouvelle : il était dit qu'elles seraient faites par les cardinaux-prêtres et les cardinaux-évêques du territoire romain ; que le reste du clergé et le peuple romain donneraient ensuite leur consentement, que l'empereur conserverait le droit de confirmation, et qu'enfin on élirait de préférence un membre du clergé romain. Un autre décret défendait aux clercs de recevoir d'un laïque l'investiture d'aucun bénéfice ecclésiastique.

Ces décrets de la plus haute importance dérobaient le pape à l'empereur, et dans la main du pontife, devenu libre, mettaient l'immense temporel de l'Église.

Plusieurs évêques, surtout en Lombardie, qui voulaient moins encore de l'autorité du pape, surtout si rigide, que de celle de l'empereur, importunés d'ailleurs par les anathèmes prononcés contre les prêtres simoniaques ou mariés, firent un schisme et obtinrent de la cour impériale, fort irritée aussi, un antipape, Honorius II. Pour lui, Hildebrand avait la bourgeoisie municipale et la noblesse, excepté à Rome, où les nobles craignaient de voir s'élever un pouvoir dangereux pour leur indépendance. On se battit. Mais Hildebrand l'emporta et sa victoire parut complète lorsqu'il fut élevé au saint-siége, sous le nom de Grégoire VII (1073). Il est le dernier pontife dont le décret d'élection ait été soumis à la sanction impériale.

Grégoire VII (1073). Ses vastes desseins. Hardiesse de ses premiers actes.

Le pape allait compléter l'œuvre du moine. Ses desseins s'agrandirent avec sa situation. Charlemagne et Otton le Grand s'étaient subordonné la papauté, et avaient mis l'Église dans l'État. Mais la royauté, pouvoir central, déclinait dans toute l'Europe en raison même des progrès accomplis par la féodalité, je veux dire par les pouvoirs locaux, ducs, comtes et barons. L'Église, au contraire, avait vu croître encore dans ce siècle la foi des peuples. Il sembla à son chef que le moment était venu de saisir pour elle le gouvernement des corps comme celui des âmes, ou du moins de resserrer autour du saint-siége toute la chrétienté, et d'y exercer une surveillance et une action continuelles, afin d'y réprimer le désordre des mœurs, les violations de la justice, toutes les causes de perdition. Ce but était élevé, et cette grande ambition était naturelle dans un prêtre. Il est heureux pourtant qu'elle ait échoué et que les nations européennes aient gardé la libre disposition d'elles-mêmes, qu'elles eussent perdue au sein de cette immense autocratie pontificale.

Grégoire voulait quatre choses : affranchir la papauté de la suzeraineté allemande, réformer l'Église dans ses mœurs et dans sa discipline, la rendre indépendante du pouvoir temporel, enfin dominer les laïques, peuples et princes, au nom et dans l'intérêt de leur salut.

Le premier point fut acquis par le décret de Nicolas II ; le second par les actes nombreux de Grégoire VII pour la réformation du clergé et notamment pour le célibat des prêtres et contre la simonie ; le troisième, par la défense faite aux princes laïques de donner l'investiture d'aucun bénéfice ecclésiastique, aux clercs de la recevoir ; le dernier, par l'intervention du pontife dans le gouvernement des royaumes.

Les rois d'Allemagne et de France, Henri IV et Philippe I*er*, faisaient publiquement trafic des dignités ecclésiastiques ; Grégoire menaça de les excommunier, et, ce qui ne s'était point vu encore, de délier leurs vassaux du serment de fidélité. En Angleterre, il força Guillaume le Conquérant à lui payer le denier de Saint-Pierre. Il réclama la suzeraineté des royaumes de Hongrie, de Danemark et d'Espagne, conquis sur les païens ou sur les infidèles *par la grâce de Dieu*, et il nomma le duc de Croatie roi des Dalmates, à condition de l'hommage au saint-siége. Cependant, le pape, tout-puissant au loin, ne l'était pas en Italie. A Rome même le préfet Censio, dans une émeute, arracha Grégoire VII d'une église et le retint quelque temps prisonnier. A Milan, les citoyens chassèrent Herlembald et son protégé Atto, qui exerçaient une vraie tyrannie dans la ville, sous prétexte de soutenir les réformes de Grégoire VII, et demandèrent un archevêque à Henri IV, qui leur envoya un noble de Castiglione. Ce fut le commencement de la lutte entre le sacerdoce et l'empire, un des plus grands drames de l'histoire.

Humiliation de l'empereur (1077).

Les circonstances étaient très-favorables pour Grégoire et lui promettaient des points d'appui en Allemagne. Les rébellions féodales avaient agité ce pays pendant toute la minorité de Henri IV, qui n'avait que six ans à la mort de son père, en 1056. La régence et le jeune roi lui-même avaient été arrachés à l'impératrice Agnès par les ducs de Saxe et de Bavière. Devenu homme, Henri IV s'efforça de comprimer la révolte qui avait toujours son foyer chez les Saxons. Une grande victoire remportée en Thuringe, semblait lui promettre le succès de son entreprise, quand tout à coup il entendit retentir à ses oreilles la voix du pape, qui, avec une audace inouïe, lui ordonnait de suspendre la guerre, de laisser au saint-siége la décision de sa querelle avec les Saxons, de renoncer à toute investiture ecclésiastique sous peine d'excommunication ; les légats y joignirent même la sommation de comparaître à Rome pour se justifier de ses déportements privés. A cette furieuse attaque, Henri IV répondit avec une vigueur égale ; dans le synode de Worms, composé de vingt-quatre évêques, ses partisans, il fit prononcer solennellement la déposition de Grégoire VII (1076).

Le pape, au lieu de s'effrayer, redoubla. A peine délivré des mains du préfet de Rome, Censio, son ennemi, par un mouvement populaire, il fulmina de toutes ses foudres ; il frappa l'empereur d'une bulle d'excommunication qui le déclarait déchu comme rebelle au saint-siége ; il délia ses sujets du serment de fidélité. Cette bulle trouva dans les Saxons, les Souabes, tous ennemis de la maison de Franconie, des exécuteurs impitoyables. A leur tête était Rodolphe de Souabe et l'Italien Welf, de la maison d'Este, que Henri lui-même avait créé duc de Bavière. Ils convoquèrent une diète à Tribur, suspendirent l'empereur de ses fonctions, et menacèrent de le déposer s'il ne se faisait absoudre des anathèmes de Rome. Henri IV s'humilia, promit d'assembler une diète générale à Augsbourg et supplia le pape d'y venir l'absoudre. Mais, comme il sentit le danger de laisser ses ennemis se rapprocher, il résolut de prévenir la diète promise, et alla lui-même en Italie implorer le pardon du pontife.

Grégoire VII se le fit acheter au prix d'humiliations telles qu'un autre souverain n'en a jamais subi. Il se trouvait alors dans le château de Canossa, sur les terres de la célèbre comtesse Mathilde, toute dévouée au saint-siége, et qui était le souverain le plus puissant de l'Italie, car elle possédait les marquisats de Toscane et de Spolète, Parme, Plaisance et plusieurs points de la Lombardie, des Marches, etc. Henri IV, dans la seconde enceinte, vint solliciter une audience qu'il attendit les pieds nus dans la neige, pendant trois jours; le quatrième, il fut enfin reçu et relevé de son excommunication; mais Grégoire, trop habile pour se désarmer tout à fait, refusa de décider la question de la couronne d'Allemagne, et, en le renvoyant à une diète, se réserva les moyens de susciter à Henri de nouveaux embarras. Comment ne pas trembler devant un homme reconnu pour le représentant même de la Divinité, et qui se croyait tellement sûr d'être approuvé du ciel, qu'ayant pris la moitié d'une hostie, il adjura Dieu de le faire périr sur-le-champ s'il était coupable des crimes dont on l'accusait ! Lorsqu'il présenta à Henri l'autre moitié de cette même hostie, en lui proposant un serment semblable, celui-ci recula épouvanté (1077).

Mort de Grégoire VII (1085) et de Henri IV (1106).

Henri IV avait évité, en pliant, le choc de ses ennemis coalisés; quand ce moment redoutable fut passé, il se releva. D'ailleurs il n'avait plus que l'alternative de tout risquer de nouveau ou de renoncer au trône ; car la question laissée indécise par Grégoire VII, les rebelles d'Allemagne avaient prétendu la résoudre; ils venaient d'élire pour roi Rodolphe de Souabe, qui avait acheté la protection des légats par la promesse de renoncer aux investitures (1077), et que le pape ne tarda pas à reconnaître solennellement.

Henri IV, ayant retrouvé des partisans, fit la guerre avec avantage. La bataille de Wolksheim, où Rodolphe fut tué par la main de Godefroy de Bouillon, duc de basse Lorraine, qui portait la bannière impériale, le rendit maître de l'Allemagne (1080). Il voulut l'être en Italie, où une victoire de son fils lui avait préparé le succès. La comtesse Mathilde fut dépouillée d'une partie de ses biens, Rome prise, et l'archevêque de Ravenne nommé pape sous le nom de Clément III. Grégoire lui-même fut tombé aux mains de l'homme qu'il avait tant outragé, si Robert Guiscard et ses Normands, fidèles alliés du saint-siége, ne l'eussent délivré. Il mourut chez eux (1085) en disant : « Parce que j'ai aimé la justice et poursuivi l'iniquité, je meurs dans l'exil. » Il parut donc croire jusqu'au dernier moment que la domination universelle du saint-siége était un droit rigoureux, et il y avait dans cette idée-là beaucoup de logique.

Grégoire mourait trop tôt : quelques années plus tard, il aurait vu son ennemi expirer, plus misérable encore qu'au château de Canossa. Urbain II, devenu pape en 1088, s'appuya sur les Normands et reconnut à Roger, duc de Sicile, le titre de roi; il montra la papauté dans toute sa grandeur à l'occasion de la première croisade, et reprit tous les arrêts de Grégoire VII contre l'empereur. Après un triomphe passager, Henri IV, successivement attaqué par ses deux fils, que l'Église avait armés contre lui, fait prisonnier par le plus jeune, dépouillé des insignes impériaux, invoquant en vain les secours du roi de France, « le plus fidèle de ses amis, » qui ne lui répondit pas, sollicitant sans succès, pour vivre, une place de sous-chantre dans une église, « attendu qu'il sait assez de musique, » meurt en 1106, à Liége, dans une misère profonde, en appelant « la vengeance de Dieu sur le parricide. » Son corps resta cinq ans sans sépulture.

Henri V (1106). Le concordat de Worms (1122); fin de la querelle des investitures.

Ce fut pourtant ce fils parricide, Henri V, qui termina la querelle des investitures. La décision fut retardée quelque temps par l'ouverture de la succession de la grande comtesse Mathilde, qui avait légué ses biens au saint-siége. Henri les réclama tous, les fiefs comme chef de l'Empire, les alleux comme le plus proche héritier de la comtesse, et il en prit possession. C'était pour l'avenir, comme on le verra, une cause de nouvelles querelles. Ce débat provisoirement vidé, les deux partis, reconnaissant enfin que la lutte ne servait qu'à les affaiblir et ne profitait qu'à l'indépendance de la féodalité et de la bourgeoisie italiennes, résolurent de la clore par un partage équitable et à peu près égal des droits disputés. Le *concordat de Worms* (1122) fut dressé dans les termes suivants : « Je vous accorde, disait le pape Calixte II à l'empereur, que les élections des évêques et des abbés du royaume teutonique se fassent, sans violence ni simonie, en votre présence ; en sorte que, s'il arrive quelque différend, vous donniez votre consentement et votre protection à la plus sainte partie, suivant le jugement du métropolitain et des coprovinciaux. L'élu recevra de vous les *régales* par le sceptre, excepté ce qui appartient à l'Église romaine, et vous en fera les devoirs qu'il doit faire de droit. » — « Je remets au pape, disait l'empereur, toute investiture par l'anneau et la crosse ; et j'accorde, dans les églises de mon royaume et de mon empire, les élections canoniques et les consécrations libres. » Ce sage compromis, qui attribuait le temporel au souverain temporel, et le spirituel au souverain spirituel, était accompagné de paroles de réconciliation. Mais le plan de Grégoire VII croulait : le lien vassalique qui unissait le clergé au prince n'était pas brisé ; l'Église restait dans l'État par ses membres sinon par son chef.

La maison de Franconie s'éteignit avec Henri V (1125), quittant la scène après avoir clos, par un dénoûment provisoire, la rivalité de la papauté et de l'empire. Le règne de Lothaire II (1125-1137), le successeur de Henri V, fut comme un intermède, pendant lequel le théâtre se disposa différemment pour une nouvelle période de lutte.

CHAPITRE XVIII.

LUTTE DE L'ITALIE ET DE L'ALLEMAGNE
(1152-1250).

Trois périodes dans la lutte du sacerdoce et de l'empire.—Force de la féodalité allemande; faiblesse de Lothaire II (1125); les Hohenstaufen (1138).—Morcellement de l'Italie; progrès de la petite féodalité et des républiques. Arnoldo de Brescia (1144). — Frédéric Ier Barberousse (1152); ruine de Milan (1162); la ligue lombarde (1164); paix de Constance (1183). — L'empereur Henri VI (1190); Innocent III (1198); Guelfes et Gibelins en Italie.—Frédéric II (1211-1250). Seconde ligue lombarde (1226).—Innocent IV (1243); chute de la domination allemande en Italie (1250).

Trois périodes dans la lutte du sacerdoce et de l'empire.

Pendant que le pape et l'empereur luttaient à qui resterait le maître du monde, la France, demeurée en dehors de ce grand débat, faisait la première croisade. Il y a donc à cette époque, comme deux séries parallèles d'événements considérables qui commencent en même temps, vers la fin du onzième siècle et qui finissent à la même époque, au milieu du treizième. La chronologie exigerait qu'on mêlât ces deux histoires, la nécessité de les bien comprendre veut qu'on les sépare. Je continuerai donc d'exposer la querelle du sacerdoce et de l'empire, la lutte de l'Italie et de l'Allemagne, jusqu'à la solution que reçut au moyen âge ce grand débat. Je reviendrai ensuite aux croisades. L'ordre des temps sera ainsi troublé, mais au profit de l'ordre logique.

Cette querelle du sacerdoce et de l'empire est un drame en trois actes. Dans le premier, le pape et l'empereur se disputent la suprématie sur l'Europe chrétienne ; le concordat de Worms (1122) les oblige à de mutuelles concessions et à un partage que la société moderne a consacré, tout en cherchant si la solution du problème ne serait pas dans un autre problème : l'Église libre dans l'État libre. Au second acte de ce grand débat, il s'agit surtout de l'indépendance de l'Italie, que les empereurs de la maison de Souabe veulent asservir et que la paix de Constance (1183) délivre ; dans le troisième l'indépnedance du saint-siége est en péril, la mort de Frédéric II la sauve (1250). On a vu la première lutte, voici les deux autres.

Force de la féodalité allemande ; faiblesse de Lothaire II (1125) ; les Hohenstaufen (1138).

La maison de Franconie avait senti croître, sous son empire, la puissance de la grande féodalité allemande, et fait d'inutiles efforts pour l'arrêter. En vain elle avait créé, au milieu des duchés, une foule de seigneuries *immédiates* et de *villes impériales*, c'est-à-dire ne relevant que de l'empereur ; en vain elle avait accordé l'hérédité aux *fiefs de chevalier*, politique qu'elle avait aussi suivie en Italie et résumée dans l'édit de 1037 ; les grands vassaux, depuis longtemps héréditaires, avaient conservé ou repris, par des révoltes continuelles, leur avantage sur la royauté élective. Les agents mêmes de l'empereur, ces *palatins* envoyés par lui dans les grands fiefs ou dans ses domaines pour y représenter son autorité, les *burgraves*, chargés du même rôle dans les villes, commençaient à imiter les anciens agents des empereurs carlovingiens, à se rendre indépendants et héréditaires. Le résultat de ces efforts contraires fut que la féodalité, à l'avénement de Lothaire, se trouva très-redoutable ; elle le devint encore davantage sous son règne. C'était un prince faible, qui courba la tête bien bas devant le saint-siége. Innocent II lui donna la couronne impériale, en affectant de se dire le maître d'en disposer à son gré : il fit même consacrer cette prétention par un tableau où l'empereur était représenté à genoux dans l'attitude d'un homme qui prête l'hommage dans les mains du pontife ; on lisait au-dessous en vers latins : « Le roi devient l'homme du pape, qui lui octroie la couronne. » Sur une question aussi fort importante. Lothaire s'abaissa encore : il consentit à tenir en fief du saint-siége les biens de la comtesse Mathilde (marquisat de Toscane, duché de Spolète, marche d'Ancône, de Bologne, Parme, Plaisance, etc.).

Dans l'empire, Lothaire se trouva pressé entre deux puissantes maisons : celle de Souabe, qu'il combattit sans la pouvoir abattre; celle de Bavière, qu'il agrandit en faisant épouser sa fille au duc Henri le Superbe qui, à la mort de Lothaire, hérita de tous ses domaines, le duché de Saxe en Allemagne et, en Italie, les fiefs de la grande comtesse. La domination de Henri le Superbe s'étendit alors de la Baltique jusqu'au Tibre, mais ses fiefs étaient séparés, et cette division l'affaiblissait. Ceux des Hohenstaufen, au contraire, se touchaient : c'étaient les duchés de Souabe et de Franconie.

Quand Lothaire mourut (1137), il fut évident que la couronne passerait dans l'une de ces deux grandes maisons. Celle de Saxe paraissait assurée de l'obtenir, mais beaucoup de vassaux allemands commencèrent à songer qu'il ne fallait pas se donner un trop puissant maître, et, presque subrepticement, firent nommer, dans une diète convoquée à Mayence, en l'absence des députés saxons et bavarois, Conrad de Hohenstaufen, seigneur de Weiblingen. Henri le Superbe protesta. Il était chef de la maison des Welfs. Leurs partisans s'appelèrent Guelfes et Gibelins, noms qui passèrent les Alpes et s'établirent en Italie. Comme la maison de Souabe fut l'ennemie du saint-siége, la fraction favorable à l'empereur, fut celle des Gibelins ; les amis de l'indépendance de l'Italie et de la papauté furent les Guelfes.

Henri le Superbe, mis par Conrad au ban de l'empire, fut dépouillé de ses duchés; son fils Henri le Lion recouvra, il est vrai, la Saxe, mais diminuée du margraviat de Brandebourg[1], qui fut érigé en fief direct de l'empire (1142), en

1. La postérité d'Albert Ier l'Ours garda jusqu'en 1320 ce grand fief, qui passa alors à la maison de Bavière, ensuite à celle du Luxembourg. Sigismond le vendit, en 1417, à la maison de Hohenzollern (Prusse), qui le possède encore aujourd'hui. Albert l'Ours accrut le margraviat d'une partie des pays situés entre le bas Elbe et le bas Oder, qu'un roi des Slaves et Vandales lui légua.

faveur d'Albert l'Ours de la maison ascanienne; quant à la Bavière, elle fut donnée au margrave d'Autriche[1], et il la garda jusqu'en 1156. Elle fit retour alors à Henri le Lion, mais diminuée aussi de l'Autriche, qui fut élevée au rang de duché immédiat (1156).

Avec Conrad III commençait la brillante dynastie des Hohenstaufen. Son règne fut consacré en quelque sorte à la fixer sur le trône qu'elle allait occuper pendant plus d'un siècle avec tant d'éclat ; aussi fut-il étranger à l'Italie. Mais lorsque sa mort, au retour de la seconde croisade (1152), eut donné la couronne à son fils, l'Allemagne recommença à visiter l'Italie, et la lutte suspendue depuis 1122 éclata plus violente que jamais.

Morcellement de l'Italie; progrès de la féodalité et des républiques. Arnoldo de Brescia (1146).

L'aspect de l'Italie était entièrement changé. L'édit de 1037 avait porté ses fruits. Ducs, margraves, comtes, évêques, abbés, avaient perdu leur suzeraineté et leur juridiction. Avec la comtesse Mathilde avait disparu la dernière image de la grande féodalité. On ne voyait plus qu'un mélange de petits seigneurs indépendants et de villes républicaines depuis les Alpes jusqu'à Bénévent, où commençait la monarchie normande, brillante non-seulement de l'éclat des victoires, mais des poésies que les troubadours, attirés du midi de la France, chantaient à la cour de ses rois. C'était le moment où les républiques italiennes se constituaient et vivifiaient dans leur sein les débris du régime municipal romain. Elles avaient leurs consuls en nombre divers : 12 à Milan, 6 à Gênes, 4 à Florence, 6 à Pise, etc., investis généralement du pouvoir exécutif et judiciaire. Généralement aussi une sorte de sénat (*credenza*) les assistait. L'assemblée générale

---

1. Le margraviat d'Autriche avait été érigé par Otton Ier, après sa grande victoire d'Augsbourg (955), en faveur de la maison de Bamberg, qui subsista jusqu'en 1246. L'Autriche passa alors successivement à Frédéric II, aux maisons de Bade et de Bohême, enfin, à celle de Habsbourg (1282); qui l'a gardée jusqu'en 1740 dans la ligne mâle, et jusqu'à nos jours dans la maison de Lorraine-Habsbourg.

des citoyens libres, ou *parlement*, réunis par quartiers au son de la cloche du beffroi, sur la place publique, était seule souveraine et jugeait en dernier ressort. Les nobles des châteaux voisins de chaque ville y étaient admis comme citoyens, tout en conservant au dehors leurs domaines propres et leurs serfs.

A cause de l'ascendant du souverain pontife, son évêque, Rome n'avait pas encore opéré cette révolution des autres cités italiennes; elle la fit à son tour au milieu du douzième siècle. Ce fut un disciple d'Abélard, du docteur qui prêchait la distinction de la raison et de la foi, le moine Arnaldo de Brescia, qui demanda la séparation du temporel et du spirituel, la suppression du gouvernement des prêtres, le rétablissement de la république romaine. En 1144, Innocent II fut chassé de Rome, un sénat de 56 membres fut institué, les quatre lettres sacramentelles S. P. Q. R. (*Senatus Populusque Romanus*) reparurent dans les actes publics, et l'on data « de la rénovation du sacré sénat. » Lucius II, successeur d'Innocent, qui voulut résister par la force, fut précipité des escaliers du Capitole, et la révolution triompha. Dans toute la Péninsule, moins le royaume de Naples, depuis Rome jusqu'à la dernière petite cité, le gouvernement républicain prévalait. La noblesse se trouvait heureuse d'être comprise dans cette organisation. Tout avait concouru à ce résultat, la force des armes, la prospérité née du commerce, le prestige des souvenirs et la puissance des idées. Saint Bernard se résignait lui-même à la position faite au pape, et écrivait à son disciple Eugène de laisser là les Romains, ce peuple récalcitrant (*duræ cervicis*), et d'échanger Rome contre le monde (*Urbem pro orbe mutatam*).

Frédéric Iᵉʳ Barberousse (1152); ruine de Milan (1162) la ligue de Lombardie (1164); paix de Constance (1183).

Mais Frédéric Iᵉʳ Barberousse n'était pas disposé à renoncer à l'Italie avec autant de facilité; nul empereur n'avai encore réuni à plus d'énergie de caractère une plus grande obstination dans ses prétentions sur la Péninsule. Que n'y réclamait-il pas? Droits régaliens sur toutes les villes, droits impériaux à Rome, héritage de la comtesse Mathilde, Naples, la Sicile, la Corse et la Sardaigne. Il passa les Alpes ; l'Italie l'accueillit avec une confiance naïve qui l'a plus d'une fois livrée à l'étranger. Mais bientôt tout s'assombrit. Il brûla Chieri (*Quiers*), rasa Tortone, parce que l'une refusait de se soumettre au duc de Montferrat, et l'autre de quitter l'alliance de Milan, qui était à la tête de l'indépendance lombarde. Il s'avança vers Rome, où l'appelait Adrien IV, fit saisir et livrer au pape Arnaldo de Brescia, qui fut brûlé, et, dans le même jour où il recevait la couronne impériale, ses soldats tuèrent 1000 Romains dans la ville révoltée. Enfin il montra tant de rigueur dans l'exercice de son autorité en Italie, que bientôt ce fut contre lui une rébellion générale ; Adrien même, rétabli par l'empereur, se brouilla avec lui pour se réconcilier avec ses sujets.

Rien n'est plus curieux que d'entendre le dialogue engagé entre ces trois grands personnages historiques, l'empereur d'Allemagne, le pape, le peuple romain, tous trois invoquant le passé et se couvrant de l'égide des souvenirs ; tous trois se reprochant et révélant au monde ou leur décadence ou la pauvreté de leur origine. Les Romains avaient envoyé des ambassadeurs dire à Barberousse que l'empire leur appartenait et qu'ils le lui offraient, moyennant serment de respecter leurs droits et coutumes, et un don de 5 000 marcs d'argent. L'empereur répondit : « Vous exaltez l'ancienne splendeur de votre ville, je sais l'apprécier ; mais, comme le dit un de vos écrivains, elle fut, *fuit*. Votre Rome est la nôtre.... Votre sénat, vos consuls, vos chevaliers se trouvent maintenant parmi les Allemands. Charles le Grand et Otton ont conquis votre empire.... Votre devoir est d'obéir.... » Le pape réclame les biens de Mathilde et veut que nul envoyé impérial n'entre dans Rome sans son consentement ; l'empereur lui écrit : « Que possédait l'Église au temps de Constantin, avant la donation des empereurs? Le démon de l'orgueil se glisse sur le siége de saint Pierre. » Et le pape répond : « L'empereur s'attribue le même pouvoir que nous, comme si notre pouvoir était restreint à un petit coin de terre comme l'Allemagne, le plus petit des royaumes jusqu'au moment où les papes firent son élévation. Les rois francs n'allaient-ils pas, comme des philosophes, dans des voitures attelées de bœufs, avant que Charlemagne eût été sacré par Zacharie?... De même que Rome est supérieure à Aix-la-Chapelle, dans ses forêts gauloises, de même nous sommes supérieurs à ce roi.... » Et il lui promettait, s'il était docile envers l'Église, de lui conférer de plus grands bienfaits. Ces mots *majora beneficia*, qui pouvaient s'entendre pour bénéfice et paraissaient faire de la couronne impériale une tenure féodale, soulevèrent l'indignation de la diète germanique où ils furent prononcés. Le légat, qui était présent, la porta au comble en s'écriant : « Eh ! de qui donc l'empereur tient-il sa couronne, si ce n'est du pape? » Le prince de Wittelsbach voulait lui fendre la tête.

De ces trois ambitions, celle du peuple romain n'était qu'un fantôme ; les deux autres étaient encore vivantes, puissantes, absolues.

Frédéric revint en 1158. La réaction contre lui était générale. Il sévit. Milan fut sa principale victime. Après avoir relevé en face de cette ville la rivale qu'elle avait détruite, Lodi, il lui imposa un tribut de 9000 marcs d'argent. Puis, dans la diète de Roncaglia, près de Plaisance, il fit consacrer, par les jurisconsultes en droit romain de l'école de Bologne, ses prétentions absolues : « Sachez, lui dit leur organe, l'archevêque de Milan, que tout le droit du peuple pour l'établissement des lois vous a été accordé. Votre volonté est le droit, suivant ce texte : Tout ce qui a plu au prince a force de loi. » En vertu de ces principes d'un autre âge, Frédéric agit en maître et voulut imposer des *podestats* impériaux aux villes italiennes. Milan, Brescia, Plaisance, Crême se révoltèrent. Adrien IV étant mort, les cardinaux se divisèrent : il y eut un pape impérialiste, Victor III, et un pape patriote, Alexandre III. La lutte, engagée ainsi sur tous les points, fut terrible, surtout à Milan : cette ville héroïque se fit assiéger deux ans, et ne céda qu'à la famine. Les Milanais brisèrent leur *caroccio*, qui portait l'étendard de l'indépendance ; ils furent dispersés dans quatre bourgades. Sur leur ville on lâcha toutes les villes voisines, animées contre elle d'une haine mortelle, et qui la détruisirent (1162). Alexandre III, chassé d'Italie, se réfugia en France, où Louis VII et Henri II d'Angleterre le reconnurent.

Après avoir si cruellement appris que la discorde est funeste, l'Italie tente de s'unir, tandis que Frédéric est allé chercher de nouvelles forces en Allemagne. La *ligue lombarde* se fonde, s'étend, gagne peu à peu toute la vallée du Pô, depuis Venise jusqu'au Piémont : Vérone, Vicence, Trévise, Padoue, Crémone, Brescia, Bergame, Mantoue, Ferrare, Bologne, Modène, Reggio, Parme, Plaisance, puis Lodi, y entrèrent ; Milan est relevé ; Alexandre III se met à la tête de l'Italie contre la domination allemande, qui lui avait suscité quatre compétiteurs. Une ville de son nom, Alexandrie, est bâtie au confluent du Tanaro et de la Bormida, pour menacer le marquis de Montferrat et la ville impériale de Pavie. Les Gibelins la nommèrent par dérision Alexandrie de la Paille ; leur fortune vint s'y briser.

En 1174, Frédéric rentra en Italie avec la moitié seulement des forces de l'Allemagne : Henri le Lion, chef des Welfs, avait refusé de suivre l'empereur qui s'était jeté en vain à ses genoux. Depuis ce moment, les Welfs furent chers à l'Italie, qui était, au reste, leur ancienne patrie. Alexandrie de la Paille arrêta Frédéric quatre mois ; pendant ce temps, l'armée des confédérés se rassemblait. Il l'attaqua près de Legnano, au nord-ouest de Milan (1176). Deux corps milanais, le *bataillon du Grand Drapeau* et le *bataillon de la Mort*, commandés par le géant Albert Giussano, donnèrent la victoire aux Italiens. Frédéric fut renversé de son cheval, et le bruit courut plusieurs jours qu'il était mort. Il se trouva heureux d'obtenir une trêve en reconnaissant Alexandre III, avec lequel il se rencontra à Venise [1].

Six ans après (1183), le traité de Constance régla définiti-

---

1. Ce glorieux pape, qui unit la cause du saint-siége à celle de l'Italie, mourut en 1181, après vingt-deux ans de pontificat. Pour réparer les maux causés par le schisme, il réunit le troisième concile de Latran, qui décréta beaucoup de règlements pour la discipline de l'Église et déclara qu'un chrétien ne pouvait être esclave

vement la querelle de l'empire et de l'indépendance italienne, comme le concordat de Worms avait réglé celle de l'empire et de la papauté. Le pape recouvra les allodiaux de la comtesse Mathilde. Les villes conservèrent les droits régaliens qu'elles avaient précédemment : droit de lever des armées, de se fortifier par des murs, d'exercer dans leur enceinte la juridiction tant civile que criminelle, de se confédérer entre elles. L'empereur ne garda que le droit de confirmer, par ses légats, leurs consuls, et d'établir un juge d'appel dans chacune d'elles pour certaines causes. Comme en 1122, l'autorité impériale était diminuée, et l'ombre de Grégoire VII put se réjouir d'un double triomphe.

Cependant, au delà des monts, Frédéric était tout-puissant. Henri le Lion était dompté, dépouillé de ses fiefs, les duchés de Saxe et de Bavière, et réduit à ses biens patrimoniaux du Lunebourg et du Brunswick, où il fonda une maison qui règne encore sur le Hanovre et l'Angleterre; les rois de Danemark et de Pologne reconnaissaient la suzeraineté de Frédéric, et les ambassadeurs étrangers venaient assister à ses diètes. La plus célèbre de ces assemblées est celle de Mayence (1184) : un camp immense au bord du Rhin, dans une belle plaine, réunit 40 000 ou même 70 000 chevaliers; les seigneurs d'Allemagne, d'Italie, des pays slaves s'y rendirent. L'empereur y distribua des couronnes à ses fils, puis rompit une lance dans un brillant tournoi, malgré ses soixante-trois ans. Telle était la pompe de l'empire allemand. Mais, peu de temps après, ce vieillard glorieux se noyait dans le Cydnus, en voulant aller conquérir Jérusalem (1190).

L'empereur Henri VI (1190); Innocent III (1198); Guelfes et Gibelins en Italie.

Le nord de l'Italie avait échappé à l'empereur, mais il avait saisi le midi. En mariant son fils avec Constance, petite-fille du roi de Sicile Roger II, Barberousse lui avait acquis des droits sur le royaume de Naples. Henri VI (1190-1197) employa son règne à les faire valoir, et y réussit. Il conquit le royaume normand (1194), où il montra une cruauté sanguinaire, et, pour s'en tenir le chemin ouvert, il entreprit de relever dans toute l'Italie la féodalité que ses prédécesseurs avaient au contraire abaissée. Sa mort, la minorité de son fils âgé de quatre ans, et l'avénement, en 1198, d'Innocent III, changèrent la face des choses.

Innocent III était de la famille des comtes de Ségni et n'avait que trente-sept ans quand il fut élu, malgré sa résistance et ses larmes. Maître d'un pouvoir qu'il n'avait pas cherché, il agit, dès les premiers jours, comme un nouveau Grégoire VII.

C'était, pour la foi ardente de ces temps, une bien difficile question que celle de la limite des deux pouvoirs temporel et spirituel. Le chef de l'Église, celui qui tenait les clefs de saint Pierre, avait juridiction sur les actes des fidèles comme bonnes œuvres ou péchés. Mais quels actes des rois tombaient ou ne tombaient pas sous cette juridiction? Quels actes ne faisaient pas le salut ou la damnation des princes eux-mêmes et de leurs sujets? De là, sans ambition mauvaise, par la force de la doctrine, et comme obligation imposée au pasteur universel des âmes, l'intervention des pontifes d'alors dans le gouvernement des États.

Le nouveau pontife qui allait se montrer si altier n'était pas même maître de sa ville épiscopale. Il lui fallut subjuguer le sénat de la cité, abolir son consulat et obliger le préfet de Rome à reconnaître qu'il tenait de lui, non de l'empereur, son autorité. Pour rendre au saint-siége le prestige des temps d'Urbain II, Innocent fit prêcher une croisade, la quatrième, que les Vénitiens détournèrent sur Constantinople. Enfin, en vertu de la direction morale du monde qu'il revendiquait, il intervint dans tous les différends des souverains de son époque, et fit gronder ses foudres sur la tête de tous les rois, menaçant les uns, frappant les autres.

Par ses anathèmes, il força le roi de France à reprendre sa femme Ingeburge, et les rois de Castille et de Portugal à faire la paix en face des Maures; il excommunia en Norvége un roi usurpateur, en Aragon un roi faux-monnayeur. En Angleterre, il abaissa et releva tour à tour Jean sans Terre. Le roi de Hongrie avait retenu un légat du pape : il fut menacé de voir son fils dépossédé du trône. En Allemagne, deux princes puissants se disputaient l'empire : un frère de Henri IV, Philippe, marquis de Toscane, duc de Souabe et de Franconie, et Otton de Brunswick, fils de Henri le Lion, de la famille guelfe ; il revendiqua le jugement de cette question, ayant le droit « d'examiner, approuver, oindre, consacrer et couronner, s'il est digne, l'empereur élu ; de le rejeter, s'il est indigne. » Que de telles prétentions eussent prévalu, et tous les royaumes de l'Europe seraient devenus des fiefs du saint-siége, la chrétienté une autocratie sacerdotale, où toute liberté eût été morte et toute vie éteinte.

Dans le conflit allemand, Innocent se déclara pour Otton qui ne possédait rien en Italie, contre Philippe, membre de cette maison des Hohenstaufen qui avait voulu dominer la Péninsule et qui y occupait encore le royaume de Naples. C'est alors que commença la fameuse querelle des *Guelfes* (Welfs) et des *Gibelins* (Weiblingen). Dans cette lutte qui, d'abord personnelle à deux maisons d'Allemagne, devint bientôt celle de toute l'Italie, la Péninsule n'eut plus l'unité qu'elle avait trouvée un instant sous Frédéric Barberousse. Les villes étaient divisées entre elles, et chacune d'elles était déchirée par des factions. Innocent III n'avait pour lui que son génie et l'immense ascendant qu'il exerçait sur l'Europe. Son empereur guelfe, resté seul maître par l'assassinat de Philippe de Souabe en 1208, ne tarda pas à se montrer aussi entier dans ses prétentions que les empereurs de la maison de Souabe. Le nom avait beau changer, la même ambition passait sur toutes les têtes avec la même couronne. Otton refusa de restituer les allodiaux de Mathilde, promis au pape par le traité de Constance, notamment la Marche d'Ancône et le duché de Spolète, et revendiqua l'hommage pour la Pouille et la Calabre comme fiefs de l'empire. Le danger redevenait grand de ce côté ; Innocent excommunia son ancien protégé (1210), et relevant la famille gibeline qu'il avait renversée, présenta aux Allemands le jeune Frédéric comme leur futur empereur, en stipulant toutefois que celui-ci abandonnerait les Deux-Siciles dès qu'il aurait la couronne impériale, tant il sentait le péril, pour l'Italie, surtout pour le saint-siége, de laisser dans les mêmes mains l'Allemagne et le midi de la Péninsule !

Frédéric II (1211-1250); seconde ligue lombarde (1226).

La troisième et dernière phase de la lutte de l'empire contre la papauté et l'Italie commença avec l'avénement de Frédéric II et prit cette fois encore un caractère tout nouveau. Frédéric II, Sicilien par sa mère et par le lieu de sa naissance, avait été confié dans sa jeunesse à Innocent III lui-même. Il avait donc reçu une éducation italienne et ecclésiastique. Otton de Brunswick l'appelait le *roi des prêtres*. Aussi fut-il bien différent des Henri IV et des Barberousse. Actif, énergique comme eux, il n'avait point leur rudesse allemande; son esprit délicat, cultivé, était aussi plein de ruse, de causticité et d'incrédulité. Il usa des moyens de la politique avec prédilection et une extrême habileté. En outre, ce ne fut plus par le nord que le saint-siége et l'indépendance italienne furent menacés, mais par le midi. Frédéric s'était bien engagé à résider en Allemagne et à donner les Deux-Siciles à son fils : mais il préférait de beaucoup le ciel, les mœurs, les poëtes de l'Italie, et ne tarda pas à nommer son fils régent de l'Allemagne à sa place et à revenir résider lui-même en Sicile ou à Naples, qu'il dota d'une université. La lutte n'éclata que tardivement, parce que Frédéric ne fut véritablement empereur qu'en 1218, après la mort de son compétiteur Otton de Brunswick qui, quatre années plus tôt, avait été vaincu à Bouvines par Philippe Auguste.

Cette même année, Frédéric renouvela son vœu d'aller en terre sainte, et, en 1220, le pape Honorius III (1216-1227) le couronna empereur; pour mieux assurer l'expédition, il lui fit épouser Yolande, fille de Jean de Brienne, roi dépossédé de Jérusalem. Mais Frédéric trouvait, chaque fois qu'il était pressé de partir, de nouveaux prétextes pour rester. Au lieu de se rendre à Jérusalem, il délivra la Sicile d'un certain Mourad-bey qui avait soulevé les Sarrasins dans cette île, et transporta 20 000 de ces infidèles dans la forte place de Lucera, dans la Capitanate, certain que les excommunications de l'Église n'ébranleraient pas leur fidélité qu'il s'assura par de grands bienfaits. Il s'occupait en même temps, avec le légiste Pierre des Vignes, de constituer son royaume des Deux-Siciles, qui n'avait pas encore été bien organisé sous les princes normands.

Un vieillard impérieux et inflexible, qui atteignit sa centième année sur le trône pontifical, Grégoire IX, succéda en 1227 à Honorius III. Il ne se tint pas pour satisfait des excuses de Frédéric II, et, afin de délivrer l'Italie de sa présence inquiétante, il l'obligea à s'embarquer. L'empereur partit, mais revint au bout de quelques jours sous prétexte que la tempête l'avait empêché d'aller plus loin. Grégoire lança sur lui l'anathème; cette fois Frédéric crut prudent de faire le voyage de Jérusalem (1228). Arrivé dans la ville sainte, qu'un traité avec le soudan d'Égypte lui offrit et lui céda (1229), il prit de ses mains la couronne qu'aucun prêtre n'osa placer sur sa tête excommuniée. Il sut bientôt pourquoi son absence avait été tant désirée en Italie.

La *seconde ligue lombarde*, formée dès l'année 1226, se fortifiait à l'aise, et son beau-père, Jean de Brienne, soldat du saint-siége, entrait dans le royaume de Naples. Frédéric, de retour, rassembla ses Sarrasins, chassa Jean de Brienne et tint à Ravenne une diète où il attira dans son parti Eccelino de Romano, seigneur de Padoue et le plus redouté des chefs de la Marche Trévisane. Il crut alors avoir rétabli dans le Nord la paix qu'il fit prêcher par le Moine Jean de Vicence. Il ne demandait que le repos qui lui permît de venir résider dans ses palais de Naples, de Messine et de la *trilingue* Palerme, au milieu de son peuple mêlé de Grecs, d'Allemands, de Normands et de Sarrasins, au milieu de sa cour d'artistes, de poëtes, d'astrologues, de légistes, poëte lui-même et faisant des vers dans la langue italienne naissante, qui était la langue de sa cour, *lingua cortigiana*.

Il apprit tout à coup que son fils Henri, roi des Romains, se révoltait contre lui à l'instigation du saint-siége. Indigné, il s'élança vers la Lombardie avec ses Sarrasins, battit son fils et gagna sur la ligue lombarde la grande victoire de Corte-Nuova (1237). 10 000 Lombards furent tués ou pris, et le *carroccio* fut envoyé par dérision au pape et au peuple de Rome. Maître de l'Italie, Frédéric nomma roi de Sardaigne son second fils Enzio, chassa de la Sicile les dominicains et les franciscains qui conspiraient contre lui, et fit prononcer par ses légistes qu'il était la loi vivante sur la terre (*lex animata in terris*.)

Cette prétention de l'empereur indigna le pape, qui le désigna comme la *bête pleine de noms et de blasphèmes* dont parle saint Jean. Frédéric répliqua par les noms d'*antechrist*, de *grand dragon de l'Apocalypse*, et la lutte du sacerdoce et de l'empire se ralluma avec l'impétuosité qu'elle avait eue déjà deux fois, moins à cause des passions des deux adversaires qu'à cause de l'opposition inconciliable des grands principes que tous deux représentaient. Grégoire IX déclara Frédéric déchu, souleva contre lui les villes de la Toscane et de la Romagne, et proposa la couronne impériale à Robert d'Artois, frère de saint Louis. Celui-ci la refusa pour son frère, et reprocha même au pape de « vouloir fouler, avec l'empereur, tous les rois sous ses pieds. » La guerre réussit à Frédéric ; il vainquit les Toscans et les Romagnols. Le pape arma en vain Gênes et Venise, la plupart des villes firent leur soumission. Grégoire IX compta alors sur un concile qu'il convoqua pour l'année 1241 à Saint-Jean de Latran. Mais Frédéric bloqua Rome et fit assaillir par ses vaisseaux, réunis à ceux de Pise, la flotte génoise qui portait le concile. Les Génois, vaincus à la Méloria, perdirent vingt-deux navires : deux cardinaux et une foule d'évêques, d'abbés, de députés des villes lombardes tombèrent aux mains de Frédéric, qui fit charger les prélats de chaînes d'argent. Grégoire en mourut de douleur.

Innocent IV (1243; chute de la domination allemande en Italie (1250).

Pendant deux ans le saint-siége fut vacant. Enfin les cardinaux y portèrent (1243) le Génois Sinibaldi Fieschi, sous le nom d'Innocent IV. Frédéric avait deviné ce qu'il devait attendre de lui : « Sinibaldi était mon ami, dit-il, le pape sera mon mortel ennemi. » Innocent IV n'essaya plus de convoquer comme Grégoire IX un concile à Rome, mais il s'échappa de cette ville, et de Gênes demanda, sans l'obtenir, un asile dans leurs États à saint Louis, puis aux rois d'Angleterre et d'Aragon. Cet homme, devant qui le monde tremblait, n'avait pas où poser sa tête : une preuve entre autres que ce n'étaient ni les soldats, ni les forteresses qui faisaient sa force. Il se décida à se réfugier dans la ville de Lyon, qui appartenait alors à son archevêque. Il enjoignit aux prélats de s'y réunir. Le concile s'ouvrit le 26 juin 1245, Frédéric était condamné d'avance. Il y envoya cependant son chancelier Pierre des Vignes et Thaddée de Suessa, pour présenter sa justification. Pierre garda un silence qui ressemblait à la trahison, et laissa déposer son maître; Thaddée, après une longue et inutile défense, protesta de toutes ses forces contre la sentence. « J'ai fait mon devoir, répondit le pape, le reste est à Dieu. »

Quand il sut qu'on avait disposé de sa couronne, Frédéric II la prit, l'affermit sur sa tête et s'écria : « Elle n'en tombera point avant que des flots de sang n'aient coulé. » Il en appela aux souverains de l'Europe : « Si je péris, vous périssez tous ! » Il lança sur l'Italie ses Sarrasins, tandis qu'Innocent IV agitait par ses moines la Lombardie et la Sicile, faisait nommer un nouveau roi des Romains et prêchait une croisade contre Frédéric II. Saint Louis s'interposa vainement entre ces haines furieuses. La fortune fut d'abord indécise ; mais Enzio, le fils chéri de Frédéric, fut fait prisonnier, trahi dans sa fuite et sous son déguisement par une boucle de ses beaux cheveux blonds, et retenu en prison par les Bolonais jusqu'à sa mort; l'empereur en fut accablé. Il voyait tous les siens tombés comme Thaddée de Suessa et Enzio, ou traîtres comme Pierre des Vignes, qui tenta de l'empoisonner et qui, privé de la vue par son ordre, se brisa la tête contre la muraille. Il songea à se soumettre et pria saint Louis d'intervenir auprès du pape; il offrit d'abdiquer l'empire, d'aller mourir en terre sainte ; il consentait à ce que l'Allemagne et la Sicile fussent partagées, mais au moins entre ses enfants légitimes. Innocent poursuivait l'anéantissement de cette *race de vipères* et la conquête de la Sicile; il fut inexorable. L'empereur, brisé, malade de fureur, appela de nouveaux Sarrasins d'Afrique pour se venger sur Rome; il faillit s'adresser aux Mongols et aux Turcs. Eccelino de Romano, tyran de Padoue, répandit des torrents de sang pour s'ouvrir la route jusqu'à Frédéric, mais la mort subite de l'empereur à Fiorenzuola, dans la Capitanate (13 décembre 1250) épargna à l'Italie une dernière lutte, qui eût atteint le paroxysme de la fureur. Elle annonça en même temps la chute de la domination allemande et de l'autorité impériale en Italie. Elle commença pour la Péninsule une période nouvelle, celle de l'indépendance!

LIVRE VII.

LA CROISADE (1095-1270).

CHAPITRE XIX.

LA PREMIÈRE CROISADE A JÉRUSALEM (1095-1099).

État du monde avant les croisades; l'empire grec. — Pierre l'Ermite, le concile de Clermont (1095) et les premiers croisés. — Départ de la grande armée des croisés (1096); siège de Nicée et bataille de Dorylée (1097). — Siège et prise d'Antioche (1098); défaite de Kerbogâ; siège et prise de Jérusalem (1099). — Godefroy, baron du Saint-Sépulcre. Organisation du nouveau royaume.

État du monde avant les croisades; l'empire grec.

Dans ce monde du moyen âge, il y avait deux mondes tout à fait distincts : celui de l'Évangile et celui du Coran. Ils s'étaient déjà heurtés quelquefois, mais, s'étant trouvés à peu près d'égale force, ils avaient fait comme un partage tacite du monde connu. Le Coran régnait depuis les Pyrénées jusqu'aux bouches du Gange ; l'Évangile gouvernait toute l'Europe moins l'Espagne. De simples guerres de frontières ne mettaient ces deux mondes en contact que par les extrémités. Le moment était venu où ils allaient se mêler par la guerre.

On vient de voir ce qu'était dans la chrétienté la société germanique qui en était l'âme. Quoique l'unité n'eût pu s'y maintenir, le morcellement ne lui avait point été fatal; la vie et l'activité y étaient très-grandes; toute sorte de germes s'y développaient avec puissance.

Pour la société grecque, qui formait l'autre partie de la chrétienté, isolée entre les Germains et les Arabes, comme une île oubliée par les flots de l'invasion, elle continuait de vieillir, stérile et sans grandeur. C'était toujours, depuis Justinien, la répétition de la même histoire : des intrigues de palais, mêlées de cruautés, des disputes théologiques qui soulevaient le peuple, des guerres contre les maîtres de l'Asie et contre les barbares qui paraissaient parfois dans le nord, et parmi tout cela de temps en temps des travaux législatifs. Sa séparation de l'empire d'Orient et des peuples germains était d'autant plus profonde qu'elle était devenue religieuse. Le schisme des deux Églises, commencé avec la querelle des iconoclastes, s'était continué dans les deux siècles suivants, quoique les Grecs fussent revenus, sous Irène et Théodora (787 et 842), au culte orthodoxe des images. L'installation de Photius sur le siége patriarcal de Constantinople (857), désapprouvée par le pape Nicolas I*er*, fit faire un pas à la scission : un point de dogme, l'admission du *Filioque* par l'Église latine dans ce passage du symbole de Nicée où il est dit que le Saint-Esprit procède du Père; quelques différences de pratiques; l'emploi du pain levé au lieu du pain azyme ou sans levain, le mariage des prêtres, l'usage de la langue vulgaire pour célébration de l'office, le baptême par immersion, le jeûne du samedi, et surtout la rivalité des deux Églises à l'occasion du roi des Bulgares que le patriarche réussit à attirer dans sa communion, achevèrent la séparation, qui fut complète en 1054, après que les légats du pape eurent déposé sur l'autel de sainte Sophie un anathème qui flétrissait les « sept mortelles hérésies des Grecs. »

Livré à lui-même, l'empire de Constantinople, il faut cependant le reconnaître, eut encore assez de ressources, et quelquefois des princes assez capables, pour préserver ses frontières et même prendre l'avantage sur les peuples voisins

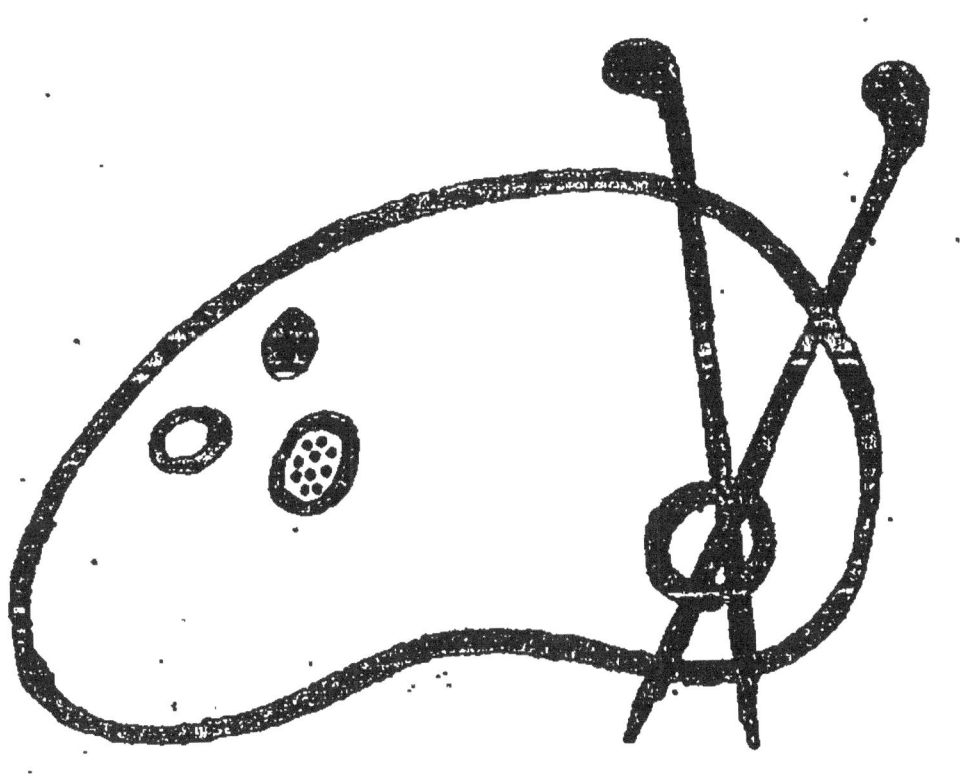

Original en couleur

NF Z 43-120-8

et ennemis, surtout sur ceux du nord, les Russes et les Bulgares. Les attaques des Russes commencèrent dès 865. C'étaient les mêmes hommes que ces pirates northmans qui désolèrent l'occident de l'Europe. Ils descendirent le Borysthène sur leurs barques, et, par le Pont-Euxin, arrivèrent devant Constantinople. Le feu grégeois les éloigna cette fois et plusieurs autres encore. Vers le milieu du dixième siècle, ils firent une autre entreprise et tentèrent de s'établir sur la rive droite du Danube. Jean Zimiscès les chassa (972). Découragés peut-être par ces attaques infructueuses, les Russes se décidèrent à avoir les Grecs pour amis, et, depuis le mariage de leur chef Wladimir avec la fille de l'empereur Basile II (908), la paix régna entre les deux peuples. Wladimir s'était converti à la religion de sa femme.

La lutte avec les Bulgares finit encore mieux. Constantinople, il est vrai, fut plusieurs fois assiégé, et de 988 à 1014, l'empire fut envahi vingt-six fois par le roi Samuel; mais, en 1019, Basile II renversa le royaume des Bulgares. Les Byzantins redevinrent conquérants.

Une fois que les Arabes eurent jeté leur feu, l'empire grec sut aussi leur tenir tête avec succès. Sa marine se releva dans le neuvième siècle : elle reprit les îles de l'Archipel et plusieurs points que les infidèles avaient occupés en Morée ; elle les poursuivit même jusque dans les parages de la Sicile. Au dixième siècle, Nicéphore Phocas fit reparaître les armées de terre de Constantinople dans des pays depuis longtemps perdus, la Cilicie, la Syrie : Jean Zimiscès alla encore plus loin, passa l'Euphrate, jeta la terreur dans Bagdad. Les Grecs montraient donc une singulière vitalité et, toujours mourants, survivaient à ces barbares qui les avaient tant de fois battus.

Depuis Héraclius, trois dynasties, l'*Isaurienne*, de 717 à 802, la *Phrygienne*, de 820 à 867, la *Macédonienne*, de 867 à 1056, avaient passé sur le trône de Byzance. La dernière, qui donna ces trois hommes remarquables, Nicéphore Phocas, Zimiscès et Basile II, avait rendu quelque lustre à l'empire. Il est vrai qu'elle trouva dans les Bulgares et les Abbassides des ennemis épuisés. Au contraire, la dynastie des Comnènes, qui monta sur le trône en 1057, avec Isaac, eut à combattre des ennemis nouveaux et très-vigoureux : les Turcs, devenus récemment maîtres de l'Asie. Le seul prince de quelque valeur qu'elle fournit dans la seconde moitié du onzième siècle, Romain Diogène, vainquit le Seldjoucide Alp-Arslan, mais fut fait prisonnier par lui dans une seconde action (1071) Alexis Domnène (1081), se sentant trop faible pour résister seul aux Asiatiques, appela les Germains à son secours et contribua ainsi pour quelque chose à la première croisade. Dans ces grands événements, l'empire grec, qui n'avait plus ni sève ni véritable vigueur, laissa le premier rôle aux Francs, et l'on vit, dans ce contact de la civilisation ébauchée de l'Occident et de la civilisation épuisée de l'empire d'Orient à qui appartenait l'avenir.

Tel était le monde chrétien.

Quant au monde musulman, on se souvient dans quel affaiblissement il était tombé. Il y avait eu encore, à un certain moment, trois grands empires : ommiade en Espagne, fatimite en Afrique, abbasside en Asie. Puis les Ommiades de Cordoue, ébranlés par la double attaque des petits États chrétiens, au nord, et par celle des peuplades mauresques venues d'Afrique, au sud, avaient disparu ; les Fatimites du Caire étaient réduits aux limites de l'Égypte par les dynasties africaines de l'ouest et les Turcs seldjoucides vainqueurs à l'est; enfin les Abbassides de Bagdad avaient été à peu près renversés, en 1058, par ces mêmes Turcs. Ainsi la société arabe n'avait pas eu cette fortune, qu'eut la société germanique, de pouvoir poser une limite définitive à toute invasion postérieure, et de se constituer en paix derrière quelque forte barrière.

Les Turcs[1] fondèrent un vaste empire sous Alp le Lion (Arslan) (1063) et Malek-Shah (1075), successeurs de Togrul-Beg. Le premier fit prisonnier l'empereur grec Romain Diogène (1071) et conquit l'Arménie ; le second fit envahir la Syrie, la Palestine, Jérusalem, et poussa même ses armées jusqu'en Égypte, tandis qu'un membre de la famille de Seldjouk enlevait l'Asie Mineure aux Grecs et fondait, du Taurus

---

1. Voyez ci-dessus, p. 99-104 et note 1 de la p. 99.

au Bosphore, le royaume d'Iconium, qui prit, sous son fils Kilidje-Arslan, le nom de Sultanie de Roum. A la mort de Malek-Shah (1093), « une nuée de princes, dit un poëte persan, s'éleva de la poussière de ses pieds, » ce qui veut dire que son empire fut brisé. La Perse, la Syrie, le Kerman formèrent des sultanies distinctes : c'est le sort de toutes les conquêtes asiatiques. Néanmoins, c'était aux Turcs qu'appartenait toute l'Asie quand arrivèrent les chrétiens.

Pierre l'Ermite, le concile de Clermont (1095) et les premiers croisés.

Renfermé dans un espace borné, ne trouvant de vaste horizon que dans sa pensée, d'aliment à sa pensée que dans les livres saints et leurs récits, le chrétien d'Europe transportait toute sa poésie vers les lieux dont ces livres l'entretenaient sans cesse, où sans cesse ils lui montraient le Christ mourant et accomplissant sur la croix le grand mystère de la rédemption. Jérusalem, où l'impératrice Hélène avait rassemblé pieusement les débris vrais ou supposés de la passion, Jérusalem, et près d'elle les Oliviers, le Golgotha, Bethléem, c'était là son pays idéal, le lieu où l'entraînaient ses plus sérieuses et plus douces pensées. Heureux qui pouvait voir Jérusalem et surtout y mourir! Le vulgaire ne se flattait guère de cette félicité. La Palestine était si loin! Quelques rares pèlerins s'y rendaient. Au retour, on écoutait avidement leurs récits. Des cris d'horreur et de haine contre les infidèles s'élevaient, lorsqu'on apprenait la tyrannie exercée dans la ville sainte par le khalife fatimite Hakem, ou plus tard par le sultan Malek-Shah. Les pèlerins eux-mêmes n'y étaient plus admis qu'en payant une pièce d'or, et beaucoup, leurs ressources épuisées par le voyage, demeuraient à la porte de la ville sainte, et y attendaient la charité de quelque riche seigneur arrivant d'Europe. Cependant le nombre des voyageurs augmentait peu à peu et devenait considérable. Au onzième siècle, on en vit partir jusqu'à 3000 à la fois, même 7000. Ce n'étaient encore que des troupes pacifiques, mais qui préparaient les autres.

L'empereur grec Alexis Comnène, menacé par les Arabes qui campaient en face de Constantinople, sur la rive opposée du Bosphore, faisait retentir toutes les cours chrétiennes de ses cris de détresse. Mais les dangers de ce dernier débris de l'empire romain ne pouvaient tirer les chrétiens occidentaux de leur indifférence. Déjà le premier pape français, Sylvestre II, avait écrit en vain aux princes une lettre éloquente au nom de Jérusalem délaissée. Grégoire VII, dont l'âme ne concevait que de grandes idées, aurait voulu se mettre à la tête de 50 000 chevaliers pour délivrer le saint sépulcre. Empereurs et papes échouèrent. Ce qu'ils n'avaient pu faire, un pauvre moine l'accomplit.

Jérusalem venait de tomber aux mains d'une horde farouche de Turcs, et, au lieu de la tolérance dont les khalifes de Bagdad et du Caire usaient à l'égard des pèlerins, ceux-ci étaient maintenant abreuvés d'outrages, et ce n'était plus qu'avec de grands risques qu'on approchait des saints lieux. Pierre l'Ermite fit retentir la France du triste récit de ces calamités, et le peuple, saisi d'un pieux enthousiasme, s'arma partout pour arracher le tombeau du Christ aux mains des infidèles. Le concile de Clermont, réuni en 1095, sous la présidence du pape français Urbain II, prêcha la croisade; le nombre de ceux qui, en cette année et dans la suivante, attachèrent sur leur poitrine la croix de drap rouge, signe de leur engagement dans la sainte entreprise, monta à plus d'un million. L'Église les plaça sous la protection de la trêve de Dieu, et leur accorda pour leurs biens, pendant la durée de l'expédition, plusieurs priviléges.

Il vint des hommes des plus lointains pays. « On en voyait aborder dans les ports de France, dit Guibert de Nogent, qui, ne pouvant se faire comprendre, mettaient leurs doigts l'un sur l'autre en signe de croix pour marquer qu'ils voulaient s'associer à leur sainte guerre. Les plus impatients, les pauvres, se confiant en Dieu seul, partirent les premiers, au cri de *Dieu le veut!* sans préparatifs, presque sans armes. Femmes, enfants, vieillards, accompagnaient leurs époux, leurs pères, leurs fils, et on entendait les plus petits, placés sur des chariots que des bœufs traînaient, s'écrier, dès qu'ils voyaient un château, une ville : « N'est-ce pas là Jérusalem ? » Une avant-garde de 15 000 hommes, qui à eux tous n'avaient que 8 chevaux, ouvrait la route sous les ordres d'un pauvre chevalier normand, Gauthier *sans Avoir*. Pierre l'Ermite suivait avec 100 000 hommes. Une autre troupe fermait la marche, conduite par le prêtre allemand Gotteschalk. Ils prirent par l'Allemagne, égorgeant en chemin les juifs qu'ils rencontraient, pillant partout pour se procurer des vivres, et s'habituant à la violence. En Hongrie, les désordres furent tels, que la population s'arma et rejeta les croisés sur la Thrace, après en avoir tué beaucoup. Il n'en arriva à Constantinople qu'un petit nombre. L'empereur Alexis, pour se débarrasser de pareils auxiliaires, se hâta de les faire passer en Asie. Ils tombèrent tous sous le sabre des Turcs, dans la plaine de Nicée, et leurs ossements servirent, plus tard, à fortifier le camp des seconds croisés.

Départ de la grande armée des croisés (1096) ; siége de Nicée et bataille de Dorylée (1097).

Pendant que cette téméraire avant-garde mourait, les chevaliers s'armaient, se comptaient, s'organisaient et partaient enfin au nombre, dit-on, de 100 000 chevaliers et de 60 000 fantassins, par différentes routes et sous différents chefs. Les Français du nord et les Lorrains prirent par l'Allemagne et la Hongrie. Avec ceux-là marchaient Godefroy, duc de Bouillon et de basse Lorraine, le plus brave, le plus fort, le plus pieux des croisés, et ses deux frères, Eustache de Boulogne et Baudouin. Les Français du midi, avec le riche et puissant comte de Toulouse, passèrent par les Alpes et par la Dalmatie et l'Esclavonie, gagnèrent la Thrace ; l'évêque du Puy, Adhémar, légat du saint-siége et chef spirituel de la croisade, était dans cette armée. Le duc de Normandie, les comtes de Blois, de Flandre et de Vermandois allèrent rejoindre les Normands d'Italie, Bohémond, prince de Tarente, et son cousin Tancrède qui fut, après Godefroy, le plus parfait chevalier de ce temps ; et tous ensemble franchirent l'Adriatique, la Grèce et la Macédoine.

Le rendez-vous général était à Constantinople. L'empereur tremblait qu'ils ne voulussent commencer là leur croisade, en s'emparant de la grande cité. Quelques-uns, en effet, y songeaient, afin de mettre un terme aux perfidies « de ces Grécules, les plus lâches des hommes. » Mais Godefroy de Bouillon s'y opposa. Il consentit même à faire d'avance hommage à l'empereur Alexis pour toutes les terres dont il s'emparerait. Quand il l'eut fait, personne n'osa refuser. Comme ils prêtaient ce serment, un d'entre eux, un comte de haute noblesse, eut l'audace de s'asseoir dans le trône impérial. L'empereur ne dit rien, connaissant l'outrecuidance des Francs; le comte Baudouin fit retirer cet insolent en lui disant que ce n'était pas l'usage qu'on s'assît de cette sorte à côté des empereurs. L'autre ne répondit pas, mais il regardait l'empereur avec colère et maugréait, disant en sa langue : « Voyez ce rustre qui est assis lorsque tant de braves capi- « taines sont debout. » L'empereur se fit expliquer ces paroles, et quand les comtes se furent retirés, il prit à part cet orgueilleux et lui demanda qui il était ? « Je suis Franc, dit-il, « et des plus nobles. Dans mon pays, il y a, à la rencontre « de trois routes, une vieille église où quiconque a envie de « se battre, va prier Dieu et attendre son adversaire. Moi j'ai « eu beau attendre, personne n'a osé venir. » Alexis ne fut rassuré qu'après qu'il eut fait passer en Asie jusqu'au dernier de ces batailleurs si fiers.

La grande ville de Nicée se présentait presque à l'entrée de la péninsule asiatique. Les croisés l'assiégèrent. Rien n'était saisissant comme l'aspect de ce camp où se mêlaient tant de langages, tant de cris, tant d'instruments de guerre différents, et qui n'obéissait pourtant qu'à une seule pensée. A cette vue de l'Occident rassemblé, les contemporains, habitués à l'isolement féodal, conçurent pour la première fois un sentiment plus vaste; ils entrevirent la nation et la patrie :

« O France! s'écrie le chroniqueur, pays qui doit être placé au-dessus de tous les autres, combien étaient belles les tentes de tes soldats dans la Roumanie! » Après de violents combats, Nicée allait se rendre, quand les Grecs qui se trouvaient dans l'armée persuadèrent aux habitants d'arborer l'étendard d'Alexis. Couverts par les couleurs de l'empire grec, ceux-ci furent inattaquables. Les croisés, indignés de cette perfidie, s'éloignèrent et s'enfoncèrent dans l'Asie Mineure.

Ils avaient vu naguère la route de Nicée couverte encore des cadavres des soldats de Pierre l'Ermite. Ce fut à leur tour de joncher ces plaines. L'ennemi le plus redoutable, ce n'étaient pas les Turcs; Kilidje-Arslan, récemment battu devant Nicée, voulut réparer sa défaite; il fut vaincu dans les plaines de Dorylée, et son camp fut pris (1097). Mais, lorsque les croisés furent entrés dans cette partie de la Phrygie que les anciens appelaient *Phrygie brûlée*, la faim, la soif, les dévorèrent. La plupart des chevaux périrent. On vit des chevaliers montés sur des ânes et des bœufs; on chargea les bagages sur des béliers, des porcs et des chiens. Un jour 500 personnes périrent de soif. De malheureuses dissensions ajoutèrent à ces maux. Lorrains et Italiens, Normands et Provençaux, étaient en querelle. Baudouin, frère de Godefroy, et Tancrède, cousin de Bohémond, se disputèrent la ville de Tarse. Pourtant, au milieu de ces souffrances, on avançait. Baudouin réussit à s'introduire dans Édesse, sur l'Euphrate, et s'en fit prince. Cette position avancée couvrait les croisés et les mettait en communication avec les chrétiens d'Arménie.

Siège et prise d'Antioche (1098); défaite de Kerbogâ; siège et prise de Jérusalem (1099).

Ils arrivèrent, le 18 octobre 1097, devant la grande cité d'Antioche aux 450 tours. Ce fut un long siége; il amollit les croisés : sur les beaux rivages de l'Oronte, sous les ombrages du jardin de Daphné, si célèbre dans le paganisme, ils oublièrent leur valeur et se livrèrent au désordre. L'hiver vint ensuite noyer leur camp; la famine les obligea de manger les chardons et les animaux morts; un peu plus tard ils mangèrent même des musulmans. Bohémond les sauva en leur ouvrant Antioche au moyen des intelligences qu'il avait pratiquées dans la ville avec le renégat arménien Phiroüs. Pendant une nuit d'orage, où le bruit du vent et du tonnerre assourdissait les sentinelles, les chrétiens escaladèrent les murailles avec des échelles de corde qu'on leur jeta de la place, et se précipitèrent dans la ville aux cris de *Dieu le veut!* Mais Bohémond s'était fait acheter le salut de l'armée : il avait stipulé, en la sauvant, qu'il serait prince d'Antioche.

Les croisés, diminués de moitié, retrouvèrent dans la ville les souffrances qu'ils avaient endurées au pied de ses murs, car ils furent assiégés à leur tour par 200 000 Turcs sous les ordres de Kerbogâ, lieutenant du khalife de Bagdad. Godefroy fit abattre son dernier cheval de bataille. Le désespoir était parmi eux, quand un prêtre marseillais, nommé Pierre Barthélemy, vint déclarer aux chefs de l'armée que saint André lui avait révélé, pendant son sommeil, que la lance qui avait percé le flanc du Christ était sous le maître-autel de l'église et qu'elle donnerait la victoire aux chrétiens. On creuse, on trouve la lance, l'enthousiasme s'empare des croisés, ils marchent contre Kerbogâ et le taillent en pièces.

Au lieu de s'acheminer aussitôt sur Jérusalem, ils perdirent encore six mois dans Antioche, où la peste les dévora. Quand ils partirent enfin, ils n'étaient plus que 50 000 à peine, au lieu de 600 000 qui étaient venus : un certain nombre, il est vrai, s'était fixé dans les différentes villes que la croisade avait traversées. Ils longèrent le rivage de la Méditerranée, afin de se tenir en communication avec les flottes des Génois et des Pisans, qui leur apportaient des provisions. Ils étaient d'ailleurs dans les riches vallées du Liban, où ils se remirent de leurs souffrances et reprirent des forces. L'enthousiasme croissait à mesure qu'ils approchaient de la ville sainte et traversaient des lieux consacrés par les souvenirs de l'Évangile. Enfin, lorsqu'ils eurent franchi la dernière colline, Jérusalem se montra à leurs yeux : « O bon Jésus, dit un moine qui était dans l'armée, lorsque les chrétiens virent ta cité sainte, que de larmes coulèrent de tous les yeux! » Des cris éclatent : « Jérusalem! Jérusalem! Dieu le veut! Dieu le veut! » Ils tendent les bras, ils se jettent à genoux et embrassent la terre.

Cette ville, objet de tant de vœux, il fallait maintenant la prendre. Elle était défendue par les soldats du khalife fatimite du Caire, qui s'en était récemment emparé sur les Turcs. Ce khalife avait offert aux chrétiens, lorsqu'ils étaient dans Antioche, de les laisser entrer dans Jérusalem, mais désarmés, et ils avaient rejeté cette offre avec indignation. Ils voulaient que Jérusalem fût leur conquête et le prix de leur sang. Ils souffrirent encore beaucoup sous ses murs. Le soleil d'un été d'Asie brûlait la terre, le torrent de Cédron était desséché, les citernes comblées ou empoisonnées par l'ennemi : on ne trouvait plus que quelques flaques d'une eau fétide qui faisait reculer les chevaux. Pour relever le moral de l'armée, une procession solennelle se déploya autour de la ville : tous les croisés s'arrêtèrent sur le mont des Oliviers et s'y prosternèrent. Le 15 juillet 1099, à la pointe du jour, un assaut général fut livré. Trois grandes tours roulantes s'approchèrent des murs; mais, après une journée de combat, rien n'était encore fait : ce ne fut que le lendemain, après des vicissitudes nouvelles, que les croisés l'emportèrent enfin. Tancrède et Godefroy sautèrent les premiers dans la place par deux endroits différents. Il fallut encore combattre dans les rues et forcer la mosquée d'Omar, où les musulmans se défendirent. Des flots de sang coulèrent : dans la mosquée, les chevaux en eurent jusqu'au poitrail. On suspendit le massacre pour aller, pieds nus et sans armes, s'agenouiller au saint sépulcre; mais il recommença ensuite et dura une semaine.

Godefroy, baron du Saint-Sépulcre. Organisation du nouveau royaume.

Les croisés songèrent sans délai à organiser leur conquête. Godefroy fut unanimement élu pour être roi de Jérusalem; mais il n'accepta que le titre de *défenseur et baron du Saint-Sépulcre*, refusant « de porter couronne d'or là où le roi des rois, Jésus-Christ, le fils de Dieu, porta couronne d'épines le jour de sa passion. » La victoire d'Ascalon, qu'il gagna peu de temps après sur une armée égyptienne, venue pour reprendre Jérusalem, assura la conquête des croisés. Les poëtes musulmans gémirent : « Que de sang a été répandu! que de désastres ont frappé les vrais croyants! Les femmes ont été obligées de fuir en cachant leur visage. Les enfants sont tombés sous le fer du vainqueur ! Il ne reste plus d'autre asile à nos pères, naguère maîtres de la Syrie, que le dos de leurs chameaux agiles et les entrailles des vautours! » L'islamisme en effet, expiait ses anciennes conquêtes. Mais déjà les chrétiens étaient las de tant de fatigues ; presque tous les seigneurs avaient hâte de revoir leurs foyers; il ne resta guère auprès de Godefroy et de Tancrède que 300 chevaliers. « N'oubliez jamais, disaient tout en larmes ceux qui restaient à ceux qui partaient, n'oubliez jamais vos frères que vous laissez dans l'exil; de retour en Europe, inspirez aux chrétiens le désir de visiter les saints lieux que nous avons délivrés; exhortez les guerriers à venir combattre avec nous les nations infidèles. » Mais l'Europe fut refroidie quand elle vit revenir si peu de monde d'une expédition si gigantesque, et cinquante ans s'écoulèrent avant qu'une nouvelle croisade fût entreprise pour secourir le royaume fondé à Jérusalem.

Ainsi livré à lui-même, ce petit royaume s'organisa pour la défense et se constitua régulièrement suivant les principes de la féodalité transportée toute faite en Asie. Il eut pour code les *Assises de Jérusalem*, que Godefroy de Bouillon fit rédiger en français, et où nous trouvons un tableau complet du régime féodal qui ne s'était encore résumé nulle part dans un grand monument législatif. Des fiefs furent établis : les principautés d'Édesse et d'Antioche, accrues ensuite du comté de Tripoli et du marquisat de Tyr, les seigneuries de Naplouse, de Jaffa, de Ramla, de Tibériade, mélange singulier de noms bibliques et d'institutions féodales, où se voit le caractère propre du moyen âge : l'union intime de la foi religieuse et de la vie militaire.

Le pays fut soumis à trois juridictions : la cour du roi, celle du vicomte de Jérusalem et le tribunal syrien pour les indigènes. Deux grandes institutions militaires servirent à la défense du pays : l'ordre des Hospitaliers de Saint-Jean de Jérusalem, fondé par Gérard de Martigues en 1100, et celui des Templiers en 1118, par Hugues de Payens, institutions particulières à l'époque et à la circonstance, et où se rencontraient à la fois l'esprit chevaleresque et l'esprit monastique.

Le nouvel État continua d'abord le mouvement de la conquête, comme obéissant à l'impulsion qu'il avait reçue. Sous les deux premiers successeurs de Godefroy, Baudouin Iᵉʳ (1100-1118) et Baudouin II du Bourg (1118-1131), Assur, Césarée, Ptolémaïs, Biblos, Beyrouth, Sidon, Tyr furent prises. Mais, après ces deux règnes, la décadence commença avec les discordes. Les Atabeks, qui dominaient à Mossoul et à Damas, prirent Édesse, dont ils massacrèrent la population (1144). Il ne fallut rien moins que ce sanglant désastre, qui mettait la Palestine à découvert, pour décider l'Europe à renouveler la croisade.

CHAPITRE XX.

LES DERNIÈRES CROISADES EN ORIENT, RÉSULTATS (1147-1270).

Deuxième croisade (1147). — Prise de Jérusalem par Saladin; troisième croisade (1189). — Quatrième croisade (1201-1204) — Fondation d'un empire à Constantinople (1204-1261). — Les quatre dernières croisades en Orient; les Mongols de Tchinghis-Khan. — Septième et huitième croisades (1248 et 1270). — Résultats des croisades en Orient.

Deuxième croisade (1147).

La première croisade fut bien différente des sept autres : elle ébranla toute l'Europe, remua profondément les masses, peuple et seigneurs, et fut le symptôme d'un grand mouvement de sentiments et d'idées. Celles qui se firent dans les deux siècles suivants n'eurent plus la même portée. Presque toutes furent conduites par les rois, qui étaient demeurés en dehors de la première, et si la foi n'y fut jamais étrangère, la politique y domina souvent.

La seconde porta encore un vif reflet de l'esprit de dévotion qui avait animé la première; elle ne fut pourtant plus l'œuvre du peuple, mais des princes, de l'empereur Conrad III et du roi de France Louis VII, qui prit la croix, malgré les prudents conseils de son ministre, l'abbé Suger. La croisade fut prêchée en France et en Allemagne par saint Bernard; mais déjà le zèle était bien refroidi. Une taxe générale, établie sur tout le royaume de France, et sur toute condition, nobles, prêtres ou manants, causa beaucoup de murmures; à Sens, les bourgeois tuèrent l'abbé de Saint-Pierre le Vif, seigneur d'une partie de leur ville, à cause d'un impôt qu'il voulait lever. « Le roi, dit un contemporain, se mit en route au milieu des imprécations. » On avait offert à saint Bernard le commandement de l'expédition; il se souvint de Pierre l'Ermite, et refusa.

L'empereur était parti le premier avec les Allemands. Les Grecs de Constantinople, pour qui les Latins étaient aussi odieux que les Turcs, l'avaient trompé de toute manière, jusqu'à lui vendre de la farine mêlée de chaux et l'avaient pressé de passer en Asie. Quand Louis arriva avec ses Francs, l'empereur Manuel envoya de fort loin des députés à sa rencontre. Nos seigneurs féodaux s'indignèrent des basses adulations de ces Grecs, un d'eux les interrompit en disant : « Ne parlez pas si souvent de la gloire, de la piété, de la sagesse du roi; il se connaît et nous le connaissons. Dites brièvement ce que vous voulez. » Ce que voulait Manuel, tout effrayé qu'il était, c'est que les croisés lui prêtassent serment de fidélité. Ils y consentirent encore, non sans laisser échapper, comme la première fois, de sourdes menaces. Déjà les Allemands étaient au milieu de l'Asie Mineure. Mais, trahis par leurs guides grecs, ils s'égarèrent dans les défilés du Taurus, et y tombèrent sous l'épée des Turcs. Conrad revint presque seul à Constantinople.

Louis, averti du péril, prit route le long de la mer et l'assura d'abord par la victoire du Méandre. Mais aux environs de Laodicée, on entra dans les montagnes. L'ineptie des chefs et l'indiscipline des soldats amenèrent un premier désastre. Le roi faillit périr et combattit longtemps seul, tous les seigneurs qui faisaient son escorte ayant été tués, « nobles fleurs de France, dit un chroniqueur, qui se fanèrent avant d'avoir porté leurs fruits sous les murs de Damas. » A Satalie, on jugea qu'il n'était pas possible d'aller plus loin. Le roi, les grands montèrent sur des vaisseaux grecs pour achever par mer leur pèlerinage, abandonnant la multitude des pèlerins, qui périront sous les flèches des Turcs, ou qui, accusant le Christ de les avoir trompés, se firent musulmans. Trois mille échappèrent ainsi à la mort.

Louis, arrivé à Antioche, ne songea plus aux combats, mais à accomplir son vœu de pèlerin, à prier sur le saint sépulcre et à terminer au plus vite cette malencontreuse entreprise. Sans plus écouter les prières que lui adressaient pour le retenir le prince d'Antioche et le comte de Tripoli, il précipita sa marche vers Jérusalem. Le peuple, les princes, les prélats sortirent au-devant de lui, portant des branches d'olivier et chantant : « Béni soit celui qui vient au nom du Seigneur. » Il fallait cependant faire quelque chose et tirer au moins une fois l'épée en terre sainte. On proposa l'attaque de Damas. C'est une des villes saintes de l'islamisme et la perle de l'Orient. Entourée de jardins immenses qu'arrosent les divers bras du Barradi et qui forment autour d'elle une forêt d'orangers, de citronniers, de cèdres et d'arbres aux fruits dorés et savoureux, elle est la capitale du désert, et, pour la Syrie, un boulevard ou une menace perpétuelle, selon qu'elle est entre des mains amies ou hostiles. L'attaque parut d'abord réussir ; on enleva les jardins, mais les princes chrétiens se disputèrent la peau de l'ours avant de l'avoir tué. Le choix du comte de Flandre pour prince de Damas indisposa les autres. On servit avec moins de zèle une cause devenue celle d'un seul homme, et on donna le temps aux secours musulmans d'arriver, à l'ours de montrer qu'il avait encore dents et ongles. Il fallut lever le siége et rentrer en Palestine. Conrad et Louis étaient à bout de patience ; ils revinrent en Europe, non sans nouvelles mésaventures, car le roi de France tomba aux mains des pirates grecs et ne dut sa délivrance qu'aux Normands de Sicile. L'Europe revit encore bien peu de ceux qui étaient partis. La première croisade avait du moins atteint son but, elle avait délivré Jérusalem ; la seconde avait inutilement répandu le sang chrétien. Après elle, la Palestine se trouva plus faible, l'islamisme plus fort, et les croisés ne rapportèrent de leur entreprise que de la honte ou, comme Louis VII, du déshonneur.

Saint Bernard, désolé du mauvais succès de l'entreprise qu'il avait conseillée, essaya d'en provoquer une autre ; mais quand les peuples ont fait une expédition malheureuse, ils ne la renouvellent pas tout de suite. Plus tard, ce fut Suger lui-même qui, par une contradiction singulière, voulut organiser la croisade ; il mourut au milieu des préparatifs.

Prise de Jérusalem par Saladin; troisième croisade (1189)

Il s'écoula près d'un demi-siècle avant qu'une expédition nouvelle partît pour la terre sainte ; le zèle des pèlerins était bien tombé. D'ailleurs les fruits de la première expédition n'étaient pas encore entièrement perdus : Jérusalem restait aux mains des chrétiens. Mais en 1171, un musulman d'un génie supérieur, Saladin, s'empara de l'Égypte sur les Fatimites, et, en 1173, se substitua en Syrie à son souverain, Noureddin. Une grande puissance musulmane s'était donc formée de l'Euphrate jusqu'au Nil, qui enveloppait les chrétiens d'Orient. Elle les écrasa à la journée de Tibériade, où le roi de Jérusalem, Guy de Lusignan, fut pris. La cité sainte elle-même succomba. D'aussi grands coups pouvaient seuls réveiller l'Europe. Le pape réclama une croisade et établit sur toutes les terres, même celles de l'Église, la *dîme saladine*. Les trois plus puissants monarques de la chrétienté partirent : Frédéric Barberousse, Philippe Auguste et Richard Cœur de Lion (1189).

Barberousse alla en Asie par la Hongrie et Constantinople. Son trajet ne fut qu'une répétition de celui des précédents croisés. Mêmes tracasseries de l'empereur grec, déguisées sous une hypocrite adulation. Malgré la rencontre des mêmes difficultés en Asie Mineure, l'armée allemande, pourvue d'argent et bien équipée, semblait devoir arriver au terme du voyage bien plus heureusement qu'on ne l'avait fait jusqu'alors, quand l'événement le plus imprévu changea son sort. En traversant les montagnes de la Cilicie, par la chaleur d'un jour de juin, pour abréger la route et se rafraîchir, l'empereur voulut passer à la nage une petite rivière, le Sélef ou Cydnus. Ses eaux glacées lui furent mortelles. Les musulmans virent dans cette mort le doigt de Dieu. « Frédéric se noya, diront-ils, dans un lieu où il n'avait pas d'eau jusqu'à la ceinture : preuve que Dieu voulut nous en délivrer. » Tandis que son armée, frappée de ce coup, se dispersait ou périssait, et que 5000 Allemands, sur 100 000 qui étaient partis, atteignaient la terre sainte, les deux rois de France et d'Angleterre, Philippe Auguste et Richard arrivaient.

Richard s'était entendu pour partir avec Philippe Auguste dont il avait été le grand ami tant que son père avait vécu. Ils firent route par une voie nouvelle, la mer. Philippe s'embarqua à Gênes, Richard à Marseille, ils relâchèrent en Sicile, pour y passer l'hiver : ils y étaient entrés amis, ils en sortirent ennemis. Peu s'en fallut qu'ils n'en vinssent aux mains. Cette mésintelligence ruinait d'avance la croisade.

Philippe arriva le premier. Il trouva Ptolémaïs assiégé par Guy de Lusignan et les débris de l'armée allemande. Il refusa courtoisement de rien faire avant l'arrivée de Richard. Celui-ci s'était arrêté, chemin faisant, pour enlever et charger de chaînes d'argent Isaac Comnène, qui s'intitulait empereur de Chypre, et qui avait eu l'audace de fermer ses ports aux croisés. Lorsqu'il débarqua en Palestine, ces délais avaient permis à Saladin de rassembler toutes ses forces. Ptolémaïs, vaillamment défendu, résista plus de deux ans: neuf batailles furent livrées devant ses murs. Mais il faut remarquer, dans les rapports des chrétiens et des musulmans, le changement de mœurs qui s'était opéré depuis la première croisade. Le contact fréquent des chrétiens et des infidèles avait atténué de part et d'autre le fanatisme. « Nous ne sommes pas sans religion, disaient les musulmans à genoux en demandant la vie, nous descendons d'Abraham, et nous nous appelons *Sarrasins*, de son épouse *Sara*. » La haine féroce des premiers temps avait fait place, dans les chefs, à une sorte de courtoisie chevaleresque. Saladin faisait porter aux princes chrétiens des fruits de Damas, et ils lui envoyaient des bijoux d'Europe. On commençait à s'estimer dans les camps opposés; mais, sur le champ de bataille, le goût du sang revenait et la guerre restait bien cruelle pour les vaincus. Richard retournait vers les siens avec une guirlande de têtes d'infidèles au poitrail de son cheval, son bouclier hérissé de flèches musulmanes « comme une pelote couverte d'aiguilles, » et il faisait égorger en un jour 2700 prisonniers.

Les discordes des rois de France et d'Angleterre avaient retardé la prise de Polémaïs (1191); elles déterminèrent ensuite le départ de Philippe Auguste. Richard demeura en Palestine à guerroyer sans profit. Sa hauteur indisposait les chefs croisés et en fit partir plusieurs. Lui-même enfin, averti des complots tramés en Angleterre par son frère Jean sans Terre, quitta la Palestine. Il n'avait pu que regarder de loin la ville sainte en gémissant de la laisser aux mains des infidèles. Du moins il obtint que l'entrée en serait accordée aux pèlerins; et pour dédommager Guy de Lusignan, il lui donna l'île de Chypre comme royaume. A son retour, la tempête le poussa sur les côtes de Dalmatie; Léopold, duc d'Autriche, dont il avait fait jeter la bannière dans les fossés de Saint-Jean-d'Acre, le fit arrêter et le vendit à l'Empereur Henri VI, qui ne le mit en liberté qu'après en avoir tiré une énorme rançon.

Quatrième croisade (1201-1204). Fondation d'un empire français à Constantinople (1204-1261.)

La quatrième croisade fut une entreprise particulière. Depuis le mauvais succès de la troisième on oubliait Jérusalem, et, au lieu de ces pieuses expéditions, on ne voyait que guerres entre les rois et les peuples chrétiens. L'Angleterre, l'Allemagne, la France, jadis unies pour la délivrance du saint sépulcre, étaient armées les unes contre les autres. L'empereur Otton IV était excommunié, Philippe Auguste l'avait été, Jean le sera. Tous ces excommuniés songeaient peu à la terre sainte. Le grand pape Innocent III voulut la leur rappeler, il fit prêcher une croisade, promettant la rémission de tous leurs péchés à ceux qui serviraient Dieu un an. Foulques curé de Neuilly-sur-Marne, en fut le prédicateur. Il vint à un tournoi qu'on célébrait en Champagne, et son ardente parole fit prendre la croix à tous les princes et chevaliers qui s'y trouvaient. Cette fois, comme la première, les rois se tinrent à l'écart, mais le peuple aussi. La chevalerie seule s'engagea pour faire prouesse d'armes plus que par piété profonde, comme on le vit bien, car l'expédition ne fut, ou peu s'en faut, qu'une grande piraterie. Baudoin IX, comte de Flandre, et Boniface II, comte de Montferrat, étaient à la tête. Comme on avait éprouvé précédemment que la route de mer était bien préférable à celle de la terre, les croisés firent demander des vaisseaux à Venise.

Cette ville était alors la reine de l'Adriatique. Rejetés par l'invasion d'Attila dans les flots des lagunes, les habitants de la terre ferme s'y étaient trouvés en sûreté et avaient prospéré dans cette situation unique au monde. Aucune des dominations qui avaient passé sur l'Italie n'avait pu les atteindre. Leur commerce s'était étendu; les îles, les côtes de l'Istrie et de l'Illyrie avaient reconnu leur suprématie. Quand les croisades se firent, ils les secondèrent par piété, mais aussi par esprit de lucre. Les musulmans et les Grecs étaient leurs rivaux dans la Méditerranée orientale. Ils trouvèrent l'occasion bonne pour les déposséder. Les services intéressés qu'ils rendirent aux croisés leur valurent, en 1130, le privilége d'ouvrir dans chaque ville du nouveau royaume de Jérusalem un quartier exclusivement à eux. En même temps, ils s'emparèrent des îles grecques de Rhodes, Samos, Scio, Mitilène et Andros. En 1177, c'est à Venise qu'eut lieu l'entrevue du pape Alexandre III et de Frédéric Barbarousse, après une victoire du doge sur la flotte impériale. Une dalle de porphyre rouge marque encore dans le vestibule de Saint-Marc, à droite de la porte d'entrée, la place où se fit cette réconciliation qui rendit la paix à l'Italie. En souvenir de ce grand événement et de sa dernière victoire, Alexandre III donna au chef de Venise cet anneau que le doge jeta dans la mer pour épouser l'Adriatique, et depuis, chaque année, il recommença ses ambitieuses fiançailles avec une pompe qui exaltait l'orgueil et le patriotisme des Vénitiens. Quatre ans auparavant, Venise avait rendu son doge électif et constitué, avec son grand conseil, ce gouvernement aristocratique qui fit si longtemps sa grandeur.

Telle était Venise quand s'y présentèrent les croisés. Geoffroy de Villehardouin, sénéchal du comté de Champagne, raconte lui-même l'ambassade dont il faisait partie. C'est un curieux spectacle que celui de ces seigneurs féodaux obligés de *requérir le peuple humblement*, s'agenouillant et pleurant pour faire leur demande. « Nous l'octroyons, nous l'octroyons, » s'écria le peuple souverain. Ville marchande et maritime, Venise ne pouvait que vendre un pareil service. Elle demanda quatre vingt-cinq mille marcs d'argent ou 20 230 kilogrammes, qui aujourd'hui vaudraient 4 046 000 francs, mais qui alors en valaient bien davantage. Les chevaliers ne remuaient pas de si grosses sommes. Au lieu d'argent, les Vénitiens consentirent à recevoir en payement une ville ennemie que les croisés prendraient pour eux. Ils avaient récemment enlevé aux Grecs les principales villes de la côte dalmate : Spalatro, Raguse et Sebenico. Une dernière leur manquait pour dominer ces rivages et l'Adriatique, Zara, que le roi de Hongrie occupait. En vain Innocent III tonna contre ce détournement de la croisade; les Vénitiens eurent Zara; le doge Dandolo, âgé de quatre-vingt-dix ans, avait lui-même pris la croix (1202).

Ce premier compte réglé on put partir. Mais où aller? Les échecs des deux dernières croisades montraient qu'il fallait avoir un point d'appui pour opérer sûrement en Palestine; et ce point d'appui devait être l'Égypte ou l'empire grec. Les Vénitiens persuadèrent à leurs alliés que les clefs de Jérusalem étaient au Caire ou à Constantinople. Il y avait du vrai dans cette pensée, mais il y avait surtout un intérêt commercial. La possession du Caire donnait aux marchands de Venise la route de l'Inde, celle de Constantinople leur assurait le commerce de la mer Noire et tout l'archipel. On se décida pour Constantinople, où un jeune prince grec, Alexis, s'offrit à les conduire, à condition qu'ils rétabliraient sur le trône son père, Isaac l'Ange, qui en avait été précipité (1203).

Quand les Français, arrivés en vue de Constantinople, aperçurent ses hauts murs, ses églises innombrables qui étincelaient au soleil avec leurs dômes dorés, et que leurs regards se furent promenés, dit Villehardouin, « et de long et de large sur cette ville qui de toutes les autres étoit souveraine, sachez qu'il n'y eut si hardi à qui le cœur ne frémît..., et chacun regardoit ses armes, que bientôt on auroit besoin. » Sur le rivage s'alignait une magnifique armée de 60 000 hommes. Les croisées comptaient sur une bataille terrible. Des barques les conduisirent à terre tout armés. Avant même de toucher la plage « les chevaliers sortent des vaisseaux et saillent en la mer jusqu'à la ceinture, tout armés, les hommes lacés, les glaives ès-mains et les bons archers, et les bons sergents, et les bons arbalestriers. Et les Grecs firent moult grand semblant de les arrêter. Et quand ce vint aux lances baisser, les Grecs leur tournent le dos et s'en vont fuyant et leur laissent le rivage. Et sachez que oncques plus orgueilleusement nul pas ne fut pris. » Le 18 juillet (1203) la ville fut emportée d'assaut, et le vieil empereur, tiré de son cachot, fut rétabli sur le trône. Alexis avait fait aux croisés les plus brillantes promesses; pour les tenir, il mit de nouveaux impôts et exaspéra si bien ce peuple débile, qu'il étrangla son empereur, en fit un autre, Murzuphle, et ferma les portes de la ville. Les croisés l'attaquèrent aussitôt. Trois jours leur suffirent pour y entrer (mars 1204); cette fois ils la mirent à sac. Tout un quartier, une lieue carrée de terrain, fut brûlé. Que de chefs-d'œuvre alors périrent! 400 000 marcs d'argent furent réunis dans une église pour être partagés.

On partagea ensuite l'empire lui-même. Baudouin IV, comte de Flandre, fut élu empereur de Romanie : il l'avait emporté sur ses concurrents Dandolo et Boniface de Montferrat. Les Vénitiens ne tenaient pas à voir leur doge sur le trône impérial. Ils prirent, ce qui leur convenait mieux, un quartier de Constantinople avec les côtes du Bosphore et de la Propontide, la plupart des îles de l'Archipel, Candie, etc., et ils s'intitulèrent seigneurs d'un quart et demi de l'empire grec. Le marquis de Montferrat fut élu roi de Macédoine, Villehardouin maréchal de Romanie, et son neveu prince d'Achaïe. Le comte de Blois eut les provinces d'Asie. Il y eut des ducs d'Athènes et de Naxos, des comtes de Céphalonie, un sire de Thèbes, de Corinthe. C'était une nouvelle France qui s'élevait avec ses mœurs féodales à l'extrémité de l'Europe. Des membres de la famille Comnène gardèrent cependant quelques lambeaux dont ils firent des principautés : Trébizonde, Napoli d'Argolide, l'Épire, Nicée. Nos croisés étaient trop peu nombreux pour garder longtemps leur conquête. En 1261, l'empire latin s'écroula. Cependant, jusqu'à la fin du moyen âge et aux conquêtes des Turcs, il subsista dans certaines portions de la Grèce un reste de ces principautés féodales si étrangement établies par les Français du treizième siècle sur le vieux sol de Miltiade et de Léonidas.

Les quatre dernières croisades en Orient; les Mongols de Tchinghis-Khan.

Cependant il y avait toujours une chrétienté de Palestine qui invoquait sans cesse celle d'Occident. En 1217, les barons de la terre sainte étant sans roi, offrirent la couronne, non pas à quelque souverain puissant de l'Europe qui ne s'en fût pas soucié, mais à un chevalier aussi brave qu'il était pauvre, à Jean de Brienne, qui leur amena pour toute croisade 300 chevaliers. L'Allemagne ne songeait qu'à la lutte d'Otton de Brunswick et de Philippe de Souabe, la France qu'à la guerre des Albigeois, l'Angleterre était sous l'interdit. Ce fut André II, roi de Hongrie, qui fit la cinquième croisade; mais elle fut infructueuse. Toutefois, Jean de Brienne en retira assez de force pour commencer la conquête de l'Égypte sur Mélik-el-Kamel, neveu de Saladin, qui régnait au Caire. Déjà Damiette était prise, et les musulmans offraient de la laisser aux chrétiens, de leur rendre même Jérusalem et toute la Palestine; le légat rejeta avec hauteur ces propositions avantageuses, croyant pouvoir conquérir l'Égypte même. Mais les chrétiens, enveloppés par le débordement du Nil, furent heureux de se retirer en abandonnant Damiette (1221).

La sixième croisade fut plus utile que les précédentes. L'empereur Frédéric II, qui s'était enfin décidé à partir après de longs délais, fit d'un trait de plume ce que n'avait pu faire l'épée du Cœur de Lion. Profitant de la terreur qu'inspirait à Mélik-el-Kamel l'approche des hordes tartares du Kharisme, il obtint de lui une trêve de dix ans et la restitution de la ville sainte, avec Bethléem, Nazareth et Sidon; il se couronna lui-même roi de Jérusalem (1229).

A ce moment se levait à la fois contre l'Asie musulmane et l'Europe chrétienne un ennemi inattendu et redoutable. Des mêmes lieux d'où était partie, au quatrième siècle, cette invasion hunnique qui jeta l'Europe barbare sur l'Europe romaine, s'élança tout à coup au treizième siècle, une invasion semblable, celle des Tartares mongols. Dispersées dans les steppes de l'Asie septentrionale, les hordes mongoliques y vivaient oisives, quelques-unes même tributaires de l'empire chinois, lorsque Témoudgin, chef d'une d'elles, les réunit toutes sous son autorité (1203), et résolut de les conduire à la conquête du monde. Ces sociétés nomades sont toujours faciles à ébranler : chevaux, troupeaux, maisons, tout marche et se transporte aisément; les maisons étaient des chariots ou de grandes cabanes placées sur des roues et traînées par de longues files de bœufs. Là était le ménage ambulant du Tartare; il était lui-même à cheval nuit et jour, pendant la veille et pendant le sommeil; il se nourrissait d'un peu de viande mortifiée entre la selle et le dos du cheval, ou de lait caillé et desséché, ne redoutait ni fatigue ni privation, et se soumettait à ses chefs avec une obéissance passive. Il n'avait guère de religion, comme toute la race mongole, mais une fierté et une ambition démesurées pour sa nation, comptant pour elle sur l'empire du monde, considérant son khan comme le roi de la terre, comme un être divin. Cavalerie d'ailleurs irrésistible, pleine de ruse comme de férocité.

Témoudgin, surnommé Tchinghis-kan (chef des chefs), entraîna ses hordes en Orient et en Occident. Il soumit la Chine, les Huns du Kharisme, le Khoraçan, la Perse, et envoya Tchouchi, son fils, contre l'Europe. Celui-ci livra, en 1223, aux Russes la bataille de la Kolka, où six de leurs princes périrent. Tchinghis-khan mourut en 1227 après avoir élevé un empire qui s'étendait de Tauris à Pékin, sur une étendue de quinze cents lieues. Ses quatre fils continuèrent de l'agrandir. Octaï-khan envoya contre les Russes son fils Batou, qui extermina leurs armées, prit Moscou (1237) et s'avança jusqu'à Novogorod et Kaminiec en Podolie. Le grand-duché de Kiew cessa d'exister (1239); celui de Wladimir se préserva en payant tribut.

Après la Russie, les Mongols attaquèrent et vainquirent la Pologne; après la Pologne, la Silésie et la Moravie, qu'ils dévastèrent. Puis ils se jetèrent sur la Hongrie, en surprirent l'armée et la détruisirent, enfin passèrent le Danube même, ravageant toujours. L'Europe, terrifiée, priait Dieu d'éloigner ce fléau et craignait de voir périr sa religion et sa civilisation. Une ambassade du pape à ces conquérants impitoyables avait rapporté pour toute réponse l'ordre de payer tribut. C'était le cas de se croiser; personne ne s'arma; il sembla que le vertige s'emparât des têtes couronnées. L'empereur Frédéric II prit seul des mesures énergiques : ses deux fils, Conrad et Enzio, envoyés avec des forces considérables contre les Mongols, taillèrent en pièces une de leurs divisions. Soit découragement, soit tout autre motif, ces barbares reculèrent; la Russie seule resta asservie.

Dans l'Asie occidentale, Houlagou s'empara, 1258, de Bagdad, où il mit à mort le khalife Motassem, tombé dans ses mains, et soumit tout jusqu'à la frontière de l'Égypte.

Le contre-coup de cette invasion fut la perte définitive, pour les chrétiens, de Jérusalem. Les Turcomans du Kharisme fuyant devant les Mongols, se jetèrent sur la Syrie, y mirent tout à feu et à sang, et, après la victoire de Gaza, gagnée sur une dernière armée de croisés francs (1239), s'emparèrent de la ville sainte qu'ils livrèrent au sultan d'Égypte.

Septième et huitième croisades (1248 et 1270).

Le pape Innocent, à la nouvelle des cruautés commises par les hordes farouches des Kharismiens, appela encore une fois les fidèles aux armes. Mais l'esprit de la croisade était désormais bien loin de la pensée des chrétiens d'Europe. Il ne se trouva plus que dans le cœur d'un roi plein de piété. Dans une maladie dont il faillit mourir, saint Louis fit vœu d'aller délivrer Jérusalem, et, malgré les prières de toute sa cour, même de la pieuse Blanche de Castille, sa mère, s'embarqua, après quatre ans de préparatifs, à Aigues-Mortes, avec une puissante et chevaleresque armée : sa femme, Marguerite de Provence, voulut le suivre (1248). La navigation fut heureuse, on hiverna en Chypre. Les croisés avaient conçu l'idée remarquable d'attaquer les Turcs au cœur de leur empire, en Égypte : ils voulaient même y fonder une colonie, et avaient eu la prévoyance, toute nouvelle, d'emporter une grande quantité d'instruments d'agriculture.

Au printemps, la flotte mit à la voile et fut bientôt en vue de Damiette. Toute la puissance du soudan était rangée sur le rivage. Saint Louis se jeta des premiers à la mer, suivi de son armée, au cri français de *Montjoie, Saint-Denis!* qui avait remplacé celui de *Dieu le veut!* Après un rude combat, les croisés furent vainqueurs et entrèrent dans la ville, que les musulmans ne leur abandonnèrent que consumée par les flammes.

Les chevaliers du Temple et de Saint-Jean étaient venus les joindre : une magnifique carrière s'ouvrait devant eux, les musulmans étaient terrifiés. Des lenteurs perdirent tout. L'armée, subissant l'effet du climat de l'Orient, se livra à la débauche, puis vinrent les maladies, la peste qui est endémique dans le Delta. Les chefs se disputaient le butin échappé aux flammes de Damiette. Saint Louis ne pouvait plus dominer l'insubordination de ses barons : « Vous n'êtes donc point roi, lui disait le comte de Salisbury, offensé par Robert d'Artois, puisque vous ne pouvez faire justice? » Quand on sortit de l'inaction, l'armée n'était déjà plus en état de vaincre. Le canal d'Aschmoun arrêta un mois les croisés. Enfin ils trouvèrent un gué; Robert d'Artois le franchit le premier; c'était un jeune impétueux qui ne savait pas attendre; au lieu de s'arrêter pour laisser à toute l'armée le temps de le joindre, il se lança à la poursuite des musulmans qui fuyaient devant lui et se jeta ensuite dans le village de Mansourah; là il se vit enfermé, et, malgré des prodiges, périt avec toute sa troupe. L'armée vengea sa mort par la prise du camp ennemi. Mais, après cet exploit, il fut impossible d'aller plus loin : la famine, la peste redoublaient, le roi lui-même ne pouvait se soutenir. Sa patience et son courage n'étaient plus qu'un admirable mais inutile exemple. Il fallut reculer; les malades furent embarqués sur le Nil. Les musulmans firent essuyer aux croisés des pertes énormes, 30 000 périrent. Ce qui restait tomba enfin aux mains des infidèles, avec le roi lui-même. Frappés de ses vertus, les ennemis l'épargnèrent; mais ils exigèrent pour sa rançon la restitution de Damiette et un million de besants d'or. Ce traité, imposé par Ned-Gemeddin, fut signé par un autre souverain : les mameluks;

qui formaient, depuis Saladin, la garde des sultans du Kaire, l'avaient égorgé et mis à sa place Ibegh : alors commença leur domination, qui s'est maintenue jusqu'à la campagne d'Égypte sous Bonaparte.

Saint Louis partit tristement avec 6000 hommes. Il voulut cependant toucher la terre sainte et s'y arrêta quatre années, occupé à relever les forteresses, à racheter des captifs, à négocier avec les Mongols et avec le Vieux de la Montagne, chef de la secte terrible des Assassins (de haschicsch, liqueur dont leur chef les enivrait). La mort de la reine Blanche et la révolte des *pastoureaux* le rappelèrent en France (1254). Ces expéditions lointaines étaient décidément condamnées. « Bien fol, écrit Joinville, celui qui, ayant quelque péché sur son âme, se met en un tel danger. »

Cependant, seize ans plus tard, saint Louis, infatigable dans sa piété, tenta encore une croisade, la dernière de toutes. Il s'embarqua de nouveau à Aigues-Mortes, en 1270, mais non plus pour la terre sainte : son frère, Charles d'Anjou, qui avait besoin, dans l'intérêt de son royaume de Naples, d'une expédition contre le roi de Tunis, lui persuada qu'il fallait attaquer là les musulmans. Ce fut un nouveau désastre : on retrouva sous les murs de Tunis la famine et la peste. Saint Louis mourut avec cette résignation chrétienne qui donne tant de beauté à son caractère. Les princes qui l'avaient accompagné vendirent leur retraite ; Charles d'Anjou se fit payer les tributs arriérés, et l'on ne fit plus jamais de croisade.

Résultats des croisades en Orient.

Au commencement, à la fin de ces grandes expéditions de l'Europe contre l'Asie, nous trouvons la France. Au milieu, alors même qu'elles se détournent de leur pieux objet, encore la France : un Flamand, c'est-à-dire un Français, s'assied sur le trône de Constantinople. Ce pays n'est demeuré étranger qu'aux moins importantes. Le nom des Francs acquit dans l'Orient un retentissement prodigieux ; il servit aux

Orientaux à désigner tout l'Occident et devint pour eux un objet de terreur ; ils ne concevaient plus rien au-dessus de l'audace et de la valeur de ce peuple. « Les Francs, disent-ils encore aujourd'hui, sont des démons à qui Dieu permet tout. »

Il est déplorable que tant de sang ait été versé. Jamais guerres n'ont dévoré autant d'hommes. Si tous ceux qui périrent dans les croisades sortaient du tombeau, il y aurait de quoi peupler un grand pays. Mais, puisque à l'importance du progrès se mesure toujours le prix qu'il coûte, il faut reconnaître que celui qui est sorti de ces grands mouvements n'a peut-être point été payé trop cher.

L'Asie semblait triompher ; la Palestine, complétement reconquise en 1291 par les musulmans, leur demeura, et leur historien put dire avec orgueil : « Les choses, s'il plaît à Dieu, resteront ainsi jusqu'au dernier jugement. » Mais conserver la Palestine n'était pas le plus grand profit que l'Europe pût retirer des croisades. Ce qui fut important pour elle, comme pour l'Asie, ce fut le rapprochement de ces deux parties du monde, le contact, et, jusqu'à un certain point, le mélange de ces deux civilisations opposées, l'agrandissement des idées, la communication des connaissances, l'échange des produits, en un mot, un grand pas fait vers l'unité de la vie du monde, le plus grand, à coup sûr, depuis Alexandre et l'empire romain.

Dans les pays même d'où les croisés étaient partis, et dans l'esprit de ces hommes et de leurs contemporains, que de changements ! Auparavant on vivait à l'écart et en ennemis ; la croisade diminua l'isolement et les divisions. Dans ce périlleux voyage, à travers de lointaines contrées et au milieu de peuples d'une autre religion, les croisés s'étaient reconnus pour frères en Jésus-Christ. Dans le partage de l'immense armée en corps de nation, les hommes d'un même pays se reconnurent pour enfants d'une même patrie. Les Français du nord se rapprochèrent des Français du midi ; la fraternité nationale, perdue pour nous depuis les temps de Rome, à peine un instant sentie sous Charlemagne, fut retrouvée sur la route de Jérusalem ; et les troubadours, les trouvères commencèrent à chanter, au moins pour les barons et chevaliers, le *doux-pays* de France [1].

A Clermont, Urbain II n'avait pas prêché la croisade pour la délivrance seulement du saint sépulcre, mais encore en vue de mettre un terme au fléau des guerres privées. Dans toute la chrétienté saisie de recueillement, « il se fit alors, dit Guibert de Nogent, un grand silence. » Silence des armes et des passions malfaisantes qui, malheureusement, ne dura guère, mais pourtant donna quelque répit au monde et favorisa l'expansion de deux puissances nouvelles, toutes deux demandant la paix, je veux parler de la royauté et des communes, dont il sera question plus loin.

Ces grandes expéditions, qui renouèrent les liens brisés des nations chrétiennes et qui rattachèrent l'Europe à l'Asie, rouvrirent aussi les routes du commerce fermées depuis l'invasion. L'Orient redevint accessible aux marchands de l'Occident. L'industrie, à son tour, se réveilla pour fournir les armes, les harnais, les vêtements nécessaires à tant d'hommes. Ce mouvement, une fois commencé, ne s'arrêta plus. Les artisans se multiplièrent comme les marchands, et peu à peu beaucoup d'argent s'accumula entre leurs mains. Un nouvel élément de force, qu'on ne connaissait plus, fut donc retrouvé : la richesse mobilière, qui désormais grandira en face de la richesse immobilière, et fera monter à côté des nobles, maîtres du sol, les bourgeois devenus, par le travail des bras et de l'intelligence, maîtres de l'or [2].

Les croisades furent la cause de quelques institutions ou coutumes nouvelles. Dans la confusion que produisaient ces grands rassemblements d'hommes, des signes de reconnaissance étaient nécessaires; on inventa ou l'on multiplia les *armoiries*, emblèmes divers dont les guerriers de distinction couvraient leur bouclier, leur cotte d'armes ou leur bannière, et qui, depuis le treizième siècle, passèrent du père au fils. Ces armoiries devinrent une langue compliquée qui forma la

---

[1].   De plusieurs choses à remembrer li prist.....
De dulce France, des humes de sun lign.
Chanson de Roland, édit. de Génin, chant III, vers 961.

[2]. Voyez plus loin le chap. XXII.

science du *blason*. Les *noms de famille* commencèrent aussi vers ce temps à s'introduire. Aux noms de baptême [1], jusqu'alors presque seuls usités et peu nombreux, de sorte que beaucoup de personnes avaient le même, on joignit un nom de terre pour distinguer les familles. Ce nom fut héréditaire et commun à tous les membres d'une même maison, tandis que le nom de baptême était personnel et mourait avec celui qui l'avait porté.

J'ai déjà dit que les croisades avaient amené la création des ordres militaires de terre sainte (p. 280). On peut rattacher à la même cause ou pour mieux dire au mouvement religieux dont les croisades ne furent elles-mêmes que la conséquence, la création en Europe de nouveaux ordres religieux et placer les moines mendiants à côté des moines soldats. La croisade que ceux-ci faisaient au dehors, ceux-là la faisaient au dedans.

Ce fut une importante nouveauté dans l'Église que l'apparition des ordres mendiants. Saint Benoît avait promulgué, vers l'an 520, une règle monastique sous laquelle s'étaient successivement rangés tous les moines de l'Occident; cette règle imposait le travail des bras et celui des esprits. Les Bénédictins associaient l'agriculture à la prédication, la copie des manuscrits à la prière [2]. Des écoles étaient ordinairement annexées à leurs couvents et contribuèrent à sauver les lettres d'une ruine complète. Mais, au treizième siècle, les anciennes congrégations avaient vu diminuer leur influence, parce qu'elles s'étaient enrichies et quelquefois corrompues. La richesse ! voilà l'ennemi contre lequel les nouveaux ordres des Franciscains (1215) et des Dominicains (1216) cherchèrent à se prémunir par un vœu formel de pauvreté. Soustraits à la juridiction des évêques, et milice dévouée du saint-siége,

---

1. A une cour plénière, tenue en 1171, près de Bayeux, il se trouva 110 seigneurs du nom de *Guillaume*.
2. L'histoire extérieure des ordres monastiques peut se ramener aux points suivants : quatrième et cinquième siècles, fondation des premiers monastères; sixième siècle, création de l'ordre des Bénédictins; septième siècle, réforme de saint Benoît d'Aniane, dixième et onzième siècles, réforme de Cluny, Cîteaux et Clairvaux (saint Bernard); treizième siècle, création des quatre ordres mendiants; seizième siècle, création des Jésuites.

ils devaient vivre d'aumônes, ne posséder rien, courir le monde pour porter l'Évangile partout où un clergé trop riche ne le portait plus, au milieu des pauvres, dans les carrefours, sur les chemins. Ces deux ordres, semblables en ce point, différaient d'ailleurs par l'esprit de leurs fondateurs; l'austère saint Dominique institua l'un, le tendre et mystique saint François fut le chef de l'autre.

L'influence de ces ardents prédicateurs sur le peuple, sur l'Église même, fut immense. Les Dominicains, qui avaient reçu tout particulièrement la mission de convertir les hérétiques, furent investis, en 1229, des fonctions inquisitoriales; mais le tribunal de l'inquisition, quoique né en France à l'occasion des Albigeois, ne put heureusement s'y enraciner et s'y étendre, comme en Espagne et en Italie. Les Dominicains portèrent en France le nom de Jacobins, parce que leur premier couvent fut bâti dans la rue Saint-Jacques. L'ordre des Franciscains ou *frères mineurs* donna naissance aux Récollets, aux Cordeliers, aux Capucins. Duns Scot, *le Docteur subtil*, Raymond Lulle et Roger Bacon étaient franciscains; saint Thomas, *le Docteur universel*, et Albert le Grand étaient dominicains. Les Carmes et les Augustins sont du même siècle et formèrent avec les précédents les quatre ordres mendiants. L'austérité, la piété exaltée de ces nouveaux moines, la science de quelques-uns de leurs docteurs, donnèrent de l'émulation aux anciens cénobites et au clergé séculier lui-même dont la discipline ecclésiastique se raffermit.

Ce ne fut pas sans une vive opposition que les ordres mendiants reçurent des papes tant de faveurs. Les évêques, l'Université de Paris, et surtout le hardi docteur de Sorbonne, Guillaume de Saint-Amour, contestèrent au pape le droit d'accorder aux moines mendiants le privilége de prêcher et de remplir les fonctions des prêtres de paroisse. A quoi saint Thomas d'Aquin répondit que si un évêque pouvait déléguer ses pouvoirs dans son diocèse, le pape en pouvait faire autant dans la chrétienté.

CHAPITRE XXI.

LES CROISADES D'OCCIDENT.

Les croisades d'Europe : l'ordre Teutonique (1230); conquête et conversion de la Prusse, de la Livonie et de l'Esthonie. — Croisade contre les Albigeois (1208) ; réunion de la France du Midi à celle du Nord. — La croisade espagnole. — Ébranlement du khalifat de Cordoue au neuvième siècle; sa force nouvelle au dixième, son démembrement au onzième. — Formation des royaumes de Castille et de Léon, de Navarre et d'Aragon. — Prise de Tolède (1085); fondation du comté de Portugal (1090); le Cid. — Invasions des Almoravides (1086) et des Almohadès (1146). — Victoire de Las Navas da Tolosa (1210). Les Maures refoulés dans le royaume de Grenade. Résultats de la croisade espagnole.

Les croisades d'Europe: l'ordre Teutonique (1230); conquête et conversion de la Prusse, de la Livonie et de l'Esthonie.

En Orient les croisades échouèrent ; en Occident elles réussirent: je veux parler des expéditions des chevaliers teutoniques et porte-glaives dans la Prusse et les régions voisines, où ils fondèrent un état nouveau ; de la guerre de Simon de Montfort contre les Albigeois qui détruisit une civilisation ancienne ; enfin de la lutte des Espagnols contre les Maures, qui furent contraints de rendre la péninsule à la chrétienté et à la vie européenne.

On voit que les croisades d'Europe agirent au deux extrémités de ce continent, depuis les bouches du Tage jusqu'à celles du Niémen, contre les musulmans d'Espagne et les vieux païens de la Baltique.

Dans l'intervalle de la première à la seconde croisade, des bourgeois de Brême et de Lubeck venus à la terre sainte y avaient fondé un hôpital pour leurs compatriotes, qui fut desservi par des Allemands. En Palestine toute institution de bienfaisance et de protection était obligée de prendre la forme d'une institution militaire ; les hospitaliers étaient devenus les chevaliers de Saint-Jean et les serviteurs de la maison du *temple* de Salomon, l'ordre militaire des Templiers. Les hospitaliers allemands se transformèrent aussi en une corporation religieuse et armée, *l'ordre teutonique*. Comme les deux autres cet ordre acquit de grands biens en Europe, surtout en Allemagne, et l'empereur Frédéric II éleva son grand maître au rang de prince d'empire. En 1230, un prince polonais utilisa leurs bras et leur zèle qui ne pouvaient plus s'employer à la terre sainte, et les chargea de subjuguer et de convertir les Prussiens, nation aujourd'hui disparue ou si complétement identifiée aux Allemands venus dans le pays, qu'il n'est plus possible de les en distinguer. C'est ce peuple idolâtre, établi entre le Niémen et la Vistule, dont la langue, la religion et l'histoire sont perdues, qui a donné son nom à un des grands États de l'Europe moderne.

L'Ordre se fixa d'abord à Kulm ; il dompta les Prussiens par les moyens que Charlemagne avait employés contre les Saxons, c'est-à-dire par la destruction d'une partie de la population, et la fondation de forteresses pour en contenir le reste : Kœnigsberg et Marienbourg servirent à ce but.

Quelques années plus tôt, un évêque de Livonie avait fondé, dans le même but, l'Ordre des *frères de l'Épée*, dits encore les chevaliers du Christ et les porte-glaives, qui soumirent la Livonie et l'Esthonie. Des démêlés avec les évêques de Riga les obligèrent à s'unir, en 1237, à l'Ordre teutonique dont les forces furent ainsi doublées. Marienbourg, en 1309, devint la capitale de l'ordre et de ses grands maîtres qui régnèrent sur la Prusse, l'Esthonie, la Livonie, la Courlande, firent entrer ces pays dans la communion de l'Europe, et y implantèrent la civilisation. Aujourd'hui encore ces provinces sont les plus riches et les plus avancées de l'empire russe. Les chevaliers teutoniques jouèrent jusqu'au quinzième siècle le rôle de puissance prépondérante dans le nord de l'Europe. Tout le pays leur obéissait entre la basse Vistule et le lac Peipus, moins la Samogitie, province lithuanienne qui séparait les possessions primitives des deux ordres.

Croisade contre les Albigeois (1208); réunion de la France du Midi à celle du Nord.

La croisade dirigée par Simon de Montfort contre les populations du midi de la France eut au contraire d'abord les plus désastreux effets.

Tandis que la chrétienté envoyait ses guerriers combattre les mécréants à l'autre bout de la Méditerranée, il y avait, au cœur même de son empire, des infidèles. Je ne parle pas des juifs, par le massacre desquels la fureur abominable, mais, pour ce temps-là, assez logique des premiers croisés avait commencé la croisade, je veux parler des peuples du midi de la France. Dans cette population mêlée de tant de races, ibérienne, gallique, romaine, gothique, mauresque, s'étaient formées des opinions religieuses tout à fait éloignées de l'orthodoxie. Quelles elles étaient, on ne saurait trop le dire : le nom de manichéisme, qu'on leur a appliqué, est banal au moyen âge. En appelant *Albigeois* ces hérétiques (Albi était leur centre), les hommes du temps ont montré eux-mêmes qu'ils ne savaient comment qualifier leur hérésie. Il est seulement certain qu'en 1167 s'était tenu près de Toulouse un concile présidé par un Grec de Constantinople nommé Nicétas, et que certaines idées orientales y avaient été adoptées; que, de plus, les ecclésiastiques étaient traités dans le pays avec mépris, et qu'on y avait accueilli saint Bernard lui-même par des huées. Cette Église envoyait partout des missionnaires; des doctrines malsonnantes commençaient à paraître en Flandre, en Allemagne, en Angleterre, même en Italie. Récemment on avait vu du côté de l'Auvergne se répandre des bandes qui pillaient les églises et s'appliquaient à profaner les objets sacrés.

Parmi ces riches et brillantes villes du midi, la première était Toulouse, dont le comte Raymond VI était un des plus grands seigneurs du midi. Les autres puissances étaient la maison de Barcelone, devenue maîtresse de l'Aragon et qui possédait le Roussillon et la Provence, puis les petits seigneurs des Pyrénées, fiers, indépendants, aventuriers, vivant à leur guise, sans le moindre respect pour les préceptes de l'Église, comme sans souci du roi.

Le midi de la France, en effet, s'était depuis longtemps séparé du nord. On a vu ses tentatives pour se constituer à part sous Dagobert, Charles Martel, Pépin, Charlemagne, Charles le Chauve et Hugues Capet. Il avait une autre langue, d'autres mœurs. Le commerce y avait amené l'aisance parmi les bourgeois, le luxe parmi les seigneurs; et les uns et les autres, réunis sans jalousie ni haine dans les charges muni cipales, donnaient la paix au pays. Mais dans ces riches cités, dans ces cours brillantes qu'animaient les chants des troubadours, les doctrines religieuses, comme on l'a vu, étaient aussi légèrement traitées que les mœurs. L'hérésie perçait de toutes parts.

Le tout-puissant Innocent III résolut de mettre le pied sur ce nid d'hérésies et d'impiété. Il était effrayé de la contagion. Il organisa d'abord contre les sectaires l'inquisition, tribunal chargé de rechercher et de juger les hérétiques en s'aidant de la torture, et qui a immolé d'innombrables victimes humaines, sans réussir à tuer l'hérésie, parce que le bûcher est un mauvais moyen de faire triompher la vérité. Le pape envoya à Raimond VI son légat, le moine Pierre de Castelnau, qui exigea l'expulsion des hérétiques; mais les hérétiques, c'étaient, ou peu s'en fallait, tous les habitants. Castelnau n'obtint rien. Raimond excommunié (1207), et menacé par le légat « des flammes éternelles, » laissa échapper dans sa colère quelques-uns de ces mots comme ceux que Henri II avait prononcés contre Thomas Becket : un chevalier suivit le légat et l'égorgea au passage du Rhône (1208). « Anathème, s'écria Innocent III, sur le comte de Toulouse !... Rémission de leurs péchés à ceux qui s'armeront contre ces empestés Provençaux !... Allez, soldats du Christ !... que les hérétiques disparaissent et que des colonies de catholiques soient établies en leur place. » Les moines de Cîteaux, organes du pontife, prêchèrent cette croisade d'extermination. Le duc de Bourgogne, les comtes de Nevers, d'Auxerre, de Genève, les évêques de Reims, Sens, Rouen, Autun et bien d'autres, des

Lorrains, des Allemands, marchèrent en foule. Trois armées envahirent le midi; le chef était Simon de Montfort, petit châtelain des environs de Paris, ambitieux, fanatique et cruel.

On n'attaqua pas d'abord le comte de Toulouse, à qui le pape avait fait espérer son pardon pour affaiblir la résistance, mais le vicomte de Béziers. Cette ville fut prise; les vainqueurs hésitaient à frapper, ne pouvant discerner les hérétiques : « Tuez-les tous, dit le légat, assure-t-on, Dieu saura bien reconnaître les siens. » Trente mille périrent. Carcassonne succomba aussi; les chevaliers de l'île-de-France se partagèrent le pays dont Simon de Montfort fut fait suzerain.

Raimond, après ce sanglant holocauste à l'orthodoxie, espérait être épargné, et Innocent lui-même était porté à la compassion; mais les légats, plus impitoyables, s'y opposèrent. Ils n'offrirent le pardon au comte de Toulouse qu'à condition d'obliger tous ses sujets à se vêtir en pénitents et ses nobles à se faire vilains, de renvoyer tous ses soldats, de raser tous ses châteaux et d'aller en terre sainte.

Le comte se prit à rire de pareilles propositions; mais les légats sonnèrent de nouveau l'attaque. Simon de Montfort vit accourir à lui une multitude d'hommes du nord qui apprenaient avec joie que la grande curée du midi n'était pas finie. Raimond VI fut vaincu à Castelnaudary, et les vainqueurs se partagèrent les lambeaux de son territoire, évêques les évêchés, soldats les fiefs. Il n'eut d'autres ressources que de s'enfuir auprès du roi d'Aragon, Pierre II. Celui-ci accourut et fut rejoint par tous les petits seigneurs des Pyrénées, qui le considéraient comme leur chef. La bataille de Muret, où il périt, décida du sort du midi de la France (1213). Le concile de Latran, deux ans après, ratifia la dépossession de Raimond et de la plupart des seigneurs du midi. Le légat du saint-siége offrit leurs fiefs aux puissants barons qui avaient fait cette croisade; ils refusèrent de prendre ce bien taché de sang. Simon de Montfort les accepta. Il fut décidé que les veuves des hérétiques possédant des fiefs nobles ne pourraient épouser que des Français[1] durant les dix années qui allaient

---

1. La *France* proprement dite ne comprenait alors qu'une partie des pays

suivre. La civilisation du midi, étouffée par ces rudes mains, périt. La gaie science, comme les troubadours appelaient la poésie, ne pouvait plus chanter sur tant de ruines sanglantes. Cependant Innocent III à la fin se troubla; il n'était pas bien sûr de n'avoir pas commis une grande iniquité : « Rends-moi ma terre, lui disait le comte de Foix, sinon je te redemanderai tout, la terre, le droit, l'héritage, au jour du jugement. — Je reconnais, répondit le pape, qu'il vous a été fait grand tort; mais ce n'est pas par mon ordre, et je ne sais aucun gré à ceux qui l'on fait. »

Dans leur misère, les gens de la langue d'oc se souvinrent du roi de France. Montpellier se donna à lui, et Philippe Auguste envoya son fils Louis leur montrer la bannière de France. Louis y retourna une seconde fois après la mort de Simon de Montfort, tué devant Toulouse, où le fils de l'ancien comte, Raymond VII était rentré; et l'héritier de Montfort, Amaury, offrit au roi de lui céder les conquêtes de son père, qu'il ne pouvait plus défendre contre l'universelle réprobation de ses nouveaux sujets. Philippe, alors sur le bord de la tombe, repoussa cette offre, qui fut acceptée cinq ans plus tard.

La croisade espagnole.

Avant, pendant, après les grandes croisades, qui eurent pour théâtre l'Orient et pour acteurs tous les peuples de l'Europe, il s'en faisait une à l'Occident qui remuait moins de peuples, mais fut particulière à un seul, dont les champions se trouvaient tout naturellement en présence, sans sortir de leur pays, et qui, pour cette raison, n'ayant pas l'éclat et le retentissement des autres, eut du moins de plus qu'elles une continuité et une opiniâtreté qui la firent durer huit siècles. Quand Charles Martel et Pépin le Bref chassèrent les Arabes de France, ils se contentèrent de les jeter de l'autre côté des Pyrénées, et semblèrent considérer cette forte barrière de

---

situés entre la Somme et la Loire. Ce dernier fleuve séparait à peu près les pays où *oui* se disait *oyl* de ceux où il se disait *oc*; on les appelait la langue d'oy et la langue d'oc.

montagnes comme la fin de l'Europe et de la chrétienté : l'Espagne paraissait un pays sacrifié ; on la livrait avec l'Afrique aux musulmans qui venaient de l'envahir. L'Espagne pourtant était chrétienne avant l'invasion ; la masse de sa population l'était encore après, et même tout n'était pas absolument soumis ; en dehors de la conquête, il restait un point, un point unique, mais où le feu sacré de l'indépendance avait trouvé un abri, et qui devait s'élargir peu à peu, et former le noyau de la domination chrétienne renaissante.

Les Pyrénées, jetées en travers de l'isthme large et court par lequel l'Espagne est attachée au continent, se prolongent dans une direction occidentale le long de la côte d'Espagne, où elles laissent entre elles et l'Océan une bande de terre large de dix à quinze lieues. Là elles s'appellent Pyrénées cantabriques. C'est dans ce coin, protégé par les montagnes, en dehors des grands mouvements d'invasion, et étranger même à la végétation presque africaine du reste de l'Espagne, que se sont réfugiés, à plusieurs reprises, les débris des nations que l'invasion avait détruites ou soumises : Hermanrich et les Suèves sous l'invasion visigothe, Pélage et ses compagnons sous l'invasion arabe. Devant le flot rapide et irrésistible des musulmans, Pélage et ses compagnons, plutôt que de se soumettre, avaient fui ; mais, dès qu'ils eurent mis entre eux et leurs ennemis les montagnes, ils s'étaient arrêtés, ne tenant plus l'Espagne que par le bord, mais la tenant si bien qu'ils ne la lâchèrent jamais ; Gihon, sur la côte, était leur capitale. S'adossant à l'Océan, ils firent volte-face et présentèrent le front à l'ennemi pour engager avec lui, dans ce champ clos de l'Espagne, que ferment de tous côtés la mer et les montagnes, une lutte huit fois séculaire.

Peu à peu ils gagnent du terrain, et, portant avec eux leur capitale à mesure qu'ils avancent vers le sud, voici qu'ils abandonnent la côte et Gihon, pour faire d'Oviédo, dans les Asturies, au pied des monts, la résidence de leur roi et le nom de leur royaume (760).

Ils trouvèrent alors un allié puissant dans le grand protecteur de la chrétienté, Charlemagne, qui fit passer les Pyrénées à la domination franque par deux points, Pampelune et

Barcelone. Cette utile diversion leur permit de repousser plusieurs expéditions; sous Alphonse II, en 788, ils détruisirent une armée ennemie à Lodos, en Galice.

Après Charlemagne, les Gascons espagnols, sous Aznar, vers 831, fondèrent le petit royaume de Navarre, et les comtes francs de Barcelone se rendirent héréditaires. Quand les seigneurs d'*Aragon* donnèrent la main aux comtes de *Barcelone* et aux rois de *Navarre*, quand les comtes de *Castille* s'élevèrent entre les rois de Navarre et de Léon, il y eut alors, dans tout le nord de l'Espagne, adossée aux monts comme à leur forteresse, et depuis le cap Creus jusqu'à la Corogne, une zone continue de principautés chrétiennes qui marchèrent en ligne vers le sud.

Ébranlement du khalifat de Cordoue au neuvième siècle, sa force nouvelle au dixième, son démembrement au onzième.

L'ébranlement du khalifat de Cordoue dans ses provinces septentrionales par la révolte des Beni-Hafsoun, à partir de 864, favorisa singulièrement le développement de ces petits États chrétiens. Ainsi Adolphe III le Grand (862-910) put faire des progrès notables. A la zone maritime, Biscaye, Asturies, Galice qu'il possédait, au nord des Pyrénées cantabriques, il ajouta Burgos, le pays au sud du Minho, avec Toro et Zamora sur le Douro, même au sud de ce fleuve, Salamanque et Coïmbre. Déjà les relations commençaient entre les États chrétiens : Alphonse s'allia au roi de Navarre; et l'ardeur de la guerre sainte se répandait parmi eux, avant qu'elle agitât le reste de l'Europe : saint Jacques *Tueur de Maures* (san Iago Matamoros) devint leur saint national, et les chrétiens espagnols allèrent à flots pressés en pèlerinage à son église de Compostelle. Enfin, en 914, la capitale des Asturiens fait une nouvelle étape, elle franchit les montagnes, et d'Oviédo devient Léon; dès lors on put dire que les Maures ne garderaient pas l'Espagne, car la brèche était ouverte et les ennemis étaient dans la place.

La suite du dixième siècle ne fut cependant pas aussi heureuse pour les États chrétiens. Tandis que la discorde se glissait dans leur sein, le khalifat se releva avec Abdérame III, et avec l'habile Almanzor, sous Hescham II. La grande défaite de Simancas, qu'ils essuyèrent en 940, le renversement du roi Sanche le Gros par le comte de Castille, qui se rendit indépendant, et son rétablissement par Abdérame lui-même, nous montrent le royaume de Léon assez abaissé pour que son ennemi même y disposât du trône. Almanzor ou le Victorieux appesantit sur les chrétiens une main plus terrible encore. Il soumit le comté de Castille, enleva Salamanque, Zamora, Astorga, Léon même, qu'il rasa complétement (984). Dans une autre éxpédition, il prit Coïmbre, Lamégo, Braga et la ville sainte, Saint-Jacques de Compostelle, dont il emporta les cloches. Il n'eut pas de moins grands succès à l'est où il prit Barcelonne, et, en 997, il se trouva maître de tout ce que les chrétiens avaient conquis au sud du Douro et de l'Ebre. Mais lorsqu'il eut été vaincu pour la première fois, après cinquante victoires, à Calatañazor, vers les sources du Douro, il en conçut un tel chagrin qu'il se laissa mourir de faim; toute la force du khalifat disparut avec lui (998). On a vu (p. 104) l'empire des Arabes d'Espagne tomber, au onzième siècle, en dissolution; au contraire, les États chrétiens se rapprochèrent, s'unirent par des relations plus fréquentes, par des mariages. Ce travail de rapprochement et d'arrangement intérieur, ainsi que la nécessité de fermer les plaies ouvertes par l'épée d'Almanzor, arrêtèrent la guerre sainte pendant presque tout ce siècle; elle ne reprit qu'à la fin, mais avec plus de succès et d'éclat qu'auparavant.

Formation des royaumes de Castille et de Léon, de Navarre et d'Aragon.

Sanche III le Grand, roi de Navarre en l'an 1000, commença la grandeur de sa maison par le mariage de sa sœur avec le comte du pays des castilles ou des forteresses, dont le comté, à l'extinction de cette famille, en 1029, fut réuni à la Navarre. Quelques années après, il donna à son second fils, Ferdinand, devenu gendre et héritier du roi de Léon, ce même comté de Castille, qu'il érigea en royaume (1033), il transforma également en couronne de roi la couronne comtale de Jacca ou d'Aragon pour son troisième fils Ramire, et le comte de Barcelone se reconnut son vassal. A sa mort (1035) son fils aîné, Garcias, hérita de la Navarre.

Ce n'est pas seulement par ses alliances heureuses que Sanche III mérita son titre de Grand. Il n'y avait de grandeur en Espagne que celle qu'on acquérait aux dépens des infidèles. Les Maures sentirent maintes fois le poids de son épée, et, tandis qu'il préparait la substitution dans tout le pays chrétien de la maison basque d'Aznar à la race de Pélage, il porta ses armes victorieuses au cœur du pays musulman, jusque sous les murs de Cordoue.

Après lui, l'Espagne chrétienne avait quatre royaumes, dont trois : Navarre, Castille, Aragon, appartenaient aux fils de Sanche ; le quatrième, Léon, restait séparé sous Bermudo. Mais, en 1037, s'éteignit avec ce prince la ligne mâle des descendants de Pélage, et le conseil des Asturies donna la couronne à son gendre, Ferdinand, qui réunit Léon et Castille. Dès cette mémorable année 1037, on peut dire que l'Espagne chrétienne, moins le Portugal, est constituée pour tout le moyen âge en trois royaumes *Castille et Léon* au nord-ouest et au centre, *Navarre* au nord, *Aragon* au nord-est.

Ferdinand 1ᵉʳ eut la malheureuse idée de partager ses États entre ses enfants, suivant l'ancienne coutume germanique. Mais Alphonse VI les réunit en 1073, et reprit en Espagne la guerre sainte, au moment où elle devenait populaire dans toute l'Europe, par les préparatifs de la première croisade. La nouvelle des malheurs de Jérusalem et l'influence de plus en plus puissante du saint-siége agirent aussi sur l'Espagne ; Grégoire VII voulut rattacher à sa domination les royaumes chrétiens de ce pays, restés jusque-là dans une assez grande indépendance à l'égard du saint-siége. C'était une grave question de savoir s'ils se rallieraient à la communion romaine ; s'ils ne le faisaient, il était à craindre que le pape n'armât quelque jour contre eux toute la chrétienté. Grégoire VII, avec ses prétentions toujours sans bornes demanda à Alphonse VI l'hommage, sous prétexte que toute terre conquise sur les infidèles était terre de l'Église. Alphonse refusa. Grégoire se rabattit sur un autre point, l'adoption par les chrétiens d'Espagne du rituel romain, à la place du rituel goth ou mozarabique, suivi par eux jusque-là. Il envoya un légat, et la question fut solennellement agitée dans l'assemblée des grands et des évêques à Burgos (1077). Le roi, blessé des prétentions du saint-siége, s'opposa avec les laïques, à l'introduction du rituel romain, pour lequel se prononcèrent la reine, l'archevêque et tout le clergé. La discussion n'ayant amené aucun résultat, on recourut au jugement de Dieu par le feu et l'eau et par le combat judiciaire. Le rituel goth l'emporta en champ clos ; mais Alphonse comprit le danger de cette victoire, et, de lui-même, en 1079, se décida à adopter le rituel romain. Dès ce moment fut admis dans une complète communion avec Rome ce peuple espagnol qui devint le plus catholique des peuples, mais non pas pourtant ni toujours le plus docile au saint-siége.

Prise de Tolède (1085); fondation du comté de Portugal (1090) ; le Cid.

Ferdinand 1er avait profité des divisions des petits rois arabes pour gagner du terrain sur eux. Il leur avait pris Viseu, Lamégo, Coïmbre, et avait rendu le roi de Tolède tributaire. En 1085, Alphonse VI fit mieux ; il s'empara de cette place. Tolède, l'ancienne capitale et la métropole des Visigoths, redevint capitale et métropole, et cet événement marque, depuis Gihon, Oviédo et Léon, la quatrième étape des chrétiens partis des Asturies, désormais établis au cœur de la péninsule et défendus par la barrière du Tage.

Cinq ans après, le capétien Henri de Bourgogne, arrière-petit-fils de Robert, roi de France, qui s'était distingué à la prise de Tolède, s'emparait, à l'embouchure du Douro, de Porto Calé, et Alphonse érigeait pour lui sa conquête en comté de Portugal. Dans le même temps, le fameux *Cid* (seigneur), Rodrigue de Bivar, le héros du romancero espagnol, qui devint le type de la chevalerie quoiqu'il n'en eût guère alors les allures, s'avançait de victoire en victoire le long de la côte de la Méditerranée et s'emparait de Valence (1094). Enfin, en 1118, Alphonse 1ᵉʳ, roi d'Aragon, gagnait, comme le roi de Castille, une capitale, en s'emparant de Saragosse, où régnait depuis longtemps avec éclat une dynastie musulmane. De telle sorte que l'invasion chrétienne s'avançait comme une armée sur trois colonnes, au centre, à l'est et à l'ouest.

Invasions des Almoravides (1086) et des Almohades (1146).

Mais ces progrès étaient déjà arrêtés au centre, et le furent bientôt sur presque toute la ligne, par des obstacles imprévus que les chrétiens ne surmontèrent qu'après être restés stationnaires environ un siècle. Au-devant d'eux, ils virent arriver deux nouveaux flots d'invasion musulmane, alors qu'ils croyaient celle-ci épuisée depuis longtemps. Deux sectes successives, issues de l'Afrique, rajeunirent dans ces contrées l'islamisme vieilli : les Almoravides, puis les Almohades, sectes puritaines qui s'efforçaient de simplifier encore la religion de Mahomet ; les premiers dont le nom même signifie une alliance plus étroite avec la foi (*religieux*), les seconds dont le nom veut dire *unitaires*. « O seigneur Allah, le plus miséricordieux des miséricordieux, disait pour toute prière le fondateur de la secte almohade, tu connais nos péchés, pardonne-les ; tu connais nos besoins, satisfais-les ; tu connais nos ennemis, éloigne le mal qu'ils peuvent nous faire. C'en est assez avec toi, qui es notre seigneur, notre créateur et notre appui. »

Le véritable chef des Almoravides fut Yousouf, qui fonda Maroc en 1069, et en fit le siége de sa domination politique et religieuse dans le Magreb. Quand Alphonse eut pris Tolède, Aben-Abed, roi de Séville, et le dernier chef arabe qui eût quelque puissance en Espagne, se sentant incapable de résister seul aux chrétiens, appela Yousouf. Celui-ci arriva avec ses terribles bandes africaines et tailla en pièces à Zalaca l'armée chrétienne (1086). Mais ce ne fut pas au profit de celui qui l'avait appelé. Aben-Abed, chassé de Séville, quitta son royaume avec cette philosophie tranquille qui répand tant de poésie sur le caractère des Arabes d'Espagne ; ses compagnons pleuraient en abandonnant leur beau pays : « Amis, leur dit-il, sachons supporter notre sort. Nous ne possédons rien ici-bas que pour le perdre, et Dieu ne nous donne les biens de la terre que pour les reprendre. La douceur et l'amertume, le plaisir et la douleur se touchent ; mais le cœur généreux est toujours au-dessus des caprices de la fortune. » La domination des Almoravides s'affermit et s'étendit ; ils reprirent Valence à la mort du Cid (1099), s'emparèrent des Baléares, et gagnèrent en 1108, à Uclès, sur Alphonse VI, une nouvelle bataille aussi sanglante que celle de Zalaca. Les chrétiens se demandèrent si l'Espagne à moitié reconquise, n'allait pas leur être arrachée de nouveau.

Il n'en fut rien cependant. Tolède, assiégée plusieurs fois, sut se défendre avec une victorieuse énergie, et à l'ouest, le petit comté de Portugal, non-seulement résistait, mais prenait des villes et refoulait les infidèles. Ceux-ci revinrent en nombre formidable pour attaquer Alphonse, fils de Henri de Bourgogne, qui alla à leur rencontre jusqu'en Ourique, presque à l'extrémité sud-ouest de la péninsule. La veille de la bataille, il déclara à ses soldats que le Christ lui était apparu et lui avait promis la victoire, en lui ordonnant de se faire roi. Ses soldats, pour mériter la faveur du ciel, lui décernèrent ce nouveau titre et remportèrent une victoire complète (1139), qui donna au Portugal Cintra, Santarem, sur le Tage ; Elvas et Évora au delà de ce fleuve.

L'invasion des Almohades produisit des effets à peu près semblables à ceux de l'invasion des Almoravides, dont ils prirent la place. Abdalmoumen, leur chef, qui s'empara de Fez en 1146, les introduisit la même année en Espagne. Cette fois encore ce fut la Castille qui supporta les coups de l'invasion. Alphonse VIII fut complétement vaincu dans la bataille d'Alarcos (1195). — Le Portugal, au contraire, conservant sa supériorité, leur fit essuyer un grand échec à Santarem (1184). Quant à l'Aragon, dont le trône était occupé, depuis 1137, par la maison de Barcelone, il augmentait sa puissance en réunissant à la Catalogne les comtés de Cerdagne, de Roussillon, de Carcassonne, de Forcalquier, la seigneurie de Montpellier et pendant quelque temps la Provence, ce qui l'éleva tout à coup au rang de puissance maritime considérable, possédant une vaste étendue du littoral de la Méditerranée.

Ces progrès de l'Aragon et du Portugal mirent l'Espagne en état d'ouvrir glorieusement le treizième siècle, dans sa lutte avec les infidèles. Un autre puissant instrument de victoire lui avait été donné par la fondation, dans le cours du douzième siècle, de quatre ordres militaires spéciaux pour la croisade d'Espagne, sans préjudice des grands ordres européens de la terre sainte qui s'y étaient également répandus ; ce sont les ordres d'Alcantara, de Calatrava et de Saint-Jacques, en Castille et Léon, d'Évora en Portugal.

Victoire de Las Navas da Tolosa (1210). Les Maures refoulés dans le royaume de Grenade. Résultats de la croisade espagnole.

La nouvelle se répandit, en 1210, par toute la chrétienté, que 400 000 Almohades venaient de franchir le détroit de Gibraltar Le pape Innocent III, quoiqu'il fût alors occupé de la guerre des Albigeois, ne put envisager ce danger sans presser l'Europe de porter secours à l'Espagne. Des prières publiques furent ordonnées, des indulgences promises à quiconque irait combattre dans la péninsule. Les cinq rois chrétiens du pays (Castille et Léon) étaient alors momentanément séparés se coalisèrent et marchèrent contre Mohammed, le chef fanatique des Almohades. La rencontre eut lieu sur le plateau de la Sierra Morena, à Alacâb, selon les Arabes, Las Navas da Tolosa, selon les chrétiens. Ce fut une bataille terrible. La fuite des Andalous la décida en faveur des chrétiens. Mohammed, qui s'était placé sur une hauteur, au milieu des rangs épais de sa garde africaine, sous un pavillon rouge, tenant d'une main le Coran et de l'autre son glaive, assista à la plus affreuse déroute des siens sans changer d'attitude et disant : « Dieu seul est juste et puissant, le démon est faux et perfide. » On le força enfin de prendre la fuite sur un rapide coursier du désert qui l'emporta loin des ennemis. Cette bataille fut décisive dans la lutte dont l'Espagne était le théâtre. Après les Almoravides et les Almohades, il ne vint de l'Afrique aucun secours assez puissant pour y relever la domination musulmane.

Les chrétiens, pendant tout le cours du treizième siècle, en recueillirent les fruits, et l'anarchie sanglante où se perdit la domination des Almohades le leur rendit facile. Cordoue (1236), Séville (1248), Murcie (1266), et bien d'autres places tombèrent au pouvoir du roi de Castille, tandis que Jayme 1er, *Conquistador*, roi d'Aragon, soumettait les Baléares et, à la tête de 80 000 Espagnols et Français, s'emparait de Valence (1238). Le Portugal arrivait aussi, en 1270, par la réunion définitive des Algarves, à remplir le cadre qu'il n'a jamais dépassé depuis. Les Maures ne possédèrent donc plus que le petit royaume de Grenade, enveloppé de tous les côtés par la mer et par les possessions du roi de Castille. Mais, dans ce petit espace, recrutés par les populations que les chrétiens chassaient des villes conquises, ils se maintinrent avec une force qui différa leur ruine de deux siècles. Sauf quelques descentes des Mérinides du Magreb qu'il y eut à repousser, comme les conquêtes des chrétiens ne sont réellement plus mises en question, on peut dire que la croisade d'Espagne est à peu près suspendue jusqu'en 1492.

La croisade de Jérusalem avait eu sans doute des résultats généraux pour la civilisation, mais n'avait pas atteint son but. Elle n'avait rien fondé en Orient; elle n'avait même pas délivré le saint sépulcre, et des millions d'hommes avaient laissé leurs os sur toutes les routes qui y conduisaient.

La croisade d'Espagne, au contraire, sans conséquence aucune pour l'état social de l'Europe au moyen âge, changea la face de l'Espagne et réagit sur l'Europe moderne. Elle arracha la péninsule aux Maures pour la donner aux chrétiens; elle forma le petit royaume de Portugal qui, poursuivant sa croisade au delà des mers, trouva un jour le cap de Bonne-Espérance, et les grands États de Castille et d'Aragon, dont les chefs puisèrent dans leurs succès espagnols une ambition européenne, dont les habitants prirent dans cette guerre de huit siècles des mœurs militaires qui firent d'eux les condottières de Charles-Quint et de Philippe II, mais non les héritiers paisibles et actifs de l'industrie, du commerce et de la brillante civilisation des Maures.

Encore une question. Pourquoi cette différence entre les deux croisades ? Jérusalem placée bien loin du centre de la domination catholique et enveloppée par les musulmans leur resta par la même raison que Tolède, à l'extrémité de leur ligne d'occupation, leur échappa pour tomber aux mains des populations chrétiennes qui l'entouraient. C'est une affaire de distance. La Palestine touchait au territoire de la Mecque, comme l'Espagne est en vue de Rome. La géographie est une grande force même dans les choses qui semblent devoir échapper le plus à son influence, comme les idées religieuses.

CHAPITRE XXII.

PROGRÈS DE LA POPULATION URBAINE.

Origines du mouvement communal. — Communes proprement dites. — Intervention de la royauté; décadence des communes. — Villes de bourgeoisie. Commencement du tiers état. — Progrès de la population urbaine en Angleterre et en Allemagne. — Opposition du droit féodal et du droit coutumier.

Origines du mouvement communal.

Depuis la chute de l'empire carlovingien, on a vu la féodalité prendre possession de la plus grande partie de l'Europe, le pape et l'empereur se disputer l'Italie et la direction du monde, enfin les peuples se précipiter à flots pressés sur la route de Jérusalem. Au milieu de ces grands événements un quatrième fait général se produisit qui résulta des trois autres, et qui, à son tour, eut aussi de graves conséquences, c'est qu'une partie de la population asservie se releva par le travail des bras et de l'intelligence, et se replaça au-dessous, mais à côté des seigneurs et des prêtres; c'est qu'enfin cette classe des simples hommes libres dont nous avions signalé au neuvième siècle la presque complète disparition (voy. ci-dessus p. 233) se reforma et arriva à l'existence politique. On a vu, dans le tableau du régime féodal, quel abîme séparait la société batailleuse de la société travailleuse. Celle-ci soumise à l'autre, corps et biens, ne se résigna pas toujours à une aussi complète infériorité. Des révoltes éclatèrent. Dès l'année 987, on voit les vilains de Normandie se soulever par tout le pays, tenir des conciliabules, et former des associations liées par le serment, au moyen de commissaires envoyés de tous côtés. Ils juraient de s'affranchir de la domination des seigneurs, afin de se gouverner par leurs propres lois et de pouvoir alors librement chasser dans les bois, pêcher dans les eaux, etc. Cette révolte fut cruellement étouffée par le duc. C'est là un des premiers symptômes par lesquels se révèle le peuple du moyen âge. Bientôt après le régime féodal s'assied, il tient sous lui les campagnes avec une force qui leur interdit toute lutte. La résistance alors éclate dans les villes, parmi ces réunions d'hommes que les premiers progrès de l'industrie augmentent et à qui leur situation même procure les moyens de résister. En 1067, la ville du Mans forme une association consacrée par le serment et prend les armes contre son seigneur. C'est le commencement du mouvement communal qui se manifesta par toute l'Europe du onzième au quatorzième siècle avec des caractères et des destins divers.

En beaucoup de lieux, ce mouvement avait ses racines dans les temps passés, en beaucoup d'autres il eut une origine toute récente. Dans la plupart des villes de l'Italie et du midi de la France, où l'invasion des barbares avait été moins violente et plus tard la féodalité moins complète, les institutions municipales de l'empire romain s'étaient perpétuées, souvent gênées et comprimées sans doute, mais prêtes à se redresser à la première occasion. En Italie, dès le dixième siècle, la plupart des villes de Lombardie, sous l'autorité de leurs évêques, qui tenait le milieu entre celle des anciens *défenseurs* de l'empire romain et celle des seigneurs féodaux, commençaient à jouir d'une existence à peu près libre, dont leur donnaient l'exemple des villes comme Gênes et Venise, que favorisait une position géographique toute particulière. Milan, Pavie, Vérone, furent en première ligne. A la faveur des restes de leurs institutions libres, ces villes développèrent leur commerce, leur industrie, et, devenues riches et puissantes, prétendirent se délivrer de l'autorité épiscopale. Lorsque éclata la lutte du sacerdoce et de l'empire, elles en profitèrent habilement, formèrent une alliance de leur bourgeoisie avec la petite noblesse environnante, et s'affranchissant, non-seulement de la grande féodalité, mais presque complétement de celle de l'empereur, devinrent les *républiques* lombardes dont il a été déjà parlé.

Dans certaines limites, il en fut pour le midi de la France comme pour l'Italie. On trouve, du huitième au douzième siècle, dans les villes de Marseille, Arles, Toulouse, Narbonne, Nîmes, Périgueux, etc., des traces de l'ancien régime municipal romain. On en trouve encore dans le centre et même dans le nord, mais plus rares, par exemple à Bourges, Paris, Reims, Metz. Dans ces régions, comme dans les plus méridionales, l'empire avait étendu jadis l'uniformité de ces institutions; mais, comme la violence des conquérants y fut plus grande, un bien plus petit nombre seulement de villes put y conserver des débris d'organisation municipale. Dans celles qui eurent cet avantage, on voit une aristocratie bourgeoise qui paraît une dérivation des anciens curiales; on retrouve même dans le midi les noms romains : *sénat, consuls, duumvirs, édiles.* Bourges a, au septième siècle, des *familles sénatoriales.* Ailleurs, ces termes ont fait place à d'autres équivalents, qui sont propres au moyen âge : *prud'hommes, bons hommes (boni homines).* On a même trouvé des monnaies du temps de Charles le Chauve portant en exergue : *Biturices* (les habitants de Bourges). Dans toutes ces villes régnait donc déjà la vie municipale avant l'époque que l'on marque comme celle du mouvement communal; seulement elle reçut alors plus d'activité et d'extension.

Communes proprement dites.

Au contraire, dans la plupart des villes du nord, soit anciennes, mais ayant perdu les institutions municipales, soit nouvelles, et ne les ayant jamais possédées, il fallait conquérir par la force des avantages que nul précédent n'autorisait, élever des prétentions étranges et malsonnantes à l'oreille des seigneurs, introduire enfin dans l'état politique des principes révolutionnaires pour le temps. La féodalité, qui s'épanouissait là tout d'une pièce et dans toute sa rudesse germanique, combattit avec acharnement ces vilains qui osaient songer à ne plus être absolument à la discrétion de leurs seigneurs. Cependant elle fut obligée de céder presque partout à des masses d'hommes agglomérés dans un étroit espace, d'artisans vigoureux habitués à manier le maillet et la hache, qui pouvaient fort bien, au jour de la révolte, endosser eux-mêmes l'armure qu'ils fabriquaient la veille pour le seigneur, et qui opposaient à l'imprenable donjon seigneurial le dédale de leurs rues étroites et tortueuses, où le grand cheval de bataille et la longue lance pouvaient à peine se retourner. Or, le luxe allait croissant avec les tournois, la chevalerie, et les besoins plus délicats ; avec le luxe croissaient aussi et le nombre des ouvriers, et l'étendue de leurs villes, et leur force. Aussi vit-on, un peu plus tard, surtout dans les Pays-Bas, des villes (Gand, Bruges, Ypres, etc.) qui pouvaient faire sortir de leurs murs de grandes armées.

La partie de la France où ce mouvement se manifesta avec le plus d'énergie est le nord-est. On a vu cependant que la première commune établie fut celle du Mans (1067), abolie du reste six ans après par Guillaume. On remarque ensuite celle de Cambrai qui se constitue, en 1076, après plus de cent ans de guerre ouverte entre les habitants et l'évêque leur seigneur. Elle subit beaucoup de vicissitudes et fut abolie et rétablie plusieurs fois. Viennent ensuite celles de Noyon, Beauvais, Saint-Quentin. La plus célèbre est celle de Laon qui prit naissance en 1106. Cette ville n'était auparavant qu'un coupe-gorge ; les nobles y exerçaient le brigandage ouvertement, les bourgeois s'en vengeaient en les imitant : les rues étaient impraticables la nuit. De plus l'évêque, Normand très-belliqueux et grand chasseur, mais très-peu prêtre, faisait peser sur la ville des exactions accablantes dont il partageait les fruits avec les dignitaires de la cathédrale et les familles nobles de la ville. Il faisait torturer par un esclave noir qu'il avait, quiconque censurait le moindre de ses actes. Les bourgeois s'unirent en assemblées politiques, adoptèrent un plan de commune et achetèrent de l'évêque le droit de l'appliquer. Mais l'évêque voulut reprendre ce qu'il avait vendu ; ce fut l'occasion d'une insurrection terrible où il fut égorgé. Le roi Louis le Gros intervint, et laissa à la ville sa commune avec certaines modifications. Bien des vicissitudes encore remplirent, dans les deux siècles qui suivirent, l'histoire de cette ville qui perdit enfin tout à fait ses libertés sous

Philippe le Bel. Les communes d'Amiens, Soissons, Reims, Sens, Vézelay s'établirent aussi dans la première moitié du douzième siècle, et furent souvent l'objet de luttes non moins opiniâtres. Il y eut donc dans ce grand mouvement une certaine unité, et quoique les souffrances locales fussent la cause directe de chaque insurrection communale, on ne peut nier pourtant que l'exemple des villes voisines qui s'étaient déjà affranchies n'eût de l'influence sur les autres. La preuve, c'est qu'elles s'imitent entre elles : la commune de Laon s'organise sur le modèle des communes de Saint-Quentin et de Noyon, la charte de Laon sert de patron à celles de Crespy et de Montdidier; la charte de Soissons eut une grande célébrité et fut adoptée en plusieurs lieux.

Qu'est-ce donc qu'une *commune?* Un des ennemis de la révolution communale, l'abbé Guibert de Nogent, contemporain des événements, dit : « Commune est un mot nouveau et détestable, et voici ce qu'on entend par ce mot : les gens taillables ne payent plus qu'une fois l'an à leur seigneur la rente qu'ils lui doivent. S'ils commettent quelque délit, ils en sont quittes pour une amende légalement fixée; et quant aux levées d'argent qu'on a coutume d'infliger aux serfs, ils en sont entièrement exempts. » Ces dernières lignes offrent une définition assez exacte de la commune, qu'elles sont loin de rendre aussi odieuse que le voudrait faire l'auteur. Elles nous montrent les habitants exigeant des garanties pour leurs personnes, pour leurs biens, plaçant ces garanties sous la surveillance de magistrats déjà existants, *maires, jurés, échevins*, possédant enfin, par ces magistrats principaux, et c'est ce qui les caractérise, une juridiction propre, mais n'essayant généralement pas de faire des constitutions politiques. Là est la différence entre les communes françaises et les républiques italiennes; les premières limitèrent, mais ne rejetèrent pas, comme les secondes, la domination des seigneurs féodaux. On cite, comme une de celles qui restreignirent le plus les droits seigneuriaux, la commune de Cambrai : « Ni l'évêque, ni l'empereur, dit un contemporain, ne peuvent y asseoir de taxe; aucun tribut n'y est exigé; on n'en peut faire sortir la milice, si ce n'est pour la défense de la ville, et encore à cette condition que les bourgeois puissent le jour même être de retour dans leurs maisons. » Les bourgeois de Cambrai étaient sur le même pied que le feudataire le plus favorisé.

Intervention de la royauté ; décadence des communes.

Ce qui empêcha les communes de France d'arriver à la liberté politique et de former de petites républiques, c'est que, lorsqu'elles réussirent à se dérober à la domination de leur seigneur direct, elles n'échappèrent point à celle du suzerain supérieur, le roi. La ville d'Amiens avait arraché à son comte une charte de commune : quand le comté d'Amiens eut été réuni à la couronne de France, elle eut à lutter non plus contre un petit seigneur, mais contre le roi lui-même. Chose semblable se passa sur beaucoup d'autres points. La plupart du temps même, au fort de la lutte, de leur propre mouvement, elles invoquaient le roi et lui demandaient des secours, qu'il s'empressait d'accorder pour ne pas manquer une si belle occasion d'ébranler la puissance des seigneurs. Elles trouvèrent donc en lui un protecteur, fort utile au moment de la lutte, mais fatal ensuite à leur développement, qu'il arrêta en deçà de l'indépendance politique. Le grand nombre d'ordonnances royales, relatives aux communes, dans le douzième siècle et le treizième siècle, nous montre la large part que prit la royauté à cette révolution ; on a de Louis le Gros 9 actes relatifs aux communes ; 23 de Louis VII ; 78 de Philippe Auguste ; 10 de Louis VIII ; 20 de saint Louis ; 15 de Philippe le Hardi ; 46 de Philippe le Bel ; 6 de Louis X ; 12 de Philippe le Long ; 19 de Charles le Bel. Dès le temps de Louis VII même, semble s'être introduit ce principe que les communes appartiennent au roi, et, soixante ans après, Beaumanoir écrivait que « personne ne peut établir de commune sans le consentement du roi. » C'est au commencement du quatorzième siècle que le développement communal cesse et fait place à un mouvement opposé. On voit alors des communes supprimées d'autorité, d'autres réclamer elles-mêmes leur suppression dans l'espoir de trouver, sous l'autorité du seigneur ou du roi, plus de sécurité que dans les agitations de la liberté. Ainsi les communes, en France, ne firent rien pour accroître la liberté générale et ne surent même pas garder celle qu'elles avaient conquise; non-seulement elles ne songèrent jamais, comme les villes lombardes, à se confédérer entre elles, mais elles se laissèrent tuer séparément, ou même se suicidèrent.

Villes de bourgeoisie. Commencement du tiers état.

Si les communes perdirent ou n'atteignirent pas la liberté politique, elles conservèrent du moins des garanties, des priviléges municipaux. Elles se rapprochèrent ainsi d'un autre mode d'affranchissement du peuple, les *villes* proprement dites, les *bourgeoisies*. A propos du château seigneurial, il a été question de ces agglomérations d'hommes et d'habitations qui venaient, en quelque sorte, s'appendre aux grands murs. Le seigneur avait intérêt à les accroître pour multiplier ses sujets, ses artisans, augmenter ses revenus, même ses forces militaires; car, en mainte occasion, l'on voit des hommes, soit des villes, soit des villages, les *paroissiens*, comme on les appelle, marcher, sous la conduite de leur curé, là où le seigneur les appelle. Aussi s'efforçait-il d'y attirer les paysans des seigneuries voisines par les avantages qu'il accordait sur sa terre; il octroyait d'avance et faisait publier au loin une charte du genre de celle-ci : « Moi, Henri, comte de Troyes, fais savoir à tous présents et à venir, que j'ai établi les coutumes ci-dessous énoncées pour les habitants de ma *Villeneuve* (près Pont-sur-Seine), entre les chaussées des ponts de Pugny : tout homme demeurant dans ladite ville payera, chaque année, douze deniers et une mine d'avoine pour prix de son domicile; et, s'il veut avoir une portion de terre ou de pré, il donnera par arpent quatre deniers de rente. Les maisons, vignes et prés pourront être vendus ou aliénés à la volonté de l'acquéreur. (Voilà le vilain devenu propriétaire.) Les hommes résidant dans ladite ville n'iront ni à l'ost ni à aucune chevauchée, si je ne suis moi-même à leur tête. Je leur accorde, en outre, le droit d'avoir six échevins qui administreront les affaires communes de la ville, et assisteront mon prévôt dans ses plaids. J'ai arrêté que nul seigneur, chevalier ou autre, ne pourrait tirer hors de la ville aucun des nouveaux habitants, pour quelque raison que ce fût, à moins que ce dernier ne fût son homme de corps, ou n'eût un arriéré de taille à lui payer. — Fait à Provins, l'an de l'Incarnation 1175. » Ce que fit le comte de Troyes, d'autres seigneurs et le roi lui-même le firent fréquemment ; le nom de *Villeneuve*, qui se retrouve en beaucoup d'endroits (Villeneuve-le-Roi, Villeneuve-Saint-Georges, etc....) est une trace de ce fait général.

Il y eut aussi d'anciennes cités qui obtinrent des privilèges analogues à ceux des villes neuves en restant, comme elles, soumises au prévôt du seigneur ou du roi. Cela se fit principalement dans le domaine royal. Dans cette catégorie sont Orléans et Paris, qui, malgré leur antiquité, paraissent ne pas avoir conservé le régime municipal romain, mais avoir reçu, au contraire, toutes leurs franchises et privilèges du moyen âge et des rois, sauf à Paris la corporation de Nantes, qui remontait aux empereurs et probablement aux Gaulois. On voit à Orléans, en 1137, Louis VII interdire au prévôt et aux sergents de la ville toute vexation contre les bourgeois, et fixer l'impôt à lever pour le roi sur chaque mesure de blé et de vin ; dix ans après, il abolit le droit de *mainmorte*. Plus tard il donne des règlements pour réprimer les abus, organiser la juridiction, favoriser le commerce.

Comme on a vu certaines chartes de commune servir de modèle, on vit aussi certaines chartes de bourgeoisie obtenir une grande vogue. Telles furent les coutumes de Loris en Gâtinais, que le roi, dans l'espace de cinquante ans (1163-1201), accorda à sept bourgs ou villes de ses domaines, etc.

La grande différence entre les communes et les bourgeoisies est que les premières arrachaient de vive force des privilèges qui comprenaient la juridiction, ou droit de rendre la justice, tandis que les secondes obtenaient pacifiquement des concessions moins étendues dans lesquelles la juridiction n'était pas comprise.

En résumé, on voit que, parmi les villes de France, les

unes ne furent jamais affranchies de l'autorité royale, les autres, communes et cités municipales, y retombèrent. Dans toutes se forma une classe bourgeoise qui s'enrichit de jour en jour par le commerce et l'industrie, qui forma partout des corporations puissantes, remplit les universités, et amassa, en même temps que la richesse, la science, surtout celle des lois. Double chemin par lequel ces roturiers marchèrent à grands pas vers l'importance politique : comme marchands et industriels, saint Louis les appellera dans son conseil ; comme légistes, ils régneront sous le manteau royal de Philippe le Bel, et, ce même Philippe le Bel les admettant aux assemblées générales de la nation, ils formeront non plus seulement une classe, mais un ordre reconnu, un *état* du royaume, le troisième, le *tiers*.

Progrès de la population urbaine en Angleterre et en Allemagne.

En Angleterre, la révolution qui releva le peuple et l'introduisit dans la vie publique de la nation n'eut pas le même caractère qu'en France. Tout d'abord on n'y vit point ces luttes sanglantes de nos communes. Avant la conquête normande, plusieurs villes d'Angleterre étaient déjà riches, peuplées et intervenaient dans les affaires du pays ; les habitants de Cantorbéry assistaient, sous Éthelred II, à la cour du comte, et ceux de Londres concoururent à l'élection de plusieurs rois. Cependant elles ne paraissent pas avoir envoyé de députés au wittenagemot saxon, et leurs droits étaient renfermés généralement dans l'enceinte de leurs murs. La conquête leur fit beaucoup de mal ; York tomba de 1609 maisons à 967 ; Oxford, de 721 à 234 ; il en fut de même de plusieurs autres. Moins redoutables dès lors, elles perdirent leurs droits, et le seigneur, roi ou baron, dans les domaines duquel elles étaient situées, disposa presque absolument des biens et du sort des habitants. Henri I*er* les releva et donna à la cité de Londres sa première charte. Sous Henri II, les habitants de plusieurs villes acquirent la propriété du sol qu'ils occupaient et se rachetèrent des tributs individuels qu'il leur imposait arbitrairement, moyennant une redevance déterminée. Enfin, sous le roi Jean, les concessions de chartes devinrent fréquentes. Dès lors, les villes, redevenues riches et fortes, se firent respecter des seigneurs, rois ou barons, qui n'exigèrent plus, mais *demandèrent* des aides aux cités et bourgs de leurs domaines ; par là elles furent placées sur le même pied que les possesseurs de fiefs : les chefs des citoyens de Londres et des Cinq-Ports (Douvres, Sandwich, Hyte, Hastings et Romney) obtinrent même les titres de nobles et barons. Enfin, en 1264, les villes qu'on vient de nommer, celles d'York et de Lincoln, et toutes les autres grandes cités d'Angleterre, furent autorisées à envoyer des députés au parlement, ce qui marque leur avénement à la vie politique. Au parlement convoqué par Édouard en 1295, cent vingt villes ou bourgs envoyèrent des députés, car il est juste, disait le préambule des *writs* d'élection, que ce qui touche les intérêts de tous soit approuvé par tous.

Dans cette ascension, les villes avaient été aidées par la petite noblesse, c'est-à-dire les chevaliers des comtés et les francs tenanciers. Cela se vit aussi en Italie. Mais en Italie l'éloignement ou l'affaiblissement de l'autorité souveraine affranchit ces deux classes de la nécessité de s'unir : elles devinrent rivales, et la discorde consuma les républiques italiennes. Au contraire, en Angleterre, cette nécessité subsista à cause de la permanence de la puissance royale et de sa présence continuelle dans toutes les parties du royaume ; et, au lieu de petites républiques éphémères, on vit naître une grande représentation nationale.

Si en Angleterre les villes s'unirent avec la noblesse contre la royauté, en Allemagne comme en France elles firent alliance avec le souverain contre la féodalité ; seulement cette alliance fut bien moins étroite et entraîna pour elle une bien moins grande dépendance. L'empereur les éleva à l'*immédiateté* contre les princes de l'empire, c'est-à-dire que des villes situées sur le territoire des princes relevèrent directement non de ces princes, mais de l'empereur qui eut ainsi des appuis au sein même des grands fiefs. Les villes allemandes, déjà riches et commerçantes auparavant, accrurent leur commerce et leurs richesses, grâce à leur nouvelle condition.

Henri V aida beaucoup à cette révolution en accordant des privilèges à la classe inférieure des citoyens, aux artisans, qui jusque-là, d'après l'esprit de la loi romaine, avaient été distingués des hommes libres et placés plus bas; il les affranchit notamment d'une coutume oppressive, en vertu de laquelle le seigneur se trouvait à leur mort saisi de tous leurs biens meubles, ou avait du moins la faculté de réclamer ce qu'il y avait de meilleur dans la succession. Il enleva dans beaucoup de villes l'autorité temporelle à l'évêque, et distribua les bourgeois en compagnies suivant la nature de leurs occupations; institution qui fut bientôt adoptée dans les autres pays commerçants. Les bourgeois ainsi organisés ne tardèrent pas à former des conseils recrutés parmi eux par l'élection, en manière de sénat et de magistrature, et qui après s'être bornés d'abord à assister l'officier de l'empereur ou de l'évêque, obtinrent dans le treizième siècle la juridiction.

Un fait qui contribua à augmenter la classe des villes libres en Allemagne fut la chute de la famille des Hohenstaufen, anciens ducs de Souabe et de Franconie : par là, toutes les ville de Souabe et de Franconie, qui avaient été soumises à des seigneurs médiats, se trouvèrent en relation immédiate avec l'empereur, et, comme l'empereur était sans pouvoir, elles formèrent de véritables républiques. En Allemagne, les villes employaient, pour accroître leur population, un procédé semblable à celui que nous avons vu appliqué en France par les rois et les seigneurs dans la fondation de leurs *villeneuves*; comme le seigneur ouvrait un asile autour de son château, les villes en ouvraient un autour de leurs murs; une multitude d'étrangers y accouraient et se fixaient en dehors, sous le nom de *Pfahlburger* (citoyens des palissades; de là vient *faubourg*). Les serfs des seigneurs voisins s'y réfugiaient souvent; et, au bout de l'an et jour, ils ne pouvaient plus être réclamés. Ce fut l'objet de plaintes nombreuses de la part des seigneurs.

Les villes d'Allemagne qui acquirent la plus grande prospérité, furent celles des bords du Rhin et de la Lotharingie : Mayence, Cologne, Coblentz, Bonn, Aix-la-Chapelle, Metz ; celles de la Saxe : Magdebourg, Brême, Lubeck, Hambourg ; en Bavière : Ratisbonne ; en Souabe : Augsbourg et Ulm ; en

Franconie : Nuremberg, Francfort-sur-le-Mein, Spire, Worms, etc. Ces villes, dont le commerce s'étendait au loin et échangeait les denrées du nord de l'Europe contre celles de l'Orient, allaient bientôt être admises dans les diètes de l'empire. Mais elles ne réussirent pas à former une classe dans tout le pays, parce qu'elles ne purent ni s'associer à la noblesse féodale, comme en Angleterre, ni, comme en France, lier leur cause à celle du roi, trop faible et engagé souvent, à titre d'empereur, dans des intérêts très-différents. Aussi demeurèrent-elles à peu près isolées du reste de l'empire, et obligées de pourvoir elles-mêmes à leur défense à cause de la faiblesse du pouvoir suprême et du mauvais état de la police impériale; elles formèrent entre elles des ligues qui eurent une grande importance, mais qui, pas plus que celles des villes lombardes, ne purent donner naissance à un corps véritable[1].

Ce progrès des populations urbaines en amena un pour les populations rurales. Les chartes d'affranchissement se multiplièrent pour les serfs. Au douzième siècle déjà on les avait admis à témoigner en justice ; et des papes, Adrien IV, surtout Alexandre III, dont il reste une bulle célèbre, avaient demandé leur liberté. Au treizième, les affranchissements furent très-nombreux ; car les seigneurs commençaient à comprendre ce que Beaumanoir, ce que plusieurs chartes disent nettement, qu'ils gagneraient à avoir sur leurs terres des hommes libres, laborieux, plutôt que d'y garder des serfs paresseux « qui négligent de travailler, en disant qu'ils travaillent pour aultruy. »

Opposition du droit féodal et du droit coutumier.

Ainsi cette classe nouvelle que l'évêque Adalbéron, sous le roi Robert ne connaissait point, arrivait maintenant à l'existence, mais animée d'un tout autre esprit que celle qui lui avait si longtemps barré la route. Tandis que la société féodale, régie par le privilége, accordait tout à l'aîné et im-

---

[1]. Pour la condition de la population urbaine en Espagne, voyez ci-dessous le chap. xxx, et pour la transformation des républiques lombardes et toscanes en principautés, le chap. xxviii.

mobilisait les héritages dans les mêmes mains, les bourgeois écrivaient dans leurs chartes quelques-uns des principes du droit rationnel, le partage égal des biens entre tous les enfants.

Le nouveau droit populaire n'aurait pu, tout humble et tout honteux qu'il était, entrer en lutte avec le droit aristocratique, s'il n'avait trouvé un puissant auxiliaire dans le vieux droit des empereurs romains. Longtemps délaissé, mais non complétement oublié, ce droit reparut au onzième et au douzième siècle avec un grand éclat dans quelques villes d'Italie, surtout à Bologne, où de nombreux écoliers, accourus de toute l'Europe, se pressèrent autour de la chaire d'Irnerius, le rénovateur des études juridiques. Les Français furent les premiers à passer les monts, pour aller, pèlerins de la science, comme leurs pères l'avaient été de la croix, écouter ses doctes leçons; et bientôt Montpellier, Angers, Orléans avaient eu des chaires de droit romain. Sous Philippe Auguste la compilation de Justinien fut traduite en français; et tel était l'attrait de cette étude, que des papes, des conciles l'interdirent solennellement aux moines, afin qu'ils ne fussent point par elle détournés de la méditation des livres saints.

C'est qu'aussi aux yeux des hommes de ce temps, perdus dans le chaos des lois féodales, le code romain, admirable ensemble de déductions logiques qui ont pour points de départ l'équité naturelle et l'utilité commune, semblait être véritablement, comme ils l'appelaient, la raison écrite. La riche bourgeoisie vouait ses enfants à cette étude où ils trouvaient une arme de guerre contre le régime féodal; et avec ces lois que leur origine et leur antiquité rendaient doublement respectables, les légistes purent travailler de mille manières à l'affranchissement des deux grandes servitudes du moyen âge : celle de l'homme et celle de la terre. Saint Louis a déjà autorisé le Languedoc à suivre le droit romain comme sa loi municipale; d'autres provinces obtiendront la même concession. Dans celles qui garderont leur législation particulière, la loi romaine, tenue en réserve pour être consultée sur tous les cas douteux, pénétrera insensiblement la coutume de son esprit. Ainsi commence, au treizième siècle, cette sourde guerre du droit rationnel, soit romain, soit coutumier, contre le droit aristorcratique de la société féodale ; cette guerre que les légistes soutiennent et dirigent ne se terminera pour la France qu'à la grande date de 1789, par le triomphe de l'équité sur le privilége. Et elle ne l'est point encore pour les pays de l'Europe qui sont restés en dehors de nos voies.

CHAPITRE XXIII.

CIVILISATION AU DOUZIÈME ET AU TREIZIÈME SIÈCLE.

Les voyageurs en Orient et le commerce au moyen âge. — Industries et cultures nouvelles; corporations. — État des campagnes; défaut de sécurité. Les juifs et la lettre de change. — Progrès intellectuels; universités, scolastique, astrologie, alchimie, sorciers. — Littératures nationales. — Arts : architecture ogivale.

Les voyageurs en Orient et le commerce au moyen âge.

A quoi la population urbaine devait-elle ces progrès ? aux progrès mêmes de l'industrie, du commerce que les croisades avaient développés.

L'Orient, l'Inde surtout, étaient, pour l'imagination du moyen âge, le pays des richesses fabuleuses. Là, les denrées exquises, les pierres précieuses, l'or se trouvaient à profusion. Pour arriver à ces merveilleuses contrées, on ne connaissait d'autres voies que celles de l'Asie, au nombre de trois : par le nord de la mer Caspienne; par la Syrie et la Perse; par la mer Rouge et la mer des Indes. Ces voies étaient suivies concurremment; mais le commerce ne s'y hasardait qu'à travers mille obstacles et mille dangers. Nous en pouvons avoir une idée par les relations d'un certain nombre de voyageurs hardis du moyen âge.

Vers 1173, le juif Benjamin de Tudèle alla jusqu'à Samarcande et jusqu'à l'Indoustan. En 1246, Jean du Plan Carpin, franciscain, fut envoyé par Innocent IV chez les Tartares, sur lesquels il nous a laissé un véritable traité. En 1253, saint Louis, étant en Palestine, et désirant s'allier aux Mongols, s toutefois une telle alliance était possible, envoya chez eux le cordelier Rubruquis (Ruybrœcq) avec mission de lui écrire de longues lettres sur tout ce qu'il observerait. A la même époque voyageait déjà cette hardie famille vénitienne des Polo, dont le plus jeune et le plus célèbre est Marco. Marc Paul séjourna avec son père et son oncle pendant vingt-six ans en Chine auprès des Tartares. Ils rendirent même de grands services au khan, qui ne voulait plus les laisser partir. Ils réussirent pourtant à revenir en Europe, ayant visité toutes les côtes de la Chine et de l'Inde. A Venise, on refusa de les reconnaître; leurs héritiers avaient affirmé qu'ils étaient morts; d'ailleurs ils étaient devenus presque Tartares d'aspect et de langage, et se présentaient sous un fort pauvre accoutrement. Ils assemblèrent ceux qu'ils savaient être leurs parents ou anciens amis, et se mirent devant eux à découdre leurs grossiers habits; de chaque couture tombaient diamants, émeraudes, saphirs : aussitôt parents et amis se retrouvèrent en foule. Marc Paul prit part à la guerre que ses compatriotes firent aux Génois et tomba aux mains de ceux-ci. Retenu dans une captivité, adoucie du reste par de grands égards, il y écrivit sa précieuse relation.

Une autre relation, fort curieuse sous d'autres rapports, est celle du chevalier anglais John Mandeville, qui voyagea dans le milieu du quatorzième siècle. Cette relation, écrite par lui en trois langues, en anglais, français et latin, et dont les manuscrits se multiplièrent prodigieusement dans ce siècle et le suivant, est remarquable par certaines idées cosmographiques sur la rotondité de la terre, la possibilité d'en faire le tour, et l'existence des antipodes, questions de première importance pour la découverte d'une nouvelle voie vers l'Inde, que Vasco de Gama trouvera au commencement des temps modernes.

Les négociants n'allaient pas si loin que ces hardis missionnaires de la science; ils ne quittaient guère les bords de la Méditerranée, de la mer Noire et de la Baltique, mais ils étaient en relations par des caravanes avec les pays de l'extrême Orient. On a trouvé de monnaies arabes sur les bords du golfe de Finlande, et les marchands de Novogorod plongeaient des yeux et des mains avides dans cet Orient d'où sont toujours venues les plus riches denrées du monde : la soie, les parfums, les épices, les pierres précieuses, l'ivoire, la poudre d'or et les plumes d'Afrique, des bois de teinture, les armes de Damas, les tissus de Mossoul et de l'Inde, le sucre de la Syrie.

Ce commerce avait au moyen âge deux régions distinctes : les bords de la mer du Nord et de la Baltique, les pays que baigne la Méditerranée.

Le commerce méditerranéen prospérait bien avant celui du nord. Sans parler des villes du littoral africain qui jetèrent un grand éclat aux dixième et onzième siècles, ni des Arabes d'Espagne qui furent si industrieux et si riches[1], Barcelonne, entrepôt et débouché de toute l'Espagne, Montpellier, Narbonne, Arles, Marseille, Nice, Gênes, Pise, Florence, Amalfi, Venise se disputaient les richesses de l'Orient. Les villes italiennes en accaparèrent la plus grande part et semèrent de leurs comptoirs les côtes de l'Archipel et de la mer Noire, où Venise et Gênes dominèrent soit concurremment, soit tour à tour[2].

Pourtant ce n'était qu'avec peine qu'elles tiraient du fond de l'Asie, au travers de populations hostiles et souvent bouleversées par la guerre, une faible partie de ces richesses ; c'était encore avec difficulté qu'elles les faisaient passer par-dessus les Alpes aux villes du nord de l'Europe pour échanger avec celles-ci les denrées des deux régions. Marseille, Beaucaire, Lyon et Troyes servaient d'intermédiaires par la France ; Constance, Bâle, Strasbourg le long du Rhin ; Inspruck dans les Alpes ; Augsbourg dans la grande plaine bavaroise ; Ulm, Ratisbonne et Vienne sur le Danube ; Nuremberg dans la Franconie. A ces mêmes villes arrivaient les produits du commerce septentrional.

Dans les basses terres du nord de l'Allemagne et de la France, souvent noyées par les eaux et entrecoupées de fleuves nombreux, les villes furent naturellement plus fortes que la féodalité. Invités au commerce par la mer qui était devant

---

[1]. Voy. ci-dessus, pages 1, 3 et suiv. — [2]. Voy. plus loin, chap. XXIX.

elles, par les fleuves qui pouvaient porter dans toutes les directions leurs navires jusqu'au centre d'un grand continent, elles s'y livrèrent de bonne heure ; mais, à la différence des cités italiennes qui étaient toujours rivales les unes des autres, parce qu'il n'y avait pas entre elles une féodalité puissante qui les forçât de s'unir contre un ennemi commun, les cités allemandes se confédérèrent pour s'assurer une protection mutuelle : c'est ce qu'on appelle la *ligue hanséatique*, qui domina dans le nord de l'Europe et qui unit, dans un même intérêt commercial, toutes les villes des rives de la Baltique, les riches cités qui bordaient le Rhin et les grandes communes de Flandre.

De Londres à Novogorod, sur tous les navires de commerce, au-dessus de tous les comptoirs, flottait un seul pavillon, celui de la hanse. Ses marchands étaient maîtres des pêcheries, des mines, de l'agriculture et de l'industrie de l'Allemagne. C'était sur leurs marchés que s'échangeaient les pelleteries, les suifs et les cuirs de la Russie, les grains, la cire et le miel de la Pologne, l'ambre de la Prusse, les métaux de la Saxe et de la Bohême, les vins du Rhin et de la France, les laines et l'étain de l'Angleterre, les toiles de la Hollande et de la Frise, les draps de la Flandre, etc. Enfin, c'était à l'immense entrepôt de Bruges que les Italiens et les Provençaux envoyaient les denrées de l'Orient. 52 villes faisaient partie de cette confédération en 1360, et 80 au quinzième siècle. Elles se divisèrent en 4 colléges, dont Lubeck, Cologne, Brunswick et Dantzik furent les chefs-lieux. Lubeck était la capitale ou plutôt le siége métropolitain de la ligue. Les comptoirs en pays étrangers étaient à Londres, Bruges, Berghem et Novogorod ; il y en avait encore à Paris, à Wisby, dans l'ile de Gothland, etc.

A côté de la grande association commerciale de l'Allemagne, la Flandre, couverte de villes et d'ateliers, était un ardent foyer d'industrie. Gand, avec ses 80 000 citoyens en état de porter les armes, mettait fièrement sur son écu cette devise presque romaine : S. P. Q. G. (*Senatus populusque Gandavensium*). Ypres comptait dans ses murs et dans sa banlieue, 200 000 tisserands ; Bruges, entrepôt de toute la

Flandre, était le rendez-vous des commerçants européens, et posséda, dès 1310, une chambre d'assurance deux siècles avant le reste de l'Europe. « Le monde entier, dit Mathieu de Westminster, était vêtu de laine anglaise, travaillée en Flandre. Tous les royaumes de la chrétienté, et les Turcs eux-mêmes, furent affligés de la guerre malheureuse qui éclata en 1380 entre les villes et le comté. » Quant à la Hollande, encore obscure, elle avait pourtant déjà les éléments de la brillante fortune qui l'attendait : au treizième siècle une inondation de l'Océan joignit le Zuyderzée à la mer et fit d'Amsterdam un port à l'abri des tempêtes; au quatorzième, le déplacement du hareng, qui passa des côtes de la Scanie sur celles de l'Angleterre et de la Hollande, apporta à ces pays un trésor.

L'industrie et le commerce anglais sommeillaient. Déjà pourtant l'Angleterre était en relations avec l'Espagne; elle lui donnait ses moutons d'espèce excellente, et en échange lui prenait ses chevaux arabes, pères de la belle race chevaline qu'elle possède.

En France, au douzième siècle, Troyes en Champagne, Beaucaire dans le Languedoc, Saint-Denis, près de Paris, avaient des foires annuelles célèbres dans l'Europe entière. Les marchands de Rouen, d'Orléans, d'Amiens, de Reims, etc., se tenaient en relations avec les riches fabriques de la Flandre et l'immense entrepôt de Bruges. Ceux de Lyon, de Nîmes, d'Avignon et de Marseille allaient deux fois par an chercher à Alexandrie les denrées de l'Orient, qui nous arrivaient aussi par Venise et les villes de l'Allemagne; Bordeaux exportait déjà ses vins pour l'Angleterre et la Flandre; les villes du Languedoc achetaient à Tolède des armes d'une trempe excellente, à Cordoue des tapisseries de cuir chargées d'arabesques. Paris avait une *hanse* ou association pour les marchandises qui lui venaient par eau. Philippe Auguste confirma ses privilèges. De là ce vaisseau que la ville garde encore dans ses armes. Saint Louis prit les marchands sous sa sauvegarde.

Ils avaient leurs règlements, qui formaient comme trois codes maritimes. Tout le commerce du midi était régi par le *Consolato del mare*. Celui du nord en avait deux : les *Lois* d'*Oleron*, imitation du *Consolato del mare*, et que Saint Louis publia; les ordonnances de Wisby, qui furent rédigées d'après les lois d'Oleron.

Enfin je dois mentionner une découverte qui appartient au moyen âge, bien qu'elle n'ait eu tout son effet qu'au commencement des temps modernes, et qui est due aussi aux relations de l'Europe avec l'Asie, celle de la boussole. On n'en connaît pas bien l'origine. Guiot de Provins, poëte latin qui vivait en France vers l'an 1200, parle dans ses vers de la polarité de l'aimant, ce qui prouve qu'elle était connue dès lors et qu'on en a attribué à tort la découverte à un Amalfitain du quatorzième siècle. C'était très-probablement un héritage des Sarrazins, qui la tenaient eux-mêmes des Chinois. Toutefois ce n'est qu'au commencement du quatorzième siècle que les Génois et d'autres peuples riverains de la Méditerranée se mirent à en faire usage et à s'engager le long des côtes atlantiques sur la foi de ce petit instrument, qui allait frayer aux Européens tous les chemins de l'Océan.

Industries et cultures nouvelles; corporations.

Les croisés rapportèrent aussi d'Orient quelques industries nouvelles : les tissus de Damas, imités à Parme et à Milan; le verre de Tyr, imité à Venise, qui en fit des glaces pour remplacer les miroirs en métal; l'usage des moulins à vent, du lin, de la soie, de quelques plantes utiles, comme le prunier de Damas, la canne à sucre, dont le produit allait tenir lieu du miel, seul connu de l'antiquité, mais qui ne put être cultivée qu'en Sicile et en Espagne, d'où elle passa plus tard à Madère et aux Antilles dont elle a fait la fortune; enfin le mûrier, qui enrichit l'Italie avant d'enrichir la France[1]. Les étoffes de coton commencent à cette époque à se répandre[2]. Le papier de coton était connu depuis long-

---

1. Saint Louis rapporta la renoncule; le roi de Navarre, la rose de Damas.
2. Il est fait mention dans le testament d'un comte de la Marche d'Espagne, en 1220, d'une robe de coton. Les croisades popularisèrent l'usage de cette substance; mais ce n'est qu'au dix-septième siècle que le coton fournit en France à une industrie de quelque importance. Elle est aujourd'hui la première de l'Europe.

temps[1]; le papier de linge le fut à la fin du treizième siècle; mais ce n'est que depuis le seizième qu'il remplaça généralement le parchemin. Les damasquinures, la gravure des sceaux et des monnaies se perfectionnèrent. On apprit à appliquer l'émail, et l'orfévrerie prit l'essor.

Dans les derniers temps de l'empire romain, on voit les ouvriers de même profession s'associer entre eux. Les Germains, de leur côté, apportèrent l'usage des ghilds, dont tous les membres se promettaient appui et célébraient par des festins leur union, placée sous le patronage d'un dieu ou d'un héros, ce qui valait aux membres de la ghilde le nom de *frères du banquet*. Les deux institutions, se mêlant, formèrent les corporations du moyen âge. Charlemagne les défendit; le synode de Rouen, en 1189, les prohiba; mais elles étaient trop une nécessité de ces temps de violence pour ne pas braver toutes les défenses. Les communes avaient garanti la liberté des personnes; les corporations assurèrent celle du travail. Les membres d'une corporation trouvaient en effet appui les uns dans les autres, secours pour les vieillards, les veuves, les orphelins. Chacune avait un saint pour patron, ses fêtes, son trésor. Les chefs, syndics ou jurés, prévenaient les fraudes et veillaient à l'observation des règlements. Ces règlements exigeaient un apprentissage long et sévère, et assuraient aux membres de la corporation le monopole de leur industrie; de sorte que, pour chaque profession, le chiffre des *maîtres* était fixé par la corporation elle-même. Il résultait de là qu'il n'y avait point de concurrence, et que les prix étaient maintenus à un taux élevé. Mais cette discipline si sévère était nécessaire à l'industrie naissante. Plus tard les corporations devinrent une gêne : au moyen âge elles étaient une nécessité. La bourgeoisie est sortie de là. Nous avons encore les règlements que saint Louis fit rédiger pour les corporations de Paris. Les chefs de métier avaient la police de leur corps, un certain maniement de fonds et même un pouvoir judiciaire, mais aussi ils furent responsables devant le prévôt des désordres commis au sein de leur corporation.

[1]. On conserve à la Bibliothèque impériale des manuscrits sur papier de coton, du dixième ou onzième siècle.

État des campagnes; défaut de sécurité. Les juifs et la lettre de change.

Les corporations donnaient quelque sécurité à l'industrie des villes, mais l'agriculture en avait bien peu. Les forêts, les landes couvraient de vastes espaces et ce n'était qu'autour des villes et des bourgs fermés, autour des châteaux forts et des monastères, qu'on trouvait des terres bien cultivées. Car le laboureur n'osait s'aventurer dans la campagne loin de tout lieu de refuge. Crespy en Valois offre un curieux exemple de ce qu'étaient alors beaucoup de villes. Elle avait un long faubourg dont elle était séparée par une ligne fortifiée, et le faubourg lui-même était couvert par une enceinte palissadée. Les bourgeois habitaient la ville ; le faubourg servait durant l'hiver de retraite aux paysans, avec leur bétail et leurs instruments d'exploitation; dans les autres saisons, dès que quelque péril se montrait. Ils n'avaient aux champs, pendant les travaux, que des huttes comme celles que nos bûcherons élèvent encore dans les grandes forêts. On a vu que telles étaient aussi les villes allemandes.

Si le paysan prenait de telles précautions, que n'avait pas à craindre le marchand? aussi payait-il, outre les droits de douane levés aux portes des villes, un droit d'escorte à chaque seigneur dont il traversait les domaines, pour être garanti contre toute rapine. Les négociants par eau étaient également soumis à bien des exactions et en particulier au droit odieux d'épave. Quand un naufrage avait lieu, les seigneurs riverains s'appropriaient tout ce que la mer rejetait : « J'ai là une pierre plus précieuse que les diamants qui ornent la couronne des rois, » disait un seigneur de Léon, en Bretagne, en montrant un rocher fameux par les naufrages qu'il avait causés. Et l'on ne se faisait pas faute d'aider à la colère de l'Océan en attirant par de faux signaux les navires sur les écueils.

Les rois essayèrent bien de renouveler un capitulaire de Charlemagne qui obligeait les seigneurs prenant péage à entretenir les routes et à garantir la sûreté des voyageurs depuis le soleil levant jusqu'au soleil couchant. Mais dans le vrai moyen âge, ils furent rarement en état de se faire obéir. Un autre fléau pour le commerce était la diversité infinie des monnaies. On en trouvait rarement de la bonne, et, à chaque fief, il en fallait changer, toujours à perte. En France, saint Louis ordonna que la monnaie des quatre-vingts seigneurs, qui avaient alors le droit d'en frapper, n'aurait pas cours hors de leur terre, au lieu que celle de la couronne serait reçue par tout le royaume; c'était un pas vers l'abolition de la monnaie seigneuriale, et ce fut un grand bienfait pour le commerce.

L'Église interdisant le prêt à intérêt, les usuriers pullulaient. C'étaient ordinairement des juifs qui ne pouvaient faire que ce commerce, car on leur interdisait tous les autres. De là une des causes générales de la haine contre eux. Aussi pour cacher leurs richesses et en même temps pour les faire circuler aisément, ils inventèrent ou, si l'invention est due à des banquiers italiens, ils employèrent des premiers la *lettre de change* qui supprima la distance entre les capitaux, comme de nos jours la vapeur a supprimé l'espace entre les peuples. Dans la dernière partie du moyen âge, les banquiers lombards et cahorsins (ceux-ci venaient du midi de la France qui s'était, comme l'Italie, fort enrichi par le commerce) firent concurrence aux juifs, d'autant mieux qu'ils n'étaient pas exposés comme eux à être mis en coupes réglées. Le fanatisme persécuteur du moyen âge n'a pas seulement causé à ce malheureux peuple d'abominables douleurs, il lui a inoculé tous les vices par lesquels il essaya de se venger de ses oppresseurs. L'histoire des juifs avant et depuis 1789 est un curieux et mémorable exemple des résultats contraires qu'obtiennent l'iniquité et la justice.

Progrès intellectuel : universités, scolastique, astrologie, alchimie, sorciers.

Avec plus d'ordre dans l'État, plus de travail dans les cités et d'aisance dans les familles, devaient naître d'autres besoins, ceux de l'esprit. Les grandes choses qu'on avait faites, les choses nouvelles qu'on avait vues avaient donné une heureuse secousse aux intelligences, et, comme l'industrie et le commerce, les lettres et les arts prennent alors un magnifique essor. Les écoles se multiplient, les études s'étendent ; les littératures nationales commencent ; de grands noms apparaissent : Albert le Grand, saint Thomas, Roger Bacon, Dante. Sans les guerres affreuses dont le quatorzième siècle fut désolé, c'est du treizième qu'on aurait daté la Renaissance.

Il y avait peu d'abbayes importantes qui n'eussent une école, et on a vu, par l'exemple de la France (p. 250-1), combien les abbayes étaient nombreuses en Europe. Mais le besoin de s'instruire devenait si général, que ces écoles monastiques ne suffisaient pas. D'autres s'ouvrirent dans toutes les grandes villes. La pénurie et le haut prix des livres rendaient nécessaire l'enseignement par la parole. Dès qu'un maître célèbre élevait quelque part une chaire, les élèves accouraient en foule. Quand Abélard, par exemple, parlait en plein air, sur le penchant de la montagne Sainte-Geneviève encore couverte de vignes et de fleurs, des milliers d'écoliers se pressaient pour recueillir ses paroles. Mais au moyen âge tout prenait la forme d'une corporation. Les maîtres et les disciples s'associèrent comme les artisans et formèrent, sous le nom d'universités, des corps qui eurent des priviléges étendus. La plus fameuse fut l'étude de Paris (on ne se servit qu'en 1250 du nom d'université), qui, constituée en 1200, reçut ses statuts du cardinal-légat Robert de Courçon quinze ans plus tard, et servit de modèle à beaucoup d'autres. Telle était sa renommée qu'elle voyait venir à elle les étudiants de tout pays, car la langue qu'on parlait dans les écoles, le latin, était au moyen âge la langue universelle. Elle était divisée en quatre facultés : de théologie, de décret ou de droit canon, de médecine et des arts ; la dernière enseignait la grammaire, la rhétorique et la philosophie, c'était le *trivium* ; de plus le *quadrivium*, ou l'arithmétique, la géométrie, la musique, l'astronomie. Le droit romain était étudié principalement à Orléans ; la médecine principalement à Montpellier. La Faculté des arts élisait le recteur auquel les autres Facultés obéissaient.

Les plus illustres et les plus anciennes, après celle de Paris furent les universités de Montpellier et d'Orléans, en France ; d'Oxford et de Cambridge, en Angleterre ; de Padoue, en Italie ; de Salamanque et de Coïmbre, en Espagne, toutes fondées au treizième siècle. La plus ancienne université allemande, celle de Prague, ne date que de 1348.

Des priviléges considérables y attiraient les étudiants. Celle de Paris comptait quinze ou vingt mille écoliers qui n'étaient point soumis à l'autorité des magistrats de la ville, qu'on ne pouvait arrêter pour dettes, et qui bien souvent troublaient la cité de leurs querelles et de leurs débauches, mais du milieu desquels sortirent, au treizième siècle seulement, sept papes et un grand nombre de cardinaux et d'évêques, sans compter beaucoup d'hommes illustres qui étaient venus s'asseoir parmi les écoliers de la rue du Fouare et gravir « la montagne sainte de la science. » Depuis la chute de l'empire romain, la science était restée aux mains du clergé, et n'était donnée qu'à ses seuls membres ; les universités la sécularisèrent. Celle de Paris, malgré son surnom de *fille aînée des rois* et de *citadelle de la foi catholique*, aura bientôt, dans toute la chrétienté, une autorité morale assez grande pour forcer plus d'une fois les rois et les papes à compter avec elle.

Le moyen âge, dans sa foi profonde, resta longtemps sans demander à d'autres qu'à ses théologiens la solution des grands problèmes que l'âme agite toujours sur elle-même et sur Dieu. Cependant cette curiosité s'éveilla, et de ce jour la philosophie, éteinte depuis six siècles, reparut, mais avec un caractère tout particulier qui lui a valu un nom spécial, la scolastique.

Saint Anselme, au onzième siècle, écrivit à la prière des moines du Bec son *Monologue*, où il fait la supposition hardie d'un homme ignorant qui cherche la vérité avec la seule assistance des lumières naturelles. La raison n'y est que l'humble servante de la foi, car c'est dans le but unique de prouver les vérités religieuses qu'Anselme employait les procédés de raisonnement dont Aristote s'était servi pour la découverte des vérités scientifiques. Plus tard, quand les juifs espagnols traduisirent de l'arabe en latin un grand nombre d'ouvrages d'Aristote que l'âge précédent n'avait pas connus, car on n'avait possédé longtemps que diverses parties de l'*Organon*, le treizième siècle fut comme ébloui de ces nouvelles richesses, et le Stagirite régna souverainement dans toutes les chaires de philosophie. Malheureusement l'étude persévérante de ses premiers livres mal compris avait jeté l'esprit du moyen âge dans une voie d'où il eut peine à sortir. On réduisit toute la science à l'art de raisonner, et on plaça l'évidence dans tout syllogisme qui paraissait régulièrement déduit. La scolastique ne fut donc point un certain système de philosophie, je veux dire un seul corps de doctrines sur les grandes questions qui nous intéressent; elle fut bien plutôt une certaine manière de disserter sur toutes les questions, en partant de prémisses qu'on recevait toutes faites ou qu'on posait soi-même sans en vérifier au préalable la justesse. Aussi, aucune idée n'en sortit qui agît sur le monde. Elle resta une sorte de gymnastique intellectuelle où le prix de l'effort n'était pas la découverte d'une vérité, mais la victoire gagnée dans des combats de mots, à l'aide de subtiles ou ridicules distinctions et d'un langage barbare que les initiés seuls pouvaient comprendre. On perdit à ces disputes beaucoup de temps et d'efforts ; pourtant l'esprit s'aiguisa et se fortifia dans ces luttes; l'instrument fut préparé pour des études plus sérieuses.

Le douzième siècle avait retenti des grandes querelles des *réalistes* et des *nominaux* de Roscelin et de saint Anselme, de Guillaume de Champeaux et de son plus fameux disciple, Abélard, qui vainquit son maître. Abélard, plus célèbre aujourd'hui par ses amours que par sa science, produisit, dans la querelle des nominalistes et des réalistes, une opinion nouvelle et conciliatrice, plus rapprochée de la vérité : celle qui refuse aux idées générales l'existence hors de nous, mais qui la leur accorde en nous comme conceptions de notre esprit. Comme il avait osé appliquer la dialectique pure aux choses de la foi, il fut foudroyé par saint Bernard, comme l'avait été Jean Scott au neuvième siècle pour le même motif par le pape Nicolas. « Qui es-tu? s'écrie l'apôtre du douzième siècle, qu'apportes-tu de meilleur? Quelle subtile découverte as-tu faite?... Dis-nous donc quelle est cette chose qui t'apparaît à toi et qui n'apparut à personne auparavant....

Pour moi, j'écoute les prophètes et les apôtres, j'obéis à l'Évangile. Et si un ange venait du ciel pour nous enseigner le contraire, anathème sur cet ange lui-même ! » La lutte de la raison et de l'autorité éclatait avec sa violence ordinaire. Les deux grandes voix du philosophe breton et de l'orateur bourguignon remplirent le douzième siècle. Le premier, né en 1079, mourut en 1141 ; le second, né en 1091, mourut en 1153.

Au treizième siècle retentirent les longs débats de l'Écossais Duns Scot et de l'Italien saint Thomas, qui tous deux étudièrent et enseignèrent à Paris avec un succès immense, partagèrent entre eux l'école et la chrétienté, et agitèrent encore tout le quatorzième siècle par les disputes de leurs partisans, les *Scotistes* et les *Thomistes*. Saint Thomas d'Aquin fut la plus parfaite expression de l'idéalisme en scolastique. Sa *Somme théologique*, demeurée inachevée, est un monument immense, où il s'est proposé de consigner tout ce qu'on savait sur les rapports de Dieu et de l'homme. Ils avaient été précédés dans l'école de Paris par l'Allemand Albert le Grand, qui fut ensuite évêque de Ratisbonne, et à qui son savoir valut la réputation de magicien, par l'Anglais Alexandre de Halès, « le docteur irréfragable» et l'oracle des Franciscains, enfin par le Flamand Henri de Gand, « le docteur solennel. »

Après ces grands noms, on peut encore faire une place à Vincent de Beauvais, chapelain de saint Louis, sinon pour la force de son esprit, du moins pour l'intérêt que nous offre l'encyclopédie qu'il traça des connaissances de son temps, *Speculum majus*, comme Pline l'avait fait pour les connaissances de l'antiquité. Il faut cependant se hâter de dire que jusqu'au treizième siècle le moyen âge a vécu des débris du savoir antique sans y rien ajouter. Albert le Grand commença à rentrer dans les voies de l'observation pour l'étude de la nature physique; mais l'invention ne se montre qu'avec l'Anglais Roger Bacon, moine franciscain qui étudia aussi à Paris, et découvrit ou du moins exposa dans ses écrits la composition de la poudre à canon, du verre grossissant, de la pompe à air. Il avait reconnu la nécessité de refaire le calendrier, et les réformes qu'il proposa sont précisément celles qui furent adoptées sous Grégoire XIII. Il y avait du Képler et du Descartes dans ce moine qui osait écrire : « Nous avons trois moyens de connaître : *l'autorité*, qui, s'imposant à l'esprit sans l'éclairer, fait croire, mais ne fait pas comprendre ; le *raisonnement* où l'on ne peut distinguer le sophisme de la démonstration qu'en vérifiant la conclusion par l'expérience et la pratique ; enfin l'*expérience*, qui est le terme de toute spéculation et la reine des sciences, puisque seule elle certifie et couronne leurs résultats. » Aussi ne faut-il pas s'étonner que, malgré sa foi sincère, ce précurseur ait eu le sort de tous ceux qui regardent en avant de leur siècle : Bacon passa vingt-quatre années dans les prisons de son ordre ou sous la persécution ; il mourut vers 1294.

L'Espagnol Raymond Lulle développa aussi à Paris, « dans la cité des philosopes, » son *Ars magna*, puissant mais vain effort pour tracer une classification des sciences et construire une sorte de machine à penser qui stérilisait l'esprit.

Mais, par une vicissitude que présente souvent l'histoire de l'esprit humain, ce grand treizième siècle n'est pas écoulé que déjà, las de ces interminables débats métaphysiques et de ces argumentations qui n'avancent pas, les uns se jettent, avec Simon de Tournay, dans la négation de toute certitude ; les autres, avec saint Bonaventure, dans les nuages du mysticisme.

Un des travers de cet âge fut l'astrologie ; il va croissant jusqu'au seizième siècle et ne s'éteindra qu'au dix-septième. Les astrologues prétendaient lire dans les astres les destinées de la vie humaine. Une autre folie était celle des alchimistes qui cherchaient la pierre philosophale, c'est-à-dire les moyens de faire de l'or par la transmutation des métaux. Ces rêveries n'en conduisirent pas moins à d'heureuses découvertes[1]. Quel-

---

1. Les alchimistes croyaient que les minéraux étaient doués de vie comme les végétaux, et qu'ils se développaient au sein de la terre par des combinaisons nouvelles, entre leurs éléments constitutifs, s'élevant sans cesse de l'état imparfait à l'état parfait, convergeant tous à l'or, le métal par excellence. Ils concluaient logiquement de ce faux principe qu'on pouvait aider au travail de la nature et que la science trouverait le moyen de transmuer les métaux, du jour où elle aurait trouvé la substance nécessaire pour accomplir le phénomène, la *pierre philosophale*. Le *grand élixir*, qui devait donner de l'or, des diamants, même la santé et la vie de Mathusalem, fut introuvable ;

ques astrologues, à force de regarder le ciel, en vinrent à y chercher les lois du mouvement des astres ; les alchimistes ne trouvèrent pas d'or dans leurs creusets, mais des corps nouveaux, ou, chemin faisant, quelque propriété nouvelle des corps déjà connus. Ainsi furent découverts l'art de la distillation des sels, des acides énergiques, les émaux, les verres convexes, dont on fera les lunettes. Je viens de parler de la poudre à canon que les Arabes connaissaient déjà et de la boussole qui nous vint peut-être par eux, de la Chine.

Puisque nous parlons des aberrations de la science, il faut parler aussi de celles de l'esprit. Les sorciers pullulaient. Beaucoup de ces malheureux croyaient fermement être en rapport avec le diable, et nombre de fous qu'il eût fallu guérir furent envoyés au bûcher.

Littératures nationales.

A mesure que le moyen âge avançait, l'individualité des nations se dessinait davantage. Longtemps la vie intellectuelle s'était presque exclusivement renfermée dans la société religieuse et exprimée dans la langue universelle, le latin. Maintenant la société laïque allait, à son tour, penser, parler, écrire en autant d'idiomes qu'il y avait de nations. Déjà chacune avait le sien, non plus seulement parlé par la foule, mais, pour plusieurs, élevé à la puissance littéraire, et détrônant cette langue latine jusque-là seule réservée aux grands objets de la vie humaine.

Cependant, au commencement du treizième siècle, on ne voyait encore que trois littératures constituées et actives en Allemagne, dans le nord et le sud de la France, la dernière ayant précédé les autres et leur servant de modèle. C'était la littérature de la langue d'oc, dit aussi provençale, qui dé-

---

mais on doit aux alchimistes les premières descriptions de nos métaux usuels et des principaux composés en usage dans les laboratoires et les pharmacies: l'antimoine, le bismuth, l'alcali volatil, le foie de soufre et beaucoup de composés mercuriels, l'oxygène, le phosphore, le zinc, des couleurs minérales et végétales, la purification et la coupellation des métaux précieux, l'introduction en médecine des médicaments métalliques. (Voyez *l'Alchimie et les Alchimistes*, par M. L. Figuier, 1855.)

borda par-dessus les Pyrénées sur l'Europe chrétienne, par-dessus les Alpes sur l'Italie entière, et réveilla la muse endormie aux bords de l'Èbre comme sur ceux du Pô et de l'Arno. Brillante, sonore, harmonieuse, pleine d'images et de mouvement, elle fut par excellence la langue des chants d'amour et des chants de bataille.

Bernard de Ventadour, Bertram de Born, Richard Cœur de Lion la manient avec une verve digne de Tyrtée. Bertram de Born surtout aiguise ses *tensons* comme des épées qui éblouissent et qui frappent : la passion de la guerre y respire dans tout son feu. Cette langue méridionale, où a passé quelque chose de l'accent arabe, s'emploie aussi avec succès dans les *cours d'amour*, à juger ces procès délicats soumis à l'ingénieux tribunal des nobles dames.

Mais la grandeur croissante de la France du Nord donna à son idiome la prépondérance. Nos Normands le portèrent dans l'Italie méridionale où il ne prévalut point, et en Angleterre où il s'établit pour trois siècles; nos croisés partout. Il devint la langue de la législation ; c'était celle des *Assises*, ou lois du royaume de Jérusalem et des établissements de saint Louis. Villehardouin, l'historien de la quatrième croisade, Joinville, le biographe de saint Louis, l'avaient déjà écrit, et nous lisons encore leurs histoires. Un Vénitien, traduisant en français une chronique de son pays, en 1275, s'excusait de le faire, en disant que la langue française « court parmi le monde et est plus délectable à ouïr que nulle autre. » Dix ans plus tôt, Brunetto Latini, le maître de Dante, écrivait en français son *Trésor*, « parce que la parlure de France est plus commune à toutes gens et plus délitable. »

Ainsi dans le même temps que Paris attirait, par l'éclat de son école, les esprits éminents de la catholicité tout entière, la langue vulgaire que les docteurs dédaignaient, étendait elle-même son empire bien au delà de nos frontières. Il faut même ajouter que le génie français, qui a été si souvent accusé de stérilité épique, versait alors à tous les pays voisins comme un flot de grande poésie. Les troubadours s'étaient tus depuis que la croisade des Albigeois avait noyé dans le sang la civilisation de la langue d'oc, et on n'entendait plus les virils accents de Bernard de Ventadour ou de Bertram de Born, ni les molles canzones des auteurs de jeux partis[1]. Mais au nord de la Loire, les trouvères composaient encore les *chansons de gestes*, véritables épopées qui étaient traduites ou imitées par l'Italie, l'Angleterre et l'Allemagne. De sorte que, nous sommes en droit de dire qu'au treizième siècle la domination intellectuelle de l'Europe appartenait incontestablement à la France.

Cependant les cycles épiques s'épuisent : l'époque héroïque est passée. Robert Wace, « clerc de Caen, » compose, vers 1155, le *Brut*, fabuleuse histoire des rois d'Angleterre. Chrestien de Troyes, qui écrit après 1160, délaye et affadit, dans un long poëme en vers de huit syllabes, la légende du roi Arthur, tandis que la même fable reçoit d'une autre école de poëtes une tournure religieuse avec l'histoire du saint Graal. C'est le temps même qui se reflète dans ce poëme avec sa double face, chevalerie galante et dévotion. L'inspiration naïve de la chanson de Roland est perdue ; on raffine, on cherche du neuf, ou fouille dans les auteurs anciens. L'histoire d'Ulysse, celle des Argonautes, empruntée à la *Thébaïde* de Stace, fournissent des récits qui ne peuvent manquer de plaire à tous ces Ulysses chrétiens que la croisade envoie aussi en Asie. La guerre de Troie, Médée la magicienne, Alexandre attirèrent les trouvères de cette époque. Déjà même l'imitation des anciens apparaît dans leur style. Ainsi se dénature l'épopée et s'opère la transition entre ce genre primitif et les genres qui appartiennent à une civilisation avancée. L'épopée se dédouble : ce qui est en elle peinture des passions donne naissance au roman allégorique ; ce qui est récit, à l'histoire en prose. C'est l'analyse et la vérité qui prennent la place de l'inspiration spontanée et poétique.

---

[1]. On appelait *jeux partis* les défis que se faisaient les troubadours ou les trouvères sur diverses questions de galanterie. De là le souvenir de ces *cours d'amour* où se discutaient, dit-on, devant de nobles châtelaines, les procès les plus délicats, les causes les plus raffinées. Ces *cours d'amour* n'ont été qu'une fiction des poëtes ou un jeu de quelques nobles dames, mais jamais une institution sérieuse et durable. (Voy. *Histoire littéraire de la France*, XXIII° vol.)

Guillaume de Lorris, qui mourut en 1260, commence le fameux *Roman de la Rose*, où les personnages sont des abstractions, *Raison*, *Bel-Accueil*, *Danger*, *Félonie*, *Bassesse*, *Avarice*.... Jean de Meung le continuera plus tard, après une transformation nouvelle qui donnera naissance à la satire. Déjà naît le *fabliau*, qui dérive, sans trop de différences, du roman tel que nous venons de l'indiquer; les animaux entrent en scène pour y jouer le rôle, soit de telle passion, soit de telle condition sociale, et le roman du *Renard*, tant développé par la suite, fait son apparition en 1236; c'est la comédie du temps. Déjà aussi le poëte n'est plus ce trouvère errant de château en château; le voici à la meilleure école de comédie, la mansarde et le grabat. Rutebœuf nous offre le premier type du poëte de profession que son métier n'enrichit guère, *qui tousse de froid et bâille de faim*; et pourtant, au milieu de cette misère, gai, hardi et mordant, il écrit sur tout sujet avec un style franc et libre, qui annonce Villon. La langue est, dans sa bouche, forte et pratique; plus douce et plus tendre que celle de Guillaume de Lorris, ou sur les lèvres du fameux comte de Champagne et dans les lais de Marie de France.

Je note quelques mots hardis dans ces vers. Les auteurs du *Roman de la Rose* ne craignent pas de dire aux nobles:

> Que leur corps ne vaut une pomme
> Plus que le corps d'un charretier.

C'est même avec assez d'irrévérence qu'ils parlent des commencements de l'autorité royale:

> Un grand vilain entre eulx eslurent,
> Le plus corsu de quant qu'ils furent,
> Le plus ossu et le greigneur (le plus grand)
> Et le firent prince et seigneur.
> Cil jura que droit leur tiendroit
> Se chacun en droit soy luy livre
> Des biens dont il se puisse vivre....

Ces hardiesses répondent à la sourde haine qui couve dans le cœur des manants et qui éclatera avec tant de fureur au milieu du siècle suivant, avec le sauvage soulèvement des jacques.

Il ne faudrait pourtant pas faire de ces libres conteurs de précoces révolutionnaires. Ils sont la presse de ce temps-là, et on trouve dans leurs vers comme un écho de tous les bruits du jour, de toutes les émotions de la foule. Mais se gausser et rire, voilà leur grande affaire. Ils jouent même avec ce qu'ils respectent le plus, l'Église, ou ce dont ils ont la plus grande peur, l'enfer. Je pourrais citer de curieuses preuves de ces naïves témérités; j'aime mieux donner le conte du *Vilain qui conquist paradis par plaid*, et où se trouve ce bon sens, ce rude sentiment de l'équité qui relèveront Jacques Bonhomme de sa déchéance. « Un vilain meurt sans que diable ni ange s'en inquiète; mais son âme en regardant à droite vers le ciel, aperçoit l'archange saint Michel conduisant un élu, et le suit jusqu'au paradis. Saint Pierre, après avoir laissé entrer l'élu, repousse, en jurant par saint Guilain, l'autre âme que personne n'a recommandée... « Beau « sire Pierre, dit l'âme éconduite, Dieu s'est bien trompé « quand il vous a fait son apôtre, et ensuite son portier, vous « qui l'avez renié trois fois. Laissez passer plus loyal que « vous. » Saint Pierre, très-honteux, vient se plaindre à son confrère saint Thomas, qui essaye à son tour de faire vider le paradis à l'insolent. Nouvelle boutade du vilain : « Tho-« mas, dit-il, c'est bien à toi de faire le fier, lorsque tu n'as « voulu croire à Dieu qu'après avoir touché ses plaies. » Saint Thomas a recours à saint Paul, qui s'attire, en voulant se mêler de cette affaire, cette autre vérité : « N'est-ce pas « vous, dom Paul le Chauve, qui avez lapidé saint Étienne, « et à qui le bon Dieu a donné un grand soufflet ? » Pierre, Thomas, Paul, n'ayant rien à répondre, s'en vont porter leurs plaintes à Dieu lui-même, devant qui l'accusé, le serf affranchi par sa parole, se justifie... et le vilain gagne sa cause devant la justice divine [1]. »

Un autre jour il la gagnera devant la justice humaine.

Ce qui en littérature est particulier au treizième siècle,

---

[1]. Le Clerc, *Histoire littéraire de la France*, t. XXIII, p. 213.

pour la France, c'est l'apparition de la prose. Nos premiers prosateurs ne sont pas, bien entendu, écrivains de métier, mais deux seigneurs illustres, tous deux mêlés aux événements qu'ils racontent. Geoffroy de Villehardouin, maréchal de Champagne, nous a laissé l'histoire de la quatrième croisade, la *Conquête de Constantinople*, où l'on se souvient de l'avoir vu figurer. Il écrit en soldat, avec un style ferme et bref, non sans une certaine roideur militaire : il ne compose guère, il va droit devant lui, d'assaut en assaut, avec une courte exclamation lorsqu'il rencontre quelque objet qui l'étonne. Le sire de Joinville, également Champenois, montre dans ses *Mémoires* sur la septième croisade, plus de souplesse de style et plus de finesse d'esprit ; il observe, réfléchit et cause volontiers de tout, de ses propres sentiments aussi bien que des faits de guerre. C'est déjà Froissart, mais tel que le pouvait être le conseiller, l'ami du pieux et excellent Louis IX.

La littérature allemande brilla aussi sous les Hohenstaufen d'un vif éclat, mais qui ne fut, en partie, qu'un reflet de la France. Ces princes, poëtes eux-mêmes, aimèrent et honorèrent la poésie. De leur cour, le goût s'en répandit dans celles des seigneurs, et l'on vit, ainsi que nos trouvères, errer de château en château les poëtes de la Souabe. C'est de cette partie de l'Allemagne que la plupart sortirent, comme Schiller en est venu, et c'est de l'idiome de cette province que la poésie allemande se servit d'abord. Parfois ils se réunissaient pour des joutes littéraires, comme celle de Wartbourg, en 1207, où assista Wolfram d'Eschenbach, le plus fameux des minnesinger. Manesse de Zurich réunit, au commencement du treizième siècle, leurs œuvres éparses ; ils étaient plus de cent trente.

Les caractères de la littérature française se retrouvent dans cette littérature allemande. Les deux mêmes genres y dominent, l'épique et le lyrique. Pour le premier, ils cherchent surtout leurs inspirations de ce côté-ci du Rhin. Ce sont des épopées qu'ils traduisent ou imitent du *Cycle* de Charlemagne et de la *Table-Ronde*[1], comme le *Titurel* et le *Parcival* d'Eschen-

1. Voy. ci-dessus, p. 257.

bach, le *Tristan* de Gottfrief de Strasbourg, et *Iwein* de Hartmann von der Aue.

Les poésies héroïques, qui appartiennent en propre à l'Allemagne, étaient nombreuses, mais beaucoup ont péri. De celles qui ont été conservées, les unes sont fondées sur les traditions gothiques-lombardes, et à celles-là appartiennent : le roi Rother, Otnit, Hugdietrich et Wolfdietrich, la Fuite de Dietrich, la Bataille de Ravenne, la Mort d'Alphart, le petit Jardin de roses, le géant Siegenot, les Combats de Dietrich de Berne et de ses compagnons ; les autres proviennent de chroniques françaises et bourguignonnes, liées aux chroniques gothiques-lombardes ; tels sont le beau poëme des Niebelungen, que les Allemands appellent leur Iliade, Gudrun, le grand Jardin de roses et Biterolf.

Entre les maîtres du genre lyrique, les *minnesinger* (chanteurs d'amour) et les *meistersinger* (maîtres chanteurs), la différence était assez sensible. Les uns et les autres s'inspiraient à la vérité de la poésie provençale ; mais l'esprit délicat, poétique et chevaleresque qui a immortalisé les chants des minnesinger fut toujours étranger aux maîtres chanteurs. De purement lyrique, la poésie devint satirique, attaquant vivement les princes et les nobles ; puis morale, didactique, allégorique ; la fable apparaît vers le milieu du treizième siècle. La *Pierre précieuse* de Bonerius, recueil de cent fables, est de la fin de cette période. Quant à la prose, plus lente à se développer que la poésie, elle n'offre alors que trois monuments importants : deux de législation, le *Miroir de Saxe*, composé entre 1215 et 1218 par le chevalier saxon Eike de Repgow, et le *Miroir de Souabe*; un d'éloquence religieuse, les sermons du franciscain Berthold, dans la seconde moitié du treizième siècle.

Arts ; architecture ogivale.

J'ai précédemment noté (p. 258) les tentatives faites pour trouver une architecture qui répondît mieux que celle de la Grèce et de Rome à la foi ardente des populations, en même temps qu'aux exigences d'un climat à qui ne convenaient point les toitures plates de l'Orient, et à celles d'un culte qui admettait dans l'enceinte sacrée tout le peuple que le paganisme laissait en dehors du temple.

Le treizième siècle marque le triomphe de l'architecture si improprement appelée gothique.

Ce qui la caractérise, c'est l'ogive. Cette figure, qui ne s'est jamais et en aucun pays employée avec la profusion et l'importance qu'elle a reçues dans l'Europe occidentale au moyen âge, a été attribuée d'abord aux Goths, d'où son nom, ensuite aux Arabes, et tout aussi faussement. Sans doute, les pèlerins, dont beaucoup étaient des ecclésiastiques, rapportèrent de leurs voyages en Orient des impressions et des souvenirs qui laissèrent leurs traces sur les édifices chrétiens : nombre d'églises étaient bâties sur le plan de celle du Saint-Sépulcre, les mosaïques, les couleurs alternées paraissent aussi une importation d'Orient. Mais pour l'ogive, si on la voit dans le style arabe, on la voit aussi dans le byzantin; elle est de tous les temps et de tous les pays, depuis le tombeau d'Atrée et les portes des villes pélasgiques en Italie, jusqu'aux constructions des sauvages de Nubie et d'Amérique. C'est simplement un procédé élémentaire et facile de suppléer à la voûte cintrée, qui exige bien plus de précision que de science.

Grossière et irrégulière d'abord, l'ogive ne devint monumentale que peu à peu, par un progrès naturel, par l'épuration de ses lignes, par leurs jeux variés, par les colonnettes et les nervures dont elle s'orna. Elle se prêta d'ailleurs merveilleusement, comme dessin de voûte, au mysticisme des peuples chrétiens et aux élans passionnés de leurs âmes vers le ciel : ainsi s'élançait la gerbe de colonnettes gothiques, droite, hardie, effrayante de légèreté, et d'autant plus haute, en apparence, que la voûte ogivale était moins ouverte. Ce n'est pas dans le midi, plus formaliste, plus romain, c'est dans le nord, plus mystique, que le gothique se répandra et atteindra sa perfection, et c'est là, ce me semble, encore une preuve que le gothique ne vient pas des Arabes, au moins de ceux d'Espagne, qui l'eussent évidemment transmis aux Français méridionaux, avant de le faire parvenir jusqu'à ceux du nord.

Le nouveau style, né au nord de la Loire, passa la

Manche, le Rhin et les Alpes, et des colonies d'artistes français le portèrent à Cantorbéry, à Utrecht, à Milan, à Cologne, à Strasbourg et à Ratisbonne, même en Suède. Une statuaire grossière, mais naïve, décorait les portails, les galeries, les cloîtres, et la peinture sur verre eut, pour produire de magiques effets dans les vitrages, des secrets que nous venons à peine de retrouver. Les peintres en miniatures qui ornaient les missels et les livres d'heures nous ont aussi laissé de délicieux chefs-d'œuvre.

L'Italien Cimabué, le maître du Giotto, commença dans ce siècle, à Florence, la restauration de la peinture. Mais c'est au quinzième siècle seulement que les grands maîtres de la Flandre prépareront une révolution dans cet art.

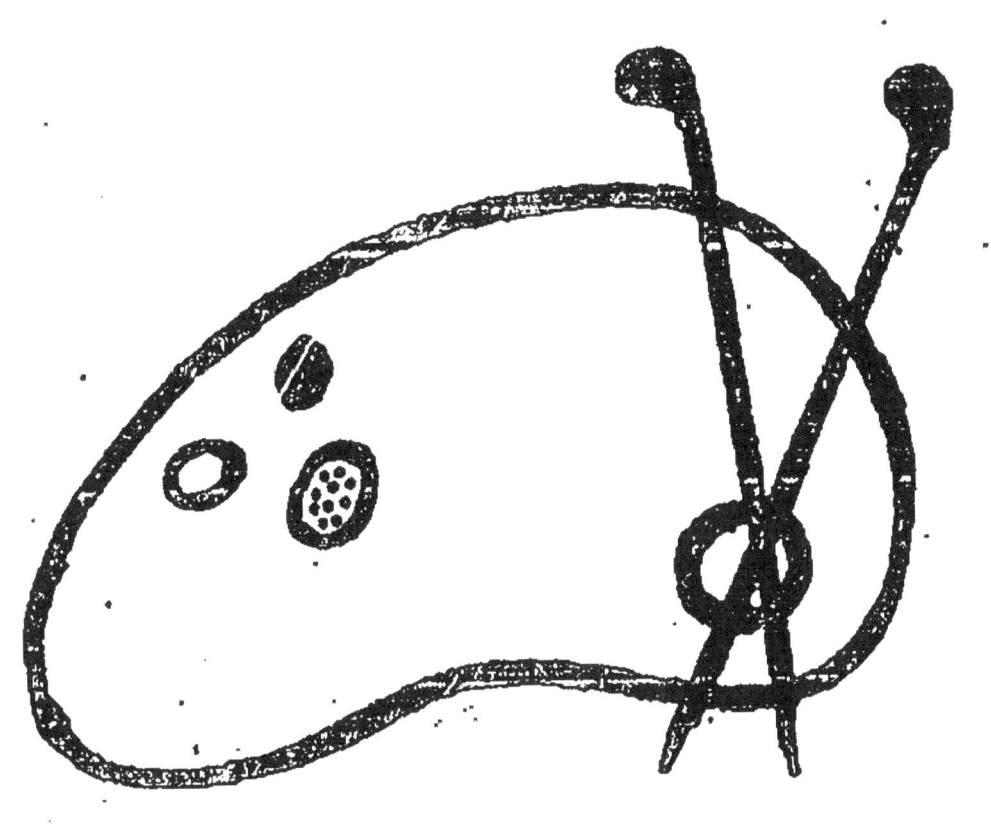

Original en couleur

NF Z 43-120-8

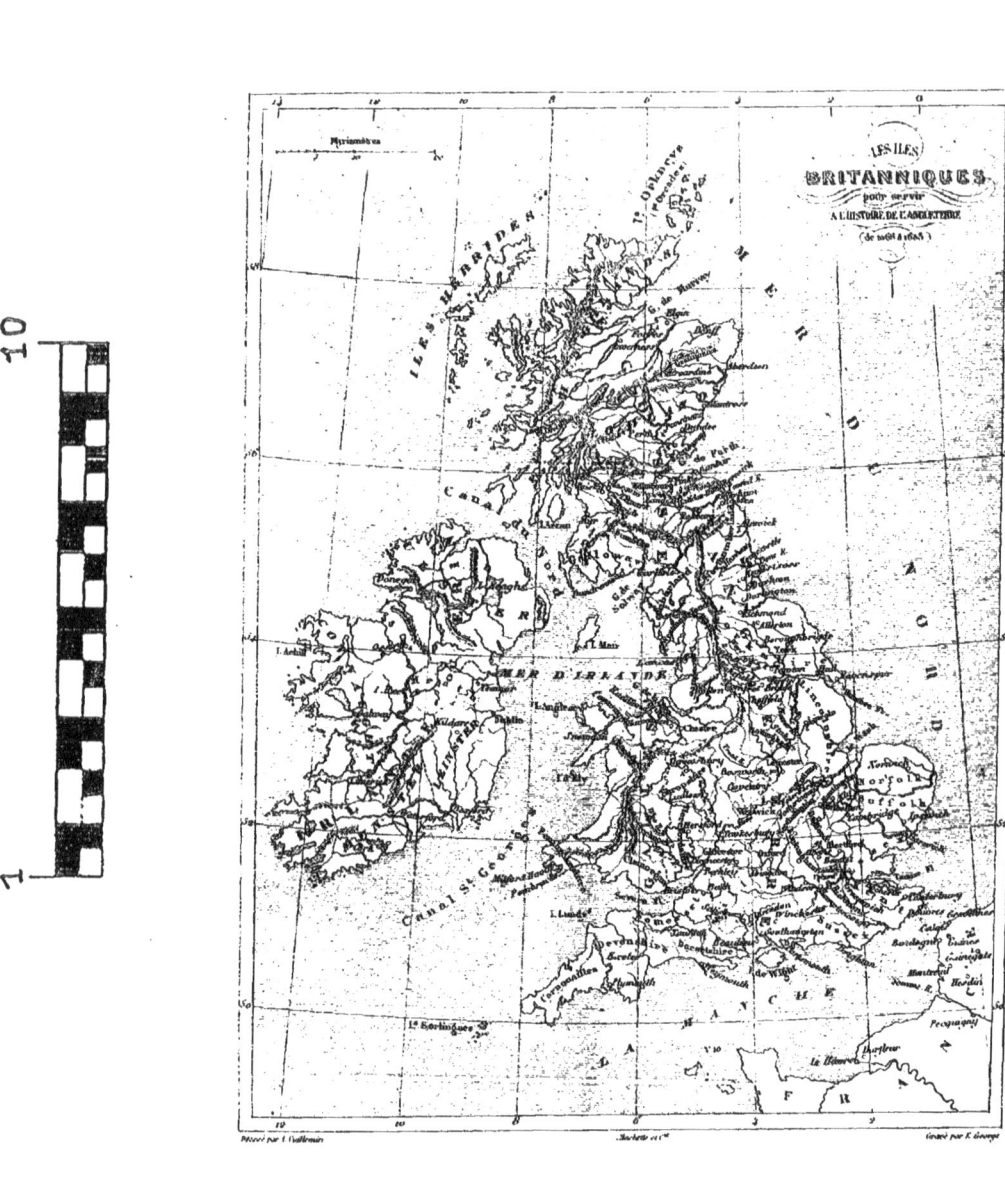

LIVRE VIII.

RIVALITÉ DE LA FRANCE ET DE L'ANGLETERRE.
(1066-1453.)

CHAPITRE XXIV.

PREMIÈRE PÉRIODE DE RIVALITÉ; LES ROIS ANGLAIS PERDENT LA MOITIÉ DE LEURS FIEFS FRANÇAIS (1066-1217).

Louis le Gros (1108-1137); Guillaume II et Henri Ier (1087-1135). — Louis VII (1137-1180) en France; Étienne et Henri II (1135-1189) en Angleterre. — Abus de la juridiction ecclésiastique. Thomas Becket (1170). — Conquête de l'Irlande (1171); le roi de France soutient les révoltes des fils des rois anglais (1173). — Caractère nouveau de la royauté française au treizième siècle : Philippe Auguste (1180) et Richard Cœur de Lion (1189). — Démêlés de Philippe Auguste et de Jean sans Terre; conquête de la Normandie et du Poitou (1204). — Querelle de Jean sans Terre avec Innocent III (1207) La grande charte (1215).

Louis le Gros (1108-1137); Guillaume II et Henri Ier (1087-1135).

Dans l'histoire du moyen âge, il y a, si j'ose dire, des questions qui appartiennent exclusivement à cette époque, qui y naissent et qui y finissent. Ce sont toutes celles que j'ai traitées jusqu'à présent, les invasions, Charlemagne, et en dernier lieu la féodalité, la lutte des papes et des empereurs allemands, les croisades, enfin l'état social qui résulta de ces mœurs et de ces institutions particulières.

Il y en a d'autres, au contraire, qui, bien que nées en plein moyen âge, sont, de leur nature, des questions modernes, et ont fait jusqu'à nos jours la vie de l'histoire. Tels sont la rivalité de la France et de l'Angleterre, et d'une part les progrès de notre royauté, qui montrent dans Philippe Auguste et Philippe le Bel les prédécesseurs directs de Louis XIV et de tous les rois absolus de l'Europe, de l'autre ceux des institutions anglaises qui font de la grande Charte du roi Jean la base inébranlable du gouvernement de l'Angleterre et ont préparé l'expansion par toute l'Europe des institutions libres.

Voilà pourquoi, contraint de descendre jusqu'au milieu du treizième siècle pour l'Allemagne, l'Italie, l'Espagne où le moyen âge a duré si longtemps, je n'ai pas encore dépassé la fin du onzième siècle pour la France et l'Angleterre, où les temps modernes, je veux dire le nouvel esprit politique et social, ont commencé de si bonne heure.

Philippe avait vu avec dépit, mais sans y faire d'opposition directe, la fortune de son vassal, le duc de Normandie, passé roi d'Angleterre, et ne soutint que mollement la révolte du fils du Conquérant. Louis le Gros, qui succéda à son père en 1108, comprit mieux quels dangers cette grandeur faisait courir à la royauté française. C'était un prince actif qu'on appela d'abord l'*Éveillé*, le Batailleur, et que plus tard, à cause de son embonpoint, on nomma Louis le Gros, sans que, du reste, il en fût moins actif.

On a vu déjà comment et dans quelle mesure il avait aidé au mouvement communal; je n'y reviendrai point. Il trouva dans les milices des communes une assistance toujours prête pour l'aider à faire la police sur les routes de ses domaines. Les seigneurs de Montmorency, de Montlhéry, du Puiset, de Corbeil, de Coucy, descendaient volontiers de leurs donjons sur les grands chemins pour piller les marchands et les voyageurs. Philippe, qui avait réussi, par un mariage, à retirer Montlhéry des mains du petit seigneur qui l'occupait, recommanda en mourant à son fils de ne plus laisser échapper de sa puissance ce donjon qui lui avait donné tant de mal. Louis cita devant sa cour Bouchard de Montmorency pour avoir pillé les terres de l'abbaye de Saint-Denis, et le condamna à restitution. Il prit le château du Puiset et le détruisit après trois années de guerre. Il attaqua un autre pillard, le sire de Coucy, Thomas de Marle, qui tomba blessé dans ses mains. Louis le Gros combattait dans toutes les directions la petite féodalité insoumise et rapace de ses domaines. Quand il s'en fut ouvert les routes, le cercle de son activité s'agrandit, et il osa s'attaquer au plus puissant de ses vassaux.

Après la mort du Conquérant (1087), Guillaume II le Roux, son second fils, lui avait succédé en Angleterre ; Robert Courteheuse (aux petites jambes), l'aîné, en Normandie. Robert essaya d'abord d'enlever l'Angleterre à son cadet : il n'y réussit pas, et partit pour la croisade après avoir engagé, pour cinq ans à ce même frère, son duché de Normandie. Guillaume II, roi aux paroles brutales, rouge de cheveux et de visage, chasseur obstiné dans les vastes forêts que son père et lui multiplièrent en Angleterre, mena rudement ses sujets, prêtres et laïques ; ils l'appelaient le *gardien des bois et le berger des bêtes fauves*. Il mourut à la chasse : un cerf magnifique passait devant lui : « Tire donc, cria-t-il à un de ses chevaliers, tire donc, de par le diable ! » mais le trait ricocha et le frappa en pleine poitrine. Toute sa suite s'enfuit, le laissant dans le sang et la boue. Quelqu'un vint ensuite raconter qu'il avait vu un grand bouc tout velu et tout noir qui emportait son corps ; que c'était sans faute le diable qui faisait son profit de ce persécuteur de l'Église (1100).

Guillaume le Conquérant avait laissé un troisième fils, Henri, surnommé Beau Clerc, parce qu'il était un peu moins ignorant que le reste de sa famille. Robert était à Jérusalem ; Henri en profita pour prendre la couronne qui appartenait à son frère aîné. Il espéra l'affermir sur sa tête en publiant une charte, la plus complète et la plus précise de toutes celles qui ont précédé la Grande Charte. Il y posait certaines limites aux droits de relief et de mariage que son titre de suzerain lui donnait sur ses vassaux. Robert revint en 1101, reprit la

Normandie, et réclama l'Angleterre; il y fit une descente qui échoua. Henri lui rendit guerre pour guerre, et en 1106 gagna la bataille de Tinchebray; il y prit son frère et l'envoya au château de Cardiff, dans le pays de Galles, où il lui fit, dit-on, crever les yeux. Louis le Gros, effrayé de la trop grande puissance de son vassal, le roi anglais, se porta le défenseur de Guillaume Cliton, fils de Robert, et par conséquent neveu de Henri. C'était un projet habile dont le succès eût éloigné un péril toujours imminent pour la couronne de France, tant que l'Angleterre était réunie au duché normand.

La guerre se fit par beaucoup de ravages dont les paysans de Normandie souffrirent beaucoup; au contraire, les chevaliers des deux pays s'épargnaient, ou du moins, grâce à leur armure, ne pouvaient se faire grand mal. Il n'y en eut que trois de tués dans le combat de Brenneville (1119), le plus important de cette guerre, et où Louis fut vaincu. Le pape, venu en France pour assister au concile de Reims, où se débattit la question des investitures (1119), réconcilia les deux ennemis, mais sans satisfaire aux prétentions de Guillaume Cliton.

La lutte recommença, en 1124, et se compliqua d'une guerre avec l'Allemagne. Henri Ier ayant décidé l'empereur, son gendre, à attaquer de son côté Louis le Gros, la guerre avec la Germanie était, ce semble, à cette époque, populaire en France. On peut expliquer par là, comme aussi par le progrès tout récent de la royauté, les forces considérables que Louis réussit à rassembler à Reims. Suger, abbé de Saint-Denis, le grand ministre, le compagnon du roi, et plus tard l'historien de sa vie, en fait une pompeuse énumération : il avoue cependant que le comte de Flandre, le comte d'Anjou, les ducs de Bretagne et d'Aquitaine ne vinrent pas; la crainte du roi ne rayonnait pas encore loin. Toutefois l'empereur Henri V n'osa entrer en France, ou plutôt en fut empêché par quelque autre motif.

Ces grands vassaux qui ne se rendaient pas à son appel, Louis le Gros osa les attaquer de front à leur tour. Il trouva une excellente occasion d'accorder ses desseins contre eux avec son zèle ordinaire à défendre les évêques et l'Église. L'évêque de Clermont, en guerre avec le comte d'Auvergne, prétendit que son église relevait directement de la couronne et appela le roi. Louis accourut. Il eut affaire non-seulement au comte, mais encore à son suzerain, Guillaume IX, duc d'Aquitaine. Mais l'armée royale avait si bon aspect, qu'en la voyant le puissant Guillaume vint humblement au camp du roi, lui rendit hommage et le pria d'admettre le comte d'Auvergne au jugement des barons (1126). Le roi arrangea la chose à l'amiable : il avait obtenu ce qu'il voulait, c'est-à-dire la reconnaissance formelle de son autorité dans cette importante partie du midi.

Il voulut en faire autant dans le nord. Il se souvenait que la Flandre n'avait pas fourni son contingent en 1124. Le comte Charles le Bon fut assassiné en 1127 par une famille d'anciens serfs, les Van der Strate, puissante à Bruges. Les seigneurs de Flandre prirent les armes pour venger la victime ; mais Louis les obligea à venir à Arras élire « en sa présence » un comte. Il leur présenta Guillaume Cliton, et à force d'instances, le leur fit choisir. Mais à peine se fut-il éloigné, que les Flamands se révoltèrent contre Guillaume, qui périt au siége d'Alost ; puis, déclarant que le roi de France n'avait pas le droit de disposer de leur gouvernement, ils nommèrent Thierry d'Alsace.

Enfin Louis le Gros prépara à la royauté non-seulement une influence, mais une domination directe sur le midi par le mariage de son fils Louis le Jeune avec Éléonore, fille unique de Guillaume X, duc d'Aquitaine : or, le duché d'Aquitaine comprenait le Poitou, le Limousin, le Bordelais, l'Agénois, l'ancien duché de Gascogne, et donnait la suzeraineté sur l'Auvergne, le Périgord, la Marche, la Saintonge, l'Angoumois, etc.

Louis VII (1137-1180) en France ; Étienne et Henri II (1135-1189) en Angleterre.

Louis VII, en montant sur le trône, était donc déjà un puissant roi dont la domination allait du nord au sud de la France actuelle. Il ne sut pas la garder.

Une question d'investiture le jeta dans cette seconde croisade qui fut si fatale à la France. Une dispute s'était élevée entre le pape Innocent II et lui au sujet de la nomination d'un évêque de Bourges. Saint Bernard tenait pour le pape, Suger pour le roi. En faisant la guerre au comte de Champagne, qui soutenait l'élu du pape, Louis brûla l'église de Vitry et 1200 personnes qui s'y étaient réfugiées. Le remords, l'excommunication le décidèrent à partir pour la terre sainte, où il perdit toute son armée sans en avoir rien conquis (voy. ci-dessus). Au retour il divorça avec Éléonore sous prétexte de parenté, et lui rendit sa dot (1152), que le comte d'Anjou, mieux avisé, se hâta de saisir en faisant agréer sa main à l'épouse offensée.

Le roi d'Angleterre, Henri Ier, ayant perdu ses deux fils dans un naufrage, avait déclaré sa fille, Mathilde, son héritière. Mathilde était veuve de l'empereur d'Allemagne, Henri V; en 1127, elle épousa en secondes noces Geoffroy, comte d'Anjou, surnommé Plantagenet, à cause de l'habitude qu'il avait de mettre en guise de plume une branche de genêt fleuri à son chaperon. Henri mourut en 1135; il avait chargé son neveu, Étienne de Blois, comblé par lui de domaines en Angleterre, de protéger l'*empresse*, comme on appelait Mathilde. Étienne fit la *garde du loup*, selon l'expression féodale : il prit pour lui la couronne d'Angleterre. Ce fut la source de grandes discordes. Mathilde réclama et eut un parti parmi les Normands d'Angleterre. Les Saxons saisissaient toute occasion de troubler la domination de leurs vainqueurs : ils excitèrent les Gallois et offrirent la couronne à David, roi d'Écosse, qui passa la Tweed. Les Normands et les Écossais furent en présence pour la première fois à la grande *bataille de l'Étendard*, près d'Allerton, au nord d'York. Les hommes aux claymores se précipitèrent au cri d'Alben! Alben! l'ancien nom de leur pays; ils enfoncèrent le centre des ennemis « comme une toile d'araignée, » mais les archers saxons et les chevaux normands les accablèrent ensuite. « Il faisait beau voir les mouches piquantes sortir en bourdonnant des carquois des hommes du sud et tomber dru comme la pluie. » Les Écossais se retirèrent, en conservant pourtant les provinces du nord de l'Angleterre.

Étienne eut alors à combattre Mathilde, qui débarquait au midi, et qui soutenait les barons normands du nord et de l'ouest. La guerre se fit encore aux dépens des pauvres Saxons. « Les Normands, dit une chronique saxonne, enlevaient tous ceux qui leur paraissaient avoir quelque bien.... pour en tirer de l'or et de l'argent. Les uns étaient suspendus au-dessus de la fumée ; d'autres étaient pendus par les pouces avec du feu sous les pieds; à quelques-uns ils serraient la tête avec une courroie, jusqu'au point d'enfoncer le crâne; d'autres étaient placés dans la *chambre à crucir*. C'était une espèce de coffre court, étroit, peu profond, garni de cailloux pointus, et où le patient était tenu serré jusqu'à la dislocation des membres. » Le moyen âge était riche en supplices. Cependant Étienne fut fait prisonnier; Mathilde à son tour faillit l'être. Le fils d'Étienne était mort, on traita : il fut convenu que le roi conserverait sa couronne jusqu'à sa mort et aurait pour successeur Henri d'Anjou, fils de Mathilde. Il mourut l'année suivante (1154).

De sa mère Henri tenait la Normandie, le Maine et l'Angleterre; de son père, l'Anjou et la Touraine ; de sa femme, le duché d'Aquitaine, c'est-à-dire Poitiers, Bordeaux, Agen et Limoges, avec la suzeraineté sur l'Auvergne, l'Aunis, la Saintonge, l'Angoumois, la Marche et le Périgord. En un mot, il possédait environ 47 de nos départements, et le roi de France en avait 20 à peine. Plus tard, en mariant un de ses fils avec l'héritière de la Bretagne, il plaça encore ce pays sous son influence. Comment cette vaste puissance, la plus considérable qui fût alors en Europe, n'acquit-elle point une prépondérance durable ? comment surtout n'absorba-t-elle pas la faible monarchie de France? Cela tient à l'état de discorde où l'Angleterre fut pendant deux siècles, discorde dans la famille royale entre l'époux et la femme, entre le père et les enfants ; discorde dans le royaume entre le roi et le clergé, plus tard entre le roi et les barons. Cela tient encore à l'infériorité féodale où le roi d'Angleterre était placé sur le continent; il lui eût fallu de très-grandes forces, que les dissensions intestines ne lui permirent pas de réunir, pour rompre ce lacet de suzeraineté, faible et lâche d'abord, mais de plus en plus fort et resserré, par lequel le roi de France tenait attachées et enchaîna dans la suite à son trône toutes les provinces françaises de l'Angleterre.

On le vit bien dès le règne de Henri II. Il voulut faire valoir certains droits de sa femme sur Toulouse : Louis VII s'y jeta et le vassal n'osa assiéger son suzerain. Il voulut mettre des bornes à l'indépendance trop grande du clergé : Thomas Becket se dressa devant lui, Thomas Becket lui-même d'abord, et plus tard son ombre sanglante, plus terrible encore.

Abus de la juridiction ecclésiastique, Thomas Becket (1170).

Le clergé, depuis le temps même de l'empire romain, avait le privilége de se juger lui-même. Quand un clerc était en cause, les tribunaux laïques étaient incompétents; la juridiction ecclésiastique pouvait seule prononcer. En Angleterre, Guillaume le Conquérant avait donné à ce privilége, appelé *bénéfice de clergie*, une très-grande extension : il voulait se faire des évêques des instruments puissants, que sa forte main était sûre de trouver toujours dociles. C'est ce qui arrive aux grands fondateurs : ils préjugent trop de la force de leur pouvoir, après eux elle décline, et ce qu'ils n'avaient pas redouté devient redoutable. On vit aussi ce qui s'était passé maintes fois sur le continent, par exemple, après l'invasion des Austrasiens sous Charles Martel. Les bénéfices ecclésiastiques, dont on dépouilla les anciens possesseurs, furent envahis par les conquérants, et, avec eux, par l'esprit de licence que des conquérants portent toujours dans le pays conquis. Aussi le clergé normand, qui se disait envoyé pour réformer le clergé saxon, tomba aussitôt dans le dernier désordre : meurtres, rapts, scandales y étaient devenus communs; dans les premières années de Henri II, on comptait en Angleterre près de cent homicides commis par des prêtres encore vivants. Or, sans parler de la propension naturelle du clergé à épargner ses membres, les peines infligées par ses tribunaux étaient relativement légères : c'étaient des pénitences, quelquefois rigoureuses, jamais la mort. L'abus se glissait dans le bien : le clergé était le seul asile, au moyen âge, que n'osât forcer la violence féodale : asile du faible, c'est admirable ; mais asile du crime, c'était trois fois odieux. Henri II voulut y porter remède ; il se heurta sur ce terrain à plus fort que lui.

Tout est romanesque dans l'histoire de Thomas Becket. Gilbert Becket, bourgeois de Londres, va en terre sainte au commencement du siècle ; il y devient esclave d'un musulman, dont la fille le délivre par amour. Il revient, et la jeune fille, qui ne peut vivre sans lui, trouve le moyen de le rejoindre, du Jourdain à la Tamise, avec les deux seuls mots chrétiens qu'elle sait : *Londres* et *Gilbert*. Elle se convertit et met au monde Thomas. L'enfant, protégé par un riche baron, devient habile dans les exercices du corps et de l'esprit, est ordonné diacre dans l'église de Cantorbéry, et se fait remarquer du fils de Mathilde, qui le prend en vive affection. Précepteur du fils aîné du roi, puis chancelier, il brille au premier rang et déploie un faste et un goût par lesquels il éclipse les plus magnifiques seigneurs. Enfin Henri II le porte au siége primatial de Cantorbéry (1162), espérant se servir de lui pour ses réformes. Mais le courtisan disparaît dans l'archevêque : plus de chiens, d'oiseaux, de riches vêtements ; Becket est un prêtre austère et scrupuleux. Henri II s'irrite. Cependant il aborde ses projets, et dans une grande assemblée d'évêques, d'abbés et de barons tenue à Clarendon (1164), il fait adopter les *constitutions* de ce nom, qui obligent tout clerc accusé d'un crime à comparaître devant les cours de justice du roi, défendent à tout ecclésiastique de quitter le royaume sans la permission royale, et attribuent au roi la garde et les revenus de tout évêché ou bénéfice vacant.

Thomas Becket s'élève contre ces statuts ; poursuivi par les murmures des évêques partisans du roi : « J'en appelle au souverain pontife, s'écrie-t-il, et vous cite par-devant lui. » Et se retirant, il gagne sous un déguisement la côte de Sandwich, d'où il s'embarque pour la France. Louis VII l'y reçut avec faveur, et, après six ans d'efforts, réussit à le réconcilier avec Henri II (1170). Mais Becket n'avait point fléchi. De retour à Cantorbéry, il excommunia de nouveau l'archevêque d'York. A cette nouvelle, Henri II, qui se trouvait en Normandie, fut plein de colère : « Quoi! s'écria-t-il, un misérable qui est venu à ma cour sur un cheval boiteux, qui a mangé mon pain, m'ose braver ainsi! Personne ne me délivrera-t-il de lui? » Quatre chevaliers, comprenant le sens de ces mots, passèrent en Angleterre, et, cinq jours après, l'archevêque tombait massacré par eux au pied même de l'autel (29 déc. 1170). Les Saxons en firent un martyr, et l'imagination populaire, avec la vive et puissante force de création qui l'anime, crut bientôt qu'auprès de son tombeau les aveugles recouvraient la vue, les sourds l'ouïe, que des morts même y ressuscitaient.

Ce crime rejaillit sur Henri II, dont l'autorité en fut longtemps ébranlée. Il n'obtint l'indulgence du saint-siége que par des soumissions de toutes sortes et l'abolition des statuts de Clarendon. Il entreprit enfin pour l'Église romaine une conquête importante, qui ne l'était pas moins pour lui, et au succès de laquelle il employa cette même autorité pontificale qu'il lui fallait subir.

Conquête de l'Irlande (1172); le roi de France soutient les révoltes des fils des rois anglais (1173).

L'Irlande était chrétienne depuis le quatrième siècle ; on l'appelait même l'*île des Saints*. Mais cette contrée reléguée à l'extrémité de l'Europe, demeurée en dehors de toute domination européenne, de celle même des Romains, cette *verte Erin*, couverte de pâturages, cette *Perle des mers*, battue des flots, cette *île des Bois*, livrée à toute la férocité des mœurs sauvages, au régime patriarcal des clans et du partage annuel de la terre, avait conservé, même dans sa conversion, quelque indépendance, et ne se soumettait ni à la suprématie du saint-siége, ni aux rigoureuses pratiques de la discipline canonique. Or, il était bien dangereux au moyen âge d'être en dissidence avec la communion romaine. Les Anglo-Saxons avaient payé cher, au temps de Guillaume le Conquérant, les arrérages du denier de saint Pierre. Henri II promit de l'établir en Irlande; dès l'année 1156 le pape Adrien IV l'y autorisa.

Un chef irlandais, chassé par un rival, appela une troupe

de Normands ; contre les grands chevaux bardés de fer et les lances de huit coudées, les arbalètes et les armes légères des Irlandais furent impuissantes. Richard Strongbow, chef de ces aventuriers, épousant la fille d'un chef irlandais, se trouva maître de tout le Leinster. Henri II réclama de lui l'hommage et vint en personne dans l'île (1171) : tous les chefs du sud le reconnurent pour suzerain ; en même temps un synode réuni à Cashel soumit l'Église d'Irlande à la suprématie du primat d'Angleterre. Mais le nord et l'ouest de l'île restèrent indépendants.

La fin du règne de Henri II fut remplie par des querelles avec ses fils ; Éléonore, irritée de la faveur qu'avait auprès du roi la belle Rosemonde, les attisait, et le roi de France se tenait prêt à en profiter. L'aîné des fils, Henri Court Mantel, reçut cependant de lui, en 1169, le Maine et l'Anjou ; Richard Cœur de Lion, le second, l'Aquitaine ; Geoffroy, le troisième, était duc de Bretagne ; le quatrième, Jean, n'avait rien : on l'appela Jean sans Terre. L'aîné voulait avoir encore la Normandie, les deux suivants sentaient un besoin de révolte ; tous trois prirent les armes et firent hommage au roi de France. Henri II envoya contre eux, sur le continent, des mercenaires rompus au métier de la guerre, *Brabançons, cotereaux, routiers*. Pour l'Angleterre, où la révolte pouvait se propager, il se chargea d'en gagner le peuple, en apaisant l'ombre de Becket. Nu-pieds, vêtu d'une simple robe de laine, il se rendit à la tombe de son martyr, y passa un jour et une nuit en oraisons, à genoux sur la pierre, sans boire ni manger, et il se fit flageller par les évêques. Après quoi, « il partit joyeusement (1170). » Tout était dit, la pénitence était faite, le poids du remords enlevé, l'opinion publique réconciliée. Dès lors, il vainquit également le roi d'Écosse et le roi de France, avec lequel il signa le traité de Montlouis (1174). Mais il ne put en finir avec ses fils, qui trouvaient appui contre lui dans les provinces françaises. Le midi avait saisi avec joie l'occasion « d'éloigner le sceptre du nord. « Les troubadours chevaliers, Bertram de Born en tête, enflammaient les peuples par leurs poésies guerrières, éclatantes et sonores comme le clairon. En 1183, ou 1188, nouvelles révoltes : Henri vit même le plus jeune de ses fils, son bien-aimé Jean, lever la main contre lui. Il mourut en les maudissant tous (1189).

Philippe Auguste (1180) et Richard Cœur de Lion (1189). Caractère nouveau de la royauté française au treizième siècle.

Ces diversions sauvèrent Louis VII de périls que sans elles il n'eût sans doute pas conjurés, car c'était plutôt un moine sur le trône qu'un roi actif et résolu. Cependant il seconda encore le mouvement communal. Vingt-cinq chartes sont souscrites de son nom. Mais comme son père aussi, il n'en voulut point sur ses terres. A Orléans, un mouvement de bourgeois fut durement réprimé. Il aida même parfois les seigneurs à faire dans leurs domaines ce qu'il faisait dans les siens.

On aime mieux regarder à côté de lui l'intelligente figure de son ministre Suger, qui le déconseillait d'aller à la croisade, l'en rappelait dès qu'il était parti en l'adjurant « par le serment de son sacre, » de ne pas abandonner plus longtemps le troupeau à la fureur des loups.

C'est qu'alors le caractère nouveau de la royauté française se dessinait. Du neuvième au douzième siècle, le roi avait vécu, mais la royauté semblait morte, les pouvoirs *publics*, qui auraient dû rester dans sa main, étant devenus des pouvoirs *domaniaux* exercés par tous les grands propriétaires. A cette révolution aristocratique qui avait brisé pendant trois siècles l'unité du pays, une autre succédait qui s'efforçait de réunir les membres épars de la société française, et d'enlever aux seigneurs les droits usurpés par eux pour les rattacher à la couronne. Cette révolution monarchique, qui fera du roi le seul juge, le seul administrateur, le seul législateur du pays, commença avec Louis le Gros, Philippe Auguste et saint Louis, et ne fut accomplie qu'avec Louis XIV, parce que divers incidents, aux quatorzième et quinzième siècles la guerre de Cent ans, au seizième les guerres de religion, suspendirent ce grand travail intérieur.

Le fils de Louis VII, Philippe Auguste (1180), répara les

fautes paternelles. Il est à remarquer qu'il fut le dernier roi sacré avant son avénement. Cette précaution devint inutile, à cause de l'affermissement de la royauté capétienne.

Philippe Auguste se distingua par sa patience à attendre toujours le moment favorable. A quinze ans, menacé par ses vassaux, il disait : « Quelque chose qu'ils fassent maintenant, leur vilainies, violences et grands outrages il me convient de souffrir. Si à Dieu plaît, ils affoibliront et envieilliront, et je croîtrai en force et en sagesse; j'en serai alors vengé à mon tour. » Ses premiers actes annoncèrent un roi pieux ; il dépouilla et chassa les juifs, ce qui passait alors pour une œuvre pie. Il est vrai qu'il leur permit de rentrer moyennant finance. Les juifs furent ainsi périodiquement bannis et rappelés. Ils étaient comme une éponge qu'on laissait s'emplir de l'or des bourgeois et des seigneurs, qu'on pressait ensuite dans le trésor royal ; de nouveau ce peuple actif travaillait, et l'on recommençait à le pressurer quand il avait refait fortune. Ce que Philippe fit de plus utile au début de son règne fut l'acquisition du Vermandois, du Valois et de l'Amiénois, que lui céda l'héritière pour obtenir sa protection contre Philippe d'Alsace, comte de Flandre. Quand il fut maître du comté d'Amiens, l'évêque, qui en était suzerain, lui demanda l'hommage à cause de son nouveau titre : « Le roi ne rend hommage à personne. » répondit-il, principe nouveau et fécond qui dénaturait les fiefs acquis par la royauté. Aussi quand ils sortiront de ses mains comme apanages, sera-ce à de tout autres conditions d'existence que les autres domaines féodaux.

Il s'allia étroitement avec le rebelle Richard, et ils furent, tant que vécut Henri II, d'inséparables amis : ils mangeaient à la même table, couchaient dans le même lit. Ils tinrent tête au roi anglais et lui dictèrent leurs conditions ; tous deux aussi s'engagèrent à partir ensemble pour la troisième croisade.

Ce roi Richard qui succéda à son père en 1189 était un chevalier quelque peu routier, brillant mais brutal, un beau sabreur, dirions-nous aujourd'hui, et, comme tel, assez porté à mener durement son peuple : du reste, poête hardi et caustique, spirituel jusque dans ses exactions comme lorsqu'il imagina de perdre son sceau royal et d'en faire fabriquer un autre pour que tous ceux qui avaient des chartes fussent obligés de les faire sceller de nouveau, en payant. Il vendit tout, charges, châteaux, villages, et partit en croisade où il donna de magnifiques coups d'épée, qui lui valurent le surnom de *Cœur de Lion*.

Cette troisième croisade dont il a été question plus haut échoua complétement, mais elle ne fut point fatale à la France comme la précédente. Si Richard s'y montra le plus brave, Philippe y parut comme le suzerain du roi anglais. Revenu le premier, tandis que son rival bataillait en Palestine et se faisait emprisonner en Autriche, il en profita pour travailler à la ruine de la trop puissante maison d'Angleterre. Il s'entendit avec un frère que Richard avait laissé, Jean sans Terre, tous deux espérant partager ses dépouilles. Mais Richard, sorti de la prison où l'empereur d'Allemagne l'avait retenu contre toute foi, était pressé de se venger de son frère et de son rival. Le premier acheta son pardon en égorgeant une garnison française qu'il avait introduite dans un château; pour Philippe Auguste, il accepta la guerre. Elle commença en Normandie avec violence. Richard, troubadour et roi, la faisait et la chantait tout ensemble. Il battit Philippe près de Gisors, mais sans tirer un grand parti de sa victoire. Le pape Innocent II s'interposa et leur fit signer une trêve de cinq ans (janvier 1199). Deux mois après, Richard était tué d'un coup de flèche au siége du château de Chalus en Limousin, où il voulait ravir un trésor que le seigneur de ce château avait trouvé. Lui qui avait tant malmené ses sujets et exercé tant de rapines, il fut cependant pleuré et populaire : « Avec lui furent ensevelis, au jugement de plusieurs, la gloire et l'honneur de la chevalerie. » (1199).

Démêlés de Philippe Auguste et Jean sans Terre; conquête de la Normandie et du Poitou (1204).

La couronne d'Angleterre revenait de droit au jeune Arthur, fils de Geoffroy, duc de Bretagne, et le frère aîné de Jean; celui-ci l'usurpa. Mais l'Anjou, le Poitou, la Touraine, las de la domination anglaise, se donnèrent à Arthur, et in-

PREMIÈRE PÉRIODE DE RIVALITÉ.

voquèrent la protection de Philippe. Le roi de France prit la défense d'Arthur, puis l'abandonna (1200), dès qu'il eut obtenu de Jean les avantages que désirait sa politique égoïste. Cependant il reprit les armes lorsqu'il vit, dans la révolte de toutes les possessions françaises du roi d'Angleterre, l'occasion des plus beaux bénéfices. Pour les faire avec le moins de frais possible, il laissa le fardeau de la guerre à Arthur. Le malheureux jeune homme fut vaincu, pris, égorgé, dit-on, et jeté à la Seine par Jean sans Terre lui-même (1203). Ce meurtre donnait beau jeu à Philippe Auguste : vengeur d'un crime qui soulevait l'indignation générale, il somma Jean de comparaître à sa cour. Jean demanda ses sûretés pour aller et revenir : « Pour aller, oui, lui fut-il répondu : pour revenir, cela dépendra du jugement des pairs. » Jean ne vint pas. Philippe, ravi de cette forfaiture, enleva toutes les places de Normandie et entra dans Rouen même : cette riche province, d'où étaient partis les conquérants de l'Angleterre, fut dès lors française, et la Bretagne qui relevait d'elle, devint fief immédiat du roi (1204). Philippe saisit la tutelle d'Alice, sœur d'Arthur, et donna plus tard l'héritage et l'héritière à son parent Pierre Mauclerc. Cette belle conquête fut suivie de l'occupation du Poitou, de la Touraine et de l'Anjou, de sorte que le domaine royal fut tout à coup largement accru et bien couvert à l'ouest.

Querelle de Jean sans Terre avec Innocent III (1207); bataille de Bouvines (1214); la grande charte (1215).

La lâcheté de Jean nous avait donné ces belles provinces : sa querelle avec le saint-siége et avec ses barons nous les conserva. Il avait les sentiments de son père contre les clercs : pour dominer ceux-ci, il fit nommer à l'archevêché de Cantorbéry une de ses créatures. Les évêques suffragants réclamèrent, et le pape Innocent III, imposant une élection nouvelle, fit donner cette charge au cardinal anglais Étienne Langton, l'auteur de l'hymne *Veni Creator* (1207). Jean sans Terre entra dans une grande colère, chassa les moines de Cantorbéry, et, trois évêques étant venus le trouver de la part du pape, il les menaça de les faire battre s'ils ne se retiraient. Il jurait, « par les dents de Dieu, » qu'il ferait couper le nez à tout Romain qui viendrait dans ses États, et parlait de jeter à la mer tout le clergé anglais. S'il en fallait croire la rumeur du temps, il en serait venu jusqu'à vouloir se faire musulman pour obtenir le secours de l'émir Al-Moumenin du Maroc. Qu'arriva-t-il de ses fureurs insensées? Excommunié et menacé d'une descente par Philippe Auguste, qu'Innocent III autorisait à conquérir l'Angleterre, il tomba dans l'excès opposé, rampa devant le saint-siége, lui promit tribut, et se reconnut son vassal (1213).

Il essaya de se venger de toutes ces hontes en formant une vaste coalition contre Philippe Auguste. Pendant qu'il attaquerait lui-même la France par le sud-ouest, l'empereur d'Allemagne, Otton IV, les comtes de Flandre et de Boulogne, avec tous les princes des Pays-Bas, devaient l'attaquer par le nord. Mais la France se leva pour repousser l'invasion étrangère. Le fils du roi, Louis, alla faire tête au roi anglais dans le Poitou; et Philippe, avec le restant de la chevalerie et les milices des communes du nord, marcha au-devant de l'ennemi, le rencontra près du pont de Bouvines, sur la Marq, entre Lille et Tournai, et, après avoir couru de grands dangers, demeura pleinement vainqueur (27 juillet 1214).

Philippe semble n'avoir pas tiré de ce grand succès tous les résultats qu'il pouvait donner. Il n'acquit aucune terre nouvelle; la Flandre resta à la femme de Ferrand, le comté de Boulogne à la fille de Renaud, et Jean d'Angleterre acheta une trêve qui lui laissa la Saintonge et la Guyenne. Mais il avait repoussé une invasion formidable, fait fuir devant lui un empereur et un roi, déjoué les mauvais desseins de plusieurs grands vassaux, enfin donné à la dynastie capétienne le baptême de gloire qui jusqu'alors lui avait manqué, et révélé la France à elle-même. Ce triomphe, en effet, fit éclater dans le pays quelque chose qu'on ne connaissait pas, l'esprit national, le patriotisme : sentiment faible encore, malgré l'explosion de la joie publique, et qui plus d'une fois paraîtra s'éteindre, mais pour reparaître avec une énergie victorieuse. Il y a maintenant en France une nation et un roi.

La noblesse de France signala encore sous ce règne son activité guerrière par deux grandes entreprises : la quatrième croisade, qui changea l'empire grec en empire français, et la guerre contre les Albigeois, qui rattacha à la France les indociles populations du midi. Philippe ne prit part ni à l'une ni à l'autre expédition. Il laissa les nobles user leurs ressources et leur turbulence dans ces guerres qui profitaient doublement à la France, et par l'ordre qu'elles promettaient d'établir dans le royaume et par la gloire dont elles couvraient au loin son nom. « J'ai aux flancs, écrivait-il au pape qui le pressait de se croiser contre les Albigeois, j'ai aux flancs deux grands et terribles lions, l'empereur Otton et le roi Jean ; ainsi ne puis-je sortir de France. » Après Bouvines pourtant, l'un et l'autre ne l'inquiétèrent pas beaucoup.

Pendant que ses alliés étaient défaits en Flandre, Jean avait été battu dans le Poitou à la Roche-aux-Moines. En rentrant vaincu, humilié dans son île, il y trouva ses barons soulevés. Le primat Étienne Langton était à leur tête. Ils ne se sentaient pas en sûreté sous la puissance de ce tyran qui ne respectait rien, et voulurent imposer des limites à ses caprices. Ils ressuscitèrent la charte de Henri Ier, et, comme le roi tenait sa cour à Worcester, aux fêtes de Noël, ils se présentèrent devant lui bien armés, et l'invitèrent à leur confirmer les libertés contenues dans cette charte. Jean éluda, demanda du temps et finit par déclarer qu'il n'accorderait rien : « Que ne demandent-ils mon royaume ? » s'écria-t-il rouge de colère. Mais les barons étaient déterminés à ne point céder ; ils se proclamèrent *armée de Dieu et de sa sainte Église*, entrèrent dans Londres aux applaudissements des bourgeois, et, le 19 juin 1215, dans la plaine de Runny-Mead, près de Windsor, forcèrent le roi à signer la *Grande Charte*, base fondamentale des libertés anglaises.

Lorsque, la charte signée, les barons se séparèrent, Jean, outré de fureur, voulut la déchirer : cet homme cynique qui dans ses débauches n'épargnait pas sa propre maison, s'accablait lui-même d'imprécations pour avoir cédé, et jurait de mettre l'Angleterre à sac et à pillage. Il recourut au pape Innocent III, qui de son autorité déclara la Grande Charta non avenue et releva le roi de ses serments. Il appela aussitôt des Brabançons et des routiers qui désolèrent le pays en tous sens, si bien que les barons, indignés, offrirent la couronne à Louis, fils de Philippe Auguste et neveu de Jean par sa femme Blanche de Castille. Innocent III menaça Philippe Auguste de l'excommunication, le roi feignit de vouloir arrêter son fils. Mais Louis lui répondit : « Sire, je suis votre homme lige pour les terres que vous m'avez baillées en France, mais point ne vous appartient de décider du sort du royaume d'Angleterre. » Louis continua donc son entreprise, et, le 30 mai 1216, débarqua en Angleterre, malgré une excommunication du pape. Cette sentence, dont l'effet, à force d'être répété, commençait à s'affaiblir, n'eût point empêché le prince français de réussir si Jean n'était mort d'une indigestion (1216). Il laissait un enfant, Henri III. Les barons comprirent que mieux valait pour leur cause ce roi enfant qu'un prince étranger peu disposé sans doute à respecter, après la victoire, leurs priviléges, et qui serait au besoin aidé des forces de la France. Louis fut donc peu à peu abandonné et contraint de revenir en France en 1217.

Avec Jean sans Terre et Philippe Auguste se termine la première période de la rivalité de la France et de l'Angleterre. À partir de l'année 1217, l'histoire si longtemps mêlée des deux pays se sépare pour cent vingt ans. Chacun retourne à ses destinées particulières : la France se fait de plus en plus monarchique, l'Angleterre de plus en plus constitutionelle, et elles ne se rencontrent que de loin en loin, dans quelques combats. Il faut donc, à notre tour, séparer ce que nous avions uni.

CHAPITRE XXV.

PROGRÈS DE LA ROYAUTÉ FRANÇAISE DE PHILIPPE AUGUSTE A PHILIPPE DE VALOIS.

Administration intérieure de Philippe Auguste. — Louis VIII (1223) et la régence de Blanche de Castille. Saint Louis sanctifie la royauté; son ascendant en Europe; traités avec l'Angleterre (1259) et avec l'Aragon (1258). — Gouvernement de saint Louis; progrès de l'autorité royale. — Caractère nouveau de la politique, Philippe III (1270), Philippe II (1285), nouvelle guerre avec l'Angleterre (1294). — Renouvellement de la lutte du sacerdoce et de l'empire (1296-1304). — La papauté à Avignon (1309-1376). — Condamnation des Templiers) (1307). — Administration de Philippe III; règne de ses trois fils (1314-1328).

Administration intérieure de Philippe Auguste.

Philippe Auguste avait glorieusement rempli son règne de 43 ans. Le domaine royal doublé par l'acquisition du Vermandois, de l'Amiénois, de l'Artois, de la Normandie, du Maine, de l'Anjou, de la Touraine, du Poitou et d'une partie de l'Auvergne, les 78 *prévôtés*, dont il se composait en 1223, placées sous la surveillance des *baillis;* la féodalité attaquée dans le droit odieux de guerre privée par l'établissement de la *quarantaine-le-roy*[1] et de l'*asseurement;* Paris embelli, pavé, ceint d'une muraille, doté de halles et surveillé par une meilleure police; le Louvre commencé, l'Université

---

[1]. C'était une trêve forcée de 40 jours entre le meurtre commis ou l'injure reçue, et la vengeance qu'en tiraient les offensés. Dans l'intervalle, les passions s'apaisaient, le roi pouvait intervenir et justice était faite. Cette ordonnance est aussi attribuée à saint Louis, qui la renouvela et la fit exécuter sévèrement, s'il ne la publia pas le premier.

de Paris[1] constituée avec de grands priviléges et les Archives fondées, l'autorité de la cour des pairs consacrée par un exemple mémorable : la condamnation du roi d'Angleterre ; enfin la royauté apparaissant de nouveau comme pouvoir législateur, et les ordonnances reprenant le caractère de généralité pour tout l'État, qu'elles n'avaient plus depuis les derniers capitulaires de Charles le Simple; tels sont les actes de Philippe Auguste. Il avait mis la royauté hors de tutelle, au grand profit de l'ordre, de l'industrie, du commerce, qu'il encouragea, c'est-à-dire au profit d'elle-même et du peuple.

Ce prince avait cependant encouru les censures de Rome. Il avait épousé en secondes noces Ingeburge de Danemark (1193); mais le lendemain même du mariage il la répudia. Un concile d'évêques prononça la nullité de cette union, et Philippe épousa aussitôt Agnès de Méranie. Il y avait là un grand scandale. Un homme, parce qu'il était roi, se jouait de l'honneur d'une femme, d'une pauvre étrangère, sans appui, sans défenseur. Philippe crut tout terminé par la sentence des évêques. Mais Ingeburge en appela au pape, et Innocent III prit en main, au nom de la morale et de la religion outragées, la cause de celle que tous abandonnaient. Philippe résista. Le pape lança l'interdit sur son royaume. Alors partout les offices cessèrent; les peuples furent sans prières, sans consolations. En vain le roi chassa de leurs siéges les évêques qui observaient l'interdit, il dut plier devant le mécontentement universel qui menaçait sa couronne : il renvoya Agnès de Méranie, qui mourut de douleur, et reprit Ingeburge en 1213. Un de ces grands exemples que le christianisme seul a donnés avait donc été de nouveau offert aux peuples.

Philippe céda et eut raison; une autre fois il résista, et eut raison encore. C'était en 1204. Il envahissait les fiefs que Jean avait perdus par sa félonie. Innocent III le menaça des anathèmes de l'Église s'il allait plus avant. Philippe s'assura

---

[1]. Elle s'appelait l'Étude de Paris, et ne prit le nom d'Université que vers 1250. En 1181, le pape Alexandre III chargea un cardinal et les archevêques de Rouen et de Reims de dresser les règlement qui lui furent donnés. Les élèves et les professeurs de l'Université de Paris n'étaient justiciables que du tribunal ecclésiastique.

du concours de ses grands vassaux, et se fit donner par écrit l'engagement qu'ils prirent de le soutenir dans cette cause envers et contre tous, même contre le seigneur pape, puis continua son entreprise.

Dans ces deux circonstances, le pape et le roi font tour à tour appel à l'opinion publique et au bon droit; l'un en intéressant le peuple à la cause de la moralité, l'autre en intéressant les barons aux légitimes prérogatives de la couronne. C'est un progrès, et on voit que nous commençons à sortir des temps où la force seule régnait.

Louis VIII (1223) et la régence de Blanche de Castille.

Le règne si court du fils de Philippe Auguste ne fut que le complément du sien.

Louis VIII avait été un instant, du vivant de son père, proclamé roi, dans Londres, par les barons anglais révoltés, et deux fois s'était croisé contre les Albigeois. Devenu roi de France, il poursuivit ces deux guerres. Sur les Anglais, il conquit ce que Philippe Auguste n'avait pas pris du Poitou, l'Aunis, la Rochelle, Limoges, Périgueux; dans la langue d'oc, il alla prendre Avignon. Le pays depuis le Rhône jusqu'à quatre lieues de Toulouse lui fit soumission, et il mit des sénéchaux ou des baillis à Beaucaire, à Carcassonne et à Béziers. Ainsi, le pays à l'ouest du Rhône, moins la Guyenne et Toulouse, reconnaissait l'autorité royale. Il n'y avait plus deux Frances; l'œuvre de l'unité territoriale avançait. Mais le Midi se vengea par une épidémie qui décima l'armée et emporta le roi.

Depuis plus d'un siècle l'épée de la royauté, qui était celle de la France, avait été vaillamment portée. Mais le fils de Louis VIII était un enfant de onze ans. Les barons prétendirent que la régence ne pouvait être confiée à une femme et refusèrent de la laisser à la reine mère, Blanche de Castille. Ils déclarèrent que le roi ne serait pas sacré, à moins qu'il ne leur fût accordé des garanties contre la cour des pairs et contre les récents empiétements de l'autorité royale. C'était donc déjà une rédaction toute féodale. Thibault, comte de Champagne, Pierre de Dreux, duc de Bretagne, Hugues de Lusignan, comte de la Marche, Richard, duc d'Aquitaine, et même Raimond VII, comte de Toulouse, formèrent une ligue qui prit pour chef Enguerrand, sire de Coucy. Mais les Capétiens ne pouvaient déjà plus avoir le sort des Carlovingiens. Leur dynastie était appuyée fortement sur son propre domaine et sur les sympathies populaires, même dans les États de ses vassaux. Elle était en outre soutenue par ce grand pouvoir de la papauté, sans lequel ne s'étaient faites ni l'usurpation carlovingienne, ni l'usurpation capétienne. Le cardinal légat de Saint-Ange était auprès de Blanche de Castille, et l'aida de ses conseils; elle-même, femme habile, gagna à sa cause le comte de Champagne, ce fameux trouvère couronné, dont elle avait touché le cœur. Louis IX fut sacré en 1227, et, en 1231, le traité de Saint-Aubin du Cormier termina la guerre à l'avantage de la royauté.

Le Languedoc s'était relevé pendant ces événements auxquels le nouveau comte de Toulouse, Raimond VII, s'était secrètement mêlé. Une dernière expédition, aidée de l'inquisition, amena le traité de Paris (1229), par lequel fut régularisé ce que les armes avaient établi depuis plusieurs années. Raimond abandonna formellement à la France tout le bas Languedoc, qui fut érigé en sénéchaussées de Beaucaire et de Carcassonne. Il ne conserva que la moitié du diocèse de Toulouse, l'Agénois, le Rouergue, et pour sa vie seulement, à la condition qu'ils formeraient la dot de sa fille unique, fiancée à Alphonse, second frère du roi.

Plus la royauté grandissait et plus le bien lui venait. En 1223, Thibault de Champagne, devenu roi de Navarre par la mort du père de sa femme, partit pour conquérir son héritage, et vendit à la couronne de France les comtés de Blois, de Chartres et de Sancerre.

La majorité de saint Louis fut proclamée en 1236.

Saint Louis constitue la royauté; son ascendant en Europe traités avec l'Angleterre (1259) et avec l'Aragon (1258).

Voici le vrai héros du moyen âge, un prince aussi pieux que

brave, qui aimait la féodalité, et qui lui porta les coups les plus sensibles; qui vénérait l'Église, et qui sut au besoin résister à son chef; qui respecta tous les droits, mais suivit par-dessus tout la justice; âme candide et douce, cœur aimant, tout rempli de la charité chrétienne, et qui condamnait à la torture le corps du pécheur pour sauver son âme; qui sur la terre ne voyait que le ciel, et qui fit de son office de roi une magistrature d'ordre et d'équité. Rome l'a canonisé et le peuple le voit encore assis sous le chêne de Vincennes rendant justice à tout venant. Ce saint, cet homme de paix fit plus, dans la simplicité de son cœur, pour le progrès de la royauté, que les plus subtils conseillers et que dix monarques batailleurs, parce que le roi, après lui, apparut au peuple comme l'ordre même et la justice incarnée. Il trouva la royauté d'autant mieux établie, qu'elle venait de prouver sa force. Un autre, Philippe Auguste, se fût servi de tant de ressources accumulées dans sa main pour la pousser encore plus loin dans cette voie, et, ce qui eût été excellent, pour débarrasser la France des Anglais encore maîtres de la Guyenne : saint Louis, au contraire, l'arrêta, mais la sanctifia. Cette royauté française fut belle alors dans son manteau bleu semé de fleurs de lis, pure et intègre, arbitre entre les souverains de l'Europe, et pourtant forte et vaillante quand on l'attaquait. Autour d'elle s'élevait, à la place d'une partie de l'ancienne féodalité qui lui était étrangère, une féodalité nouvelle, docile alors, parce qu'elle était tout récemment sortie de son sein. Après avoir arraché les vieilles souches féodales, la famille royale se provignait elle-même par toute la France. Le premier frère du roi, Robert, avait été fait comte d'Artois (1237), et, par ses alliances, rattachait au royaume les provinces septentrionales. Deux autres lui donnaient celles du midi : Alphonse, comte de Poitou et d'Auvergne, était héritier du grand comté de Toulouse, qui allait jusqu'aux Pyrénées; Charles, qui reçut l'Anjou et le Maine (1246), devint encore comte de Provence, par son mariage avec l'héritière Béatrix, et soumit les bords de la Méditerranée à l'influence française. Appuyé sur cette famille féodale et sur son bon droit, saint Louis fut invincible, au moins dans ses États.

Jusque vers le temps de sa guerre contre les Anglais, on le voit peu agir. On peut constater toutefois la fermeté d'un prince qui ne recule pas parce qu'il ne s'avance jamais à tort. En 1241, l'empereur Frédéric II ayant retenu les prélats français qui se rendaient à Rome pour un concile, saint Louis réclama leur mise en liberté. « Puisque les prélats de notre royaume n'ont, pour aucune cause, mérité leur détention, lui écrivit-il, il conviendrait que Votre Grandeur leur rendt la liberté; vous nous apaiserez ainsi; car nous regardons leur détention comme une injure, et la majesté royale perdrait de sa considération si nous pouvions nous taire dans un cas semblable.... Que votre prudence impériale.... ne se borne pas à alléguer votre puissance ou votre volonté, car le royaume de France n'est pas si affaibli qu'il se résigne à être foulé aux pieds par vous. » L'empereur relâcha ses prisonniers. Quelque temps auparavant, Louis avait refusé de recevoir, pour lui-même et pour un de ses frères, la couronne impériale de Frédéric II que le pape lui offrait. Il avait également refusé aux évêques de mettre à leur service l'autorité royale pour contraindre les excommuniés à se soumettre dans le délai d'un an et d'un jour, à moins qu'on ne le fît juge lui-même des causes de l'excommunication.

Cet homme, qui parlait si fermement, agit de même quand il fut forcé de prendre les armes. En 1242, les seigneurs d'Aquitaine, toujours hostiles aux Français, avaient fomenté une coalition. Les rois d'Angleterre, d'Aragon, de Navarre en étaient; le comte de Toulouse espérait déchirer le traité de 1229. Le comte de la Marche commença la guerre en refusant l'hommage à Alphonse, comte de Poitiers, son suzerain. Louis IX demanda aux communes des armes et des vivres, se pourvut prudemment de tentes, de fourgons, de machines, de munitions, et s'avança avec une belle armée. Henri III d'Angleterre, mal secondé par ses barons, vint au-devant de lui avec des soldats français. Louis pénétra rapidement dans le Poitou et la Marche, força le passage de la Charente à Taillebourg (1242), et remporta une victoire complète près de Saintes, où il entra. Henri III s'enfuit, les seigneurs français se soumirent. Au bout de peu de temps le roi anglais sollicita une trêve et la guerre cessa (1243). L'année suivante, saint Louis fit le vœu qu'il accomplit en 1248 d'aller en terre sainte, expédition qui a été racontée plus haut.

Ce fut pour ce prince une préoccupation constante de prévenir les querelles entre les États aussi bien qu'entre les particuliers. Comme il jugeait à l'amiable, sous le chêne de Vincennes, les procès de ses sujets, il s'efforçait de tarir dans leurs sources les guerres, ces procès qui coûtent aux peuples du sang et des larmes. Dans ce but, il s'attachait à mettre de la netteté dans les rapports des États entre eux, à faire disparaître, même à son préjudice, les prétentions rivales. Vainqueur en 1242, il eût pu forcer tous les barons à se soumettre ; il voulut les laisser libres, mais en leur déclarant qu'on ne pouvait servir deux maîtres, et que tous ceux qui tenaient des fiefs de lui ou du roi d'Angleterre, devaient opter pour l'un ou pour l'autre. Par la suite, il poussa plus loin encore la délicatesse, beaucoup plus loin qu'il n'est d'usage en politique, plus même qu'il ne convenait aux intérêts légitimes de la France. Il ne savait trop que penser des conquêtes de ses prédécesseurs ; peut-être le mauvais succès de sa première croisade lui apparaissait-il comme le châtiment de Dieu pour quelque faute dont il devait s'enquérir et se purifier. En entendant les réclamations continuelles de Henri III, « sa conscience lui remordoit. » Il consentit donc, en 1259, à signer un traité par lequel il rendait ou laissait au roi d'Angleterre, qu'il avait pourtant vaincu dans une juste guerre sous la condition d'hommage lige, le Limousin, le Périgord, le Quercy, l'Agénois, une partie de la Saintonge et le duché de Guyenne ; en revanche, il restait incontestablement maître de la Normandie, de la Touraine, de l'Anjou, du Poitou et du Maine. Au simple droit de conquête il substituait ainsi un droit plus réel à ses yeux sur les provinces qu'il conservait.

Il agit suivant le même principe avec le roi d'Aragon, lui cédant en toute et irrévocable souveraineté la Catalogne et le Roussillon, mais l'obligeant à abandonner toute suzeraineté sur les fiefs d'Auvergne et de Languedoc qui relevaient de lui (1258). Le départ étant ainsi fait entre tous les droits vagues et concurrents qui résultaient de l'origine confuse du régime féodal, les États durent être plus libres dans leurs mouvements et moins sujets à se gêner et se heurter les uns les autres.

La réputation d'intégrité de saint Louis lui valut d'être choisi pour arbitre entre le roi d'Angleterre et ses barons, à propos des constitutions de Clarendon (1264). Il se prononça en faveur du roi et cette fois ne réussit pas, car les barons ne tinrent compte de la sentence arbitraire et renversèrent Henri III.

Plus heureux ailleurs, il trancha une question de succession qui livrait la Flandre à la guerre civile.

Enfin, au midi, l'influence française fut portée en Italie par ce Charles d'Anjou, frère du roi, qui était devenu par un mariage maître de la Provence, et qui avait profité des rapports continuels de ses nouveaux sujets avec l'Italie pour se mêler aux affaires de ce pays, où il finit, comme on le verra au chapitre XVIII, par gagner une couronne. On sait déjà que ce fut ce prince, monté sur le trône des Deux-Siciles, qui, dans son intérêt, dirigea sur Tunis la seconde croisade de saint Louis.

Gouvernement de saint Louis; progrès de l'autorité royale.

Malgré le mauvais succès de ses deux croisades, saint Louis continua l'œuvre de Philippe Auguste : la grandeur de la France. Ses expéditions d'outre-mer montrèrent en lui un homme véritablement saint; et ce nom de saint il le mérite mieux encore par la sagesse de son gouvernement intérieur, par sa sollicitude pour son peuple et ses bienfaisantes réformes. Il crut avoir mission d'apporter la paix au milieu de cette société troublée, de substituer aux formes de la justice féodale, qui cachaient à peine le droit du plus fort, celles d'une vraie justice, réfléchie, impartiale. En 1245, il renouvela l'ordonnance de Philippe Auguste prescrivant qu'il y aurait trêve entre l'offenseur et l'offensé pendant quarante jours (*quarantaine-le-roy*), et que le plus faible pourrait requérir *asseurement* du roi. Or il rendit le jugement royal profondément distinct du jugement féodal; il abolit dans ses domaines le duel judiciaire [1], qui était une des plus grandes plaies de l'époque : « Cil qui prouvoit par batailles prouvera par témoins ou par chartes. » (1260.)

Des témoins et des chartes au lieu du champ clos, c'était le germe d'une révolution. Ce n'étaient pas les chevaliers qui pouvaient avoir, en descendant de cheval, assez de finesse, de connaissances, d'application d'esprit pour se reconnaître dans la subtilité des preuves et l'obscurité du grimoire. On leur adjoignit des *légistes*, hommes nouveaux, instruits dans les lois et surtout dans le droit romain. D'abord les barons firent dédaigneusement asseoir à leurs pieds, sur de petits escabeaux, ces roturiers. Mais bientôt, dans ce rapprochement de l'ignorance et de la science, celle-ci prit son légitime empire; le baron, qui n'avait que sottises à dire, se tut devant ses savants conseillers; à ceux-ci appartint toute la direction des jugements, et le sort des coupables, même des plus nobles, fut dans leurs mains. Ils furent admis à tous les degrés de la juridiction, dans le parlement des barons, servant de conseil au roi (1241), et dans les cours féodales présidées par les baillis royaux. Partout ils s'efforcèrent de faire prévaloir les principes de la loi romaine, et de rendre la royauté française héritière des maximes impériales. Le *quidquid principi placuit legis habet vigorem* fut bientôt traduit exactement par : *Si veut le roi, si veut la loi*. Et saint Louis, malgré son respect pour les droits établis, n'hésita pas à décréter des lois pour les terres mêmes de ses vassaux : « Sachez (1257) que, par délibération de notre conseil, nous avons prohibé toute guerre *dans notre royaume*, tout incendie, tout empêchement donné aux charrues. » De même, beaucoup de choses furent évoquées des cours féodales à celle du roi. En forçant un peu ce droit, qui était dans les coutumes féodales, de *fausser ju-*

---

[1]. Le *duel judiciaire*, coutume importée en Gaule par les Germains, était un combat entre l'accusateur et l'accusé. Dieu étant supposé le juge de ce combats, la défaite prouvait le crime; la victoire, l'innocence. Le vaincu était traîné du *champ clos* au bûcher ou à la potence. On comprend que tant que prévalut l'usage du duel judiciaire, l'ancien droit royal de recevoir l'appel n'existait pas. Il ne pouvait y avoir recours contre le *Jugement de Dieu*.

gements et d'en appeler au suzerain, les légistes rendirent les appels très-fréquents. Ils étendirent aussi le nombre des *cas royaux*, c'est-à-dire des causes dont le jugement était réservé au roi même.

L'établissement des *enquesteurs royaux*, image des *missi* de Charlemagne, la fixation du titre de la monnaie du roi au chiffre déterminé de 79 grains le sou d'argent, et le cours forcé qu'elle reçut dans les provinces concurremment avec les monnaies féodales, furent encore l'effet de cet esprit qui voulait faire partout pénétrer l'autorité royale, et partout faire sentir son intervention comme un bienfait.

Saint Louis fut le premier qui appela des bourgeois dans son conseil, pour les consulter « sur le fait des monnaies » et par conséquent du commerce. Il donna la liberté à beaucoup de serfs de ses domaines, et rappela, ce que la féodalité oubliait, que « dans un royaume chrétien, tous les hommes sont frères ». Il ne fonda pourtant qu'une commune, celle d'Aigues-Mortes, et il abolit celles de Reims et de Beauvais. Il ne comprenait pas la liberté politique, à laquelle aucun homme de son temps ne pensait, et il était fort pénétré des droits de l'autorité royale, dont il faisait au reste un si bel usage. Ce même sentiment de ses droits le portait à les défendre aussi bien par en haut que par en bas. Mais on ne peut plus citer de lui, comme authentique, une *pragmatique sanction* qui aurait mis des bornes aux prétentions du pape, rendu aux églises cathédrales et aux abbayes le droit d'élire leurs prélats, réprimé les entreprises du clergé sur l'autorité séculière, et restreint aux *nécessités urgentes* les impositions que la cour de Rome pouvait mettre sur les églises de France.

Le principe même d'où saint Louis tirait toutes ses vertus lui en interdisait une que le moyen âge n'a pas connue, la tolérance. Saint Louis fut sans pitié pour les juifs et les hérétiques.

On lui a attribué deux grands monuments législatifs, qui ne sont que des collections particulières auxquelles manqua la sanction royale : 1° *les Établissements selon l'usage de Paris et d'Orléans*, sorte de code civil et criminel publié en 1270 et divisé en deux livres, dont le premier ne fait guère que constater les droits féodaux et coutumiers, tandis que le second s'appuie constamment sur le droit romain; 2° *les Établissements des métiers de Paris*, qui contiennent les statuts de cent métiers, rédigés par le prévôt Étienne Boileau en 1258.

Caractère nouveau de la politique. Philippe III (1270). Philippe IV (1285) nouvelle guerre avec l'Angleterre (1294).

L'époque du sentiment expire avec saint Louis. Le grand concile[1] de Lyon (1274) décrète une croisade que personne n'exécute, ce qui se renouvellera souvent. Des intérêts de dynastie, des luttes d'influence politique détermineront désormais les relations extérieures des États européens, qui oublient la croisade et Jérusalem pour travailler à s'organiser plus régulièrement. Dans cette période d'un caractère nouveau, la France joue le principal rôle. C'est elle qui exerce encore dans toute l'Europe, pour un demi-siècle, la prépondérance revendiquée autrefois par l'empereur; c'est chez elle que le travail d'organisation est le plus actif et le plus rapide. Le grand révolutionnaire à cette époque était en effet le roi, comme l'aristocratie l'avait été avant Hugues Capet, comme le peuple le sera après Louis XIV. Naguère prisonnière dans les quatre ou cinq comtés de Philippe Ier, la royauté française avait renversé bien des barrières et marchait à grands pas vers le pouvoir absolu. Déjà elle avait imposé à ses turbulents vassaux la paix du roi, la justice du roi, la monnaie du roi, et elle faisait des lois pour tous. Suivons sa marche ascensionnelle jusqu'à la fatale guerre de Cent Ans.

Philippe III, fils de saint Louis, se trouva l'arbitre du midi de l'Europe. La mort d'Alphonse, son frère, dont il rapporta d'Afrique le cercueil, lui livra le comté de Toulouse et le Rouergue, qui furent réunis à la couronne; pour le comtat Venaissin, compris dans l'héritage, il le céda au pape avec la moitié d'Avignon.

Une défaite du comte de Foix, qui, pris dans sa capitale, fut contraint de promettre fidèle obéissance et d'abandonner

---

[1]. Ce concile était le second concile œcuménique tenu à Lyon, et le quatorzième concile général.

une partie de ses terres, servit de leçon à ces turbulents seigneurs des Pyrénées; la création d'un parlement à Toulouse, en 1279, montra, bien que ce parlement n'eût eu alors qu'une courte existence, que la royauté ne pouvait plus se laisser exiler du midi. La domination du roi de France arrivait donc aux Pyrénées; elle les franchit même. Philippe fit épouser à son fils l'héritière du royaume de Navarre, qui entra alors dans la maison de France; et, s'il ne réussit pas à faire proclamer roi de Castille un prince soumis à son influence, ni à placer la couronne d'Aragon sur la tête de son second fils Charles, il montra du moins ses armes dans la Catalogne, où il prit la forte place de Girone. Ainsi la royauté capétienne, conquérante dans l'intérieur du royaume depuis Louis VI, tâchait déjà de le devenir en dehors. C'était trop tôt, parce que la première œuvre n'était pas achevée, et devait l'être, avant qu'il fût possible de commencer la seconde. Cette faute des Capétiens, les Valois la renouvelleront quand Charles VIII voudra conquérir Naples, au lieu de la Flandre, et les Bourbons, quand Louis XIV donnera l'Espagne à son petit-fils, au lieu de donner les Pays-Bas à la France.

Cette expédition en Catalogne, qui tourna mal, n'avait eu d'ailleurs pour cause qu'un intérêt de famille. Philippe voulait punir don Pèdre, roi d'Aragon, de l'appui donné par lui aux Siciliens révoltés contre Charles d'Anjou. Il mourut au retour de cette expédition.

Le nouveau roi Philippe le Bel (1285) fut le roi des légistes. Il fit tout par eux, et il n'y eut pas d'usurpation qu'il ne se crût permise au moyen d'un arrêt. Philippe IV fut d'abord obligé de continuer la guerre d'Espagne, mais il s'en débarrassa aussitôt qu'il le put. Le traité de Tarascon, signé en 1291, permit à la France de se retirer des prétentions ambitieuses qu'elle avait élevées au delà des Pyrénées, en y gardant cependant la Navarre.

Philippe le Bel eut le mérite de comprendre que ces guerres extérieures étaient mauvaises, quand la guerre intérieure n'était pas finie et que le roi avait encore tant à conquérir au dedans du royaume. Il avait acquis du roi d'Angleterre, Édouard Ier, le Quercy, moyennant trois mille livres de rente qu'il ne lui payait pas. Ce n'était là que de quoi donner la tentation de prendre davantage. Une querelle éclate, en 1292, entre quelques matelots de Guyenne et de Normandie; la guerre aussitôt se fait partout entre les marins des deux pays. Philippe, au lieu de prendre les armes, commence la procédure en qualité de suzerain et fait d'abord occuper pacifiquement la Guyenne par ses officiers civils. Les garnisons anglaises les chassent; pour ce méfait, Philippe cite devant sa cour le roi d'Angleterre, qui consent à laisser séquestrer sa province pendant quarante jours. Mais les quarante jours s'écoulent et Philippe ne la rend pas. Édouard indigné prend les armes contre son suzerain ! il y a forfaiture. Aussitôt les légistes prononcent la confiscation des fiefs du roi d'Angleterre en France. En fin de compte, il fallait en venir aux armes ; mais Philippe avait eu l'avantage de mettre de son côté une apparence de légalité.

Dans cette guerre, qu'on peut considérer comme le prélude de celles qui rempliront le siècle suivant, il faut remarquer l'alliance de Philippe avec les Gallois et les Écossais, d'Édouard avec le comte de Flandre et avec Adolphe de Nassau, roi des Romains. Ce sont des systèmes d'alliance qui dureront.

Les événements tournèrent en faveur du roi de France. Il ramena dans son alliance le duc de Bretagne, qui ferma cette porte de la France, si souvent ouverte aux Anglais et pour eux si commode. Quant à Adolphe de Nassau, il n'eut rien à en craindre, et put même conclure avec son rival, Albert d'Autriche, un remarquable traité d'alliance par lequel la limite du Rhin était stipulée par la France. Si son parti succomba d'abord en Écosse avec Baillol, il se releva avec Wallace. Luimême envahit la Flandre et s'en rendit maître (1297), tandis qu'une autre armée occupait la Guyenne. Édouard, retenu en Angleterre par les Écossais, demanda une trêve, qui fut conclue, sous la médiation du pape Boniface VIII, tout à l'avantage de la France (1299). Les deux rois se livraient leurs alliés : Édouard battit et tua Wallace. Philippe envoya à la tour du Louvre le comte de Flandre, Guy, et prit possession de tout le pays, Gand excepté. Il promit aux bourgeois d'augmenter leurs libertés; mais ils eurent l'imprudence de lui révéler leur richesse par la magnificence de leurs coustumes : « J'ai vu six cents reines, » disait avec dépit la reine de France. La Flandre, en effet, était le pays le plus riche de l'Europe, parce que c'était celui où l'on travaillait le plus. Sur cette terre plantureuse, les hommes avaient poussé comme les moissons; les villes y étaient nombreuses, la population active, industrieuse, affectionnée à l'Angleterre, d'où elle tirait la laine nécessaire à ses fabriques, comme les villes de Guyenne, surtout Bordeaux, l'étaient parce que l'Angleterre achetait leurs vins. Les draps de Flandre se vendaient dans toute la chrétienté, jusqu'à Constantinople, et les villes des Pays-Bas étaient le marché où les denrées du Nord venues de la Baltique s'échangeaient contre celles du Midi venues de Venise et de l'Italie par le Rhin.

Philippe leur donna pour gouverneur Jacques de Châtillon, qui les accabla d'impôts, ce qui les fit révolter; la noblesse française accourut sous Robert d'Artois pour mettre à l'ordre et piller ces manants. Avec l'imprudence qu'elle montra si souvent, elle se jeta tête baissée dans une fosse dont les milices flamandes avaient couvert leur front; plus de 6000 furent massacrés. Cette journée de Courtray (1302) fut pour les seigneurs une révélation terrible : comme eux, les vilains avaient du courage; comme eux les vilains savaient se battre. Philippe le Bel, qui avait perdu dans ce désastre son frère Robert d'Artois, son chancelier Pierre Flotte, marcha contre les Flamands, après avoir imposé force tailles à ses sujets pour lever une armée. Il fut vainqueur à Mons-en-Puelle (1304), mais les Flamands résistèrent encore; pour en finir, il restitua la Flandre à son comte, ne gardant pour lui que la Flandre française, Lille, Douai, Orchies et Béthune.

Ainsi la royauté française reculait devant la démocratie flamande, comme la royauté allemande, presque à la même époque, devant la démocratie helvétique. Les communes de France, étant restées isolées, succombèrent; en Flandre, en Suisse, elles s'unirent et triomphèrent.

Renouvellement de la lutte du sacerdoce et de l'empire (1295-1304).

A vouloir gouverner comme Philippe le Bel, c'est-à-dire beaucoup et partout, il fallait quantité d'argent. Les dépenses pour l'administration, pour l'armée, pour une flotte, pour des subsides aux étrangers, devenaient énormes, et les ressources restaient celles des temps féodaux, c'est-à-dire fort peu de chose. De là l'habitude que prit la royauté d'user de tous les moyens pour faire de l'argent. Philippe pilla les juifs : c'était de tradition. Il diminua à plusieurs reprises le titre des monnaies et mit des taxes sur le clergé; alors une tempête s'éleva. Ce ne fut rien moins que le renouvellement de la querelle du sacerdoce et de l'empire.

Cette querelle du sacerdoce et de l'empire est trop souvent représentée comme la lutte de l'Italie et de l'Allemagne. Ces deux pays en furent seulement le théâtre principal. Elle s'étendit à l'Europe entière, parce qu'elle était en réalité la lutte du spirituel et du temporel qui se retrouvait partout, et c'est à peine si de nos jours elle est terminée. Au temps de Grégoire VII et d'Innocent IV, elle eut lieu surtout avec l'empereur; au temps de Boniface VIII, c'est avec le roi de France qu'elle fut engagée.

Boniface VIII, originaire de Catalogne, avait été chanoine à Paris et à Lyon. Quand il fut élu, après l'abdication de Célestin V, les Gibelins de Rome, la grande famille des Colonna, l'accusèrent d'avoir forcé cette abdication : il les bannit. Le monde était bien changé depuis les Innocent et les Grégoire; Boniface reprit néanmoins leurs desseins. Le jour de son installation, il fit tenir la bride de son cheval par les rois de Sicile et de Hongrie, et durant le festin ils le servirent à table la couronne en tête. Dans la bulle *Unam sanctam*, il dépassa le langage même d'Innocent III; car, au lieu de se borner comme lui à reconnaître deux pouvoirs, dont l'un inférieur à l'autre, il parut vouloir absorber celui-là et subordonner complétement la royauté à la tiare.

Ce qui donnait une grande force à ses prétentions, c'est que de même qu'on avait formé sous Justinien le *corps du droit romain* (*corpus juris*), en réunissant les constitutions des empereurs et les opinions de leurs jurisconsultes, ce qui l'avait rendu impérissable, on forma, à partir de Grégoire IX, le *corps des règles* ou *droit canonique*, en réunissant dans un recueil qui se grossit sans cesse, les décrétales et rescrits des pontifes.

Des canonistes interprétèrent ce droit ecclésiastique, et, comme, dans l'interprétation d'une loi, c'est toujours l'esprit du législateur qu'on cherche à pénétrer, les jurisconsultes rencontraient tout d'abord, dans la loi qu'ils étudiaient, l'esprit de domination des pontifes qui l'avaient dictée, le droit, par exemple, de déposer les rois et les empereurs, qui y était écrit en toutes lettres ; et cet esprit, ils essayèrent ensuite de le faire prévaloir. La papauté eut ainsi dans tous les États chrétiens des avocats qui plaidèrent la cause de son ambition.

En vertu des mêmes principes du droit canonique, le pape, non-seulement imposait les lois religieuses, mais encore en exemptait ; il tenait dans sa main les *dispenses*, qu'on finit par payer fort cher. Il prétendait encore disposer des bénéfices ecclésiastiques, d'abord de quelques-uns : Honorius III demandait seulement que chaque église conservât deux prébendes pour le saint-siége ; plus tard de tous, et Clément IV, Boniface VIII, Clément V, introduisirent cette théorie qu'au pape, patron universel, appartenait la distribution de tous les bénéfices. L'Angleterre, sous Henri III, fut en quelque sorte envahie par les prêtres italiens. La prétention de disposer des revenus ecclésiastiques de la chrétienté entière arrivait comme conséquence ; et, dès 1199, Innocent III préleva sur tout le clergé chrétien un quarantième des revenus, qu'il fit recueillir par ses collecteurs particuliers. Ses successeurs renouvelèrent et multiplièrent, sous divers prétextes, les ordres de ce genre, et il ne faut pas oublier qu'au moyen âge le clergé possédait un tiers peut-être de l'Allemagne, le cinquième de l'Angleterre et de la France.

Ces grandes richesses du clergé inquiétaient les princes ; plusieurs en sentirent le danger et prirent des mesures pour en arrêter l'essor en restreignant par des lois la faculté pour le clergé d'acquérir des biens fonds, qui devenaient biens de mainmorte, c'est-à-dire étaient retirés de la circulation, soustraits aux charges publiques, et qui de plus, la terre étant alors le seul capital, assuraient une force énorme au corps discipliné et uni entre les mains duquel ils se trouvaient. Tel fut entre autres l'objet de la loi publiée en Angleterre en 1279, sous le titre de *Statut de mainmorte*.

La juridiction ecclésiatique, rivale heureuse de la juridiction civile, avait fait les mêmes progrès. non-seulement les clercs avaient été soustraits aux tribunaux laïques, mais beaucoup de personnes, par un simple vœu religieux, par une promesse d'aller en croisade, acquéraient le même privilége, et une foule de causes étaient directement portées devant l'officialité ecclésiastique. Le pouvoir séculier fut d'abord moins ombrageux sur ce point, et plusieurs rois favorisèrent le progrès de la juridiction ecclésiastique, sans doute parce que la justice féodale y perdait plus que la justice royale. En Angleterre pourtant cette extension des tribunaux des clercs avait été, au douzième siècle, l'objet d'un conflit sanglant entre le pouvoir séculier et le clergé. Mais Thomas Becket était mort en triomphant. Or, ce que le clergé et les évêques avaient acquis en matière de juridiction, le saint-siége s'efforçait de l'attirer à soi par les appels en cour de Rome, comme il s'efforçait d'attirer par des levées d'argent une partie de ce qu'ils avaient acquis en richesses.

Armé du droit canonique, qui semblait mettre la justice de son côté, soutenu par le clergé et par la nombreuse milice des moines mendiants, Boniface VIII pouvait-il penser que le chef de cette Église, qui avait tant de richesses, tant de terres et tant de juridictions, n'était pas le supérieur des rois ? En l'an 1300, il eût souri d'un doute à cet égard, lorsque, dans ce grand jubilé établi par lui, il se montra, vêtu des ornements impériaux et précédé de deux glaives, aux innombrables chrétiens accourus à Rome, et que les trésors de l'Europe roulèrent devant l'autel de Saint-Pierre. Trois ans après pourtant, tout avait changé d'aspect, le pouvoir temporel, tant de fois vaincu, triomphait soudainement, et il était définitivement décidé que l'Europe ne serait pas une théocratie. Ce fut la main de la France qui porta ce grand coup.

Cependant, depuis que la France existait, elle n'avait jamais démérité de son titre de fille aînée de l'Église romaine. Elle avait été son bras droit sous Clovis contre les ariens; sous les Carlovingiens, contre les Lombards, les Grecs et les idolâtres de Germanie; plus tard contre les Albigeois. Elle avait fait les croisades; elle avait donné asile aux papes fugitifs; elle s'était couverte de monastères, et son Université de Paris, ses docteurs, son saint Bernard avaient été les lumières de la catholicité. Ce n'est qu'à regret que les pontifes avaient frappé Philippe Ier et Philippe Auguste pour de flagrantes infractions à la loi morale. Ils avaient donné à la maison de France le royaume des Deux-Siciles, qu'elle avait pris, celui d'Aragon qu'elle n'avait pu saisir. Boniface lui-même exaltait en toute occasion la famille capétienne. Mais les intérêts, après avoir été si longtemps communs, devenaient contraires. La guerre éclata sous un homme dur, impitoyable, que nulle considération n'arrêta jamais.

Le différend de Philippe le Bel avec Boniface VIII, avait commencé, en 1296, au sujet des impôts établis par le roi sur les églises de France pour les besoins de la guerre. Le pape, par la bulle *Clericis laïcos*[1], mit en avant la prétention qu'aucun ecclésiastique ne pouvait être imposé sans le consentement du saint-siége. Il excommunia tout clerc qui payerait un impôt sans l'ordre du pape, et tous ceux qui établiraient cet impôt, « quels qu'ils fussent. » (1296). C'était soustraire à l'action des gouvernements locaux et des nécessités nationales les immenses terres de l'Église; c'était constituer un État à part dans l'État. La royauté française, qui était fort occupée depuis un siècle à rétablir l'unité du commandement que la féodalité avait brisée, ne pouvait permettre qu'un cinquième du territoire de la France lui devînt étranger. Philippe répondit en défendant aux étrangers de séjourner en France, ce qui était chasser les prêtres romains et les porteurs de la bulle, et en ne laissant sortir du royaume aucun argent sans sa permis-

---

[1] Les bulles des pontifes sont désignées par leurs premiers mots.

sion, ce qui revenait à intercepter les revenus du saint-siége[1]. Le pape, intimidé par l'irritation du roi, fit un pas en arrière. Il l'engagea à se méfier des conseillers perfides qui l'entouraient ; il le supplia de ménager l'Église, qui, dès qu'elle le verrait en péril, n'épargnerait rien pour l'en tirer, « pas même la croix et les calices. » Mais cela ne suffisait pas à Philippe : il prétendait que les clercs étant citoyens de l'État aussi bien que membres de l'Église, devaient contribuer à sa défense, sinon en prenant les armes, au moins en donnant des subsides. Le pape autorisa la levée de quelques décimes, reconnaissant à la puissance royale le droit d'imposer et ne se réservant que celui d'empêcher les exactions. La concorde parut rétablie, et Boniface VIII scella sa réconciliation avec la maison de France en prononçant l'année suivante la canonisation de saint Louis. Mais la querelle se ranima, en 1301, par l'intervention hautaine du pontife dans les affaires intérieures du pays. Un de ses légats, Bernard Saisset, évêque de Pamiers, brava le roi en face. Le roi fit arrêter l'évêque, sous prétexte de complot contre son autorité, et lui intenta un procès. Il n'osa cependant frapper un homme revêtu du caractère ecclésiastique et demanda à l'archevêque de Narbonne, son métropolitain, de le dégrader canoniquement. L'archevêque en référa au pape, qui convoqua à Rome un concile et menaça le roi d'excommunication pour avoir osé porter la main sur un évêque. En même temps, il lança la bulle *Ausculta fili*, dans laquelle, il lui reprocha d'accabler son peuple, clercs et laïques d'exactions, de le molester par les changements de la monnaie, d'empiéter sur la juridiction ecclésiastique, d'arrêter l'effet des sentences épiscopales, de dévorer les revenus des Églises vacantes sous le prétexte abusif du droit de *régale*[2]. En outre le pontife laissait entrevoir cette prétention qu'il y avait dans le royaume un pouvoir placé au-dessus du roi, celui du saint-siége. « Dieu,

1. Cette défense, qui s'appliquait aussi aux armes, aux chevaux et à d'autres objets, était dirigée tout autant contre les Anglais et les Flamands, avec lesquels Philippe était en guerre.
2. Droit reconnu au roi de percevoir les revenus de l'église dont il était constitué le gardien entre la mort du dernier titulaire et la consécration de son successeur.

disait Boniface, nous a constitué, quoique indigne, sur les rois et les royaumes, pour arracher, détruire, disperser, édifier, planter en son nom et par sa doctrine. Ne te laisse donc pas persuader que tu n'aies pas de supérieur et que tu ne sois pas soumis au chef de la hiérarchie ecclésiastique : qui pense ainsi est un insensé ; qui le soutient est un infidèle. »

Les reproches du pontife sur la mauvaise administration de Philippe le Bel étaient fondés ; mais, je l'ai déjà dit, ni le roi ni le pape n'avaient une idée bien nette des limites de l'autorité temporelle du premier, et de l'autorité spirituelle du second. Toute mauvaise action étant un péché, le pontife se croyait en droit de juger et de punir par les foudres de l'Église les actes répréhensibles du prince, et le prince, de son côté, guidé par les légistes qui, suivant l'esprit du droit romain, reconnaissaient au roi un pouvoir absolu, se croyait le droit d'intervenir dans l'administration des églises, et voulait que les évêques, comme le reste de ses sujets, fussent soumis à ses officiers et à ses tribunaux, comme au temps des empereurs romains et de Charlemagne. Ces prétentions contraires amenèrent une querelle déplorable. Philippe déclara, dans une cour plénière, qu'il renierait ses enfants pour ses héritiers s'ils s'abaissaient à reconnaître au-dessus d'eux une autre puissance que celle de Dieu dans les affaires temporelles.

Comme la bulle pontificale contenait certaines vérités un peu dures pour lui, Philippe la fit brûler publiquement le 11 février 1302; puis son fameux chancelier Pierre Flotte fabriqua et répandit dans le public un extrait de cette bulle où tous les termes étaient forcés, où le pape réclamait crûment le pouvoir temporel aussi bien que le spirituel, et il fit à cette fausse bulle une réponse dans le même style : « Philippe, par la grâce de Dieu, roi des Français, à Boniface, qui se dit pape, peu ou point de salut. Que sa très-grande fatuité sache, etc.... » C'était se donner tort dans la forme quand il avait raison dans le fond.

Pour en venir à ce point de violence et d'outrage, il fallait que le roi se sentît bien appuyé par la nation. Il l'était en effet et voulut le prouver. Le 10 avril 1302, il réunit dans l'église de Notre-Dame un parlement, dans lequel furent admis, pour la première fois, les députés des universités et des communes, et qui est considérée, pour cette raison, comme la première assemblée des *États généraux*. Clergé, barons, bourgeois se prononcèrent en faveur du roi. « A vous, très-noble prince, disait une harangue qu'on fit courir sous le nom des députés du tiers, à vous notre sire Philippe, supplie et requiert le peuple de votre royaume que vous gardiez la souveraine franchise de cet État qui est telle que vous ne reconnaissiez, de votre temporel, souverain en terre, fors que Dieu. « Ainsi la première parole qu'ait prononcée le peuple en France a été un cri d'indépendance nationale.

A cette assemblée de la France, Boniface VIII opposa celle de l'Église. Quarante-cinq évêques sortirent du royaume pour se rendre au concile de Rome, malgré les menaces de Philippe, qui fit saisir leurs biens et commencer leur procès. Le concile s'ouvrit, et Boniface y promulgua la fameuse constitution *Unam sanctam*; il y déclarait que l'Église est un seul corps et n'a qu'une seule tête; qu'il y a deux glaives, l'un spirituel, l'autre matériel; le premier devant être manié par l'Église, le second pour l'Église; le premier étant dans la main du sacerdoce, le second dans celle des rois et des barons, mais pour s'en servir comme le veut et autant que le permet le sacerdoce. Après cette déclaration, Boniface excommunia Philippe, qui persistait dans ses mesures hostiles, et prépara une autre bulle par laquelle il le déposerait pour donner son royaume à l'empereur Albert Ier.

Cependant Philippe avait rassemblé de nouveaux États généraux (1303), se confiant au ferme appui qu'il avait trouvé dans les représentants du pays. Les légistes y furent d'une vivacité extrême contre le pape. Guillaume de Nogaret, professeur de droit à Toulouse, l'accusa de simonie, d'hérésie, des vices les plus infâmes. Un autre légiste, Guillaume de Plasian, proposa au roi de convoquer un concile général, et d'y citer Boniface. Ces deux hommes étaient du midi, et sans doute un vieux levain albigeois les stimulait contre le pouvoir pontifical, bourreau de leur pays : le grand-père de Nogaret avait été brûlé comme hérétique. Un des conseillers les plus écoutés du roi, Pierre Dubois, allait plus loin : il demandait la suppression du pouvoir temporel des papes, la proposition de Plasian fut adoptée. Il fallait appréhender au corps le pontife, afin de le traduire devant le tribunal par lequel on se proposait de le faire condamner; Guillaume de Nogaret vint en Italie. Il s'entendit avec Sciarra Colonna, noble Romain et mortel ennemi du pape. Boniface était alors dans sa ville natale d'Anagni. A force d'argent, Nogaret gagna le chef des milices d'Anagni, et une nuit entra dans la place avec 400 hommes d'armes et quelques centaines de fantassins. Au bruit qu'ils firent dans la ville, aux cris de : « Mort au pape, vive le roi de France ! » Boniface crut sa dernière heure venue. L'énergique vieillard (il avait 86 ans) ne montra aucune faiblesse. Il se revêtit de ses habits pontificaux, s'assit dans sa chaire apostolique, la tiare en tête, la croix d'une main, les clefs de saint Pierre de l'autre, et il attendit ainsi les meurtriers. Ils le sommèrent d'abdiquer. « Fils de Satan, criait Colonna, cède la tiare que tu as usurpée. — Voilà mon cou, voilà ma tête, répondit-il : trahi comme Jésus-Christ, s'il me faut mourir comme lui, du moins je mourrai pape. » Sciarra Colonna l'arracha de son trône, le frappa de son gantelet de fer au visage, et l'eût tué, si Nogaret ne l'en eut empêché. « O toi, disait le petit-fils de l'Albigeois, ô toi, chétif pape, considère et regarde la bonté de mon seigneur le roi de France, qui, si loin que soit de toi son royaume, par moi te garde et te défend. » Du moins la scène fut ainsi racontée.

Cependant Nogaret hésita à traîner le vieillard hors d'Anagni. Il laissa le temps au peuple de revenir de sa stupeur. Les bourgeois s'armèrent, les paysans accoururent et les Français furent chassés de la ville. Le pape, craignant qu'on ne mêlât du poison à ses aliments, était resté trois jours sans manger. Peu de temps après, il mourut de honte et de colère des indignes affronts qu'il avait subis.

La papauté à Avignon (1309-1376).

Avec Boniface VIII était donc tombée cette orgueilleuse puissance des pontifes romains, qui, deux siècles auparavant, tenait trois jours pieds nus, dans la neige, l'empereur, représentant suprême du pouvoir temporel. Mais ce n'était pas l'empereur qui tirait cette vengeance, c'était le roi de France, devenu presque dans l'Europe ce que l'empereur y était auparavant, le roi de France qui représentait avec plus de force qu'aucun autre souverain, le principe de la séparation des nationalités, que la monarchie pontificale avait voulu toutes absorber, et celui du gouvernement laïque, qu'elle avait voulu subordonner à la puissance ecclésiastique.

Philippe le Bel avait échoué contre les milices flamandes, puissance nouvelle; il avait réussi contre la papauté, puissance des temps passés. Il ne crut son succès complet que lorsqu'il la tint dans sa main.

Le successeur de Boniface, Benoît XI, ne songea dans son court pontificat de sept mois, qu'à réconcilier les deux vieilles alliées la papauté et la France, et il leva toutes les excommunications prononcées par Boniface, excepté celle qui frappait Nogaret, Colonna et les auteurs de l'attentat d'Anagni. On a parlé de poison, au sujet de sa mort : c'est improbable. Mais Philippe prit ses mesures pour se rendre maître de l'élection du nouveau pontife; Bertrand de Got, archevêque de Bordeaux, fut proclamé, sous le nom de Clément V, quand il eut promis au roi de complaire à tous ses désirs.

Du jour où la papauté ne fut plus qu'un pouvoir notoirement subordonné au roi de France, elle perdit beaucoup de son autorité morale sur le monde chrétien. Clément V n'osa paraître à Rome; il se fit couronner à Lyon (1305), et se fixa en 1309 à Avignon, possession du saint-siége au delà des Alpes, où il donna, par ses mœurs et sa basse docilité à l'égard du roi de France, un spectacle de scandale. Sept papes résideront après lui dans cette ville sous l'influence de la France (1309-1376). C'est la *captivité de Babylone* qui ébranla l'Église et prépara le *grand schisme d'Occident*, précurseur lui-même de la *réforme*.

Philippe ne se contentait jamais d'une demi-vengeance. Boniface mort, il voulut faire condamner sa mémoire et brûler ses os comme ceux d'un hérétique, afin de se donner gain de cause et d'effacer le mauvais effet produit dans la chrétienté par ses violences. En vain Clément V épuisa sa souplesse et ses efforts pour sortir du piége où il s'était pris. Il évita de porter lui-même la sentence, mais il fut obligé d'indiquer, pour juger ce grand procès, qui était celui de la papauté même, un concile œcuménique qui se tint à Vienne en 1311. Il y fut déclaré que Boniface VIII avait toujours été orthodoxe, mais que Philippe n'avait rien fait contre l'Église.

Condamnation des Templiers (1307).

Villani raconte une scène lugubre, cette sinistre entrevue du pape et du roi dans la forêt de Saint-Jean-d'Angély, où l'un vendit la tiare, où l'autre l'acheta. L'entrevue n'eut pas lieu, mais des conditions furent certainement faites et acceptées. Une d'elles n'était rien moins que la destruction de l'ordre militaire des Templiers. Cette milice, souvenir vivant de la croisade, dévouée au saint-siége, étroitement liée à toute la noblesse européenne et surtout française, parce qu'elle se recrutait principalement en France, populaire par sa valeur, répandue dans toute la chrétienté, où elle possédait plus de 10 000 manoirs et nombre de châteaux inexpugnables, fidèlement unie par une organisation qui mettait les chevaliers sous la main du grand maître, tout cela faisait de ce grand corps un obstacle et un danger pour la royauté. En outre ils étaient fort riches : dans le trésor de l'ordre, il y avait 150 000 florins d'or, en ne comptant ni l'argent, ni les vases précieux. Quelle tentation !

On ne savait ce qui se passait dans leurs maisons. Tout y était secret : jamais œil profane n'en avait pénétré les mystères : mais de vagues rumeurs parlaient d'orgies, de scandales, d'impiétés. Philippe pouvait du même coup abattre des gens à craindre et mettre la main sur de riches dépouilles.

Le 13 octobre 1307, au matin, les Templiers furent arrêtés par toute la France : acte inique, mais qui prouve la puissance du roi, et avec quelle promptitude il était obéi. Son influence était si grande, qu'il les fit même arrêter par tous les souverains de l'Europe. En vain Clément V essaya d'évoquer ce formidable procès à son tribunal, Philippe maintint qu'en cette affaire il était le champion de l'Église. Les charges portées contre les Templiers étaient de secrètes impiétés, une immoralité profonde, et ils n'ont pas réussi à se laver complétement de ces accusations, auxquelles leur commerce continuel avec l'Orient donne quelque poids. La torture leur arracha les aveux qu'elle arrache toujours. Philippe fit déclarer par une assemblée d'États généraux, convoqués à Tours, que les chevaliers étaient dignes de mort (1308). Des conciles provinciaux furent ensuite réunis pour les juger : celui de Paris était présidé par l'archevêque de Sens, Marigny, frère du premier ministre du roi. Cinquante-quatre Templiers y furent condamnés au feu, et l'abominable sentence fut exécutée (1309). Deux ans après, dans le concile de Vienne, Clément V prononça l'abolition de leur ordre. Après quoi Philippe le Bel prit la croix et promit d'aller à leur place en terre sainte. Enfin, en 1314, on tira de prison Jacques Molay, grand maître du Temple, et plusieurs autres dignitaires. Ils avaient tant souffert de la torture et de l'humidité de la prison, que les os leur tombaient des pieds. Le grand maître et le commandeur de Normandie, après avoir rétracté les aveux qu'ils avaient faits précédemment, furent livrés aux flammes ; ils protestèrent de leur innocence jusqu'au dernier moment (11 mars). Une légende populaire se forma sur cette mort : le bruit courut que le grand maître avait ajourné le pape et le roi à comparaître devant Dieu, l'un au bout de quarante jours, l'autre au bout de l'année. Philippe mourut le 29 novembre 1314.

Administration de Philippe IV ; règne de ses trois fils (1314-1328).

Pendant ce règne, les nouveaux éléments du gouvernement apparurent ou s'organisèrent : les États généraux, les parlements. Une ordonnance de 1303 établit qu'on tiendrait deux fois l'an, pendant deux mois, le parlement à Paris, l'*échiquier* à Rouen et les *grands jours* à Troyes. Le parlement de Paris était rendu fixe dans cette ville, où, du reste, il avait toujours été d'usage de le tenir. En 1312, une *Université de lois* fut fondée à Orléans, qui devint pour les légistes ce que l'Université de Paris était pour les théologiens. L'institution du *ministère public*, ou de magistrats chargés de défendre dans toutes les causes les droits du roi, plus tard ceux de la société, paraît remonter à Philippe le Bel.

Philippe IV fit varier souvent la valeur des monnaies, et gêna si bien la fabrication des monnaies seigneuriales, que les seigneurs trouvèrent plus avantageux de lui vendre leur droit de monnayage. Comme il lui fallait beaucoup d'argent, il vendit la liberté aux serfs, déguisant ses motifs sous de belles paroles, touchant la « franchise de toute créature humaine. » Il mit des impôts sur tout, même sur les herbes qui se vendaient au marché, ce qui causa, en 1304, un soulèvement terrible dans Paris. L'argent devenait une puissance; sa circulation plus rapide exigea, en 1305, la création de quatorze bureaux de change en divers lieux du royaume, et dans le parlement la création d'une chambre des comptes. C'était l'indice d'un grand changement dans la société. Déjà la guerre elle-même n'était plus féodale et commençait à se faire avec des mercenaires: Philippe le Bel battit les flottes flamandes avec des galères génoises.

Trois fils de Philippe le Bel régnèrent après lui. Sous le premier, Louis X, dit le Hutin, la noblesse réagit vivement contre les légistes; elle forma des confédérations, se fit promettre le rétablissement des *bonnes coutumes du temps de saint Louis*, et entraîna le roi lui-même dans cette réaction, dont les victimes furent les ministres de Philippe le Bel, Enguerrand de Marigny, Raoul de Presle (1315). Louis X continua d'affranchir les serfs, « parce qu'au pays des *Francs*, nul ne doit être *serf*; » mais il les forçait d'acheter leur liberté, ce qui diminuait beaucoup le présent, d'abord parce qu'il fallait le payer, ensuite parce qu'on n'était pas libre de le refuser.

A la mort de Louis X (1316), qui ne laissait qu'une fille, Jeanne, et sa femme enceinte, la question de la succession des femmes se présenta pour la première fois. Les barons, surtout le duc de Bourgogne, oncle de Jeanne, voulaient que, si la reine n'accouchait pas d'un fils, la couronne fût donnée à la fille du feu roi. La reine mit au monde un fils qui ne vécut que cinq jours. Aussitôt Philippe V, frère de Louis X, qui était investi de la régence, fut sacré à Reims, et il fit déclarer par les clercs et bourgeois de Paris, assemblés aux halles, que « la femme ne succède pas à la couronne de France, » principe tout nouveau et qui n'était nullement écrit dans la loi salique, à laquelle on l'a si souvent fait remonter.

Philippe V eut un règne étrange, mêlé de sages ordonnances pour l'administration des eaux et forêts, pour l'établissement de l'unité des poids et mesures dans le royaume, et en même temps de persécutions contre les Franciscains, les lépreux, les juifs, d'accusations de sorcelleries et de bûchers sanglants. Quand le peuple vit Philippe V mourir à son tour, sans enfant mâle, il crut qu'une malédiction s'appesantissait sur la famille de Philippe le Bel (1322).

Charles VI, dit le Bel, eut un règne à peu près semblable: les persécutions et les exécutions continuèrent; les hommes du parlement, croissant toujours en audace, firent pendre « au commun patibulaire » un seigneur du midi, Jourdain de l'Isle, fameux par ses cruautés.

Au dehors, il favorisa en Angleterre la révolution qui précipita du trône Édouard II, et reçut l'hommage du fils de ce prince pour la Guyenne et le Ponthieu; en Allemagne, il fut sur le point d'obtenir la couronne impériale. Mais une sorte de fatalité était attachée à cette maison. Ces princes, grands et beaux, qui tous semblaient devoir fournir une longue carrière, meurent dans la fleur de l'âge : Philippe le Bel à quarante-six ans, Louis X à vingt-sept, Philippe le Long à vingt-huit, Charles le Bel à trente-quatre. Le peuple voyait dans ces morts prématurées un signe de la vengeance du ciel sur cette famille qui avait souffleté Boniface VIII, peut-être empoisonné Benoît XI, et brûlé les Templiers.

Le moyen âge lui-même est à ce moment, du moins en France, bien près de sa fin, car tout ce qu'il avait aimé, croisades, chevalerie, féodalité, était fini ou se mourait; la papauté, bafouée dans Boniface VIII, était captive à Avignon; le successeur de Hugues Capet était un despote, et les fils des vilains siégeaient aux États généraux du royaume, en face des nobles et des clercs.

CHAPITRE XXVI.

PROGRÈS DES INSTITUTIONS ANGLAISES DEPUIS LA CONCESSION DE LA GRANDE CHARTE JUSQU'A LA GUERRE DE CENT ANS (1217-1328).

Garanties stipulées par la Grande Charte (1215). Henri III (1216).— Ligue des barons; statuts d'Oxford; le parlement (1258). — Édouard Ier (1272). Conquête du pays de Galles (1274-1284).—Guerre avec l'Écosse (1297-1307); Baliol, Wallace et Bruce.— Édouard II (1307); progrès du parlement.

Garanties stipulées par la Grande Charte (1215), Henri III (1216).

On a vu que c'est à Jean sans Terre que remonte la Grande Charte. La royauté anglaise, assez forte dès l'origine pour se faire craindre des barons et des bourgeois, même du clergé, réunit ces trois classes contre elle. Et voilà pourquoi de leurs efforts communs est sortie une commune liberté, les barons ayant stipulé pour les bourgeois, en même temps que pour eux-mêmes, parce qu'ils avaient besoin de leur appui.

Par cet acte mémorable, le roi promettait au clergé de respecter les libertés de l'Église, particulièrement la liberté d'élection; aux seigneurs d'observer les limites tracées, sous Henri Ier, à ses droits féodaux de relief, de garde, de mariage; aux bourgeois, de n'établir aucun impôt dans le royaume sans le consentement du commun conseil; à tous, il accordait la fameuse loi de l'*habeas corpus* et du jury, base de cette liberté et de cette sécurité des individus, qui furent toujours depuis le bel apanage de l'Angleterre. Enfin il constituait à demeure fixe la cour des plaids communs. Une autre charte, appelée *Charte des forêts*, jointe à celle-là, tempérait l'excessive rigueur des peines infligées aux délits de chasse dans les forêts du roi et donnait aux libertés conquises une garantie par l'établissement d'une commission de vingt-cinq barons chargés d'en surveiller l'exécution et d'obliger le roi par tous les moyens à réformer les abus.

Jean mort, les barons abandonnèrent Louis de France, son compétiteur, et se tournèrent vers le fils que Jean avait laissé, Henri III. C'était un enfant qui fut placé sous la tutelle du comte de Pembroke, et à qui l'on fit confirmer la Grande Charte (1216). Il prit ainsi, dès l'enfance, l'habitude de jurer, pour ce pacte fondamental des libertés anglaises, un respect qui répugna cependant à tous les rois anglais et qu'il foula lui-même aux pieds par plus d'un parjure.

Ce règne, commencé par une minorité, fut presque dans toute sa durée une éclipse de la puissance royale derrière les influences particulières qui se livrèrent bataille à la cour, d'abord le comte de Pembroke, puis Hubert du Bourg, qui lui succéda, et son rival le Poitevin Pierre des Roches, évêque de Winchester. Le dernier attira à la cour une foule de ses compatriotes qui envahirent toutes les dignités au grand mécontentement des barons normands. Plus tard (1236), Henri III ayant épousé Éléonore de Provence, les Provençaux affluèrent, tandis qu'un oncle de la reine, Pierre de Savoie, amenait de ses montagnes un essaim de jeunes filles pauvres que le roi obligea ses barons d'épouser. Un autre oncle d'Éléonore fut fait archevêque primat de Cantorbéry. Enfin la cour de Rome prenait en quelque sorte possession de l'Angleterre par la multitude de clercs romains auxquels elle donnait les bénéfices anglais. Ils venaient en foule s'abattre sur le pays et y possédaient alors jusqu'à 70 000 marcs de revenu.

Les morsures de toutes ces sangsues étrangères n'étaient point adoucies par la gloire. Saint Louis battait Henri III à Taillebourg et à Saintes, et ne lui laissait ses provinces françaises que par un excès de loyauté. Son second fils Edmond, à qui le pape Alexandre IV avait offert le trône de Naples, occupé par Manfred, ne put s'y asseoir. Son frère,

Richard de Cornouailles, élu empereur par les ennemis de la maison de Souabe, les vit lui tourner le dos quand sa bourse fut vide.

Ainsi l'argent de l'Angleterre était gaspillé, sans profit pour elle. Henri III chercha à s'en procurer par tous les moyens. On pense bien qu'il n'épargna pas les malheureux juifs : on les accusa de crimes affreux, comme d'avoir fait subir à un enfant le supplice de la flagellation et du crucifiement. Les juifs ne pouvaient se défendre. Mais quand le roi entreprit de rançonner aussi le peuple chrétien, ce fut autre chose, les barons se trouvèrent là.

Ligue des barons; statuts d'Oxford; le parlement (1258).

Quoique Henri III eût juré à quatre époques différentes, et très-solennellement, de respecter la Grande Charte, il ne se faisait pas scrupule de la violer en ce qui concernait les impôts, d'autant mieux que le pape le déliait de ses serments. La longanimité des barons fut grande. Mais, en 1258, un envoyé d'Alexandre IV étant venu à Londres, réclamer, pour l'affaire d'Edmond en Italie, 40 000 marcs, sans compter les intérêts, les barons indignés résolurent d'enchaîner le roi non plus par un serment, chose fragile avec de telles consciences, mais par une constitution publique. Le 11 juin 1258, dans le grand conseil national d'Oxford, première assemblée à laquelle ait été donné officiellement le nom de parlement, on força le roi à confier la réforme à vingt-quatre barons, dont douze seulement nommés par lui. Ces vingt-quatre délégués publièrent les fameux statuts ou provisions d'Oxford : le roi confirmait la Grande Charte; les vingt-quatre nommeraient tous les ans le grand chancelier, le grand trésorier, les juges et autres officiers publics; ils nommeraient les gouverneurs des châteaux; ce serait crime capital de s'opposer à leurs décisions; enfin le parlement serait convoqué trois fois par an.

Henri III protesta et en appela à l'arbitrage de saint Louis, qui prononça en sa faveur dans l'assemblée d'Amiens. Mais les barons n'acceptèrent pas ce jugement, attaquèrent Henri les armes à la main, sous la conduite de Simon de Montfort, comte de Leicester et petit-fils du vainqueur des Albigeois, et le firent prisonnier avec son fils Édouard à la bataille de Lewes (1264). Leicester gouverna alors au nom du roi qu'il tenait captif. C'est lui qui organisa la première représentation complète de la nation anglaise, par l'ordonnance de décembre 1264, qui prescrivait l'élection de deux chevaliers par comté et de deux *citoyens* ou *bourgeois* par chacune des grandes villes ou principales villes d'Angleterre.

Ainsi se scella l'alliance, si féconde pour la liberté anglaise, des nobles avec les hommes des communes, par l'admission simultanée de la petite noblesse et de la bourgeoisie dans le grand conseil du pays. Leicester, suspect aux grands, ne garda pas longtemps le pouvoir. Le comte de Glocester fit scission, le prince Édouard s'échappa; tous deux rassemblèrent une armée, et battirent, à Evesham, le comte de Montfort, qui périt (août 1265). Henri III, remonté sur le trône, n'osa pourtant pas défaire l'œuvre de Leicester.

Édouard Ier (1272). Conquête du pays de Galles (1274-1284).

Édouard Ier, fils de Henri III, était en terre sainte quand son père mourut (1272). Il revint à cette nouvelle, et se fit couronner. Son règne fut important et glorieux pour l'Angleterre : car, d'un côté, l'admission des chevaliers de comté dans le parlement fut consacrée comme un fait normal en 1295, ce qui rendit définitif l'établissement du système représentatif en Angleterre; de l'autre, le royaume s'accrut par l'acquisition du pays de Galles, et pendant quelque temps domina l'Écosse.

La race celtique était toujours indépendante dans les montagnes du pays de Galles, tandis qu'auprès d'elle s'étaient succédé tant de dominations. Avec son indépendance, elle conservait ses bardes qui lui promettaient qu'un prince de Galles siégerait un jour sur le trône d'Angleterre, et elle offrait asile aux ennemis de la domination normande. Pourtant un chef gallois avait été contraint de prêter hommage à Henri III; mais Llewelin ou Leolyn le refusa à Édouard Ier, qui entra dans le pays. Après une lutte acharnée, Leolyn fut tué; sa tête, couronnée de lierre, fut exposée sur la Tour de Londres. Son frère David prit sa place; il fut fait prisonnier, et les quatre quartiers de son corps furent dispersés dans le pays, « parce qu'il avait conspiré en des lieux différents la mort du roi, son seigneur. » Châtiment horrible dont l'Angleterre a puni, jusqu'au dix-huitième siècle, ceux qu'elle condamna comme coupables de haute trahison; on vit les bourgeois de Winchester et ceux d'York se disputer, comme un morceau d'honneur, l'épaule droite du malheureux David. Édouard organisa le pays de Galles sur le même plan que l'Angleterre, imposa silence aux bardes, et, pour donner le change aux espérances que leur prédiction inspirait aux Gallois, fit porter à son fils le titre de *prince de Galles*, que l'héritier présomptif a toujours reçu depuis cette époque (1284).

Guerre avec l'Écosse (1297-1307); Baliol, Wallace et Bruce.

L'Écosse était, comme le pays de Galles, encore indépendante, quoique quelques-uns de ses rois eussent rendu à ceux d'Angleterre un hommage passager. Quand Édouard devint roi, le trône d'Écosse appartenait à une jeune princesse de Norvége qui n'en avait pas encore pris possession. Il réussit à la fiancer avec son fils, croyant préparer ainsi l'heureuse union des deux pays; mais quand la *vierge de Norvége* vint chercher son trône et son époux, elle ne put arriver jusqu'au terme et expira des fatigues du voyage, dans les îles Orkney. Deux prétendants s'offraient pour le trône d'Écosse, Jean Baliol et Robert Bruce. Les Écossais prirent Édouard pour arbitre. Il désigna Baliol (1292), en stipulant formellement que l'Écosse serait désormais placée sous sa suzeraineté. Baliol essaya bientôt de s'affranchir de cette condition humiliante. Vaincu à Dunbar (1297), il fut fait prisonnier et alla mourir aux Andelys, en Normandie. Édouard livra aux Anglais les dignités et les places fortes de l'Écosse et enleva la grande pierre de Scone, sur laquelle se plaçaient les rois d'Écosse lors du couronnement, et qui sert encore aujourd'hui pour le même usage aux rois d'Angleterre.

L'Écosse était trop fière pour se laisser traiter en pays conquis sans résistance. Un simple gentilhomme, William Wallace, se mit à sa tête. Nul ne maniait plus vaillamment la claymore. Il se jeta sur l'avant-garde de l'armée anglaise qui venait de traverser le Forth sur un pont étroit, près de Stirling, et la précipita dans le fleuve (1297). Ces bandes vaillantes, mais féroces, dévastaient déjà le nord de l'Angleterre quand Édouard accourut. Il fut vainqueur à Falkirk (1298), et Wallace, livré par un traître, fut décapité et coupé en quatre morceaux.

Le troisième acte de cette glorieuse résistance appartient à Robert Bruce, le concurrent de Baliol. Quand Baliol s'était révolté contre Édouard, Bruce avait espéré être mis en sa place et s'était réfugié dans le camp des Anglais ; depuis ce temps il servait dans leurs rangs. Un jour, après une escarmouche contre les Écossais, il se mit à table, les mains humides de sang : « Voyez, se dirent à demi-voix quelques Anglais ; voyez cet Écossais qui mange son propre sang. » Il les entendit, et de honte fit vœu d'affranchir sa patrie. Il assembla les barons écossais, qui le proclamèrent roi et furent d'abord vaincus ; l'Écosse allait peut-être retomber pour jamais sous le joug anglais, lorsque Édouard Iᵉʳ mourut (1307).

Édouard II (1307) ; progrès du parlement.

Édouard II, prince faible et méprisable, succédant à un souverain énergique et valeureux, en parut d'autant plus petit. Il voulut continuer la guerre contre Robert Bruce, et essuya, à Bannock-Burn (1314), la défaite la plus complète dont il soit fait mention dans les annales d'Angleterre. L'indépendance de l'Écosse fut assurée ; Robert Bruce y demeura roi.

La plaie de ce règne fut encore l'influence des favoris et des étrangers. Le Gascon Gaveston, puis les deux Spenser furent successivement les objets de la faveur du roi et de la haine des barons. A ceux-ci se joignit Isabelle, une fille du roi de France, Philippe le Bel, qui avait épousé Édouard II, en 1308, et dont la cruauté égalait les charmes. En 1312, les barons se saisirent de Gaveston et le firent décapiter. En 1327, ce fut Isabelle elle-même qui leva une armée sur le continent et aidée des grands, envoya les Spenser au supplice et son époux en prison où on le força d'abdiquer, au profit de son fils Édouard III, et où bientôt cette femme horrible le fit assassiner au moyen d'un fer rouge introduit dans les intestins, pour que le crime ne laissât pas de traces extérieures.

Sous ce faible roi, les libertés firent encore un pas. On avait bien vu déjà le parlement voter l'impôt, on voit alors, dans la seconde année d'Édouard II, les députés mettre des conditions à leur vote, exiger que le roi prenne leur conseil et leur fasse justice sur leurs griefs. Ainsi :

En 1215, toute l'Angleterre, réunie contre l'odieux Jean sans Terre, l'oblige à donner la *Grande Charte*, déclaration des libertés nationales.

En 1258, les statuts d'Oxford, sous Henri III, établissent la périodicité du grand conseil national ou *parlement*.

En 1264, sous le même prince, le comte de Leicester fait entrer au parlement les députés des chevaliers de comtés et des bourgeois de villes, qui formèrent plus tard la Chambre basse ou des Communes, comme les vassaux immédiats du roi formeront la Chambre haute ou des lords.

A partir de 1295, sous Édouard I, la présence au parlement de ces députés des comtés et des villes devient régulière, ce qui fait du parlement la représentation véritable du pays.

En 1309, sous Édouard II, le parlement révèle la force qu'il aura un jour en mettant des conditions au vote de l'impôt, et trois ans plus tard, en 1312, le consentement des communes est spécifié dans l'acte qui nomme les lords ordonnateurs, en 1327, dans celui qui établit le prince Édouard gardien du royaume.

Les fondements de la constitution anglaise ont donc été jetés au treizième siècle; le quatorzième les affermira et les étendra. C'est sur cette base que s'élèvera au dix-huitième la grandeur de la vieille et libre Angleterre.

CHAPITRE XXVII.

LA GUERRE DE CENT ANS.

Préliminaires de la guerre de Cent ans (1328-1337). — Bataille de l'Écluse (1340); affaires de Bretagne; Crécy (1346) et Calais (1347). — Jean (1350); bataille de Poitiers; États généraux; la Jacquerie; traité de Brétigny (1360). — Charles V (1364); Duguesclin; les grandes compagnies en Espagne. — La guerre avec les Anglais recommence (1369); nouveau système de guerre. — Wiclef; Wat-Tyler et le roi anglais Richard II (1377). — Déposition de Richard II et avénement de Henri IV de Lancastre (1399). — Henri V (1413). — La France sous Charles VI (1380-1422); insurrections populaires. — Démence de Charles VI (1392); assassinat du duc d'Orléans (1407); les Armagnacs et les Bourguignons. — Henri V recommence la guerre contre la France (1415). Bataille d'Azincourt. — Henri VI et Charles VII rois de France (1422); Jeanne d'Arc (1421-1431). — Traité d'Arras (1435); Charles VII à Paris (1436); fin de la guerre de Cent ans

Préliminaires de la guerre de Cent ans (1328-1337).

Enfin allaient se rencontrer, dans une des plus longues guerres dont l'histoire fasse mention, deux pays, arrivés tous deux à un haut degré de puissance : la France, réunie presque entière sous la main de son roi; l'Angleterre, devenue un peuple par l'alliance des chevaliers normands avec les bourgeois saxons, et qui conservait sur le continent un grand domaine, la Guyenne. Il y avait plus de discipline dans la féodalité anglaise, parce que, dès l'origine, elle avait été organisée et contenue par une royauté puissante, et parce que plus tard elle forma contre cette même royauté des entreprises longues et suivies, où elle ne dédaigna pas d'accorder un rôle aux gens des communes. Il y en avait moins dans la féodalité de France, parce qu'elle était plus légère, à raison de ses habitudes, plus dédaigneuse du peuple par l'effet du caractère et des circonstances. La cour de France était le rendez-vous de cette féodalité du second âge, chevaleresque et brillante, mais mieux faite pour l'éclat des tournois et des pas d'armes que pour la grande guerre. Cavalerie impétueuse, la plus belle de l'Europe; mais cavalerie sans infanterie, car les piétons des communes étaient tenus trop à l'écart et en trop grand mépris pour pouvoir jouer un rôle sérieux; et l'infanterie étrangère, qu'on louait, se battait mal étant mal vue et mal traitée. La France avait donc, dans ses armées, de quoi commencer une victoire, mais non pas de quoi la gagner. En Angleterre, au contraire, les archers saxons, exercés dès l'âge de sept ans au maniement de l'arc, formaient une infanterie redoutable et honorée. On la mettait en première ligne dans les batailles, et c'est par eux que l'Angleterre fut victorieuse. Cette noblesse de France, si vaniteuse et si confiante dans sa force, le devint bien plus après certains succès sur l'infanterie des communes, quand la victoire de Mons-en-Puelle, sous Philippe IV, eut effacé le lugubre souvenir de Courtray; celle de Cassel, au début même du règne de Philippe de Valois, accrut cette confiance malheureuse qui causa sa perte et presque celle de la France.

J'ai déjà parlé de la richesse de la Flandre; il faut noter un autre caractère de ce pays. Sur ce sol bas et humide qu'il avait fallu couper de mille canaux pour l'étancher, entre tant de villes défendues par leurs murailles et mieux encore par une population habituée au travail, à la peine, fière de son nombre, de sa force et de ses richesses, la chevalerie n'avait pas eu beau jeu; aussi il y avait peu de féodalité en Flandre. Toutes ces villes avaient leurs priviléges; il n'était pas prudent d'y toucher. Mais leur comte, Louis de Nevers, était d'une de ces familles féodales de France, à qui ne convenait guère le respect des bourgeois. Il trouvait surtout mauvais que ces manants fussent si riches, quand lui, leur comte, n'avait pas de quoi suffire aux folles dépenses dont les grands prenaient déjà l'habitude. Ses exactions amenèrent des révoltes. Il demanda secours au nouveau roi de France, Philippe VI de Valois, cousin de Charles IV, et qui venait de lui succéder encore en vertu de la loi salique. Philippe mena en Flandre une belle armée, où se voyaient le roi de Bohême et plusieurs princes étrangers. Les milices de Flandre furent taillées en pièces devant Cassel, et Louis de Nevers rétabli (1328).

Ainsi la chevalerie française se croyait à peu près invincible; le roi de France, de son côté, était puissant, et par de sages mesures, paraissait avoir éloigné toute contestation relative à son avénement. D'abord il avait désintéressé un des prétendants au trône, Jean d'Évreux, par la cession de la Navarre et des comtés d'Angoulême et de Mortain, en échange desquels la Champagne et la Brie étaient définitivement réunies à la couronne (1328). Ensuite, il exigea et reçut d'Édouard III, roi d'Angleterre, l'hommage féodal pour la Guyenne. Ce même Édouard allait pourtant se prétendre l'héritier légitime des Capétiens directs, comme petit-fils de Philippe IV par sa mère, et trouver dans le royaume, même dans la famille royale, des alliés pour lui ouvrir le chemin de la France.

Robert II d'Artois, *un des royaux de France*, avait des prétentions sur ce comté, retenu par sa tante Mahaut et après elle par ses filles. Il empoisonna sa tante et fabriqua contre ses cousines de faux titres. Cité devant la cour des pairs, il s'enfuit dans le Brabant et s'en prit au roi lui-même. Pour atteindre à distance un ennemi aussi bien gardé que l'était le roi de France par ses hommes de loi, il s'adressa aux puissances de l'autre monde, à celui qui recevait de la superstition de l'époque les vœux criminels, à qui l'on demandait la fortune, les succès mondains, les plaisirs de la vengeance, la mort d'un ennemi, au diable. La magie avait tracé des règles pour se faire entendre des malins esprits dont les légions peuplaient l'enfer; tel était l'*envoûtement :* on *envoûtait* celui que l'on voulait faire périr, c'est-à-dire qu'on fabriquait une petite image de cire à sa ressemblance, qu'on la faisait baptiser et que pendant une messe dite à son intention on y enfonçait une aiguille à la place du cœur, ce qui tuait inévitablement, si le voult était bien fait, celui qu'on voulait atteindre. Robert traita ainsi Philippe VI, puis s'enfuit en Angleterre, pour éviter un châtiment qui eût pu devancer l'effet de la cérémonie magique; et là, il persuada à Édouard de faire valoir ses droits à la couronne de France.

Édouard III, avant d'attaquer Philippe VI en France, l'attaqua en Écosse. On a déjà remarqué que l'Écosse, ennemie de l'Angleterre à cause du voisinage, était l'alliée naturelle de la France depuis qu'un prince français régnait à Londres; tout comme la Flandre était l'alliée de l'Angleterre, parce qu'elle fournissait à celle-ci le débouché le plus important pour ses laines, dont les Flamands faisaient le principal objet de leur industrie. Édouard III lança en Écosse Édouard Baliol contre David Bruce, qui recevait des secours de Philippe VI. Philippe ordonna à Louis de Nevers, qui lui devait sa couronne de Flandre, de chasser de ses États tous les négociants anglais. A quoi Édouard répondit par une mesure très-propre à frapper vivement les Flamands et qui, par contre-coup, devint la source d'une des grandes industries de l'Angleterre. Il défendit d'exporter en Flandre les laines anglaises et de se servir dans son royaume de draps ouvrés ailleurs que dans les métiers nationaux (1336); aussitôt métiers de Flandre de chômer, ouvriers de Flandre de passer en foule le détroit. C'en était fait de la prospérité de ce pays; l'Angleterre allait en hériter, quand Jacques Artevelt, brasseur ou tisserand de Gand, assembla les députés de Gand, de Bruges et d'Ypres, les trois centres principaux de l'industrie flamande qui, dans la première seulement de ces villes, faisaient battre 40 000 métiers, et leur montra « que sans le roi d'Angleterre ils ne pouvaient vivre; car toute Flandre était fondée sur draperie, et sans laine on ne pouvait draper. » Les Flamands, convaincus, chassent leur comte et s'allient avec l'Angleterre, sans renoncer toutefois à l'obéissance due à leur suzerain, chose encore très-grave à cette époque.

Pour le roi d'Angleterre se déclarèrent les princes voisins des Flamands, à la fois intéressés à la prospérité de ce pays et hostiles à la France dont la puissance mettait leur indépendance en péril. L'empereur Louis V fit de même. L'alliance de la France et de la papauté n'avait pas cessé, et pour cette raison seule l'empereur devait se déclarer en faveur d'Édouard; il y avait même dans cette conduite une certaine légitimité : depuis que la papauté était sous le joug du roi de France, la tête de la chrétienté était asservie à un des membres ; elle semblait donc naturellement déchue, et l'empereur, qui avait si longtemps disputé au saint-siége cette suprématie européenne, paraissait être demeuré seul digne de l'exercer. Louis V réunit à Coblentz une diète où assistaient le roi d'Angleterre et 1700 chevaliers ou barons, et y promulgua un décret qui déclarait la dignité impériale indépendante de la papauté, et l'empereur chef du monde chrétien. Il écouta les plaintes d'Édouard et le nomma son vicaire dans les Pays-Bas. Contre le décret impérial, le pape lança des bulles, et ces deux puissances déchues, se foudroyant l'une l'autre sans que le cours des événements fût en rien changé, montrèrent qu'elles ne pesaient plus que faiblement dans la balance politique, et que la prépondérance réelle était désormais passée à la France et à l'Angleterre.

Bataille de l'Écluse (1340) ; affaires de Bretagne ; Crécy (1346) et Calais (1347).

La guerre directe commença en 1337. Édouard, entré en France par le Cambrésis, pénétra jusqu'à l'Oise. C'est à ce moment qu'il exhiba les droits qu'il s'attribuait sur la couronne de France et qu'il semblait avoir mis de côté jusque-là. Il obtint pour premier résultat de se faire reconnaître roi de France par les Flamands, qui trouvèrent ainsi le moyen de changer de suzerain sans changer de suzeraineté. La première grande bataille se livra sur mer (1340). Ce n'est pas que la France eût déjà une marine ; elle avait loué une flotte de 140 vaisseaux castillans et génois. Cette flotte, mal conduite, fut détruite par celle d'Édouard à l'Écluse. Cependant la guerre languit, et, après un succès des Français à Saint-Omer et un échec d'Édouard devant Tournay, elle fut suspendue par une trêve (1340). Mais en 1341, les hostilités se ranimèrent en Bretagne, où les deux rois soutinrent chacun un candidat différent au trône ducal. Le duc Jean III venait de mourir sans laisser d'enfants. Le duché devait-il passer à la fille du plus âgé de ses frères, mort avant lui, à Jeanne de Penthièvre, qui avait épousé Charles de Blois, un neveu de Philippe VI, ou bien à son plus jeune frère, Jean de Montfort? Par le droit de représentation, la comtesse de Blois devait succéder. Mais Montfort invoqua la loi salique, cette invention toute récente qui avait jeté le trouble dans la loi de succession féodale. Le parlement, la noblesse française, et Philippe de Valois lui-même, combattant ce principe de l'exclusion des femmes par lequel il s'était frayé le chemin du trône, se prononcèrent pour Jeanne; Montfort, appuyé sur la bourgeoisie et la Bretagne celtique, réclama l'appui de l'Angleterre. Il reconnut Édouard pour roi de France et lui fit hommage. Le rigide et saint Charles de Blois, d'une part, de l'autre Montfort d'abord, puis, quand il eut été fait prisonnier, sa femme, Jeanne de Flandre, intrépide héroïne, commencèrent en Bretagne une guerre de vingt-quatre ans, difficile, ingrate, sans autres événements que des siéges de places et de forteresses, des faits particuliers par lesquels se signalait une noblesse nombreuse, attirée par la renommée militaire de Jeanne de Montfort.

Ce qui anima fortement la Bretagne contre le comte de Blois et contre la France, ce fut la cruelle exécution de quinze seigneurs bretons, accourus aux fêtes magnifiques que le roi de France continuait de donner, aux dépens du peuple, qu'il imposait lourdement, et des monnaies, qu'il altérait sans cesse. Ils avaient des relations avec l'Angleterre : Philippe leur fit trancher la tête (1344). Parmi les victimes était Olivier de Clisson, dont la veuve prit les armes et dont le fils courut à l'armée de Montfort.

Édouard trouva l'occasion favorable pour attaquer. Bretagne à l'ouest, Flandre à l'est, étaient deux ennemis redoutables dont il avait flanqué la France, deux entrées qu'il s'était ouvertes dans ce pays, sans compter celle de Guyenne. Cette situation même détermina le plan de campagne de l'année 1345. Une armée anglaise débarqua en Guyenne, et fut victorieuse à Auberoche; une autre avec Montfort en Bretagne; une troisième, commandée par Édouard lui-même, se porta en Flandre. Artevelt dominait toujours dans ce pays; mais non content d'avoir fait des Flamands les sujets du roi d'Angleterre, il voulut leur donner un autre comte ; une assemblée de députés des villes, que choquait cet ascendant d'un homme sorti du milieu d'eux, excita le peuple contre lui, et il périt victime d'une insurrection populaire. Toutefois ses ennemis avaient moins le désir de changer son système politique que de satisfaire une jalousie personnelle. Artevelt mort, ils envoyèrent des ambassadeurs au roi d'Angleterre, pour renouveler et resserrer l'alliance précédemment conclue.

Pour l'année 1346, Édouard prépara un grand armement. Un Français exilé, Geoffroy d'Harcourt, le décida à débarquer dans la Normandie, qu'il dévasta. Il remontait la Seine pour menacer Paris, quand le manque de vivres l'obligea à changer sa direction et à marcher vers la Flandre, dont les milices, apprenait-il, arrivaient à sa rencontre. On aurait pu le détruire au passage de la Somme, on le laissa s'établir dans la forte position de Crécy où l'habileté des archers anglais et la témérité de la chevalerie de France lui donnèrent une facile et complète victoire. De notre côté, 11 princes, 2 archevêques, 80 barons à bannières, 1200 chevaliers et 30 000 soldats restèrent sur la place (1346). Cette défaite ne livra pas toute la France aux Anglais, mais en mit les clefs dans leurs mains, Calais, cette ville que le continent semble porter au-devant de l'Angleterre. Il ne le prit qu'après un long siége rendu fameux par le dévouement d'Eustache de Saint-Pierre.

La France était vaincue partout ; en Écosse, David Bruce avait été fait prisonnier à Nevil's Cross (1446) ; en Bretagne, Charles de Blois avait eu le même sort à la Roche-Darrien (1347). Enfin une grande calamité naturelle se joignit à ces revers : c'était la fameuse *peste noire* ou *peste de Florence,* « dont bien la tierce partie du monde mourut. » Au milieu de tant de maux pourtant la royauté continuait son progrès : en 1348, Philippe VI acheta du roi de Majorque la seigneurie de Montpellier; en 1349 il acquit le Viennois, que lui céda le dauphin Humbert II, et, depuis ce moment, il fut d'usage d'attribuer cette souveraineté avec le titre de dauphin, au fils aîné des rois de France.

Jean (1350); bataille de Poitiers (1356) États généraux; la Jacquerie; traité de Brétigny (1360).

A Philippe VI succéda Jean (1350), qui inaugura son règne déplorable par des violences; il fit exécuter sans jugement le connétable d'Eu, qu'il accusait de vouloir livrer ses places au roi d'Angleterre. Charles le Mauvais, roi de Navarre, qui, par sa mère Jeanne, n'était pas sans prétentions sur la couronne de France, imita l'exemple royal; il fit assassiner le connétable de la Cerda à qui Jean avait donné l'Angoumois qu'il réclamait, puis se réfugia auprès d'Édouard qui fit, en 1355, une campagne en Artois, tandis que le prince de Galles ravageait les provinces voisines de la Guyenne. Les États généraux réunis pour parer au péril élevèrent des prétentions inouïes jusque-là : s'ils accordèrent 30 000 hommes d'armes (100 000 hommes environ) et 5 millions de livres, prouvant ainsi qu'ils étaient pénétrés de sentiments nationaux, ils exigèrent en revanche des concessions qui rappelaient la Grande Charte d'Angleterre ; le droit d'administrer par des receveurs qu'ils nommeraient eux-mêmes et qui rendraient compte à eux-mêmes des cinq millions accordés; l'établissement de l'impôt sur tous les ordres; l'abolition du *droit de prise*, et le droit de résister par la force à ceux qui voudraient l'exercer, l'intervention nécessaire des États dans les questions de paix ou de guerre; enfin leur convocation annuelle. Les seigneurs ne se résignèrent point aisément à ces empiétements et surtout à cette extension de l'impôt qui les atteignait. Plusieurs barons, et à leur tête Charles de Navarre, s'opposèrent à sa levée sur leurs terres ; un jour que le dauphin Charles, alors duc de Normandie, avait invité à un festin le roi de Navarre et ses amis, Jean, bien averti de l'heure, vint à Rouen les surprendre et les arrêter lui-même à la table de son fils. Malgré les prières et les larmes de ce jeune prince qui semblait avoir attiré les victimes dans un guet-apens, Jean fit aussitôt jeter le roi de Navarre dans une prison et trancher la tête au comte d'Harcourt et à quelques autres.

Cet acte de violence parut à Édouard III une occasion favorable. Il envoya en Normandie une armée commandée par le duc de Lancastre, qui fut repoussée. Dans la Guyenne, le prince de Galles ou *prince Noir* (à cause de la couleur de son armure) pénétra par le Limousin « en ce bon et gras pays de Berry, » s'avança jusqu'à Vierzon, puis tourna vers Poitiers. Il n'avait que 2000 cavaliers, 4000 archers, 2000 fantassins, et le roi Jean s'y trouvait avec 50 000 combattants. Ce fut comme à Crécy. Le roi s'y battit mieux, mais se fit prendre. Une bonne partie de la noblesse qui l'accompagnait resta, avec lui, au pouvoir des Anglais, et 11 000 morts couvrirent le champ de bataille, « de quoi le noble royaume fut durement affaibli. »

Le roi captif, la noblesse prisonnière ou détruite, le peuple seul restait pour sauver la France. Ce cadet, déshérité dans la famille politique du moyen âge, prit en main le gouvernement du royaume ébranlé par l'impéritie de ses aînés. Ce n'était pas lui qui avait été vaincu à Crécy, à Poitiers. Ces revers, au contraire, le relevaient, car il était évident que, tout méprisé qu'il était par la noblesse, il n'eût au moins pas agi plus mal, et que peut-être il eût lutté contre les archers anglais avec plus d'avantage que les chevaliers. Le peuple régnant, ce fut chose nouvelle et extraordinaire. Pourtant il n'était pas absolument, au moins dans ses chefs, sans expérience de la direction des affaires. Les progrès antérieurs avaient préparé celui-là. Les roturiers étaient dans le parlement, l'Église et les universités; ils possédaient tout le commerce et formaient de vastes corporations industrielles. La robe, la *marchandise*, qui allaient bientôt devenir l'aristocratie du tiers état, fournirent toutes deux un chef au mouvement qui éclata après la bataille de Poitiers : Robert le Coq, évêque de Laon et président au parlement; Étienne Marcel, prévôt des marchands de Paris.

Le premier soin de Marcel, à la nouvelle du désastre, fut d'achever les fortifications de la capitale, d'y placer des canons, de barricader les rues. Bientôt arriva le dauphin Charles : on ne faisait pas grand état de ce jeune prince; sa conduite à Poitiers avait été fort équivoque : il avait fui un des premiers. Charles convoqua les États généraux à Paris pour la langue d'oil, à Toulouse pour la langue d'oc. Les États de Paris réunirent 800 députés, dont 400 des villes. Marcel présidait le tiers état, Robert le Coq le clergé. La noblesse était en petit nombre; elle avait pour principal chef Jean de Pecquigny, seigneur de Vermandois et ami du roi de Navarre. Les trois ordres délibérèrent séparément; mais pour mettre de l'unité dans leur action, nommèrent une commission mixte de 80 membres. Elle formula les volontés des États et réclama pour la réforme du royaume : le renvoi et le jugement, devant les juges nommés par les États, des principaux officiers de finance et de justice du roi, accusés d'avoir malversé et vendu des arrêts; la délivrance du roi de Navarre; l'établissement d'un conseil de quatre prélats, douze seigneurs et douze bourgeois élus par les États sans lesquels le dauphin ne pourrait rien ordonner et qui contrôleraient tout le gouvernement. A ce prix on accordait au dauphin un décime et demi, pour un an, sur les revenus des trois ordres. En réalité, par ces prétentions révolutionnaires, le peuple se plaçait sur le trône, et entreprenait de se charger lui-même du soin des affaires et du bonheur public. Les États de la langue d'oc, moins novateurs, votèrent une levée de 15 000 hommes avec l'argent nécessaire pour l'entretenir.

Le dauphin n'entendait point souscrire à de telles conditions. Il joua habilement les députés du tiers état, en les engageant à consulter de nouveau ses commettants, tandis que lui-même irait demander secours à l'empereur d'Allemagne son oncle. Charles IV publiait alors sa fameuse *bulle d'or* dans la diète de Nuremberg. Le dauphin y parut. Il espérait bien, à son retour, trouver les députés dispersés et découragés. Loin de là, les conseils provinciaux s'étaient réunis, avaient approuvé les mesures des États, et tout le pays se prononçait dans le même sens (1357). Le 3 mars, le dauphin fut obligé de réunir au palais une assemblée générale. L'évêde Laon porta la parole. Il demanda au prince d'éloigner de sa personne vingt-deux de ses conseillers ou serviteurs et d'autoriser la formation d'un conseil de trente-six membres, élus par les États, « pour ordonner les besognes du royaume et auxquels tout le monde seroit tenu d'obéir. » Des commissaires devaient être envoyés dans toutes les provinces ; enfin les États se ménageaient la faculté de surveiller ce gouvernement de leur création, en se faisant donner le droit de s'assembler deux fois par an, sans convocation. Quant aux réformes, relatives pour la plupart aux finances et à la justice, le dauphin y pourvut par la *grande ordonnance de réformation :* dans cette charte mémorable, il s'engageait à n'établir aucun impôt sans le vote des États, à ne rien détourner du trésor, à laisser la levée et l'emploi des impôts aux délégués des États, à rendre la justice impartiale et prompte, à ne plus vendre les offices de judicature, à ne pas altérer les monnaies, pour lesquelles le prévôt des marchands devait fournir un modèle. Droit de prise, emprunts forcés, jugements par commissaires, aliénation des domaines de la couronne, étaient autant d'abus corrigés par l'ordonnance, qui déclarait enfin inviolables les membres des États et autorisait la résistance armée à toute entreprise illégale.

Le gouvernement populaire de 1357 n'eut malheureusement dans son sein ni assez de concorde, ni assez de force et d'expérience pour conserver la conquête importante que le peuple venait de faire. D'ailleurs sa situation était des plus difficiles ; son crédit était ébranlé par le roi Jean, qui, de sa prison, défendait aux États de s'assembler, et au peuple de payer les impôts votés par eux. Les campagnes étaient dans le plus déplorable état. Accablés par les impôts, par les lourdes rançons qu'exigeaient d'eux, avec des tortures, leurs seigneurs prisonniers, les paysans ne pouvaient plus cultiver la terre, ravagée d'ailleurs par les expéditions précédentes. Ils se faisaient vagabonds, et aimaient mieux devenir complices que victimes de bandes de soldats licenciés de tous les pays, que la fin de la guerre avait laissés sur le sol français. Le dauphin se crut assez fort pour déclarer qu'il ne voulait plus avoir de curateurs. C'était une rupture complète avec les États et la reprise de possession du pouvoir absolu par la royauté.

Contre le dauphin, le peuple de Paris appela Charles de Navarre, tiré de sa prison. Ce prince ambitieux, habile, éloquent, vint se faire orateur des halles, promettant de défendre le pays, laissant entendre qu'il n'était pas sans droits à la couronne de France. Le dauphin espéra balancer ce genre nouveau d'influence par les mêmes moyens : il allait au Pré-aux-Clercs ; et Paris, comme une transformation magique, se voyait tout à coup, en plein moyen âge, orné de deux forums. Mais le dauphin se perdit encore par ses malheureuses altérations des monnaies, seul moyen du reste d'avoir de l'argent, à moins de réunir les États. Marcel avait armé aussitôt les bourgeois et leur avait donné pour signes de ralliement des chaperons mi-partis rouges et bleus. A la tête d'une compagnie de cette milice, il pénètre dans l'hôtel du dauphin, fait tuer ses deux principaux officiers, les maréchaux de Champagne et de Normandie, en le coiffant lui-même du chaperon parisien comme signe de salut, et lui dit, tandis qu'on jetait les deux cadavres à la foule : « De par le peuple, je vous requiers de ratifier la mort de ces traîtres, car c'est par la volonté du peuple que ceci s'est fait ! » D'une petite partie du peuple, fallait-il dire, de la bourgeoisie parisienne (1358).

Plus on allait, en effet, et plus la révolution qu'on essayait perdait de son caractère de généralité ; les députés des provinces, éloignés de leurs commettants, se refroidissaient, tandis que la commune de Paris, toujours présente sans sortir de ses foyers, restait nombreuse, ardente, populaire. Les États, jaloux de son influence, se laissèrent transporter en partie à Compiègne par le dauphin. La noblesse accourut autour de ce prince. Il eut 7000 lances avec lesquelles il vécut à discrétion sur le pays entre la Seine et la Marne, ravageant toutes les campagnes jusqu'à Paris qui souffrit de la disette. Jamais plus affreux spectacle ne s'était vu ; les paysans, ruinés par les Anglais, par les routiers et par leurs seigneurs dont ils avaient à payer les rançons, s'assemblaient, marchaient en troupes, sous le nom de *Jacques* et sous la conduite de leur roi *Jacques Bonhomme*. En Champagne, en Picardie, ils passaient 100 000. Ils étaient animés d'une haine profonde contre la noblesse, qu'ils se croyaient appelés à détruire entièrement. Ils pillaient les châteaux, égorgeaient les seigneurs, outrageaient les plus nobles dames. A la fin on tomba sur eux de toutes parts : 7000 furent tués à Meaux. Cette grande insurrection des campagnes fut noyée dans le sang. Ce fût un coup porté à Marcel : la discorde se mit dans la commune. Obligé de chercher un appui au dehors, le prévôt des marchands appela le roi de Navarre, s'engageant à lui préparer les voies au trône de France. Mais beaucoup de Parisiens étaient las du régime révolutionnaire et ne voulaient pas s'armer contre le dauphin. Dans la nuit du 31 juillet 1358, comme Marcel changeait la garde de la porte Saint-Denis, par où devait entrer Charles de Navarre, il fut massacré, avec ceux qui l'accompagnaient, par l'échevin Maillard qui avait découvert le complot. Le dauphin rentra avec une armée dans Paris, et fit décapiter ou exila les principaux compagnons de Marcel.

La France ne s'en trouva pas mieux. Cependant on parlait de paix. D'abord le dauphin, par le traité de Pontoise, réussit à calmer Charles de Navarre, et Jean, las de captivité, venait de traiter avec Édouard; mais à quelles conditions! Il cédait la moitié de son royaume, la meilleure, avec l'embouchure de tous nos fleuves; en outre, il promettait pour sa rançon 4 millions d'écus d'or. Le dauphin comprit que ce serait l'anéantissement de la France, et, dans ce grand danger, consentit à rassembler les États. Peu de députés vinrent, mais pleins de patriotisme. « Les lettres du roi lues et relues, bien ouïes et bien entendues, et de point en point considérées et examinées, leur sembla ce traité trop dur, et répondirent d'une voix aux messagers qu'ils auroient plus cher à endurer et porter encore le grand meschef et misère où ils étoient, que le noble royaume de France fût amoindri et défraudé ; que le roi Jean demeurât donc encore en Angleterre, et que quand il plairoit à Dieu, il y pourvoiroit de remède. » Alors Édouard III reprit les armes et débarqua à Calais avec une armée nombreuse, suivie d'un énorme attirail. Il espérait combattre ; il n'en fut rien ; un système de défense tout nouveau fut inauguré en France : c'était de ne risquer aucune bataille et de laisser l'invasion s'épuiser elle-même. Le dauphin se tint dans Paris; après six mois de promenades et de provocations inutiles, Édouard arriva à Chartres avec une armée décimée par la famine; un violent orage empira encore son état, et le roi d'Angleterre, tendant les bras vers la cathédrale, fit vœu à Dieu et à la sainte Vierge de ne plus s'opposer à la paix. On conclut le traité de Brétigny (1360), désastreux en lui-même pour la France, mais acceptable en considération de ses revers et de sa profonde misère. Édouard renonça à la couronne de France, et reçut en souveraineté directe : au midi, le Poitou, l'Aunis, l'Angoumois, la Saintonge, le Limousin, le Périgord, le Quercy, le Rouergue, l'Agénois, le Bigorre ; au nord, le Ponthieu, Calais, Guînes. La rançon de Jean fut fixée à 3 millions d'écus d'or payables en six ans (près de 250 millions de francs aujourd'hui).

Une occasion s'offrait de réparer une partie de ces pertes douloureuses. La première maison ducale de Bourgogne s'éteignit en 1361, et d'après la loi des apanages, ce grand fief échut à la couronne. Jean, aussi fatal à la France dans la paix que dans la guerre, se hâta d'aliéner la Bourgogne en faveur de son quatrième fils, Philippe le Hardi, qui avait bien combattu à Poitiers. Ce Philippe fut la souche de la seconde maison de Bourgogne qui faillit deux fois perdre la France.

Jean mourut en 1364, de nouveau prisonnier, mais par sa propre volonté et par l'effet d'une loyauté chevaleresque, que la vie joyeuse et les fêtes de la cour d'Angleterre rendaient beaucoup plus facile que le dévouement de Régulus.

Charles V (1364) ; Duguesclin ; les grandes compagnies en Espagne.

Le règne de Charles V fut un règne de réparation et comme un temps de convalescence pour le royaume de France, si malade et ruiné. Il fallait le guérir de trois maux que les derniers traités n'avaient pas fait disparaître, qui étaient au contraire établis au cœur même du pays.

Le Navarrais et les compagnies, c'était tout un. Charles le Mauvais s'était fait le chef de ces bandes hétérogènes qui, tout récemment encore, avaient détruit une armée féodale à Brignais, et qu'il faisait commander par un aventurier gascon, le captal de Buch. Charles V sut leur trouver un adversaire digne d'eux, aventurier aussi intrépide et plus habile, un gentilhomme breton, qui avait commencé par faire le désespoir de sa famille par sa laideur, sa difformité, son méchant caractère, battant ses frères, ses camarades, ses maîtres, toujours couvert de coups et de blessures. « Son père et moi, disait sa mère, nous le voudrions voir sous terre. » Ce petit garçon batailleur devint à quinze ans un rude jouteur la lance au poing, et ne tarda pas à faire redouter son nom de Duguesclin, qu'il a depuis rendu illustre. Avec d'autres bons compagnons, il battit à Cocherel les aventuriers du captal de Buch, qu'il fit prisonnier (1364); et, l'an d'après, le roi de Navarre était obligé de signer un traité qui lui enlevait ses places du bassin de la Seine, trop dangereuses en sa main, Mantes, Meulan, Longueville, et qui lui promettait en échange la seigneurie de Montpellier. Là du moins il serait loin des Anglais.

La guerre durait toujours en Bretagne. Charles envoya Duguesclin y frapper le parti anglais. Mais le Breton fut moins heureux chez lui, parce qu'il ne fut pas le maître de tout conduire à sa guise. Charles de Blois, le chef du parti français, ne suivit pas ses conseils et fut tué à Auray. Duguesclin y fut pris. Charles se hâta de négocier. Il consentit au traité de Guérande, par lequel Jeanne de Blois eut le comté de Penthièvre, et Jean V de Montfort le duché, pour lequel il fit hommage au roi.

Cependant la bataille de Cocherel n'avait pas épuisé les grandes compagnies : c'était un mauvais sang qu'il fallait jeter hors de France. Une belle occasion s'offrit en Espagne. Il s'agissait de soutenir Henri de Transtamare, qui disputait le trône de Castille à Pierre le Cruel. Duguesclin, dont Charles V avait payé la rançon, montra à ces brigands le beau pays de par delà les Pyrénées, et sur le chemin la riche ville pontificale d'Avignon. 30 000 Basques, Bretons, Lorrains, Brabançons, Provençaux, Français, Anglais, arrivèrent à la ville du pape, se disant « pèlerins de Dieu, qui avaient entrepris par grande dévotion d'aller à Grenade pour venger Notre-Seigneur, » et, pour ce pieux objet, exigeant 200 000 livres et l'absolution de leurs péchés. Le pape donna tout, heureux de les voir passer à côté d'Avignon, dont il redoutait le pillage. Duguesclin fit triompher Henri de Transtamare; mais, le butin récolté, les routiers, qu'il avait retenus jusque-là, se débandèrent et repassèrent les Pyrénées, 2000 seulement restèrent auprès de lui. Le prince de Galles, qui tenait à Bordeaux une cour magnifique, ne pouvait laisser s'accomplir une révolution qui allait mettre la Castille et sa flotte dans l'alliance de la France. Il forma une armée avec beaucoup de ces routiers qui revenaient d'Espagne, et ramena Pierre le Cruel. Duguesclin fut vaincu et pris à la bataille de Najara ou de Navarette, que Henri de Transtamare livra malgré lui (1367). Un peu plus tard (1369) il rétablit, par la bataille de Montiel, Henri sur le trône, et avec lui le parti français.

C'était là un avantage, mais le principal était d'avoir délivré la France des grandes compagnies. En leur absence, des précautions avaient été prises pour empêcher qu'il ne s'en formât de nouvelles : les forts mis en état de défense, des rondes organisées par les paysans avec l'autorisation du roi. Le royaume se restaurait; la gabelle était diminuée de moitié, les aides du quart, à condition que les bourgeois emploieraient l'argent que le roi leur laissait aux fortifications de leurs villes. Charles V avait donné à ses frères, les ducs d'Anjou et de Berry, les gouvernements du Languedoc et de l'Auvergne (et non plus en fiefs comme jusque-là), de sorte que de ces pays, voisins des possessions anglaises, partaient de continuelles excitations à la révolte, et « acquérait le roi de France amis de tous les côtés. » Il renouait la vieille et utile alliance de la France avec l'Écosse; il faisait épouser à son frère l'héritière du comté de Flandre, et il entraînait dans son parti le roi de Navarre, comme y était déjà le roi de Castille. Il formait en même temps de nouvelles troupes. Le chef qui devait les mener à la victoire était délivré de prison. « Monseigneur, dit un jour le malin chevalier au prince de Galles, on dit par le royaume de France et ailleurs que vous me redoutez tant, que vous ne m'osez mettre hors de votre prison. » Le prince Noir, piqué, lui permit de fixer lui-même sa rançon : « 100 000 florins, monseigneur, et ne vous en étonnez pas; il n'y a pas de bonne femme dans mon pays qui ne cotise pour ma rançon; et d'ailleurs tel qu'il ne s'y attend pas payera pour moi. » Tout était donc prêt pour la guerre du côté de la France. Au contraire, le prince de Galles, malade depuis son expédition d'Espagne, aigri, sombre, cruel, mécontentait les Aquitains et ne pouvait obtenir d'eux aucun subside. Alors Charles crut le moment venu d'agir. Il se plaignit que le traité de Brétigny eût été violé, et en effet, après son retour d'Espagne, le prince Noir, sans argent, avait envoyé ses routiers se payer sur la terre de France ; il réclama contre l'oppression de l'Aquitaine et de la Gascogne opprimées; beaucoup de seigneurs de ces deux pays étaient venus lui demander justice. Il finit par citer le prince anglais par-devant sa cour des pairs : « J'irai, répondit le prince Noir, le bassinet en tête, et 60 000 hommes en ma compagnie. »

La guerre avec les Anglais recommence (1869); nouveau système de guerre.

Les Anglais débarquèrent à Calais. Une grande armée française, sous les ordres du duc de Bourgogne, alla à leur rencontre, mais refusa tout engagement, et se retira à mesure qu'ils avançaient. Les villes étant bien fermées, bien défendues, les Anglais n'en purent prendre aucune ; leur expédition se borna à d'inutiles ravages dans les campagnes. Ils revinrent en 1370; le même système fut inexorablement appliqué. Devant Reims, devant Paris, pareille immobilité. De son hôtel Saint-Pol, où il se tenait enfermé, le roi pouvait apercevoir les villages qui brûlaient; mais le brave Clisson lui-même disait : « Sire, vous n'avez que faire d'employer vos gens contre ces enragés; laissez-les se fatiguer. Ils ne vous mettront pas hors de votre héritage avec toutes ces fumières. »

« Il n'y eut oncques roi de France qui moins s'armast, disait Édouard III, et il n'y eut oncques roi qui tant me donnast à faire. » Le prince Noir se remit lui-même aux champs et ne fut pas plus heureux. Il saccagea Limoges. Mais ce triste exploit fut le dernier (1370). Il languit quelques années encore et alla mourir en Angleterre (1376).

La sagesse conseillait d'éviter le combat avec les grosses armées; mais, dans l'intervalle des grandes expéditions,

Charles laissait volontiers ses chevaliers donner quelques coups de lance, surtout son brave Duguesclin, qu'il avait rappelé d'Espagne après la bataille de Montiel et pour le faire connétable. Le *povre chevalier* avait voulu refuser cette haute dignité : « Messire Bertrand, lui répondit le roi, ne vous excusez point ; car je n'ai frère, cousin ou neveu, ni comte, ni baron en mon royaume, qui n'obéisse à vous, et si nul y était contraire, il me courroucerait tellement qu'il s'en apercevrait. » Ne croirait-on pas déjà entendre Louis XI ? Duguesclin commença à battre à Pont-Valain (dans la Sarthe) les bandes de Robert Knoll, routier au service des Anglais. Il les poursuivit en Bretagne, où le duc, allié d'Édouard III, était, pour cette raison, mal vu des Bretons. Ceux-ci, en effet, depuis la grande faveur de Duguesclin et de Clisson à la cour, grâce encore aux habiles manœuvres du roi qui ne perdait pas une occasion de les flatter, étaient devenus Français de cœur. Aussi fermèrent-ils leurs forteresses aux Anglais, les ouvrant au contraire à Duguesclin ; au bout de peu de temps, Jean de Montfort était détrôné, et Brest seul restait entre les mains d'Édouard. Dans le même temps, l'amiral castillan Boccanégra enlevait une flotte anglaise devant la Rochelle. Cette ville, française de cœur, et, pour le commerce, rivale de Bordeaux, la ville anglaise, s'était d'elle-même affranchie du joug étranger (1372). Le clergé, la bourgeoisie appelaient partout les Français. Poitiers, Angoulême, Saintes chassèrent leurs garnisons anglaises, et Duguesclin en anéantit les débris à Chizey, dans le Poitou (1373). Dès lors, il ne resta plus rien aux Anglais au nord de la Gironde.

Cependant l'opiniâtre ennemi reparut encore en 1373. Débarqué à Calais avec 30 000 hommes, le duc de Lancastre croyait conquérir la France : il ne fit que la traverser. Le voyage fut heureux tant qu'on resta dans les riches provinces du nord ; mais dans les pauvres et maigres pays du centre, les privations, les maladies commencèrent. En Auvergne, il ne restait plus un cheval ; à Bordeaux, il ne restait plus que 6000 hommes ; et les chevaliers comme les soldats mendiaient leur pain de porte en porte.

Cette fois les Anglais étaient dégoûtés d'une telle guerre.

Ils ne revinrent pas l'année suivante; et, en 1375, ils demandèrent une trêve qui se prolongea jusqu'à la mort d'Édouard III, en 1377. Charles alors rompt la trêve, précipite ses coups. Il met cinq armées sur pied et conquiert toute la Guyenne, tandis qu'une flotte castillane, montée par des troupes françaises, ravage les côtes de Kent et de Sussex. En 1380, les Anglais n'avaient plus que Bayonne, Bordeaux, Brest, Cherbourg et Calais.

Le moment était propice pour en finir avec Charles le Mauvais et ses intrigues. Sous prétexte de complot contre la vie de la famille royale de France, Charles V fit exécuter deux de ses ministres et arrêter ses deux fils; la seigneurie de Montpellier fut conquise par le duc d'Anjou, la Navarre par le roi de Castille, le comté d'Évreux par Duguesclin. Il ne recouvra son royaume, en 1379, qu'en livrant vingt places comme gage de paix.

Charles essaya en Bretagne ce qui lui avait si bien réussi en Guyenne. Le 20 juin 1378, il ajourna le duc Jean V à comparaître par-devant la cour des pairs, et le duc ne s'étant pas présenté, son fief fut déclaré acquis au domaine royal. Les Gascons s'étaient d'eux-mêmes donnés à la France; les Bretons n'entendaient même pas se laisser prendre. Barons, chevaliers et écuyers signèrent, à Rennes, le 26 avril 1379, un acte de confédération, que les bourgeois eux-mêmes souscrivirent. Jean V, naguère expulsé du pays, fut rappelé. Tous les Bretons engagés au service du roi de France, et ils étaient en grand nombre, l'abandonnèrent; ceux mêmes qui lui avaient d'abord promis de seconder ses projets se tournèrent contre lui. Le vieux Duguesclin lui renvoya l'épée de connétable, et le 1ᵉʳ mars 1380, un traité d'alliance fut signé, à Westminster, entre l'Angleterre et la Bretagne. On revit une armée anglaise débarquer à Calais sous le comte de Buckingham, et traverser encore tout le nord de la France impunément. Elle n'avait pas atteint la Bretagne, où elle se rendait, lorsque Charles V mourut à Vincennes, le 16 septembre 1380. Duguesclin l'avait précédé de deux mois au tombeau. Une nouvelle trêve, conclue quelque temps après, mit fin à la première période de la guerre de Cent ans.

Wiclef; Wat-Tyler et le roi anglais Richard II (1377).

Avec Charles V nous avons vu se clore la première période de la guerre de Cent ans. Le théâtre a changé d'aspect : la France, d'abord en partie conquise, est redevenue maîtresse d'elle-même, et chacune des deux nations belligérantes est rentrée dans son cadre naturel d'activité. Les premiers acteurs ont disparu : Philippe VI, Jean, Charles V ont passé successivement en France, Édouard III et le prince Noir en Angleterre. De part et d'autre montent sur le trône, en 1377 et en 1380, des souverains enfants, Richard II, fils du prince Noir, âgé de onze ans, et Charles VI, qui en avait douze. Durant ces minorités, la France et l'Angleterre sont en proie à des troubles intérieurs. Une effervescence semblable les agite et jette au dehors des idées apportées par le progrès général de la civilisation : affranchissement des esprits, affranchissement du peuple, voilà ce qu'on a remarqué déjà et ce qui se poursuit à la fin du quatorzième siècle, mais d'une manière tumultueuse et violente.

En Angleterre, le parlement organisé, l'industrie excitée par l'introduction des ouvriers flamands, l'autorité du saint-siége souvent méconnue, préparèrent les mouvements populaires et leur imprimèrent un double caractère, politique et religieux. En 1366, trente-trois années d'arrérages étaient dues pour le cens annuel de 1000 marcs que Jean sans Terre s'était engagé à payer au saint-siége. Urbain V les ayant réclamées, un acte public du roi, des lords et des communes déclara que nul n'avait eu le droit d'assujettir le royaume à un pouvoir étranger. Quinze ans auparavant, d'autres statuts avaient réservé exclusivement au roi la collation de certains bénéfices, et porté atteinte à la juridiction étrangère de Rome.

Dans cette résistance au saint-siége se signala un moine anglais, Jean de Wiclef, qui défendit les droits de la couronne contre les prétentions pontificales. Une fois qu'il eut attaqué la papauté au nom de l'indépendance nationale, il l'attaqua aussi, au nom de l'égalité évangélique, et sapa toute la hiérarchie catholique, en ne reconnaissant plus ni pape, ni archevêque, ni évêque au-dessus des simples prêtres; il prétendit interdire au clergé la possession d'aucun bien temporel, et même faire dépendre le pouvoir spirituel des prêtres de leur bonne ou mauvaise conduite; enfin, il poussa l'audace de ces attaques jusqu'au dogme, nia la transsubstantiation dans l'eucharistie, la nécessité de la confession, du baptême, l'utilité de la cérémonie religieuse dans le mariage, etc. Un de ses actes les plus graves par les conséquences fut la traduction de la Bible en anglais, et par là l'admission de tous à la lecture et à l'interprétation des livres saints. Déjà un certain Lollard, brûlé à Cologne par l'inquisition en 1322, avait précédé Wiclef dans cette voie, et, de son nom, l'on appelait *lollards*, en Angleterre, les hommes des campagnes qui adoptaient en grand nombre ces idées. Wiclef eut des disciples qui étendirent ses doctrines à la politique, et dont le plus célèbre est John Ball. « Un fol prêtre de Kent, nommé Jean Ball, avait prêché aux paysans qu'au commencement du monde il n'y avait pas d'esclaves, et qu'ainsi personne ne pouvait être réduit à l'esclavage, s'il n'avait trahi son seigneur, comme Lucifer avait trahi son Dieu. Mais eux, ils n'étaient ni des anges, ni des esprits, mais des hommes créés à l'image de leur Seigneur. Pourquoi donc étaient-ils traités comme des bêtes? Pourquoi, s'ils travaillaient, ne recevaient-ils point de salaire? Quand Adam bêchait, quand Ève filait, où donc était le gentilhomme? »

Une de ces violences qui ont tant suscité de révolutions provoqua l'explosion de tous ces ferments. Un collecteur d'impôts insulta la fille d'un forgeron, Wat-Tyler, qui, de son marteau, l'étendit à ses pieds. Tous les vilains de Suffolk, Norfolk, Essex, Sussex et autres comtés accoururent aux cris des hommes de Kent, déclarant qu'ils ne voulaient plus être esclaves; ils se rassemblèrent au nombre de 60 000 aux portes de Londres sur la bruyère de Blackheath (1381), pénétrèrent dans Londres, prirent la Tour et mirent à mort le chancelier et le primat, comme oppresseurs du peuple. Pourtant leurs demandes étaient modérées : abolition du servage, liberté de vendre et d'acheter dans les foires et marchés, amnistie générale, et, ce qui était moins raisonnable, réduction des rentes à un taux uniforme. Le roi eut avec Wat-Tyler une entrevue à Smithfield : il paraît que le forgeron jouait fièrement avec son poignard, et que même il allait saisir par la bride le cheval du roi, quand le lord-maire, craignant une intention hostile, lui plongea son épée dans le sein. Cette mort déconcerta un instant les rebelles. Le jeune roi Richard II en profita, et, poussant son cheval au milieu d'eux : « Mes amis, leur dit-il, Wat-Tyler n'est plus, vous n'aurez désormais d'autre chef que moi. » Ces paroles d'un roi de quinze ans enlevèrent le peuple, qui cria *vive Richard!* et reçut, en retour, de belles chartes d'affranchissement, scellées du sceau royal. Mais, à peine furent-ils dispersés qu'on ne tint compte des promesses faites; John Ball fut décapité, ainsi que 1500 de ses adeptes, et Wiclef, cité devant un concile, fut obligé de se rétracter. Toutefois son œuvre n'était pas perdue et devait profiter plus tard à la Réforme.

Déposition de Richard II et avénement de Henri IV de Lancastre (1399).

Au retour d'une expédition assez malheureuse contre l'Écosse, que la France soutenait (1385), de nouveaux troubles éclatèrent en Angleterre avec un caractère différent. Pour résister à une descente projetée par les Français, Richard demanda au parlement des subsides; on lui répondit qu'il n'avait qu'à faire rendre gorge à ses favoris et qu'il aurait alors de quoi lever une armée. Il menace, il s'emporte; il va, dit-il, se réconcilier avec le roi de France et s'entendre avec lui pour châtier des sujets rebelles. Le parlement tint bon; car les oncles du roi et toute la noblesse du royaume étaient avec lui. Jean de Gaunt, duc de Lancastre, était alors en Espagne, occupé sans succès à réclamer la couronne de Castille, sur laquelle il prétendait avoir des droits; les deux autres, les ducs d'York et de Glocester, surtout le dernier, qui était très-populaire, se mirent à la tête de l'opposition formidable formée contre les favoris Robert de Vère, duc d'Irlande, et Michel de la Pole, chancelier. Celui-ci fut mis en accusation et condamné par les lords à la perte de son office. Le parlement de 1386 alla plus loin; il institua une commission de gouvernement, composée de créatures du duc de Glocester, et quand le roi essaya de s'en débarrasser, le duc prit les armes, battit les troupes royales et fit condamner à mort les ministres, dont deux furent pendus (1388).

Un acte d'énergie parut sauver une seconde fois le roi. En 1389, il cassa le conseil, déclarant n'avoir plus besoin de tuteurs, et en flattant le duc de Lancastre il put contenir le turbulent duc de Glocester. Mais ses prodigalités insensées, ses violences ranimèrent l'esprit de faction et les craintes légitimes de l'Angleterre. Il ne trouvait plus à emprunter. La cité de Londres lui avait refusé un prêt de mille livres sterling. Il extorqua l'argent dont il avait besoin pour ses plaisirs par des dons gratuits ou plutôt forcés, « Il n'y eut, dit un contemporain, seigneur, prélat, gentilhomme ou gros bourgeois qui ne fût obligé de prêter au roi quelque somme qu'on savait bien qu'il n'aurait ni volonté ni pouvoir de rendre. » Entouré d'une garde de 10 000 archers, il gouvernait sans souci des lois.

Il en alla ainsi pendant plusieurs années. En 1397, Richard se crut assez fort pour se débarrasser de Glocester. Il vint le trouver dans une de ses terres, l'invita à le suivre à Londres pour une affaire pressante, et le fit enlever en chemin, jeter sur un vaisseau et transporter à Calais, où une nuit on l'étouffa entre deux matelas. On dit ensuite qu'il était mort subitement. Un comte d'Arundel fut exécuté, un comte de Warwick relégué dans l'île de Man, l'archevêché de Cantorbéry condamné au bannissement.

Richard croyait avoir vengé ses longues humiliations et assuré à jamais son pouvoir. Un homme cependant lui donnait encore quelques inquiétudes, Henri de Bolinbroke, fils du duc de Lancastre. Il le bannit, et quand le père mourut (1399), il ne permit pas au fils de recueillir son héritage; il s'appropria les biens de cette opulente maison.

Henri, banni et dépouillé, conspira. Il forma à Paris un complot et s'entendit avec les principaux seigneurs d'Angleterre. Trois frêles embarcations le portèrent, lui et les siens, à Ravenspur, près de l'embouchure de l'Humber. Il y fut joint par son frère, le duc d'York, par les comtes de Westmoreland et de Northumberland, entra dans Londres et occupa presque tout le pays avant même que Richard, alors en Irlande, où il cherchait à comprimer une sédition, eût appris son arrivée. Quand le malheureux roi eut repassé la mer, tout le monde l'abandonna. Il tomba aux mains de Lancastre, et une députation des lords et des communes le força à lire à haute voix cette déclaration : « Je confesse, reconnais et, d'après mon sentiment intime, déclare en conscience que je me considère comme ayant été et étant encore incapable de gouverner ce royaume, et que mes fautes notoires me rendent digne d'être déposé. » Le parlement dressa un acte d'accusation en trente-trois articles, où on lui reprochait l'injuste vengeance et la violation des lois et priviléges de la nation, puis prononça sa déposition. Alors Henri de Lancastre se leva et dit, en faisant le signe de la croix : « Au nom du Père, du Fils et du Saint-Esprit, moi, Henri de Lancastre, je réclame ce royaume d'Angleterre et la couronne avec toutes ses appartenances et dépendances, comme descendant en ligne directe, par le sang, du bon seigneur le roi Henri III, et comme y ayant aussi droit parce que Dieu, dans sa grâce, m'a envoyé pour le recouvrer avec l'aide de ma famille et de mes amis, ledit royaume étant sur le point de tomber en ruine, faute d'être bien gouverné, et par suite de la violation des bonnes lois. » Henri de Lancastre établissait ainsi son droit sur la double base de l'hérédité et de l'utilité publique. Il fut reconnu roi sous le nom de Henri IV (1399).

Henri IV usurpait la couronne, non-seulement sur Richard II, mais encore sur la postérité de Lionel, duc de Clarence, second fils d'Édouard III, à laquelle le trône devait légitimement échoir. De là sortit plus tard la guerre des deux Roses. Le chef de la maison de Lancastre employa tout son règne à affermir sa dynastie. Il eut pour système de s'appuyer sur le parlement en reconnaissant ses droits. Malgré cette sage politique du premier Lancastre, qui contribua beaucoup à l'établissement du régime parlementaire en Angleterre, il eut à lutter contre des révoltes. Une première fut étouffée, et

Richard II, le roi déposé, au nom duquel elle était faite, périt assassiné dans sa prison (1400). Une autre, plus redoutable, s'appuya sur les Gallois. Un seigneur du pays de Galles, Owen Glendower, à la suite d'une contestation où le parlement anglais lui donna tort, enleva de force le seigneur anglo-normand avec lequel il était en litige. Ce fut le signal d'une insurrection qu'attisèrent les bardes depuis longtemps persécutés. Les Gallois trouvèrent des alliés dans les deux Percy, fils du duc de Northumberland, et que Henri IV avait offensés. Cette insurrection formidable se termina à l'avantage du roi, par la victoire de Shrewsbury (1403), mais le pays de Galles ne se soumit que peu à peu. Toutefois le vainqueur, après un règne aussi agité, sentait bien que de grandes entreprises extérieures pouvaient seules détourner l'esprit de révolte des barons et de grands succès les dominer. Shakspeare le représente sur son lit de mort (1413), donnant à son fils, en un beau langage, le conseil de reprendre la guerre contre la France, afin d'y renouveler, à la gloire de la dynastie de Lancastre, les lauriers de Crécy et de Poitiers. Il méritait bien cet hommage du roi des poëtes anglais, celui qui reçut dans sa familiarité le premier grand poëte de l'Angleterre, Geoffroy Chaucer.

Henri V (1413).

Ce fils, à qui Henri IV léguait la tâche de faire des conquêtes, était un singulier prince. A vingt-cinq ans il n'était encore que le plus mauvais sujet du royaume qu'il allait gouverner. Associé à quelques seigneurs débauchés et perdus de dettes, dont Falstaff est le remarquable type, mêlé même à des voleurs de grand chemin, il passait sa vie dans les orgies et les brigandages, non que son caractère fût naturellement porté à ces vices grossiers, mais par passe-temps et par excentricité anglaise. Quand son père mourut, il changea complétement : le coureur de tavernes et le briseur de portes devint un roi sage, grave, sévère, pieux. Il combla de faveurs le juge William Gascoigne, qui, un jour, l'avait fait mettre en prison ; il se montra clément, fit rendre les honneurs aux restes de Richard II, et, après s'être réconcilié par ces beaux commencements l'opinion publique, il déclara qu'il allait passer en France où la situation était des plus favorables pour une expédition anglaise (1415).

La France sous Charles VI (1380-1422); insurrections populaires.

La France avait eu en même temps que l'Angleterre son roi mineur. Mais cette minorité avait fini en Angleterre dès que Richard II était sorti de l'enfance; en France elle n'avait point cessé, parce que le roi était tombé d'une enfance dans une autre. De toutes les époques de l'histoire de notre pays, celle-ci est bien la plus triste et la plus misérable; on y a vu d'autres fois autant et même plus de sang versé, mais jamais ce spectacle extraordinaire, et digne de réflexions, d'un fou sur le trône. Dans l'ordre religieux : discorde ; la captivité de Babylone n'a cessé (1378) qu'en donnant naissance au grand schisme d'Occident; tandis qu'Urbain VI a ramené à Rome la papauté, la France reconnaît Clément VII, pape d'Avignon. Dans l'ordre politique, mille éléments de troubles, contenus par la faible mais habile main de Charles V, fermentent et se montrent partout, depuis le siége même du gouvernement jusque dans les campagnes. Quatre oncles du roi, avides et égoïstes, les ducs d'Anjou, de Berry, de Bourgogne et de Bourbon (celui-ci du côté maternel), se disputent le trésor public, les impôts, pour en user au profit non de l'État, mais de leurs ambitions personnelles; le duc de Berry veut garder son gouvernement du Languedoc, malgré l'horreur que ses exactions y inspirent; le duc d'Anjou, à peine Charles V a-t-il fermé les yeux, se jette sur le trésor royal, et bientôt, investi du royaume de Naples par le pape d'Avignon, s'en va mourir (1384) dans son royaume qu'il ne peut conquérir. Pendant ce temps, les paysans s'insurgent dans le Poitou, le Limousin, l'Auvergne ; les grandes communes de la Flandre et du nord de la France se révoltent. En 1382, à Paris, le peuple, irrité des taxes redoublées dont le duc d'Anjou frappe le commerce, s'arme de maillets et massacre les percepteurs de l'impôt.

Rouen fait comme Paris et renouvelle cet acte audacieux de créer un roi dont les jacques avaient déjà donné l'exemple : un marchand drapier devient roi de Rouen.

Les mouvements populaires n'étaient plus isolés, comme à l'origine de la révolution communale ; ils correspondaient et se soutenaient entre eux. Gand était le centre : « Tous prenoient pied et ordonnance sur les Gantois ; et disoient les communes par tout le monde que les Gantois étoient bonnes gens, et que vaillamment ils se soutenoient en leurs franchises, dont ils doivent de toutes gens être aimés et honorés. » Gand, avec ses 400 000 habitants, s'était alors donné pour chef Philippe Artevelt, non moins célèbre que son père, Jacques. Elle se souleva contre le comte Louis de Male, qui gouvernait cruellement le pays. Avec 5000 hommes choisis, Philippe défit près de Bruges les 40 000 hommes du comte qui faillit être fait prisonnier. Ce succès le rendit maître de toute la Flandre et eut un grand retentissement. La noblesse, effrayée de cette victoire de la grande commune, sentit le besoin de se coaliser et de frapper quelque rude coup au cœur du mouvement pour se préserver d'une destruction générale. Le roi de France partit, entraînant après lui *toute chevalerie et gentillesse*. L'intérêt de classe l'emportant sur l'intérêt de nation, la noblesse anglaise fut d'avis de ne point secourir les fidèles alliés de l'Angleterre. Aussi Artevelt ne put résister. Il partit avec 50 000 hommes : la guerre était si terrible que l'on ne devait épargner la vie de personne, excepté du roi; c'était un enfant, il fallait lui pardonner; ces honnêtes gens de Flandre voulaient « lui apprendre à parler et à être Flamand. » Mais cette fois la chevalerie prit sa revanche à Roosebeke : la mauvaise ordonnance de l'infanterie flamande causa sa perte, c'était une masse énorme, épaisse, sans liberté de mouvement : 26 000 hommes périrent, le plus grand nombre étouffés ; Artevelt tomba avec tout le bataillon des Gantois (1382). La Flandre ne fut pas encore tout à fait abattue, et, soutenue cette fois par les Anglais, tenta une nouvelle insurrection qui ramena dans ce pays le roi de France. La mort du comte, Louis de Male, changea la situation. Philippe le Hardi, duc de Bourgogne, hérita, au nom de sa femme, des comtés de Flandre, d'Artois, de Bourgogne, de Nevers et de Rethel (1384). Il reçut le serment de fidélité des Flamands et promit, en retour, de respecter leurs libertés. Événement d'une grande importance, car dès lors le duc de Bourgogne, quoique prince du sang, se trouva entraîné par ses nouveaux sujets dans un parti hostile à la France, et jusque dans l'alliance anglaise.

La bataille de Roosebeke n'avait pas seulement atteint les Flamands, mais aussi toutes les communes rebelles de France. Toute bouillante de sa victoire, la noblesse française revint sur Paris (1383). 30 000 Parisiens en armes s'avancèrent à sa rencontre, non plus pour combattre, mais pour servir de cortége à Charles VI. Cet acte de soumission ne désarma pas le jeune roi, et des exécutions sanglantes, des confiscations, l'abolition des charges municipales et des corporations signalèrent le rétablissement du gouvernement du roi. Mêmes rigueurs à Rouen, à Châlons, à Reims, à Troyes, à Orléans ; car ce grand mouvement s'était étendu partout ; Toulouse même s'y était associée. « Si le roi de France eût été déconfit en Flandre, on peut bien croire que toute noblesse et gentillesse eût été perdue en France et autant bien aux autres pays ; ni la jacquerie ne fut oncques si grande ni si terrible qu'elle eût été. » Ainsi l'historien du moyen âge, Froissart, grand partisan de la noblesse féodale, jugeait que la bataille de Roosebeke avait sauvé l'ordre social de son temps (1383).

Ce qui distinguait pourtant cet ordre social, c'était, dans ceux qui le dominaient, l'absence du sentiment national, les vues personnelles, l'esprit d'aventure, la dépense inconsidérée et inutile des forces publiques, en un mot, le gaspillage de la France, par quelques princes du sang, avides de royaumes étrangers, très-peu soucieux de sa prospérité. En 1386, on prépare une grande expédition contre l'Angleterre : on met sur le peuple des taxes dont le poids chasse du pays bon nombre d'habitants. Enfin on réussit à organiser quelque chose de gigantesque. 1400 vaisseaux sont rassemblés de tous côtés, 20 000 chevaliers, 20 000 arbalétriers, 20 000 fantassins et une foule d'aventuriers sont réunis ; une ville de bois, de 3000 pieds de diamètre, est chargée pièce par pièce sur 72 navires et se dressera, au débarquement sur la côte d'Angleterre. Quand tout cela est prêt, le duc de Berry se fait attendre, la saison passe, l'expédition est manquée, et les provinces du nord de la France sont ravagées par l'armée qui devait conquérir l'Angleterre. Même entreprise l'année suivante et même avortement. C'est ensuite une expédition vers l'Allemagne contre le duc de Gueldre, ennemi du nouveau duc de Flandre. Le roi la conduit lui-même, et avec 80 000 hommes, elle n'aboutit à rien. Un peu plus tard, c'est Louis II d'Anjou qui se ruine dans le royaume de Naples au lieu de le conquérir; et, presque en même temps, la noblesse française, n'ayant pas assez des journées de Crécy et de Poitiers, s'en va en chercher une autre sur le bord du Danube, à Nicopolis (1396). (Voy. plus loin, page 538.)

Démence de Charles VI (1392); assassinat du duc d'Orléans (1407); les Armagnacs et les Bourguignons.

Pour laisser aller ainsi à tort et à travers les affaires du royaume, il fallait que la royauté fût folle, et elle l'était. En 1392, Charles VI marchait contre la Bretagne pour venger le meurtre de son connétable, Clisson, assassiné, mais non tué par le sire de Craon que le duc Jean IV avait reçu dans ses États. En traversant la forêt du Mans par un brillant soleil, et d'ailleurs lourdement vêtu, dans toutes les conditions qui pouvaient provoquer une congestion cérébrale dans une tête naturellement débile, il vit s'élancer à la tête de son cheval un mendiant qui lui cria : « Retourne, car tu es trahi. » Un bruit de fer de lance, derrière lui, lui fit croire qu'on allait l'assassiner; il se retourna et tua quatre hommes de sa suite. Il avait perdu la raison et n'eut plus, durant trente années, que de rares instants de lucidité. Le gouvernement fut disputé par deux partis : l'un était celui de Louis, duc d'Orléans, frère du roi, jeune prince brillant, généreux, mais dissipateur, léger dans ses mœurs, insolent à l'égard du peuple, bon Français du reste, grand ennemi des Anglais, ennemi aussi de l'Université, ce corps démocratique, savant et disputeur, dont l'aigre et sombre humeur ne pouvait convenir à son caractère. En face de lui était le duc de Bourgogne, sévère et sombre, habitué à courtiser le peuple de Flandre, dont il avait tant besoin pour ses nécessités financières, et entraîné par lui sans doute à soutenir en tous lieux la cause démocratique, par conséquent allié des bourgeois de Paris et de l'Université, allié aussi, à raison de ses intérêts flamands, avec les Anglais. Le duc d'Orléans n'avait de ressources que dans les taxes qu'il imposait aux Parisiens, au nom du gouvernement royal. Le duc de Bourgogne, au contraire, riche par ses propres États, ne demandait rien aux Parisiens et même leur eût volontiers défendu de payer. L'antagonisme ne devint violent qu'après 1404, quand Jean sans Peur eut succédé à Philippe le Hardi. Cette rivalité menaçait de dégénérer en guerre civile au milieu même de Paris. Chacun assemblait ses gendarmes et fortifiait son hôtel ; ils allaient combattre. On les réconcilia ; mais la haine était trop vive, au moins du côté de Jean sans Peur, dont le cœur était moins facile. Il mangea à la table de son cousin, communia hypocritement avec lui, et, trois jours après, le fit assassiner comme il sortait, vers huit heures du soir, de l'hôtel du roi (1407). Les bourgeois de Paris et ceux de Flandre approuvèrent le meurtre ; Jean sans Peur l'avoua hautement et trouva un théologien, Jean Petit, pour en faire l'apologie. On fit déclarer par le roi lui-même que son frère avait été justement *mis hors de ce monde*, et Valentine de Milan, qui réclamait la vengeance du meurtre de son époux, mourut sans l'avoir obtenue. La puissance de Jean sans Peur fut affermie encore par la sanglante victoire de Hasbain, où il tua 25000 Liégeois.

Cette puissance même provoqua une réaction. Charles, nouveau duc d'Orléans, et les ducs de Berry, de Bourbon, de Bretagne, formèrent une ligue avec le plus puissant seigneur du midi, le comte d'Armagnac, Bernard VII. Le jeune duc d'Orléans épousa la fille de Bernard, qui devint par ses talents et sa puissance le chef du parti des Armagnacs (1410). Avec ce seigneur des Pyrénées, accoururent des troupes d'aventuriers gascons cherchant fortune, pleins de haine pour les hommes du nord, de mépris pour le roi fou que ceux-ci vénéraient et plaignaient. A ces méridionaux, Jean opposa des Picards, des Brabançons, des Lorrains. Le roi était au pouvoir de la faction Bourguignonne, maîtresse de Paris ; le parti opposé, véritablement français, s'appuyait déjà, comme plus tard, sur les pays au sud de la Loire. Jean sans Peur ne domina Paris qu'en y livrant tout à la démagogie, aux bouchers. Le chef de la faction fut l'écorcheur Caboche, son orateur le chirurgien Jean de Troyes. Ces hommes prirent la croix de Bourgogne et dictèrent leur volonté au conseil du roi. Paris recouvra ses anciens priviléges, perdus en 1382. Partout les Armagnacs furent chassés, poursuivis, tués comme des bêtes féroces. Le peuple de Paris se laissa entraîner à de grandes cruautés que le duc de Bourgogne n'osait arrêter. Il renouvelait en même temps ses alliances avec les Gantois, manifestant l'intention d'étendre partout la démocratie. Il faut remarquer aussi, comme un acte d'une grande valeur, l'ordonnance cabochienne, due principalement à l'Université et où étaient décrétées, avec autant de sagesse que de hardiesse, des réformes heureuses pour toutes les parties de l'administration du royaume. Il est inutile d'ajouter que cette ordonnance de réformation fut abolie presque aussitôt que rendue.

Mais les excès des cabochiens, l'état révolutionnaire de la ville, lassèrent les habitants. Neuf quartiers sur douze se prononcèrent pour un accommodement avec les Armagnacs, qui rentrèrent (1413), tandis que les bouchers étaient mis en fuite. Ce fut un changement de tyrannie. Les Armagnacs, avec leur esprit aristocratique et leur mépris du peuple, traitèrent Paris en ville conquise, firent taire l'Université, rétablirent l'ancien régime, et rapportèrent en même temps cette haine de l'Anglais, qui pour eux était en même temps la haine de l'esprit de liberté dont l'Angleterre était déjà animée. Ainsi, lorsque Richard II avait été déposé, le duc d'Orléans avait refusé de reconnaître Henri IV. Il se trouvait donc que les intérêts de la liberté et ceux de la nationalité étaient opposés alors en France. C'était de ces derniers qu'il s'agissait avant tout, afin que le pays pût acquérir unité et force ; c'est cette question qui allait encore se débattre dans une nouvelle période de la guerre de Cent ans et se résoudre par le triomphe de la nationalité française.

CHAPITRE XXVII.

Henri V recommence la guerre contre la France (1415). Bataille d'Azincourt.

Henri V avait besoin, pour s'affermir, d'une guerre contre la France, que gouvernait d'ailleurs en ce moment le parti qui avait refusé de reconnaître la légitimité de son père Henri IV. Il réclama l'exécution du traité de Brétigny, avec la main de Catherine, fille de Charles VI. Ayant essuyé un refus, il débarqua à l'embouchure de la Seine et prit Harfleur. Une épidémie le força à changer sa route et à s'acheminer sur Calais, comme autrefois Édouard III. Au lieu de prendre les mesures nécessaires pour l'arrêter, la cour de France se contenta de lancer à sa poursuite une de ces grandes armées féodales comme on en avait tant vu depuis un siècle. Elle montait à environ 80 000 hommes; Henri V n'en avait que 20 000. La bataille s'engagea près d'Azincourt, dans des conditions aussi défavorables qu'à Crécy. Une boue visqueuse et profonde retenait les pieds des chevaux. Le désordre, l'indiscipline et le tumulte régnaient encore dans l'armée française; l'ordre, la piété dans celle des Anglais. Henri V affectait de se présenter comme envoyé de Dieu pour punir « les désordres, voluptés, péchés et mauvais vices qu'on voyait au royaume de France. » Il s'était étroitement allié avec l'Église et trouvait dans cette puissance un secours efficace. La France était alors schismatique, soutenant le pape d'Avignon contre celui de Rome. Cette persuasion ajouta au sang-froid ordinaire des Anglais. Henri V lui-même se tenait à pied, sans apparat, ordonnant tout avec calme. Il mit ses archers en avant. Les flèches saxonnes eurent encore beau jeu sur ces masses de chevaux qui pouvaient à peine remuer. Quand la confusion fut suffisante, les archers, le couteau à la main, s'approchèrent et se mirent à *égorgeter* sans peine les chevaliers renversés et pris dans leurs armures. 10 000 Français périrent, la plupart gentilshommes, 120 seigneurs ayant bannière et 7 princes. Les Anglais n'avaient eu que 1600 morts. La noblesse n'avait pas encore été affaiblie par une aussi large blessure. Troisième et décisive condamnation des armées féodales, bonnes pour un autre âge, désormais impuissantes (1415).

Le désastre d'Azincourt discrédita le gouvernement des Armagnacs, qui ne se maintinrent dans Paris qu'à force de cruautés. En 1418, une conspiration rouvrit aux Bourguignons les portes de cette ville; avec eux, les bouchers rentrèrent; et avec les bouchers les massacres. Ce fut une chose affreuse que le carnage des Armagnacs dont fut alors ensanglantée la capitale. Il y eut dans les prisons, durant vingt-huit heures, une boucherie de 1600 à 3000 victimes. Le comte d'Armagnac fut du nombre, et, comme Charles d'Orléans avait été fait prisonnier à Azincourt, le parti orléanais se trouva sans autre chef que le dauphin Charles, qui se séparait du roi son père, tombé au pouvoir des Bourguignons. Ceux-ci gouvernèrent-ils mieux ? Nullement. Si les Armagnacs avaient perdu la bataille d'Azincourt, les Bourguignons perdirent Rouen, qui, toutefois, n'ouvrit ses portes qu'après avoir sacrifié le tiers de sa population. Son chef, Alain Blanchard, moins heureux qu'Eustache de Saint-Pierre, paya de sa tête son patriotisme (1419). Ainsi, par l'impuissance égale des deux partis qui la gouvernaient, la France allait tomber en des mains étrangères.

Un autre assassinat l'y précipita. Jean sans Peur, attiré à une entrevue sur le pont de Montereau, y fut égorgé par Tanneguy-Duchâtel, qui agissait de l'aveu du dauphin. Ce jeune prince, indolent, plongé dans les plaisirs, crut par ce lâche crime devenir seul maître du gouvernement; ce fut le contraire qui arriva. Il mit la pitié du côté de son ennemi et l'horreur du sien. L'alliance des Bourguignons avec les Anglais n'étonna plus personne. Les Parisiens, décimés par une affreuse famine, trouvèrent un prétexte de passer dans le parti anglais qui seul pouvait les tirer de cette misère. « Plutôt les Anglais, disaient-ils, que les Armagnacs. » Un siècle plus tard, un chartreux de Dijon montrait à François Ier le tombeau de Jean sans Peur, et, disait-il, « cette large plaie par où les Anglais étaient entrés en France. » Peu de temps après, en effet, fut signé le traité de Troyes (1420), par lequel Henri V était reconnu héritier de Charles VI et le dauphin exclu. La reine Isabeau de Bavière consentit, pour une pension de 2000 francs par mois, à ce traité qu'on ne peut guère reprocher à Philippe le Bon, qui vengeait son père, ni à Charles VI, qui ne sut ce qu'il fit, mais à elle, mère dénaturée, qui put écrire et signer ces mots : « le soi-disant dauphin de Viennois, » et « notre fils le roi Henri. » Au reste, sauf les pays au bord de la Loire et quelques villes de Bourgogne, presque toute la France en fit autant; les États généraux reconnurent Henri V pour héritier; le parlement procéda juridiquement contre Charles de Valois, dauphin de Viennois, et le déclara banni du royaume et indigne de succéder à aucune seigneurie. Les grands seigneurs temporels ou spirituels prêtèrent serment au nouvel héritier sans scrupule de conscience.

Henri V épousa Catherine, fille de Charles VI. Mais déjà commençaient pour lui les embarras; la maladie survint : il entrevit, quand il ne serait plus, le sort d'une conquête si laborieuse. Quand on lui annonça la naissance de son fils : « Henri de Monmouth, dit-il, parlant de lui-même, aura régné peu et conquis beaucoup ; Henri de Windsor régnera longtemps et perdra tout : que la volonté de Dieu soit faite ! » Le 31 août de l'année 1422, il mourut, laissant la régence à son frère Bedfort, à qui il recommanda de ne jamais traiter avec le dauphin et de se maintenir en paix avec le duc de Bourgogne. Le 21 octobre, Charles VI le suivit au tombeau.

Henri VI et Charles VII rois de France (1422); Jeanne d'Arc (1429-1431).

Deux rois furent à la fois proclamés en France : l'un à Paris, c'était l'Anglais Henri VI; l'autre en Berry, dans la petite église de Mehun-sur-Yèvres, c'était le Français Charles VII.

La situation de Charles VII était très-critique. La défaite récente de Mons-en-Vimeu avait chassé ses troupes de la Picardie, où pourtant Xaintrailles guerroyait encore, et il était près d'être rejeté derrière la Loire. Ce n'est pas qu'il manquât d'habiles capitaines et de vaillants chevaliers, mais tous ces braves guerriers étaient démoralisés, la cour était le théâtre de la mollesse, des intrigues et d'un gaspillage insensé. Les Anglais, dirigés par le sage Bedfort, mettaient plus de suite et de prudence dans leurs entreprises. Déjà sans doute ils avaient lassé les Français par leur orgueil et leur insolence, déjà même le duc de Bourgogne, cet allié nécessaire, avait failli se battre avec Glocester au sujet de Jacqueline de Hainaut et surtout de son héritage ; mais Bedford avait rétabli la concorde, calmé les ressentiments. Le duc de Bourgogne couvait depuis longtemps des yeux cette belle succession du Hainaut, de la Hollande, de la Zélande, de la Frise, dont Jacqueline le reconnut héritier; fort occupé de s'agrandir du côté des Pays-Bas, il achetait le comté de Namur, la seigneurie de Béthune ; et, pour que les Anglais le laissassent faire tranquillement ces importantes acquisitions, il les laissait poursuivre tranquillement la conquête de la France. Les batailles de Crévant-sur-Yonne (1423) et de Verneuil (1424) chassèrent les armes de Charles VII de la Bourgogne et de la Normandie. Chartres, le Mans, lui furent enlevés. Enfin, en septembre 1428, tous les abords de la Loire ayant été conquis, le comte de Salisbury vint assiéger Orléans. C'est le moment du plus grand abaissement de Charles VII et de la France. Le trésor de ce pauvre roi contenait à peine quatre écus; sa table était misérable, et, un jour que la Hire et Xaintrailles le vinrent voir, il ne put leur offrir que « deux poulets tant seulement et une queue de mouton. » Les seigneurs jalousaient sa garde écossaise; ils se querellaient et se battaient jusque dans son conseil. En vain le connétable de Richemond y avait quelque temps ramené l'ordre par d'énergiques mesures et par l'exécution de quelques-uns des favoris les plus funestes; un d'eux, la Trémouille, venait de réussir à le faire bannir, et il ne se trouvait plus à la cour d'homme capable de rétablir l'ordre et la fortune. Charles n'entendait plus que d'indignes conseils; après la déplorable journée des Harengs (1429), on lui persuada de s'enfuir dans le midi et d'abandonner Orléans, cette clef de la Loire, cette porte de la France méridionale. La France allait devenir anglaise, quand elle fut sauvée par un de ces coups de théâtre qu'on croirait invraisemblables sur la scène.

Dans un petit hameau dépendant du diocèse de Toul, mais perdu dans quelques enclaves que ce diocèse avait dans le royaume, à Domremy, vivait une pauvre famille de paysans : le père s'appelait Jacques d'Arc, la mère Isabelle Romée. Ils avaient trois fils et deux filles. L'une de celles-ci, Jeanne d'Arc, était une enfant pleine de douceur et de docilité, laborieuse, timide au point qu'il suffisait de lui adresser la parole pour la déconcerter. Sa piété, malgré les railleries des autres jeunes filles, s'était accrue avec l'âge. Elle se mêlait peu aux jeux de ses compagnes; une fois libre de son ouvrage, elle courait à l'église faire ses prières, qui se bornaient au *Pater*, à l'*Ave* et au *Credo*, ou courait aux champs rêver à l'écart et écouter le son des cloches. La guerre alors pénétrait partout, guerre étrangère et guerre civile. Jeanne en connut les effets; les ravages atteignirent son hameau; les passions politiques y étaient même si excitées que les enfants de Domremy, village tout armagnac, livraient souvent des batailles à ceux d'un village voisin, tout bourguignon; Jeanne vit peut-être ses frères revenir plus d'une fois ensanglantés. Avec ce tempérament porté à l'extase, et d'ailleurs une santé troublée, l'exaltation politique se mêla aisément à l'exaltation religieuse, ce qui est assez ordinaire chez les femmes. Après les batailles de Crévant et de Verneuil, elle tomba dans cet état étrange qui aujourd'hui nous est bien connu par des milliers d'exemples, où les conceptions involontaires de l'esprit prennent une réalité extérieure. Elle eut des visions, elle entendit des voix qui lui disaient : « Jehanne, sois toujours pieuse, honnête et bonne enfant, et Dieu t'aidera. » Quand Orléans fut assiégé, l'archange Michel lui apparut et lui dit d'aller au secours du roi. Elle en fut tout effrayée et objecta qu'elle n'était qu'une pauvre fille de campagne; mais l'ange réitéra son ordre et parut mécontent. Elle eut dès lors jusqu'à trois visions par semaine : elle voyait sainte Marguerite et sainte Catherine. Elle ne se dirigeait plus que par *ses voix*. Pour exécuter les ordres d'en haut, elle songea à partir avec les gens de guerre; son père l'apprit : « Si je cuidoye que la chose advinst, dit-il à ses fils, je vouldroye que vous la noyissiez, et, se vous ne le faisiés, je la noyeroye moi-mesme. » Et il s'occupa de la marier. A cette nouvelle, Jeanne s'enfuit de la maison paternelle et alla trouver un oncle qu'elle avait près de là ; puis elle se rendit auprès de Baudricourt, capitaine français qui commandait pour Charles VII à Vaucouleurs, et qui, après bien des hésitations, dirigea Jeanne avec une escorte de six hommes seulement vers les bords de la Loire.

Elle fit heureusement ce difficile voyage, à travers un pays que les ennemis couraient, et arriva à Chinon, où le roi résidait. Elle se cacha parmi les courtisans. Il était difficile de convaincre cette cour railleuse de la réalité de sa mission, elle en vint à bout cependant. Envoyée à Poitiers, elle y fut interrogée par les docteurs, car quelques-uns l'accusaient d'être l'organe du démon ; elle déjoua par la simplicité de ses réponses, la subtilité de leurs questions. Sa pureté, sa piété transportaient le peuple d'enthousiasme et l'opinion publique triompha des hésitations de la cour. Charles VII consentit à lui donner des armes, une bannière, un page, un écuyer, et l'envoyer à Orléans avec ses meilleurs capitaines. Elle ramena la décence dans le camp, réforma jusqu'aux juremenls du vieux la Hire, ce capitaine gascon endurci, qui priait en ces termes : « Seigneur Dieu, fais pour la Hire ce que tu voudrais que la Hire fît pour toi si tu étais la Hire et que la Hire fût Dieu. » Le vendredi 20 avril 1429, Jeanne d'Arc entra dans Orléans ; le dimanche 8 mai, les Anglais levaient le siége. La première partie de sa mission était accomplie ; il lui restait à faire sacrer Charles à Reims.

Elle entraîna sur ses pas l'armée française et le roi, ce qui semblait plus difficile. Son courage, sa piété, inspiraient l'enthousiasme de nos soldats, tandis que les Anglais, la croyant sorcière, fuyaient à son seul aspect. Elle prend Jargeau et fait Suffolk prisonnier. Elle réconcilie Richemond avec le roi. Elle gagne la bataille de Patay, où est fait prisonnier le brave Talbot. Elle fait donner assaut à la ville de Troyes, que le conseil du roi était d'avis de ne pas attaquer, et Troyes est prise. Enfin, elle entre à Reims avec le roi et assiste à son sacre (juillet).

Jeanne croyait avoir accompli le principal de sa mission et eût bien voulu retourner à Domremy. On lui demandait dans quel lieu elle pensait mourir : « Où il plaira à Dieu, car je ne suis sûre ni du temps ni du lieu plus que vous ne l'êtes vous-mêmes, et plût à Dieu, mon Créateur, que je pusse maintenant partir, abandonnant les armes, et aller servir mon père et ma mère, en gardant leurs brebis avec ma sœur et mes frères qui moult se réjouiront de me voir. » On la retint; elle prit part à la campagne qui suivit, assista au siége infructueux de Paris et même y fut blessée. Elle fut trahie. Elle s'était enfermée dans Compiègne pour la sauver des attaques du duc de Bourgogne, elle voulut, à la suite d'une sortie, couvrir la retraite; mais le gouverneur de la ville fit fermer les portes avant qu'elle fût rentrée, et elle tomba dans les mains du bâtard de Vendôme (mai 1430), qui la vendit au comte de Luxembourg; celui-ci la céda aux Anglais pour 10 000 francs.

Pour les Français Jeanne était une envoyée de Dieu, pour les Anglais une envoyée du diable; et ils voulurent le prouver par un procès en sorcellerie. L'Université de Paris demandait que le jugement se fît à Paris; Bedford voulut qu'il eût lieu à Rouen, ville plus anglaise et plus sûre, et il confia la direction de l'infâme procès à Pierre Cauchon, évêque de Beauvais, dans le diocèse duquel elle avait été prise. Dans cette monstrueuse affaire, l'odieux le dispute à l'iniquité. Toutes les formes furent violées. Elle, calme, sereine, profonde dans sa naïveté, elle déjouait tous les piéges sans effort, par la seule droiture de son âme. Ses réponses étaient courtes, vives, héroïques. On lui demandait si elle se croyait en état de grâce; elle répondit avec sagesse : « Si je n'y suis, Dieu veuille m'y tenir! » « Je portois un étendard au lieu de lance, dit-elle une autre fois, pour éviter de tuer quelqu'un. Je n'ai jamais tué personne. Je disois : Entrez hardiment parmi les Anglois, et j'y entrois moi-même. — L'espoir de la victoire étoit-il en cet étendard? — Il étoit fondé en Dieu et non ailleurs. — Pourquoi portiez-vous cet étendard près de l'autel au sacre de Charles? — Il avoit été à la peine, c'étoit bien raison qu'il fût à l'honneur. — Est-ce que Dieu hait les Anglois? — De l'amour ou haine que Dieu a aux Anglois, je ne sais rien; mais je sais bien qu'ils seront mis hors la France. » On avait voulu d'abord la traiter en sorcière, mais il n'y avait pas moyen. On ne maintint plus que deux chefs d'accusation : les habits d'homme et le refus de se soumettre à l'Église. Or, on lui avait persuadé que se soumettre à l'Église c'était reconnaître le tribunal qui la jugeait, ce qu'elle ne voulait pas; et quant aux habits d'homme elle les quitta un instant, mais la brutalité de ses geôliers l'obligea de les reprendre; aussitôt Cauchon la déclara hérétique relapse et la livra au bras séculier pour être brûlée : « Ah ! s'écria-t-elle à cette affreuse nouvelle, ah ! j'en appelle à Dieu des cruautés qu'on me fait ! » En effet, à qui en eût-elle appelé sur la terre? Le pape n'entendait pas ses cris; le roi de France l'oubliait sur le trône où elle l'avait fait asseoir. La pauvre fille fut brûlée sur un énorme bûcher dressé dans la place du Marché, à Rouen, et supporta ce supplice avec un courage héroïque (30 mai 1431).

Traité d'Arras (1435); Charles VII à Paris (1436); fin de la guerre de Cent ans (1453).

Jeanne d'Arc qui avait sauvé la France pendant sa vie, lui fut encore utile par sa mort. Le parti anglais devint odieux et comme maudit : avoir fait périr une femme, une vierge, une sainte ! Le crime du bûcher de Rouen dépassait de beaucoup le crime du pont de Montereau, d'ailleurs à peu près effacé par le temps. Le duc de Bourgogne commençait à ne plus se sentir à l'aise dans le parti antinational; Jeanne d'Arc avait rallié à Charles VII toute la nation. Dès 1431, Philippe conclut une trêve de deux ans avec le roi. La guerre se faisait à son avantage; Richemond, qui avait chassé la Trémouille et repris son influence, la conduisait avec énergie. En vain Bedford, pour relever la cause des Anglais, amena à Paris et fit couronner solennellement le jeune Henri VI (1431). Cette cérémonie fut triste et de mauvais présage; la capitale d'ailleurs mourait de faim, le commerce y était paralysé, les maisons tombaient en ruine, des bandes d'*écorcheurs* parcouraient les campagnes voisines. Paris, dont les souffrances n'avaient fait que croître sous la domination anglaise, songeait à revenir au roi légitime.

On s'occupa de faire la paix, et un congrès fut tenu à Arras (1435). C'est la première grande assemblée de ce genre ; elle était presque européenne ; deux cardinaux la présidaient ; outre les ambassadeurs français et anglais, on y voyait ceux de l'empereur, des rois de Castille, d'Aragon, de Portugal, de Navarre, de Naples, de Sicile, de Chypre, de Pologne, de Danemark, des ducs de Bretagne et de Milan. 10000 étrangers y assistaient. Après de longues discussions, les Français consentirent à céder à Henri VI, comme fief, l'Aquitaine et la Normandie. Ce n'était pas assez pour l'ambition des Anglais : inébranlables sur les bases du traité de Troyes, ils voulaient la couronne de France ; comme on ne pouvait la leur laisser, le congrès fut rompu sans avoir rien produit. Il eut pourtant un résultat fort important : le duc de Bourgogne, voyant que la guerre allait se continuer par la faute des Anglais, les abandonna et conclut avec Charles VII le traité d'Arras (1435) ; traité fort avantageux pour lui, car il se faisait céder Auxerre, Mâcon, Péronne, Roye, Montdidier, avec les villes de la Somme, et obtenait d'être dégagé, sa vie durant, de tout hommage envers la couronne de France. Mais Charles VII jugea sagement que ce n'était pas acheter trop cher la fin des discordes civiles.

La réconciliation des Bourguignons préparait celle de Paris. Malgré les efforts des Anglais, le connétable de Richemond y entra par une porte que lui livra Michel Lallier, riche marchand de la ville ; il promit aux Parisiens la paix, l'amnistie, la concorde du roi et du duc (1436). Charles VII vint l'année suivante visiter sa capitale, et dès lors il put se dire véritablement roi de France, tandis que jusque-là les Anglais l'appelaient, non sans quelque raison, roi de Bourges.

A partir de cette époque ce ne fut plus le même homme. L'indolence des premiers temps fit place à l'activité, à la prudence, à la hardiesse des entreprises. Tandis qu'il achevait de reconquérir la France, il s'occupait aussi de la guérir de ses autres maux. Quelques-uns font honneur de ce changement à Agnès Sorel; il faut parler bien plus de l'influence du connétable de Richemond, du comte de Dunois, du sénéchal de Normandie, Jean de Brézé, du chancelier Jouvenel, de l'argentier Jacques Cœur, de Chevalier, de Cousinot, secrétaire du roi, des frères Bureau, qui, par le grand progrès qu'ils firent faire à l'artillerie française, procurèrent à la France un avantage décisif sur les champs de bataille et dans les siéges des villes. Par la pragmatique sanction, Charles VII porta remède au désordre religieux; par l'ordonnance d'Orléans, au désordre militaire. L'établissement d'une armée permanente, fatale au régime féodal, souleva dans toute la noblesse une résistance qui éclata par la *praguerie*. Il en triompha, tout en continuant d'enlever aux Anglais les villes qu'ils occupaient encore. Un parti, à la tête duquel était le cardinal de Winchester, réclamait la paix en Angleterre. Par son influence, une trêve de deux ans fut conclue avec la France (1441) et scellée par le mariage de Marguerite d'Anjou avec Henri VI.

Charles profita de cet intervalle pour imiter Charles V et débarrasser la France des bandes qui l'infestaient. Il partit avec 25 000 routiers sous prétexte d'aller soutenir les droits de René d'Anjou sur le duché de Lorraine, et envoya son fils, le dauphin Louis, avec une semblable armée, combattre les Suisses, en guerre avec la maison d'Autriche. Il échoua au siège de Metz, et se contenta d'exiger de l'argent pour lui-même et pour son protégé. Quant au dauphin, il vainquit, au combat de Saint-Jacques, 1600 Suisses, en perdant 8000 hommes. Peu importait la perte, puisqu'il s'agissait « de tirer du mauvais sang à la France. » Mais le dauphin, frappé de la prodigieuse valeur des montagnards suisses, fit avec eux un traité par lequel ils s'engageaient à le servir, quand il voudrait, avec 4000 hommes.

Quand les trêves avec les Anglais eurent expiré, Charles VII s'empressa de reprendre une guerre vive et heureuse contre eux. La Normandie fut reconquise par Dunois et Richemond, qui gagna la bataille de Formigny (1450). La Guyenne le fut également, malgré le penchant des Gascons pour les Anglais,

CHAPITRE XXVII.

La victoire de Castillon, due à l'artillerie, et où Talbot fut tué, rendit pour jamais cette province à la France. Les Anglais ne conservaient plus sur le continent que Calais. C'était la fin de la guerre de Cent ans, de cette guerre qui, en donnant naissance au long antagonisme de la France et de l'Angleterre, dessina plus fortement leurs nationalités; la France surtout sentit mieux son unité; le midi se rapprocha du nord; le peuple, qui ne se laisse remuer que par des événements violents et prolongés, fut initié à la vie nationale et en acquit le sentiment; il vit dans le roi, non-seulement son protecteur, mais le défenseur-né de la France, et l'aima avec une sorte d'adoration. C'est ce qui avait trouvé, en quelque sorte, sa personnification dans Jeanne d'Arc, fille du peuple, sainte et guerrière, libératrice de son pays, avec le culte de la royauté.

CHAPITRE XXVIII.

HISTOIRE INTÉRIEURE DE LA FRANCE ET DE L'ANGLETERRE DURANT LA GUERRE DE CENT ANS.

Progrès du parlement en Angleterre.— État de la constitution anglaise au milieu du quinzième siècle. — France : Progrès de l'autorité royale. Formation d'une féodalité princière par les apanages. — Développement des anciennes institutions et institutions nouvelles.

Progrès du parlement en Angleterre.

Pendant la guerre de Cent ans, la France et l'Angleterre marchaient en sens opposé. La royauté française, faible à l'origine, n'avait pas cessé de grandir, tandis que la royauté anglaise, très-forte sous les premiers rois normands, déclina sous leurs successeurs. La guerre de Cent ans favorisa ce double mouvement; les rois d'Angleterre, pour la faire, furent obligés de demander sans cesse des subsides à leurs parlements, qui tinrent ainsi la couronne dans une certaine dépendance, tandis que la France, bouleversée par la guerre étrangère, fut incapable de développer régulièrement les germes d'institutions libres qu'elle avait vus poindre sous Philippe le Bel, et n'eut pour ainsi dire que des explosions de liberté, d'autant plus éphémères qu'elles étaient plus violentes.

C'est précisément dans la période de la guerre de Cent ans que l'Angleterre arriva par degrés à ce régime parlementaire, qui est la forme organique de la liberté. Sous Édouard III, le plus victorieux des rois anglais, mais que les nécessités d'argent obligèrent à convoquer le parlement chaque année et même plusieurs fois par année, trois principes essentiels du droit constitutionnel furent établis : 1° l'illégalité des impôts levés sans le consentement du parlement ; 2° la nécessité du concours des deux chambres pour changer la loi ; 3° le droit reconnu aux communes de s'enquérir des abus et de mettre en accusation les conseillers du roi. Sous le même règne, le crime de haute trahison fut défini et limité à sept cas très-graves, tandis qu'auparavant le roi appliquait ce nom suivant son bon plaisir ; enfin une résistance soutenue fut opposée à l'accroissement arbitraire des taxes et des fournitures d'hommes, de chevaux et de vivres.

C'est également à partir du règne d'Édouard III que nous commençons à avoir des données un peu précises sur les éléments constitutifs du parlement et sa séparation en deux chambres : la *Chambre haute* ou *des Lords*, qui comprenait les grands barons, siégeant par droit héréditaire, mais en vertu d'une convocation individuelle du roi, qui tenait même quelquefois lieu de ce droit, et les hauts dignitaires du clergé, archevêques et évêques siégeant en vertu d'un titre personnel ; la *Chambre basse* ou *des Communes*, dont les membres, ne siégeant qu'en vertu d'une élection, se subdivisaient en deux classes, les chevaliers ou représentants de la petite noblesse des comtés, nommés par les francs tenanciers ; les bourgeois, élus : 1° par tous les bourgs constitués en vertu d'une charte, soit qu'ils tinssent leurs priviléges de la couronne ou d'un seigneur, comme plusieurs bourgs de Cornouailles, qui avaient reçu les leurs de Richard, roi des Romains ; 2° par toutes les villes qui formaient le domaine ancien ou actuel de la couronne ; 3° par toutes celles qui, sans avoir été érigées en communautés municipales, pouvaient subvenir à l'entretien de leurs représentants. L'ordre de convocation était envoyé au shérif et lui enjoignait de faire élire deux chevaliers pour représenter le comté, deux citoyens pour chaque cité, et deux bourgeois pour chaque bourg. Mais l'organisation du parlement, dans la pratique, ne répondait pas toujours parfaitement à la théorie ; souvent les shérifs omettaient à dessein des bourgs, souvent aussi les bourgs s'efforçaient d'esquiver l'obligation de nommer des députés pour n'avoir pas à leur fournir l'indemnité légale et se condamnaient eux-mêmes à la nullité politique. Les représentants les comtés recevaient de leurs commettants quatre schellings, qui vaudraient aujourd'hui 30 francs; ceux des cités recevaient une indemnité moindre. C'étaient d'abord tous les habitants du bourg qui faisaient l'élection, plus tard ce fut la *corporation* ou conseil municipal qui s'en empara. Quant au nombre des députés des cités et des bourgs, il était en moyenne de 180 sous Édouard III, c'est-à-dire que 90 villes environ en envoyaient; les chevaliers étaient 74, à raison de 2 aussi par comté. Malgré l'infériorité de leur nombre, c'était à eux qu'appartenait la plus grande influence dans la chambre basse, car ils y représentaient l'élément aristocratique.

Sous le règne agité de Richard II, les progrès du parlement continuèrent. Pour la première fois, dans le procès du chancelier Michel de la Pole, il exerça d'une manière notable le droit de poursuivre les officiers publics devant la chambre des lords à raison d'actes que les lois ordinaires ne pouvaient atteindre. Nous ne ferons que rappeler ici la formidable opposition à la tête de laquelle se placèrent alors les oncles du roi, la nomination des onze commissaires, et enfin la déposition juridique de Richard II. Ce premier exemple d'un roi jugé par ses sujets était d'une bien autre portée qu'un meurtre ou un attentat quelconque à la personne royale. Richard II était le précurseur de Charles Ier.

Le règne de Henri IV fut par des raisons contraires très-favorable aux libertés publiques. La maison de Lancastre, arrivée au trône par l'appui des communes, montra un esprit populaire et parlementaire, dont elle fit le principe de son gouvernement. On n'entend alors aucune plainte relative au droit du parlement de légaliser seul les impôts. Sous Henri IV le redressement des griefs devint la condition préalable du vote des subsides, et le droit d'en spécifier l'emploi, déjà introduit, fut exercé sans obstacle. Au reste, le parlement fit preuve d'une grande modération dans la revendication de ses droits. En défendant aux barons de couvrir le pays de leurs livrées, il travaillait avec succès à diminuer les querelles des familles nobles. En interdisant les appels en plein parlement, il supprimait une source de désordres et un vrai danger public.

Sous Henri V, la royauté anglaise redevint conquérante et victorieuse; mais, comme sous Édouard III, elle fut retenue pour l'argent nécessaire aux expéditions sur le continent, dans la dépendance du parlement, qui obtint deux points importants: d'abord qu'aucun acte ne fût valide s'il n'était revêtu du consentement des communes; ensuite, que les changements apportés aux termes de ses pétitions, lorsqu'on en transformait le texte en lois, ne fussent pas de nature à en altérer le sens.

État de la constitution anglaise au milieu du quinzième siècle.

Ainsi s'échafaudaient peu à peu les libertés et leurs garanties, ainsi se construisait le glorieux édifice constitutionnel de l'Angleterre. Au milieu du quinzième siècle, le peuple anglais avait, dans la *Grande Charte*, la proclamation de ses droits, et il en avait la garantie, pour les particuliers, dans le *jury*, pour le public, dans le *parlement*. On peut ramener les garanties nationales au nombre de cinq:

1° Le droit de voter l'impôt, d'en régler la nature, d'en fixer la quotité, d'en surveiller l'emploi, sans que le roi puisse lever aucun impôt non voté.

2° Droit pour le parlement de régler les questions de succession au trône et de régence.

3° Droit de présenter des griefs et d'en exiger le redressement avant de voter les subsides.

4° Nécessité du concours de deux chambres pour changer la loi.

5° Droit pour les communes d'accuser les officiers royaux.

Les deux principales garanties individuelles étaient celles-ci:

1° Nul ne sera arrêté que par ordre du magistrat.

2° Nul ne sera jugé que par ses pairs, douze jurés, jugeant en séance publique dans le comté où le délit aura été commis et prononçant sans appel.

Au-dessus de toutes ces garanties, il faut placer l'esprit national, car les meilleures institutions ne sont rien, si les mœurs publiques ne les soutiennent et ne les défendent. Par suite de l'alliance séculaire des grands et du peuple, l'aristocratie anglaise était animée de l'esprit libéral qu'elle avait pris dans sa lutte contre la royauté, et que depuis elle a généralement gardé. Elle acceptait l'égalité devant la loi, ne se réservant que des priviléges purement honorifiques, et elle ouvrait déjà ses rangs à ceux que leurs talents et leurs services faisaient sortir de l'ombre et de la foule, tandis que les fils puînés des plus grandes maisons se mêlaient à la *gentry*, qui, dans la chambre des communes, coudoyaient les bourgeois des cités. Ceux-ci, de leur côté, n'éprouvaient point contre l'aristocraite, leur vieille et fidèle alliée, de ces colères qui ailleurs entrèrent dans le cœur des roturiers contre la noblesse. Aussi, dit un éminent historien anglais, il n'y eut pas de démocratie plus aristocratique ni d'aristocratie plus démocratique que le peuple et la noblesse d'Angleterre.

Mais la guerre des deux Roses allait éclater, et les libertés anglaises, noyées dans le sang, disparaîtront pour un siècle et demi. Le pays les retrouvera au dix-septième siècle, et ne les perdra plus.

France : Progrès de l'autorité royale. Formation d'une féodalité princière par les apanages.

Contrairement à la royauté anglaise, qui fut seule en présence de la noblesse et du peuple coalisés, la royauté française s'était unie avec le peuple contre la noblesse féodale, leur commune ennemie. Elle avait favorisé le mouvement communal à son origine (p. 339). Plus tard, le tiers état naissant fut élevé par elle aux droits politiques (p. 342). Cette alliance dura autant que la nécessité qui l'avait amenée. Mais la royauté victorieuse oublia ceux qui lui avait porté assistance, et, dès la fin du treizième siècle, tenta de saisir le pouvoir absolu. Ni les États généraux, convoqués sous Philippe le Bel, ni ceux que Philippe VI consulta en 1328 et 1345 sur les monnaies et sur les impôts, n'exercèrent d'influence sur le gouvernement général du royaume. Dans les calamités de la guerre de Cent ans, il en fut autrement. Le grand besoin d'argent obligea de convoquer les États pour leur en demander, et les États, réunis dans des moments où les maîtres de la France la perdaient, s'érigèrent eux-mêmes en maîtres pour la sauver. Mais ils épuisèrent leurs forces en les prodiguant, la lassitude s'ensuivit, et les États de 1359, bien différents de ceux de 1356 et 1357, rétablirent l'autorité royale sur ses anciennes bases. Le roi profita de cette disposition pour se passer des États, instrument quelquefois utile au pouvoir, mais difficile à manier et redoutable. Charles V, étant dauphin, l'avait appris par une chère expérience ; il réunit encore une fois les États pour faire casser le traité désastreux signé à Londres par le roi Jean, puis cessa de les convoquer et ne recourut plus qu'à des assemblées de notables, désigné par ses propres officiers, ou à des assemblées provinciales, plus faciles à l'endroit de l'impôt, comme on en vit en Languedoc, en Normandie, en Auvergne, etc. Sous Charles VI et Charles VII, il en fut à peu près de même. Quoique le dernier ait assemblé plusieurs fois les représentants de tout le pays, il est certain que, depuis l'avénement de Charles V jusqu'aux États de 1448, la royauté maintint sa victoire sur les États généraux, et n'eut rien à redouter d'eux.

Elle avait aussi triomphé de la féodalité. Par l'augmentation du domaine royal, qui n'avait pas cessé de s'accroître même durant la guerre de Cent ans, le roi avait continué de s'élever, comme possesseur de terres, infiniment au-dessus de tous les seigneurs féodaux. La féodalité, il est vrai, ne périssait que pour renaître, sous une forme à certains égards moins dangereuse, et qui à de certains autres l'était davantage. La plupart du temps, en effet, la couronne, au lieu de garder la possession directe des fiefs nouvellement acquis par elle, les donnait comme apanages à quelque prince du sang, fondant ainsi une féodalité nouvelle, qui, émanée de la volonté du chef de l'État et rattachée à lui par des liens de famille, pouvait être considérée comme une représentation de l'autorité du roi dans les provinces, mais aussi y portait parfois une ambition plus haute et toute royale. Il y avait d'ailleurs une importante différence entre les fiefs et les apanages. Ceux-ci ne passaient pas aux filles et revenaient à la couronne à l'extinction des hoirs mâles. Cet usage de conférer des apanages aux *sires des fleurs de lis* avait pris naissance sous saint Louis. Les Valois le conservèrent. Le plus célèbre exemple de cette époque est l'investiture du duché de Bourgogne accordée à Philippe le Hardi, fils du roi Jean, à la mort de Philippe de Rouvres, dernier héritier de la première maison capétienne de Bourgogne.

Développement des anciennes institutions et institutions nouvelles.

Le parlement au centre, les officiers royaux dans les provinces, furent les plus utiles instruments dont les rois se servirent. Les légistes avaient fait la guerre pour la royauté sur tous les points, mais n'étaient pas en mesure de la faire comme il arriva plus tard, à la royauté même ; sous les premiers Valois, le parlement se renferma dans ses fonctions judiciaires. Il acquit, dans leur exercice, une autorité et un ascendant sur l'opinion publique, qui lui donnèrent quelque hardiesse sous Charles V ; il fit en effet, à ce prince, les premières remontrances sur la réforme des abus dans l'administration de la justice, et il en fit deux autres à Charles VI sur des sujets non politiques. En l'absence des États généraux, il semblait que ce corps, respecté déjà pour sa science et ses vertus, fût naturellement désigné pour contrôler le gouvernement. En 1371, la noblesse du Languedoc en appela au parlement d'une taxe imposée par le roi : Charles V annula cet appel.

Une fonction fort simple mais fort nécessaire, l'enregistrement des ordonnances royales, devint de grande valeur. Pour appliquer la loi il fallut bien que les juges la connussent, et comme l'imprimerie n'existait pas, il fallait en prendre et en garder copie ; en un mot, l'*enregistrer*. Mais si la loi d'aujourd'hui différait de celle d'hier, à laquelle obéir ? Le parlement *remontrait* au roi son embarras en lui demandant d'aviser. De là naquirent tout naturellement deux droits fort importants et très-élastiques, qui permirent plus tard au parlement, simple pouvoir judiciaire, d'entrer dans les affaires d'État et de prétendre à devenir un pouvoir politique. En refusant ou en ajournant l'*enregistrement*, il en vint à arrêter ou suspendre la promulgation et les effets des ordonnances royales. Par l'usage des *remontrances*, érigées en droit, il prétendit modifier la loi même. On en vit des exemples dès 1418 et 1443, et l'on en revit depuis beaucoup d'autres. Charles V fit encore une grande concession au parlement, celle qui lui permit de nommer lui-même aux places vacantes dans son sein. Charles VII, au contraire, reprit le droit de disposer de ces places.

L'Université devait à sa science, à sa renommée, à ses 20 000 élèves une autorité considérable et avait plus d'une fois joué un rôle important dans les affaires publiques. Elle soutint les rois dans leurs efforts en faveur de l'indépendance gallicane. Au milieu des troubles civils dont Paris fut le théâtre, elle influa puissamment sur les événements, et, sentant bien qu'elle était, avec le parlement, la tête pensante du pays, elle convia ce corps, quand elle vit le roi fou et les factions furieuses (1412), à s'emparer de concert du gouvernement : audace qu'elle justifia du reste par le mérite remarquable de l'ordonnance cabochienne, son ouvrage. Mais, comme tout le reste, elle finit par plier sous l'autorité des rois.

Un acte considérable de l'administration de Charles VII fut la pragmatique sanction de Bourges (1438). Elle reconnut la supériorité des conciles généraux sur l'autorité du pape, réserva aux églises et aux chapitres de France le droit d'élection aux évêchés et aux grands bénéfices, et retira à la cour de Rome les *réserves*, les *expectatives* et les *annates* qui faisaient sortir beaucoup d'argent du royaume. Cet acte accordait une grande influence sur les élections aux patrons des églises, par conséquent au roi, mais aussi aux autres seigneurs sur les terres desquelles les églises et les abbayes s'élevaient. A raison de cette dernière circonstance, Louis XI abolit plus tard la pragmatique de Bourges, et François Ier établit à sa place le Concordat de 1516, dont celui de 1802 n'est qu'une conséquence.

Une autre mesure porta un coup terrible à la féodalité. Ce fut la création d'une armée permanente qui enleva à la noblesse le monopole militaire qu'elle avait exercé jusque-là. L'emploi déjà ancien de soldats mercenaires avait préparé ce changement. Mais Charles VII voulut que son armée permanente, au lieu d'être un ramas de gens de toutes nations sans patriotisme, fût une armée vraiment nationale. Les États d'Orléans de 1439 rendirent à cet égard une ordonnance qui fut exécutée en 1445; elle établissait 15 compagnies de 100 lances garnies, c'est-à-dire de 100 hommes d'armes, suivis chacun de trois archers, d'un coutillier et d'un page, et tous portant un hoqueton de la livrée de leur capitaine, ce qui fut l'origine de l'uniforme. Une taille annuelle et perpétuelle de 1 200 000 livres fut spécialement affectée à l'entretien des troupes. En 1448, la création des francs archers (francs de taille) compléta cette organisation militaire en préparant notre infanterie nationale. « En chaque paroisse de notre royaume, il y aura un archer qui sera et se tiendra continuellement en habillement suffisant, et armé de salade, dague, épée, avec trousses et jacques ou hugues de brigandine.... Les archers seront tenus de s'exercer aux fêtes et jours non ouvrables.... Nous les ferons payer de quatre francs par chacun mois qu'ils nous serviront. »

Ajoutons enfin à ces efforts, pour établir l'unité politique, une tentative prématurée d'unité de législation; je veux parler de l'ordonnance de Montils-les-Tours (1454), qui enjoignit d'écrire et de mettre d'accord toutes les coutumes du royaume. Ainsi féodalité et communes, noblesse et clergé, États généraux, parlement, Université, tout ce qui, à différentes époques, avait porté ombrage à la royauté et ce qui essayera plus tard de l'arrêter, était sinon détruit, du moins annulé. Une bonne partie des grandes seigneuries avait disparu, le reste tombera avec Louis XI, Charles VIII, François Ier. En outre, le roi avait gardé dans sa main tout le gouvernement du pays, malgré les efforts des États généraux pour en saisir certaines parties, surtout celle des finances, et malgré tant de commissions éphémères chargées de surveiller telle ou telle branche de l'administration. Le grand conseil assistant le roi, pour la politique générale; le parlement pour l'ordre judiciaire; la chambre des comptes, avec la cour des aides, créée après la bataille de Poitiers, pour l'ordre financier : tels étaient les quatre grands corps à qui était demeurée définitivement l'administration du royame, partagée entre eux. Il y avait déjà, dans cette séparation, une certaine analyse gouvernementale qu'il faut reconnaître, mais en ajoutant qu'au-dessous de ce degré suprême, les baillis réunissaient encore les fonctions judiciaires, financières, administratives et militaires. On remarquera que tandis que l'Angleterre s'organisait pour marcher vers le noble but de la liberté politique, la France s'organisait pour arriver à une grande et forte monarchie où le roi s'élèverait seul au-dessus de tous. On aurait donc pu dès ce moment prévoir que le sentiment le plus vif de l'une serait la liberté, celui de l'autre l'égalité.

LIVRE IX.

L'ITALIE, L'ALLEMAGNE ET LES AUTRES ÉTATS EUROPÉENS JUSQU'AU MILIEU DU QUINZIÈME SIÈCLE.

CHAPITRE XXIX.

L'ITALIE, DE 1250 A 1453.

L'Italie après la querelle des investitures; ruine de tout pouvoir central (1250). Manfred et Charles d'Anjou. — Principautés dans la Lombardie; la Romagne et les Marches. — Les républiques : Venise, Florence, Gênes et Pise. — Nouvelle apparition des empereurs allemands en Italie et retour des papes à Rome. — Anarchie; les Condottières. - Éclat des lettres et des arts : Dante, Pétrarque, Boccace.

L'Italie après la querelle des investitures; ruine de tout pouvoir central (1250). Manfred et Charles d'Anjou.

Au milieu du combat gigantesque que se livraient pour les investitures et pour la domination universelle les deux pouvoirs suprêmes de la chrétienté, l'Empire et le saint-siége, l'Italie, théâtre et victime de la lutte, n'avait pu arriver à l'indépendance. Quand la puissance de l'empereur et celle du pape déclinèrent, on eût pu croire qu'elle allait enfin se saisir de ses propres destinées : il n'en fut rien; elle conserva l'habitude des discordes intestines et celle d'immiscer l'étranger dans ses querelles de partis. Pourtant, au milieu des conflits les plus sanglants, par un beau privilége de la liberté politique, elle brilla d'un rare éclat de civilisation, d'arts et de littérature, et devança beaucoup, à cet égard, tous les autres pays de l'Europe.

La mort de Frédéric II (1250) préparait, sans la consommer, la chute de la domination allemande en Italie. Il laissait derrière lui des fils capables de continuer son rôle, Conrad IV en Allemagne, Manfred dans l'Italie méridionale. Il est vrai que Conrad mourut bientôt (1254) et ne fut remplacé que par un enfant, le jeune Conradin. Toutefois Manfred, par ses talents, par son alliance habile avec les podestats, qui devenaient de plus en plus puissants en Lombardie, et surtout avec le fameux Eccelino de Padoue, enfin par le secours formidable de ses Sarrasins de Lucera, était un ennemi redoutable. Innocent IV, que l'Italie presque tout entière avait accueilli triomphalement à son retour du concile de Lyon, n'eut pas le temps de l'abattre.

Alexandre IV, son successeur (1256), attaqua avec vigueur les ennemis du saint-siége. Il fut favorisé dans le nord par les cruautés mêmes d'Eccelino qui provoquèrent une ligue générale : vaincu à Cassano, Eccelino se donna lui-même la mort en déchirant ses blessures. Mais, dans le midi, les tentatives d'Alexandre IV échouèrent : Manfred se fit couronner roi de Sicile (1258). A Rome même, le sénateur Brancaleone, à qui le peuple avait confié pour trois ans un pouvoir dictatorial, traitait le pape avec la dernière rudesse et allait jusqu'à le chasser de la ville.

Ainsi Innocent IV avait triomphé de Frédéric II, mais non de Manfred, et son successeur n'avait pas été plus heureux. Urbain IV se décida à employer le grand moyen, le recours à l'étranger. Il offrit la couronne de Naples à saint Louis qui la refusa, puis au duc d'Anjou, son frère, qui s'empressa de l'accepter. Celui-ci reçut en fief du saint-siége, pour lui et ses descendants directs, à la condition de l'hommage et d'un tribut annuel de 8000 onces d'or, le royaume en deçà et au delà du Phare, à l'exception de Bénévent et de son territoire cédés au pape. Il s'engageait à entretenir 300 cavaliers pour le service de l'Église, à ne jamais réunir à ce royaume la couronne impériale, la Lombardie ou la Toscane, et à conserver toutes les immunités du clergé ; il consentait à sa déchéance s'il n'observait point chacune de ces conditions (1263). Clément IV, qui avait succédé à Urbain IV, donna à son expédition la couleur d'une croisade, en excommuniant Manfred, et attira ainsi sous les drapeaux de l'Angevin un assez grand nombre d'Italiens de la Lombardie. Le fils de Frédéric II et le frère de saint Louis se rencontrèrent dans la plaine de Grandella, près de Bénévent (1266). Les Allemands et les Sarrasins eurent d'abord le dessus ; mais Charles d'Anjou, combattant des excommuniés et des infidèles, donna l'ordre, considéré alors comme déloyal, de frapper aux chevaux, et la fortune tourna. Les Apuliens, en secrète intelligence avec l'envahisseur, prirent la fuite. Manfred, à cette vue, désespéra. Il portait sur son casque un aigle d'argent, qui tomba : « C'est le signe de Dieu, » s'écria-t-il, et, se précipitant au milieu des ennemis, il y trouva la mort. Le légat du pape fit jeter son cadavre dans le Garigliano.

Après Manfred, il fallait encore vaincre Conradin, qui arrivait d'Allemagne avec une armée. Les Italiens éprouvant déjà une répulsion vive pour le sombre Charles, accueillirent avec amour ce dernier rejeton de la maison de Souabe, Corradino, comme ils l'appelaient. Qu'allait-il faire cet enfant, échappé des bras de sa mère, en face de cet homme de fer qui venait de triompher de Manfred ? « C'est, disait le pape, un agneau qu'on envoie à la boucherie. » Il fut vaincu à Tagliacozzo par une ruse, et fait prisonnier avec son ami Frédéric d'Autriche, presque aussi jeune que lui. On les cita devant une cour de justice, composée de barons provençaux et de jurisconsultes, et présidée par le vainqueur lui-même : tribunal dérisoire qui les accusa de révolte contre le roi de Sicile ! Ils jouaient aux échecs dans leur prison quand on leur annonça qu'ils allaient mourir : « Quelle affreuse nouvelle pour ma pauvre mère ! » s'écria Conradin, et la partie continua. L'héroïque enfant monta le lendemain sur un échafaud dressé en vue de cette baie de Naples, où il avait espéré de régner comme ses pères. Après avoir protesté à haute voix et jeté, disait une légende postérieure, son gant à la foule, comme pour appeler un vengeur, il embrassa Frédéric et porta le premier sa tête sur le billot, ce qu'il avait sollicité comme une grâce afin de ne pas voir mourir son ami. Quand sa tête tomba, Frédéric poussa un rugissement terrible, la ramassa pour la baiser et à son tour livra la sienne. Le peuple prétendit avoir vu l'aigle de la maison de Souabe qui planait au-dessus de l'échafaud, descendre quand la tête tomba pour teindre son aile dans le sang des empereurs, puis remonter et se perdre dans les cieux (1268).

Charles d'Anjou assura sa victoire par des exécutions : une foule de barons napolitains et siciliens furent décapités; les chefs des Sarrasins de Lucera eurent le même sort. A Rome, cent trente barons accusés de félonie, furent enfermés et brûlés dans une cabane de bois. Charles se fit nommer *vicaire impérial, pacificateur*, et à divers titres, domina dans toute l'Italie péninsulaire. C'était un des plus puissants souverains. Ses alliances de famille étendaient au loin son influence, et, enivré de cette fortune rapide, il en rêvait une plus vaste encore. L'empire latin venait de succomber, un Paléologue de remonter sur le trône d'Orient : or, de Brindes à Constantinople la route n'était pas longue. Restaurer à son profit l'empire de Constantinople, avec l'Italie pour annexe, sous le spécieux prétexte de faire cesser le schisme, ce qui lui eût assuré l'appui de l'Église et les ressources des croisades, telle était la chimère caressée par Charles d'Anjou.

L'exécution de ces projets fut quelque temps suspendue par diverses circonstances : la croisade de saint Louis à Tunis (1270), les deux règnes de Grégoire X et de Nicolas III. Ces deux papes sentirent que la nouvelle puissance élevée par le saint-siége devenait exorbitante et dangereuse. Le premier fit cesser en Allemagne le grand interrègne et nommer empereur Rodolphe de Habsbourg, afin de mettre dans le nord un contre-poids à la prépondérance de Charles d'Anjou dans le midi. De même, il ôta à l'expédition projetée par l'ambitieux Angevin son principal prétexte, en obtenant par des voies pacifiques la réconciliation temporaire des Églises d'Orient et d'Occident. Nicolas III ne fut occupé, suivant la même politiquo, que d'opposer l'empereur au roi de Sicile, de fortifier entre les deux la papauté, de réconcilier dans toute la péninsule les guelfes et les gibelins, afin d'ôter aux étrangers toute prise sur les affaires d'Italie : il favorisa même les gibelins, parce que Charles d'Anjou, chef des guelfes, était alors plus dangereux que l'empereur. Mais son règne fut court, et son successeur, Martin IV (1280), fut tout dévoué à Charles qui l'avait fait élire. Alors celui-ci se disposa à partir pour Constantinople avec une armée régulière de 15 000 hommes.

A ce moment éclatèrent les *vêpres siciliennes*, explosion d'un mécontentement qui couvait depuis longtemps dans les âmes des vaincus. Depuis plusieurs années un médecin sicilien, Jean de Procida, déguisé en Franciscain, parcourait l'Espagne, l'Italie, la Sicile, la Grèce. Il avait entraîné dans une ligue le roi d'Aragon, Pierre III, le pape, l'empereur Paléologue ; et déjà Pierre III croisait avec une flotte dans les eaux du royaume de Naples, lorsque le lundi de Pâques (1282), pendant les fêtes de cette solennité, quelques insolences des Français les firent assaillir par la population de Palerme ; le cri de *mort aux Français !* gagna bientôt la ville entière et toute la Sicile. Presque partout ils furent massacrés. Charles d'Anjou, altéré de vengeance, envoya une flotte contre Messine, que les femmes mêmes défendirent héroïquement, et cette flotte, surprise à son retour par l'amiral Roger de Loria, fut livrée aux flammes. Du rivage, Charles la voyait flamber en pleine mer, et, de colère, rongeait son sceptre. Bientôt après, son fils, Charles le Boiteux, est vaincu dans une nouvelle bataille navale et fait prisonnier, tandis que le roi de France, Philippe III, est repoussé de l'Aragon ; et lui-même meurt, déçu dans sa dévorante ambition (1285). Le traité de 1288 assura à Charles le Boiteux l'Italie méridionale, et la Sicile à Jacques, fils de Pierre III, séparation qui a duré longtemps, qui ne subsiste plus dans les faits, mais qui existe toujours sinon dans les sentiments du moins dans le caractère bien différent des deux peuples de Naples et de Sicile. L'acquisition de la Sicile par la maison d'Aragon ouvrit l'Italie à la domination espagnole, autre mal pour ce pays.

CHAPITRE XXIX.

Principautés dans la Lombardie, la Romagne et les Marches.

La maison d'Anjou attirant dans le midi de l'Italie le grand mouvement des affaires politiques, et, d'autre part, les empereurs demeurant en Allemagne, l'Italie septentrionale s'appartint davantage dans cette période et fixa sa constitution ou plutôt ses diverses constitutions. Comme la multitude des petits États dont elle se composait rend son histoire singulièrement compliquée, il faut remarquer ce caractère général que les principautés, les *tyrannies* (dans le sens grec du mot), sont le régime qui prévaut dans la Lombardie et dont Milan nous offre le type, tandis que la démocratie, les républiques libres sont le régime qui prévaut en Toscane et dont nous trouvons le type à Florence. La Romagne se partageait à peu près entre les deux systèmes. En dehors de ces deux catégories, on remarque encore une autre forme, celle des républiques aristocratiques, comme à Venise.

Autrefois, la domination macédonienne en se retirant de la Grèce avait laissé derrière elle, comme un limon impur, des tyrans. La même chose arriva quand se retira d'Italie la domination allemande. Les podestats qu'elle avait placés dans les villes, les chefs d'aventure dont ces guerres avaient fait la fortune, les citoyens mêmes qui avaient conduit les cités à la victoire contre les Allemands, avaient saisi ou gardé le pouvoir. « L'Italie, s'écrie Dante, est pleine de tyrans et tout manant qui intrigue est pris pour un héros. » A Milan on vit s'élever les della Torre, podestats guelfes de la ville (1256), et successivement seigneurs de Lodi, de Novare, de Côme, de Verceil et de Bergame jusqu'en 1277 où, devenus de chefs populaires tyrans odieux, ils furent renversés par l'archevêque gibelin de Milan, Othon Visconti, dont le neveu Mattéo le Grand fut proclamé seigneur perpétuel de Milan (1295), et vicaire impérial en Italie. Sa maison régna de la Sesia à l'Oglio, et souvent plus loin, jusqu'en 1447.

A droite de ce qui allait être le duché de Milan, Cane le Grand, podestat gibelin de Vérone (1312), conquit Padoue et

Trévise et éleva pour la maison della Scalla une domination qui s'étendit du Mincio jusqu'aux lagunes de Venise. Il mourut en 1329. Sa race finit misérablement à la fin du siècle.

A gauche du Milanais la maison de Savoie qui occupait les deux revers des Alpes (Savoie et Piémont) se tenait à l'écart des révolutions de l'Italie, enveloppant dans ses domaines le marquisat de Saluces et bordant celui de Montferrat, qui en 1305, passa par mariage dans la maison grecque de Paléologue. L'avant-dernier marquis de Monferrat, Guillaume VI, vrai condottière, avait été enfermé dix-sept mois par les habitants de Verceil dans une cage de fer et y était mort.

Les Gonzague s'emparèrent en 1328 de Mantoue où ils ont régné jusqu'en 1708 ; la maison d'Est dominait à Ferrare, à Modène et Reggio.

Au sud de l'Apennin un rival de Cane le Grand et de Matteo, Castruccio-Castracani, fonda de 1314 à 1328 le duché de Lucques, mais sans fonder une dynastie.

Dans la Romagne et les Marches on trouvait les Polentani à Ravenne, les Malatesta à Rimini, les Montefeltri à Urbin; dans la campagne de Rome les Orsini vers Tibur et les Colonna vers Préneste. A Rome un légat représentait, sans pouvoir l'exercer, l'autorité du pape d'Avignon.

Les républiques : Venise, Florence, Gênes et Pise.

Nombre de villes se débattaient pour rester libres entre toutes ces principautés, quelques-unes y réussissaient. Quatre au quatorzième siècle étaient arrivées à une grande puissance, Venise, Gênes, Pise et Florence.

C'est en 1297 que Venise arrêta sa constitution aristocratique, en restreignant l'éligibilité pour le grand conseil aux familles nobles des conseillers alors en exercice; mesure que compléteront un peu plus tard l'inscription au *Livre d'or* et l'établissement du conseil des *Dix*. A cette époque, elle ne possédait rien encore sur la terre ferme d'Italie, mais elle avait outre la Dalmatie, Négrepont, Candie, beaucoup d'îles de l'Archipel, et elle dominait sur l'Adriatique. Depuis la chute de l'empire latin à Constantinople (1261), Gênes lui disputait la suprématie dans l'Orient.

Florence avait fait quelques années auparavant une révolution toute contraire. Sa population bourgeoise avait été partagée en deux classes, les *arts majeurs*, comprenant les états plus relevés, juges, notaires, banquiers, médecins, merciers, fourreurs, drapiers; les *arts mineurs*, teinturiers, cardeurs, laveurs, forgerons, tailleurs de pierre. C'était la grosse et la petite bourgeoisie, le peuple noble et le peuple artisan, le peuple gras et le peuple maigre (*populus crassus, populus minutus, macer*). En 1282, l'égalité politique fut établie à peu près entre ces deux peuples de la même cité par la mesure qui constitua les *prieurs des arts*, c'est-à-dire les premiers de chaque profession, en un conseil exécutif ou *seigneurie*, renouvelé tous les deux mois et dépositaire de la toute-puissance. L'inégalité fut, au contraire, décrétée contre la vraie noblesse, qui avait souvent, par ses querelles de famille, bouleversé et ensanglanté la cité: les seigneurs furent déclarés inadmissibles aux fonctions publiques, à moins de se *désennoblir* en se faisant inscrire sur les registres de quelque corps de métier. Quelque temps après, Giano della Bella rendit plus dur encore cette proscription de la noblesse et compléta l'organisation de Florence en divisant tous les citoyens de la ville en vingt compagnies, ayant chacune à sa tête un *gonfalonier*, et réunies toutes sous le commandement d'un gonfalonier suprême. Cette curieuse organisation de Florence passa, sans beaucoup de changements, dans la plupart des villes de Toscane, Lucques, Pistoie, Pise, Arezzo, même à Gênes.

Cette similitude d'organisation politique n'était pas une cause de bonne intelligence entre deux cités rivales. Gênes, qui disputait à Venise la suprématie dans l'Orient et à Pise la Corse et la Sardaigne, détruisit la force militaire des Pisans dans la grande bataille navale de la Meloria (1348), comme elle faillit détruire un siècle plus tard celle des Vénitiens à Chiozza. Aussitôt toute la Toscane se jeta sur la cité vaincue: Florence, Lucques, Sienne, Pistoie, Volterra, s'en arrachèrent les dépouilles. Pise résista quelque temps en confiant le pouvoir au trop fameux Ugolin, cet homme affreux qui trouva une mort épouvantable. Lorsqu'il eut péri avec ses quatre enfants dans la tour de la Faim, Pise abattue ne conserva la vie qu'en renonçant à toute sa puissance.

Florence domina alors en Toscane, mais elle ne jouit pas en paix de son triomphe, et tourna ses armes contre son propre sein. Divisée en gibelins et en guelfes, ces noms qui n'avaient plus d'autre objet que de désigner les haines des partis, elle emprunte encore à Pistoie les dénominations de *blancs* et de *noirs*, comme pour enrichir le vocabulaire de la discorde.

Nouvelle apparition des empereurs allemands en Italie et retour des papes à Rome.

Il n'y a pas d'époque où l'esprit de parti ait été plus extrême, où l'homme ait moins hésité dans l'action, soit pour le bien, soit pour le mal, où l'âme humaine ait vibré avec plus de force et porté plus loin l'énergie des sentiments nobles et des sentiments féroces. L'atrocité et la variété des supplices étonnent quand on lit l'histoire de l'Italie d'alors. N'est-ce point là l'enfer même que Dante (1265-1321) a voulu peindre dans sa *Divine comédie?* Il avait bien plus à regarder qu'à imaginer. Lui-même, persécuté, banni de Florence, sa patrie, comme gibelin, promenant sur les chemins de l'exil son maigre et sombre visage, il se présenta à la porte d'un monastère : « Que cherchez-vous? lui demanda un frère, presque éffrayé de son aspect et de son silence. — Je cherche la paix. »

Il la cherchait, non pour lui seul, mais pour l'Italie. A qui la demander après ces tentatives avortées, après tant de puissances écroulées sur ce sol aussi instable que les flancs de son Vésuve? Il se tourna, et avec lui bien d'autres, vers l'empereur, ce pouvoir autrefois maudit des Italiens: Henri VII, appelé par les Visconti et les gibelins, fit reparaître au sud des Alpes la personne, mais non l'autorité impériale (1310). Il s'occupa de rétablir l'autorité renversée de Mattéo dans le Milanais et de rançonner les villes. Excommunié par Clément V, arrêté par les armes du roi de Naples et des guelfes, il allait repasser les Alpes, en laissant derrière lui autant d'anarchie qu'il en avait trouvé, quand il mourut soit de la mal'aria, soit empoisonné dans une hostie qu'un dominicain lui aurait donnée (1313).

Dante meurt lui-même sans avoir vu la paix (1321). Un autre empereur arrive, c'est Louis de Bavière, le successeur de Henri VII, et comme lui excommunié. Il descendit des Alpes en 1327 pour aller chercher aussi à Rome cette inutile couronne d'empereur ; il parut plus misérablement encore en Italie et en sortit presque seul.

La venue du chevaleresque Jean de Luxembourg, roi de Bohême et vicaire impérial en Italie (1330), fit un moment espérer aux Italiens qu'ils allaient trouver le pacificateur de leur contrée, le podestat de leurs désirs : il en fut de ce royal chevalier comme de tous les autres ; au bout de quelques mois il était détesté. Singulier spectacle que celui de cette Italie courant avec un naïf enthousiasme au-devant de tous les étrangers qui franchissent son seuil, et se dégoûtant aussi vite qu'elle s'est engouée ! Ne le lui reprochons pas. Elle aussi, comme Dante, cherchait la paix; elle la demandait à tous, et tous ne répondaient à sa confiance que par d'égoïstes et ambitieux desseins.

D'illusions en illusions, elle arriva à la plus extraordinaire de ce siècle, celle dont Nicolas Gabrini, ou Cola di Rienzo[1], fut l'auteur et l'objet. Ce Romain, fils d'un cabaretier, élève de Pétrarque, connaisseur habile de l'antiquité, imagina de réveiller dans le peuple de Rome des souvenirs qui ne s'étaient jamais éteints complétement, et que ravivait alors la renaissance des études classiques. Sur les marches du Capitole, en présence de quelques monuments des vieux âges, il parlait au peuple romain de la gloire de ses pères attestée par ces édifices mêmes; il évoquait les temps passés et la vieille Rome, républicaine et maîtresse du monde. Tite Live à la main, il voulait faire une Rome nouvelle à l'image de l'ancienne, et établir ce qu'il appelait le *bon état*. Le 19 mai 1347, il monta en armes au Capitole où le peuple était convoqué, et fut proclamé tribun pour l'établissement du *buono stato*. Aussitôt il

[1]. C'est la véritable orthographe donnée par l'auteur contemporain de la *Vita di Cola di Rienzo*.

institua une prompte et bonne justice par l'organisation de milices urbaines et d'une force navale sur les côtes ; il fit rentrer dans l'obéissance les nobles insoumis et pendre les brigands ; il établit des greniers publics dans la ville et de nombreuses aumônes pour les pauvres, les veuves, les orphelins de ceux qui mourraient pour la patrie. Les républiques de Toscane et de Romagne applaudirent avec transport ; plusieurs princes de Lombardie firent bon accueil aux députés du tribun. Pétrarque l'appela « le chevalier qui honorait l'Italie entière. » Il y eut un beau moment d'enthousiasme. La « sainte république romaine » proclamait libres toutes les villes d'Italie. Rienzo fut enivré de cette gloire et mêla un mysticisme chrétien à cette évocation de l'antiquité païenne. Un jour, vêtu des anciens ornements impériaux et consacré en même temps chevalier de la croix chrétienne, il s'écria, montrant les quatre points cardinaux : « Ceci est à moi, et encore ceci. »

Ce n'était là qu'un rêve. Bientôt les prosaïques difficultés du gouvernement ébranlèrent l'autorité du tribun-poëte. Le peuple se lassa et l'abandonna quand le légat du pape l'eut déclaré traître et hérétique. L'Italie se réveilla de son glorieux songe avec la peste, cette terrible peste de 1348, qui sur cinq habitants en emportait trois, et qui fit tomber si bas le moral public, comme l'atteste le *Décaméron* de Boccace. Rienzo, qu'on avait épargné et qui s'était éloigné, fut rappelé à Rome par le cardinal légat, Albornoz, afin d'user de son autorité pour ramener le peuple à l'obéissance envers le pontife d'Avignon. Mais ce peuple ne voulut plus reconnaître son favori de 1347 dans l'agent du pape, et Rienzo périt par les mêmes mains qui l'avaient applaudi tant de fois. Ce fut le commencement de la restauration de l'autorité pontificale dans Rome, jusqu'en 1378, que le pape Urbain VI vint y replacer son siège et faire cesser la captivité de Babylone, en donnant naissance au schisme d'Occident.

Pétrarque mourait, comme Dante, déçu et désillusionné.

« Liberté, s'écria-t-il, bien précieux et désiré, qu'on n'apprécie que lorsqu'on l'a perdu ! »

La papauté rentrée à Rome en 1378 n'était plus la grande

papauté d'autrefois. Sans puissance temporelle et avec peu d'influence morale dans la Péninsule par suite de son long exil, elle ne pouvait plus rien pour l'Italie. Un libre champ s'ouvrait aux discordes des républiques du nord. Cette même année 1378 vit Florence ébranlée par un grand mouvement populaire, Venise et Gênes aux prises dans une lutte qui les épuisa toutes deux.

Anarchie; les Condottières.

Les Albizzi et le parti guelfe étaient au pouvoir de Florence; les guelfes se rangèrent autour de Silvestro de Medici, riche plébéien, et, s'appuyant sur les *arts mineurs*, jaloux des *arts majeurs*, et sur les *ciompi* (compères), ou métiers inférieurs non organisés en corporations régulières, ils provoquèrent une révolution qui ne tarda pas à dépasser leurs intentions. Les arts mineurs et les Ciompi demandèrent à être admis au gouvernement sur le même pied que les arts majeurs. Medici voulait bien soutenir les prétentions des arts mineurs auxquels il appartenait, mais non celles des Ciompi qui, mécontents de sa partialité, se répandirent dans la ville et brûlèrent les maisons des Albizzi. Ils mirent à leur tête un cardeur de laine, Michel Lando, qui s'empara de la seigneurie et composa un gouvernement de neuf membres, trois des arts majeurs, trois des arts mineurs, trois du petit peuple. Les Ciompi ne trouvèrent pas que ce fût assez; ils réclamèrent encore certaines mesures financières, favorables aux débiteurs plébéiens. Lando ne crut pouvoir les satisfaire, et réprima leurs exigences avec autant d'énergie qu'il en avait montré contre les nobles. Cette position équivoque le discrédita. Les trois prieurs des Ciompi furent chassés du pouvoir, et l'on forma un gouvernement de neuf membres, dont cinq des arts mineurs.

Tandis que Florence était en proie à cette agitation stérile, la rivalité des deux grandes puissances maritimes et commerciales de l'Italie éclatait par la guerre dite de Chiozza. L'amiral vénitien Victor Pisani attaqua et vainquit une flotte génoise (1370). L'année suivante, l'amiral génois Lucien Doria pénétra dans l'Adriatique et vengea ce revers par une victoire qui obligea les Vénitiens à se réfugier dans leurs lagunes. Pour les y enfermer, Doria s'établit à leurs portes, à Chiozza, déclarant qu'il ne se retirerait pas avant d'avoir mis un frein aux chevaux de bronze de Saint-Marc. Venise semblait perdue, et la seigneurie voulait transporter à Candie le siége du gouvernement. Le peuple s'y opposa, tira Pisani de la prison où il avait été jeté en punition de sa défaite, et les Génois, assiégés à leur tour dans Chiozza, furent obligés de se rendre à discrétion. Le seul résultat de cette guerre fut l'affaiblissement des deux républiques ; Venise s'en releva, mais non pas Gênes, restée en proie aux discordes des Adorni et des Fregosi, qui remplacèrent celles des Doria et des Fieschi.

Au moins, les républiques du Nord offraient dans leurs discordes de beaux sentiments et des traits héroïques. La monarchie du sud de l'Italie ne présentait, après le sage règne de Robert Ier, que des intrigues et des crimes sans grandeur. Ce Robert (1309-1343), petit-fils de Charles d'Anjou, était un ami des arts et de la paix. Le pontife d'Avignon, Clément V, le nomma vicaire de l'empire en Italie ; il ne fit rien de ce titre. Le roi d'Aragon lui abandonna la Sicile, que gouvernait son frère Frédéric, et le pape ordonna au prince aragonais de livrer l'île au roi de Naples. Robert la laissa à Frédéric, et pour faire avec lui une bonne paix, lui donna sa sœur en mariage. Il fut l'ami de Pétrarque et aurait voulu fixer à Naples le poëte nomade. Son neveu Charobert devint, du chef de sa mère, roi de Hongrie, et fonda aux bords du Danube cette courte dynastie angevine qui éleva un moment si haut le pays des Magyares. Tout change avec sa petite-fille Jeanne Ire qui lui succède ; elle épouse son cousin André de Hongrie, et au bout de deux ans le fait assassiner. Après une vie de débauches et de crimes, après aussi beaucoup de vicissitudes, elle adopta comme son héritier son cousin Charles de Duras, fils du roi de Hongrie, puis, quelque temps après, Louis de la seconde maison d'Anjou, ce frère du roi de France Charles V, que nous connaissons déjà. Charles de Duras défendit son droit par les armes ; il se rendit maître de Naples et de Jeanne, qu'à l'approche de son rival, il fit étouffer sous des matelas (1382). Il exerça pendant quelque temps une grande influence en Italie, et renversa dans Florence le gouvernement populaire, pour y rétablir la prépondérance de l'aristocratie. Mais, quand il eut péri en Hongrie (1386), le royaume de Naples tomba pour longtemps dans une profonde anarchie, sous le gouvernement de Ladislas (1386-1414), et de la seconde Jeanne, aussi coupable et dissolue que la première (1414-1435). Elle appela aussi deux successeurs à son héritage, Alphonse V d'Aragon et Louis, duc d'Anjou, puis René, son frère. Ce double choix est l'origine de la longue lutte des partis français et aragonais dans le royaume de Naples et des guerres d'Italie qui éclatèrent au commencement des temps modernes.

Cette décadence du royaume de Naples marquait l'affaissement de la dernière grande puissance en Italie, de celle qui, après l'empereur et le pape, aurait pu exercer une sérieuse influence sur la péninsule. A ce moment il s'en élevait une autre dans le nord. Jean Galéas Visconti, arrière petit-fils de Mattéo le Grand devint seul maître de Milan en 1385 et rêva de fonder un royaume d'Italie. D'abord ennemi de Venise, puis son allié, il s'empara de Padoue, de Trévise, soumit la plus grande partie de la Lombardie et de là s'efforça de pénétrer dans la Romagne. Florence ayant arrêté ses progrès, en lui opposant des condottieri fameux, le comte d'Armagnac et l'Anglais Jean Hawkwood, il n'en continua pas moins, par ses intrigues, de glisser partout son influence, et, en 1396, il acheta de l'empereur Wenceslas une charte d'investiture qui lui conférait les titres de duc de Milan et de comte de Pavie, il tenait alors dans sa dépendance vingt-six villes de la Lombardie et leur territoire. Lorsque la peste l'eut emporté en 1402, la puissance milanaise tomba presque en dissolution. Venise et Florence reprirent l'avantage; mais elles en usèrent avec peu de générosité : Venise en soumettant à sa tyrannie Padoue, Vérone et Vicence ; Florence en détruisant Pise de fond en comble.

Au surplus, la puissance appartenait alors à des aventuriers mercenaires qui erraient par l'Italie en se louant au plus offrant, les *condottières*, nouveau fléau tombé sur la Péninsule. Il y en avait deux fameux qui la parcouraient en tous sens, s'en disputaient toutes les provinces et Rome elle-même; c'était Braccio de Montone et Sforza Attendolo, ce paysan devenu soldat, dont la famille était réservée à un si grand éclat. Ces condottières, qui ne combattaient que pour se faire payer, se connaissaient et se ménageaient d'une armée à l'autre. A la bataille d'Anghiari, une des plus importantes de cette époque, il n'y eut qu'un homme tué après un engagement de dix heures. Manière très-humaine sans doute de faire la guerre, mais très-funeste au caractère national.

Philippe-Marie, fils de Jean-Galéas, releva la puissance milanaise, grâce au talent de Carmagnola, qui passa ensuite aux Vénitiens et trouva chez eux une fin tragique. Le plus fameux et le plus heureux des condottières fut François Sforza qui, devenu capitaine et gendre de Philippe-Marie, s'empara à la mort de ce prince de ses États, triompha de la longue résistance de Milan, et vint y prendre la couronne ducale, le sceptre et l'épée.

Venise protesta en vain contre cette restauration de la puissance milanaise sous un prince redoutable, et s'allia contre elle avec Alphonse V, roi d'Aragon et de Sicile et héritier de Naples. A Florence s'opérait une révolution semblable : Cosme de Medici y était occupé à établir son autorité et favorisait le régime des principautés qu'il voulait introduire dans sa cité. La liberté expirait alors partout, et la tentative de Porcaro à Rome (1453) ne fut qu'un faible et dernier écho des entreprises hardies d'Arnaldo de Brescia et de Rienzo. L'Italie républicaine avait vaincu l'Allemagne, mais n'avait pas su se vaincre elle-même, parce que la liberté n'avait pu se régler. L'Italie princière va s'ouvrir aux influences du dehors, appeler sans cesse l'étranger au milieu d'elle, et commencer par là une ère nouvelle de calamités.

Éclat des lettres et des arts : Dante, Pétrarque, Boccace.

Si, dans la période qu'on vient de parcourir, l'Italie fut bien agitée, si elle manqua ce but du bonheur auquel tendent en général les actions des hommes, elle en fut dédommagée par l'éclat et la gloire dont elle fut alors parée; et cela même, n'est-ce pas une grande part du bonheur? Sa langue, déjà à moitié formée à la cour de l'empereur Frédéric II, devint, sous la plume du grand Florentin Dante Alighieri (1265 et 1321), la première langue moderne qui fut dès lors achevée; énergique et sonore, même quand elle était gracieuse, elle donna au poëte le moyen d'écrire cet immortel poëme de la *Divine comédie* (*l'Enfer*, *le Purgatoire et le Paradis*), où tout le moyen

L'église Saint-Marc.

âge se trouve, depuis l'extatique contemplation de la beauté de Béatrix, transportée dans les cieux, jusqu'aux tortures et aux cris des damnés; depuis les splendeurs sereines du paradis jusqu'aux plus ardentes fournaises de l'enfer, en un mot toute la conception religieuse et théologique de son époque. Elle fut moins âpre, plus tendre et plus parfaite, sous la main de Pétrarque d'Arezzo (1304-1374), l'auteur de ces sonnets et de ces canzones où vit à jamais son constant et invincible amour pour Laure, même absente, même morte, et son amour non moins fidèle pour sa patrie malheureuse, pour l'Italie dont il a déploré le sort en vers admirables. Après Dante, pour qui l'on nomma des professeurs chargés d'interpréter son ouvrage ; après Pétrarque, qui monta au Capitole au milieu de la oule, couronné de lauriers et suivi par les applaudissements de tout un peuple, vient dans les lettres la décadence des objets, des sentiments et des conceptions avec un autre Florentin, Boccace, né à Paris en 1313, et mort à Florence en 1375. Le *Décaméron* a fait de Boccace le premier des prosateurs mais non des moralistes de son pays. Puis, la grande littérature se tait et sommeille pour ne se réveiller qu'à la

Le Baptistère, le Dôme, la Tour penchée.

seconde renaissance italienne avec le Tasse. L'érudition en prit la place. Pétrarque lui-même était très-versé dans l'antiquité ; Jean de Ravenne, Chrysoloras, Bracciolini, Léonardo Bruni ou l'Arétin furent les érudits fameux de ce temps ; ils commencèrent cette ardente recherche des manuscrits anciens par qui les lettres furent remises dans la voie du beau et du vrai. Barthole avait professé le droit romain avec éclat à Pise et à Pérouse (mort en 1356), et Villani au spectacle du grand jubilé de 1300 avait conçu l'idée qu'il exécuta, d'écrire l'histoire « pour la gloire de Florence, sa patrie, qui s'élève, tandis que Rome est sur son déclin. »

Les arts avaient fourni une carrière qui faisait déjà entrevoir les splendeurs du siècle de Léon X. Venise et Pise s'y distinguèrent les premières. Dès 1071, l'église toute byzantine de Saint-Marc s'élevait au fond de l'Adriatique. En 1063, commençait à s'édifier, au bord de l'Arno, le fameux dôme de Pise; en 1152, son admirable baptistère, où la coupole byzantine s'associe à l'arcade romaine, à la colonne grecque et aux broderies gothiques; en 1174, la tour penchée; et en 1278, la galerie du *Campo Santo*, ce cimetière de terre sainte, destiné

Le Campo-Santo.

aux grands hommes de Pise. Florence, un peu plus tardive, vit, à la fin du treizième siècle, bâtir les églises de Saint-François d'Assise, de *Santa Croce*, de *Santa Maria del Fiore*, où Arnolfo di Lapò maria l'ogive et la rosace à l'ordre toscan; puis vint Brunelleschi, dont le dôme placé sur cette dernière église faisait l'admiration de Michel-Ange. Jean-Galéas avait commencé en 1346 la cathédrale de Milan, montagne de marbre qui porte tout un monde de statues et qui est à peine achevée aujourd'hui. A côté de l'architecture, déjà la peinture s'affranchissait, avec Cimabue, Giotto et Massaccio, de ses premières entraves.

Dans le commerce et l'industrie se montrait la même activité que dans la littérature et les arts. Aussi l'or affluait dans ces mille cités laborieuses et payait tous les travaux. Amalfi, la première avait été visiter l'Orient avec ses vaisseaux. Pise l'avait supplantée et, après la bataille de la Meloria, avait elle-même cédé l'empire des mers à Venise et à Gênes. La première, maîtresse de l'Adriatique, d'une partie des îles, des

Cathédrale de Milan.

côtes de la Grèce, de Candie, et de presque tout le commerce de l'extrême Orient par Alexandrie; la seconde, qui exploitait les côtes de l'Espagne et de la France, avait à Constantinople, le faubourg de Péra, et au fond de la mer Noire la florissante colonie de Caffa qui prenait le nom de reine de la Crimée.

Dans l'intérieur des terres, l'industrie florissait à Milan, qui possédait 200 000 habitants et de nombreuses fabriques d'armures, de harnais, de selles, de draps fins; à Vérone, qui fabriquait par an 20 000 pièces de drap; à Florence, qui comptait 80 000 habitants dans son enceinte et autant hors de ses murs, 30 000 ouvriers en laine, et des métiers qui tissaient 80 000 pièces de drap chaque année.

Une irrigation savante qui a fait de la Lombardie un immense jardin, ajoutait à la fertilité naturelle du sol, d'où les Lombards, les Toscans et les Romagnols savaient faire sortir une masse énorme de produits. L'argent circulait comme les denrées, grâce aux *monti* ou banques d'État établis à Venise depuis 1156, et plus tard sur des bases plus larges à Gênes et à Florence. Lombards, Florentins, Génois, Lucquois étaient non-seulement les grands commerçants, mais aussi les grands banquiers de l'époque, et leurs opérations financières, aussi bien que leurs opérations commerciales, s'étendaient à toute l'Europe. Des souverains même s'inscrivaient sur leurs livres.

Telle fut l'Italie au moyen âge : le pays le plus avancé de l'Europe dans toutes les voies de la civilisation. Avancement qui s'explique par la persistance des traditions de la civilisation antique et par les riches aptitudes de cette remarquable population italienne. Mais si la civilisation y jetait de vifs éclairs, c'était malheureusement au milieu de mœurs fort corrompues. Une autre misère au milieu de cette splendeur, et celle-là pour longtemps irrémédiable, c'était la décadence de l'esprit national, la ruine du patriotisme ; chacun vivait pour soi, prince ou bourgeois, ne comprenant pas que le plus sûr moyen d'assurer le bien-être privé, c'est d'établir la prospérité publique, et qu'il faut sacrifier de son indépendance personnelle pour garantir la liberté générale avec tous les biens qui en résultent.

CHAPITRE XXX.

L'ALLEMAGNE, DE 1250 A 1483.

Grand interrègne (1250-1273). Envahissement des biens et des droits impériaux. — Anarchie, violences; ligues des seigneurs et des villes. — Rodolphe de Habsbourg (1273). Fondation de la maison d'Autriche (1292). — Adolphe de Nassau (1291) et Albert d'Autriche (1298). — Affranchissement de la Suisse (1308). — Henri VII (1308) et Louis de Bavière (1314). — La maison de Luxembourg (1347-1438); la bulle d'or. — La maison d'Autriche ressaisit la couronne impériale, mais sans y rattacher aucun pouvoir (1438).

Grand interrègne (1250-1273). Envahissement des biens et des droits impériaux.

L'autorité impériale s'était usée en Italie sous les ifférentes dynasties qui avaient possédé le trône d'Otton le Grand, et particulièrement sous celle des Hohenstaufen. Après la mort de Frédéric II (1250), que l'on peut considérer comme ayant mis fin au règne de la maison de Souabe, il y eut un affranchissement général dans les deux pays où s'exerçait cette autorité. On a vu l'Italie livrée à elle-même, mais fatiguée par la lutte séculaire de l'Empire et du saint-siége, rester incapable d'acquérir l'unité politique. Le sort de l'Allemagne fut analogue. Là aussi, dans les vingt-trois années qu'on qualifie de *grand interrègne* (1250-1273), les seigneurs et les villes se dégagèrent de toute dépendance; et, agrandies par l'industrie et le commerce, s'élevèrent jusqu'au pouvoir politique par le même mouvement qui porta en haut la bourgeoisie de France, les communes d'Angleterre, les républiques d'Italie. Seulement la force plus grande du régime féodal en Allemagne les empêcha d'aller aussi loin dans cette voie.

Le *grand interrègne* est une époque de trouble et d'anarchie. On y vit cependant quelques empereurs, mais plutôt de parade et de nom que de réalité. Ainsi, Guillaume de Hollande, que le pape Innocent IV avait opposé à Frédéric, porta ce titre jusqu'en 1256. Alors les électeurs vendirent sans pudeur la couronne impériale, la mettant, comme les prétoriens de Rome, aux enchères publiques. Pour faire une meilleure affaire, au lieu d'un, ils en nommèrent deux, tous deux étrangers, Richard de Cornouailles, frère du roi d'Angleterre Henri III, et Alphonse X, roi de Castille. Le dernier ne parut jamais en Allemagne ; le règne de l'autre ne fut guère occupé que par des voyages en Angleterre, où il venait remplir sa bourse presque aussitôt vidée par les seigneurs allemands qui le pillaient et se moquaient de lui.

On n'a donc point eu tort de nommer cette période un interrègne, car ce fut une véritable éclipse de l'autorité impériale, dont les droits et les propriétés furent partout usurpés par les princes, les seigneurs et les villes. Les quatre électeurs du Rhin, c'est-à-dire les trois archevêques de Trèves, Cologne et Mayence, et le comte palatin[1], se partagèrent le grand domaine impérial qui se trouvait principalement sur les deux rives de ce fleuve. Dans les duchés et les comtés, les comtes et les ducs s'emparèrent des domaines royaux qui y étaient épars, et les évêques annulèrent le pouvoir des *avoués* (voy. ci-dessus, p. 218). Les villes cessèrent de payer le tribut, le clergé de fournir les sommes qu'il devait au fisc impérial ; et les droits régaliens, qui valaient aux empereurs des revenus considérables, furent partout saisis et exercés au profit des princes et des villes. Sous Frédéric Ier, les revenus dépassaient annuellement six millions d'écus; sous Rodolphe, qui en recouvra plusieurs, ils n'allèrent pas au tiers de cette somme.

Le nombre des seigneurs immédiats, c'est-à-dire relevant directement de l'empereur, et, par conséquent, ne relevant de

---

[1]. Ce comte palatin était le plus important de ceux que l'empereur Otton Ier rétablit et le seul qui sut arriver à l'indépendance. Ses domaines sur les deux rives du Rhin ont formé le Bas-Palatinat, ceux qu'il avait entre la Bavière et la Bohême, le Haut-Palatinat.

personne quand il n'y avait point d'empereur, ou, ce qui revenait au même, quand il y avait un empereur faible, s'était prodigieusement accru après la mort de Conradin (1268), par le démembrement des duchés de Souabe et de Franconie, d'où sortirent cent cinquante petits souverains. Même chose s'était vue jadis pour les domaines de la maison de Saxe, lorsque Henri le Lion avait été dépouillé (1180), de sorte que les deux plus puissantes souverainetés de l'Allemagne se trouvaient morcelées à l'infini. Tout ce qui, dans le voisinage de l'Allemagne, dépendait des empereurs, se détacha. Les vassaux du royaume de Bourgogne s'affranchirent de la suzeraineté impériale; les rois de Danemark, de Pologne, de Hongrie, en firent autant; Prémislas Ottocar II, roi de Bohême et duc de Moravie, s'empara de l'Autriche, de la Styrie, de la Carniole, de la Carinthie, et s'en fit donner l'investiture par Richard.

Anarchie, violences; ligues des seigneurs et des villes.

Si l'autorité impériale n'était pas capable de se défendre elle-même, elle l'était encore bien moins de défendre les autres. Aussi les guerres privées, les violences, les brigandages, désolaient l'Allemagne. La noblesse immédiate des bords du Rhin et de Souabe se distinguait par ce genre d'exploits. Une multitude de donjons s'étaient élevés sur toutes les hauteurs, surtout en Alsace et dans la forêt Noire, et de chacun d'eux descendait sur les routes quelque baron rapace qui ne se faisait pas faute de tuer pour voler. A côté des changements politiques s'opérait une transformation sociale et morale. La richesse obtenant un empire plus grand de jour en jour, les seigneurs féodaux, qui dédaignaient de l'acquérir par le commerce et l'industrie, se la procuraient par les rapines. La soif de l'or chassait les sentiments chevaleresques, en Allemagne comme ailleurs, malgré la loyauté du caractère national. Les écrivains du temps le déploraient : « Autrefois, dit l'un d'eux, je voyais des tournois et des hommes armés; aujourd'hui on se fait honneur de voler des bœufs, des moutons et des brebis. » — « On ne peut, dit un autre, on ne peut regarder qu'avec douleur la misère présente, et avec regret le temps passé. Comment un noble peut-il s'avilir au point de déshonorer sa famille par un misérable intérêt d'argent? Du noble, le mal descend dans les classes inférieures, en sorte qu'il n'y a plus honneur ni confiance. »

Puisque l'autorité suprême ne réprimait plus les désordres, il fallait bien que les sujets eux-mêmes y pourvussent. Des ligues défensives se formèrent partout. Pour la plupart elles avaient pris naissance sous le règne de Frédéric II, parce que, sous ce prince, après sa déposition et pendant son long séjour en Italie, l'anarchie de l'Allemagne avait déjà commencé. Les unes étaient formées par la noblesse; telle est celle des *Ganerbinats* ou *Ganerbschaften*, par laquelle les nobles inférieurs s'unirent dans le double but de régler par des pactes de famille la transmission des terres en cas d'extinction de la ligne directe, et de fortifier à frais communs des châteaux destinés à servir de retraite et de défense. Les autres comprenaient les villes, dont le commerce eût péri si elles ne l'eussent énergiquement protégé. En 1247, les archevêques de Mayence, Trèves et Cologne, se liguèrent avec soixante villes des bords du Rhin. Cette confédération, approuvée en 1255 par Guillaume, sous le nom de *ligue du Rhin*, fut régulièrement constituée : les alliés devaient se réunir tous les trois mois dans des assemblées dont le siége était désigné, et les villes s'engageaient à équiper 600 vaisseaux sur le fleuve. Il a été déjà question (p. 340) de la plus grande de ces confédérations, la *Hanse teutonique*.

Ces confédérations, cette importance des villes attestent un progrès considérable des populations urbaines. Il avait été favorisé par certains empereurs, particulièrement ceux de la maison de Franconie, qui, cherchant à s'appuyer sur la classe bourgeoise, avaient déclaré libres les gens de métiers à Spire, à Strasbourg, etc. Dès 1153, à Magdebourg, les marchands de draps, et bientôt les cordonniers, se constituèrent en corporations qui tenaient séance et étaient présidées par les anciens. Si les empereurs favorisaient les villes, c'était, bien entendu, afin d'en tirer avantage; aussi cherchèrent-ils à y rendre leur autorité présente par l'établissement, dans les villes impériales, des *avoués* ou *burgraves*, et dans les villes ducales, par celui des *échevins*, dont la juridiction devait s'exercer à côté de celle des ducs. Les bourgeois, naturellement, voulurent aller plus loin et s'affranchir de l'autorité de l'Empereur comme de celle des seigneurs : Frédéric II essaya de s'y opposer, mais n'en eut guère le temps.

Les campagnes suivaient les villes dans cette voie de progrès. Le servage diminuait. Dans l'Allemagne du nord, en quelque sorte dépeuplée par les croisades et les guerres contre les Slaves, s'étaient établies de nombreuses colonies de Brabançons, de Flamands, de Hollandais, de Frisons, qui s'y étaient fixés comme cultivateurs libres. De la basse Allemagne l'usage des affranchissements s'étendit à la haute. Les villes accueillaient les serfs et accordaient le droit de cité à ceux qui s'établissaient dans leur banlieue, ce qui obligea les nobles à mieux traiter ou même à affranchir leurs serfs afin de les retenir.

Telle était la situation de l'Allemagne au milieu du treizième siècle. Le grand interrègne ne fit que donner de nouvelles forces à ce mouvement de dislocation et d'isolement. Sous Frédéric II, il était encore incertain si l'Allemagne serait une monarchie avec une constitution d'États, ou une confédération dont chaque membre participerait au pouvoir. Dans le premier cas, les Allemands seraient restés une *nation*, dans la pleine acception du mot, puisque toute la vie publique eût conservé son centre dans la constitution de l'empire. Mais les désirs d'indépendance s'étant affermis durant les longs troubles qui suivirent la mort de Frédéric II, c'est le second système qui allait finir par prévaloir.

Rodolphe de Habsbourg (1273). Fondation de la maison d'Autriche (1298).

Richard de Cornouailles mourut en 1272. A ce moment l'anarchie était au comble, et si les forts qui la faisaient en souffraient peu, les faibles en souffraient beaucoup. On se dit qu'il serait bon d'avoir un homme qui, sans toucher à l'indépendance qu'on voulait garder, ferait du moins la police dans l'empire, veillerait à la sûreté des routes et au maintien de la paix publique. « Tout le monde veut un empereur bon et sage, écrivait l'évêque d'Olmütz au pape Grégoire X ; mais personne ne se soucie d'un empereur fort. » On élut, au bout d'un an (1273), Rodolphe, comte de Habsbourg [1], chevalier plein de courage, mais assez petit seigneur, dont les rares domaines étaient épars en Alsace, en Souabe et en Suisse, et qui n'appartenait pas à la haute féodalité. Quoiqu'il n'eût, en apparence, rien de bien redoutable, les seigneurs tentèrent pourtant, au jour du couronnement, d'esquiver le serment d'hommage qu'ils lui devaient, et le sceptre sur lequel il était d'usage de le prêter ne se trouva pas : ils l'avaient caché. Rodolphe saisit la croix sur l'autel : « Voilà, dit-il, le signe qui nous a sauvés ; servons-nous-en comme de sceptre. »

Rodolphe fut un habile empereur. D'abord il sut faire sagement la part du possible et de l'impossible, des droits bien entendus et des droits surannés dont la défense lui aurait été funeste. Ainsi il sacrifia résolûment l'Italie, la *caverne du lion*, comme il l'appelait avec justesse. *On voit beaucoup de traces qui y vont, aucune qui en revienne.* Il vendit à Florence, Lucques, Gênes, Bologne, le droit de se gouverner par leurs propres lois, et il confirma solennellement au pape la possession de l'Exarchat et de la Pentapole, disposant ainsi du domaine impérial en Italie, comme on fait dans un pays que l'on quitte pour n'y plus revenir. Cependant il maintint toujours un vicaire impérial dans la Lombardie pour y percevoir quelques revenus qui lui restaient.

Il jugeait qu'il avait bien assez à faire dans l'Allemagne s'il voulait y rétablir les lois, la régularité des rapports entre les pouvoirs locaux et l'autorité impériale. Ottocar II, roi de Bohême, refusa l'hommage féodal (1275). C'était un prince puissant qui construisait sur le flanc du corps germanique, depuis la Saxe jusqu'aux Alpes italiennes, une grande monarchie

---

[1]. Il prétendait descendre d'Étichon, duc d'Alsace en 684, et souche des maisons de Lorraine et de Bade W. rner, évêque de Strasbourg dans le onzième siècle, bâtit en Argovie (Suisse) le château de Habichtsbourg (château des Autours), qu'il laissa à ses neveux. Ceux-ci en prirent le nom de Habsbourg.

slave. L'Allemagne s'en inquiétait et suivit volontiers son nouvel empereur quand Rodolphe l'attaqua. Il l'obligea à se soumettre. On raconte qu'Ottocar ne consentit à prêter l'hommage qu'à huis clos, dans une tente; mais qu'au milieu de la prestation du serment la tente s'abattit et que tout le camp vit Ottocar, sous ses magnifiques vêtements, à genoux devant ce chétif empereur au maigre visage, au nez aquilin, au surtout misérable, sorte de Louis XI de l'Allemagne, moins la cruauté. Le fait est peu certain; mais, pour une raison ou pour une autre, Ottocar reprit les armes, et cette fois fut vaincu et tué dans le Markfeld, grande plaine en face de Vienne, sur la rive gauche du Danube (1278). Par le traité qui suivit, Rodolphe laissa la Bohême au jeune Wenceslas, mais en lui fiançant sa fille et en détachant pour plusieurs années de ce royaume la Moravie, afin de s'indemniser de ses frais de guerre.

Cette grande affaire terminée, il se tourna vers les seigneurs allemands de l'intérieur. Il annula toutes les concessions faites par les successeurs de Frédéric II, et exigea, mais sans l'obtenir, la restitution des droits et des biens usurpés au détriment de la couronne impériale. Il défendit les guerres privées, fit jurer la paix publique aux États de Franconie, de Souabe, de Bavière, d'Alsace, et détruisit nombre de châteaux, repaires de nobles bandits, dont un, le comte de Wurtemberg, avait écrit sur sa bannière : « Ami de Dieu, ennemi des hommes. » Dans la seule province de Thuringe, il rasa 70 forteresses.

Outre l'abandon de l'Italie et la pacification de l'Allemagne, le troisième trait de la politique de Rodolphe fut la fondation de la puissance de sa maison. Il céda la Carinthie au comte de Tyrol qui l'avait vivement soutenu contre Ottocar, mais il donna, en 1282, à son fils aîné, Albert, l'investiture des duchés d'Autriche, de Styrie et de Carniole, c'est-à-dire les provinces qui sont restées la base sur laquelle s'est élevé tout l'édifice de la grandeur des Habsbourg. Il aurait encore voulu que la diète conférât à son fils le titre de roi des Romains. Les électeurs trouvaient déjà la nouvelle maison d'Autriche trop puissante : ils refusèrent.

Adolphe de Nassau (1291) et Albert d'Autriche (1298). Affranchissement de la Suisse (1308).

A sa mort (1291), en effet, un prince d'une autre famille, pauvre et obscur, Adolphe de Nassau, fut élu après un interrègne de dix mois. Deux faits marquèrent son règne de six années : il se vendit à Édouard Ier, en 1294, contre Philippe le Bel, pour 100 000 livres sterling, et employa cet argent à chercher en Thuringe ce que Rodolphe avait trouvé en Autriche, une principauté pour sa maison. Les électeurs mécontents nommèrent Albert d'Autriche, qui vainquit et tua son adversaire à Gelheim, près de Worms (1298).

Le règne de dix années du nouveau roi des Romains[1] montra en lui une grande ambition pour sa famille, qu'il voulut établir sur le trône de Bohême, où la dynastie slave venait de s'éteindre, et dans la Thuringe et la Misnie, où il perdit une bataille. Il fut aussi très-occupé d'étendre, même injustement, ses droits en Alsace et en Helvétie, et ce fut pour son malheur. Car il provoqua, d'une part, la révolte des trois cantons suisses d'Uri, Schwytz et Unterwalden, et de l'autre, le mécontentement de son neveu Jean de Souabe, qu'il frustra de son héritage (les domaines en Suisse, en Souabe et en Alsace). Comme il traversait la Reuss, Jean lui passa son épée au travers du corps (1308). L'assassin échappa. Une fille d'Albert, Agnès, reine douairière de Hongrie, fit égorger plus de mille innocents pour venger son père.

La Suisse[2], comprise originairement dans le royaume d'Arles, avait été cédée, avec ce royaume, à l'empire germanique en 1033. Une féodalité laïque et ecclésiastique s'y était fortement établie. Cependant, au douzième siècle, les villes acquirent de l'importance. Zurich, Bâle, Berne, Fribourg firent un grand commerce et obtinrent des priviléges munici-

---

1. Le prince élu par les électeurs portait le nom de roi des Romains, tant qu'il n'avait pas pris à Rome, avec sa couronne impériale, le titre d'empereur.

2. La confédération perpétuelle des trois cantons libéraux ayant été conclue dans le canton de Schwytz où la première bataille de la liberté fut gagnée, on s'habitua à donner ce nom à tout le pays et au peuple. Le nom de Suisse vient de là.

paux. Trois petits cantons, perdus au centre des montagnes helvétiques, conservaient surtout un esprit d'indépendance indomptable. Albert d'Autriche, devenu empereur, voulut avec arrogance empiéter sur cette indépendance. Trois héros des montagnes, Werner Stauffacher, Arnold de Melchthal et Walter Furst, chacun avec dix amis de son choix, se conjurèrent, au Rutli, pour repousser le joug. La tyrannie du bailli autrichien Gessler et le trait d'adresse de Guillaume Tell, si l'on en croit la tradition, furent le signal de l'insurrection. La mort violente d'Albert laissa à Léopold, son successeur dans le duché d'Autriche, le soin de réduire les rebelles. Il n'y put réussir et fut complétement vaincu à Mortgarten (1315). C'est le Marathon de la Suisse. La confédération des trois premiers cantons s'accrut en 1332 de Lucerne, en 1351, de Zurich et Glaris, en 1352 de Zug, en 1353 de la grande ville de Berne. Ce sont là les huit anciens cantons de la Suisse. Ce nombre ne fut augmenté que 125 ans plus tard. La bataille de Sempach (1386) affermit ce qui avait été commencé à Mortgarten. Un autre duc Léopold y fut tué avec 676 comtes ou seigneurs. Une troisième défaite des Autrichiens à Næfels (1388) les décida à laisser en paix ces rudes montagnards.

Henri VII (1308) et Louis de Bavière (1314).

Quand les électeurs avaient choisi Rodolphe de Habsbourg, c'était à raison même de sa pauvreté et de sa faiblesse. Aussi à sa mort n'avaient-ils pas porté leurs voix sur son fils Albert, maître de l'Autriche, mais sur un chevalier de petite maison et de petite fortune, Adolphe de Nassau. Albert parvint cependant à renverser son rival. Mais à sa mort ils ne voulurent décidément pas donner une troisième fois la couronne à cette nouvelle et ambitieuse maison de Habsbourg. Ils refusèrent également, par suite de craintes analogues, d'accepter Charles de Valois, frère de Philippe le Bel, que ce dernier cherchait à placer sur le trône impérial, afin de dominer indirectement l'Allemagne. Ils portèrent leur choix sur un comte de Luxembourg, qui devint Henri VII.

En nommant des empereurs pauvres, les électeurs donnaient aux élus la tentation de faire fortune. Si Adolphe avait échoué en Thuringe, Rodolphe avait gagné l'Autriche par une victoire ; Henri réussit en Bohême par un mariage, et la Bohême alors valait mieux que l'Autriche, car la Moravie, une partie de la Silésie et la Misnie en dépendaient. Le fils de Henri, Jean de Luxembourg, épousa l'héritière de cette couronne royale. Pour Henri lui-même, il resta pauvre comme auparavant. Esprit vif, inquiet, il alla tenter la fortune pour son compte au delà des Alpes, mais ne put emmener plus de 2000 cavaliers (1310). C'était une escorte, non une armée. Il déclara ne vouloir reconnaître ni guelfes ni gibelins, espérant les soumettre tous. Le roi de Naples, Robert, prit les armes contre lui, Clément V l'excommunia, les guelfes se montrèrent ses ennemis. Il fallut bien se prononcer ouvertement pour les gibelins, et il se trouva entraîné dans les discordes italiennes, comme les empereurs d'autrefois. Il nomma Mattéo Visconti vicaire impérial en Italie ; il mit Florence au ban de l'empire, ainsi que le roi de Naples. Les choses n'en allèrent pas mieux. Toutefois, grâce à l'appui des flottes de Pise, de Gênes et du roi aragonais de Sicile, il menaçait Naples sérieusement, quand il mourut soit de maladie, soit empoisonné dans une hostie par un dominicain (1313).

Il y eut un an d'interrègne, puis deux empereurs à la fois : Louis de Bavière et Frédéric le Bel, fils de l'empereur Albert. Après huit ans de guerre, Louis l'emporta par la victoire de Mulhdorf (1322), qui mit Frédéric dans ses mains. Il le garda trois ans captif, et, au bout de ce temps, se réconcilia avec lui, au point que tous deux portèrent le titre de roi et gouvernèrent en commun. Cette singulière convention avait été dictée à Louis par les craintes que lui inspiraient la France et le saint-siége.

Henri VII avait fait revivre la politique d'intervention des empereurs allemands en Italie et rallumé la querelle avec la papauté, qui depuis longtemps semblait éteinte. Louis IV fit de même. Cependant il ne s'agissait plus, entre ces deux pouvoirs si affaiblis, des investitures ou de la domination du monde. L'empereur voyait maintenant son véritable ennemi dans le roi de France, le plus fort et le plus menaçant des souverains de l'Europe. Lorsque Boniface VIII faisait la guerre à Philippe le Bel, Albert s'était allié avec lui ; lorsque, au contraire, la papauté fut réduite à l'état d'auxiliaire servile de la France, l'empereur lui redevint hostile. Excommunié par le pape Jean XXII, qui voulait donner l'empire au roi de France, Charles le Bel, Louis IV prit les mêmes armes ; il le déclara hérétique et indigne du pontificat, déchaîna contre lui ses légistes, s'allia avec les condottieri gibelins et alla se faire couronner à Rome, par les mains du préfet de la ville, Sciara Colonna (1328). Il fit ensuite déposer Jean XXII et nommer un antipape, Nicolas.

Cependant l'excommunication pontificale était encore redoutable ; Louis faiblit, sollicita, et même très-humblement, son absolution. Jean fut inflexible et exigea de lui l'abandon de sa couronne. Benoît XII, devenu pape en 1334, était mieux disposé au fond, mais il ne s'appartenait pas : le roi de France lui défendait d'absoudre l'empereur, et opposait à ce dernier le roi Jean de Bohême, son parent.

Louis IV résolut alors d'attaquer le roi de France lui-même ; il aida Édouard III à soulever les Flamands contre Philippe de Valois, proclama le roi anglais *vicaire de l'empire* dans les Pays-Bas et lui adjugea le royaume de France. Ces mesures n'eurent que peu d'effet parce que la force ne les soutenait pas. Dégoûté d'une couronne chargée d'inquiétudes, Louis de Bavière allait enfin se soumettre au pape et abdiquer, lorsque les électeurs sentirent le besoin de relever leur empereur et de dégager formellement le pouvoir suprême d'une dépendance étrangère qui était une honte pour toute la nation. Ce fut l'objet de la pragmatique sanction de Francfort, rendue en 1338 par les États, sur le rapport des électeurs. Cette loi fondamentale de l'empire germanique établit d'abord le principe que la majesté et l'autorité impériales ne relèvent que de Dieu seul ; qu'elles se confèrent par la seule élection des princes électeurs ; qu'un prince élu par la pluralité de leurs suffrages doit être considéré comme roi et empereur légitime ; que le saint-siège n'a aucune supériorité sur l'empire, et qu'il n'a ni le droit d'approuver, ni celui de rejeter le choix des électeurs ;

enfin que toutes personnes, soit ecclésiastiques, soit séculières, qui oseraient contrevenir à ce règlement devront être réputées criminelles de lèse-majesté et punies comme telles. Ainsi la question, si longtemps discutée, des rapports du saint-siége et de l'empire était décidée dans le sens de l'indépendance absolue de l'Allemagne : l'État refusait à l'Église toute ingérence dans les affaires politiques. Bientôt même elle cessera de renouveler pour ses empereurs la cérémonie de l'an 800, le sacre pontifical qui, après Frédéric III, tombera en désuétude. Dans cet acte, la nationalité allemande se manifesta victorieusement.

Le roi de France et le pape Clément VI, directement atteints dans leurs prétentions par cette déclaration, opposèrent à Louis IV Charles de Luxembourg, fils de Jean l'Aveugle, et qui devint roi de Bohême en 1346, quand son père eut été tué dans nos rangs à Crécy. Louis mourut l'année suivante. Il avait acquis pour sa maison le Brandebourg et le Tyrol qu'elle ne garda pas. Le dernier comté revint à la maison d'Autriche en 1363.

La maison de Luxembourg (1347-1438); la bulle d'or.

Les électeurs les plus hostiles au parti français tentèrent d'opposer à Charles de Luxembourg le roi d'Angleterre, Édouard III, qui refusa l'empire; puis un brave chevalier, Gautier de Schwartzbourg, qu'on empoisonna au bout de quelques mois (1349). Le roi de Bohême devint alors, par une seconde élection, l'empereur Charles IV. C'était un homme fort habile, et pourtant jamais empereur n'a fait plus triste figure. Son boucher l'arrêta dans les rues de Worms, afin d'être payé; il fut retenu dans une hôtellerie où il n'avait pu solder sa dépense.

Celui qui n'avait pas de quoi dîner devait se soucier médiocrement de conserver l'Italie. Charles IV estima pourtant qu'il y avait là une vieille défroque de l'ancien empire romain germanique dont on pouvait peut-être tirer quelque chose. Il y alla voir lui-même, et trouva qu'en effet on pouvait vendre à ceux-ci quelques droits régaliens, à ceux-là quelque titre, à Venise ses voisines Padoue, Vérone, Vicence. Il parcourut ainsi l'Italie à deux reprises (1355 et 1368) *en vrai marchand de foire*, plumant et débitant l'aigle impérial, comme le lui reprochaient les électeurs. On eut peu de respect pour cette majesté grotesque. Galéas Visconti le mit sous clef jusqu'à ce qu'il l'eût nommé vicaire perpétuel de l'empire en Lombardie. A Rome, il ne resta qu'un jour, parce que le pape lui avait défendu d'y rester plus longtemps. A son retour, les Pisans mirent le feu à sa maison. Le préfet de Crémone le fit attendre deux heures aux portes. D'autres villes n'eurent pas le temps de le recevoir et le prièrent de passer à côté.

Cet empereur si bafoué eut cependant la gloire d'arrêter et de promulguer le code électoral de l'Allemagne, objet capital dans un régime électif; je veux parler de la fameuse *Bulle d'or*, publiée en 1356, dans la diète de Nuremberg et qui tire son nom du sceau d'or que l'empereur fit attacher aux exemplaires authentiques. Il y est dit :

1° Le nombre des électeurs demeure fixé à sept, en l'honneur des sept chandeliers de l'Apocalypse; il y en aura toujours trois ecclésiastiques; savoir : les électeurs de Mayence, de Cologne et de Trèves; et quatre séculiers : l'électeur-roi de Bohême; l'électeur-comte palatin, l'électeur-duc de Saxe, et l'électeur-margrave de Brandebourg;

2° Les trois électeurs ecclésiastiques conserveront les titres d'archichanceliers, qui appartenaient anciennement à leurs églises, et en exerceront les fonctions dans leurs départements respectifs; l'électeur de Mayence continuera donc de garder la qualité d'archichancelier du royaume d'Allemagne, l'électeur de Cologne celle d'archichancelier du royaume d'Italie; et l'électeur de Trèves celle d'archichancelier du royaume d'Arles;

3° Les quatre archioffices ou les grandes charges de la couronne sont attachés irrévocablement aux quatre électorats séculiers : l'office de grand échanson à l'électorat-royaume de Bohême; l'office de grand sénéchal ou d'archidrossart, à l'électorat-comté palatin; l'office de grand maréchal à l'électorat-duché de Saxe; et l'office de grand chambellan à l'électorat-margraviat de Brandebourg;

4° L'élection du roi des Romains, futur empereur, doit se faire à Francfort, à la pluralité des suffrages : il sera sacré à Aix-la-Chapelle, par l'archevêque électeur de Cologne, et célébrera toujours sa première diète à Nuremberg;

5° La dignité électorale demeurera constamment attachée à la glèbe des provinces qui en sont titrées. Ces provinces ne pourront jamais être partagées ni démembrées....

L'Allemagne fut désormais préservée de ces dissensions électorales qu'on avait vues auparavant, et eut, dans la pragmatique de 1338 et dans la bulle d'or, les deux arches de son droit public. C'était faire un peu d'ordre avec beaucoup de désordre : la permanence et l'autorité des électeurs étaient réglées, mais le pouvoir de l'empereur ne l'était guère; la bulle d'or au contraire consacrait sa déchéance. Charles IV, du reste, ne s'en inquiéta point, tout occupé qu'il était d'agrandir ses États de Bohême et de la basse Lusace, de toute la Silésie et du Brandbourg. S'il avait fort mal servi l'empire, il avait du moins fort bien servi sa maison.

Il eut pour successeur en 1378 son fils Wenceslas, qu'il avait, grâce à l'or italien, fait élire roi des Romains. Wenceslas résida la plupart du temps en Bohême, et, comme son père, accrut ses domaines particuliers en vendant les domaines impériaux. Triste règne : les guerres privées bouleversent l'Allemagne; les seigneurs forment des ligues pour ne pas payer leurs dettes et résister aux poursuites de leurs créanciers bourgeois, qui de leur côté se liguent pour se faire payer. En vain la diète de Nuremberg, en vue de la paix publique, partage l'Allemagne en quatre cantons, qu'on peut considérer comme l'origine des cercles (1383); la guerre continue. Le mécontentement finit par éclater partout contre un souverain méprisable. qui, chaque jour, est ivre dès le matin; et on le dépose (1400).

Le règne sans importance de Robert de Bavière nous mène en dix années (1400-1410) à celui de Sigismond, frère de Wenceslas, et par lui-même roi de Hongrie, électeur de Brandebourg. Deux événements considérables signalèrent cette période, le concile de Constance (1414) et la guerre des hussites. Je ne parle point d'une expédition en Italie (1431), qui constata une fois de plus l'impuissance des empereurs allemands en ce pays; il sera aussi question plus loin du grand schisme d'Occident, du concile de Constance et des efforts faits par Sigismond pour rendre la paix à l'Église; un des actes du concile de Constance fut de grande conséquence pour l'Allemagne, l'exécution de Jean Huss.

C'était un Bohémien, fort savant homme, qui ayant eu connaissance des doctrines que Wiclef avait, quelques années plus tôt, prêchées en Angleterre, les adopta et n'en devint pas moins recteur de l'Université de Prague, confesseur de la reine et très-populaire dans tout le pays. Excommunié par le pape pour un de ses écrits, il en appela au concile de Constance, s'y rendit avec un sauf-conduit impérial dont on ne tint pas compte et fut condamné au bûcher (1415); son disciple Jérôme de Prague subit le même supplice.

A cette nouvelle, toute la Bohême se souleva. Un noble, Jean le Borgne, ou Ziska, dirigea cette insurrection en grand capitaine. Jamais il ne fut vaincu. Il prit Prague, fit jeter les sénateurs de la ville par les fenêtres du palais, *ex more majorum*, et parcourut toute la Bohême, brûlant les églises, égorgeant les moines. Au bûcher de Jean Huss s'était allumée une guerre épouvantable. En vain Sigismond lança contre les hussites toutes les forces de l'empire; en vain le pape fit prêcher une croisade. Des armées de 80 000 hommes fuyaient devant eux sans oser les attendre. Ziska devenu tout à fait aveugle n'en était pas moins terrible. Il se faisait expliquer la disposition des lieux et des ennemis, puis donnait les ordres en conséquence, et la victoire suivait. Le concile de Bâle mit enfin un terme à cette lutte sauvage, en accordant aux hussites quelques-unes des libertés religieuses qu'ils réclamaient; entre autres, la faculté de communier sous les deux espèces : de là le nom d'*utraquistes* par lequel on les désigne.

La maison d'Autriche ressaisit la couronne impériale mais sans y rattacher aucun pouvoir (1438).

Avec Sigismond (1438) s'éteignit la maison de Luxembourg, et avec Albert d'Autriche, son gendre, la maison d'Autriche monta sur le trône impérial, d'où elle n'est plus descendue que le jour où ce trône a été brisé. Albert mourut en 1439, dans une guerre contre les Turcs, et son fils posthume, Ladislas, n'hérita que de la Bohême et de la Hongrie. Mais un prince autrichien lui succéda l'an d'après sur le trône impérial, Frédéric III, de la branche de Styrie, le dernier empereur qui soit allé se faire couronner à Rome, en 1452.

Pourquoi les électeurs faisaient-ils, en 1438 et en 1440, ce qu'ils avaient refusé de faire en 1308? C'est qu'ils n'avaient, maintenant, rien à craindre de l'empereur au sujet des usurpations qu'ils avaient accomplies; que, s'ils ne voyaient plus de danger pour eux à placer la couronne de Charlemagne dans la maison d'Autriche, ils y voyaient un grand avantage pour l'Allemagne, menacée par les Turcs, le chef de l'empire résidant à Vienne, au point par où les Ottomans arrivaient, plutôt qu'à l'autre bout du territoire allemand; c'est qu'enfin ce qu'ils donnaient, avec cette couronne, ce n'était plus guère qu'un titre. A considérer, en effet, les apparences, l'empire d'Allemagne était le plus puissant des États de l'Europe, comme il en était le plus étendu. L'empereur s'arrogeait la supériorité sur tous les souverains, et se prétendait seul investi du droit de conférer la royauté. Une immense population reconnaissait son titre, et le langage pompeux de sa chancellerie rappelait les antiques formes de la monarchie de Dioclétien et de Théodose. Mais, en réalité, le pouvoir impérial n'était rien, et l'empire, malgré son étendue et le nombre de ses habitants, était incapable d'avoir au dehors une sérieuse influence.

Le chef de l'empire n'avait, comme empereur, ni revenus, ni forces militaires, ni pouvoir judiciaire, sauf dans certains cas, et son droit de véto contre les décisions de la *diète* était le plus souvent illusoire. Cette assemblée de tous les chefs ou représentants des États d'Allemagne se divisait en trois colléges d'après le rang de ses divers membres : 1° le collége des électeurs; 2° le collége des princes; 3° le collége des villes. Elle délibérait et décrétait sur les questions de paix et de guerre intérieures ou extérieures, établissait les règlements, statuts ou lois applicables à tout l'empire, et ne laissait à l'empereur que la mission de les mettre à exécution, habituellement sans lui en donner les moyens. Il n'avait en réalité qu'une prérogative utile, celle de disposer des fiefs vacants.

Ainsi l'autorité du prince se trouvait presque annulée, dans l'empire, par celle de la diète, dans chaque État pris séparément, par les prérogatives particulières des électeurs, des princes ou des villes, qui s'étaient emparés des droits régaliens. Le domaine impérial n'existait plus : il avait été partout envahi et occupé par la noblesse. Enfin, la couronne demeurant élective, chaque nouveau souverain était contraint, à son avénement, de donner aux priviléges aristocratiques une sanction nouvelle.

Non-seulement il n'y avait point de pouvoir central en Allemagne, mais il y avait encore d'énormes différences dans la constitution des cinq ou six cents États qui composaient l'empire. Ainsi, les trois électorats ecclésiastiques de Mayence, de Trèves, de Cologne, et les quatre électorats laïques de Bohême, du Palatinat, de Saxe, de Brandebourg, étaient de véritables royaumes; les principautés, de petites monarchies; les villes, de petites républiques. En sorte que toutes les formes de gouvernement se coudoyaient, pour ainsi dire, dans ce chaos, qui s'intitulait le saint-empire romain germanique.

L'Allemagne était donc aussi divisée que l'Italie, aussi privée de vie commune, elle avait par conséquent autant de faiblesse, et comme la péninsule transalpine, elle sera, durant les temps modernes, le champ de bataille de l'Europe, le butin ou la proie des ambitieux.

CHAPITRE XXXI.

LES ÉTATS ESPAGNOLS, SCANDINAVES ET SLAVES.

L'Espagne de 1252 à 1453. Suspension de la croisade. — États scandinaves, Danemark, Suède et Norwége : leur rôle tout secondaire depuis les Northmans. — États slaves : puissance de la Pologne; faiblesse de la Russie. — Peuples de la vallée du Danube : les Hongrois. — Serbes, Bosniaques, Bulgares et Roumains. — L'empire grec, les Turcs ottomans et les Mongols de Timour.

L'Espagne de 1252 à 1453. Suspension de la croisade.

Nous avons raconté la croisade espagnole jusqu'aux grands succès de l'Aragon, du Portugal et de la Castille, au milieu du treizième siècle, alors que les deux premiers atteignirent les limites qu'ils ne dépassèrent plus et que le troisième enveloppa le dernier débris de la puissance musulmane réfugié dans le royaume de Grenade. Il semblait alors qu'il n'y eût plus qu'un faible effort à faire pour rejeter à la mer et en Afrique ces vainqueurs humiliés. Adossés aux Alpujarras, ils tinrent ferme durant encore deux siècles et demi; c'est qu'aussi il n'y avait plus qu'un seul royaume, la Castille, intéressé à leur chute, puisque seul il touchait maintenant leurs frontières si restreintes, et que ce royaume cessa d'avoir des chefs dignes de leur rôle.

En 1252 régnait en Castille, Alphonse X. Au lieu de chercher à Grenade une nouvelle couronne qui eût si bien fini celle qu'il portait déjà, il en demanda une à l'Allemagne qui ne pouvait que lui être inutile et onéreuse. Ce que produisit cette folle prétention, ce fut, absolument comme pour le roi anglais, Henri III, dont le frère aussi voulut être empereur, des dépenses énormes et des mécontentements dans le royaume.

Rien n'était moins docile que l'aristocratie castillane ; à sa tête se plaçaient les maisons rivales de Castro, de Lara, de Haro, qui, dans leur haine mutuelle, allaient souvent jusqu'à chercher du secours chez les Maures. Menacé par une insurrection, le roi en fit autant et demanda l'appui des Mérinides ; la nation le déclara déchu et mit à sa place son second fils, don Sanche, un brave soldat (1282). Alphonse X était pourtant surnommé le Sage ; il connaissait l'astronomie et publia les codes des *siete partidas* (en six parties). Il y avait introduit le droit de *représentation*, en vigueur dans les États féodaux, mais point en Espagne. En vertu de ce droit, le trône revenait aux fils de Ferdinand de la Cerda, fils aîné d'Alphonse X, mort avant son père ; don Sanche se prévalut du droit ancien et prétendit succéder à la couronne, à quoi il réussit, avec l'appui de la nation, en 1284. Ce fut l'occasion de quelques hostilités avec le roi de France, Philippe III, oncle des jeunes princes dépossédés.

Les minorités orageuses de Ferdinand IV et d'Alphonse XI mirent de nouveau le trouble dans la Castille. Ce dernier pourtant s'illustra par la grande victoire de Rio Salado sur une invasion mérinide (1340), et par la prise d'Algésiras. Après lui, Pierre le Cruel préluda par un règne sanglant à la querelle fratricide qui en amena la fin : Henri II de Transtamare, son frère naturel, lui disputa le trône et demanda du secours au roi de France. Charles V lui en accorda, sous prétexte de venger la mort d'une princesse française, Blanche de Bourbon, qui, le lendemain de ses noces avec Pierre, avait été jetée en prison, puis assassinée. On a vu que, en réalité, le roi de France songeait bien plus à envoyer se faire tuer quelque part les aventuriers de Duguesclin qui l'embrassaient. Ce secours donna l'avantage à Transtamare, qui fut couronné ; mais Pierre, tirant du même arsenal une arme pareille, appela le prince Noir avec d'autres routiers. Duguesclin fut vaincu et pris à Najera. Remis en liberté, il se refit une armée et rendit de nouveau Transtamare victorieux à Montiel. Pierre vint dans la tente du général français pour traiter avec lui et avec son frère. Mais Henri, en le voyant, le frappe au visage ; de là une lutte corps à corps, et les deux frères, têtes couronnées, roulent à terre l'un sur l'autre. Pierre avait le dessus. Duguesclin le tira par la jambe, ce qui permit à Transtamare de dégager son poignard et de l'égorger. Voilà les choses affreuses qui se passaient en Espagne en 1369. Un peu plus tôt (1360); le Portugal avait été épouvanté par la fin tragique d'Inez de Castro: les fureurs de don Pèdre, ses vengeances, les sombres funérailles que Camoëns a racontées; le roi exhumant, après cinq ans, du tombeau, le corps de celle qu'il nomme sa femme, qu'il déclare reine, lui posant sur la tête la couronne royale et forçant la cour à venir baiser la main du cadavre. Une guerre sans résultat avec le Portugal remplit le règne de Jean Ier, fils et successeur de Henri II.

Henri III qui vint ensuite était un prince mineur et maladif, mais ferme et résolu (1390). Il fut vivement frappé de l'abaissement de l'autorité royale. Un jour son maître d'hôtel lui apprend qu'il n'a pas de quoi lui donner à dîner, et que les marchands ne veulent plus faire crédit; il envoie vendre son manteau, dîne d'un morceau de chair de bélier, et se rend à une fête somptueuse donnée à tous les grands par l'archevêque de Tolède; il les voit, les entend faire étalage de leurs richesses. Le lendemain, il les convoque dans son palais, et paraît au milieu d'eux l'épée à la main; il s'assied, les laissant debout, et, les regardant d'un air terrible : « Combien avez-vous connu de rois en Castille? » demanda-t-il. L'un dit trois, l'autre quatre, un autre cinq, selon l'âge. « Trois, quatre, cinq rois? Que me dites-vous là? Moi, tout jeune que je suis, j'ai vu, je vois vingt rois. Oui, vous êtes tous des rois, pour le malheur du royaume et pour ma propre honte! mais vous allez cesser de l'être.... » Et des soldats envahissent la salle. Les grands demandent grâce; il leur pardonne, mais, dans les cortès, il fait décider que les donations de terres faites par ses prédécesseurs aux dépens du domaine royal sont retirées, et que les nobles seront imposés.

Henri III mourut trop jeune pour avoir le temps d'arrêter cette décadence de la royauté, et elle continua de décliner sous Jean II, qui combla d'une faveur déplacée le favori Alvaro de Luna, et fut obligé ensuite, par les révoltes de ses sujets, de lui faire couper la tête (1453). Elle tomba encore plus bas sous son successeur Henri IV. Mais comme si elle avait touché terre alors, ce fut pour se relever ensuite subitement et commencer une ère nouvelle sous Isabelle et Ferdinand le Catholique.

L'Aragon était moins agité par les troubles intérieurs, et davantage par les affaires extérieures. Dès 1213, Pierre II était intervenu dans la guerre des Albigeois; on sait avec quelle infortune! A la fin du siècle, Pierre III accepta la Sicile qui s'offrit à lui après les vêpres siciliennes. Jacques II y renonça par le traité d'Anagni, mais les Siciliens obstinés se donnèrent, en 1297, à un prince de sa famille. Presque tout le quatorzième siècle fut rempli, pour l'Aragon, par l'acquisition de la Sardaigne, que le pape lui avait cédée, et par les guerres interminables qu'il fallut soutenir, à cette occasion, avec les Génois. Il resta maître enfin de cette conquête qui assurait sa domination dans le bassin occidental de la Méditerranée.

En 1410, s'éteignit la glorieuse maison de Barcelone; toutes les couronnes qu'elle avait possédées furent transportées à un prince de Castille, Ferdinand, dit le Juste, qui venait de refuser un trône qu'on lui offrait au préjudice de son neveu. Il laissa deux fils, Alphonse V et Jean II : le premier fut adopté par Jeanne, reine de Naples, et disputa avec succès ce royaume à la seconde maison d'Anjou; le second réunit par un mariage la Navarre à l'Aragon, et pour maintenir cette union à son profit, fit empoisonner son fils, don Carlos de Viane. Elle ne fut cependant que passagère : la Navarre, à sa mort, passa à la maison de Foix, plus tard à celle d'Albert, dont l'héritière épousa un Bourbon. C'est un autre fils de cet homme abominable, Ferdinand le Catholique, qui amena, par son mariage avec Isabelle de Castille, en 1469, l'unité et la gloire de l'Espagne.

On ne peut quitter la Castille et l'Aragon sans dire quelques mots des institutions remarquables de ces deux pays. Le régime féodal ne s'y établit pas avec la force qu'il eut sur le continent. Pourtant l'Aragon fut beaucoup plus féodal que la Castille, sans doute parce que la domination carlovingienne s'était étendue sur la marche de Barcelone.

La constitution de la Castille fut un résultat de son histoire même, qui se passa en guerres continuelles avec les Maures. Comme l'ennemi était tout près, tout le monde était appelé à l'honneur de défendre la religion et la patrie : de là une sorte d'égalité entre la première et les dernières classes, qui ne furent jamais ravalées au vilainage, comme dans les pays féodaux. On discutait le sol pied à pied, vallée par vallée : ce qui força de marquer chaque pas en avant par un établissement. A mesure qu'on avançait, les nobles couvraient le pays de châteaux (castille), et des colonies étaient transportées dans les villes conquises avec obligation de les défendre. Seigneurs dans leurs châteaux, bourgeois dans leurs villes étaient à peu près abandonnés à eux-mêmes et indépendants; comme ils eurent les inconvénients de cette liberté, ils en prirent aussi les avantages. Dès l'an 1020, Alphonse V institua les priviléges de la ville de Léon et lui donna un code destiné à régler l'administration de ses magistrats. D'autres *fueros* ou chartes furent distribués, dans le même siècle, à plusieurs autres villes; en général, ces chartes concédaient aux villes un territoire fort étendu, avec le droit d'élire leurs juges et leurs magistrats municipaux. Le roi n'avait dans les communes qu'un officier (*regidor*) chargé d'une surveillance générale, mais qui, à la vérité, sous Alphonse XI, prit une influence beaucoup plus grande. Il y avait trois classes en Castille : les *ricos hombres*, aristocratie des grands propriétaires; les *caballeros* ou *hidalgos*, petite noblesse exempte du payement des impôts à condition de servir à cheval, et les *pecheros* ou contribuables formant la bourgeoisie. A partir de 1169, les députés des villes furent admis dans les *cortès*, états généraux de la nation; en 1315, aux cortès de Burgos, on voit 192 députés élus par plus de 90 villes; mais plus tard le nombre de ces villes tomba à 18. Les droits des cortès étaient grands, et on y sentait la fierté espagnole. En 1393, ayant voté un impôt en faveur de Henri III, elles ajoutèrent que, s'il donnait des ordres pour en lever quelque autre sans leur autorisation, *ils seraient obéis et non exécutés*, vive expression du caractère castillan, respectueux, mais inflexible. On voit que les cortès tenaient au vote de l'impôt; quant à leur part dans le pouvoir législatif, on ne saurait la déterminer. Les *hermandades* (fraternités), ligues formées par les villes entre elles, étaient encore un moyen de tenir en respect l'autorité royale.

En Aragon, nous trouvons dans les *ricos hombres* de véritables seigneurs féodaux; ils reçoivent du roi des baronnies ou *honneurs*, qui les obligent au service militaire et qu'ils doivent diviser ou sous-inféoder. Au-dessous venaient les *mesnadaires*, autres vassaux immédiats, mais dont les fiefs n'avaient pas le titre de baronnies; puis les *infanzones*, simples chevaliers ou gentilshommes; enfin la classe des roturiers, divisée en bourgeois dans les villes et vilains dans les campagnes. Les vilains avaient été traités dans l'origine avec une dureté extrême, qui s'adoucit ensuite. Les cortès d'Aragon comprenaient quatre ordres appelés *brazos* (bras) : les prélats et commandeurs d'ordres militaires, les barons ou *ricos hombres* l'ordre équestre ou *infanzones*, et les députés des villes. Mais l'unité manquait au royaume d'Aragon : Aragon, Catalogne, Valence avaient leurs cortès séparées. Le *privilége d'union*, arraché en 1287, à Alphonse III, portait : 1° que les cortès seraient assemblées tous les ans à Saragosse; 2° que, si le roi usait de violence envers un membre de l'union sans y avoir été autorisé par la sentence du justicier, les autres seraient déliés de leur obéissance. Ce grand justicier ou *justiza*, de qui relevait le roi lui-même et qui couvrait de sa sauvegarde puissante et respectée les libertés du pays, est l'institution la plus remarquable des Aragonais. On connaît l'audace de leur formule de serment au roi : « Nous qui séparément valons autant que toi, et qui tous ensemble valons mieux que toi, nous t'obéirons si tu es fidèle aux conditions qui te sont imposées : sinon, non. »

Barcelone, entre toutes les villes espagnoles, s'était de bonne heure élevée à une grande prospérité par son commerce maritime. Le *Consulat des mers*, ou recueil des lois, coutumes pour la navigation et le commerce, fut rédigé par les Catalans au commencement du treizième siècle, et resta longtemps l'unique code des nations commerçantes de l'Europe.

Tandis que la Castille et l'Aragon entraient plus ou moins dans le mouvement européen, le Portugal, relégué à l'extrémité de l'Europe, s'ouvrait des voies nouvelles. Jean Ier, chef de la maison d'Avis, branche bâtarde de la maison de Bourgogne qui venait de s'éteindre (1383), assura par la grande victoire d'Aljubarotta (1385), l'indépendance du Portugal contre les prétentions de la Castille; pour en éterniser le souvenir, il éleva sur le champ de bataille le couvent de Batalha, une des plus magnifiques constructions du Portugal. Comme la croisade ne lui était plus possible dans la Péninsule, où la Castille lui barrait la route vers les Maures, il imagina de tourner l'attention de ses sujets vers l'Afrique. En 1415, il prit Ceuta. Son plus jeune fils, Henri, duc de Viseu, puisa

Couvent de Bathala.

dans cette expédition l'amour des voyages. Il s'établit, à son retour, au village de Sagres, sur le cap Saint-Vincent, y appela des marins, d'habiles géographes des pays étrangers, et y fonda une académie nautique. Il adopta pour devise cet adage français : *Talent de bien faire*, et le mit glorieusement en pratique. Grand maître de l'ordre du Christ, il en affecta les revenus à ses entreprises maritimes. En 1417, deux de ses navigateurs furent jetés par la tempête dans l'île du Puerto Santo, une des îles Madère; bientôt après, Pérestrello en découvrit une autre couverte de bois, qu'il appela pour cette raison *Madeira*, Madère. On mit le feu à ces bois; l'incendie dura sept ans, et sur le sol ainsi fertilisé, le prince Henri fit planter des vignes de Chypre et des cannes à sucre de Sicile. Le pape Martin V, pour encourager ces découvertes, accorda à Henri le droit de conquête et de souveraineté depuis les Canaries jusqu'aux Indes, avec indulgence plénière pour ceux qui périraient dans ces expéditions. Le zèle redoubla et fut encore encouragé par le succès de Gilianez, qui franchit, en 1433, le cap Bojador, si terrible par ses courants. Une *compagnie d'Afrique* se forma à Lagos et obtint des priviléges. Le cap Blanc, le cap Vert (1450) furent doublés, les Açores reconnues; la poudre d'or de l'Afrique et les nègres, dont le trafic commença, vinrent stimuler, sur le continent, deux puissants mobiles de l'activité humaine, la curiosité et la cupidité. Déjà les Portugais sont sur le chemin du cap de Bonne-Espérance; avant la fin du siècle, la route de l'Inde par mer sera trouvée et un nouveau monde ajouté à l'ancien.

États scandinaves : Danemark, Suède et Norvége : leur rôle tout secondaire depuis les Northmans.

La France, l'Angleterre, l'Espagne, l'Italie et l'Allemagne, c'est-à-dire le centre, l'ouest et le midi de l'Europe, ne formaient pas le monde du moyen âge tout entier. Au nord et à l'est, il y avait des États déjà importants et destinés à le devenir plus encore, mais que leur existence distincte, leur développement plus tardif, maintenaient presque en dehors du grand courant des faits et des idées de l'époque. Dans ces régions éloignées, dans cette autre portion du monde alors connu expirait le rayonnement du christianisme et de la civilisation et l'on y rencontrait la limite où commençaient les peuples barbares, païens et mahométans aux confins de l'Europe et de l'Asie.

Cette vaste zone, qui dépassait autant en étendue notre Europe occidentale qu'elle lui était inférieure en civilisation, renfermait divers groupes de peuples. Au nord les États scandinaves (Danemark, Suède et Norvége); à l'est, les États slaves (Pologne et Russie), qui confinaient aux Tartares-Mongols, situés plus à l'est encore et plongeant jusqu'au fond de l'Asie; au sud, les Hongrois ou Magyares et les Roumains; enfin, au sud-est, les Turcs-Ottomans, ne formant qu'un seul groupe avec l'empire grec, leur ennemi naturel et leur proie future, de même que deux lutteurs étroitement serrés l'un contre l'autre paraissent ne former qu'un seul corps.

Dans la première partie du moyen âge, les deux presqu'îles scandinaves ne révélaient au dehors leur existence que par les expéditions de pirates qu'elles lançaient à l'ouest et à l'est, sur les deux mers dont elles étaient baignées. Par la mer du Nord, les Northmans étaient arrivés en France, en Angleterre, en Islande, dans le Groënland et jusqu'en Amérique, par la mer Baltique, en Russie. Quand ces établissements eurent fermé aux Scandinaves les voies des conquêtes lointaines, ils commencèrent à vivre dans leur pays et à se civiliser. La conversion du Danemark au christianisme, commencée au neuvième siècle, consommée et sanctionnée au onzième par Kanut le Grand, qui régna aussi sur l'Angleterre, celle de la Norvége accomplie au dixième siècle et celle de la Suède au commencement du onzième, firent entrer ces pays dans la grande unité catholique, et l'on vit quelques guerriers scandinaves figurer dans les croisades.

La grandeur du Danemark reparut avec les deux frères Kanut VI (1182) et Valdemar le Victorieux (1202), qui, par la soumission des Vénèdes, sur la rive droite de l'Elbe, purent joindre le titre de roi des Vandales à ceux de roi des Danois, de duc de Jutland et de seigneur de la Nordalbingie; Hambourg, Lubeck, le Mecklenbourg, l'Esthonie, le Holstein, furent soumis momentanément à Valdemar. Ce roi fut législateur; on retrouve dans le *Code de Scanie* beaucoup de ses ordonnances. Il fit rédiger aussi, en 1240, le *Code de Jutland*. Déjà le goût des lettres commençait à se répandre dans le pays, les esprits à se cultiver, et l'Université de Paris recevait du Danemark de nombreux élèves.

Un siècle de discordes suivit ce grand règne. Le Danemark perdit, sous Valdemar III, l'Esthonie, conquise par les chevaliers teutoniques; il perdit encore le commerce de la Baltique, que la ligue hanséatique lui enleva et se réserva exclusivement par le traité de Stralsund (1370). Dans cette période, pourtant, l'aisance du pays s'était accrue, les villes avaient acquis de l'importance et s'étaient fait admettre dans la représentation nationale, depuis lors composée de trois ordres (1250). La fille de Valdemar III, la fameuse Marguerite, allait unir le Danemark aux deux autres États scandinaves.

L'élection souvent appliquée à la royauté et la rivalité des Goths et des Suéars ou Suédois rendirent fort agitée l'existence de la Suède. Sous Sverker, une dynastie nouvelle remplaça celle du fameux roi de mer Ragnard Lodbrog (1138), et le christianisme se développa assez dans le pays pour que saint Bernard y envoyât des moines. Éric le Saint, son fils, le porta dans la Finlande, qu'il conquit et où il fonda la ville d'Abo. A sa mort, l'unité nationale se prépara par la réunion des Suédois et des Goths sous Magnus.

La famille de Sverker s'éteignit à son tour en 1250. Birger, *jarl héréditaire des Suédois et des Goths, prince de Suède par la grâce de Dieu*, et chef de la famille des Folkungs, fut nommé régent pour son fils Valdemar, à qui les grands décernèrent la couronne. Birger gouverna d'une manière remarquable : il fonda Stockholm en 1253, pour remplacer, comme capitale, l'ancienne Sigtuna, réprima les guerres privées et les combats judiciaires, favorisa le commerce et releva la condition des femmes. « Les vieillards et les jeunes gens le pleurèrent, dit la chronique, les femmes, dont il avait rétabli et assuré les droits, prièrent pour son âme. »

Magnus Ladulas, ou la Serrure des Granges, fut implacable pour les bandits : de là son surnom. Il trouva de l'appui dans le clergé, qui l'autorisa à lever des impôts sur les biens ecclésiastiques, et dans les États de Stockholm (1282), qui accordèrent à la couronne la propriété des lacs, rivières, mines, forêts. De ces revenus il fit un noble usage, et appela de France l'architecte Étienne Bonneuil, pour construire à Upsal une cathédrale sur le modèle de celle de Paris.

Mais ses successeurs laissèrent l'autorité royale décliner et les partis reprendre le dessus. Magnus II l'Efféminé, réunit cependant, par succession, la Suède et la Norvége; mais il ne sut pas conserver ces deux royaumes, et le sénat les donna à ses fils Éric et Haquin, la Suède au premier, la Norvége au second. Éric étant mort, les Suédois proclamèrent Albert de Mecklenbourg. Mais l'affluence des Allemands qu'il attira à la cour et l'abandon qu'il fit de l'île de Gothland au roi de Danemark irritèrent les Suédois; ils appelèrent la fille du roi de Danemark, épouse du roi de Norvége.

Ce pays avait été encore plus agité que la Suède. La royauté, élective d'abord, n'y était devenue héréditaire que sous Magnus VII, en 1263. Ce roi, et, avant lui, Haquin V, avait donné à l'autorité royale une force passagère. Le commerce favorisé, des ports de mer creusés, de sages lois établies marquèrent les règnes de ces deux princes. Après eux, la décadence de leur dynastie alla croissant, jusqu'au moment où des princes suédois vinrent régner en Norvége, Magnus VIII et Haquin VIII, qui épousa Marguerite de Danemark et en eut un fils nommé Olaf. Quand Valdemar III, père de Marguerite, mourut, les Danois élurent pour roi Olaf, sous la tutelle de sa mère. Haquin VIII étant mort à son tour, les Norvégiens firent la même chose, et Marguerite, comme régente, gouverna les deux royaumes avec une grande habileté, en s'appuyant sur le clergé. Les Suédois, mécontents d'Albert de Mecklenbourg, invoquèrent son secours; elle battit ce prince à Falkœping (1389) et réunit sous son autorité les trois royaumes, état de choses que consacra la fameuse Union de Calmar (1397). Il y fut stipulé que les trois royaumes du nord formeraient une union permanente, seraient gouvernés par le même souverain et concluraient une alliance défensive, chacun cependant conservant sa législation particulière, sa constitution et son sénat. La succession au trône commun était réglée en détail.

Cet acte, qui semblait présager aux États scandinaves une grande puissance, n'eut qu'un effet passager. Après la mort de Marguerite (1412), l'union fut d'abord ébranlée, sous Éric le Poméranien, par la rébellion du Schleswig et du Holstein, et finit par se dissoudre complétement à la mort de Christophe le Bavarois (1448). Les Suédois s'en détachèrent alors et se donnèrent pour roi Charles Canutson, sous le nom de Charles VIII. Le Danemark et la Norvége, demeurés unis, choisirent Christian I*r*, de la maison d'Oldenbourg, qui, en 1459, rattacha au Danemark le Schleswig et le Holstein.

En résumé, pour les États scandinaves, rien de considérable depuis les pirateries des Northmans.

États slaves. Puissance de la Pologne; faiblesse de la Russie.

Les États slaves, situés entre la mer Baltique et la mer Noire, ne laissent entrevoir quelque chose d'eux-mêmes que dans le neuvième siècle. Les Polènes ou Polonais occupaient alors les bords de la Vistule. Piast, leur premier duc, fonda la dynastie qui a porté son nom et qui a régné en Pologne jusqu'en 1370, en Silésie jusqu'en 1675. Les Polonais furent convertis au christianisme dans le dixième siècle; l'empereur d'Allemagne Otton I*er* envoya un évêque à Posen. Otton III installa plus tard à Gnesen un archevêque en lui donnant pour suffragants les évêques de Cracovie, de Colbourg et de Breslau. La Pologne, soumise à cette époque à la suzeraineté de l'empire germanique, fut souvent mêlée aux affaires de l'Allemagne, soutint généralement les empereurs dans leurs guerres. Mais Boleslas I*er* Chrobri ou l'Intrépide (992) prit le titre de roi, et depuis ce moment la Pologne visa à une complète indépendance.

Elle fut puissante sous Boleslas III le Victorieux (1102-1138), qui soumit les Poméraniens et les força d'embrasser le christianisme. Le partage qu'il fit de ses États entre ses fils la fit retomber dans la discorde. La Silésie se sépara et devint un duché indépendant. Les *chevaliers teutoniques*, appelés au secours de la Pologne contre les Prussiens (voy. p. 319), ne tardèrent pas à devenir ses ennemis; ils lui enlevèrent toute chance d'accroissement sur les bords de la Baltique et lui arrachèrent, en 1343, la cession définitive de la Pomérellie et de la riche ville de Dantzick. Pourtant, à cette époque même, elle se releva. Wladislas IV Loketek, en réunissant les duchés de Posen et de Kalisck, et en prenant définitivement le titre de roi, que tous ses successeurs portèrent, donna au pays et au gouvernement l'unité et la force qui leur manquaient. Casimir III le Grand (1333) détourna l'activité des Polonais du nord et de l'ouest, où elle ne semblait pas devoir s'exercer avec succès et la dirigea vers l'est, où il enleva aux Russes la Russie rouge, la Podolie et la Wolhynie; la frontière polonaise arriva alors jusqu'au Borysthène.

Ces succès et les sages lois de Casimir préparaient à la Pologne une ère de prospérité; mais Casimir n'avait pas d'enfants et en lui se terminait la descendance directe des Piasts. Pour faire élire son neveu Louis de Hongrie, il fut obligé de permettre que la noblesse polonaise imposât au nouveau roi une capitulation par laquelle elle s'arrogeait des prérogatives, comme l'exemption de tout impôt. C'est l'origine des *Pacta conventa*. Louis, à son tour, mourut sans postérité, et, quoiqu'il eût désigné son gendre, Sigismond de Luxembourg, comme son successeur, la noblesse refusa de le reconnaître pour affermir, par un exercice fréquent, son droit d'élection. Elle offrit la couronne au grand-duc de Lithuanie, Jagellon, à condition qu'il épouserait Edwige, fille du dernier roi, et se convertirait avec sa nation (1386). C'était, au point de vue territorial, un choix fort heureux, puisque la Pologne se trouva ainsi doublée d'étendue, et, en effet, à partir de ce moment, elle prit sur tous ses voisins une suprématie éclatante. Les chevaliers teutoniques avaient conquis la Samogitie, acheté l'Esthonie et régnaient depuis l'Oder jusqu'au golfe de Finlande. Cette situation changea quand la Pologne et la Lithuanie furent sous un seul maître. Jagellon les vainquit à Tanneberg en 1410; en 1436, ils furent obligés d'abandonner la Samogitie et la Sudavie; trente ans après, le traité de Thorn (1466) renferma cette grande puissance teutonique dans les étroites limites de la Prusse orientale.

Mais, tout victorieux qu'il était, le fondateur de la glorieuse dynastie des Jagellons n'en était pas moins, par la faute même de son avénement, dans la dépendance de la noblesse polonaise, qu'il fut obligé de consulter, et pour assurer le trône à son fils et pour lever des impôts : c'est même sous lui que prit naissance l'usage des *nonces*, députés de la noblesse, et des *diétines*, qui introduisit à toute occasion dans le gouvernement cette noblesse vaillante, mais désordonnée, divisée, violente, toujours en armes, et trop semblable, même dans ses réunions délibérantes, à quelque horde tartare des steppes de l'Asie.

Passons à la Russie : nous connaissons ses humbles commencements, cette troupe de pirates varègues ou northmans, conduite par Rourik, qui vint se mettre en 862 au service de la puissante république marchande de Novogorod, sur les bords du lac Ilmen, et qui s'empara de la ville qu'elle devait défendre. Si les descendants de Rourik ne la gardèrent point, ils fondèrent des principautés qui furent l'origine première de la puissance russe. S'étendant de proche en proche, ces pirates audacieux descendirent le Borysthène sur leurs barques et allèrent chercher à Constantinople un service lucratif ou des aventures.

En chemin, ils prirent Kiew, forte position sur le Dniéper, et en firent leur capitale. Dans le siècle suivant, leurs relations, tantôt amicales, tantôt hostiles, avec Constantinople, amenèrent leur conversion au christianisme. Sous Vladimir Ier (980-1015) et sous Jaroslaf Ier (1019-1051), la puissance du grand-duché de Kiew fut respectable. Mais Jaroslaf, l'ayant divisée entre ses fils, en amena l'affaiblissement. Au douzième siècle, la suprématie passa du grand-duché de Kiew au grand-duché de Wladimir, sans tirer encore la Russie de l'impuissance où la division l'avait fait tomber. La loi d'aînesse n'existant pas en Russie, où elle ne fut introduite dans la famille tzarienne qu'au seizième siècle, les principautés étaient sans cesse partagées.

Une grande calamité, l'invasion des Mongols, au treizième siècle, ébranla encore et menaça d'abattre entièrement cette domination qui depuis quatre siècles ne venait pas à bout de s'établir avec solidité. On a vu (p. 310) les Mongols prendre Moscou en 1237, abattre le grand-duché de Kiew, rendre celui de Wladimir tributaire, et après la Russie vaincre la Pologne, la Silésie, la Moravie et la Hongrie, mais sans les occuper; tandis que les Russes restèrent deux siècles sous le joug des Tartares de la *horde dorée*. Ils étaient tenus de payer tribut, et la moindre infraction coûtait la vie aux grands-ducs, qui devaient, à leur avénement, demander au Khan la confirmation de leur dignité. Un d'eux, pourtant, Dimitry III, tenta de résister, et, profitant des discordes de la horde d'or, vainquit les Tartares sur le Don, ce qui lui valut le surnom de Donski (1380); mais ce fut un succès éphémère; la Russie retomba dans la sujétion et n'en fut tirée que par Ivan III au commencement des temps modernes. Depuis 1328 la capitale de la Russie était Moscou, au vrai centre du pays. Novogorod, Kiew et Wladimir avaient été successivement la résidence des grands princes.

Peuples de la vallée du Danube; les Hongrois.

Le bassin de ce beau fleuve ayant été la grande route des invasions d'Orient en Occident, les nationalités s'y mêlaient, comme les armées s'y étaient heurtées, depuis la mer Noire jusqu'aux montagnes de l'Autriche. On y voyait des hommes de toute race. Sur le vieux fonds des anciennes émigrations gauloises qu'Alexandre y trouva et des Daces que Trajan y combattit s'étaient tour à tour superposés des colons romains venus de toutes les provinces et surtout d'Italie, puis des Goths, des barbares asiatiques, Huns, Avars, Bulgares, Petschénègues, Khazares, Cumans, Hongrois et Magyares, enfin des Slaves.

On a vu précédemment (p. 191) l'établissement des Hongrois dans le bassin du Danube moyen, leurs courses jusqu'à l'Atlantique et leur défaite à Augsbourg, en 956, qui les enferma dans le pays resté leur patrimoine. En l'an mil, l'empereur Otton III donna le titre de roi au duc Waïk, depuis si fameux sous le nom de saint Étienne, et notre premier pape français Sylvestre II lui envoya la couronne *angélique*. C'est une longue histoire et bien controversée que celle de cette couronne à laquelle les Hongrois rendent presque un culte superstitieux, de même qu'ils font du couronnement de leur roi, plus qu'aucun autre peuple, un acte indispensable pour la légalité de son pouvoir. Les uns croient que c'est une couronne de l'empereur grec Héraclius, tombée en 619 aux mains des Avars; Pepin, fils de Charlemagne, la conquit avec les trésors de l'Avarie et la donna au pape comme sa part de butin; Sylvestre II l'aurait rendue au nouvel héritier des Avars. D'autres, en y voyant des têtes d'empereurs byzantins et des inscriptions grecques, supposent qu'elle a été fabriquée à Constantinople pour saint Étienne. C'est le palladium et comme le talisman de la Hongrie. Un roi qui ne l'a pas portée à son sacre n'est vraiment pas le roi des Magyares.

Saint Étienne remplaça la division en huit tribus par celle en palatinats ou comtés. Des *ispans* y rendaient la justice et exerçaient le pouvoir militaire sous la surveillance du Nandor-Ispan ou palatin de Hongrie, sorte de maire du palais qui avait une très-grande autorité. Chaque comté envoyait deux ou trois députés à l'*assemblée des États*. Les villes n'étaient point représentées, parce qu'il y en avait fort peu et qu'elles n'étaient point habitées par les conquérants. Cent huit familles avaient suivi Arpad en Hongrie. Chacune avait eu son lot de conquête qui restait franc d'impôt. Les descendants de ces familles formaient la classe des nobles. Au-dessous étaient les grands et les petits vassaux du roi, obligés par leurs fiefs au service militaire, puis venaient les colons allemands formant des communes privilégiées; plus bas les paysans libres, enfin les serfs et les esclaves.

Le code que saint Étienne donna montre les mœurs de ce peuple : le *wehrgeld* ou composition en est la base, et le prix du sang est payé avec ce qui était et est encore la grande richesse du pays, des vaches. Pour tuer sa femme, cinq vaches; dix si l'on est noble, cinquante si l'on est comte. Le meurtre d'un homme libre coûtait au serf cent dix vaches; un premier vol, le nez ou cinq vaches; un second, les oreilles; un troisième, la vie.

Au milieu du onzième siècle, le puissant empereur d'Allemagne, Henri III, rétablit, après une victoire, un roi chassé, Pierre, que les Hongrois flétrirent du sobriquet d'*Allemand*. Il l'obligea à lui céder l'Avarie à l'ouest de la Leitha (Vienne et l'archiduché d'Autriche), et à tenir son royaume en fief de l'empire. Mais la nation se souleva contre cette trahison.

Pierre fut aveuglé, jeté dans une prison où il mourut, et l'odieux lien de vasselage fut brisé.

Ladislas Ier, le saint Louis des Hongrois, agrandit son pays de deux côtés : à l'est, il vainquit les Cumans sortis de la Valachie, qu'il établit aux bords de la Theiss ; de plus, il força les Petschénègues de la Transylvanie [1] à reconnaître la suzeraineté des rois magyares ; au sud-ouest, il conquit un grand État. Après la destruction par les Francs carlovingiens de la domination avare, des Slaves de la Bohême nommés Khrowates, c'est-à-dire montagnards, avaient envahi la partie de l'ancienne Pannonie, située aux bords de la Save, et la Liburnie sur le rivage de l'Adriatique, pays qui prirent d'eux les noms de Croatie et d'Esclavonie. Dans le même temps, d'autres Slaves ou Sorabes étaient arrivés de la Lusace dans la Dalmatie, dont ils ont renouvelé la population. Ces Slaves reconnurent d'abord la souveraineté de Charlemagne, puis se rendirent indépendants sous des chefs nationaux. Il y eut alors un puissant royaume de Croatie qui domina de la Drave jusqu'à Raguse, et, au temps de Grégoire VII, se reconnut vassal et tributaire du saint-siège.

Ce fut ce royaume que Ladislas soumit en 1088. De cette conquête qui permit aux chefs magyares d'ajouter à leur titre ceux de rois de la Croatie et de la Dalmatie, date la prétention encore vivante parmi les Hongrois de regarder ces pays comme partie intégrante du royaume de Hongrie.

Sous Geisa II, qui régna de 1141 à 1161, la Transylvanie, dévastée par tant d'incursions, fut repeuplée par des colons saxons et frisons qu'il y appela en leur accordant de grands priviléges. Ils y bâtirent sept villes sur autant de collines ; de là le nom allemand de la Transylvanie, *Siebenburgen*, les sept villes. Hermanstadt, ainsi nommée d'un habitant de Nurenberg, en fut la capitale. Aujourd'hui encore, les villages saxons de la Transylvanie se reconnaissent à la propreté des maisons et des rues, au bon état des cultures et souvent aux inscriptions morales ou pieuses qu'ils font placer au-dessus de leurs

---

1. On nommait Transylvanie, c'est-à-dire au delà de la forêt, le pays adossé aux montagnes de Valachie qui s'étendait à l'ouest jusqu'à la grande forêt dont étaient couverts les comtés de Szolnok et de Kraszna.

portes. Quant aux Petschénègues, Geisa les cantonna vers les sources du Maros et de l'Aluta. Leurs descendants y sont encore sous le nom de Szekelyek, dont en latin on a fait Siculi, et qui selon les uns signifie *gardiens*, selon d'autres les hommes des cantons ou siéges (*szeck*).

André II (1205-1235), le chef d'une cinquième et bien inutile croisade, est l'auteur d'une partie des maux dont la Hongrie a eu tant à souffrir. Il donna à ses peuples une constitution qui organisa l'anarchie en statuant par sa *bulle d'or* (1222) que si le roi violait les priviléges de la noblesse, il serait permis de lui résister par la force, sans que cette résistance pût être taxée de rébellion.

En 1301, la race mâle d'Arpad s'éteignit. Boniface VIII, considérant la Hongrie comme un fief du saint-siége, déclara que la couronne devait revenir à un prince de la maison d'Anjou établie à Naples, à Charles-Robert ou Charobert qui par les femmes descendait d'Arpad. Une dynastie française s'assit sur le trône de saint Étienne. Son plus illustre et presque son seul représentant fut Louis le Grand (1342-1385), qui conquit Naples deux fois, mais pour venger son frère et sans vouloir garder ce royaume, remporta de nombreux avantages sur les princes de Servie, de Bosnie, de Moldavie et de Bulgarie qui reconnurent sa suzeraineté, fut élu roi de Pologne à la mort de Casimir le Grand, et pour finir par une célébrité qui dure encore, tandis que toutes ses conquêtes furent éphémères, planta les fameux vignobles de Tokai.

Louis régnait depuis les bouches de Cattaro jusqu'à l'embouchure de la Vistule, et de l'Autriche à la mer Noire. C'était une grande domination, mais il n'avait pas de fils; elle croula après lui. Sa fille Marie avait épousé un prince allemand, Sigismond, qu'elle fit asseoir avec elle sur le trône de Hongrie. C'est ce prince qui fit la désastreuse croisade de Nicopolis contre les Turcs en 1396, et fut élu empereur d'Allemagne en 1410.

Sigismond n'eut malheureusement pas plus de fils que Louis, et un mariage, celui de sa fille avec Albert d'Autriche, livra une première fois, en 1437, la Hongrie à la maison de Habsbourg. Albert ne régna que deux ans. La reine, après sa mort, donna le jour à un fils, Ladislas le Posthume, que toute la nation reconnut pour roi. Mais déjà des ambassadeurs étaient allés offrir à Wladislas, roi de Pologne, la main de la veuve royale. Ce prince, proclamé par une faction, accepté de l'autre comme régent du jeune roi, périt à la désastreuse journée de Varna en 1444. Mais nous voilà arrivés au milieu des invasions ottomanes et des exploits de Jean Huniade, qui fut donné comme régent au jeune Ladislas; ce qui nous reste à dire de la Hongrie sera mêlé à l'histoire des Turcs.

Serbes, Bosniaques, Bulgares et Roumains.

On a vu que des Sorabes partis de la Lusace au septième siècle étaient venus chercher fortune au sud du Danube. L'empereur grec Héraclius les avait établis en Thessalie; ils se fatiguèrent de ce séjour, se rejetèrent dans les montagnes et arrivèrent au confluent de la Save et du Danube, où ils s'arrêtèrent. Ils y fondèrent un État qui eut beaucoup à souffrir de ses voisins de l'est et du nord, les Bulgares et les Hongrois, qui se maintint pourtant, et, au milieu du onzième siècle, s'affranchit de l'autorité des empereurs grecs. A cette nouvelle, les légats pontificaux accoururent et promirent l'appui de l'Occident. Le pape Honorius III donna au grand zupan Étienne le titre de roi, en échange de celui de vassal du saint-siége. Cette bonne amitié ne dura guère. En 1221, le rite grec prévalut de nouveau; les Serviens n'avaient plus besoin de personne. En 1340, Étienne IV rendit la Bulgarie tributaire et prit les titres de tzar de Romanie, d'Esclavonie et d'Albanie. Dix ans plus tard, il soumit la Bosnie; toute la rive droite du Danube et une partie de celle de la Save lui appartenaient; il allait marcher sur Constantinople à la tête de 80 000 hommes, lorsqu'il mourut. Il avait écrit dans son code de 1349 : « Celui qui, après avoir été suffisamment exhorté et averti par le clergé de rentrer dans le sein de l'Église orthodoxe, persistera à vivre dans la religion catholique, méritera la mort. »

Mais cette grandeur tomba avec le prince qui l'avait portée le plus haut. Les *krals* ou gouverneurs généraux qu'il avait eu l'imprudence d'établir firent défection, et, dès l'année 1373, la Servie, réduite à peu près à ses proportions actuelles, devint tributaire des Turcs.

La Bosnie, ravagée souvent par les Esclavons et les Hongrois, mais non occupée, garda ses chefs indigènes, les bans de Bosnie qui, vers la fin du treizième siècle, furent reconnus par les Hongrois princes indépendants, et Twarko Étienne se fit en 1376 couronner roi de Bosnie, de Rascie et des côtes de la mer (Spalatro, Trau, Cattaro, etc.). Des guerres civiles, des guerres religieuses ruinèrent cette puissance. Le royaume de Bosnie, tributaire des sultans en 1446, devint une de leurs provinces en 1463. Les zupans du Monténégro firent aussi soumission, mais de parole bien plus qu'en réalité.

Les Bulgares, après avoir tant de fois fait trembler Constantinople, étaient tombés à deux reprises différentes sous les coups des Grecs byzantins. En 968, ils avaient promis le tribut aux Russes qui, de bonne heure, on le voit, cherchèrent à s'assurer la route des Balkans, tandis que leurs flottes s'efforçaient d'arriver par la mer Noire à la Corne d'or. Quelques années plus tard, ils le payèrent aux Grecs comme sujets. Un de leurs princes, réfugié dans les montagnes de l'Albanie et de la Macédoine, y fonda une seconde Bulgarie que l'empereur Basile abattit en 1018. Une troisième fut formée par des Valaques en 1186; c'est l'État que Villehardouin appelle royaume de Blaquie et de Bougrie, et qui fut d'un si fâcheux voisinage pour l'empire latin de Constantinople. Le premier de ces empereurs latins fut le prisonnier et la victime du kral bulgare, sort que Bajazet infligea, en 1396, au dernier des rois de cette nation.

Les Carpathes, qui courent des montagnes de la Bohême et de la Moravie jusqu'à la mer Noire, envoient entre la Transylvanie et la Valachie un puissant contre-fort qui vient mourir sur le Danube, au passage fameux des Portes-de-Fer. Elles décrivent donc au nord de ce fleuve, à partir de ce point jusqu'à son embouchure, un arc de cercle qui renferme une plaine immense d'une incomparable fertilité et qui, à l'orient, va se confondre avec la grande plaine russe. Là on voit, aussi loin qu'on puisse pénétrer dans la nuit des temps, des Daces nombreux, braves, qui se firent payer une solde militaire par Domitien, et dont Trajan ne vint à bout qu'après les plus persévérants efforts. Il appela dans la Dacie, devenue sa conquête, de nombreux colons romains, et aujourd'hui encore on reconnaît comme deux races différentes dans la population, l'une méridionale, aux yeux noirs, brune de peau et de chevelure; l'autre aussi blonde que les enfants de la Scandinavie. Les invasions successives refoulèrent la population indigène dans les montagnes; chaque fois que l'ouragan avait passé, elle redescendait dans la plaine, et, au bout de quinze siècles, elle parle encore une langue néo-latine, preuve que le mélange des nations a pu altérer, mais non changer la nationalité roumaine.

Ces Roumains, qui couvrent encore la Moldavie et la Bukowine, occupent aussi une partie de la Transylvanie, et ce fut de là que sortit leur premier prince, Radu Negru, chef transylvain qui chassa, en 1241, les Mongols de la Valachie et resta maître de ce pays, malgré les Hongrois. Ses successeurs eurent beaucoup de guerres à soutenir pour conserver cette indépendance, jusque vers la fin du quatorzième siècle, où les Turcs parurent. Marcea Ier commit la faute de les aider à renverser le royaume vlaquo-bulgare de la rive droite du Danube; il fut lui-même, après la destruction de l'empire serbe, dans la plaine de Cassovie, contraint de payer tribut (1393). Il prit part néanmoins à la croisade de Nicopolis et n'échappa au commun désastre que par la promesse d'une soumission qu'il n'accorda point. En 1460, nouveau traité avec les Turcs. La Valachie se reconnut vassale et tributaire des sultans, à condition de conserver sa complète autonomie administrative. Un Turc n'eut même pas le droit de pénétrer dans la principauté sans la permission du prince, et ne put y rien acquérir.

La principauté de Moldavie, qui prit naissance vers le même temps que celle de Valachie, après l'expulsion des Mongols, eut longtemps à payer tribut aux Polonais. Son chef le plus glorieux, Étienne IV, « l'Athlète du Christ, » n'appartient pas à la période dans laquelle nous devons nous renfermer. Il ne nous reste donc plus, pour terminer cette rapide histoire de l'Europe orientale vers la fin du moyen âge, qu'à raconter la chute de l'empire grec et la formation sur ses ruines du nouvel empire des derniers envahisseurs de la chrétienté.

L'empire grec, les Turcs Ottomans et les Mongols de Timour.

L'empire latin que la quatrième croisade avait élevé à Constantinople n'avait pas duré beaucoup plus d'un demi-siècle. Fondé en 1204, il fut renversé en 1261 par le cinquième empereur de Nicée, Michel Paléologue, dont la dynastie régna presque sans interruption jusqu'en 1453. Cette restauration des princes grecs ne rendit pas la vie à l'empire. Les Hongrois dominaient sur la rive gauche du Danube, les Serbes et les Bulgares, sur la rive droite; des princes latins, Venise, Gênes, qui avait un faubourg même de Constantinople, Galata, retenaient les îles et la Grèce; les Turcs occupaient les neuf dixièmes de l'Asie Mineure; enfin Charles d'Anjou, de son royaume de Naples, menaçait d'aller relever dans la capitale l'étendard latin. Michel effrayé essaya de conjurer l'orage en gagnant le pape. Ses députés vinrent faire au concile de Lyon (1274) une profession de foi orthodoxe qui ne trompa personne. Les vêpres siciliennes et la mort de Charles d'Anjou le délivrèrent du danger qu'il redoutait le plus. Son successeur Andronic II (1282) en vit un autre plus redoutable, le progrès des Turcs Ottomans. Contre eux il appela des mercenaires catalans qui vainquirent les musulmans, mais firent trembler Constantinople. Andronic se débarrassa de leur chef en le faisant assassiner; il ne put empêcher 1500 de ces aventuriers de s'emparer de Gallipoli et de s'y proclamer « l'armée des Francs régnant dans la Thrace et la Macédoine. » L'empire fut pendant cinq années incapable de se défendre contre de pareils ennemis. Vint ensuite la guerre civile, Andronic II fut enfermé dans un couvent par son petit-fils Andronic III (1332) qui, malgré ce hardi commencement, se montra prince indolent, bien plus préoccupé de querelles théologiques, que de résister aux Turcs et aux Bulgares qui heurtaient aux portes de l'empire; il laissait le soin de les combattre à Jean

Cantacuzène. Quand il mourut, sa femme voulut proscrire le général heureux et redouté. Cantacuzène chaussa les brodequins de pourpre, fit alliance avec les Turcs, et une guerre civile de six années épuisa les derniers restes de force qu'avait encore l'empire. Cantacuzène, victorieux par l'aide des Osmanlis, partagea d'abord le pouvoir avec son pupille Jean Paléologue, fils d'Andronic III, puis l'enferma dans un monastère ; mais il vit ses alliés s'établir à demeure à Gallipoli, ce qui leur ouvrait l'Europe, puis les Génois ramener Paléologue dans Constantinople, d'où il sortit à son tour pour aller le remplacer dans un couvent (1357). L'histoire de l'empire n'est plus que celle d'une lente agonie qui dure un siècle, non pas que ce fût la lutte d'un corps vigoureusement constitué qui se débat contre la mort, mais, tout simplement, parce que les Turcs oublièrent Constantinople pour courir jusqu'aux bords du Danube.

Mais qu'étaient donc ces Turcs si redoutables ?

Un chef de Turcomans de Kharisme, Othman, parut, vers 1269, dans l'Asie Mineure, où la ruine du royaume des Seldjoucides lui permit de s'étendre paisiblement. Il était un des dix émirs révoltés qui renversèrent en 1294 le dernier sultan d'Iconium[1]. En 1325, il prit Brousse en Bythinie, mais rien n'annonçait que cette petite peuplade pût jamais devenir bien redoutable. Quand Othman mourut l'année suivante, on trouva pour sa succession une cuiller, une salière, une robe de cérémonie, un turban neuf, des chevaux, quelques attelages de bœufs et un troupeau de moutons : c'était bien l'héritage d'un chef de Turcomans.

Son fils Orkhan prit Nicomédie et Nicée ; toute la Bythinie et peu de temps après la Mysie avec Pergame sa capitale lui obéirent. Les Osmanlis s'étendaient donc le long des beaux rivages que baignent le Bosphore, la Propontide et l'Hellespont. De là ils voyaient briller sur la rive opposée les villes nombreuses que dominait la croix de Constantin, et ils couvaient incessamment des yeux la grande et riche Constantinople. Une nuit, disent les historiens turcs, Soliman, fils

---

[1]. Les historiens byzantins ont voulu conquérir leurs maîtres. Frantzy, protovestiaire (grand chancelier) de Constantin Dragosès, fait d'Othman le petit-fils d'un Comnène qui avait passé à l'islamisme.

d'Orkhan, était assis au milieu des ruines de Cyzique, regardant, aux rayons de la lune, scintiller cette mer de Marmara qui conduisait vers l'objet de son ardente convoitise. Il lui sembla que les ombres des ruines colossales de la cité détruite s'allongeaient devant lui comme un pont sur la mer, et en même temps des voix mystérieuses lui rappelaient que l'empire du monde avait été promis à sa race. « C'est là un signe de Dieu, » dit-il. Le jour venu il fit commencer deux radeaux sur lesquels il monta avec 39 hommes. Un empereur grec l'avait récemment appelé à son aide contre un compétiteur, et Soliman, à la tête de 10 000 cavaliers, avait parcouru, ravagé toute la Thrace et la Bulgarie. Au retour, il avait remarqué combien les Grecs gardaient mal leurs forteresses du détroit. Avec ses 39 hommes il surprit une d'elles. Un tremblement de terre lui livra quelque temps après la plus forte place de cette région, Gallipoli, d'où les habitants effrayés s'échappaient, fuyant ce qu'ils croyaient être la colère du ciel. Elle entrait dans leur ville, mais c'étaient les Turcs qui la portaient dans leurs mains. De ce jour ils prirent pied en Europe (1356). En ce temps-là, l'empire grec avait trois empereurs, l'un à Constantinople, l'autre à Thessalonique, le troisième à Andrinople.

Orkhan avait 70 ans alors, et ne pouvait plus profiter de ces divisions déplorables d'un peuple qui semblait se livrer lui-même. Soliman le précéda au tombeau, s'étant tué d'une chute de cheval, mais il légua à son frère Amurath son ambition et son ardeur. Orkhan avait commencé la création de la redoutable milice des janissaires, l'organisation politique et judiciaire de ses provinces. Dans chacune il avait placé un gouverneur ou pacha, de qui relevèrent les cadis établis dans les villes.

Amurath acheva l'organisation des janissaires. Cette redoutable infanterie se recruta surtout d'enfants chrétiens robustes, faits prisonniers ou enlevés à leurs familles, qu'on instruisait dans la loi musulmane, de manière à leur inspirer un ardent fanatisme, et qu'on soumettait ensuite à la plus sévère discipline. Amurath songea sans doute, en les organisant, aux ordres militaires des chrétiens, car il affilia ses nouveaux soldats à une confrérie religieuse fondée par Hadji-Begtasch, et il les envoya à ce saint personnage pour qu'il leur donnât un nom. Le saint, lorsqu'ils parurent en sa présence, mit la manche de sa robe sur un de leurs chefs et s'écria : « Qu'on les appelle Yengi-Chéri (nouveaux soldats) : que leur contenance soit toujours sûre, leurs mains toujours victorieuses, leur épée toujours tranchante et leur lance toujours suspendue sur la tête de leurs ennemis, et quelque part qu'ils aillent, qu'ils puissent revenir avec un visage toujours brillant. » Le cheikh ou chef des Begtaschi était colonel dans un régiment de janissaires et huit derviches demeuraient dans leurs casernes, y priant nuit et jour pour le salut de la Porte Ottomane et pour le succès des armes de la famille guerrière de Hadji-Begtasch. Afin de les bien convaincre de la sollicitude du sultan pour leur bien-être, leurs officiers s'appelaient l'inspecteur de la soupe, le chef des cuisines, etc., et le conseil s'assemblait autour du chaudron du régiment. Quand les habitants de Constantinople voyaient les janissaires apporter leurs marmites sur les places, c'était signe de quelque grave événement, un vizir ou un sultan allait périr ou une grande guerre contre les chrétiens allait commencer.

Les janissaires formaient l'infanterie, les spahis furent la cavalerie régulière de l'armée ottomane. On leur assigna à tous des lots de terre, *ziam* et *timar*, sorte de fiefs militaires, les premiers plus considérables, les autres plus petits, qui pourtant ne constituèrent pas de féodalité parce qu'ils ne furent point héréditaires. Des chrétiens, les *Woïnak*, furent chargés, moyennent l'exemption de tout tribut, de faire, en temps de guerre, le service des écuries et des transports. Aux troupes régulières se joignait la multitude des troupes irrégulières, les *Asab* ou fantassins, les *Akindji* ou cavaliers. Cette forte organisation militaire promettait des succès et en donna.

Soliman avait ouvert aux Turcs les portes de l'Europe. Sous Amurath, ils s'y lancèrent, mais avant d'attaquer directement Constantinople, ils tournèrent autour d'elle. Amurath prit Andrinople (1360), où il transféra sa résidence, bien que la même année il eût prit Ancyre, au centre de l'Asie

Mineure. Mais lorsqu'il planta sa tente au milieu d'ennemis implacables, il imposait aux siens la nécessité de vaincre encore, et en s'établissant dans la seconde ville de la Thrace, il les obligeait à prendre un jour ou l'autre la première.

Jean Paléologue, empereur de Constantinople, pour conjurer le péril, rentra dans l'obéissance du saint-siége. Il vint lui-même à Rome, et l'union des deux Églises fut solennellement proclamée (1369). On lui avait fait de brillantes promesses. Le pape ne put les tenir, et le malheureux empereur épuisa à ce voyage ses dernières ressources. Quand il voulut repasser en Orient, il fut retenu à Venise par ses créanciers, et pour le tirer de leurs mains, Manuel, son fils, dut vendre tout ce qu'il possédait. Cependant un ermite de Savoie avait amené quelques croisés sur des vaisseaux vénitiens et repris pour quelque temps Gallipoli (1366); d'autres, avec le roi de Chypre, avaient dévasté Alexandrie. C'étaient là des courses de flibustiers, non une guerre sérieuse. La domination turque n'en fut pas un instant ébranlée, et Paléologue se décida à payer tribut au sultan, à se reconnaître son vassal, à le suivre dans ses guerres; il le suivit du moins dans celles qu'Amurath engagea avec les émirs seldjoucides de l'Asie Mineure, dont la plupart furent contraints de se soumettre.

Au delà du mont Hœmus ou Balkan, dans la grande vallée du Danube, habitaient de vaillants peuples chrétiens qui trouvaient leurs nouveaux voisins bien plus à craindre que les Grecs décrépits de Constantinople. Plusieurs d'entre eux s'unirent, dès l'année 1363, pour écraser les Turcs, et vinrent les chercher sur les bords de la Maritza, non loin d'Andrinople. Leur défaite assura l'établissement des Ottomans dans la Thrace. Amurath rendit guerre pour guerre. Froissart raconte qu'il envoya au prince de Servie des ambassadeurs conduisant un mulet chargé d'un sac de millet. « Autant ce sac renferme de grains, dirent-ils, autant notre sultan compte de guerriers. » Le prince ne répondit pas, mais fit ouvrir le sac, répandre le grain à terre, et le donna à manger aux oiseaux de la basse-cour. Au bout de quelques instants il ne restait plus rien. « Ainsi disparaîtront vos gens, dit-il, et vous voyez qu'il n'y en a pas assez. » A en croire le chroniqueur ou plutôt le roi d'Arménie qui lui avait conté cette histoire, une armée turque de 60 000 hommes fut presque entièrement anéantie par les Serviens.

Amurath cependant prit Sophia, principale ville des Bulgares (1382), et en 1389 livra aux princes de Servie et de Bosnie la bataille fameuse du Champ des Merles, dans la grande plaine de Cassovie, qu'arrose le Drino supérieur. Il fut vainqueur, mais un Servien, Milosch Kobilovich, qu'on avait accusé de trahison, voulut venger son peuple et lui-même; il pénétra jusqu'au sultan, en se donnant pour un transfuge, et lui plongea son poignard dans la poitrine. Le prince de Servie, pris dans l'action, fut tué à coups de sabre avec ses principaux officiers sous les yeux du padischah expirant. Les Turcs ont surnommé Amurath Khodovendikar, l'ouvrier de Dieu. Son fils Bajazet Ilderim, où l'Éclair, lui succéda.

Le premier acte du nouveau sultan fut le meurtre de son frère, et ses premiers combats des expéditions en Asie Mineure pour achever la soumission des petits princes turcs et la conquête des dernières villes grecques de cette région. Un grand danger le rappela, en 1396, sur le Danube. C'était, cette fois, une vraie croisade. Le roi de Hongrie Sigismond la commandait; une foule de chevaliers français en faisaient partie; à leur tête était le fils du duc de Bourgogne, Jean sans Peur. Cette brillante chevalerie porta à Nicopolis la présomptueuse témérité qu'elle avait montrée à Crécy, à Poitiers. Tout fut tué. Les vainqueurs pénétrèrent jusqu'à la Save, et dans la Thessalie, dans la Morée, où ils prirent Argos (1397). On commença à trembler dans les montagnes de l'Autriche et par delà l'Adriatique.

Comment vivait Constantinople au milieu de ces victoires des Turcs? Dans un perpétuel effroi et en conjurant la colère du sultan par une abjecte soumission. Jean Paléologue lui payait un tribut de 30 000 écus d'or et l'aidait avec un corps de 12 000 hommes à conquérir les villes grecques d'Asie Mineure. En 1391, il bâtissait deux tours auprès d'une des portes de la ville, Bajazet lui ordonna de les démolir, s'il ne voulait pas que son fils Manuel, qui servait alors la Porte, eût les yeux crevés. Il obéit. Ce même Manuel, à la mort de son père, s'échappa de la cour du sultan pour retourner à Constantinople. Bajazet bloqua aussitôt la ville, et ce blocus dura sept ans, jusqu'à ce qu'il eût été accordé aux Turcs une mosquée et un cadi dans la ville même. En 1400, Manuel sollicita de l'Europe un nouvel effort. Il vint à Paris, à Londres, étalant toutes les misères du grand titre qu'il portait, mendiant jusqu'à quelque argent pour vivre. Il s'estima heureux d'obtenir de la France une pension de 30 000 écus. C'en était fait de l'empire grec, quand un secours plus efficace lui vint d'où on ne l'attendait point.

Tamerlan (Timour, surnommé Lenk ou le Boiteux) descendait de Djenghyz par les femmes; son père, chef de tribu, possédait une petite province aux environs de Samarcande L'empire du Djaggathai [1] s'était morcelé en une multitude de petites principautés, dont les chefs, étaient en guerres continuelles les uns contre les autres. Timour se mêla de ces combats, y montra beaucoup de valeur et y acquit un grand renom. En 1370, il se trouva assez fort pour renverser le khan de Samarcande. Deux ans après, il commença ses conquêtes. Les premières furent le Kharisme (ou Turkestan occidental, au sud du lac Aral) et le royaume de Kachgar (Turkestan chinois ou petite Boukharie), puis les provinces voisines de la Perse; en 1385, il tourna la mer Caspienne par le sud, prit Tauris, Kars, Tiflis et soumit quelques-uns des montagnards du Caucase et de l'Arménie. En 1387, il entra dans Ispahan, où 70 000 personnes furent égorgées. A Sebsvar, dans le Khoraçan, il avait déjà fait massacrer la population tout entière, ne réservant que 2000 hommes qu'on entassa vivants les uns sur les autres, avec du mortier et de la brique pour servir de fondements à plusieurs tours qu'il fit bâtir. Plus tard, avant d'arriver à Delhi, 100 000 captifs l'embarrassaient, il les égorgea. Il se plaisait à élever aux portes des villes des

---

[1]. Djaggathai, deuxième fils de Djenghys-khan, avait donné son nom à un des quatre royaumes formés en 1227 du démembrement du premier empire mongol. Ces quatre États étaient à l'O., le *Kaptchak* (Russie méridionale) ou domaine de la Horde d'or; au S., l'*Iran* (la Perse), à l'E., la *Mongolie propre* et la *Chine*, au centre le *Djaggathai* (Turquestan).

pyramides de vingt et trente mille têtes. Attila et ses Huns étaient dépassés.

En 1390, il entreprit de renverser l'empire de la Horde d'or dans la Russie méridionale. Il gagna du moins une grande bataille près du Volga, soumit deux ans après ce qui restait de la Perse, entra dans Bagdad, Bassora et Mossoul, et, provoqué de nouveau par le khan du Kaptchak, franchit le Caucase par le défilé de Derbent, à la tête de 400 000 combattants, et parcourut victorieusement le pays jusqu'aux environs de Moscou. Le manque de fourrage et la rigueur du climat l'obligèrent à la retraite. Il n'avait pas renversé la domination de la Horde d'or, mais en l'affaiblissant il avait préparé l'affranchissement de la nation russe.

En 1398, on le trouve à l'autre extrémité de son empire et de l'Asie. Il avait alors 62 ans : ni l'âge ni la fatigue n'avaient de prise sur lui ; il rêvait la conquête des Indes. Ses émirs lassés voulaient du repos, il leur lut le Coran, qui oblige au combat éternel contre les idolâtres, et à la tête de 92 000 cavaliers et d'une infanterie innombrable, il se précipita sur les rives de l'Indus et du Gange, semant partout l'épouvante. Delhi fut horriblement saccagé et les princes de l'Hindoustan domptés[1]. L'an d'après, le terrible voyageur, duquel on pouvait dire qu'il fatiguait la victoire et la mort à le suivre, était en Géorgie au pied du Caucase. C'est là que vinrent le trouver les députés tremblants de l'empereur grec et quelques princes seldjoucides que Bajazet avait dépouillés. Les deux puissants monarques qui faisaient trembler l'Europe et l'Asie échangèrent des lettres hautaines, préludes d'une guerre terrible. Avant que cette guerre éclatât, Timour eut le temps de vaincre le sultan d'Égypte et d'incendier Alep, Damas et Bagdad. Après la prise de cette dernière ville, il érigea comme trophée un obélisque de 90 000 têtes d'hommes (1401). A Alep c'étaient des tours de 10 coudées de hauteur, de 20 de circuit, qu'il avait fait construire avec des têtes humaines.

[1]. On croit que c'est à une tribu indienne chassée par les Mongols de Timour qu'il faut faire remonter l'origine des Tsiganes ou Bohémiens dont l'Europe fut infestée au quinzième siècle.

Le 16 juin de l'année suivante se rencontrèrent, dans les plaines d'Ancyre, Bajazet et Timour, 400 000 Turcs et 800 000 Mongols : deux barbaries, deux dominations mauvaises qui ne portaient rien que la destruction dans les plis de leur drapeau. Les Ottomans furent vaincus, leur sultan pris et l'Asie Mineure soumise aux vainqueurs qui pénétrèrent jusqu'à Smyrne, l'emportèrent d'assaut et ne s'arrêtèrent que devant les flots profonds de l'Archipel. La terre était à eux, mais la mer aux infidèles. Ils allèrent chercher d'autres terres à conquérir. En regardant d'un bout à l'autre de l'Asie, Timour ne vit plus d'empire resté debout et digne de ses armes que celui de la Chine. Il poussait contre lui ses hordes innombrables, quand la mort arrêta enfin, le 19 mars 1405, l'infatigable vieillard, qui est resté dans l'histoire la personnification la plus terrible du génie malfaisant des conquêtes. Après lui son empire fut divisé et disparut.

Bajazet n'avait survécu qu'une année à sa défaite, malgré les égards que Timour lui avait montrés, mais son empire ne tomba pas avec lui. Il eut seulement à traverser dix années de troubles et de confusion durant lesquels les fils de Bajazet se disputèrent son héritage ; Mahomet Ier en resta seul maître en 1413.

En 1421, son fils Amurath II lui succéda ; il eut à combattre un imposteur ou un prétendant que l'empereur grec présentait comme le fils aîné de Bajazet disparu à la bataille d'Ancyre. Ce prétendant fut vaincu, pris et accroché à une des tours d'Andrinople. Pour se venger des Grecs, Amurath assiégea leur capitale ; ils se défendirent avec les armes de la faiblesse : la perfidie et la ruse. Amurath fut appelé en Asie par la rébellion de son frère Moustapha. Il ne fut pas même besoin d'une bataille. Moustapha, vendu par le traître qui l'avait poussé à la révolte, fut pendu à un figuier des environs de Nicée. Mais Constantinople était encore une fois sauvée. Amurath parut l'oublier. Il attaqua les Vénitiens, maîtres de Thessalonique, de Négrepont et de Candie, et les petits princes qui se partagèrent la Grèce. Les Acciajoli de Florence régnaient à Athènes et dans l'Achaïe, les Tocci, dans l'Acarnanie, la famille Castriota dans l'Albanie ou Épire septentrionale. En 1430 il prit d'assaut Thessalonique, et l'année suivante fit reconnaître son autorité à Janina et à Croïa, capitale de l'Albanie, dont le prince, Jean Castriot lui remit son fils George comme otage de fidélité.

De nombreux combats en Dalmatie, dans la Servie, la Valachie et jusque dans la Transylvanie firent sentir aux Hongrois la nécessité d'un grand effort pour repousser cette domination ottomane qui marchait sur eux par trois côtés à la fois, le long de l'Adriatique, sur le Danube et au travers des Carpathes. Un seigneur transylvain, Jean Huniade, fut le héros de cette guerre. *Le chevalier blanc de Valachie*, ainsi qu'il est appelé par Comines, tua, en 1442, 20 000 Turcs près d'Hermanstadt, et quelque temps après, avec 15 000 hommes, défit une armée dix fois plus nombreuse. Il fut vainqueur encore à Nissa dans la Servie, prit Sophia en Bulgarie, et, rendant aux Turcs ravages pour ravages, désola la rive droite du Danube.

Cependant l'empereur grec, pour gagner l'Europe catholique, avait encore offert de signer l'union des deux Églises. Mais, dit un historien byzantin, si au moment où les Turcs furent maîtres d'une moitié de Constantinople, un ange descendu du ciel avait dit au reste des habitants: Acceptez l'union et je chasserai les ennemis; plutôt Mahomet que le pape, auraient-ils répondu. L'union acceptée par l'empereur fut donc repoussée par les évêques. Elle eut cependant pour effet de provoquer une nouvelle croisade que Ladislas, roi de Pologne et régent de Hongrie, accompagné d'un légat du pape, conduisit jusque dans la Bulgarie.

Amurath inquiet demanda la paix. Elle fut conclue pour dix ans. Il la jura sur le Coran, Ladislas sur l'Évangile. Mais le légat s'indigna de ce traité avec un infidèle, il fut rompu malgré tous les efforts d'Huniade, et on marcha sur Varna à travers la Bulgarie, comptant qu'une flotte chrétienne dans l'Hellespont empêcherait Amurath d'appeler à lui ses forces d'Asie. Les Génois, gagnés à prix d'or, lui prêtèrent leurs vaisseaux. Avant que l'action s'engageât, Amurath fit porter dans les rangs au bout d'une lance le traité que les chrétiens violaient. Ladislas fut tué, le légat périt dans sa fuite et Huniade ne sauva que des débris.

Amurath ne poursuivit pas les fugitifs. On ne le voit pas essayer d'entamer la grande masse des nations chrétiennes, dont, quoique vainqueur, il venait de sentir le poids. Avec une pensée politique qui l'honore, il tourna ses armes contre les petites dominations qui le gênaient au sud du Danube; en 1446 il soumit presque toute la Morée et envahit l'Épire. Là, dans ces montagnes difficiles, il trouva une race indomptable et un homme digne de cette race, George Castriot, que ses exploits firent surnommer par les Turcs le bey Alexandre Scanderbeg. Il l'avait pourtant élevé lui-même, et en avait fait son favori. Mais il n'avait pu arracher du cœur du chrétien, fait par lui musulman, le souvenir de la patrie, de la foi des aïeux et de l'indépendance. Après une victoire gagnée sur les Turcs par Huniade en 1443, Scanderbeg avait contraint sous le poignard le secrétaire du sultan à lui signer un ordre pour que le gouverneur de Croïa lui remît cette place. De ce jour, rejetant l'amitié des Turcs, il était devenu leur plus terrible adversaire. En vain Amurath inonda l'Albanie de ses troupes, Scanderbeg était partout, sur leurs flancs, sur leurs derrières, au-dessus de leurs têtes, partout et toujours frappant, jamais atteint.

Huniade, proclamé régent de Hongrie, voulut réparer le désastre de Varna, et en 1448 pénétra dans la Servie. Un même souvenir conduisit les deux armées chrétienne et musulmane dans la vallée de Cassovie, où les Turcs avaient été vainqueurs, mais où le premier Amurath avait péri. Le second y attendait les chrétiens avec 150 000 hommes. L'armée hongroise fut presque entièrement détruite; Huniade n'échappa qu'à grand'peine. Les deux années suivantes furent employées par le sultan à réduire l'Albanie, mais il ne put prendre Croïa ni dompter Scanderbeg. Au commencement de 1451, il mourut à Andrinople. Il avait abdiqué deux fois, et deux fois les embarras, les révoltes qui s'étaient aussitôt montrés, lui avaient fait reprendre le pouvoir.

Mahomet II, plus bouillant, plus impatient d'en finir, arriva au trône avec la résolution de prendre Constantinople et de tout sacrifier à ce but. C'était sa pensée du jour, sa pensée de la nuit. Un matin, il fit appeler son vizir : « Vois ma couche, lui dit-il, vois ce désordre. Constantinople m'empêche de fermer les yeux. Donne-moi Constantinople. » Bajazet avait fait construire sur la côte d'Asie une forteresse à l'entrée du Bosphore de Thrace; en quelques semaines Mahomet fit élever en face, sur la côte d'Europe, un autre château, et le passage se trouva interdit aux vaisseaux. Une fonderie de canons, établie à Andrinople sous la direction d'un Hongrois, fabriqua une artillerie formidable, et entre autres un canon énorme qui lançait des boulets de 1200 livres. 260 000 hommes enveloppèrent Constantinople, et une flotte se plaça à l'entrée du port, que les assiégés avaient fermé avec une chaîne.

La ville n'avait que 7000 défenseurs, y compris 2000 Vénitiens et Génois que commandait un habile homme, le Génois Justiniani. L'empereur Constantin Dracosès priait dans une église où officiait un évêque de la communion de Rome, sa cour priait dans les autres selon le rit grec, et des deux côtés une haine mortelle séparait les partis. Telle était pourtant la force de la ville que Mahomet faisait peu de progrès, lorsqu'il s'avisa d'un expédient qui ruina la défense. Constantinople est séparée de ses deux faubourgs Pera et Galata par son port, *la Corne d'or*, petit golfe long et étroit qui s'enfonce dans les terres plus loin que Galata. Mahomet fit établir derrière ce faubourg un chemin en planches qu'on graissa, et qui aboutissait d'une part au Bosphore, de l'autre au fond du golfe. A force de bras on hissa les navires sur cette route nouvelle, et un jour les Grecs virent avec stupeur la flotte ottomane au fond de leur port, au milieu de leurs défenses. Le 29 mai, à une heure de la nuit, un assaut furieux commença; à huit heures du matin, la moitié de Constantinople était prise, Justiniani mortellement blessé, Constantin mort; il avait ennobli par son sacrifice la dernière heure de l'empire romain. Les autres quartiers, qui avaient leurs fortifications propres, capitulèrent. La croix fut abattue sur Sainte-Sophie et le croissant l'y remplaça.

LIVRE X.

LA CIVILISATION DANS LES DERNIERS SIÈCLES DU MOYEN AGE.

CHAPITRE XXXII.

L'ÉGLISE DE 1270 A 1453.

Signes avant-coureurs d'une civilisation nouvelle. — La papauté de Grégoire VII à Boniface VIII. — Les papes à Avignon (1309-1378) ; grand schisme d'occident (1378-1448). — Wiclef, Jean Huss, Gerson : conciles de Pise (1409), de Constance (1414) et de Bâle (1431) ; doctrines gallicanes.

Signes avant-coureurs d'une civilisation nouvelle.

Nous avons vu le moyen âge préparer une révolution politique et une révolution sociale, la première qui va substituer un pouvoir central à tous les pouvoirs locaux et qui mettra au-dessus des seigneurs la volonté du roi ; la seconde qui affranchit les serfs, élève la bourgeoisie et commence la fortune du tiers état.

Mais les peuples modernes ne s'éloignent pas seulement de l'organisation politique et sociale du moyen âge, ils prennent un autre esprit, et déjà dans la religion, dans les lettres, dans les idées se montrent les signes avant-coureurs de changements bien autrement considérables.

Un baron dans son armure de Milan et sur son destrier

d'Espagne était invincible et invulnérable; maintenant un peu de charbon, de salpêtre et de soufre dont un moine a trouvé ou reconnu la composition[1], fait du plus pauvre manant et du plus faible l'égal, sur le champ de bataille, du plus riche seigneur et du plus vigoureux chevalier. La force se déplace; la pensée aussi : elle se sécularise. Dans le vrai moyen âge, la vie intellectuelle ne se trouvait que dans le clergé; voilà qu'elle s'éveille parmi les laïcs. Et de même que les clercs s'occupaient surtout des questions du ciel, les laïcs s'occupaient surtout des questions de la terre. La conséquence de ce simple changement sera la création ultérieure des sciences physiques, naturelles et économiques qui à leur tour amèneront de nouvelles idées sociales; et l'homme moderne commencera enfin la vraie conquête de la terre, son domaine, la conquête aussi de sa conscience qui, pour le plus grand nombre, resta si longtemps étouffée sous le poids de l'ignorance et de la superstition.

La papauté de Grégoire VII à Boniface VIII.

Comme toute chose en ce monde, l'Église a son histoire, c'est-à-dire le mouvement de la vie, la transformation continuelle, car il n'y a que ce qui est mort qui ne change plus.

Depuis Grégoire VII, fin du onzième siècle, jusqu'à Boniface VIII, commencement du quatorzième, la papauté ne cessa pas de grandir en prétentions et en puissance, soit hors de l'Église, soit dans l'Église même; après cette période, elle déclina.

Les doctrines de Grégoire VII, relativement à la suprématie pontificale, fructifièrent après lui, et l'audace excessive de sa conduite à l'égard des souverains fit école, et je puis dire, dans la papauté. Adrien IV força le plus grand des Césars allemands, Frédéric Barberousse, à lui tenir l'étrier, et Innocent III formula les doctrines pontificales en un magnifique mais bien extraordinaire langage : « De même que le soleil

[1]. Voy. au dernier chapitre.

et la lune sont placés dans le firmament, le plus grand de ces astres pour présider au jour, le plus petit pour présider à la nuit; de même aussi il y a deux puissances dans la communauté des fidèles : la puissance pontificale, qui est la première, parce qu'elle a le soin des âmes; la royale, qui est la seconde, parce qu'elle n'a que celui des corps. » En vertu de cette direction morale, il intervint dans tous les différends des souverains de son époque, et fit gronder ses foudres sur la tête de tous les rois, menaçant les uns, frappant les autres. Philippe Auguste, Jean sans Terre, Suénon de Norvége, qui avait usurpé la couronne, le roi de Léon, qui avait épousé sa cousine, furent excommuniés. Le roi de Hongrie, qui avait retenu un légat du pape, fut menacé de voir son fils dépossédé du trône. Pour n'avoir rien à craindre de cette puissance redoutée, Pierre II, roi d'Aragon, se fit consacrer chevalier par le pape, et se reconnut son vassal et son tributaire. Dans la querelle de Philippe de Souabe et d'Otton IV, en Allemagne, Innocent prétendit avoir le droit, « d'examiner, approuver, oindre, consacrer et couronner, s'il est digne, l'empereur élu; de le rejeter, s'il est indigne. » C'est à quoi la pragmatique sanction de Francfort devait répondre un siècle plus tard. Si de telles prétentions eussent prévalu, tous les royaumes de l'Europe fussent devenus des fiefs du saint-siége.

Dans le treizième siècle, l'empereur Frédéric II, condamné et déposé au concile de Lyon, les Aragonais déliés de leur serment envers leur roi Pierre, le royaume de Naples enlevé à Manfred et donné à Charles d'Anjou attestèrent l'omnipotence papale.

Boniface VIII enfin, dans sa bulle *Unam sanctam*, dépassa le langage même d'Innocent III; car au lieu de se borner comme lui à reconnaître deux pouvoirs, dont l'un inférieur à l'autre, il parut vouloir absorber le premier et le subordonner complétement au second. « A l'Église appartiennent les deux glaives, le spirituel et le temporel; celui-ci devant servir pour l'Église, celui-là par l'Église; l'un manié par le sacerdoce, l'autre par les rois et les barons, mais suivant la volonté et avec la permission du sacerdoce. Il faut que le glaive soit sous le glaive et que l'autorité temporelle soit soumise au pouvoir spirituel. »

Ce n'était pas sans avoir préparé les voies que ces grands papes avançaient de si prodigieuses prétentions : ils prenaient soin de les inscrire auparavant dans le droit, de les populariser dans la foule. Le recueil des décrétales, publié sous Grégoire IX, en 1234, par Raymond de Pennafort, qui y rassembla les rescrits des derniers papes, Alexandre III, Innocent III, Honorius III, et continué plus tard sous Boniface VIII, Clément V et Jean XXII, ouvrit un champ plus fertile à l'étude du *droit canon* que les canonistes commentèrent, interprétèrent ; et comme, dans l'interprétation d'une loi, c'est toujours l'esprit du législateur qu'on cherche à pénétrer, les jurisconsultes rencontraient tout d'abord, dans la loi qu'ils étudiaient et faisaient ensuite prévaloir, l'esprit de domination des pontifes qui l'avaient dictée. Le droit de déposer les rois et les empereurs était écrit en toutes lettres dans le code canonique. Le papauté eut dans tous les États chrétiens des avocats qui plaidaient la cause de son ambition. Elle y eut aussi des prédicateurs dans les moines mendiants, dont les ordres prirent alors naissance. (Voy. ci-dessus p. 326).

En vertu des mêmes principes, le pape non-seulement imposait les lois religieuses, mais en exemptait ; il tenait dans sa main les *dispenses*. Il prétendait encore disposer des bénéfices ecclésiastiques, d'abord de quelques-uns : Honorius III demandait seulement que chaque église réservât deux prébendes pour le saint-siége, plus tard de tous ; et Clément IV, Boniface VIII, Clément V, introduisirent cette théorie qu'au pape, patron universel, appartenait la distribution de tous les bénéfices. On se rappelle comment l'Angleterre, sous Henri III, fut en quelque sorte envahie par les prêtres italiens. La prétention de disposer aussi des revenus ecclésiastiques dans toute la chrétienté arrivait comme conséquence, et, dès 1199, Innocent III préleva sur le clergé chrétien un quarantième des revenus, qu'il fit recueillir par ses collecteurs particuliers. Ses successeurs renouvelèrent et multiplièrent, sous divers prétextes, les ordres de ce genre, et il ne faut pas oublier qu'au moyen âge, le clergé possédait un tiers peut-être de l'Allemagne, le cinquième de l'Angleterre et de la France.

Ces grandes richesses du clergé inquiétèrent les princes; plusieurs en sentirent le danger et prirent des mesures pour en arrêter l'essor en restreignant par des lois la faculté du clergé d'acquérir des biens-fonds, qui devenaient biens de mainmorte, c'est-à-dire qui étaient retirés de la circulation et soustraits aux charges publiques. Tel fut entre autre l'objet de la loi publiée en Angleterre en 1279, sous le titre de *Statut de mainmorte.*

La juridiction ecclésiastique, rivale heureuse de la juridiction civile, avait fait les mêmes progrès; non-seulement les clercs avaient été soustraits aux tribunaux laïques, mais une foule de personnes, par un simple vœu religieux, par une promesse d'aller en croisade, acquéraient le même privilége, et une foule de causes étaient directement portées devant l'officialité ecclésiastique. Le pouvoir séculier fut moins ombrageux sur ce point: saint Louis, Frédéric II, Alphonse X, favorisèrent le progrès de la juridiction ecclésiastique, sans doute parce que la justice féodale y perdait plus que la justice royale; en Angleterre pourtant il avait été, au douzième siècle, l'objet d'un conflit sanglant entre les deux puissances, mais Thomas Becket était mort en triomphant. Or, ce que le clergé local et les évêques avaient acquis en matière de juridiction, le saint-siége s'efforçait de l'attirer à soi par les appels en cour de Rome, comme il s'efforçait d'attirer, par les dîmes et les quarantièmes, une partie de ce qu'ils avaient acquis en richesses.

Deux questions souverainement graves étaient donc posées au début du quatorzième siècle: l'Europe serait-elle une théocratie par le triomphe du pouvoir spirituel sur le pouvoir temporel? L'Église serait-elle une hiérarchie aristocratique ou une monarchie absolue? En l'an 1300, Boniface VIII eût souri d'un doute à cet égard, lorsque dans son grand jubilé établi par lui, il se montra, vêtu des ornements impériaux et précédé des deux glaives, aux innombrables chrétiens accourus à Rome, et que toutes les richesses de l'Europe roulèrent devant l'autel de saint Pierre. Trois ans après pourtant, tout avait changé d'aspect, le pouvoir temporel, tant de fois vaincu, triomphait soudainement, et il devenait évident que l'Europe ne serait pas une théocratie.

La seconde question ne devait se résoudre que deux siècles et demi plus tard.

Les papes à Avignon (1309-1378); grand schisme d'occident (1388-1449).

La papauté qui avait pris son essor au-dessus de toute l'Europe, retomba brisée à Avignon. En voulant envahir les royaumes étrangers elle fut faite prisonnière et perdit le sien. La *captivité de Babylone*, commencée en 1309 par l'établissement de Clément V à Avignon, dura près de soixante-dix ans et comprit sept pontificats successifs. La vie mondaine, indolente et molle succéda à la grande ambition des siècles précédents. Ces papes français, serviteurs du roi de France, comme d'autres l'ont été plus tard de la maison d'Autriche, n'avaient de volonté que la sienne et d'autorité que pour son service. Benoît XII répondait en pleurant aux ambassadeurs de l'empereur Louis de Bavière excommunié, qu'il était au fond tout disposé à l'absoudre, mais que, s'il prononçait cette absolution, le roi de France le ferait déposer.

A l'ambition du pouvoir succéda celle de la richesse; la papauté avignonaise se mit à thésauriser et à lever sur le clergé, de concert avec le roi de France, des dîmes et des taxes qu'ils s'autorisaient mutuellement à percevoir. Déjà existaient les réserves et les expectatives; Jean XXII imagina les annates (la première année du revenu des bénéfices vacants). Ce spectacle irrita les peuples; le plus mécontent était celui de la ville de Rome, désertée par son souverain et qui ne voyait plus que ses légats. L'opinion publique se prononça fortement pour le retour des pontifes dans l'ancienne capitale du monde chrétien. Grégoire XI portait alors la tiare. Sainte Catherine de Sienne, fort célèbre dans toute l'Italie par ses révélations, obtint de lui qu'il rentrerait en Italie et il s'y rendit (1376). Il mourut en 1378. Seize cardinaux présents, quatre Italiens, onze Français, un Espagnol, lui cherchèrent un successeur. Sans doute un Français eût été élu, mais le peuple de Rome assiégea en tumulte la porte du conclave, criant aux cardinaux qu'il voulait un pape romain « ou qu'il ferait leurs têtes plus rouges que leurs chapeaux. » Ils élurent un Italien, l'archevêque de Bari, sous le nom d'Urbain VI.

À peine libres, les Français et trois Italiens protestèrent contre cette élection forcée et nommèrent un pape français, le cardinal de Genève, sous le nom de Clément VII. Alors il y eut deux papes, et le *grand schisme d'Occident* commença, la plaie la plus funeste de l'Église. L'Europe se partagea : l'Angleterre, l'Allemagne, la Hongrie, la Bohême, la Hollande et presque toute l'Italie demeurèrent soumises à Urbain; la France, l'Espagne, l'Écosse, la Savoie, la Lorraine, embrassèrent le parti de Clément VII.

La division dans l'Église, deux tiares rivales, Avignon opposé à Rome, n'était-ce pas là pour les chrétiens le plus affligeant des spectacles? Tous les hommes considérables de la chrétienté furent alarmés d'un événement qui portait un coup funeste à la foi des peuples. Tous s'occupèrent de faire cesser le schisme; l'Université de Paris se distingua par son zèle et son activité. Elle tint une séance solennelle en 1394 et trouva trois moyens de rétablir l'unité : la cession volontaire des deux concurrents, la décision d'arbitres acceptés des deux parts, ou enfin un concile général. Un théologien célèbre, Clémangis, qui a retracé avec tant de vigueur les désordres de l'Église et de la cour d'Avignon, présenta ces conclusions au roi de France Charles VI, qui les accueillit favorablement dans un instant lucide; mais la folie le ressaisit, et les princes, redevenus les maîtres, interdirent à l'Université de se mêler des affaires du schisme. Celle-ci se montra fort énergique et se mit en grève, fermant ses cours, cessant ses leçons publiques.

Des trois moyens proposés on reconnut, à l'expérience, que le premier était impraticable. Clément VII mourut; ses cardinaux, pour ne pas déchoir, se hâtèrent de procéder à une nouvelle élection et choisirent l'Espagnol Pierre de Luna, qui prit le nom de Benoît XIII (1394), et s'opposa à toute tentative de conciliation. En vain la France lui retira à deux reprises son obédience : « Qu'importe, dit-il froidement, saint Pierre ne comptait pas ce royaume dans ses provinces. » En vain on l'assiégea dans Avignon; il resta pape dans la citadelle et réussit à s'échapper. Les pontifes qui siégèrent successivement à Rome, Boniface IX, Innocent VI et Grégoire XII montraient les mêmes dispositions, et les deux adversaires lançaient l'un contre l'autre l'anathème.

Wiclef, Jean Huss, Gerson : conciles de Pise (1409), de Constance (1414) et de Bâle (1431); doctrines gallicanes.

C'était une grande imprudence. On avait vu déjà bien des antipapes, et l'Église n'en avait pas été ébranlée parce qu'alors l'esprit d'obéissance était partout ; à la fin du quatorzième siècle, l'esprit contraire se montrait ; il y avait comme un vent de révolution qui soufflait sur l'Europe. Bien des signes annonçaient cette agitation redoutable dont la société était intérieurement travaillée : en France, les Jacques et Marcel, les Maillotins, les Tuchins et les Cabochiens; en Flandre, les deux Arteweld; en Angleterre, Wat-Tyler; en Italie, Rienzo et les républiques; en Espagne, les cortès. N'était-il pas à craindre que l'agitation ne gagnât l'Église?

Déjà ce mot de réformation, qui devait rencontrer tant d'échos et remplir l'Europe un siècle plus tard, commençait à se prononcer. Non-seulement l'hérétique Wicleff, non-seulement le fougueux Clémangis, mais Gerson lui-même, ce pieux docteur, si respecté dans l'Église, l'auteur probable de l'*Imitation de Jésus-Christ*, écrivait à cet égard les paroles les plus fortes : « La cour de Rome a inventé mille offices pour avoir de l'or, mais à peine en trouverait-on là un seul pour cultiver la vertu. On n'y parle du matin au soir que d'armées, de terres, de villes et d'argent, mais rarement, ou plutôt jamais, on n'y parle de chasteté, d'aumône, de justice, de fidélité, de bonnes mœurs. »

L'union n'ayant pu se rétablir par la cession volontaire d'aucun des papes rivaux, on remit à un concile le soin d'opérer à la fois la réunion et la réformation de l'Église. Les cardinaux le convoquèrent à Pise en 1409. Ce concile déposa Benoît et Grégoire et nomma Alexandre V. Mais les deux premiers ayant refusé de se soumettre, il y eut trois papes au lieu de deux : le remède avait augmenté le mal.

La première question à résoudre était, en effet, celle de la supériorité du pape ou du concile, car, si l'autorité du pape était supérieure à celle du concile, de quel droit celui-ci déposait-il celui-là ? Or, Benoît, Grégoire, puis Alexandre, soutenaient cette doctrine et prétendaient que l'Église était là où était le pape, et que le caractère œcuménique était acquis à un concile, non point par le nombre de ses membres, mais par la présence du pontife. A cette théorie monarchique Gerson répondait : « L'Église universelle est l'assemblage de tous les chrétiens, grecs, barbares, hommes, femmes, nobles, paysans, riches et pauvres. C'est cette Église qui, selon la tradition, ne peut ni errer ni faillir ; elle n'a pour chef que Jésus-Christ ; les papes, les cardinaux, les prélats, les ecclésiastiques, les rois, le peuple en sont membres, quoique à des degrés différents.... Il y a une autre Église, nommée apostolique, qui est particulière et renfermée dans l'Église universelle, savoir le pape et le clergé ; c'est celle-là qu'on a coutume d'appeler l'Église romaine, c'est elle dont on tient que le pape est la tête et que les autres ecclésiastiques sont les membres, celle-là peut errer et faillir, elle peut tromper et être trompée et elle peut tomber dans le schisme et dans l'hérésie ; elle n'est que l'instrument et l'organe de l'Église universelle et elle n'a d'autorité qu'autant que l'Église universelle lui en donne pour exercer le pouvoir qui réside en elle seulement.... L'Église a le droit de déposer les papes s'ils se rendent indignes de leur office ou s'ils sont incapables de l'exercer ; car, si pour le bien public, on dépose un roi qui tenait le royaume de ses ancêtres par droit de succession, combien davantage peut-on déposer un pape qui n'a cette dignité que par l'élection des cardinaux ?... Ce sont là les doctrines de l'Église gallicane, que Gerson formula un des premiers et que Bossuet défendit plus tard en les adoucissant.

Mais au delà de ces doctrines déjà hardies s'élançaient

quelques esprits tout à fait audacieux et logiciens qui ne s'effrayaient pas de sortir des limites de l'orthodoxie. On se rappelle que Wicleff ne voulait, pour ainsi dire, rien laisser subsister de l'Église catholique, et même attaquait le dogme puisqu'il niait la présence réelle. Jean Huss, sans aller aussi loin, réclamait cependant trois choses d'une extrême gravité : l'appel à l'Écriture comme seule autorité infaillible ; la nécessité de ramener le clergé à la discipline et aux bonnes mœurs, soit en le privant de toute intervention dans les affaires temporelles, soit en le dépouillant des biens dont il ferait mauvais usage ; enfin la dispensation des pouvoirs spirituels aux prêtres par le Saint-Esprit, en raison de leur pureté intérieure, et seulement autant qu'ils seraient aptes à les recevoir et dignes d'en user. Cela menait tout droit au presbytérianisme. Jean Huss attaquait en outre certaines pratiques : la confession auriculaire, le culte des images, l'abstinence des viandes. Enfin, les moines et le pape avec sa cour étaient les objets de ses plus violentes diatribes ; il a écrit deux livres intitulés, l'un l'*Abomination des moines*; l'autre, *les Membres de l'Antechrist*. Les titres disent le contenu.

Alexandre V avait dissous précipitamment le concile de Pise ; son successeur, Jean XXIII, pressé par l'opinion publique, par l'empereur Sigismond, qui vint tout exprès en Italie pour conférer avec lui sur ce grave sujet, en convoqua un autre. Il voulait le réunir dans une cité de Lombardie, Sigismond exigea qu'on choisît une ville allemande ; Constance fut désignée (1414).

Dans ce grand concile siégèrent non-seulement les évêques, comme c'était l'usage, mais les abbés, les ambassadeurs des princes chrétiens, les députés des universités, une multitude de théologiens d'un ordre inférieur, et jusqu'à des docteurs en droit. L'empereur Sigismond soutenait de sa présence ceux qui étaient résolus à mettre fin au schisme, et leur promettait de les appuyer au besoin de sa faveur et de son autorité impériale. Il présida plusieurs fois les séances.

Une multitude d'évêques italiens était accourue, décidée à faire prévaloir les idées ultramontaines. Les ecclésiastiques des autres pays, pour leur ôter la prépondérance du nombre, firent décider qu'on ne voterait pas par têtes, mais par nations, et le concile fut divisé en quatre nations, ayant chacune une voix : Italiens, Allemands, Français, Anglais. Cette disposition assura l'avantage aux théories du milieu. L'esprit gallican anima le concile, qui condamna les deux extrêmes : d'une part, l'absolutisme du pape et la corruption de l'Église, de l'autre, la réforme puritaine de Jean Huss.

L'objet immédiat de la convocation du concile fut atteint, non sans de longs efforts. Les pères nommèrent Martin V véritable pape. Des trois faux pontifes, l'un, Grégoire XII, abdiqua, les deux autres, Benoît XIII et Jean XXIII, furent destitués. Le schisme cessa (1417) pour quelques années.

Quant aux réformes, le concile traça avec du sang les limites où il entendait les renfermer. Il brûla avec Jean Huss et Jérôme de Prague la réforme radicale, celle que Luther devait faire triompher plus tard, et il formula la sienne, la réforme modérée, par l'organe d'un comité qui proposa : que des conciles provinciaux fussent réunis tous les trois ans, des synodes d'évêques tous les ans; que le pape ne pût rien décider sans le conseil des cardinaux, et, en certains cas, sans l'avis du concile général; qu'il pût être déposé par un concile œcuménique pour hérésie ou simonie; que les réserves fussent abolies, les dispenses limitées, les appels en cour de Rome très-rares, la levée des décimes interdite, à moins d'autorisation, par un concile général, la simonie des prêtres une cause de déchéance et d'excommunication *ipso facto*. Le comité de réforme réglait ensuite l'élection des évêques, qu'il attribuait aux chapitres seuls; imposait la résidence à tous les ecclésiastiques; fixait, très-largement, du reste, les limites de la juridiction épiscopale, réglait sévèrement les mœurs des prêtres, rappelait aux moines, sous de fortes peines, les trois obligations essentielles de leur institut : obéissance, chasteté et pauvreté, etc.

Ainsi le concile ruinait la toute-puissance du pape, au profit, il est vrai, des évêques, dont la juridiction demeurait fort étendue. De plus, il réformait la discipline et les mœurs du clergé. Mais cette réforme modérée, qui eût pu prévenir l'autre, ne fut point accomplie. Martin V rédigea de son côté un acte où il traitait à son tour de la réforme comme il l'entendait, c'est-à-dire qu'il l'éludait complétement, et, semant entre les diverses nations du concile des discordes qui n'étaient que trop faciles à provoquer entre la France et l'Angleterre, il prononça la dissolution de l'assemblée, sans qu'aucun résultat réel eût été obtenu (1418).

Les mêmes questions de réformes obligèrent un peu plus tard le pape Eugène IV à convoquer un nouveau concile à Bâle (1431). Il se repentit et en prononça la dissolution. Les pères s'obstinèrent à siéger, et reproduisirent toutes les propositions avancées à Constance, relativement à la supériorité des conciles généraux; ils décrétèrent qu'ils seraient convoqués périodiquement, qu'ils ne pourraient être dissous que du consentement des deux tiers de leurs membres, et que le pape serait tenu d'y paraître en personne ou par ses légats. Eugène IV transféra le concile à Ferrare, puis à Florence, où seulement une partie des pères se rendit. Ceux de Bâle le déposèrent et élurent le duc de Savoie pape sous le nom de Félix V. La division de l'Église recommençait : jusqu'en 1443 le concile siégea; en 1438, Charles VII y fit présenter la *pragmatique sanction* de Bourges, où étaient consacrés les principes mêmes des conciles de Constance et de Bâle et les libertés de l'Église gallicane. Le schisme nouveau ne cessa qu'en 1448 par l'abdication de Félix V.

Ainsi vivait, au milieu des convulsions de la discorde, cette grande autorité de l'Église qui avait dominé toute l'Europe du moyen âge. « Ce bien say, disait Froissart au commencement de ces troubles déplorables, qu'un temps on s'émerveillera de telles choses, et comme l'Église peut cheoir en tels troubles, ne si longuement demourer. Mais ce fut une plaie envoyée de Dieu pour aviser et faire considérer au clergé le grand estat et superfluité qu'ils tenoient et fesoient. Mais plusieurs n'en tenoient compte; car ils étoient si aveugles d'orgueil et d'outrecuidance que chacun vouloit ressembler l'un à l'autre : et pour ce, les choses alloient mauvaisement, et si nostre foi n'eust été confirmée en la main et en la grâce du Saint-Esprit elle eut crouslé ou branlé. Car les grands seigneurs terriens.... ne faisoient que rire et jouer au temps où je chroniquois ces chroniques, l'an de grâce 1390, dont moult de peuple commun s'émerveilloit comment si grands seigneurs n'y pourvoyoient de remède ne de conseil. »

On voulut y pourvoir de remède et de conseil, mais sans réussir à rien changer. Les abus dans la discipline et dans les mœurs allèrent croissant, au contraire, et POUR AVOIR ÉVITÉ UNE RÉFORME AU QUINZIÈME SIÈCLE, ON AURA UNE RÉVOLUTION AU SEIZIÈME.

CHAPITRE XXXIII.

LES LITTÉRATURES NATIONALES, LES DÉCOUVERTES.

Les littératures italienne et française. — Littératures du Nord, anglaise allemande et scandinave. — Littératures espagnole et portugaise. — Renaissance des études classiques. — L'imprimerie, la peinture à l'huile, la gravure, la poudre à canon.

Les littératures italienne et française.

A mesure que le moyen âge avait approché de sa fin, l'individualité des nations s'était dessinée davantage. Longtemps la vie intellectuelle s'était presque exclusivement renfermée dans la société religieuse et exprimée dans la langue de l'Église qui était aussi la langue universelle, le latin. Maintenant la pensée se sécularisait, la société laïque allait à son tour penser, parler, écrire en autant d'idiomes qu'il y avait de nations. Déjà chacune avait le sien, non plus seulement parlé par la foule, mais élevé pour plusieurs à la puissance littéraire, et détrônant cette langue latine, jusque-là seule réservée aux grands objets de la vie humaine.

La langue italienne était en avant, depuis que celle des troubadours s'était tue. C'est elle qui avait marché le plus vite. Elle avait même, par une précocité unique, atteint sa perfection en plein moyen âge. Elle devait ce privilége au commerce, à l'industrie, à la vie politique qui s'étaient developpés en Italie bien plus tôt qu'ailleurs, et qui réclament, non une langue savante et morte, mais une langue vivante, usuelle, et adaptée à tous les détails de la vie pratique. Cette langue italienne s'était ainsi préparée, enrichie; Dante et Pétrarque l'employèrent à la poésie, tour à tour élevée ou gracieuse, tendre ou terrible; Boccace à la prose littéraire. Quand elle eut fait ses preuves dans des œuvres de cette portée et de cette variété, elle put être considérée comme accomplie. Nous ne répéterons pas ce qui a été dit au chapitre XXIX, et nous reviendrons à la France qui, littérairement, tenait le second rang.

Notre littérature monta d'abord moins haut et ne toucha pas, comme celle de l'Italie, dès le début à la perfection, mais elle fut plus spontanée. Dante et Pétrarque s'inspiraient de Virgile, se reconnaissaient ses disciples et en quelque sorte ses vassaux. Mais de qui procédaient Joinville, Froissart? Que connaissaient-ils de l'antiquité?

Joinville avait laissé la prose française claire et facile, souple et piquante, merveilleusement propre au récit. Froissart l'employa de même en la perfectionnant. Nous admirons encore la grâce de ce conteur et le charmant tableau qu'il nous a laissé de la société chevaleresque de son temps. Le coloris en est frais, vif, naturel; le sentiment y est délicat, tempéré, rarement élevé, comme le style. Froissart a écrit l'histoire de son temps pour récréer plutôt que pour instruire. Il ne demandait de lecteurs qu'à la société même qu'il a dépeinte et au milieu de laquelle il a passé sa vie. Non qu'il fût seigneur lui-même, comme Villehardouin et Joinville. Ceux-ci écrivirent des Mémoires véritables, où ils racontaient des actions auxquelles eux-mêmes avaient pris une large part. Messire Jehan Froissart, né à Valenciennes vers 1337, n'était qu'un clerc, chanoine et trésorier de l'église de Chimay, qui se mit par goût à courir le monde de châteaux en châteaux, la plume et non l'épée à la main, et à raconter les actions dont il n'était que spectateur. C'est le trouvère écrivant en prose des choses réelles. Il fut, au reste, bien servi par l'époque où il vécut. C'était le moment des guerres des Anglais en France. Les chevaleries des deux pays, les plus brillantes du monde, rivalisaient de valeur, de luxe et de courtoisie. Les prouesses des combats ne cessaient que pour faire place aux prouesses des tournois. Une activité extrême régnait dans cette société, en paix comme en guerre. Il lui fallait un historien actif aussi, qui la suivît sur les champs de bataille pour regarder de loin les beaux coups qui s'y donnaient ou dans les châteaux pour recueillir curieusement et répéter ensuite en les embellissant, tous les récits qui s'y faisaient. Froissart nous a donc laissé un brillant miroir du temps, il n'a point écrit l'histoire critique, méditée et sévère, qui se fera attendre jusqu'à Commines.

Avant Commines pourtant il faut indiquer un changement remarquable. La Chronique de Froissart n'était pas encore close (elle va de 1326 à 1400), et déjà naissait l'histoire de cabinet. Christine de Pisan, qui mourut en 1420, et qui a écrit l'histoire de Charles V; Alain Chartier, qui mourut en 1458, et qui a écrit une histoire de Charles VII et son *Quadriloge*, étaient des écrivains érudits, aussi versés dans l'antiquité qu'on pouvait l'être alors en France, nommant Sénèque, Cicéron, Virgile, Orphée, Musée, Homère, bien moins occupés de raconter naïvement les choses contemporaines que d'ennoblir leur récit par l'imitation des anciens. A l'humeur insouciante succède le travail du style, qui perd le naturel, mais qui s'efforce de se régler, d'acquérir plus de symétrie, de gravité et d'élévation. Alain Chartier émerveillait ses contemporains par ses périodes bien coupées, harmonieuses; il eut le même succès qu'obtint plus tard Balzac : une reine de France voulut déposer un baiser sur ces lèvres « d'où étaient issus tant de mots dorés. » Peut-être doit-on insister sur la révolution dont Alain Chartier donnait le signal dans sa prose française, car ce caractère nouveau de gravité et de solennité qu'il commençait à lui imprimer était celui qui devait marquer son âge d'or au dix-septième siècle.

Tout le monde ne lisait pas la belle prose de Froissart ou d'Alain Chartier. Leur public, c'étaient les seigneurs et les savants. Le fabliau, lorsqu'il avait substitué ses malins récits aux épopées guerrières, descendait jusqu'à la bourgeoisie riche et cultivée. Mais de littérature populaire, hormis de vagues légendes, il n'en existait pas. Ce fut un fait grave que l'apparition des *Mystères*, qui rassemblèrent autour de quelques rares tréteaux, origine de notre théâtre, le peuple devenu spectateur et juge. Les premiers sujets représentés sur cette scène ébauchée furent empruntés à la religion. On commençait à traduire la Bible en langue vulgaire; on la traduisit de même en action scénique. Dante n'avait-il pas donné le signal par sa *Divine Comédie?* L'Église elle-même avait ouvert cette voie par certains dialogues que des élèves récitaient au jubé, en langue latine et en langue romane (*epistolæ farcitæ*), au milieu même de l'office. Un peu plus tard, elle avait substitué à ces dialogues de véritables jeux scéniques, représentés en plein chœur, et où se mêlait même l'élément grotesque et profane, hérité peut-être des folies du paganisme. Ainsi, dans les représentations de la Passion, de la fuite de la Vierge, apparaissaient Barabbas, le Juif errant, et jusqu'à l'ânesse de Balaam qui venait braire sous la nef. Mais à côté du rire, la terreur. Parmi les mystères que nous possédons, celui qui représente l'histoire des *Vierges folles* est grandiose et saisissant; quand elles ont reconnu, au réveil, leur faute irréparable : « Malheureuses, chétives! s'écrient-elles dans le désespoir, nous avons trop dormi; » et onze fois ce cri lamentable et plein d'angoisse retentit; alors l'enfer s'ouvre, le Christ apparaît et les précipite : « Allez, misérables! allez, maudites! A tout jamais vous êtes condamnées à la peine, et l'enfer va vous recevoir. »

Le clergé laissa volontiers les laïques s'emparer du privilège de représenter les choses sacrées : il n'y voyait d'abord nul inconvénient, quoique ce fût aussi un des symptômes de l'émancipation qui commençait dans la société laïque. Des confréries furent formées pour cet objet par des bourgeois, des maîtres maçons, menuisiers, serruriers. La *confrérie de la Passion*, autorisée par lettres patentes de Charles VI, en 1402, s'installa hors de la porte Saint-Denis, dans l'hôpital de la Trinité. La passion du Christ était, en quelque sorte, le cycle dramatique qu'elle s'était attribué, et elle y obtint un grand succès; la foule infatigable ne se lassait pas, chaque dimanche, de voir et d'entendre, et ne se retirait qu'à la nuit tombante. Et que voyait-elle? Dieu lui-même, la Trinité, les *mystères* et les *miracles*, ce qu'il semblait qu'un œil chrétien dût à jamais s'interdire de contempler.

A côté du drame religieux se développait déjà la comédie laïque : critique et railleuse, elle désignait son propre caractère par son nom de *moralité*. Les auteurs de ce genre étaient les clercs du palais, érigés par Philippe le Bel en corporation, la *Basoche (Basilica)*. Les *moralités* procédaient de l'école satirique des fabliaux, du roman de la Rose, de Jean de Meung, de Rutebeuf. L'allégorie y était fort employée : *Bien-avisé et Mal-avisé, Honte-de-dire-ses-péchés, Gros-Banquet, La-soif, Sans-eau*, tels étaient les personnages. Mais ces subtilités attiraient bien moins la foule que les mystères; on y substitua les *farces*, qui provoquaient davantage au rire, et, dès 1459, notre scène comique eut son premier monument dans la farce célèbre de l'*Avocat Patelin*.

La poésie, à part les mystères, qui en ont parfois un peu dans l'expression et souvent beaucoup dans le sentiment, n'a rien produit de grand en notre langue durant ce siècle de décomposition sociale et de décadence morale qui marque la fin du moyen âge. Nous avons pourtant de Charles d'Orléans, le captif d'Azincourt, de gracieux vers, pleins de délicatesse et de fraîcheur, qui reflètent comme un sourire mélancolique. C'est que la poésie n'est plus à cette époque, dans les combats; aussi l'épopée a cédé la place à l'histoire; on la trouverait plutôt dans le mysticisme de l'âme humaine, agitée déjà par les douleurs de l'incertitude; elle est dans l'écho de ses souffrances, l'*Internelle Consolation* ou *Imitation de Jésus-Christ*, œuvre d'un inconnu, de Thomas Kempis peut-être ou du grand Gerson lui-même. La vogue immense que ce livre obtint dès le début, montre comme il répondait bien au besoin que les âmes éprouvaient d'être soutenues, et de se retremper par une communication directe avec Dieu, en évitant les intermédiaires indignes.

Littératures du Nord, anglaise, allemande et scandinave.

S'il est impossible, dans le dernier siècle du moyen âge, de séparer l'histoire politique de la France et celle de l'Angleterre, on ne saurait davantage séparer l'histoire de leurs langues, car elles se mêlaient. L'Angleterre, à cause des nombreuses conquêtes qu'elle a subies, fut un des pays les plus tardifs à former son idiome. L'invasion était finie en

France après Clovis, ou tout au moins après la bataille de Testry ; elle ne le fut en Angleterre qu'après Guillaume le Conquérant, à la fin du onzième siècle. Comme autant de courants qui déposent leurs alluvions différentes sur un même sol, les Saxons, les Danois et les Normands-Français apportèrent en Angleterre leurs langues diverses. Du saxon mêlé avec le celtique, qui se parlait encore en Grande-Bretagne, sous la domination romaine, était sorti un premier idiome, *british-saxon*, qui se modifia après l'invasion danoise, *danish-saxon*, et qui fut changé en *normand-saxon* par l'établissement des Normands-Français. Le celtique avait à peu près disparu, le saxon forma le fond de la langue, le français y prit une place considérable et associa l'élément romain à l'élément germanique. Mais ce dernier mélange fut aussi long à se faire que celui des deux peuples et s'acheva au profit des vaincus. Les successeurs de Guillaume, leur cour, leurs barons parlaient français ; c'était la langue officielle, employée dans les actes, enseignée dans les écoles. Ainsi le voulaient les conquérants, dans le but d'effacer les derniers vestiges de l'indépendance saxonne. Ainsi font encore les Prussiens à Posen, les Russes à Varsovie, les Autrichiens à Lemberg. Mais les Saxons se retranchaient dans leur vieil idiome comme dans leurs forêts ; on ne pouvait les en faire sortir ; et ils décochaient les traits mordants de leurs ballades sur ces mêmes barons normands qu'atteignait la flèche de Robin Hood. La guerre des bois fut chantée dans une poésie où l'on respire la fraîcheur des taillis, où éclate l'amour de l'indépendance. « Quand le taillis est brillant, le gazon beau, et les feuilles larges et longues, il est doux, en se promenant dans la forêt, d'écouter le chant des petits oiseaux. » Ainsi commence une ballade ; elle finit par la rencontre que fait Robin Hood d'un seigneur normand qui ne le connaît pas ; ils se défient au tir de l'arc, et Robin met sa flèche dans le but. « Bénédiction sur toi, bon compagnon ! dit le seigneur. Si ton arc était aussi bon que ta main est sûre, tu vaudrais mieux que Robin Hood. Maintenant, dis-moi ton nom sous les feuilles du bois. — Non, ma foi ! dit Robin, jusqu'à ce que tu m'aies dit le tien. — Je demeure dans la vallée, dit celui-ci, et j'ai juré de prendre Robin; et, quand on m'appelle par mon vrai nom, je suis Guy de Gisborn. — Ma demeure est dans ce bois, dit Robin; je suis Robin Hood de Barnesdade, que tu as si longtemps cherché. » Quiconque ne leur est allié ni parent, aurait eu un beau spectacle de voir ces deux hommes se frapper avec leurs sabres qui étincelaient comme l'éclair, de les voir combattre deux heures d'un jour d'été, » etc. Voilà ce qui se chantait en langue saxonne et ne pouvait se chanter qu'en cette langue.

Cependant l'antagonisme finit par s'affaiblir. Les barons normands, pour lutter contre la royauté, toute la nation normande, pour lutter contre la France après la séparation de la Normandie sous Philippe Auguste et surtout après que la guerre de Cent ans fut engagée, se rapprochèrent des Saxons, les traitèrent mieux, leur donnèrent place dans les armées, dans les parlements. Alors les deux langues se marièrent, et l'on vit insensiblement se former une langue mixte, l'*anglais*, où l'ancien langage anglo-saxon eut sa large part (28 000 mots sur 38 000 qui forment l'anglais d'aujourd'hui). Cette révolution est marquée d'une manière très-curieuse par un contemporain. « Les enfants à l'école, contre l'usage de toutes les autres nations, sont forcés d'abandonner leur propre langue, et de dire leurs leçons et tout ce qui les occupe en français : ainsi l'ont établi les Normands depuis leur venue en Angleterre. Les enfants de gentilshommes sont instruits à parler français, du jour où on les remue dans leur berceau, et où ils peuvent parler et jouer avec un hochet. Les gens du pays veulent ressembler aux gentilshommes, et se plaisent à parler français, pour être crus tels. Cette mode était fort usitée depuis le premier temps; elle commence à s'affaiblir un peu; car John de Cornouailles, un maître de grammaire, a changé la leçon dans son école, et l'étude du français en celle de l'anglais. Richard de Laincry et d'autres ont appris de lui cette manière d'enseigner; de manière qu'aujourd'hui, l'an de Notre Seigneur 1385, et la neuvième année du roi Richard II, dans toutes les écoles d'Angleterre, les enfants abandonnent le français et apprennent l'anglais. » Cet anglais allait être la langue nationale d'Albion, langue hybride, irrégulière, mais puissante et fière comme l'esprit de ceux qui s'en servent.

Un acte fort important d'Édouard III fut le statut par lequel il ordonna, en 1362, que toute affaire soumise à une cour de justice fût plaidée, discutée et jugée en anglais. Ce fut en quelque sorte la réhabilitation officielle du langage proscrit. Déjà il avait produit des monuments littéraires. En poésie, dès le règne d'Édouard I*er*, Robert, moine de Glocester, avait composé une chronique en vers d'après l'histoire de Geoffroy de Monmouth ; trente ans après, un autre moine, Robert Manning, en écrivit une semblable. On avait vu aussi, au quatorzième siècle, une multitude de traductions de romans français en vers. Mais le premier écrivain anglais qu'on puisse lire avec quelque plaisir est Guillaume ou Robert Langland, auteur de la *Vision de Piers Ploughman*, satire mordante du clergé, où l'allitération tient lieu de la rime. Il préparait les voies à un des poëtes dont l'Angleterre se glorifie le plus, Geoffroy Chaucer, l'auteur de *Troilus and Cressida*, de *The house of fame*. Chaucer, né à Londres en 1328, page d'Édouard III, puis familier du duc de Lancastre, qui devint Henri IV, passe pour avoir fixé l'idiome national et inventé la meilleure mesure des vers anglais. Il a traduit la *Consolation* de Boëce, et notre *Roman de la Rose*, qu'il a traités comme des ouvrages classiques en luttant contre les difficultés du texte ; il a imité enfin le *Décameron* de Boccace, ou mieux puisé aux mêmes sources, empruntant ainsi aux trésors des littératures déjà formées des richesses pour celle de son pays. Chaucer a peint son époque avec beaucoup de vérité et avec une imagination vive, mais satirique. En religion, en politique, il était pour les doctrines nouvelles ; Wiclef le compta parmi ses sectateurs, et son *Sir Thopas*, dans les *Contes de Canterbury*, est le précurseur de *Don Quichotte*.

Vers le même temps, la prose anglaise naissait sous la plume du fameux John Mandeville, qui écrivit, au milieu du quatorzième siècle, la relation de son voyage au fond de l'Asie, et Wiclef en faisait déjà une arme de guerre : il l'employait à traduire et à répandre la Bible.

L'Allemagne est, au moyen âge, un des pays dont la langue a été la moins altérée. Elle demeura purement germanique par la raison qu'aucune invasion ne vint lui apporter d'élément nouveau. On est étonné qu'elle n'ait pas été, en conséquence, la première à produire une littérature. Cela tient à ce qu'elle n'avait pas de capitale qui fût un foyer actif; que sa culture commença longtemps après celle des autres, et qu'elle resta en contact avec des peuples qui naquirent les derniers à la civilisation européenne. La Bible gothique d'Ulphilas (360-380), plus tard un fragment de la traduction, en haut allemand, du traité d'Isidore, *de Nativitate Domini*, la traduction de la règle de saint Benoît (720), etc., sont les seuls monuments de cette langue avant Charlemagne, et ce ne sont pas des monuments littéraires. Cet empereur donna aux études une impulsion féconde. On sait qu'il ordonna de recueillir les chansons nationales des Allemands. Dans le nombre était sans doute le fameux fragment de la chanson d'Hildebrand, qui est antérieure à la fin du huitième siècle. Sa forme est l'allitération, principe de versification qui est, comme la rime, plus grossier et plus matériel que le nombre. Sous les successeurs de Charlemagne, on trouve, entre autres, le chant de Louis (Louis III, roi de France), dont le poëte célébrait les victoires sur les Northmans, en strophes rimées. A côté de cette poésie guerrière, la poésie religieuse produisit, sous Louis le Débonnaire et par son ordre, en bas allemand allitéré, l'ouvrage intitulé : *Harmonies de l'Évangile*. Il y eut un certain mouvement littéraire sous Otton le Grand et ses successeurs; mais les désordres qui éclatèrent sous Henri IV arrêtèrent cet essor; il ne reprit qu'après l'avénement des Hohenstaufen.

On a vu précédemment (p. 367) l'éclat que jeta la poésie sous cette dynastie brillante. Au contraire, dans la période suivante (quatorzième et quinzième siècles), ce fut la prose qui gagna du terrain, la poésie qui en perdit. Au milieu du trouble des discordes intérieures, les meistersinger ne trouvèrent plus de protection efficace auprès des empereurs ni auprès des seigneurs. Les villes, alors très-prospères et enrichies par le commerce, essayèrent bien, celles du midi du moins, de les encourager, mais sans grand succès. La poésie échangea sa naïveté vivante contre l'allégorie froide, et ne sut même plus trouver de sujet poétique. Quelle poésie, par exemple, que la chronique rimée du concile de Constance! On ne voit guère alors qu'un monument remarquable, *la Nef des fous* de Sébastien Brandt. Tandis que les meistersinger glaçaient la poésie de l'âge précédent et l'accablaient de règles qui l'étouffèrent, le peuple lui préparait une renaissance sous la forme, depuis si populaire en Allemagne, de chansons et ballades qu'on recueillit et imprima au commencement du seizième siècle. Mais d'accents poétiques véritablement élevés et nobles, on n'en entendait alors que dans la Suisse, qui, toute frémissante de sa lutte contre l'Autriche, répétait avec enthousiasme les beaux vers de Veit Weber et de Jean Viol qui chantèrent après avoir combattu. Halb Suter, de Lucerne, célébra aussi la victoire de Sempach (1386).

La prose s'essayait dans des nouvelles et des romans qu'on empruntait encore au cycle carlovingien et aux romans français. Elle se développa dans les recueils de lois que les besoins de l'époque firent rédiger, dans les prédications que le mouvement des idées religieuses provoquait, particulièrement celles du dominicain mystique Jean Tauler, digne prédécesseur de Luther par l'habile emploi qu'il sut faire de la langue allemande, et dans celles de ses disciples, les *Fils de l'éternelle sagesse*. La langue prosaïque s'y montrait déjà très-propre à l'argumentation philosophique, par sa faculté de combiner les mots et d'en créer de nouveaux, don dangereux dont elle a abusé souvent, qui lui a donné de la richesse, mais aux dépens de la qualité première de toute langue, la clarté. On rédigea au quatorzième siècle quelques chroniques, celles de Limbourg et d'Alsace, au quinzième celle de Thuringe, etc. En résumé, la littérature allemande ne produisit au moyen âge aucune œuvre véritablement éminente, si l'on met à part le curieux chant des *Niebelungen*, qu'il faut pourtant placer bien loin de l'*Iliade*, et qui doit sa vogue présente moins au jugement réfléchi d'un goût sévère qu'aux préventions intéressées d'un patriotisme facilement satisfait.

La littérature des Scandinaves est issue, comme leur langue, de la même souche germanique. Les *Eddas*, recueil des anciens chants des pays du Nord et la source la plus pure de la mythologie germanique en sont les principaux monuments avant l'introduction du christianisme. On y retrouve entre autres, une partie des faits du poëme allemand des *Niebolungen*. Avec le christianisme l'influence du Midi pénétra dans le Nord et y apporta les idées chevaleresques de la France ; dans ce nouvel esprit furent composés le poëme de Ragnar Lodbrog, le dernier chant de Hialmar le Vaincu, et le chant funèbre d'Eyvied-Skaldaspiller sur Hakon, roi de Norvége. Vint ensuite une série de chants populaires, *Folkvisor*, où est employée la rime. Les Suédois lisent encore avec plaisir *la Victime du couvent*, *les Noces sanglantes*, *Saint-Georges*, etc.

Aux Folkvisor de la Suède correspondent les *Bœmpeviser* du Danemark, chants de guerre ou plutôt récits historiques empruntés aux vieux souvenirs et écrits dans la langue nationale. La plupart furent rédigés sans doute peu après l'établissement du christianisme en Danemark. Un grand nombre étaient empruntés à la France, à l'Angleterre, à l'Allemagne. Euphémie, reine de Norvége (1299-1312), introduisit en ce pays les romans des cycles d'Artur et de Charlemagne, et en fit traduire des passages auxquels se mêlèrent des épisodes nationaux. Un des plus touchants est celui de la reine Aurore (Dagmar), femme du roi de Danemark, Valdemar le Victorieux. Les traditions primitives du Danemark vivent encore dans un auteur qui écrivit pourtant en latin, *Saxo Grammaticus* ; il composa, à la fin du douzième siècle, une remarquable histoire du Danemark et y recueillit les légendes anciennes. C'est de cette source que Shakspeare tira, au moins indirectement, cette histoire d'*Hamlet*, si sombre sous son pinceau puissant.

Littératures espagnole et portugaise.

Comme l'Espagne est restée en dehors du mouvement européen, et que son existence eut un caractère tout particulier, on peut rejeter à la fin l'esquisse de sa littérature, quoique, au point de vue de l'origine, elle eût dû être mise en première ligne, parmi les rameaux de la souche latine. La langue latine, établie dans cette péninsule par les Romains, maintenue et enracinée par l'influence du clergé chrétien sous les Visigoths, l'a formée presque tout entière. Ni les anciens idiomes celtiques ou ibères et puniques des peuples vaincus par Rome, ni la langue des Arabes vainqueurs n'y apportèrent de modification profonde. Comme ceux-ci n'imposèrent pas leur religion, ils n'imposèrent pas non plus leur langue. Elle se répandit, il est vrai, des Espagnols chrétiens s'en servirent dans des ouvrages; les petits rois du nord de la péninsule la mirent en vogue dans leurs cours; mais elle ne jeta pas de racine, et fut refoulée plus tard avec le mahométisme. Le fond de la langue des chrétiens espagnols était alors un roman diversement modifié selon les localités, et semblable, en Catalogne, en Navarre et dans l'île de Majorque, au provençal, dont il différait en Castille.

L'idiome castillan eut son premier monument dans le code des *Siete partidas*, publié au treizième siècle, par Alphonse *el Sabio*, le Savant, et où apparaît déjà la gravité du langage espagnol. Alphonse, qui voulut sans succès établir l'unité politique dans son royaume, s'efforçait de la préparer par l'unité de l'idiome; on lui doit encore une traduction de la Bible.

La poésie castillane fut différente de celle des autres pays. Ce peuple, engagé dans des combats incessants avec les Maures et plus tard dans des guerres civiles opiniâtres, n'eut pas le temps de composer comme la France de grands poëmes, d'interminables romans, sur des héros à demi fabuleux et médiocrement intéressants pour la nationalité. Mais il eut des romances, poésies courtes, populaires, toutes nationales, où étaient en scène les héros chrétiens du pays, ou plutôt le héros, car le Cid à lui seul est le type du chevalier espagnol combattant les Maures. Le *Romancero* est le recueil assez incohérent de ces romances, qui racontent sans suite les épisodes de la vie du Cid, et qui appartiennent à différentes époques.

Les plus anciennes portent un caractère de simplicité et de rudesse, qui s'adoucit dans les plus récentes; dans celles-ci on trouve, non-seulement un style perfectionné, mais même des raffinements d'idées et de la mythologie. Pourtant, ce qui leur est général à toutes et propre au génie espagnol, c'est un accent âpre et sonore, une verve belliqueuse et enthousiaste, une hyperbole fougueuse et visant au trait, comme celle de Lucain, un coloris chaud, une expression emphatique, mais toujours noble, des sentiments d'honneur et d'amour, avec je ne sais quoi de dur et quelquefois de féroce.

Le *Romancero* du Cid est un monument bien curieux de l'esprit humain ; c'est l'œuvre de mille auteurs travaillant à une même épopée sans s'entendre et qui ne sont pas connus, quoique très-dignes de l'être ; c'est une Iliade espagnole, qui assurément, celle-là du moins, n'a pas eu d'Homère. Le héros seul en fait l'unité. On l'y voit débuter par son duel avec le comte, ce bel épisode admirablement transformé par Corneille : « Le Cid restait pensif, se voyant jeune d'âge pour venger son père, en tuant le comte de Lozano. Il regardait la bande redoutable du puissant ennemi qui avait dans les montagnes mille Asturiens, ses partisans : il considérait comment, dans les cortès du roi de Léon, Ferdinand, le vote du comte était le premier, et son bras le meilleur dans les guerres. Tout cela lui paraissait peu devant une telle injure, la première qui eût été faite au sang de Lain le Chauve. Au ciel il demandait justice ; à la terre il demandait du champ ; à son vieux père, liberté de combattre ; à l'honneur, du courage et un bras. Il ne s'inquiète pas de sa jeunesse, parce qu'en naissant le vaillant hidalgo est accoutumé à mourir pour les occasions d'honneur.... » Il prend la vieille épée d'un de ses ancêtres : « Tu as recouvré un second maître, lui dit-il, aussi vaillant que le premier. — Allons, allons au champ, parce que c'est l'heure de donner au comte Lozano le châtiment que méritent sa langue si infâme et sa main. » Le Cid venge son père en tuant celui de Chimène, qui d'abord demande au roi qu'il périsse, puis, gagnée par l'éclat de sa valeur, lui demande elle-même sa main. « Sa fidélité pour le roi don Sanche ; la mort de ce roi, assassiné sous les murs de Zamora ; l'avénement du frère de don Sanche, don Alphonse ; le refus altier du Cid de lui prêter serment, tant que ce roi n'aura pas déclaré qu'il est étranger à la mort du frère dont il prend la couronne; la docilité du roi, obligé d'obéir à un sujet si puissant, et de jurer peut-être un mensonge pour obtenir en revanche le serment du Cid; les persécutions suscitées à ce héros; son exil; ses victoires; sa retraite chez les Maures; son mariage avec une seconde Chimène; ses nouveaux exploits; le mariage et l'affront de ses filles; sa vengeance; la gloire de sa vieillesse; les rois de l'Orient qui lui envoient des ambassadeurs et des présents; sa mort; son corps placé tout armé sur son fameux cheval Babieça, et ce corps inanimé qui gagne une dernière victoire et met en fuite les ennemis; voilà l'épopée du Cid. » (Villemain.)

Tandis que la Castille, les Asturies, Valence chantaient le Cid en des poésies toutes nationales, l'Aragon et la Catalogne, plus en rapport avec l'Europe et surtout avec le midi de la France, subissaient l'influence provençale. La *gaie science* avait remplacé, pour les princes et les nobles, les armes et les tournois : « Tous semblaient des jongleurs. » Elle avait des professeurs venus de la Provence, et une ambassade solennelle fut envoyée au roi de France à ce sujet. Cette poésie provençale fut éphémère au sud comme au nord des Pyrénées; elle périt en Aragon, et c'est de l'école castillane que sortirent plus tard les grands poëtes espagnols.

Déjà le génie dramatique, si étrange et si hardi, des Calderon et des Lope de Vega, s'annonçait dans ce juif espagnol du quatorzième siècle, au nom bizarre, don Santo Rabby, qui, dans une pièce intitulée *la Danse générale*, faisait paraitre la Mort disant : « Je suis la Mort, inévitable pour toutes créatures qui sont et seront dans le monde. J'appelle chacun et je dis : « Hélas! pourquoi t'inquiètes-tu de cette vie si « courte, qui passe en un moment, puisqu'il n'est pas de « géant si fort qui puisse se préserver de cet arc? Il convient « que tu meures quand je te frapperai de ma flèche cruelle. » Une ronde commence; la mort y désigne deux belles jeunes filles : « Ni les fleurs, ni les roses, ni les parures ne les défendent. Si elles le pouvaient, elles voudraient bien se séparer de moi; mais cela ne se peut, elles sont mes fiancées. »

La prose espagnole produisit au quatorzième siècle plusieurs monuments considérables : *Le comte Lucanor*, recueil d'histoires qu'un ministre conte à son souverain, pour l'instruire dans chaque occasion difficile, et où se montrent à la fois la gravité espagnole et l'esprit allégorique des Arabes ; puis la chronique d'Ayala, qui a raconté avec une simplicité sévère et forte l'histoire d'une époque sanglante, celle où deux rois du nom de Pierre le Cruel régnaient en Castille et en Aragon, et où la France et l'Angleterre, par Duguesclin et le prince Noir, intervenaient dans les affaires de la Péninsule.

L'Aragon eut aussi un curieux monument historique dans la chronique de Ramon Muntaner, vieux gentilhomme catalan, qui avait été faire la guerre en aventurier dans presque toute l'Europe, comme c'était l'usage de ses compatriotes au treizième siècle, et qui, retiré dans son château, s'avisa d'écrire ses Mémoires, comme Villehardouin et Joinville.

La langue portugaise se rattache, comme l'espagnole, à la langue latine, et n'en est aussi, en quelque sorte, qu'un dialecte. Sans doute, si toute la Péninsule eût été réunie en un seul État, elle eût été absorbée et n'eût plus été comptée que pour un patois. Les circonstances politiques, qui firent du Portugal un royaume distinct, firent aussi de sa langue une langue séparée. Sa poésie, comme celle de l'Aragon, dériva des troubadours ; Henri de Bourgogne, à qui Alphonse VI donna le comté de Portugal, en avait amené plusieurs avec lui. Plus de raffinement, plus de douceur, distinguaient déjà le génie portugais du génie espagnol. Le Cid est le sujet national des Espagnols ; on pourrait presque dire qu'Inès de Castro est celui des Portugais ; ils se sont plu à développer, jusqu'au jour où le Camoëns la consacra à jamais dans ses vers, cette touchante histoire de la fidélité d'un amant bien au delà du tombeau. Ce pays, d'une admirable beauté, vit éclore cette fleur délicate, la rêverie, sur ses rivages, où chaque soir le soleil disparaît derrière cet océan immense, encore plein de mystères. Bernard de Ribeiro, poëte du quinzième siècle, fait rêver ainsi une jeune fille sur un mont solitaire, d'où elle regardait « comment la terre va se perdre dans les flots, et comment la mer s'étend si loin du rivage, pour finir où personne ne peut la voir, » cette mer où les vaisseaux portugais s'élançaient déjà.

Renaissance des études classiques

Les idiomes nationaux, partout formés, indiquaient l'existence des nations, et déjà produisaient des littératures distinctes; mais le mouvement intellectuel des temps modernes allait-il être isolé? L'étude de l'antiquité y porta remède. Non-seulement elle versa à grands flots dans nos littératures les trésors de l'art et de la science des anciens, mais elle leur donna un fonds commun d'idées et d'inspiration. L'unité intellectuelle des temps modernes se préparait par là.

Le moment où le moyen âge finit est précisément celui où les anciens renaissent, en quelque sorte, et deviennent l'objet d'une étude passionnée et savante. Deux grands écrivains, Pétrarque et Boccace, aidèrent surtout à cette renaissance. Pétrarque donna le signal de cette recherche active des monuments classiques, qui faisait attacher à la découverte d'un manuscrit presque autant d'importance qu'à la conquête d'une cité. Le Pogge (Bracciolini), en 1414, découvrit dans un donjon abandonné du monastère de Saint-Gall, un exemplaire de Quintilien avec une partie de Valérius Flaccus, puis Silius Italicus, douze comédies de Plaute, Lucrèce, Columelle, Tertullien, Ammien Marcellin, etc. Un évêque de Lodi découvrit les traités de Cicéron sur la rhétorique. Il faut citer encore, parmi ces chercheurs infatigables de trésors enfouis, Filelfo, Laurent Valla, Nicolo Nicoli, Leonardo Aretino, etc.

En même temps, des professeurs de grec arrivaient de la Grèce même. Pétrarque avait étudié cette langue. Boccace attira de Thessalonique Léontius Pilatus, qui ouvrit à Florence un cours public sur Homère. A la fin du quatorzième siècle, Emmanuel Chrysoloras vint professer la littérature grecque à Florence. Arrivèrent ensuite Bessarion, Théodore de Gaza, Georges de Trébizonde, Gémistius Pletho. Constantinople prise allait envoyer encore dans l'Occident Lascaris et Musurus. Les papes, les rois de Naples, les Médicis ouvraient les bras à ces savants étrangers.

Ce zèle régnait surtout en Italie, mais il gagnait aussi les autres pays. Charles V, de France, fit faire des traductions d'auteurs classiques, et, en 1456, Tifernas vint donner des leçons de grec à Paris.

Les universités allemandes, fondées dans le quatorzième siècle, Prague (1348), Vienne (1386), Erfurt (1392), et, après 1400, Wurtzbourg, Leipzig, Ingolstadt, Rostock, entrèrent avec ardeur dans le mouvement des études classiques, sous la conduite d'hommes savants, Rodolphe Agricola, Conrad Weissel et Jean Reuchlin. L'Angleterre avait dans les grandes écoles de Winchester et d'Eton, fondées, la première en 1373, la seconde en 1432, des foyers d'études classiques, et l'on a la preuve que, vers le milieu du quinzième siècle, la versification latine y était déjà enseignée. En Espagne, enfin, Ayala traduisait Tite Live, et Jean de Mena étudiait la poésie dans Ovide, Properce, Tibulle et Juvénal.

L'Imprimerie, la peinture à l'huile, la gravure, la poudre à canon[1].

Les bibliothèques, au moyen âge, étaient fort restreintes. Charles V porta à 900 volumes celle de saint Louis. L'université d'Oxford en reçut 600 du frère du duc de Glocester en 1440; 120 d'entre eux furent estimés 1000 livres sterling. En 1421, l'électeur palatin légua à l'université d'Heidelberg sa collection composée de 152 volumes. C'étaient là les bibliothèques les plus considérables des universités et des princes. Faible ressource à coup sûr. Mais voici que tout à coup trois Mayençais, Furst, Schœffer et Gutenberg, inventent le moyen mécanique de reproduire à l'infini et très-rapidement les ouvrages que la main du copiste mettait un temps énorme à reproduire une seule fois. Les cartes à jouer, dit-on, donnèrent l'idée première de cette grande invention. Des cartes à jouer, en effet, on avait passé aux vignettes représentant des saints et accompagnées de quelques mots de texte

---

1. Pour le commerce et l'industrie, voy. ci-dessus le chap. XXIII.

explicatif. On se servait d'un bloc de bois où étaient taillées les figures et les lettres. Les Hollandais veulent que Coster, de Harlem, ait le premier mobilisé les caractères; mérite qu'on s'accorde à attribuer à Gutenberg et à ses compagnons. Entre 1450 et 1455, ils imprimèrent à Mayence une édition de la *Vulgate*, dite *Bible aux quarante-deux lignes*. Avant la fin du quinzième siècle, presque tous les classiques qui avaient survécu étaient imprimés. En 1452, l'orfévre florentin Finiguerra inventa l'art de reproduire les images par la gravure sur métal; bientôt suivit la découverte de la gravure à l'eauforte. Un peu plus tôt, Jean Van Dyck, dit Jean de Bruges, employa en 1411, pour les grands tableaux dont il décora l'hôtel de ville de Gand, une huile siccative connue dans cette ville dès l'année 1328, et que par conséquent il n'inventa pas, mais dont l'usage généralisé fit une révolution dans la peinture. On peignait auparavant à la détrempe, à la fresque, à la gomme, à la colle, au blanc d'œuf; on connaissait bien l'usage de l'huile pour broyer les couleurs, mais on n'y recourait guère, parce qu'on ne savait pas les bien sécher. Après Van Dyck, les grands peintres peuvent naître, l'instrument du génie ne leur fera pas défaut.

La guerre aussi allait être changée de fond en comble par l'usage de la poudre à canon. Il est à peu près certain que cette découverte fut introduite en Europe par les Sarrasins. Un auteur arabe rapporte, vers 1249, qu'on employait la poudre dans les machines de guerre. Un moine anglais, Roger Bacon, en apprit ou en reconnut la composition. Au commencement du quatorzième siècle, on inventa les canons, ou plutôt les mortiers. Édouard III en avait à Crécy, et, quoique Froissart n'en fasse pas mention, le témoignage de Villani, qui écrivait deux ans après, semble décisif. Il attribue des effets extraordinaires aux *bombardes* d'Édouard III: « Il sembloit, dit-il que Dieu tonnât avec une grande destruction d'hommes et de chevaux. » On ne savait pas toutefois en faire encore un usage fort habile sur les champs de bataille, et l'on s'en servait plutôt dans les siéges et les batailles navales; on en vit à Chiozza. Les Français perfectionnèrent beaucoup l'artillerie, qui acquit chez eux une supériorité constatée par les succès de Charles VII sur les Anglais. L'invention de l'arquebuse ou *canon à main*, est du commencement du quinzième siècle.

L'infanterie, c'est-à-dire l'armée roturière, reprenait, grâce à l'emploi de la pique, une importance qu'elle n'avait pas eue depuis les Romains. C'est par les masses profondes de fantassins armés de piques que les Suisses avaient déjà vaincu les Autrichiens et allaient se rendre si redoutables. Quand la pique, réunie à l'arquebuse, sera devenue le fusil moderne, l'égalité régnera sur le champ de bataille comme la royauté absolue qui se prépare, la fera régner dans la loi, comme l'imprimerie qui va se répandre tendra à la mettre dans les esprits. Voilà bien des symptômes de l'âge nouveau qui approchait.

FIN.

LISTES CHRONOLOGIQUES.

DES PAPES, DES EMPEREURS ET DES PRINCES QUI ONT RÉGNÉ DANS LES PRINCIPAUX ÉTATS DU MOYEN AGE [1].

Papes.

S. SIRICE	384	JEAN VII	705
S. ANASTASE	398	SISINNIUS	708
S. INNOCENT Ier	402	CONSTANTIN	708
S. ZOSIME	417	S. GRÉGOIRE II	715
S. BONIFACE Ier	418	GRÉGOIRE III	731
S. CÉLESTIN Ier	422	ZACHARIE	741
S. SIXTE III	432	ÉTIENNE II	752
S. LÉON LE GRAND	440	S. PAUL Ier	757
S. HILAIRE	461	ÉTIENNE III	768
S. SIMPLICE	468	ADRIEN Ier	772
S. FÉLIX II	483	S. LÉON III	795
S. GÉLASE	492	ÉTIENNE IV	816
S. ANASTASE II	496	S. PASCAL Ier	817
SYMMAQUE	498	EUGÈNE II	824
HORMISDAS	514	VALENTIN	827
S. JEAN Ier	523	GRÉGOIRE IV	827
FÉLIX III	526	SERGE II	844
BONIFACE II	530	S. LÉON IV	847
JEAN II	533	BENOIT III	855
AGAPET	535	NICOLAS Ier	858
SILVÈRE	536	ADRIEN II	867
VIGILE	538	JEAN VIII	872
PÉLAGE Ier	555	MARTIN II	881
JEAN III	560	ADRIEN III	884
BENOIT Ier ou BENOSE	574	ÉTIENNE V	885
PÉLAGE II	578	FORMOSE	891
S. GRÉGOIRE LE GRAND	590	BONIFACE VI	896
SABINIEN	604	ÉTIENNE VI	896
BONIFACE III	607	ROMAIN	897
BONIFACE IV	608	THÉODORE II	898
S. DEUSDEDIT	615	JEAN IX	898
BONIFACE V	618	BENOIT IV	900
HONORÉ Ier	625	LÉON V	903
SÉVERIN	640	CHRISTOPHE	903
JEAN IV	640	SERGE III	905
THÉODORE	642	ANASTASE III	911
S. MARTIN Ier	649	LANDON	913
S. EUGÈNE Ier	654	JEAN X	914
VITALIEN	657	LÉON VI	928
ADÉODAT	672	ÉTIENNE VII	929
DONUS Ier	676	JEAN XI	931
AGATHON	678	LÉON VII	936
S. LÉON II	682	ÉTIENNE VIII	939
BENOIT II	684	MARTIN III	942
JEAN V	685	AGAPET II	942
CONON	686	JEAN XII	956
SERGE Ier	687	LÉON VIII	963
JEAN VI	701	BENOIT V	964

1. La date est celle de l'avénement.
HIST. DU MOYEN AGE.

Jean XIII.	965
Benoît VI.	972
Donus II.	974
Benoît VII.	975
Jean XIV.	983
Jean XV.	984
Jean XVI.	985
Grégoire V.	996
Sylvestre II (le Français Gerbert).	999
Jean XVII.	1003
Jean XVIII.	1003
Serge IV.	1009
Benoît VIII.	1012
Jean XIX.	1024
Benoît IX.	1033
Grégoire VI.	1044
Jean XX.	1045
Clément II.	1046
Damase II.	1048
Léon IX.	1049
Victor II.	1055
Étienne IX.	1057
Nicolas II.	1058
Alexandre II.	1061
Grégoire VII (Hildebrand).	1073
Victor III.	1086
Urbain II.	1088
Pascal II.	1099
Gélase II.	1118
Calixte II.	1119
Honoré II.	1124
Innocent II.	1130
Anaclet, antipape.	1130-1189
Célestin II.	1143
Luce II.	1144
Eugène III.	1145
Anastase IV.	1153
Adrien IV.	1154
Alexandre III.	1159
Luce III.	1181
Urbain III.	1185
Grégoire VIII.	1187
Clément III.	1187
Célestin III.	1191
Innocent III.	1198
Honorius III.	1216
Grégoire IX (Ugolin).	1227
Célestin IV.	1241
Innocent IV (Sinibaldi de Fiesque), Génois.	1243
Alexandre IV.	1254
Urbain IV.	1261
Clément IV.	1265
Grégoire X.	1271
Innocent V.	1276
Adrien V.	1276
Jean XXI.	1276
Nicolas III.	1277
Martin IV.	1281
Honoré IV.	1285
Nicolas IV.	1288
Célestin V.	1294
abdique au bout de cinq mois.	
Boniface VIII (Benoît Caiétan).	1294
Benoît XI.	1303
Clément V (Bertrand de Goth), Français.	1305
Les papes à Avignon, 1309-1377.	
Jean XXII, Français.	1316
Benoît XII, Français.	1334
Clément VI, Français.	1342
Innocent VI, Français.	1352
Urbain V, Français.	1362
Grégoire IX, Français.	1370
mort à Rome.	1378
Succession des papes à Rome.	
Urbain VI.	1378
(A Avignon, Clément VII, élu aussi en Italie en 1378.)	
Boniface IX.	1389
(A Avignon, Benoît XIII, élu après Clément VII, 1394, gardera, quoique déposé, le titre de pape jusqu'à sa mort, 1424.)	
Innocent VII.	1404
Grégoire XII.	1406
déposé en.	1409
Alexandre V.	1409
Jean XXIII.	1410
déposé en.	1415
Martin V (Colonna).	1417
Eugène IV.	1431
Félix V (Amédée de Savoie), antipape du concile de Bâle.	1439-1449
Nicolas V.	1447

Empereurs romains d'Occident.

Honorius, fils de Théodose.	395
Jean, le Secrétaire, usurpateur.	423
Valentinien III, cousin d'Honorius.	425
Pétrone Maxime, sénateur.	455
Avitus, rhéteur gaulois.	455
Majorien.	457
Libius Sévère III.	461
Interrègne, à sa mort, 465-467.	
Anthémius.	467
Olybrius.	472
Glycérius.	472
Julius Nepos.	474
Romulus Augustule.	475

Empereurs d'Orient.

Maison de Théodose :

Arcadius.	395
Théodose II.	408
Marcien.	450

Maison Thrace :

Léon Ier.	457

PAPES, EMPEREURS ET ROIS.

Léon II, son fils......	474
Zénon L'Isaurien, son gendre...	474
Anastase......	491
Seconde maison Thrace :	
Justin Ier......	518
Justinien Ier, son neveu......	527
Justin II, neveu de Justinien....	565
Tibère......	578
Maurice......	582
Phocas......	602
Maison des Héraclides :	
Héraclius......	610
Héraclius Constantin......	641
Héracléonas......	641
Constantin III......	668
Justinien II......	685
Déposé deux fois, 695, 698. Mort 711. Anarchie; trois princes de 711 à 717.	
Maison Isaurienne :	
Léon III L'Iconoclaste......	717
Constantin IV Copronyme.....	741
Léon IV Chazare......	775
Constantin V......	780
Irène, sa mère, dès 780, seule....	797
Nicéphore......	802
Deux princes, de 811 à 813.	
Léon V L'Arménien......	813
Maison phrygienne :	
Michel II Le Bègue......	820
Théophile......	829
Michel III L'Ivrogne......	842
Maison macédonienne :	
Basile Ier......	867
Léon VI Le Philosophe......	886
Constantin VI Porphyrogénète.	911
Romain Ier, Lécapène, Arménien, avec ses fils, dont un Constantin VII......	919
Constantin VI, de nouveau...	945
Romain II Le Jeune, son fils....	959
Nicéphore Phocas......	963
Jean Zimiscès......	969
Basile II et Constantin VIII, petits-fils de Constantin VI......	976
Romain III Argyre, marié à Zoé, fille de Constantin VIII......	1028
Deux autres maris de Zoé... 1034-1042	
Zoé et sa sœur Théodora, avec un mari de Zoé, Constantin IV, Monomaque......	1042
Théodora seule, de.... 1054 à 1056	
Michel VI......	1056
Isaac Comnène......	1057
Constantin X Ducas......	1059
Sa veuve Eudoxie et ses fils, dont un Constantin XI......	1067
Romain IV Diogène, fils de Romain Argyre......	1068
Michel Parapinace, fils de Constantin X......	1071
Deux princes, de...... 1078 à 1081	
Maison des Comnènes :	
Alexis Ier......	1081
Jean......	1118
Manuel......	1143
Andronic Ier......	1183
Isaac II L'Ange......	1185
Alexis III L'Ange, son frère; usurpateur......	1195
Isaac II, de nouveau......	1203
Alexis IV, avec son père Isaac II.	1204
Ducas Murtzuphle, usurpateur.	1204
Renversé par les chevaliers de la quatrième croisade.	
III Empire latin, de 1204 à 1261.	
Maisons françaises :	
Baudouin Ier, de Flandre......	1204
Henri, son frère......	1205
Pierre de Courtenay, leur beau-frère......	1216
Robert, fils de Pierre......	1219
Baudouin II, frère de Robert 1228-1261	
Jean de Brienne, roi titulaire de Jérusalem, tuteur de Baudouin.	1229
Empereur, de...... 1231 à 1237	
Empire grec, reconstitué par les conquêtes des Grecs de la maison de Lascaris, établis à Nicée :	
Théodore Ier, depuis......	1206
Jean Ducas Vatace......	1222
Théodore II......	1255
Jean Lascaris, encore enfant et au nom duquel Michel Paléologue prend Constantinople...	1261
Maison des Paléologues :	
Michel......	1261
Andronic II......	1282
Andronic III......	1328
Jean Ier......	1341
Jean Cantacuzène, usurpateur, de...... 1347 à 1355	
Matthieu Cantacuzène......	1355
Jean Ier seul......	1356
Manuel II......	1391
Jean II......	1425
Constantin XII, son frère......	1448

Chefs du saint-empire romain, de la nation germanique.

Carlovingiens :		Louis Le Débonnaire......	814
Charlemagne......	800	Lothaire......	840

LOUIS II LE GERMANIQUE	843	Maison de Souabe :	
CHARLES LE CHAUVE, empereur, mais non roi de Germanie	875	CONRAD III	1139
		FRÉDÉRIC II BARBEROUSSE	1152
CARLOMAN, roi de Bavière	876	HENRI VI	1190
LOUIS III, roi de Saxe	876	PHILIPPE	1198
CHARLES LE GROS, roi de Souabe, empereur	882	OTHON IV de Brunswick, Welf	1198
		FRÉDÉRIC II, fils de Henri IV	1212
ARNULF, roi de Germanie	887	Maisons diverses :	
LOUIS IV, idem	899	GUILLAUME de Hollande	1247
		RICHARD de Cornouailles	1257
Maison de Franconie :		ALPHONSE de Castille	1257
CONRAD Iᵉʳ, roi	911	RODOLPHE Iᵉʳ de Habsbourg	1273
		ADOLPHE de Nassau	1291
Maison de Saxe :		ALBERT Iᵉʳ d'Autriche	1298
HENRI Iᵉʳ, roi	919	HENRI VII de Luxembourg	1308
OTTON Iᵉʳ, roi	936	LOUIS V de Bavière	1314
empereur	962	FRÉDÉRIC LE BEL, d'Autriche, empereur nominal	1314
OTTON II	973	
OTTON III	983	CHARLES IV de Luxembourg-Bohême	1347
HENRI II, LE SAINT, de Bavière	1002	
		WENCESLAS, son fils	1378
Maison de Franconie :		ROBERT de Bavière	1400
CONRAD II	1024	JOSSE de Moravie	1410
HENRI III	1039	SIGISMOND, frère de Wenceslas	1411
HENRI IV	1056	
HENRI V	1106	Maison d'Autriche :
		ALBERT II	1438
Deuxième maison de Saxe :		FRÉDÉRIC III	1440
LOTHAIRE II	1125	

Danemark depuis le dixième siècle.

SUÉNON Iᵉʳ	985	WALDEMAR Iᵉʳ, dit LE GRAND, seul	1157
KANUT LE GRAND	1014	
HARD KANUT	1036	KANUT VI	1182
MAGNUS DE NORVÉGE; LE BON	1042	VALDEMAR II LE VICTORIEUX	1202
		ÉRIC IV PROGPENNING	1241
Maison des Estrithides :		ABEL	1250
SUÉNON	1047	CHRISTOPHE	1252
HARALD	1077	ÉRIC V, GRIPPING	1259
KANUT IV LE SAINT	1080	ÉRIC VI	1286
OLAF LE FAMÉLIQUE	1086	CHRISTOPHE II	1320
ÉRIC III LE BON	1095	VALDEMAR III	1340
NICOLAS	1105	OLAF	1376
ÉRIC	1134	MARGUERITE	1387
Un autre ÉRIC	1137	ÉRIC IX le Poméranien	1412
SUÉNON EMUNDSON	1147	CHRISTOPHE III le Bavarois	1440
Il a pour compétiteurs Valdemar et Kanut V.		
		Maison d'Oldenbourg :	
Mort de KANUT V	1156	CHRISTIAN Iᵉʳ, roi de Danemark et de Norvége	1448
— de SUÉNON	1157	

Rois chrétiens d'Espagne.

Royaume de Navarre :		GARCIE III	994
AZNAR, comte de Navarre	831	SANCHE III, LE GRAND	1000
SANCHE	834	GARCIE IV	1035
GARCIE Iᵉʳ	836	SANCHE IV	1054
GARCIE XIMENÈS, Iᵉʳ roi	858	SANCHE V, roi d'Aragon	1076
FORTUNIO	880	PIERRE Iᵉʳ, roi d'Aragon	1094
SANCHE Iᵉʳ	905	ALPHONSE Iᵉʳ, roi d'Aragon	1104
GARCIE II	926	GARCIE V	1134
SANCHE II	970	SANCHE VI	1150

PAPES, EMPEREURS ET ROIS.

SANCHE VII...	1194
THIBAUT Ier...	1234
THIBAUT II...	1253
HENRI Ier...	1270
JEANNE Ire...	1274
PHILIPPE LE BEL, roi de France..	1284
LOUIS LE HUTIN, idem...	1305
JEAN Ier...	1316
PHILIPPE LE LONG, roi de France.	1316
CHARLES Ier...	1322
JEANNE II...	1328
PHILIPPE D'ÉVREUX...	1328
CHARLES II, LE MAUVAIS...	1349
CHARLES III...	1386
BLANCHE...	1425
JEAN II...	1425

Royaume des Asturies, d'Oviedo et de Castille :

PÉLAGE...	718
FAVILLA...	737
ALPHONSE Ier, LE CATHOLIQUE..	739
FROILA Ier...	757
AURÉLIO...	768
SILO...	774
MAUREGAT...	783
BERMUDE Ier...	788
ALPHONSE II, LE CHASTE...	797
RAMIRE Ier...	842
ORDOGNO Ier...	850
ALPHONSE III, OU LE GRAND...	866
GARCIAS Ier...	910
ORDOGNO II...	913
FROILA II...	923
ALPHONSE IV...	927
RAMIRE II...	933
ORDOGNO III...	950
SANCHE Ier, LE GROS...	955
RAMIRE III...	967
BERMUDE II...	982
ALPHONSE V...	999
BERMUDE III...	1027
FERDINAND Ier succède, en Castille, à SANCHE LE GRAND, de Navarre, et devient roi de Léon, après la mort de BERMUDE III, 1037...	1035
ALPHONSE VI, roi de Léon...	1065
GARCIAS, roi de Galice...	1065
SANCHE II, LE FORT, roi de Castille.	1065
URRAQUE...	1109
ALPHONSE VII...	1129
SANCHE III, roi de Castille...	1157

FERDINAND II, roi de Léon...	1158
ALPHONSE VIII, fils de SANCHE III.	1158
ALPHONSE IX, fils de FERDINAND II, roi de Léon...	1187
HENRI Ier...	1214
FERDINAND III, roi de Castille, 1217, et de Léon, en 1230...	1217
ALPHONSE X, LE SAGE, n° 1221...	1252
SANCHE IV...	1284
FERDINAND IV...	1295
ALPHONSE XI...	1312
PIERRE LE CRUEL, n° 1334...	1350
HENRI II...	1369
JEAN Ier...	1379
HENRI III...	1390
JEAN II...	1406

Royaume d'Aragon :

RAMIRE Ier...	1035
SANCHE RAMIREZ, roi de Navarre, 1076...	1063
PIERRE Ier, roi de Navarre...	1094
ALPHONSE Ier, roi de Navarre...	1104
RAMIRE II...	1134
RAIMOND BÉRENGER...	1137
PÉTRONILLA...	1137
ALPHONSE II...	1162
PIERRE II...	1196
JACQUES ou JAYME Ier...	1213
PIERRE III...	1276
ALPHONSE III...	1285
JACQUES II...	1291
ALPHONSE IV...	1327
PIERRE IV...	1336
JEAN Ier...	1387
MARTIN...	1395
FERDINAND Ier...	1412
ALPHONSE V...	1416

Royaume de Portugal :

HENRI DE BOURGOGNE, comte de Portugal...	1095
ALPHONSE Ier, roi en 1139...	1112
SANCHE Ier...	1185
ALPHONSE II...	1211
SANCHE II...	1223
ALPHONSE III...	1248
DENYS...	1279
ALPHONSE IV...	1325
PIERRE Ier...	1357
FERDINAND...	1367
JEAN Ier, régent, 1383, roi...	1385
ÉDOUARD...	1433
ALPHONSE V...	1439

Rois de France.

4. Mérovingiens :

CLODION...	428
MÉROVÉE, son parent...	448
CHILDÉRIC Ier...	456
CLOVIS...	481
baptisé en...	496

Ses quatre fils :

THIERRY Ier, à Metz...	515
Il a un fils, THÉODEBERT...	534
un petit-fils, THÉODEBALD...	548
CLODOMIR, à Orléans...	511
CHILDEBERT, à Paris...	511

LISTES CHRONOLOGIQUES.

CLOTAIRE Ier, à Soissons......... 511
Destruction du royaume de Bourgogne...................... 534
CLOTAIRE Ier, seul......... 558 à 561
Ses quatre fils :
SIGEBERT II, en Austrasie 561
CARIBERT Ier, à Paris............ 561
GONTRAN, à Orléans et en Bourgogne...................... 561
CHILPÉRIC Ier, à Soissons........ 516
Mort de CARIBERT............. 567
de SIGEBERT................ 567
de CHILPÉRIC.............. 584
de GONTRAN............... 593
CHILDEBERT, fils de Sigebert et de Brunehaut, en Austrasie....... 575
en Bourgogne............... 593
mort...................... 596
Ses deux fils :
THÉODEBERT II, en Austrasie, de 596 à...................... 612
THIERRY II, en Bourgogne, de 596 à...................... 613
CLOTAIRE II, fils de Chilpéric et de Frédégonde, de Neustrie.... 584
Mort de FRÉDÉGONDE...... 597 ou 598
de BRUNEHAUT............. 613
CLOTAIRE II, seul......... 613 à 628
Ses deux fils :
DAGOBERT...................... 628
SIGEBERT II, en Austrasie........ 638
CLOVIS II, en Neustrie et en Bourgogne...................... 638
1° CLOTAIRE III............... 656
2° CHILDÉRIC II............... 656
3° THIERRY III................ 673
DAGOBERT II, en Austrasie...... 674
CLOVIS III.................... 691
CHILDEBERT III............... 695
DAGOBERT III................. 711
CHILPÉRIC II.................. 716
CLOTAIRE IV................... 717
THIERRY V.................... 720
Vacance de 737 à 742.
CHILDÉRIC III, 742-752.

II. Carlovingiens :
Maison austrasienne qui a grandi avec Pépin d'Héristal, depuis la bataille de Testry, 687 ; Charles Martel, depuis 715 ; ses deux fils, Carloman et Pépin le Bref, depuis 741.
PÉPIN LE BREF, roi............. 752
CARLOMAN et CHARLEMAGNE, ses fils...................... 768

CHARLEMAGNE seul............. 771
empereur.................. 800
mort...................... 814
LOUIS LE DÉBONNAIRE........... 814
CHARLES LE CHAUVE............. 840
Le traité de Verdun sépare la France des autres États carlovingiens...................... 843
LOUIS II LE BÈGUE............. 877
LOUIS III et CARLOMAN, ses fils... 879
Mort de Louis................ 882
Mort de CARLOMAN............ 884
CHARLES II LE GROS, de Souabe.. 884
déposé..................... 887
EUDES, comte de Paris et duc de France, roi................. 887
CHARLES III, LE SIMPLE, fils de Louis II le Bègue, son compétiteur, seul à sa mort. 898
ROBERT, frère d'Eudes........... 922
RAOUL, duc de Bourgogne, gendre de Robert.................. 923
CHARLES LE SIMPLE, deux fois déposé, meurt en captivité...... 929
LOUIS IV D'OUTRE-MER, son fils.. 936
LOTHAIRE, fils de Louis IV....... 954
LOUIS V, LE FAINÉANT, fils de Lothaire................. 986-987

III. Capétiens :
HUGUES CAPET, duc de France, fils d'Hugues le Grand............ 987
ROBERT II LE SAINT............ 996
HENRI Ier..................... 1031
PHILIPPE Ier................... 1060
LOUIS VI LE GROS.............. 1108
LOUIS VII LE JEUNE............ 1137
PHILIPPE II AUGUSTE........... 1180
LOUIS VIII LE LION............ 1223
LOUIS IX, SAINT LOUIS......... 1226
PHILIPPE III LE HARDI......... 1270
PHILIPPE IV LE BEL............ 1285
Ses trois fils :
LOUIS IX LE HUTIN............. 1314
(JEAN Ier, fils posthume de Louis X, 1316.)
PHILIPPE V LE LONG............ 1316
CHARLES IV LE BEL............. 1322

Branche des Valois :
PHILIPPE VI................... 1328
JEAN II LE BON................ 1350
CHARLES V LE SAGE............ 1364
CHARLES VI LE BIEN-AIMÉ...... 1380
CHARLES VII LE VICTORIEUX..... 1422

Rois de la Grande-Bretagne.
Angleterre.

EGBERT réunit l'Heptarchie vers.. 827
ÉTHELWULF................... 836
ÉTHELBALD................... 857
ÉTHELBERT................... 857
ÉTHELBERT seul................ 860
ÉTHELRED.................... 866
ALFRED LE GRAND............. 871
ÉDOUARD L'ANCIEN............ 901

ATHELSTAN............................	925
EDMOND Ier.........................	941
EDRED.................................	946
EDWY.................................	955
EDGARD...............................	957
ÉDOUARD II, LE MARTYR........	975
ETHELRED II.........................	978

Princes danois :
SUÉNON................	1013
ETHELRED II, de nouveau...	1014-1016
KANUT LE GRAND...............	1015
EDMOND II, fils d'Ethelred, 1016 à	1017
HAROLD Ier.....................	1039
HARDY-KANUT...................	1039

Restauration anglo-saxonne :
ÉDOUARD LE CONFESSEUR........	1042
HAROLD, fils de Godwin..........	1066

Dynastie normande :
GUILLAUME LE CONQUÉRANT.....	1066
GUILLAUME II LE ROUX..........	1087
HENRY Ier.......................	1100
ÉTIENNE DE BLOIS................	1135

Maison des Plantagenets :
HENRY II.............................	1154
RICHARD COEUR DE LION.......	1189
JEAN SANS TERRE.................	1199

HENRI III..........................	1216
ÉDOUARD Ier.....................	1272
ÉDOUARD II........................	1307
ÉDOUARD III.......................	1327
RICHARD II, son petit-fils........	1317

Branche des Lancastres :
HENRI IV..........................	1399
HENRI V...........................	1413
HENRI VI..........................	1422

Écosse :
GUILLAUME.......................	1165
ALEXANDRE II....................	1214
ALEXANDRE III...................	1249
MARGUERITE......................	1289
JEAN BALLIOL....................	1291
déposé...........................	1296
ROBERT Ier BRUCE.............	1306
DAVID II BRUCE..................	1329
ÉDOUARD BALLIOL................	1332
déposé...........................	1342
DAVID II rétabli.................	1342

Maison des Stuarts :
ROBERT II.........................	1371
JEAN ROBERT III..................	1390
JACQUES Ier.....................	1406
JACQUES II........................	1437

Rois d'Italie.

I. Ostrogoths :
THÉODORIC........................	493
ATHALARIC........................	526
THÉODAT..........................	534
VITIGÈS...........................	536
HILDEBALD........................	540
ÉRARIC............................	541
TOTILA............................	541
TEIAS..............................	552

II. Lombards. Principaux rois :
ALBOIN............................	568
CLEPH.............................	573

Pas de rois jusqu'en 584.

UTHARIS...........................	584
AGILULFE..........................	591
ROTHARIS..........................	636
PERTHARIT.........................	662
GRIMOALD..........................	661
PERTHARIT, de nouveau..........	671
ANSPRAND.........................	712
LUITPRAND........................	712
RATCHIS...........................	744
ASTOLPHE..........................	749
DIDIER, duc d'Istrie..............	756

III. Francs carlovingiens :
CHARLEMAGNE, roi d'Italie depuis.	774
PÉPIN, son fils....................	781
BERNARD..........................	810
LOUIS LE DÉBONNAIRE.............	814
LOTHAIRE.........................	840
LOUIS II..........................	855
CHARLES LE CHAUVE..............	875
CARLOMAN, de Bavière...........	877
CHARLES LE GROS, de Souabe.....	880

IV. Rois de l'époque féodale :
GUY, duc de Spolète..............	888
BÉRENGER, duc de Frioul........	888
LAMBERT, fils de Guy............	891
ARNULF, roi de Germanie........	896
LOUIS, roi de Provence...........	899
RODOLPHE, roi de Bourgogne transjurane.......	921
HUGUES, comte d'Arles...........	926
LOTHAIRE, son fils................	947
BÉRENGER II, marquis d'Ivrée, et son fils ADALBERT.............	950

La royauté d'Italie est prise, dès 951, par le roi de Germanie Othon Ier : il est couronné empereur en 962.

Rois de Naples.

Normands :
ROBERT GUISCARD arrive en Italie en.......................	1046
duc de Pouille en.................	1057
ROGER, idem.......................	1085
GUILLAUME, idem..................	1111

Roger Ier, comte de Sicile	1050
Roger II, idem	1101
duc de Pouille	1127
roi des Deux-Siciles	1130
Guillaume Ier, roi des Deux-Siciles	1154
Guillaume II	1166

Allemands, de la Maison de Souabe :

Henri Ier (VI, en Allemagne)	1189
Frédéric Ier (II, en Allemagne)	1197
Conrad	1250
Conradin	1254
Manfred	1258
Pierre (III, en Aragon)	1282
Jacques	1285
Frédéric Ier	1296
Pierre II	1336
Louis	1342
Frédéric II	1355

Français de la Maison d'Anjou :

Charles Ier	1266
il perd la Sicile	1282
Charles II	1285
Robert	1309
Jeanne Ire	1343
Charles III	1382
Ladislas	1386
Jeanne II	1414

Aragonais :

Alphonse Ier, roi d'Aragon et de Sicile depuis 1416, roi de Naples	1435

Rois de Sicile.

Marie	1377
Martin Ier le Jeune	1391-1409
Martin II l'Ancien, son père, déjà roi d'Aragon, réunit, à sa mort, la Sicile à l'Aragon	1409

Rois de Jérusalem.

Godefroy de Bouillon	1099
Baudouin Ier, son frère	1100
Baudouin II, du Bourg, son cousin	1118
Foulques d'Anjou, gendre de Baudouin	1131
Baudouin III, fils de Foulques	1142
Amauri Ier, frère de Baudouin III	1162
Baudouin IV, fils d'Amauri	1173
Baudouin V, né d'une fille d'Amauri, Sibylle	1185
Guy de Lusignan, père de Baudouin V	1186
Jérusalem est prise par Saladin	1187

Rois titulaires :

Conrad de Monferrat	1192
Henri de Champagne	1192
Amauri II de Lusignan	1197
Jean de Brienne	1210
Frédéric II de Souabe	1225

Sultans des Turcs.

Othman, émir de Bythinie, meurt en	1326
Orkhan, sultan	1326
Amurat Ier	1360
Bajazet Ier	1389
Soliman Ier	1403
Musa	1410
Mahomet Ier	1413
Amurat II	1421
Mahomet II	1451

FIN DES LISTES CHRONOLOGIQUES.

TABLE DES MATIÈRES.

LIVRE I. — L'INVASION GERMANIQUE (395-687).

Chapitres — Pages.

I. État du monde romain et du monde barbare a la fin du quatrième siècle de notre ère. — Fin des temps anciens. — Nouvelle forme de l'empire romain. — Hiérarchie civile et militaire. — Régime municipal; curiales. — Impôts. — État des personnes. — L'armée. — État moral et intellectuel. — L'Église chrétienne. — Les barbares. — Peuples germaniques. — Slaves et Huns 17

II. Première période de l'invasion (375-476); Alaric, Radagaise, Genséric, Attila. — Premier ébranlement des barbares avant la mort de Théodose. — Division de l'empire à la mort de Théodose (395). — Alaric et les Visigoths (395-419); la grande invasion de 406. — Fondation du royaume des Burgundes (413), des Visigoths et des Suèves (419). — Conquête de l'Afrique par les Vandales (431). — Invasion d'Attila (451-453). — Prise de Rome par Genséric (455); fin de l'empire d'Occident (476). 34

III. Seconde période de l'invasion; les Francs, les Ostrogoths, les Lombards et les Anglo-Saxons. — Second ban des barbares germains qui réussissent à fonder des États. — Clovis (481-511). — Les fils de Clovis (511-561); conquête de la Burgundie (534) et de la Thuringe (530). — Théodoric et le royaume des Ostrogoths en Italie (493-526). — Lombards (568-774). — Fondation des royaumes anglo-saxons (455-584) 46

IV. L'Empire grec de 408 a 705; réaction éphémère des empereurs de Constantinople contre les envahisseurs germains. — Théodose I", Marcien, Léon Iᵉʳ, Zénon, Anastase, Justin Iᵉʳ (408-527). — Justinien Iᵉʳ (527-565). — Guerres contre les Perses (528-533 et 540-562). — Conquête de l'Afrique sur les Vandales (534); de l'Italie sur les Ostrogoths (535-553); acquisitions en Espagne (552). — Administration intérieure de Justinien; Code et Digeste. — Justinien II, Tibère II, Maurice et Phocas (565-610); Héraclius (610-641); décadence profonde de l'empire grec 62

V. L'Invasion germanique résumée dans les Francs; grandeur, puis décadence des Mérovingiens (561-687). — Puissance des Francs mérovingiens; caractère nouveau

Chapitres — Pages

de leur histoire. — Clotaire Iᵉʳ, Frédégonde, Brunehaut. — Clotaire II seul roi (613-628). — Dagobert Iᵉʳ (628-638). — Prépondérance des Francs dans l'Europe occidentale. — Mœurs et institutions apportées par les Germains au milieu des populations vaincues. Lois des barbares. — Affaiblissement de la royauté; rois fainéants; maires du palais. — Le maire Ébroïn (660) et saint Léger; bataille de Testry (687). — Hérédité des bénéfices........ 74

LIVRE II. — L'INVASION ARABE (622-1058).

VI. MAHOMET ET L'EMPIRE DES ARABES (622-732). — L'Arabie et les Arabes. — Mahomet. — L'hégire (622); lutte contre les Coréischites (624); conversion de l'Arabie. — Le Coran. — Les premiers khalifes de la Perse et de l'Égypte; conquête de la Syrie (632-640). — Révolution dans le khalifat. Dynastie héréditaire des Ommiades (661-750). Conquête de la haute Asie (707) et de l'Espagne (711). 91

VII. DÉMEMBREMENT, DÉCADENCE ET CHUTE DE L'EMPIRE DES ARABES (755-1058). — Avénement des Abbassides (750) et fondation du khalifat de Cordoue (755). — Khalifat de Bagdad (750-1058). — Almanzor, Haroun-al-Raschild, Al-Mamoun. — Création de la garde turque. Décadence et démembrement du khalifat de Bagdad. — Afrique; khalifes fatimites (968). — Espagne; khalifat de Cordoue. — Civilisation des Arabes.......................... 113

LIVRE III. — L'EMPIRE CARLOVINGIEN OU TENTATIVE POUR ORGANISER L'EUROPE GERMANIQUE ET CHRÉTIENNE (687-814).

VIII. LES MAIRES D'AUSTRASIE ET LA PAPAUTÉ, OU EFFORTS POUR METTRE L'UNITÉ DANS L'ÉTAT ET DANS L'ÉGLISE (687-768). — Pépin d'Héristal (687-714). — Charles Martel (715-741); la famille carlovingienne reconstitue l'État et le pouvoir. — Formation de la société ecclésiastique; élections; hiérarchie; puissance de l'épiscopat. — Moines; monastères; règle de saint Benoît. — Le pape : saint Léon; Grégoire le Grand. — La papauté s'affranchit de la souveraineté de Constantinople (726), mais invoque l'appui de Charles Martel. — Pépin le Bref (744-768)... 129

IX. CHARLEMAGNE; UNITÉ DU MONDE GERMANIQUE; L'ÉGLISE DANS L'ÉTAT (768-814). — Réunion et tentative d'organisation de tout le monde germanique par Charlemagne. — Guerres contre les Lombards (771-776). — Guerres contre les Saxons (771-804). Guerres contre les Bavarois (788), contre les Avars (788-796) et contre les Arabes d'Espagne (788-812); étendue de l'empire. — Charlemagne, empereur (800). Résultats de ses guerres. — Gouvernement. — Réveil littéraire : Alcuin............ 147

LIVRE IV. — CHUTE DE L'EMPIRE CARLOVINGIEN; NOUVEAUX BARBARES (814-887).

Chapitres		Pages
X.	Louis le Débonnaire et le traité de Verdun (814-843). — Fragilité de l'œuvre de Charlemagne. — Louis le Débonnaire (814-840) ; sa faiblesse ; partage de l'empire. — Révoltes des fils de Louis le Débonnaire. — Bataille de Fontanet (841) ; traité de Verdun (843)............	163
XI.	Ruine définitive de l'empire carlovingien (843-887). — Déchirements intérieurs; vains efforts des fils du Débonnaire pour reconstituer l'empire. — Démembrement de la royauté; hérédité des bénéfices et des offices. — Louis le Bègue (877), Louis III et Carloman (879), Charles le Gros (884)............................	172
XII.	La troisième invasion, aux neuvième et dixième siècles. — Les Northmans en France. — Les Northmans-Danois en Angleterre. — Les Northmans dans les régions polaires et en Russie. — Les Sarrasins. — Les Hongrois. — Différence entre l'invasion du neuvième siècle et les précédentes....................................	180

LIVRE V. — LA FÉODALITÉ, OU HISTOIRE AU DIXIÈME ET AU ONZIÈME SIÈCLE DES ROYAUMES SORTIS DE L'EMPIRE CARLOVINGIEN.

XIII.	France et Angleterre (888-1108); abaissement de la royauté française, mais grandeur de la nation ; conquête de l'Angleterre (1066). — Lutte d'un siècle entre les derniers Carlovingiens et les premiers Capétiens. — Avénement de Hugues Capet (987). — Faiblesse de la royauté capétienne; Robert (996); Henri I⁰ʳ (1031) ; Philippe I⁰ʳ (1060). — Activité de la nation française. — Chute en Angleterre de la dynastie danoise (1042) : Édouard le Confesseur, Harald (1066). — Invasion française en Angleterre. — Bataille d'Hastings (1066). — Révoltes des Saxons avec l'aide des Gallois (1067) et des Norvégiens (1069). Camp de refuge (1072) ; Outlaws. — Spoliation des vaincus. Résultats de cette conquête....	195
XIV.	L'Allemagne et l'Italie (888-1039). Renouvellement de l'empire de Charlemagne par les rois allemands. — Derniers Carlovingiens d'Allemagne. — Extinction de la famille carlovingienne en Allemagne (911). — Élections de Conrad I⁰ʳ (911) et de Henri l'Oiseleur (918) ; grandeur de la maison de Saxe. — Otton I⁰ʳ le Grand (936); sa puissance en Allemagne; il en chasse définitivement les Hongrois (955). — État de l'Italie au dixième siècle. Otton rétablit l'empire (962). — Otton II, Otton III, Henri II (973-1024) et Conrad II (1024-1037)..........	212
XV.	La féodalité. — Commencement du régime féodal. — Obligations réciproques du vassal et du suzerain. —	

Chapitres		Pages
	Féodalité ecclésiastique. — Serfs et vilains. — Anarchie et violences; affreuse misère des manants; quelques résultats heureux. — Tableau géographique de l'Europe féodale..	225
XVI.	La civilisation du neuvième au douzième siècle. — Inutilité des efforts de Charlemagne en faveur des lettres. — Seconde renaissance après l'an 1000 — Langue latine. — Langues vulgaires. — Chevalerie. — Architecture..	248

LIVRE VI. — LUTTE DU SACERDOCE ET DE L'EMPIRE (1059-1250).

XVII.	La querelle des investitures (1059-1122). — Toute-puissance de l'empereur Henri III (1039-1056). — Efforts d'Hildebrand pour régénérer l'Église et affranchir la papauté; règlement de 1059. — Grégoire VII (1073). Ses vastes desseins. Hardiesse de ses premiers actes. — Humiliation de l'empereur (1077). — Mort de Grégoire VII (1085) et de Henri IV (1106). — Henri V (1106). Le concordat de Worms (1122); fin de la querelle des investitures..	261
XVIII.	Lutte de l'Italie et de l'Allemagne (1152-1250). — Trois périodes dans la lutte du sacerdoce et de l'empire. — Force de la féodalité allemande; faiblesse de Lothaire II (1125); les Hohenstaufen (1138). — Morcellement de l'Italie; progrès de la petite féodalité et des républiques. Arnoldo de Brescia (1144). — Frédéric Iᵉʳ Barberousse (1152); ruine de Milan (1162); la ligue lombarde (1164); paix de Constance (1183). — L'empereur Henri VI (1190); Innocent III (1198); Guelfes et Gibelins en Italie. — Frédéric II (1210-1250). Seconde ligue lombarde (1226). — Innocent IV (1243); chute de la domination allemande en Italie (1250).....................	271

LIVRE VII. — LA CROISADE (1095-1270).

XIX.	La première croisade a Jérusalem (1093-1099). — État du monde avant les croisades; l'empire grec. — Pierre l'Ermite, le concile de Clermont (1095) et les premiers croisés. — Départ de la grande armée des croisés (1096); siége de Nicée et bataille de Dorylée (1097). — Siége et prise d'Antioche (1098); défaite de Kerbogâ; siége et prise de Jérusalem (1099). — Godefroy, baron du Saint-Sépulcre. Organisation du nouveau royaume.........	287
XX.	Les dernières croisades en Orient, résultats (1147-1270). — Deuxième croisade (1147). — Prise de Jérusalem par Saladin; troisième croisade (1189). — Quatrième croisade (1201-1204). — Fondation d'un empire à Constantinople (1204-1261) — Les quatre dernières croisades	

TABLE DES MATIÈRES.

Chapitres		Pages
	en Orient; les Mongols de Tchinghis-Khan. — Septième et huitième croisades (1248 et 1270). — Résultats des croisades en Orient..	300
XXI.	LES CROISADES D'OCCIDENT. — Les croisades d'Europe : l'ordre Teutonique (1230); conquête et conversion de la Prusse, de la Livonie et de l'Esthonie. — Croisade contre les Albigeois (1208); réunion de la France du Midi à celle du Nord. — La croisade espagnole. — Ébranlement du khalifat de Cordoue au neuvième siècle; sa force nouvelle au dixième, son démembrement au onzième. — Formation des royaumes de Castille et de Léon, de Navarre et d'Aragon. — Prise de Tolède (1085); fondation du comté de Portugal (1090); le Cid. — Invasions des Almoravides (1086) et des Almohades (1146). — Victoire de Las Navas da Tolosa (1210). Les Maures refoulés dans le royaume de Grenade. — Résultats de la croisade espagnole..	318
XXII.	PROGRÈS DE LA POPULATION URBAINE. — Origine du mouvement communal. — Communes proprement dites. — Intervention de la royauté; décadence des communes. — Villes de bourgeoisie. Commencement du tiers état. — Progrès de la population urbaine en Angleterre et en Allemagne. — Opposition du droit féodal et du droit coutumier..	334
XXIII.	LA CIVILISATION AU DOUZIÈME ET AU TREIZIÈME SIÈCLE. — Les voyageurs en Orient. — Opposition du droit féodal et du droit coutumier. — Industries et cultures nouvelles; corporations. — État des campagnes; défaut de sécurité. Les juifs et la lettre de change. — Progrès intellectuel; universités, scolastique, astrologie, alchimie, sorciers. — Littératures nationales. — Arts : architecture ogivale..	348

LIVRE VIII. — RIVALITÉ DE LA FRANCE ET DE L'ANGLETERRE (1066-1453).

XXIV.	PREMIÈRE PÉRIODE DE RIVALITÉ; LES ROIS ANGLAIS PERDENT LA MOITIÉ DE LEURS FIEFS FRANÇAIS (1066-1217). — Louis le Gros (1108-1137); Guillaume II et Henri Ier (1087-1135). — Louis VII (1137-1180) en France; Étienne et Henri II (1135-1189) en Angleterre. — Abus de la juridiction ecclésiastique. Thomas Becket (1170). — Conquête de l'Irlande (1171); le roi de France soutient les révoltes des fils des rois anglais (1173). — Caractère nouveau de la royauté française au treizième siècle : Philippe Auguste (1180) et Richard Cœur de Lion (1189). — Démêlés de Philippe Auguste et de Jean sans Terre; conquête de la Normandie et du Poitou (1204). — Querelle de Jean sans Terre avec Innocent III (1207). La grande charte (1215)..	371

TABLE DES MATIÈRES.

Chapitres

XXV. Progrès de la royauté française de Philippe Auguste a Philippe de Valois. — Administration intérieure de Philippe Auguste. — Louis VIII (1223) et la régence de Blanche de Castille. — Saint Louis sanctifie la royauté; son ascendant en Europe; traités avec l'Angleterre (1259) et avec l'Aragon (1256). — Gouvernement de saint Louis; progrès de l'autorité royale. — Caractère nouveau de la politique, Philippe III (1270), Philippe IV (1285), nouvelle guerre avec l'Angleterre (1294). — Renouvellement de la lutte du sacerdoce et de l'empire (1287-1304). — La papauté à Avignon (1309-1376). — Condamnation des Templiers (1307). — Administration de Philippe III; règne de ses trois fils (1314-1328)........................ 389

XXVI. Progrès des institutions anglaises depuis la concession de la Grande Charte jusqu'a la guerre de Cent ans. — Garanties stipulées par la Grande Charte (1215). Henri III (1216). — Ligue des barons; statuts d'Oxford; le parlement (1258). — Édouard Ier (1272). Conquête du pays de Galles (1274-1284). — Guerre avec l'Écosse (1297-1307); Baliol, Wallace et Bruce. — Édouard II (1307); progrès du parlement........................ 410

VII. La guerre de Cent ans. — Préliminaires de la guerre de Cent ans (1328-1337). — Bataille de l'Écluse (1340); affaires de Bretagne; Crécy (1346) et Calais (1347). — Jean (1350); bataille de Poitiers; États généraux; la Jacquerie; traité de Brétigny (1360). — Charles V (1364); Duguesclin; les grandes compagnies en Espagne. — La guerre avec les Anglais recommence (1369); nouveau système de guerre. — Wiclef; Wat-Tyler et le roi anglais Richard II (1377). — Déposition de Richard II et avénement de Henri IV de Lancastre (1399). — Henri V (1413). — La France sous Charles VI (1380-1422); insurrections populaires. — Démence de Charles VI (1392); assassinat du duc d'Orléans (1407); les Armagnacs et les Bourguignons. — Henri V recommence la guerre contre la France (1415). Bataille d'Azincourt. — Henri VI et Charles VII rois de France (1422); Jeanne d'Arc (1421-1431). — Traité d'Arras (1435); Charles VII à Paris (1436); fin de la guerre de Cent ans................. 423

XXVIII. Histoire intérieure de la France et de l'Angleterre durant la guerre de Cent ans. — Progrès du parlement en Angleterre. — État de la constitution anglaise au milieu du quinzième siècle. — France : Progrès de l'autorité royale. Formation d'une féodalité princière par les apanages. — Développement des anciennes institutions et institutions nouvelles........................ 465

LIVRE IX. — L'ITALIE, L'ALLEMAGNE ET LES AUTRES ÉTATS EUROPÉENS JUSQU'AU MILIEU DU QUINZIÈME SIÈCLE.

XXIX. L'Italie de 1250 a 1453. — L'Italie après la querelle des investitures; ruine de tout pouvoir central (1250). Man-

Chapitres		Pages
	fred et Charles d'Anjou. — Principautés dans la Lombardie; la Romagne et les Marches. — Les Républiques : Venise, Florence, Gênes et Pise. — Nouvelle apparition des empereurs allemands en Italie et retour des papes à Rome. — Anarchie; les Condottières. — Éclat des lettres et des arts : Dante, Pétrarque, Boccace..........	475
XXX.	L'ALLEMAGNE DE 1250 A 1453. — Grand interrègne (1250-1273). Envahissement des biens et des droits impériaux. — Anarchie, violences; ligues des seigneurs et des villes. — Rodolphe de Habsbourg (1273). — Fondation de la maison d'Autriche (1292). — Adolphe de Nassau (1291) et Albert d'Autriche (1298). — Affranchissement de la Suisse (1308). — Henri VII (1308) et Louis de Bavière (1314). — La maison de Luxembourg (1347-1438); la bulle d'or. — La maison d'Autriche ressaisit la couronne impériale mais sans y rattacher aucun pouvoir (1438)....	495
XXXI.	LES ÉTATS ESPAGNOLS, SCANDINAVES ET SLAVES. — L'Espagne de 1252 à 1453. Suspension de la croisade. — États scandinaves, Danemark, Suède et Norvége : leur rôle tout secondaire depuis les Northmans. — États slaves : puissance de la Pologne; faiblesse de la Russie. — Peuples de la vallée du Danube : les Hongrois. — Serbes, Bosniaques, Bulgares et Roumains. — L'empire grec, les Turcs ottomans et les Mongols de Timour..........	512

LIVRE X. — LA CIVILISATION DANS LES DERNIERS SIÈCLES DU MOYEN AGE.

XXXII.	L'ÉGLISE DE 1270 A 1453. — Signes avant-coureurs d'une civilisation nouvelle. — La papauté de Grégoire VII à Boniface VIII. — Les papes à Avignon (1309-1378); grand schisme d'occident (1378-1448). — Wiclef, Jean Huss, Gerson : conciles de Pise (1409), de Constance (1414) et de Bâle (1431); doctrines gallicanes.........	545
XXXIII.	LES LITTÉRATURES NATIONALES, L'INDUSTRIE, LE COMMERCE, LES DÉCOUVERTES. — Les littératures italienne et française. — Littératures du Nord, anglaise, allemande et scandinave. — Littératures espagnole et portugaise. — Renaissance des études classiques. — L'imprimerie, la peinture à l'huile, la gravure, la poudre à canon..	558

FIN DE LA TABLE.

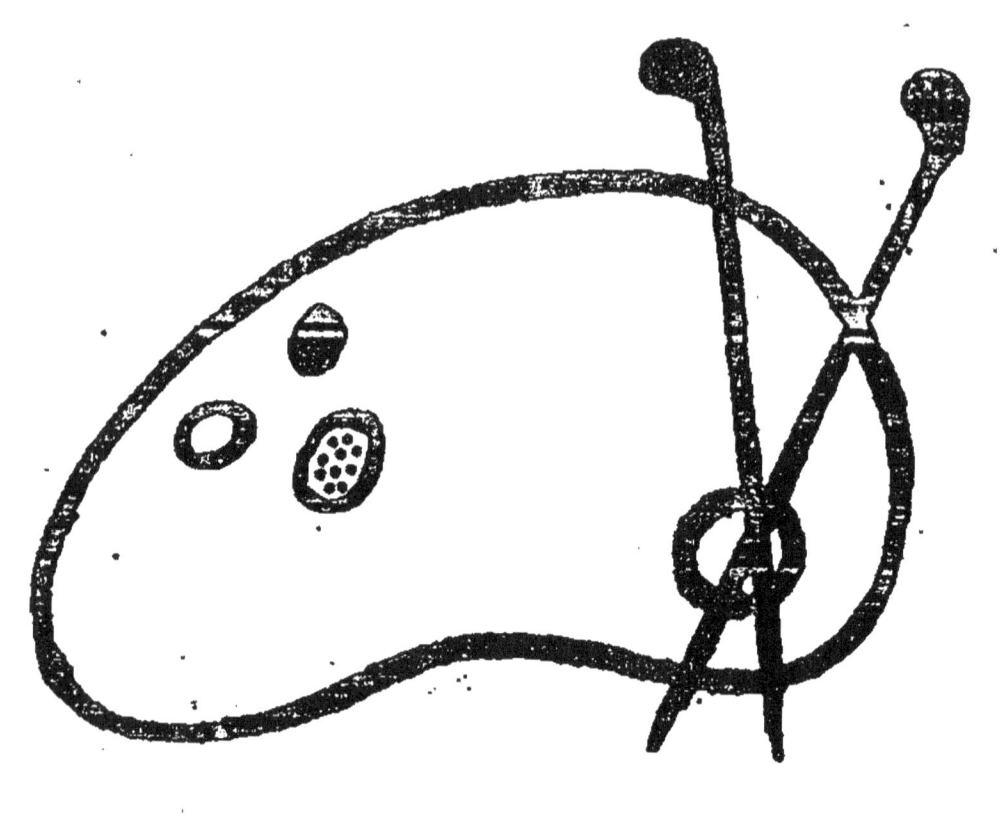

Original en couleur

NF Z 43-120-B

www.ingramcontent.com/pod-product-compliance
Lightning Source LLC
Chambersburg PA
CBHW060412230426
4366 3CB00008B/1460